Kapstadt
& Garden Route

W0196026

„Hat man sich erst einmal zum Reisen entschlossen,
ist das Wichtigste auch schon geschafft.

Also, los geht's!"

Simon Richmond
Lucy Corne

Inhalt

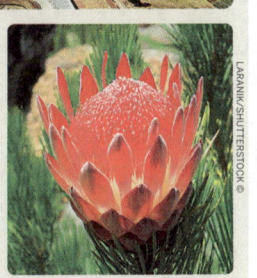

(links) **Bo-Kaap** (S.60) Bunte Häuser und Kopfsteinpflasterstraßen

(oben) **Cape Town Stadium** (S.119) Moderne Architektur

(rechts) **Kirstenbosch Botanical Gardens** (S.137) Heimische Flora

Willkommen in Kapstadt & auf der Garden Route

Der „Mother City" Südafrikas mit dem Tafelberg, goldenen Stränden und üppigen Weinbergen fliegen seit jeher die Herzen zu.

Naturwunder

Der weitläufige Table Mountain National Park, der die Stadt im Süden begrenzt, umschließt den Tafelberg und wartet mit weiteren tollen Landschaften auf. Grünflächen wie die historischen Company's Gardens, die Kirstenbosch Botanical Gardens und der Green Point Park setzen weitere natürliche Akzente. Am besten kostet man die Natur voll aus und lernt surfen, wandert, fährt Mountainbike, unternimmt Tandem-Gleitschirmflüge vom Lion's Head oder seilt sich vom Gipfel des Tafelbergs ab – und das sind nur einige der unzähligen Möglichkeiten.

Designfreuden

Die Kreativität der Einheimischen ist nicht zu übersehen – dies ist einer der Gründe, die Kapstadt zur Weltdesignhauptstadt des Jahres 2014 gemacht haben. Mit den in leuchtenden Farben gestrichenen Fassaden in Bo-Kaap, den Badehütten in Muizenberg, den Restaurants und Bars im Afro-Schick sowie der auffallenden Street-Art und der innovativen Szene von East City und Woodstock ist Kapstadt eine ziemlich gut aussehende Metropole. Die Hüttendörfer der Cape Flats sind zwar ernüchternd, aber selbst in diesen armen Vororten werden im Rahmen von Projekten z. B. Biolebensmittel erzeugt oder schöne Souvenirs hergestellt.

Ethnische Vielfalt

In dieser multikulturellen Stadt leben Menschen christlichen, islamischen, jüdischen, hinduistischen und traditionellen afrikanischen Glaubens friedlich zusammen. Angesichts der schwierigen Geschichte des Landes ist die Harmonie hart erkämpft und bleibt anfällig; fast jeder hat eine fesselnde, mitunter erschütternde Geschichte zu erzählen. Es ist eine Stadt beherzter Pioniere – von den holländischen Kolonisten und der farbigen Bevölkerungsmehrheit bis zu den jüdischen Einwanderern aus Europa und den Xhosa-Zuwanderern vom Ostkap in jüngerer Zeit. Sie alle liefern einzigartige Zutaten für den bunten Kapstädter Schmelztiegel.

Außerhalb der Stadt

Wer sich von Stadt, Tafelberg und Kaphalbinsel losreißen kann, erreicht innerhalb von nur einer Autostunde die reizenden Städte, Dörfer und Güter des Weinlands, wie beispielsweise Stellenbosch und Franschhoek. Hermanus ist für seine fantastischen Möglichkeiten der Walbeobachtung und des Haitauchens bekannt. Noch etwas weiter entfernt entfaltet sich die unglaubliche Schönheit der Garden Route auf spannenden Autofahrten entlang der Küste und über Bergpässe.

Warum ich Kapstadt so liebe

Von Simon Richmond, Autor

Als sie die „Mother City" schuf, übertraf Mutter Natur sich selbst. Wenn ich die Sea Point Promenade entlangjogge, im Morgenlicht den Lion's Head erklimme, an der Sandy Bay über riesige Felsbrocken klettere oder auf den tollen Küstenstraßen zum Cape Point fahre und dabei die grandiosen Ausblicke genieße, spüre ich in mir immer eine tiefe Freude aufsteigen. Aber man muss sich gar nicht groß anstrengen: Bei einem Glas Wein auf einem alten Gut in Constantia oder einem Picknick auf einem Freiluftkonzert in den Kirstenbosch Botanical Gardens kann man genauso gut mit Mutter Natur in Kontakt kommen.

Mehr über unsere Autoren siehe S. 335.

Cape Point (S. 151)

Kapstadts
Top 10

Tafelberg *(S. 101)*

1 Eine gemütliche Seilbahnfahrt oder eine anstrengende Wanderung auf den Tafelberg ist eine Art Initiationsritus für Kapstadtbesucher. Bei schönem Wetter bietet sich von oben ein toller Panoramablick auf die Kaphalbinsel, und man erhält einen Eindruck von der unglaublichen Artenvielfalt im Nationalpark. Man sollte sich Zeit für eine Wanderung im Park nehmen – das 245 km² große Schutzgebiet ist von unterschiedlichsten Wegen für alle Fitnessstufen durchzogen, von leichten Spaziergängen durch *fynbos* mit Proteen und Heidekräutern bis zum fünftägigen Hoerikwaggo Trail.

⊙ *Garden & Umgebung*

Robben Island *(S. 118)*

2 Das ehemalige Gefängnis auf Robben Island, heute ein Weltkulturerbe, ist ein historisches Zeugnis vom langen Weg des Landes zur Freiheit. Hier war u. a. Nelson Mandela eingesperrt und vor ihm viele Menschen, die sich gegen die Kolonialherrschaft am Kap aufgelehnt hatten. Wer mit dem Boot hier hinausfährt und an einer von einem ehemaligen Häftling geleiteten Führung teilnimmt, erhält einen lebendigen Einblick in die schwierige Geschichte des Landes und erfährt, wie weit Südafrika auf dem Pfad der Versöhnung schon vorangeschritten ist. UNTEN: NELSON MANDELAS ZELLE

⊙ *Green Point & Waterfront*

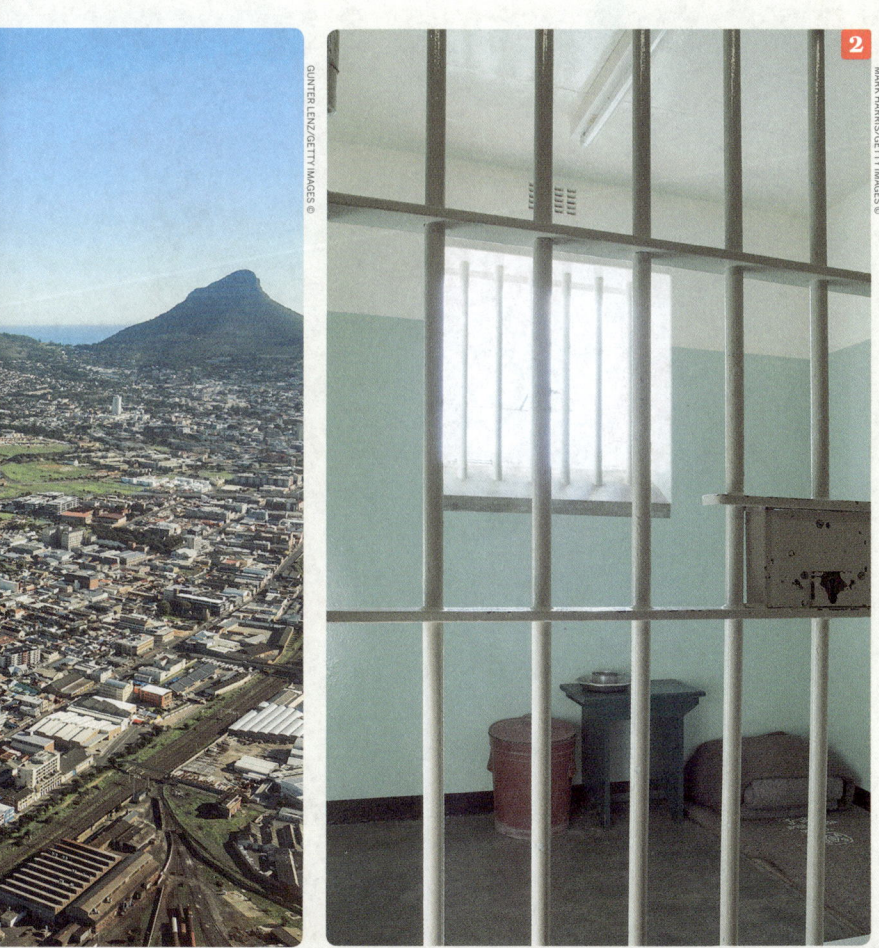

GÜNTER LENZ/GETTY IMAGES ©

MARK HARRIS/GETTY IMAGES ©

Kirstenbosch Botanical Gardens (S. 137)

3 Schon seit Jan van Riebeecks Zeit im 17. Jh. wird an den malerischen Osthängen des Tafelbergs Gartenbau nach europäischem Vorbild betrieben. Richtig bekannt wurden die Gärten jedoch erst durch den britischen Politiker und Imperialisten Cecil Rhodes, dem die Kirstenbosch Farm und das umliegende Land gehörten: Er vermachte seine gesamten Ländereien den Kapstädtern. Heute ist hier die Kapflora zu bewundern, die ebenfalls zum Welterbe gehört. Besonders empfehlenswert ist der Blick vom als Boomslang bekannten Baumwipfelpfad aus.

◉ *Southern Suburbs*

District Six Museum (S. 87)

4 Rund 40 Jahre nach dem Abriss der meisten Häuser im Innenstadtbezirk District Six und der Zwangsumsiedlung der Bewohner unterschiedlichster ethnischer Herkunft in getrennte Slums in den Cape Flats ist diese Gegend immer noch weitgehend Ödland. Wer etwas über die Geschichte der Zerstörung und deren Auswirkungen auf die ehemaligen Bewohner des Gebiets und auf die ganze Stadt erfahren möchte, sollte sich das informative und bewegende Museum anschauen. Es werden auch Rundgänge durch die Gegend unter der Leitung eines ehemaligen Bewohners angeboten.

◉ *East City, District Six, Woodstock & Observatory*

V&A Waterfront
(S. 114)

5 Die quirlige V&A Waterfront, die beliebteste Sehenswürdigkeit der Stadt, genießt eine wunderbare Lage vor der Kulisse des Tafelbergs. Hier locken jede Menge Shoppingmöglichkeiten, von schicken Boutiquen bis zu großen Kaufhäusern, sowie ein großes Kultur- und Bildungsangebot, darunter Führungen zu den gut erhaltenen alten Gebäuden und Denkmälern. Dazu kommt noch das tolle Two Oceans Aquarium, das besonders bei Kindern beliebt ist, und das neue Zeitz Museum of Contemporary Art Africa (MOCAA). Auch eine Hafenrundfahrt, am besten zum Sonnenuntergang, sollte man sich nicht entgehen lassen.

⊙ *Green Point & Waterfront*

Kap der Guten Hoffnung (S. 151)

6 Die spektakuläre Fahrt hinaus zum Cape Point an der Spitze der Kaphalbinsel ist unvergesslich: Zerklüftete Klippen stürzen hinab in die tosenden Gewässer des Atlantiks, am südwestlichsten Punkt Afrikas krachen gewaltige Wellen über riesige Felsblöcke, und die Flying Dutchman Funicular fährt hinauf zum alten Leuchtturm mit toller Aussicht. Danach kann man an schönen Stränden entspannen, etwa in der Buffels Bay, die von den warmen Strömungen der False Bay erreicht wird.

◉ *Simon's Town & Southern Peninsula*

Franschhoek (S. 182)

7 Das in einem spektakulären Tal gelegene Franschhoek ist der kleinste, aber für viele zugleich der hübscheste Ort im Weinland. Er preist sich selbst als gastronomische Hauptstadt des Landes. Auf jeden Fall haben Besucher hier die Qual der Wahl: Die Hauptstraße ist mit erstklassigen Restaurants gesäumt, von denen einige zu den besten des Landes zählen. Auch auf den umliegenden Weingütern wird ausgezeichnetes Essen serviert und dazu natürlich toller Wein. Hinzu kommen noch Galerien und stilvolle Pensionen, und so ist Franschhoek wirklich einer der reizendsten Orte am Kap.

◉ *Tagesausflüge & Weingüter*

7

8

Bo-Kaap *(S. 60)*

8 Die Ansammlung bunter alter Häuser und Moscheen in den Kopfsteinpflasterstraßen von Bo-Kaap ist nicht nur eine Augenweide, sondern auch ein gutes Beispiel für die Wiederbelebung der Innenstadt. Das Bo-Kaap-Museum erzählt die Geschichte dieses ehemaligen Sklavenviertels. Wer Bo-Kaap erleben möchte, sollte in einem der Restaurants des Viertels kapmalaiische Küche probieren oder in einem der zu Pensionen und Hotels umgebauten Häuser übernachten, z. B. im hübschen Dutch Manor mit seinen vielen Antiquitäten.

◉ *City Bowl, Foreshore, Bo-Kaap & De Waterkant*

Surfen an der Garden Route *(S. 202)*

9 Die Garden Route ist besonders für ihr Angebot an Outdooraktivitäten bekannt, sowohl auf dem Land als auch auf dem Wasser. Die Küste zwischen Mossel Bay und Plettenberg Bay bietet Surfern mit die beste Brandung in der Provinz Westkap, egal ob für Profis oder Anfänger. Besonders hübsch sind Herold's Bay und Victoria Bay bei George, die auch für nicht surfende Mitreisende ausgezeichnete Strände bereithalten. In der Victoria Bay können Anfänger Unterricht nehmen, Fortgeschrittene können Bretter mieten und sich zu den Profis gesellen.

◉ *Die Garden Route*

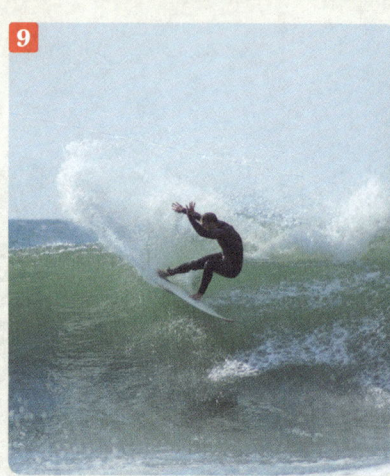

Kalk Bay *(S. 154)*

10 Das reizende Fischerdorf in der False Bay – benannt nach den Öfen zur Gewinnung von Muschelkalk, mit dem im 17. Jh. Häuser getüncht wurden – wartet mit zahlreichen Antiquitäten-, Kunst- und Kunsthandwerksläden sowie tollen Cafés und Restaurants auf. Außerdem findet am Hafen jeden Tag ein Fischmarkt statt. Wundervolle Pubs wie das Brass Bell oder Restaurants wie das Live Bait laden hier zu einem Drink oder einer Mahlzeit direkt in der Bucht ein – eine wunderbare Art, den Tag zu verbringen!

◉ *Simon's Town & Southern Peninsula*

Was gibt's Neues?

Urbane Farmen & Bauernmärkte

Die „Mother City" kehrt mit der neu aufkommenden Bewegung der urbanen Landwirtschaft zu ihren historischen Wurzeln zurück. Wegweisend sind die Oranjezicht City Farm mit Bauernmarkt am Samstag und die Lebensmittelsicherheits-Aktivisten Tyisa Nabanye, die einen biodynamischen Marktgarten in Tamboerskloof angelegt haben, wo sonntags der Erf 81 Food Market stattfindet. Toll ist auch der VOC Vegetable Garden, der neu in The Company's Gardens angelegt wurde. (S.109 & S.59)

Tree Canopy Walk

Der Gehweg mit dem Namen Boomslang („Baumschlange") führt mitten durch Kirstenboschs Baumwipfel. Er wurde anlässlich des einhundertjährigen Bestehens des Botanischen Gartens erbaut. (S.137)

Kunst im öffentlichen Raum

Ein rotes Haus in der Long Street und immer wieder neue Wechselausstellungen von Kunstinstallationen an der Sea Point Promenade – dies sind nur einige der neuen Skulpturen in Kapstadt. (S.61 & S.128)

Zeitz MOCAA

Bis das Museum 2017 in den ehemaligen Getreidespeichern in Waterfront eröffnet, gibt es einen Pavillon, in dem Teile der großartigen Sammlung südafrikanischer Kunst besichtigt werden können. (S.115)

Woodstock ist im Kommen

In diesem quirligen Innenstadtbezirk schreitet die Gentrifizierung voran und brachte bisher das Woodstock Exchange, den Woodstock Co-op und die künstlerisch anmutende Backpacker-Unterkunft Wish U Were Here hervor. (S.96 & S.224)

Langa Quarter

Im ältesten geplanten Township Südafrikas soll eine lebendige Kunst- und Kulturszene entstehen. Lohnend ist das neue Theater im Guga S'Thebe. (S.168)

First Thursdays

Bei dieser monatlich stattfindenden Veranstaltung in der City Bowl empfiehlt sich ein Bummel durch die Kunstgalerien und Veranstaltungsstätten in der Church Street und Bree Street. (S.81)

Mit den Robben schnorcheln

Mit den verspielten Kap-Pelzrobben kann man schwimmen: vor der felsigen, etwas streng riechenden Duiker Island, die nur eine kurze, schaukelige Bootsfahrt von Hout Bay Harbour entfernt liegt. (S.134)

Watershed

Diese fantasievoll gestaltete Halle in leuchtendem Gelb an der Waterfront ist eine Schatztruhe des Besten, was Kapstadt in Sachen Kunsthandwerk, Design und Mode zu bieten hat. (S.123)

Flagship

Ausflüge zum Cape Point sind seit der Eröffnung dieses Boutiquehotels mit erstklassigem Restaurant noch verführerischer geworden. (S.161)

Weitere Empfehlungen und Kritiken auf **lonelyplanet. com/cape-town**

Gut zu wissen

Weitere Informationen in Praktische Informationen (S. 271)

Währung
Südafrikanischer Rand (R)

Sprachen
Englisch, Afrikaans, Xhosa

Einreise
Deutsche, Österreicher und Schweizer erhalten bei der Ankunft eine 90 Tage gültige Besuchsgenehmigung.

Geld
Geldautomaten sind weit verbreitet. Die meisten Geschäfte akzeptieren Kreditkarten, einige kleinere Lokale sowie die Marktstände jedoch nur Bargeld.

Handys
Der Mobilfunk basiert auf dem digitalen GSM-Standard . Ob das Handy mit diesem Standard etwas anfangen kann, klärt man am besten vorab mit dem eigenen Telefonanbieter. Südafrikanische SIM-Karten sind überall erhältlich.

Zeit
South Africa Standard Time (MEZ plus eine Stunde)

Touristeninformation
Das Hauptbüro von **Cape Town Tourism** (Karte S. 306; ☏ 021-487 6800; www.capetown.travel; Pinnacle Bldg, Ecke Burg & Castle Sts, City Bowl) ist zentral gelegen. Es gibt zahlreiche Filialen in der Stadt, u. a. am Flughafen.

Tagesbudget

Weniger als 500 R
➡ Bett im Schlafsaal: 160 R

➡ Gourmetburger: 60 R

➡ Einheimisches Bier: 20 R

➡ Wandern im Table Mountain National Park: gratis

➡ MyCiTi-Bus von der City Bowl nach Camps Bay: 9,80 R

Mittel: 500–2500 R
➡ Hotel: 1000–1500 R

➡ Township-/Kulturführung: 450 R

➡ Ticket für ein Kirstenbosch Summer Sunset Concert: 135 R

➡ Essen inkl. Wein im Restaurant an der Waterfront: 350–450 R

Mehr als 2500 R
➡ Hotel: 3000–5000 R

➡ Essen im Aubergine: 700–1000 R

➡ Ganztägige Gourmet-Weintour: 2000 R

➡ Halbstündiger Hubschrauberrundflug: 2700 R

➡ Dreistündiger Törn auf Luxusyacht: 34 600 R

Vor der Reise

Drei Monate Robben-Island-Tour buchen, Tisch im The Test Kitchen reservieren und für die Wanderung im Table Mountain National Park trainieren.
Drei Wochen Township-/Kulturführung buchen und Veranstaltungskalender durchforsten, besonders nach Kirstenbosch Summer Sunset Concerts.
Eine Woche Nach Konzerten und Clubevents Ausschau halten und online Tickets für die Tafelberg-Seilbahn kaufen.

Websites
Cape Town Magazine (www.capetownmagazine.com) Online-Magazin mit dem Finger am Puls der Stadt.
Cape Town Tourism (www.capetown.travel) Die offizielle Seite der Stadtinformation bietet jede Menge Infos.
Lonely Planet (www.lonely planet.com/cape-town) Infos zum Reiseziel, Hotelbuchung, Travellerforum und mehr.

REISEZEIT

Der Sommer (Dezember bis Februar) bringt warmes, trockenes Wetter und lebhafte Festivals. Der Winter (Juni bis August) ist nass, kalt und windig.

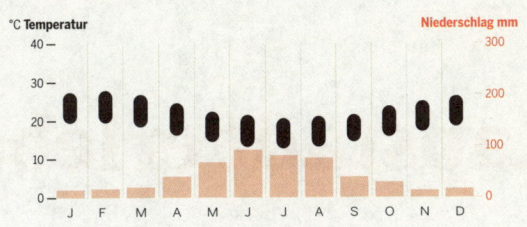

Ankunft in Kapstadt

Cape Town International Airport Der MyCiTi-Bus zum Bahnhof kostet 75 R; der Backpacker-Bus (Minibus-Sammeltaxi) verlangt 180 R zu Hotels und Hostels im Zentrum, ein privates Taxi ca. 250 R.

Cape Town Train Station Zentral gelegener Bahnhof für Fernzüge und Überlandbusse; ein Taxi zu den meisten Zielen im Zentrum kostet unter 50 R.

V&A Waterfront Jetty 2 oder Duncan Dock Hier legen die Kreuzfahrtschiffe an.

Mehr zum Thema **Anreise** S. 277

Unterwegs vor Ort

Über Fahrpläne informiert das **Transport Information Centre** (☎ 0800 656 463).

➡ **Mietwagen** Kleinwagen ca. 300 R pro Tag Leihgebühr und 400 R für eine Tankfüllung.

➡ **City Sightseeing Cape Town** Zwei Hop-on-hop-off-Routen, gut für die erste Orientierung.

➡ **MyCiTi-Busse** Günstig fürs Stadtzentrum und für Routen an der Atlantikküste.

➡ **Cape Metro Rail** Für Trips in die Southern Suburbs, zur False Bay und nach Stellenbosch.

➡ **Sammeltaxis** Gut für die Fahrt von der City Bowl am Atlantik entlang nach Sea Point oder in Townships.

➡ **Private Taxis** Viele Anbieter, mit Preisen ab 10 R pro Kilometer. Zur Sicherheit reservieren!

Mehr zum Thema **Unterwegs vor Ort** S. 278

Schlafen

Es gibt jede Menge günstige Hostels, nette Pensionen und Fünf-Sterne-Verwöhnpaläste, jedoch sollte man weit im Voraus reservieren, besonders für die Schulferien von Mitte Dezember bis Ende Januar. In der ruhigeren Wintersaison von Mai bis Oktober ist es überall billiger. In den Preisen sind gewöhnlich 14 % MwSt. und oft 1 % Tourismusförderungssteuer inbegriffen. Man sollte auch schauen, ob ein sicherer Parkplatz im Preis enthalten ist, ansonsten zahlt man bis zu 100 R pro Tag für einen Parkplatz.

Nützliche Websites

➡ **SA-Venues.com** (www.sa-venues.com)

➡ **Cape Town Tourism** (www.capetown.travel)

➡ **Portfolio Collection** (www.portfoliocollection.com)

➡ **Lonely Planet** (lonelyplanet.com/southafrica/cape-town/hotels)

Mehr zum Thema **Schlafen** S. 219

WETTERWENDISCHES KAPSTADT

Mit Regenjacke und Regenschirm ist man gut gewappnet für die „vier Jahreszeiten an einem Tag". Dank ihrer Geografie umfasst die Kaphalbinsel verschiedene Mikroklimata, sodass auf einer Seite des Bergs vielleicht die Sonne scheint, während es auf der anderen regnet und stürmt. Es ist kein Zufall, dass Newlands im Vergleich zum Cape Point so üppig erscheint: Hier fällt viermal so viel Regen.

Kapstadt erleben

Erster Tag

Gardens & Umgebung (S. 99)

 Die Ticketschlange für die **Tafelberg-Seilbahn** erspart man sich, indem man sein Ticket online kauft. Bei der Fahrt auf den faszinierenden, 60 Mio. Jahre alten Berg bieten sich von den rotierenden Gondeln aus grandiose Ausblicke. Von der Bergstation der Bahn ist es hin und zurück eine einstündige Wanderung zum 1088 m hohen Gipfel am Maclear's Beacon.

> **Mittagessen** Einheimische lieben die Jason Bakery (S. 69) und Tamboers Winkel (S. 105).

City Bowl, Foreshore, Bo-Kaap & De Waterkant (S. 54)

Nach einem Bummel durch die **Company's Gardens** und die Kunstgewerbestände auf dem **Greenmarket Square** geht's bergan zum alten Kapmalaienviertel **Bo-Kaap**, dessen Kopfsteinpflasterstraßen von bunten Häuschen gesäumt sind. Auch hier kann man gut einkaufen, etwa in Geschäften wie **Monkeybiz** und **Streetwires**. Dann geht's hinüber ins schwulenfreundliche **De Waterkant** mit weiteren hübsch restaurierten Cottages und den quirligen Einkaufszentren des Cape Quarter.

> **Abendessen** Köstliche Tapas und Weine in Chef's Warehouse & Canteen (S. 70).

Sea Point bis Hout Bay (S. 126)

 Bei einem Cocktail den Sonnenuntergang zu erleben ist ein Muss, entweder auf der **Promenade von Sea Point** oder in einem der Touristenrestaurants und Cafés in der malerischen **Camps Bay**.

Zweiter Tag

District Six & City Bowl (S. 85 & S. 54)

 Das **District Six Museum** erzählt von der schwierigen Vergangenheit der Stadt. Um 11 Uhr bietet sich eine Führung durchs 350 Jahre alte **Castle of Good Hope** an mit anschließender Schlüsselzeremonie. Gegenüber ist die hübsche alte Cape Town City Hall.

> **Mittagessen** Kitchen (S. 90) bietet superleckere Speisen.

Woodstock & Salt River (S. 85)

In Woodstock lohnen Galerien für moderne Kunst wie **Stevenson** einen Besuch, außerdem gibt's jede Menge Street-Art. Im nahen Salt River bietet **What If The World** in einer umgebauten alten Synagoge noch mehr Kunst, dazu kommt eine tolle Ansammlung von Einzelhandelsläden in der **Old Biscuit Mill**; samstags findet hier der **Neighbourgoods Market** mit lokalen Leckereien und spannenden Designerartikeln statt.

> **Abendessen** Das La Perla (S. 130) serviert zum tollen Meerblick gutes italienisches Essen.

Green Point & Waterfront (S. 112)

 Die **V&A Waterfront** ist mehr als ein riesiges Einkaufszentrum: Hier herrscht inmitten schöner viktorianischer Architektur eine Art Karnevalsstimmung. Außerdem kann man von hier Hafenrundfahrten unternehmen und auch zum Weltkulturerbe **Robben Island** fahren (reservieren!).

Dritter Tag

Southern Suburbs (S. 135)

 In den schönen, 5 ha großen **Kirstenbosch Botanical Gardens** an den Osthängen des Tafelbergs erfährt man etwas über die überaus reiche Kapflora. Schön ist auch ein Bummel durch das reizende **Wynberg Village** mit seinen alten reetgedeckten Cottages. Oder man bewundert die Gemälde im **Irma Stern Museum**.

> **Mittagessen** Herrliche Leckerbissen warten im La Colombe (S. 145).

Southern Suburbs (S. 135)

Den Nachmittag verbringt man mit einer Erkundung der Weingüter an der Constantia Valley Wine Route. Am besten widmet man sich den alten Anwesen wie **Groot Constantia** mit seinem schön restaurierten Haupthaus und Weinkeller sowie **Klein Constantia**, wo Napoleons Lieblingswein gekeltert wurde. Die **Steenberg Vineyards** verfügen über eine ausgezeichnete moderne Verkostungsstube und ein Restaurant.

> **Abendessen** Erstlassige Pizza serviert Massimo's (S. 130).

Sea Point bis Hout Bay (S. 126)

 Danach fährt man über das Constantia Neck; wenn es noch nicht zu spät ist, lohnt ein Abstecher zur versteckten Keramikgalerie **Art in the Forest**. Bei einem Bierchen genießt man den Ausblick auf die Hout Bay von der Terrasse des **Chapman's Peak Hotel** oder vom Strandpub **Dunes**. Freitagabends gibt's auf dem **Bay Harbour Market** Livemusik und köstliches Essen.

Vierter Tag

Simon's Town & Southern Peninsula (S. 149)

 Am vierten Tag ist es Zeit für die Erkundung des Südens der Kaphalbinsel über den spektakulären Chapman's Peak Drive an der Atlantikküste, vorbei am Strand von Noordhoek und den Surfer-Hotspots Kommetjie und Scarborough, bis zum **Cape Point** im Table Mountain National Park, die Südwestspitze Afrikas.

> **Mittagessen** Gutes Seafood bietet das Lighthouse Cafe (S. 160) in Simon's Town.

Simon's Town & Southern Peninsula (S. 149)

Zum Park gehört auch **Boulders** mit einer Kolonie niedlicher Brillenpinguine, die über die großen Felsbrocken watscheln und denen dieser abgeschiedene Strand an der False Bay seinen Namen verdankt. Nicht weit entfernt ist der historische Marinestützpunkt **Simon's Town**; hier bietet sich eine Hafenrundfahrt oder ein Bummel durch die Antiquitäten- und Souvenirgeschäfte an.

> **Abendessen** Schick dinieren lässt es sich im Tiger's Milk (S. 161) in Muizenberg.

Simon's Town & Southern Peninsula (S. 149)

 An der False Bay entlang geht's nach **Kalk Bay**, einem hübschen Fischerdorf mit Kunstgewerbeläden und Lokalen. Abkühlen kann man sich in einem der hiesigen Meeresbecken oder im nahen **St. James**. Das gesellige **Slow Life** in Muizenberg wartet mit Livemusik auf, genauso wie freitagabends der **Blue Bird Garage Food & Goods Market**.

Wie wär's mit ...

Strände

Muizenberg Beach Bunte viktorianische Häuschen, verhältnismäßig warmes Wasser und gute Brandung laden hier zum Verweilen ein (S. 155).

Clifton, 3. Strand Erst kamen die Schwulen, dann folgte der Rest (S. 128).

Buffels Bay Die ruhig gelegene Bucht wartet mit einer weiten Aussicht über die False Bay auf; außerdem gibt es hier einen Meerwasserpool zum sicheren Baden (S. 151).

Sandy Bay Ein FKK-Strand, der auch beeindruckende Felsformationen bietet, die zur Erkundung einladen (S. 129).

Noordhoek Ein schöner breiter Sandstrand unterhalb des Chapman's Peak mit Schiffswrack (S. 155).

Aussichtspunkte

Tafelberg Weite Ausblicke über Stadt und Halbinsel (S. 101).

Bloubergstrand Malerischer Blick auf den Tafelberg vom Norden der Stadt aus (S. 168).

Kap der Guten Hoffnung Spaziergang bis etwas oberhalb des alten Kapleuchtturms (S. 151).

Chapman's Peak Drive Mit Aussichten auf die elegante Hufeisenform der Hout Bay (S. 134).

Signal Hill Kanonendonner und Ausblick auf die Waterfront (S. 104).

Kostenlose Attraktionen

V&A Waterfront Straßenkünstler, Outdoorevents, Robben, histori-

ARIADNA22822/SHUTTERSTOCK ©

Strandhütten, Muizenberg (S. 154)

sche Gebäude und buntes Treiben am Hafen (S. 114).

Table Mountain National Park Wanderungen auf den vielen Wegen am Hauptberg, am Lion's Head oder Signal Hill (S. 30).

Street-Art Überall in District Six und Woodstock gibt's eindrucksvolle großflächige Kunstwerke zu sehen (S. 91).

Nelson Mandela Gateway Vor der Überfahrt nach Robben Island kann man hier etwas über den Freiheitskampf und den Gefängnisalltag erfahren (S. 118).

Parks & Gärten

Company's Gardens Alte Bäume und hübsche Blumenbeete laden zu einem Spaziergang in den historischen Gärten ein (S. 58).

Green Point Urban Park In diesem hübschen Vermächtnis der Weltmeisterschaft 2010 geht's um Artenvielfalt (S. 119).

Oranjezicht City Farm Eine schön angelegte Farm im Stadtgebiet an den Hängen des Tafelbergs (S. 109).

Prestwich Memorial Garden Sehenswerte Anlage im Stadtzentrum mit einer Sammlung skurriler Skulpturen und Installationen einheimischer Künstler (S. 68).

Arderne Gardens Die älteste Baumsammlung der südlichen Hemisphäre ist ein angenehmer Ort, um den Menschenmassen zu entfliehen (S. 143).

Babylonstoren Den entzückenden Garten mit essbaren und Heilpflanzen in diesem elegant angelegten Weingut mit Obstanbau erkunden (S. 188).

Kunstsammlungen

South African National Gallery In dem eleganten Gebäude sind

mit die besten Exponate des Landes zu finden (S. 104).

Michaelis Collection Alte Meister und neue Werke im Old Town House am Greenmarket Square (S. 61).

Stevenson Bedeutende Verkaufsgalerie für moderne Kunst mit interessanten Themenausstellungen (S. 97).

Irma Stern Museum Ehemaliges Zuhause der expressionistischen Künstlerin mit hübschem Garten (S. 140).

Casa Labia Cultural Centre Die schön restaurierte Villa in Muizenberg dient als Kunst- und Kulturzentrum (S. 154).

New Church Museum Der Schwerpunkt liegt auf moderner südafrikanischer Kunst (S. 105).

Geschichte

District Six Museum Beleuchtet die Geschichte des zerstörten multikulturellen Innenstadtviertels (S. 87).

Robben Island Eine Besichtigung des ehemaligen Gefängnisses von Mandela und anderen Freiheitskämpfern muss im Voraus gebucht werden (S. 118).

Bo-Kaap Museum Erzählt vom Leben der Kapmalaien im gleichnamigen bunten Viertel (S. 60).

Iziko Slave Lodge Ausstellungen zur Geschichte der Sklaven und ihrer Nachkommen (S. 62).

South African Museum Jede Menge Naturkunde, schöne Beispiele für die Felskunst der San und eine Galerie zu afrikanischen Kulturen (S. 104).

South African Jewish Museum Spürt der Geschichte der jüdischen Einwanderung nach, hat eine Abteilung zum Holocaust (S. 103).

Weitere Highlights:
➡ Essen (S. 34)
➡ Ausgehen & Nachtleben (S. 37)
➡ Unterhaltung (S. 39)
➡ Shoppen (S. 41)
➡ Sport & Aktivitäten (S. 43)
➡ Schwule & Lesben (S. 45)
➡ Wein (S. 47)

REISEPLANUNG WIE WÄR'S MIT …

Versteckte Juwele

Rust en Vreugd Elegantes Herrenhaus aus dem 18. Jh. mit Garten mitten in der Stadt (S. 105).

Art in the Forest Keramikgalerie und Kunstkomplex oberhalb des Constantia-Tals (S. 147).

Tintswalo Atlantic Auch wer nicht in dieser Luxuslodge nächtigt, kann hier vielleicht mittags oder abends speisen (S. 230).

Enmasse Thai-Massage auf moderne Art in einem historischen Gebäude in Gardens (S. 111).

Luxus pur

Status Luxury Vehicles Kapstadttouren im Cabriolet, am besten mit Chauffeur (S. 279).

Prins & Prins Diamanten und andere Edelsteine in diesem Emporium in einem historischen Haus in City Bowl kaufen (S. 82).

Klûk & CGDT Haute Couture von einem ehemaligen Lehrling von John Galliano (S. 82).

Belmond Mount Nelson Hotel Kein Hausgast? Traveller sind auch zum Tee am Nachmittag oder in der Planet-Bar mit Restaurant willkommen (S. 226).

Sports Helicopters Einen Heli mieten und Fotos machen, die die Freunde daheim wirklich beeindrucken (S. 124).

Monat für Monat

Januar

Die Hotels, Restaurants und Strände sind gut gefüllt, und auf den Küstenstraßen herrscht viel Verkehr. Einige Restaurants, Cafés und Geschäfte schließen in der ersten Januarwoche.

Cape Town Minstrel Carnival

Am Tweede Nuwe Jaar (2. Januar) marschieren beim traditionellen Kaapse Klopse (Cape Town Minstrel Carnival) bunt gekleidete Spielmannszüge durch die Stadt, außerdem gibt's kleinere Märsche an Heiligabend und Silvester. Im gesamten Januar und noch Anfang Februar finden im Athlone Stadium Wettbewerbe zwischen den Gruppen statt. (www.capetown-minstrels.co.za)

⭐ J&B Met

Beim mit 2,5 Mio. R höchstdotierten Pferderennen Südafrikas auf dem Kenilworth Race Course sind lediglich die Hüte noch größer als die Wetteinsätze. Findet gewöhnlich am letzten Samstag im Januar statt (S. 147). (www.jbscotch.co.za)

Februar

Das Cape Town International Summer Music Festival bietet klassische Musik. Zur Eröffnung der Sitzungsperiode des Parlaments kommt die Stadt in der ersten Februarwoche zum Stillstand – an diesem Tag sollten unnötige Fahrten vermieden werden!

Design Indaba

Bei dieser Tagung, die jährlich zwischen Ende Februar und Anfang März gewöhnlich im Cape Town International Convention Centre stattfindet, kommen kreative Köpfe aus den Bereichen Mode, Architektur, bildende Kunst, Handwerk und Medien zusammen. Vorher findet im Labia ein zweiwöchiges Filmfestival statt. (www.designindaba.com)

März

Der Kulturkalender füllt sich mit einer Reihe von Festivals. Am Tag der Cape Town Cycle Tour übernehmen Radler die Straßen (und viele Hotels) der Stadt; an diesem Tag kommt der Verkehr zum Erliegen.

Cape Town Carnival

Diese Festivität findet zur Monatsmitte am Walk of Remembrance (dem ehemaligen Fan Walk) in Green Point statt; diese von der Stadt getragene Parade mit Straßenfesten feiert die vielen Facetten der südafrikanischen Identität. (www.capetowncarnival.com)

Infecting the City

Die Plätze, Brunnen, Museen und Theater der Stadt bilden den Schauplatz dieses innovativen Festivals, zu dem sich darstellende Künstler des ganzen Kontinents einfin-

den. (www.infectingthe
city.com)

🏃 Cape Town Cycle Tour

Dieser an einem Samstag Mitte März ausgetragene Wettbewerb zieht alljährlich über 30 000 Teilnehmer an und ist damit das größte Radrennen der Welt. Die Strecke führt um den Tafelberg herum, die Atlantikküste runter und den Chapman's Peak Drive entlang. (www.cycletour.co.za)

🎆 Cape Town International Jazz Festival

Das größte Jazzfest der Stadt, zu dem sich große Namen aus aller Welt einfinden, wird meist Ende März im Cape Town International Convention Centre veranstaltet. Auf dem Programm steht u. a. ein Gratiskonzert auf dem Greenmarket Square. (www.capetownjazzfest.com)

April

Von jetzt bis Anfang Oktober herrscht kühleres Wetter, also wärmere Kleidung und Regensachen mitbringen.

🎆 Just Nuisance Great Dane Parade

Kein Scherz: An jedem 1. April findet in Simon's Town am Jubilee Square eine Hundeparade statt, mit der Able Seaman Just Nuisance gedacht wird: Diese Dogge diente während des Zweiten Weltkriegs der Royal Navy als Maskottchen. (www.simonstown.com/tourism/nuisance/nuisance.htm)

🏃 Old Mutual Two Oceans Marathon

Rund 9000 Teilnehmer machen sich Anfang April auf die Strecke des 56 km langen Marathons, der in Newlands startet und von dort aus auf einer ähnlichen Strecke wie die Cape Town Cycle Tour rund um den Tafelberg verläuft. (www.twooceansmarathon.org.za)

🏃 Freedom Swim

Für dieses Einzel- und Staffelwettschwimmen sollten sich besser nur dickhäutige und leistungsstarke Schwimmer anmelden. Geschwommen wird eine Strecke von Murray's Bay auf Robben Island bis zum Bloubergstrand. Die Veranstaltung findet am Tag der Freiheit (27. April) statt. (www.freedomswimseries.co.za)

Mai

Die bunte Pracht des Herbstlaubs lässt sich wunderbar in Kirstenbosch, Constantia und natürlich den Weinregionen genießen.

🎆 Franschhoek Literary Festival

Das renommierte Literaturfest ist nur einer von vielen guten Gründen, das Örtchen Franschhoek im Weinland aufzusuchen. Hier treffen sich im Mai einheimische und im Ausland lebende südafrikanische Schriftsteller. (www.flf.co.za)

🎆 Good Food & Wine Show

Bei dieser viertägigen Veranstaltung im Cape Town International Convention Centre präsentiert sich Kapstadt als ein Zentrum für Gourmets. (www.goodfoodandwineshow.co.za)

Juli

Im Winter kann es sehr windig und nass sein, aber dies ist auch die beste Zeit, um Wale vor der Küste der Halbinsel zu entdecken.

🎆 Cape Town World Music Festival

Das Festival wird am Wochenende des Mandela-Tages (um den 18. Juli) abgehalten. Beats und Rhythmen aus aller Welt regieren und übernehmen dabei das Rathaus und einen Teil der Grand Parade. (www.capetownworldmusicfestival.com)

🎆 Cape Town Fashion Week

An den Laufstegen drängen sich die Fashionistas, um sich über die neuesten Arbeiten südafrikanischer Designer und die aktuellen Trends zu informieren. (www.mbfashionweeksa.co.za)

September

Südafrikas kreative Szene versammelt sich zur Creative Week (www.creativeweekct.co.za) in der Stadt. Ungefähr zur selben Zeit werden bei den Loerie Awards herausragende regionale Künstler geehrt.

🎆 Cape Town Fringe

Ein Füllhorn an darstellender Kunst beschert der Stadt Ende September und Anfang Oktober elf Tage lang interessante Happenings, die in Zusammenarbeit mit dem renommierten Grahamstown Festival organisiert werden. (www.capetownfringe.co.za)

Oktober

Outsurance Gun Run

Einmal im Jahr kommt die Noon Gun auf dem Signal Hill auch sonntags zum Einsatz, und zwar anlässlich dieses beliebten Halbmarathons (21 km), der in Mouille Point startet. Dabei versuchen die Teilnehmer, das Rennen zu beenden, bevor die Kanone abgefeuert wird. (www.outsurance.co.za/gunrun)

November

Kapstadt im Frühjahr ist wunderbar, auch wenn der Wind anstrengend sein kann. Das Open-Air-Kino The Galileo (www.thegalileo.co.za) beginnt mit seinen Vorstellungen in Kirstenbosch, Waterfront und im Weinland.

Kirstenbosch Summer Sunset Concerts

Jetzt beginnen die Sonntagnachmittagskonzerte, die bis in den April hinein andauern und alles von Arien, die von einheimischen Diven vorgetragen werden, bis hin zu funkigen Jazzcombos bieten. Zudem findet jedes Jahr ein Silvesterkonzert statt. (www.sanbi.org/events/kirstenbosch)

(Oben) Auf dem Weg zu den Kirstenbosch Summer Sunset Concerts (S. 22)
(Unten) Darstellerin, Cape Town Minstrel Carnival (S. 20)

GROBLER DU PREEZ/SHUTTERSTOCK ©

GALLO IMAGES/CONTRIBUTOR/GETTY IMAGES ©

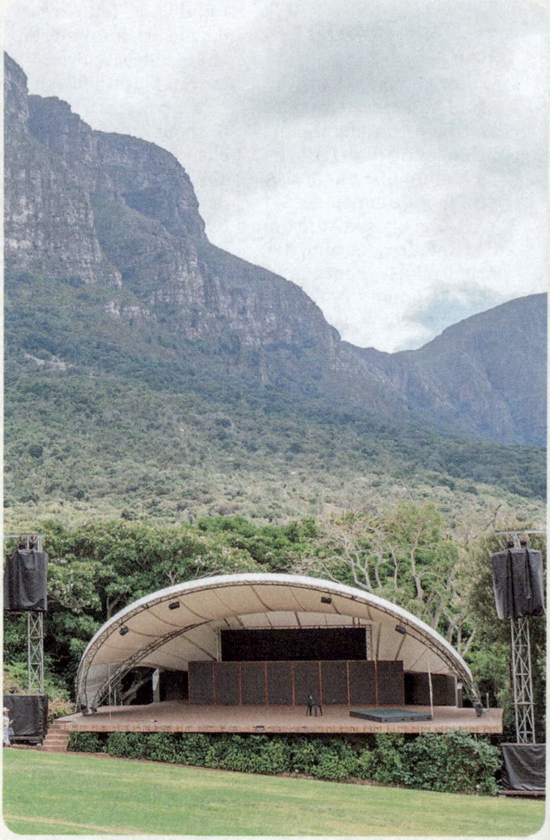

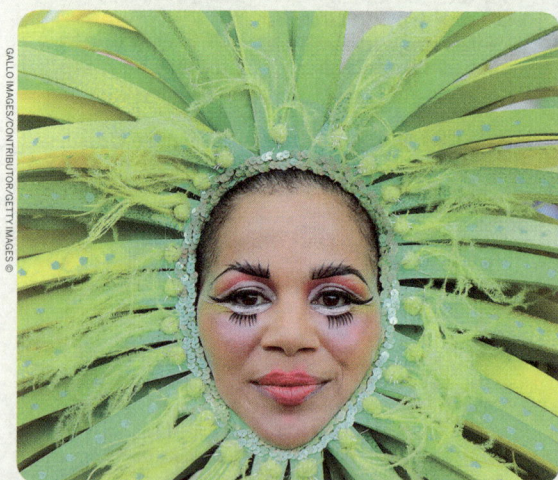

✵ Cape Town International Kite Festival

Als Sponsoring-Event für die Cape Mental Health Society findet dieses farbenfrohe Treffen der Drachenflieger alljährlich Mitte November in Zandvlei, nahe Muizenberg statt. (www.capemental health.co.za)

Dezember

Es ist Hauptreisezeit, was bedeutet, dass Karten für beliebte Attraktionen und Tische in Spitzenrestaurants weit im Voraus gebucht werden müssen. Besonders viel los ist zu Silvester; an der Waterfront gibt's ein großes Feuerwerk – eine der vielen Veranstaltungen, die in der ganzen Stadt stattfinden.

✵ Adderley St Christmas Lights

Tausende lauschen gemeinsam vor der Cape Town Railway Station einem Konzert, danach findet in der festlich beleuchteten Adderley Street ein Umzug statt. In den Tagen um den 20. Dezember wird abends außerdem in The Company's Gardens ein sehenswerter Markt veranstaltet.

✵ Mother City Queer Project

Diese geradezu riesige Tanzparty, die eine große Gay-Crowd anzieht, wartet jedes Jahr mit einem neuen verrückten Verkleidungsmotto auf. (www. mcqp.co.za)

Reisen mit Kindern

Schöne Sandstrände, der Tafel-berg mit seinem großen Frei-zeitangebot, jede Menge Tiere, die quirlige Waterfront und vieles mehr: Kapstadt ist ein wunder-bares Reiseziel für Familien mit Kindern jeden Alters.

Strände & Boote

Es herrscht kein Mangel an Stränden, wo-bei das Wasser in der False Bay etwas wär-mer ist als an der Atlantikküste. Gut sind Muizenberg (S. 155), St. James (S. 156) und die Buffels Bay (S. 151) am Cape Point.

Bootsfahrten (S. 116) werden überall an-geboten, z. B. mit *Tommy the Tugboat* und dem *Jolly Roger Pirate Boat* an der Water-front; Ausflugsschiffe starten in den Häfen von Simon's Town und Hout Bay.

Spielplätze & Parks

Im Green Point Park gibt's zwei tolle Spiel-plätze. Der Mouille Point (S. 119) wartet zu-sätzlich mit Minizug, Labyrinth und Golf-Übungsgrün auf. Die Sea Point Promenade (S. 128) hat Spielplätze, und man kann am Ufer baden. In Vredehoek gibt's neben dem Deer Park Café (S. 106) einen schönen Spiel-platz. Der Freizeitpark Ratanga Junction (S. 173) bietet spannende Fahrten für Teen-ager, aber auch einiges für kleinere Kinder.

Land- und Meerestiere

Meerestiere gibt's im Two Oceans Aquari-um (S. 124), Vögel und Affen in der World of Birds (S. 129) in Hout Bay oder im Feuchtge-biet Intaka Island (S. 169), Brillenpinguine in Boulders (S. 158), wilde Strauße, Paviane und Klippschliefer am Cape Point (S. 151) sowie scheue Flusspferde in der Rondevlei Nature Reserve (S. 155). Bauernhoftiere sind im Oude Molen Eco Village (S. 173) und auf der Imhoff Farm (S. 157) zu Hause, wo man auch auf Kamelen reiten kann.

Interessante Museen

Wissenschaft und Technik werden Kindern im Cape Town Science Centre (S. 90) nahe-gebracht, meist mit speziellen Aktivitäten. Das South African Museum (S. 104) verfügt über riesige Walskelette und ein Planetari-um. Das Castle of Good Hope (S. 56) bietet mit seinen Museen und Kutschfahrten an-schaulichen Geschichtsunterricht.

Shoppen & Essen

Alle großen Einkaufszentren beherbergen Spielwarenläden. Tolle gebrauchte Sachen, einen Spielbereich und Kinderyoga bietet **Merry Pop Ins** (Karte S. 306; ☎021-422 4911; www.merrypopins.co.za; 201 Bree St, City Bowl; ⏰Mo–Do 9.30–17, Fr 9–16, Sa 10–14 Uhr; 🚇Up-per Loop/Upper Long). Die Book Lounge (S. 96) hat eine sehr gute Kinderbuchabtei-lung und veranstaltet Vorlesestunden.

Märkte wie Neighbourgoods (S. 96), Bay Harbor Market (S. 133) und Blue Bird Gara-ge (S. 162) haben Spielbereiche und Essen für Kinder. Fish 'n' Chips gibt's an der Wa-terfront, in Hout Bay und in Simon's Town.

GUT ZU WISSEN

➡ **Cape Town Kids** (www.capetownkids. co.za) gibt Informationen zu Orten und Ver-anstaltungen für Kinder; eine südafrikani-sche Erziehungsberatungsstelle ist **Child Mag** (www.childmag.co.za).

➡ Babysitter finden sich über **Super Sit-ters** (☎073 976 5107, 021-551 7082; www. supersitters.net).

Leben wie die Ein- heimischen

Wegen der krassen Einkommens- unterschiede in Kapstadt sieht der Alltag in Crossroads deutlich anders aus als etwa in Clifton. Besuchern bieten sich jedoch unter- schiedliche Möglichkeiten, das Leben in der Stadt in all seinen Facetten zu erleben und Einblicke in den Alltag der verschiedenen Gruppen zu erhalten.

Wöchentliche Shopping- Highlights

Zu dem traditionellen Blumenmarkt auf dem Trafalgar Place (S. 67) und den Trö- del- und Antiquitätenhändlern auf dem Milnerton Flea Market (S. 173) gesellen sich trendige Märkte für hausgemachte Lebensmittelerzeugnisse und Designer- und Kunsthandwerkwaren. Neighbour- goods (S. 96) – das Original – ist immer noch einer der Besten, aber er ist jeden Samstag so voll, dass man es auch mal mit dem Oranjezicht City Farm Market (S. 109) oder dem Tokai Forest Market (S. 147) ver- suchen sollte. Einwohner von Muizenberg treffen sich an Freitagabenden auf ein Bier in der Blue Bird Garage (S. 162, mit tollem Livejazz), während die Bewohner der Hout Bay dasselbe auf dem Bay Har- bour Market (S. 133) tun, der ebenfalls auch am Samstag und Sonntag sehr be- liebt ist. Auch der The Cape Point Vine- yards Market (S. 162) am Donnerstag- abend zieht die Massen an.

Outdooraktivitäten

Die Kapstädter machen ausgiebig Ge- brauch von dem grandiosen Nationalpark mitten in ihrer Stadt. Die Leute treffen sich zu wöchentlichen Wanderungen (z. B. geht's mittwochs um 6 Uhr auf den Lion's Head, S. 104), zum Sonnenbaden an den Stränden oder zu Picknicks in den Parks. Die tollen Sonntagskonzerte (S. 22), die den ganzen Sommer über in den Kirstenbosch Botanical Gardens stattfinden, sollte man sich nicht entgehen lassen.

Eine beliebte Sportart ist hier natürlich das Surfen. Erlernen kann man es bei mehreren Anbietern in Muizenberg oder Table Bay. Wer noch etwas ehrgeiziger ist, kann sich im Kiteboarden oder Stand-up- Paddeln versuchen. Segler sind eingeladen, sich mittwochnachmittags an den Rennen des Royal Cape Yacht Club zu beteiligen (S. 84).

Radfahrer dürften sich für die monat- lich stattfindenden RTF-Touren **Moonlight Mass** (www.moonlightmass.co.za) und für die Promenade Mondays (S. 133) in Sea Point interessieren.

Das Leben in den Townships

Viele der armen Townships von Kapstadt kann man im Rahmen von kulturellen Führungen besuchen, um sich selbst ein Bild davon zu machen. Besonders interes- sant sind Touren, bei denen die Besucher sich die Gegenden selbst erschließen, wie Run Cape Town (S. 27), einen 10 km langen Lauf durch Gugulethu, oder Juma Mkwe- las (S. 28), eine Tour zu Street-Art-Werken in Khayelitsha. Näheren Kontakt zu den Bewohnern hat jedoch, wer in einer Pensi- on in den Townships übernachtet (S. 231), die alle von wundervollen Frauen betrie- ben werden, in einem Restaurant wie dem munteren Grilllokal Mzoli's (Barbecue) (S. 169) in Gugulethu oder bei Nomzamo (S. 169) in Langa isst oder ehrenamtlich in einem Projekt mitarbeitet (S. 272).

Partys & Performances

Alle Kapstädter lieben eine *jol* (Party), vor allem eine, für die man sich verkleiden muss! Das Mother City Queer Project

(S. 23) im Dezember und der Cape Town Minstrel Carnival (S. 20) und anschließende Wettbewerbe im Januar und Februar sind die größten Veranstaltungen dieser Art. Andere regelmäßig stattfindende Themenpartys und Events sind z. B. das wilde **Renegade Bingo** (www.facebook.com/rbingo).

Unter die Einheimischen mischen kann man sich auch bei einer Buchvorstellung in der Book Lounge (S. 96) oder einem Konzert in kleinen Clubs wie dem Studio 7 (S. 132), Straight No Chaser (S. 108), Youngblood Africa (S. 66) oder Alma Café (S. 146). Die ersten Donnerstage (First Thursdays) und die Veranstaltungen der Kunstgalerien mit dem Titel „Thursday Late" (S. 81) verwandeln Teile der City Bowl und von Woodstock in wogende Straßenpartys.

Geführte Touren

Wer nicht viel Zeit hat oder sich Kapstadt von Experten zeigen lassen möchte, dem stehen unzählige Führer und Reiseveranstalter zur Verfügung. Die besten Touren bieten interessante Einblicke in Themen wie Essen und Wein, Flora und Fauna, Geschichte und Kultur.

SEB OLIVER/GETTY IMAGES ©

Top-Tipps

City Sightseeing Cape Town (☎021-511 6000; www.citysightseeing.co.za; Erw./Kind ein Tag 170/80 R, 2 Tage 270/170 R) Die offenen Doppeldeckerbusse, bei denen man beliebig aus- und wieder zusteigen kann, befahren zwei Strecken und eignen sich prima zur ersten Orientierung. Sie bieten Kommentare in 16 Sprachen und dazu eine erhöhte Plattform für ideale Fotobedingungen. Die Busse fahren zwischen 9 und 16.30 Uhr ungefähr halbstündlich, in der Hauptsaison häufiger.

Coffeebeans Routes (Karte S. 316; ☎021-461 3572; www.coffeebeansroutes.com; 22 Hope St, Gardens; geführte Touren ab 800 R; 🚉Roodehek) Die Idee, Besucher mit interessanten Bewohnern der Stadt wie Musikern, Künstlern, Bierbrauern und Designern zusammenzubringen, ist großartig. Das innovative Angebot umfasst Touren zur Geschichte der jüngsten Revolution in Südafrika, zu kreativen Unternehmen und Bio-Winzern.

Awol Tours (Karte S. 318; ☎021-418 3803; www.awoltours.co.za; Information Centre, Dock Rd, V&A Waterfront; 🚉Nobel Square) Tolle geführte Radtour (drei Stunden, 500 R) von der Waterfront in Awol durch die Stadt. Andere Ziele sind z. B. das Weinland, Cape Point und die Township Masiphumelele – eine tolle Alternative zu traditionellen Township-Touren. Außerdem gibt's geführte Wanderungen auf den Tafelberg (ab 1000 R).

Uthando Township Tour (☎021-683 8523; www.uthandosa.org; 9 Princes Rd, Harfield Village; 650 R) Diese Township-Touren sind etwas teurer, weil die Hälfte des Geldes an die Hilfsprojekte geht, die auf der Tour besucht werden – und genau dafür wurde die Tour auch entwickelt. Gewöhnlich werden etwa drei Projekte besucht, von Biofarmen bis zu Seniorenzentren.

Run Cape Town (☎072 920 7028; www.runcapetown.co.za; 450 R) Die Stadtbesichtigung ist integriert ins Lauftraining auf den Strecken, die dieses innovative Unternehmen kreuz und quer durch die Stadt, sowohl im Table Mountain National Park als auch weiter draußen in Gugulethuu and Darling, anbietet.

Stadtführungen & Radtouren

VoiceMap (www.voicemap.me) Diese in Kapstadt entwickelte Website und App bietet tolle Touren, die man auf das Smartphone herunterladen oder am Rechner anhören kann, um die Gegend auf eigene Faust zu erkunden. Die von Ortskundigen gesprochenen Wegbeschreibungen bieten Einblicke in das Geschehen in der Stadt, die bei anderen Touren schon mal übersehen werden.

Good Hope Adventures (☏ 021-510 7517; www.goodhopeadventures.com; drei- bis fünfstündige Touren 250–500 R) Auf diesen spannenden Rundgängen erkundet man die alten Tunnel und Kanäle unterhalb der Stadt – nichts für Leute mit Klaustrophobie! Man sollte alte Kleidung und Schuhe tragen und benötigt eine Taschenlampe.

Cape Town on Foot (Karte S. 306; ☏ 021-462 2252; www.wanderlust.co.za; Tour 200 R; ⊙ Mo–Fr 11, Sa 10 Uhr) Diese 2½-stündigen Touren starten am Tourismusbüro von Kapstadt in der Burg Street. Sie erkunden die Sehenswürdigkeiten im Zentrum und werden von ortskundigen Führern auf Deutsch oder Englisch abgehalten.

Day Trippers (☏ 021-511 4766; www.daytrippers.co.za) Viele Touren dieses etablierten Anbieters finden per Rad statt. Die Radtour durch die Stadt kostet 360 R.

Township- & kulturelle Touren

Die besten Touren durch die Townships vermitteln ein besseres Verständnis von der sozialen Zweiteilung der Stadt und den Herausforderungen, denen sich die große Mehrheit der Kapstädter jeden Tag gegenübersieht. Auch wird deutlich, dass ein Leben in Armut nicht von purer Verzweiflung geprägt sein muss, sondern dass es hier jede Menge tolle Dinge zu erleben gibt.

In der Regel dauern die Touren einen halben Tag. Bei den Township-Touren kommen gewöhnlich Pkw oder Minibusse zum Einsatz, aber es gibt auch Spaziergänge, Radtouren oder sogar Jogging-Touren.

Juma Mkwela (☏ 073 400 4064; juma.mkwela@gmail.com; Woodstock/Khayelitsha Touren 200/500 R) Zimbabwean Juma ist ein talentierter Street-Artist, der in Khayelitsha lebt und arbeitet. Dort veranstaltet er ausgezeichnete Spaziergänge zu den Street-Art-Kunstwerken, die die Gegend um den Bahnhof von Khayelitsha verschönern. Er hat auch schon in Woodstock gelebt und ist daher auch der Experte der Wahl für die dortige reiche Street-Art-Kultur.

Laura's Township Tours (☏ 082 979 5831; www.laurastownshiptours.co.za; Touren ab 400 R) Die in Gugulethu ansässige Laura Ndukwana wird für ihre Touren durch die „Hoods" in den höchsten Tönen gelobt. Sie leitet außerdem einen Frühstücksclub, in dem sie täglich 40 Kinder abfüttert, bevor diese sich auf den Schulweg machen. Die Tourenvorschläge umfassen auch einen Besuch einer charismatischen evangelischen Kirche am Sonntagmorgen und eine Kulinariktour (700 R).

Andulela Creative (☏ 021-790 2592; www.andulela.com; Kulinariktouren ab 795 R) Bietet eine Vielzahl von kulturellen und kulinarischen Touren an, darunter eine Tour zur afrikanischen Küche in Gugulethu und eine zur Küche der Kapmaleien in Bo-Kaap.

Vamos (☏ 072 499 7866; www.vamos.co.za; Rundgänge/Radtouren 270/350 R) Der umgängliche und mitteilsame Guide Siviwe Mbinda ist einer der Mitbegründer dieses Unternehmens, das zwei- bis dreistündige Rundgänge und Radtouren durch Langa anbietet. Oft gibt's unterwegs eine Darbietung der von Siviwe gegründeten Gummistiefeltanztruppe Happy Feet. Es können auch Privatunterkünfte in Langa vermittelt werden.

Dinner@Mandela's (☏ 021-790 5817, 083 471 2523; www.dinneratmandelas.co.za; Touren 295 R) Eine sehr empfehlenswerte Alternative oder Ergänzung zu Tagestouren ist diese Abendtour mit Essen in Imizamo Yethu (Mo & Do ab 19 Uhr, Abholung im Stadtzentrum). Das vegetarierfreundliche Essen mit traditionellen afrikani-

---

GUT ZU WISSEN

Vorausbuchung Bei den meisten Touren erforderlich; manchmal kommen Touren nur bei einer Mindestteilnehmerzahl (z. B. vier Personen) zustande.

Treffpunkt? Holt der Anbieter von der Unterkunft ab und ist das im Preis inbegriffen?

Wem kommt das Geld zugute? Welcher Anteil des Preises von Township-Touren kommt den Menschen in den Townships zugute? Nicht alle Touren werden von Township-Bewohnern organisiert oder unterstützen diese.

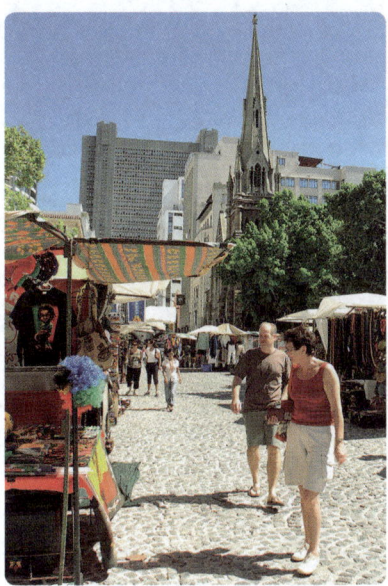

Greenmarket Square (S. 61)

schen Gerichten findet in Tamfanfa's Tavern statt. Davor stehen afrikanischer Tanz und Chorgesang auf dem Programm.

Township Tours SA (☎083 719 4870; Touren 85 R) Afrika Moni bietet zweistündige Rundgänge durch Imizamo Yethu (es liegt an der blauen Linie der Busse von City Sightseeing Cape Town), mit Besuch bei einer *sangoma* (traditioneller Heiler, gewöhnlich eine Frau), einem hausgebrauten Getränk in einer *shebeen* (einer illegalen Kneipe) und einem Besuch bei mehreren Kunstprojekten und im Township-Museum. Unbedingt vorab reservieren.

Transcending History Tours (☎084 883 2514; http://sites.google.com/site/capeslaverou tetours; 2½-stündige Touren ab 200 R) Lucy Campbell ist die Expertin für diese Touren, die einen tieferen Einblick in die reiche und faszinierende Geschichte der Ureinwohner und Sklaven am Kap bieten.

Naturkundliche Touren

Wandertouren im Table Mountain National Park (S. 30). Auch für das Rondevlei Nature Reserve (S. 155) können Wandertouren organisiert werden.

Bootstouren zu den Haien, Walen und Meeresvögeln werden von Simon's Town (S. 165) aus angeboten.

Birdwatch Cape (☎072 635 1501; www.bird watch.co.za; halb-/ganz-tägige Touren ab 2000/3200 R) Informative Touren zur Beobachtung der vielen einzigartigen Vogelarten am Kap.

Weintouren

African Story (☎073 755 0444; www.african storytours.com; Touren 650 R) Ganztagestouren mit Wein-, Käse- und Schokoladenverkostung auf vier Gütern in den Regionen Stellenbosch, Franschhoek und Paarl.

Bikes 'n Wines (☎074 186 0418; www.bikes nwines.com; Halb-/Ganztagestouren ab 500/ 1150 R) Diese emissionsfreien Touren mit dem Rad durch das Weinland des Kaps werden als Halb- oder Ganztagestouren (über 30 bis 50 km) in Stellenbosch, Franschhoek, Elgin und Grabouw, Wellington und Hermanus sowie zur Kaphalbinsel angeboten.

Easy Rider Wine Tours (☎021-886 4651; www.winetour.co.za; 500 R) Zuverlässiger Anbieter in Stellenbosch. Zunächst gibt's eine Kellerführung, dann geht's (gewöhnlich) zu den Gütern Boschendal und Fairview sowie zu einigen anderen Kellereien.

Gourmet Wine Tours (☎021-705 4317, 083 229 3581; www.gourmetwinetours.co.za; Halb-/ Ganztagestouren ab 1400/2000 R) Stephen Flesch, ehemaliger Vorsitzender der Wine Tasters Guild of South Africa, verfügt über 35 Jahre Erfahrung als Weinprüfer und bietet Touren zu den vom Kunden ausgewählten Weingütern.

Vine Hopper (☎021-882 8112; www.vinehop per.co.za; 1-/2-Tagesticket 250/440 R, Tagesausflug 500 R) Der Hopper ist ein Hop-on-hop-off-Bus mit zwei Routen, an denen sechs Weingüter liegen. Er fährt stündlich bei Stellenbosch Tourism ab, wo man auch Fahrkarten kaufen kann. Außerdem gibt's eine Ganztagestour, die auch Brandy- und Schaumwein-Kellereien umfasst.

Wine Flies (☎021-462 8011; www.wineflies. co.za; 650 R) Vergnügliche Touren zu vier oder auch fünf Weingütern mit Keller- und Weinbergführungen sowie Käse-, Oliven- und Schokoladenverkostung.

Table Mountain National Park

Dieser 220 km² große Park zwischen Signal Hill und Cape Point ist ein Naturwunder. Mit seinen Granit- und Sandsteinfelsen, Stränden voller Felsbrocken und schattigen Wäldern ist dies der perfekte Ort für eine ganze Reihe von Freizeitabenteuern, darunter Wandern, Radfahren, Klettern, Wassersport und Tiere beobachten.

Kletterer, Westseite des Tafelbergs

SPROETNIEK/GETTY IMAGES ©

Highlights

➡ Eine Nacht in einem der **Zeltcamps** (S. 229) verbringen und auf dem Hoerikwaggo Trail wandern.

➡ Nach der geruhsamen Fahrt mit der **Seilbahn** (S. 101) die tolle Aussicht von oben genießen.

➡ In **Boulders** mit den Brillenpinguinen paddeln (S. 158).

➡ Zur Südwestspitze Afrikas, dem **Cape Point** (S. 151), fahren.

➡ Den **Lion's Head** (S. 104) erklimmen und umwerfende Ausblicke auf die Table Bay und die Twelve Apostles genießen.

➡ Im **Tokai Forest** (S. 142) oder in **Silvermine** (S. 154) Mountainbike fahren.

Die Abschnitte des Table Mountain National Park

Der Park erstreckt sich über etwa 73 % der Kaphalbinsel und besteht aus verschiedenen Abschnitten. Dies hier sind die wichtigsten Gegenden, die man besucht haben sollte:

Tafelberg Die unbestrittene Hauptattraktion des Parks kann man entweder komplett ersteigen oder die Seilbahn nehmen und nur den Rest zu Fuß gehen. (S. 101)

Lion's Head Einfacher zu erklimmen als der Tafelberg, mit Rundumblick auf Tafelberg, Küste und Stadt. (S. 104)

Signal Hill Mit der Noon Gun; zu erreichen mit dem Auto von der Kloof Nek Road oder zu Fuß von Bo-Kaap oder Sea Point. (S. 68)

Oudekraal Picknickplatz und beliebter Tauchspot am Atlantik. (S. 129)

Back Table Ein alter Saumpfad führt vom Constantia Nek die Rückseite des Tafelbergs hinauf zu einer Reihe von Stauseen. (S. 140)

Kirstenbosch Botanical Gardens Die Gärten gehören nicht zum Park, grenzen aber an ihn an: Man kann durch die Skeleton Gorge oder die Nursery Ravine den Berg hinaufwandern oder den Panoramaweg nehmen, der durch die Cecilia Plantation zum Constantia Nek führt. (S. 137)

Tokai Forest Beliebter schattiger Picknickbereich mit Arboretum und Wander-, Mountainbike- und Reitwegen. (S. 142)

Silvermine Nature Reserve Dieser Parkabschnitt in der Mitte der südlichen Halbinsel bietet Plankenwege an einem Fluss und Stausee entlang sowie Pfade zu Höhlen und tollen Aussichtspunkten. (S.154)

Boulders Geschützte sandige Buchten in der False Bay und ein Schutzgebiet für eine Kolonie von 2100 Brillenpinguinen. (S.158)

Kap der Guten Hoffnung Das Kap im Süden der Halbinsel ist die Südwestspitze Afrikas und Teil eines 77,5 km² großen Schutzgebiets. (S.151)

Wandern & Klettern

Allein der Tafelberg wartet mit jeder Menge Routen auf, von leichten Spaziergängen bis zu extremen Klettersteigen. Für die Parkabschnitte Boulders, Kap der Guten Hoffnung, Ouderkraal, Silvermine und Tokai muss man Eintritt zahlen, ansonsten sind die Wege aber frei zugänglich. Die Ausschilderung wird langsam besser, ist jedoch keineswegs flächendeckend, und selbst mit einer Karte kann man sich leicht verirren. Bevor man aufbricht, sollte man die unten stehenden Sicherheitshinweise lesen und vielleicht einen Guide anheuern.

Beliebte Routen

Die direkteste Route auf den Berg führt durch die Platteklip Gorge (S.102). Weniger anstrengend ist der Pipe Track (S.102), für den man jedoch doppelt so lange braucht. Leichte Routen führen außerdem auf den Lion's Head (S.104) und von der Bergstation der Seilbahn zu Maclear's Beacon (S.102), dem höchsten Punkt des Berges.

Längere Wanderrouten sind z.B. der zweitägige, 33,8 km lange Cape of Good Hope Trail (S.152) und der fünftägige, 75 km lange Hoerikwaggo Trail (S.153), der über die gesamte Länge der Halbinsel vom Cape Point bis zur Bergstation der Seilbahn führt.

Geführte Wanderungen

Neben den hier aufgeführten Unternehmen bieten auch Abseil Africa (S.102), Awol Tours (S.280) und Downhill Adventures (S.110) geführte Touren im Park an. Mehrere Wandervereine bieten Tages- und Wochenendtouren an, darunter **Cape Uni-**

Table Mountain NP

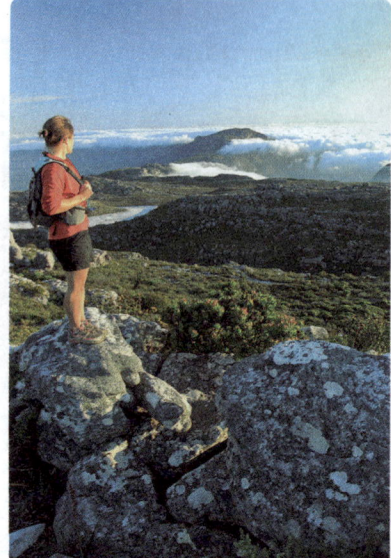

Blick vom Tafelberg

on Mart Hiking Club (www.cumhike.co.za), **Trails Club of South Africa** (www.trailsclub. co.za) und **Mountain Club of South Africa** (Karte S. 216; ☎021-465 3412; www.mcsacape town.co.za; 97 Hatfield St, Gardens; ▣Govern-ment Avenue).

Venture Forth (☎086 617 3449, 021-510 3137; www.ventureforth.co.za; ab 570 R p. P.) Ausge-zeichnete geführte Wanderungen und Klettertou-ren mit engagierten, kenntnisreichen Guides.

Walk in Africa (☎021-785 2264; www.walkin africa.com) Steve Bolnick, ein erfahrener und pas-sionierter Safari- und Bergführer, leitet das Unter-nehmen. Die Vorzeigewanderung geht fünf Tage lang über den Mountain in the Sea Trail, der von der Platteklip Gorge zum Cape Point führt, teilwei-se läuft man auf dem Hoerikwaggo Trail.

South African Slackpacking (☎082 882 4388; www.slackpackersa.co.za; ab 300 R p. P.) Das Unternehmen wird von dem lizenzierten Na-turführer Frank Dwyer geleitet und bietet Ein- und Mehrtageswanderungen im Nationalpark.

Table Mountain Walks (☎021-715 6136; www. tablemountainwalks.co.za; ab 450 R p. P.) Geführ-te Tageswanderungen in verschiedenen Teilen des Parks, von Aufstiegen auf den Tafelberg bis zu Wanderungen im Abschnitt Silvermine.

Christopher Smith (☎061 103 7398; www. tablemountain.my-hiking.com) Der im National-

park ausgebildete freiberufliche Guide ist ein um-gänglicher, kenntnisreicher Mensch mit jeder Menge Erfahrung als Führer auf dem Hoerikwaggo Trail und auf anderen Routen.

Sicherheitshinweise

Nur weil der Table Mountain National Park vor den Toren der Stadt liegt, ist dieses Wildnisgebiet mit Höhen von über 1000 m nicht weniger gefährlich. Bergunfälle pas-sieren sehr häufig, zumeist bei Kletter-expeditionen. Am Tafelberg sind schon mehr Menschen ums Leben gekommen als auf dem Mount Everest. Auch Brände ha-ben Opfer gefordert, und an den Hängen des Tafelbergs und des Lion's Head sind Überfälle leider keine Seltenheit.

Im Park patrouillieren rund 50 Park-angestellte, aber er ist so groß, dass sie natürlich nicht überall sein können – man sollte also gut für die Bergtour gerüstet sein. Selbst wer mit der Seilbahn hinauf-fährt, sollte sich im Klaren sein, dass das Wetter oben schnell umschlagen kann. Die wichtigsten Notfallnummern sind ☎086 110 6417 für Feuer, Wilderei, Unfälle und Verbrechen sowie ☎021-948 9900 für die Bergrettung.

Tipps für Wanderungen

Lange Hosen tragen. Ein großer Teil des *fynbos* (wörtlich „dünner Busch", vorwie-gend Proteen und Erika) ist rau und krat-zig. Dazu kommt der üble *blister bush,* dessen Blätter aussehen wie Petersilie; wer diese Pflanze berührt hat, sollte die betref-fende Stelle umgehend abdecken – Sonnen-licht aktiviert die Giftstoffe der Pflanze, sodass auf der Haut Blasen entstehen, die manchmal jahrelang nicht abheilen.

➜ Jemanden von der geplanten Route unterrich-ten und eine Karte (oder noch besser: einen Füh-rer) mitnehmen.

➜ Auf ausgetretenen Pfaden bleiben und keine Abkürzungen nehmen.

➜ Viel Wasser und etwas Proviant einpacken, wetterfeste Kleidung und ein voll aufgeladenes Handy mitnehmen.

➜ Wanderstiefel oder -schuhe sowie einen Son-nenhut tragen.

➜ Am Berg keinen Abfall zurücklassen.

➜ Am Berg Feuer zu entzünden ist verboten.

GUT ZU WISSEN

Table Mountain National Park Head Office (Karte S. 326; ☏021-712 2337; www.tmnp.co.za; Tokai Manor House, Tokai Rd, Tokai; ◷Mo–Fr 8–17 Uhr)

Boulders Visitor Centre (Karte S. 330; ☏021-786 2329; 1 Kleintuin Rd, Seaforth, Simon's Town; ◷8–16 Uhr)

Buffelsfontein Visitor Centre (Karte S. 331; ☏021-780 9204; Cape of Good Hope; ◷Mo–Do 9–16, Fr bis 15 Uhr)

Slingsby Maps (www.slingsbymaps. com)

Ermäßigungen

Unbegrenzten Zugang zu den südafrikanischen Nationalparks für ein Jahr bieten die verschiedenen Arten der **Wild Cards** (www.wildcard.co.za). Für ausländische Besucher gibt es die „All Parks Cluster"-Karte (Einzelperson/Paar/Familie 1770/2770/3310 R). Bürger Südafrikas und Einwohner von Kapstadt können eine „My Green Card" (110 R) kaufen, mit der man zwölfmal pro Jahr beliebige Abschnitte des Table Mountain National Park betreten darf. Die Karten sind in den Informationszentren des Parks erhältlich.

Bücher

Wer mehr über den Park und alle dort möglichen Aktivitäten erfahren möchte, sollte nach den folgenden Büchern Ausschau halten:

➡ *Mountains in the Sea: Table Mountain to Cape Point* (John Yeld)

➡ *Best Walks in the Cape Peninsula* (Mike Lundy)

➡ *A Walking Guide for Table Mountain* (Shirley Brossy)

➡ *Table Mountain Activity Guide* (Fiona McIntosh)

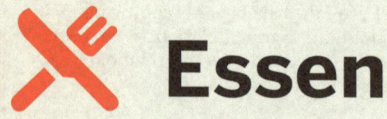

Essen

Es ist schon ein Wunder, dass die Kapstädter am Strand so eine gute Figur machen, denn das Essen hier schmeckt einfach hervorragend. Es wird eine wunderbare Vielfalt geboten, darunter regionale afrikanische und kapmalaiische Gerichte sowie Fisch und Meeresfrüchte direkt vom Boot, und viele der Köche spielen in der Spitzenliga mit.

Kulinarische Trends

Kapstadt steckt mitten im Hype um die Ernährungslehre „Banting", die auf eine kohlenhydratarme, aber fettreiche Ernährung abzielt. Etliche Lokale haben auf der Speisekarte Banting-Gerichte, wie z.B. Pizzateig aus Blumenkohl. Es gibt sogar spezielle Banting-Restaurants (nicht wirklich lecker).

Auch bei den vegetarischen und veganen Restaurants hat sich viel getan, die Gerichte sind sowohl gesund als auch lecker. Passend zum mediterranen Klima bieten immer mehr Lokale kleine Portionen nach Tapas-Art für eine leichte Mahlzeit an. Man kann sich sein Essen auch selbst zusammenstellen. Ein weiterer Trend ist der Aufstieg der Supper Clubs und „Underground"-Restaurants wie Spasie (S. 73) und **Secret Eats** (www.thesecreteats.com). Informationen zu den Veranstaltungen bekommt, wer sich für die Newsletter anmeldet. Wer in einem kapstädtischen Privathaus essen möchte, kann das über Pozay (www.pozay.com) organisieren.

Aus dem Meer

Hier wird jede Menge Fisch aufgetischt, den man zu Hause nicht findet, wie Kingklip oder Snoek, eine sehr fleischige große Makrelenart, die vor allem gegrillt (oder *braaied*, wie man hier sagt) köstlich schmeckt. Vorsicht jedoch vor den kleinen Gräten!

Bei *line fish* handelt es sich um tagesfrischen Fang. Außerdem gibt's köstlich frische Langusten und Edelkrebse – für gutes Geld. Vor dem Bestellen vergewissert man sich am besten, dass der gewünschte Fisch nicht auf der Roten Liste steht: Die **Southern African Sustainable Seafood Initiative** (SASSI; www.wwfsassi.co.za) klärt Konsumenten über verantwortungsbewussten Fischkonsum auf.

Die Küche der Kapmalaien

Diese spannende Mischung aus malaiischen und holländischen Kochtraditionen entstand in der Frühzeit der europäischen Besiedlung und zeichnet sich durch die Verbindung aromatischer Gewürze und lokaler Produkte aus. Manchen ist die Küche zu schwer und süß, aber probieren lohnt sich auf jeden Fall.

Das am weitesten verbreitete kapmalaiische Gericht ist *bobotie,* meist zubereitet aus Rinder- oder Lammhack mit herzhafter Kruste aus geschlagenem Ei, leicht mit Curry gewürzt und serviert auf Kurkumareis mit Chutney. Es gibt auch Varianten mit anderen Fleischsorten oder auch mit Fisch.

Bredies sind Eintöpfe mit Fleisch oder Fisch und Gemüse. *Dhaltjies,* frittierte Kichererbsenbällchen mit Kartoffeln, Koriander und Spinat, stammen aus der maurischen Küche. Beliebt sind auch milde Currys, oft serviert mit *rootis,* die dem gleichnamigen indischen Brot ähneln. Vom indischen Einfluss zeugen auch *samosas* mit scharfer Gemüsefüllung. Fleischfreunde sollten *sosaties* probieren, kapmalaiische Grillspieße.

Köstliche traditionelle Desserts sind *malva*-Pudding mit Aprikosenmarmelade und Essig und Brandy-Pudding (die echte kapmalaiische Küche ist stark muslimisch beeinflusst und verzichtet auf Alkohol). Sehr empfehlenswert sind auch *koeksusters,* mit Sirup überzogene frittierte Teigzöpfe.

Afrikanische & Afrikaander-Küche

Grundnahrungsmittel der meisten Township-Bewohner ist Reis oder *mealie pap* (Maisbrei), zu dem oft ein fettiger Eintopf gereicht wird – nicht sehr appetitlich, aber preiswert. Das Gleiche gilt für die *smilies* (Schafsköpfe), die auf der Straße zubereitet werden. Weitere typische Gerichte sind *samp* (eine Mischung aus Mais und Bohnen), *imifino* (Maismehl und Gemüse) und *chakalaka* (eine leckere Würzsauce aus Tomaten, Zwiebeln, Pfeffer, Knoblauch, Ingwer, süßer Chilisauce und Currypulver).

Gewürztes Fleisch vom *braai* (Grill), das Standardgericht der traditionellen Burenküche, ist überall beliebt. Das Erbe der Voortrekker ist in alten Spezialitäten wie *biltong* (luftgetrocknetes Rind- oder Wildfleisch) und *rusk* (Zwieback) bemerkbar, die sich perfekt für die langen Trecks der Pioniere durchs Hinterland eigneten. Eine typische Wurst ist die *boerewors,* und auch Wildbret wird für viele Rezepte verwendet.

Essen nach Stadtvierteln

➡ **City Bowl, Foreshore, Bo-Kaap & De Waterkant** Das größte Angebot haben die City Bowl und De Waterkant; in Bo-Kaap gibt's einige kapmalaiische Cafés. (S. 68)

➡ **East City, District Six, Woodstock & Observatory** Es lohnt sich ein Abstecher zur Lower Main Road in Observatory und zu den In-Cafés in East City und Woodstock. (S. 90)

➡ **Gardens & Umgebung** In der Kloof Street gibt es mehrere gute Restaurants, einige mit tollen Ausblicken auf den Tafelberg. (S. 105)

➡ **Green Point & Waterfront** Toll zum Speisen am Wasser; an der Waterfront sind manche Lokale aber auch nur Touristennepp. (S. 120)

➡ **Sea Point bis Hout Bay** Die Gastroszene von Sea Point wird immer besser. In Camps Bay am Strand zu essen ist sehr teuer. (S. 129)

➡ **Southern Suburbs** Kirstenbosch ist ideal für ein Picknick. Auf verschiedenen Weingütern in Constantia gibt's schicke Restaurants. (S. 143)

➡ **Simon's Town & Southern Peninsula** Fisch und Meeresfrüchte direkt vom Boot. (S. 158)

➡ **Cape Flats & Northern Suburbs** Traditionelles afrikanisches Essen in Township-Restaurants und vom Grill an der Straße. (S. 169)

GUT ZU WISSEN

Preise

Die Preissymbole gelten jeweils für eine Mahlzeit ohne Getränk:

€	unter 75 R
€€	75–150 R
€€€	über 150 R

Öffnungszeiten

Viele Restaurants und Cafés sind sonntags geschlossen.

➡ **Cafés** Mo–Fr 7.30–17, Sa 8–15 Uhr

➡ **Restaurants** Mo–Sa 11.30–15, 18–22 Uhr

Tischreservierungen

Es empfiehlt sich, für Spitzenrestaurants und auch für beliebte Lokale der Mittelklasse vorab zu reservieren, besonders über Weihnachten. Für Spitzenlokale wie Test Kitchen (S. 93) muss man mehrere Monate im Voraus reservieren, manchmal wird auch eine Anzahlung verlangt.

Restaurantführer & Blogs

Rossouw's Restaurants (www.rossouws restaurants.com) Online-Restaurantkritiken voller Esprit zu den Lokalen von Kapstadt, gibt's auch einmal pro Jahr als Print-Ausgabe.

Eat Out (www.eatout.co.za) Online-Kritiken und gedruckter Restaurantführer für Kapstadt und das Westkap.

Once Bitten (www.oncebitten.co.za) Kritiken vom *Mail-&-Guardian*-Journalisten Brent Meersman.

BYO

Die meisten Restaurants haben eine Schanklizenz, einige gestatten es aber, den eigenen Wein mitzubringen (geringes oder kein Korkgeld). Wer's genau wissen möchte, ruft vorher an!

Rauchen

Rauchen ist in Restaurants nur dann erlaubt, wenn es einen abgetrennten Raucherbereich gibt.

Trinkgeld

10 % sind Standard, mehr gibt's bei gutem Service.

Top-Tipps

Chef's Warehouse & Canteen Liam Tomlins Tapas aus aller Welt und ausgezeichnete Weine. (S. 70)

Hallellujah Kleine Köstlichkeiten mit Asien-trifft-Afrika-Flair. (S. 106)

Ferdinando's Fabelhafte „geheime" Pizzeria, die von einem witzigen Paar geführt wird. (S. 105)

La Mouette Edle Küche zu guten Preisen in Sea Point. (S. 130)

La Colombe Neues Lokal in Constantia mit der vortrefflichen Küche von Scot Kirton. (S. 145)

Preiskategorien

€

Kleinsky's Delicatessen Café im jüdischen Stil, das seine eigenen Bagels in Sea Point backt. (S. 129)

Kitchen Fabelhaftes Café, das auch die First Lady Michelle Obama gerne besucht hat. (S. 90)

Clifford & Sandra's Township-Lokal, das Gerichte am Markt von Khayelitsha zubereitet. (S. 169)

€€

Olympia Café & Deli Riesige Schüsseln voller Muscheln warten in Kalk Bay. (S. 159)

La Boheme Köstliche Tapas nach spanischer Art und weitere kleine Gerichte in Sea Point. (S. 130)

Pot Luck Club Der erschwinglichere Betrieb des Spitzenkochs Luke Dale-Roberts. (S. 93)

€€€

Chef's Table Wer an einem der vier Tische in der Küche von Mount Nelson essen möchte, muss vorab reservieren. (S. 107)

Aubergine Edle Küche gibt's in diesem alteingesessenen Lokal in Gardens. (S. 107)

Greenhouse Kulinarische Kunst vom Feinsten. (S. 145)

Restaurants

Afrikanisch

Africa Café Gerichte vom gesamten Kontinent. (S. 70)

Addis in Cape Äthiopische Gerichte, die mit den Fingern gegessen werden; viel Vegetarisches. (S. 71)

Kapmalaiisch

Bo-Kaap Kombuis Tolle Aussicht oben in Bo-Kaap; serviert auch vegetarische Gerichte. (S. 73)

Jonkershuis Legeres Restaurant im Brasserie-Stil in Groot Constantia. (S. 144)

Italienisch

Pesce Azzurro Leckere, rustikale italienische Pasta- und Fischgerichte. (S. 93)

La Perla Schickes Speiselokal an der Promenade in Sea Point seit 1959. (S. 130)

95 Keerom Preisgekrönte Pasta von Küchenchef Giorgio Nava. (S. 72)

Japanisch

Kyoto Garden Sushi Unschlagbare Auswahl an Sushi und Sashimi. (S. 106)

Izakaya Matsuri Entspanntes Lokal nach Art japanischer Kneipen mit super Sushi-Koch. (S. 73)

Downtown Ramen Szenetreff mit leckeren Nudelgerichten. (S. 92)

Indisch

Bombay Brasserie Mahlzeiten, die eines Maharadschas würdig wären. (S. 72)

Masala Dosa Knusprige Linsenpfannkuchen und leckere Currys in der Long Street (S. 69)

Chandani Serviert seit Langem grandiose Currys in Woodstock. (S. 93)

Vegetarisch & vegan

Plant Bioweine zu veganen Köstlichkeiten, auch Kuchen. (S. 68)

Raw and Roxy Gesundes, veganes Café. Neueröffnung in Woodstock. (S. 92)

Nü Frische Salate, Wraps und Säfte in Green Point. (S. 120)

Delis

Giovanni's Deli World Platzt fast vor leckeren Erzeugnissen, toll zum Kaffee. (S. 120)

Melissa's Köstliches Frühstücks- und Mittagsbüfett, man zahlt nach Gewicht. (S. 106)

Bread, Milk & Honey Eindrucksvolles Lunch-Büfett und Gerichte zum Mitnehmen. (S. 70)

Gourmetcafés

Starlings Cafe Reizendes Lokal für Frühstück und Lunch in den Southern Suburbs. (S. 144)

Four & Twenty Cafe & Pantry Ein Hoch auf die Backwaren und feinen Gerichte (S. 144) in Wynberg.

Hemelhuijs Stylische Einrichtung mit künstlerischem Flair und abenteuerlicher Küche. (S. 70)

Fisch & Meeresfrüchte

Ocean Jewels Tolles Fischlokal im Woodstock Exchange. (S. 90)

Live Bait Direkt im Hafen von Kalk Bay, frischer kann der Fisch nicht sein. (S. 159)

Familien

Cafe Paradiso Kochkurse für Kinder in diesem lebhaften italienischen Lokal. (S. 107)

Deer Park Café Spielplatz gleich neben diesem beliebten Café am Hang. (S. 106)

Ausgehen & Nachtleben

*Nicht umsonst war Kapstadt früher als die „Taverne der Sieben Meere"
bekannt. In unzähligen Bars und Kneipen, teils mit atemberaubender Aussicht auf den Strand oder die Berge, kann man Cocktails, edle Weine oder
hausgebraute Biere schlürfen, und wer sich auf der Tanzfläche austoben
möchte, findet problemlos einen geeigneten Club.*

Mitfeiern beim *jol*

Am meisten los ist mittwochs, freitags und
samstags: Da kann man die Einheimischen
beim Feiern erleben, oder beim *jol,* wie man
hier sagt. Aber Kapstadt bietet mehr als nur
Gelegenheiten zum Trinken und Tanzen.
Auch Kabarett und Comedy gehören zum
Nachtleben, und Livemusik mit allem von
Jazz bis Rap ist sehr populär. Dazu kommen
Hybrid-Events wie die First Thursdays (S. 81).

Was trinken?

Es bieten sich unzählige Gelegenheiten, die
Weine vom Kap in Bars, Restaurants und auf
den Weingütern zu probieren. Cocktails sind
beliebt, die besten Mixer bereichern ihre
Kreationen um regionale Aromen und verwenden Spirituosen aus kleinen Destillerien.

Die europäische Tradition des Bierbrauens
ist schon lange am Kap beheimatet: Pieter
Visagle soll 1658 am Ufer des Liesbeek das
erste Bier am Kap gebraut haben. In der
Newlands Brewery (S. 142) werden bekannte
Biermarken wie Castle und Black Label in
Fässern sowie in Flaschen zu 750 ml (*quart*)
und 330 ml (*dumpy*) abgefüllt. Ein weiteres
beliebtes Bier ist Windhoek aus Namibia.

Mikrobrauereien erleben derzeit einen
Boom und sind vor allem in Woodstock und
Salt River ansässig. Bekannte Namen sind
u. a. Devil's Peak, Riot Factory und Garigista.
Bierliebhaber sollten sich den Termin des
Cape Town Festival of Beer (www.capetown
festivalofbeer.co.za) Ende November im Kalen-
der notieren.

Clubbing

Kapstadts Clubszene ist fest im globalen
Dancefloor-Netzwerk verankert, weshalb
durchaus mit Auftritten internationaler
Star-DJs zu rechnen ist. Im Sommer finden
etwa eine Stunde vom Stadtzentrum entfernt Open-Air-Trancepartys wie **Vortex**
(www.intothevortex.co.za) und **Alien Safari**
(www.facebook.com/aliensafari) statt; genauere
Informationen dazu auf den jeweiligen Websites und in den Backpacker-Hostels.

Ausgehen & Nachtleben nach Stadtvierteln

➡ **City Bowl, Foreshore, Bo-Kaap & De Water-
kant** Pulsierendes Nachtleben in der oberen Long
Street, der Bree Street und in De Waterkant.
(S. 73)

➡ **East City, District Six, Woodstock & Observatory** Clubs an den Rändern des District Six; Stu-
denten-/Künstlerkneipen in Observatory; Hausbrauereien in Woodstock. (S. 93)

➡ **Gardens & Umgebung** Kloof Street und Kloof
Nek Road sind angesagte Treffs. (S. 107)

➡ **Green Point & Waterfront** Drinks mit Hafen-,
Bucht- oder Stadionblick. (S. 121)

➡ **Southern Suburbs** Alte Pubs in Newlands und
historische Weingüter in Constantia. (S. 145)

➡ **Simon's Town & Southern Peninsula** In Kalk
Bay kann man gemütlich sein Bier oder seinen
Kaffee genießen, nicht weit von den tosenden
Wellen. (S. 161)

GUT ZU WISSEN

Öffnungszeiten

Bars 12–24 Uhr, einige haben länger geöffnet.

Nachtclubs 20–4 Uhr, in den meisten Läden ist aber erst weit nach Mitternacht was los.

Eintritt

Clubeintritt je nach Veranstaltung 20–100 R.

Trinkgeld

Barkeeper bekommen gewöhnlich 10 %.

Tickets

Computicket (www.computicket.com)

Webtickets (www.webtickets.co.za)

Fakten

➡ Der Alkoholgehalt von Bier liegt bei etwa 5 %.

➡ Leitungswasser kann problemlos getrunken werden.

Informationen

Tonight (www.iol.co.za/tonight)

Cape Town Magazine (www.capetownmagazine.co.za)

More Than Food (www.morethanfood.co.za)

The Next 48 Hours (www.48hours.co.za)

Thunda (www.thunda.com)

The Night Life (www.thenightlife.co.za)

Blogs zu Hausbrauereien

Craft Beer Project (www.thecraftbeerproject.co.za)

The Brewmistress (www.brewmistress.co.za)

Top-Tipps

Publik Köstliche Weine von kleineren und weniger bekannten Weingütern des Kaps. (S. 73)

Weinhaus + Biergarten Bier aus Hausbrauereien, gutes Essen und Livemusik in einem Hof im Stadtzentrum. (S. 74)

Banana Jam Angesagte Kneipe für heimische Biere aus Kleinproduktion; dazu gibt's köstliches karibisches Essen. (S. 145)

Brass Bell Klassischer Pub in Kalk Bay – so nah am Wasser, dass man von seinem Platz ins Wasser springen könnte. (S. 161)

Truth Café-Bar im Steampunk-Stil, in der die Bedienungen kecke Hüte tragen. (S. 93)

Honest Chocolate Cafe Hommage an feinste dunkle Schokolade in flüssiger, fester, Eis- und Kuchenform. (S. 73)

Mit Meerblick

Dunes Sonnencreme und Handtuch mitbringen – man sitzt direkt am Strand von Hout Bay. (S. 131)

Tobago's Bar & Terrace Grandiose Ausblicke auf den Sonnenuntergang von diesem kleinen Lokal in der Granger Bay. (S. 121)

Blue Peter Schöner Blick auf den Tafelberg und Robben Island von dieser Kneipe am Bloubergstrand. (S. 171)

Cocktails & Spirituosen

Bascule Hier kann man an einer Whiskyverkostung teilnehmen oder einfach nur den Blick über den Hafen bei einem guten Schluck genießen. (S. 121)

Vista Bar Erfrischende und einfallsreiche Getränkekarte in der Lounge-Bar One & Only's. (S. 121)

Orphanage Dunkle, elegante Bar mit kreativen Drinks. (S. 74)

Für Bierfreunde

Forrester's Arms Klassische Kneipe in den Southern Suburbs mit Garten und Spielplatz. (S. 145)

Taproom Ausstellungsraum für das Bier von Devil's Peak mit spektakulärem Blick auf den Berg. (S. 93)

Beerhouse Beim Verkosten der 99 Sorten Ale kann es richtig lustig werden. (S. 74)

Für Kaffeejunkies

Bean There Fair-Trade-Kaffee – für ein ruhiges Gewissen. (S. 75)

Deluxe Coffeeworks Für ein Päuschen im Hof. (S. 75)

Hout Bay Coffee Fachmännisch zubereitete Getränke und leckere Kuchen. (S. 131)

Espressolab Microroasters Kaffeesorten aus aller Welt werden hier so respektvoll behandelt wie edle Weine. (S. 93)

Nachtclubs

Assembly Durchtanzen in einer alten Möbelfabrik. (S. 95)

Waiting Room Blick auf die Long Street von diesem groovenden Dachstock und der Bar auf dem Dach. (S. 74)

Shimmy Beach Club Glamouröser Club und Restaurant mit kleinem Kunststrand. (S. 121)

Afrikanische Beats

aMadoda Braai BBQ nach Art der Townships und *shebeen* in Woodstock. (S. 93)

Buyel' Embo Village DJ-Events und Livemusik in dieser hippen Anlage in Khayelitsha. (S. 171)

# Unterhaltung

Rapper und Comedians, die eine Mischung aus Afrikaans und Englisch sprechen, A-cappella-Chöre aus den Townships und Straßenmusiker an der Waterfront, Theater auf der Straße und in alten Kirchen sowie Aufführungen in Vorortwohnzimmern – Kapstadt beeindruckt mit einem umwerfend vielfältigen Unterhaltungsangebot, wobei Livemusik das Highlight ist.

Jazz und mehr

Es ist kein Zufall, dass viele berühmte Jazzkünstler ihre Karriere in Kapstadt begannen. Der leichtfüßige Charakter des Jazz scheint sehr gut zur entspannten, kosmopolitischen Atmosphäre der Stadt zu passen. Obwohl es nur wenige ständige Jazzclubs gibt, ist ein Abend ohne Jazzsession eine Seltenheit; Näheres auf www.capetownjazz.com.

Auch andere Musikrichtungen kommen in Kapstadt zu ihrem Recht. Das Programm für die tollen Sonntagnachmittagskonzerte in den Kirstenbosch Botanical Gardens (S. 22) liest sich wie ein genreübergreifendes Who's Who der südafrikanischen Musikszene.

Tanz & Theater

Auch Tanz ist sehr angesagt. Neben dem **City Ballet** (www.capetowncityballet.org.za) gibt es noch das **Jazzart Dance Theatre** (www. jazzart.co.za), das älteste Ensemble für modernen Tanz in Südafrika, und die **Cape Dance Company** (www.capedancecompany.co.za) mit der angeschlossenen Cape Youth Dance Company, die aus talentierten Jugendlichen zwischen 13 und 23 Jahren besteht. Die Darbietungen finden im Artscape und im Baxter Theatre statt, die zusammen mit dem Fugard die wichtigsten Bühnen der Stadt sind.

Kleinere Theater wie das Kalk Bay Theatre, das Theatre on the Bay und die kleinen Studios auf dem Hiddingh Campus der University of Cape Town in Gardens sowie das Studiotheater über der Alexander Bar & Café sind ebenfalls sehr erfolgreich.

Comedy & Kino

Zu Kapstadts guten und sehenswerten Comedians gehören Fernsehstar **Marc Lottering** (www.marclottering.com) sowie **Kurt Schoonraad**, der Hauptact des Jou Ma Se Comedy Club.

In den Einkaufszentren der Stadt zeigen die Multiplexkinos von **Ster Kinekor** (www. sterkinekor.com) und **Nu Metro** (www.numetro. co.za) die aktuellen internationalen Filmhits. Darüber hinaus gibt es hier aber durchaus auch eine gute Auswahl an anspruchsvolleren Filmen zu sehen. Das Bioscope im Fugard beispielsweise zeigt Übertragungen von Aufführungen des Bolschoi-Theaters, des Royal Opera House und des Royal Ballet London.

Unterhaltung nach Stadtvierteln

➡ **City Bowl, Foreshore, Bo-Kaap & De Waterkant** Artscape, klassische Konzerte in der Old Town Hall sowie Events in den Bars und Clubs in der Long Street. (S. 77)

➡ **East City, District Six, Woodstock & Observatory** Fugard Theatre und Livekonzerte im Assembly und Tagore. (S. 95)

➡ **Green Point & Waterfront** Cape Town Stadium für gelegentliche Konzerte internationaler Stars; die Waterfront für kostenlose Musik und andere Unterhaltung. (S. 122)

➡ **Southern Suburbs** Veranstaltungen im Baxter Theatre und Freiluftkonzerte in den Kirstenbosch Botanical Gardens. (S. 146)

GUT ZU WISSEN

Tickets

Computicket (www.computicket.com)

Webtickets (www.webtickets.co.za)

Quicket (www.quicket.co.za)

Informationen

Cape Town Magazine (www.capetownmagazine. com)

What's On! (www.whatson. co.za)

The Next 48 Hours (www.48hours.co.za)

Tonight (www.iol.co.za/ tonight)

Lesungen

Buchvorstellungen und Lesungen in der **Book Lounge** (S.96), bei **Kalk Bay Books** (S.163)und montags bei **A Touch of Madness** (S.92).

Film- & Musikfestivals

Encounters (www.encoun ters.co.za) Dokumentar- filmfestival im Juni.

Shnit (www.capetown. shnit.org) Kurzfilmfestival im Oktober.

Wavescape Surf Film Festival (www.wavescape festival.com) Spielfilmfes- tival im Dezember.

Cape Town Electronic Music Festival (www. ctemf.com) Dreitägige Ver- anstaltung im Februar.

Cape Town Music Week (www.capetownmusicweek. com) Lokale Acts im September/Oktober.

Rocking the Daisies (www.rockingthedaisies. com) Dreitägiges Musik- fest im Oktober.

Top-Tipps

Baxter Theatre Theater und dar- stellende Kunst in einem auffälli- gen Gebäude aus den 1970er- Jahren. (S.146)

Fugard Theatre Ein lebendiger Neuzugang in der Theater- und Kinolandschaft der Stadt in einer umgebauten Kirche. (S.95)

Studio 7 In dieser Lounge in Sea Point gibt's tolle kleine Akustik- auftritte. (S.132)

Assembly Livemusik und DJ- Performances. (S.95)

Kirstenbosch Summer Sunset Concerts Picknick mit musikali- scher Begleitung durch die bes- ten Musiker Südafrikas. (S.22)

Theater

Artscape Behemoth der kap- städtischen Kunstszene, zeigt kleine wie große Shows. (S.77)

Alexander Bar & Café Hier fin- den einige der innovativsten The- ater- und Kabarettaufführungen der Stadt statt. (S.74)

Theatre on the Bay Klasse The- aterstücke und leichte Unterhal- tung in Camps Bay. (S.132)

Musik

Bands & bekannte Namen

Grandwest Casino Luxuriöser Veranstaltungsort, der regelmä- ßig Konzerte großer internatio- naler Künstler abhält. (S.171)

Cape Town Stadium One Direc- tion, die Eagles und Michael Bublé haben hier schon gespielt. (S.119)

Akustische Musik

Studio 7 Musikclub in einem Wohnzimmer, in dem die besten lokalen und internationalen Mu- siker auftreten. (S.132)

Alma Café Gemütlicher Veran- staltungsort für intime Konzerte in den Southern Suburbs. (S.146)

Slow Life Livemusik, freitags und samstags manchmal auch Comedy in Muizenberg. (S.161)

Jazz & Afrikanisches

Straight No Chaser Winziger Jazzclub, der von einem Hardco- re-Jazzer geführt wird. (S.108)

Crypt Jazz Restaurant Für Shows in der Krypta der St Geor- ge's Cathedral muss man im Vo- raus reservieren. (S.78)

Klassik

Cape Town City Hall Heimat des Cape Philharmonic Orchestra. (S.66)

Casa Labia Cultural Centre Vor- träge finden in dem üppig verzier- ten Salon des antiken Herrenhau- ses in Muizenberg statt. (S.154)

Kino

Labia Cooles Kino im Retro-Look in Gardens, spezialisiert auf Art- House-Filme. (S.108)

Pink Flamingo Montagabend ist Kinonacht in der Wohnwagen- siedlung auf dem Dach des Grand Daddy Hotel. (S.78)

Galileo Open Air Cinema Von November bis April an der Water- front, in Kirstenbosch und im Hillcrest Estate in Durbanville. (S.122)

Kabarett & Comedy

Jou Ma Se Comedy Club Herz- lich lachen mit den besten südaf- rikanischen Comedians an der Waterfront. (S.122)

Stardust Die Bedienungen kön- nen laut losschmettern. (S.95)

Evita se Perron Heimstatt der Theaterlegende Pieter-Dirk Uys für seine Satireshow. (S.199)

 # Shoppen

Am besten bringt man einen leeren Koffer mit, denn wahrscheinlich wird man die Stadt voll beladen wieder verlassen. Kapstadt bietet eine unwiderstehliche Vielfalt an Produkten, darunter traditionelles afrikanisches Kunsthandwerk, Keramik, Mode, edle Weine und moderne Kunst. Außerdem gibt's Antiquitäten und Kuriositäten aus ganz Afrika – allerdings befinden sich zwischen den Originalen auch zahlreiche Fälschungen.

Kunst & Design

Die Designer der Stadt standen im Rampenlicht, als Kapstadt die Weltdesignhauptstadt 2014 wurde. Die besten Quellen für das, was vermutlich der nächste Trend wird, sind die wöchentlichen Märkte wie Neighbourgoods (S.96) und die Designerkollektive Woodstock Exchange (S.96) und Woodstock Foundry (S.98). Neben dem jährlichen Design Indaba (S.20) ist die Southern Guild Show eine gute Adresse für lokale Designer – dieser Verband hat auch eine ständige Galerie (S.96) in Woodstock.

Gewerbliche Galerien mit einer großen Vielfalt an bildender Kunst befinden sich vor allem in City Bowl Woodstock. Das Highlight des Monats sind die Veranstaltungen am ersten Donnerstag (First Thursday), die oft mit Ausstellungseröffnungen zusammenfallen. Es gibt hier auch ein paar besonders talentierte Keramiker, darunter Barbara Jackson und Clementina van der Walt (www.clementina.co.za).

Ethisch unbedenklich

Das Shoppen hier kann auch zu positiven Veränderungen beitragen, wenn z.B. die Einnahmen aus dem Verkauf von Waren, die in den Townships hergestellt wurden, Armen zugutekommen oder zur Unterstützung von Hilfsprojekten im Bereich HIV/Aids oder Bildung verwendet werden.

Eine gute Anlaufstelle mit großer Auswahl ist die Watershed (S.123). Hier findet man die etablierten Marken, wie **Wola Nani** (www.wolanani.co.za), die auf Bilderrahmen und Papiermaché-Schüsseln spezialisiert sind, und die Perlenarbeiten von **Monkeybiz** (www.monkeybiz.co.za) neben aufstrebenden Unternehmen wie **Lulu K** (www.lulukdesigns.com), das Modeaccessoires verkauft, oder Cool-tabs (aus recycelten Dosendeckeln).

Mode

Aufstrebende Modedesigner sind in den Boutiquen in der Long und Kloof Street vertreten, dazu gibt's erschwingliche Streetwear von Labels wie **Unknown Union** (www.unknownunion.co.za) oder **Strato** (www.wearstrato.com). Weitere Modeschöpfer sind **Stefania Morland** (www.stefaniamorland.com) und **Klûk CGDT** (www.klukcgdt.com).

Shoppen nach Stadtvierteln

➡ **City Bowl, Foreshore, Bo-Kaap & De Waterkant** Die Long Street bietet eine große Auswahl im Einzelhandel. Afrikanisches Kunsthandwerk findet man auf dem Greenmarket Square. (S.79)

➡ **Gardens & Umgebung** Modeboutiquen, Galerien und Andenkenläden in der Kloof Street. (S.108)

➡ **Green Point & Waterfront** Das wichtigste Einkaufsviertel der Stadt mit dem Einkaufszentrum Victoria Wharf. (S.123)

➡ **Simon's Town & Southern Peninsula** Kunsthandwerk, Antiquitäten und Boutiquen in Kalk Bay. (S.147)

GUT ZU WISSEN

Öffnungszeiten

Geschäfte Mo–Fr 8.30–17, Sa 8.30–13 Uhr

Malls tgl. 9–21 Uhr

Feilschen

Beim Kauf von Kunsthandwerk bei Straßenhändlern und an Marktständen ist es zwar üblich, ein wenig zu handeln, doch man sollte es nicht übertreiben.

Steuern & Erstattung

In den Preisen ist 14% MwSt. enthalten, die sich ausländische Besucher bei der Ausreise zum Teil erstatten lassen können.

Events

Design Indaba (S. 20) Südafrikanische und ausländische Designer aller Genres tauschen Ideen aus und präsentieren ihr Schaffen (Ende Februar und Anfang März).

Rondebosch Potters Market (S. 136) Am vorletzten Samstag im März und November.

Top-Tipps

Watershed Hervorragende Auswahl an einheimischem Kunsthandwerk, Design und Mode an der Waterfront. (S. 123)

Old Biscuit Mill Tolle Läden sowie samstags der Neighbourgoods Market. (S. 95)

Kalk Bay Modern Kunst, Schmuck und Stoffe am Meer. (S. 162)

KIN Gut kuratierte Auswahl an moderner Kunst und Kunsthandwerk, ideal für hochwertigere Souvenirs. (S. 108)

Mode

Unknown Union Kleidungsstücke, die ein Statement abgeben, sowie legere Kleidung in der Kloof Street. (S. 110)

South African Market Ausstellungsfläche für einheimische Mode und Schmuck sowie weitere Designerwaren. (S. 79)

Grandt Mason Originals Aus schönen Stoffen werden einzigartige Schuhe und Stiefel geschaffen (S. 96)

Keramik

Art in the Forest Verkauft Arbeiten etablierter und aufstrebender Keramiker, die Einnahmen sind für einen guten Zweck. (S. 147)

Imiso Ceramics Kreative Töpferkunst in der Biscuit Mill. (S. 95)

Pottershop Großartige Auswahl an lokaler Keramik, darunter günstigere zweite Wahl (mit kaum erkennbaren Fehlern). (S. 163)

Moderne Kunst

Stevenson Diese Galerie in Woodstock zeigt oft humorvolle, subversive Werke. (S. 97)

Goodman Gallery Cape Zeigt Berühmtheiten wie William Kentridge sowie Nachwuchskünstler. (S. 97)

Luvey 'n Rose Hier gibt es einen Mix aus Sammlerantiquitäten und Werken bedeutender südafrikanischer und afrikanischer Künstler zu sehen. (S. 79)

Kunsthandwerk

Red Rock Tribal Große Auswahl von Flugzeugen aus Weißblech bis hin zu altem äthiopischen Silber. (S. 164)

Mogalakwena Bunte Stickereien und Kunsthandwerk der Pedi aus der Provinz Limpopo. (S. 80)

African Image Tolle Auswahl neuer und alter Kunsthandwerkswaren und Artefakte zu günstigen Preisen. (S. 79)

Wochenmärkte

Oranjezicht City Farm Obst und Gemüse aus lokalem Anbau, Leckereien und Kunsthandwerk. (S. 109)

Blue Bird Garage Fun-Friday-Nachtmarkt in Muizenberg mit Tonnen an Lebensmitteln, etwas Mode und Kunsthandwerk. (S. 162)

Bay Harbour Market Markt am Meer, toll für Souvenirs, Essen und Relaxen am Wochenende. (S. 133)

Bücher & Musik

Book Lounge Zentrum der Literaturszene mit einem Kalender voller Lesungen und Events. (S. 96)

Clarke's Bookshop Beste Auswahl an Büchern über Südafrika und den Kontinent. (S. 80)

African Music Store CDs und DVDs als Andenken an eine äußerst musikalische Stadt. (S. 79)

Recycelt & sozial verträglich

Montebello Künstlerstudios rund um einen zentralen Kunsthandwerksladen, tolle Auswahl an Souvenirs. (S. 147)

Streetwires Hier entsteht so ziemlich alles aus Draht – einschließlich einer lebensgroßen Skulptur von Mandela. (S. 83)

Monkeybiz Perlenarbeiten in allen Farben des Regenbogens von Frauen aus lokalen Townships. (S. 83)

Sport & Aktivitäten

Aktivurlauber sind in Kapstadt bestens aufgehoben. Abenteuerlustige Reisende finden ein umfangreiches Angebot an sportlichen Aktivitäten, die garantieren, dass niemand auf einen ordentlichen Adrenalinschub verzichten muss. Die Kapstädter sind außerdem begeisterte Sportfans; der Besuch eines Fußball-, Rugby- oder Kricketspiels ist ein tolles Erlebnis!

Aktivurlaub

Hohe Wellen vor der Küste und der Tafelberg machen Kapstadt zum Paradies für Surfer, Wanderer und Kletterer. Wer den noch stärkeren Kick sucht und auf Paragliding oder einen aufregenden Tauchgang im Haikäfig aus ist, muss sein Glück ein wenig außerhalb der Stadt versuchen oder auf die idealen Wetterbedingungen warten.

Wer dagegen kein Adrenalinjunkie ist, kommt beim Golfen, Radeln oder Ausritt am Strand auf seine Kosten. Fitnessstudios und Swimmingpools sind leicht zu finden.

Zuschauersport

FUSSBALL

Gemessen an den Zuschauerzahlen ist Fußball (von den Einheimischen auch *diski genannt*) der angesagteste Sport am Kap. Die Stadt ist mit zwei Vereinen in der **Premier Soccer League** (www.psl.co.za) vertreten: **Santos** (www.thepeoplesteam.co.za) und **Ajax Cape Town** (www.ajaxct.com). Heiß begehrt sind die Karten (ab 40 R) für Spiele gegen die besten Teams des Landes, die Kaizer Chiefs und die Orlando Pirates aus Johannesburg. Die Saison dauert von August bis Mai; gespielt wird im Cape Town oder Athlone Stadium.

KRICKET

Die Kapstädter haben eine Schwäche für Kricket. Das ist angesichts des reizvollen Sahara Park Newlands, wo sämtliche Spitzenspiele ausgetragen werden, auch nicht weiter verwunderlich. Kricket war die erste der ursprünglich den Weißen vorbehaltenen Sportarten, die die Rassentrennung aufhob. In den Townships wurden Förderprogramme eingerichtet, die sich inzwischen ausgezahlt haben: Thami Tsolekile aus Langa etwa schaffte es als Wicket-Keeper bis in die Nationalmannschaft und absolvierte drei Testspiele für Südafrika. Die **Cape Cobras** (www.wpca.org.za) sind das Kapstädter Team.

RUGBY

Rugby (Union, nicht League) ist der traditionelle Sport der Afrikaander. Spiele finden im Newlands Rugby Stadium statt; die wichtigsten davon sind die Begegnungen des Super-14-Turniers, bei dem von Ende Februar bis Ende Mai Teams aus Südafrika, Australien und Neuseeland gegeneinander antreten.

Sport & Aktivitäten nach Stadtvierteln

→ **Gardens & Umgebung** Wandern, Klettern, Abseilen im Table Mountain National Park. (S. 101)

→ **Sea Point bis Hout Bay** Schwimmen und Kajakfahren in Sea Point, Tauchen in Ouderkraal oder mit den Robben schnorcheln in der Hout Bay. (S. 134)

→ **Southern Suburbs** Kricket und Rugby in Newlands und Wanderungen auf den Tafelberg von Kirstenbosch; Zip-Lines in Constantia. (S. 148)

→ **Simon's Town & Southern Peninsula** Surfen, Reiten, Kajakfahren, Mountainbiken und Wandern hinab zum Cape Point. (S. 164)

→ **Northern Suburbs** Windsurfen und Kitesurfen, Sandboarden und Fallschirmspringen. (S. 173)

GUT ZU WISSEN

Kontakte & Informationen

Pedal Power Association (www.pedalpower.org.za)

Table Mountain Bikers (www.tablemountainbikers.co.za)

TASKS: The African Sea Kayak Society (www.seakayak.co.za/tasks)

Wavescape Surfing South Africa (www.wavescape.co.za)

Western Province Golf Union (www.wpgu.co.za)

South African Rugby Union (www.sarugby.net)

The Soccer Pages (www.thesoccerpages.com)

Rad-Events

Cape Town Cycle Tour (S. 21) An einem Samstag Anfang März; mit über 30 000 Teilnehmern das größte Radrennen der Welt.

Absa Cape Epic (www.cape-epic.com) Achttägige Mountainbike-Veranstaltung mit jährlich wechselnder Westkap-Route.

Tickets

Computicket (www.computicket.com)

Webtickets (www.webtickets.co.za)

Top-Tipps

Wandern im Table Mountain National Park Wer einen Führer anheuert, verläuft sich nicht und lernt etwas über die fabelhafte Kapflora. (S. 30)

Abseil Africa Grandiose Ausblicke beim Abseilen vom Rand des Tafelbergs. (S. 102)

Downhill Adventures Verschiedene Abenteueraktivitäten von Mountainbikefahren bis zu Surfsafaris. (S. 110)

Animal Ocean Mit den Pelzrobben vor Duiker Island baden, entweder beim Schnorcheln oder Tauchen. (S. 134)

Skateboardfahren Beliebte Treffpunkte der Boarder sind die Promenade Mondays oder der Bridge Skate Park in der Mill Street. (S. 133)

Sportstätten

Sahara Park Newlands Die schönste Kricket-Anlage der Welt muss man gesehen haben. (S. 146)

Newlands Rugby Stadium Das lokale Team „Stormers" ist an diesem Standort des südafrikanischen Rugbys beheimatet. (S. 146)

Schwimmen

Sea Point Pavilion Klassischer Komplex im Art-déco-Stil mit mehreren Becken und Sprungtürmen. (S. 134)

Buffels Bay Einer der besten Naturpools am Ozean im Naturschutzgebiet Cape of Good Hope. (S. 151)

Fliegen

Cape Town Tandem Paragliding Mutige und Abenteuerlustige können beim Paragliden vom Lion's Head James Bond spielen. (S. 111)

Cape Town Helicopters Die Halbinsel aus der Vogelperspektive zu genießen, lohnt sich. (S. 124)

SA Forest Adventures Per Zip-Line über eine Schlucht mit Blick auf den Weinbau in Constantia. (S. 148)

Segeln

Waterfront Charters Bei Sonnenuntergang mit Champagner auf einem Törn in der Table Bay anstoßen. (S. 124)

Yacoob Tourism Spritztouren per Schnellboot oder auch ein längerer Törn mit dem Katamaran. (S. 124)

Ocean Sailing Academy Segelkurse für alle Niveaus. (S. 125)

Tauchen

Two Oceans Aquarium Tauchen lernen und in das Becken mit den Haien und anderen Meerestieren steigen. (S. 124)

Into the Blue Unternehmen in Sea Point, das auch Tauchgänge im Haikäfig vermitteln kann. (S. 134)

Pisces Divers Tauchreviere in False Bay kennt dieser Anbieter aus Simon's Town. (S. 165)

Golf

Metropolitan Golf Club Tolle Lage zwischen dem Cape Town Stadium und Green Point Park. (S. 125)

Milnerton Golf Club Grandiose Lage über der Table Bay mit Blick auf den Tafelberg. (S. 173)

Surfen, Windsurfen & Kajakfahren

Gary's Surf School Nach einem Tag steht man auf dem Brett oder der Unterricht war gratis. (S. 164)

Surfstore Africa Kitesurfen oder Stand-up-Paddling (SUP) lernen. (S. 164)

Kaskazi Kayaks Delphine, Robben und Pinguine aus nächster Nähe beim Paddeln auf dem Atlantik erleben. (S. 124)

Schwulen- & Lesbenszene

Die schwulenfreundlichste Stadt Afrikas ist ein Topziel für schwule, lesbi-sche, bi- und transsexuelle Reisende. In Waterkant, dem Schwulenbezirk, sind alle willkommen – von schicken Transen bis zu muskulösen Lederker-len. Das ganze Jahr über finden verschiedene Festivals und Events statt.

Rechte der Schwulen & Lesben

Während der Apartheid waren erotische Kontakte unter Männern verboten. (Lesbi-sche Kontakte waren dagegen nie illegal – denn wie in anderen ehemaligen britischen Kolonien waren solche Aktivitäten einfach unvorstellbar!) Dies alles änderte sich mit der Wende zur Demokratie. Südafrika war das erste Land der Welt, dass die Rechte von Schwulen und Lesben in die Verfassung aufnahm. Das Mindestalter für einvernehmli-chen Sex ist für Schwule und Nichtschwule gleich, und Homosexuelle dürfen heiraten.

Leider gehen dennoch nicht alle Südafri-kaner liberal mit anderen Lebensanschauun-gen um. Im Jahr 2014 wurde ein 21-jähriger Schwuler bei einem Verbrechen am Westkap, das gegen Schwule gerichtet war, brutal er-mordet. Es kommt nicht selten vor, dass Les-ben in schwarzen Wohnvierteln „in erzieheri-scher Absicht" vergewaltigt werden. Es gibt Gesetze gegen Diskriminierungen, aber sie werden nur selten durchgesetzt.

Neueste Nachrichten

Eine positivere Meldung aus Kapstadt betraf kürzlich die Errichtung des **Pride Shelter Trust** (www.prideshelterstrust.com), Afrikas ers-tem autonomen Krisenzentrum für Schwule und Lesben, das seit 2011 tätig ist.

Die Lesben von Kapstadt arbeiten neuer-dings mit **M.I.S.S** (Make It Sexy Sisters; www.facebook.com/MISSmakeitsexysisters) und der Unofficial Pink Party zusammen. Diese Par-teien sind nur für Frauen, werden von Les-ben geführt, sind aber offen für alle Frauen.

Ebenfalls 2014 entschied die **SA Leather South Africa** (www.sal.qw.co.za), eine pan-sexuelle Organisation zu werden, nachdem sie zuvor nur Männern offen gestanden hatte. Wer Lust hat, mit Schwulen oder schwulen-freundlichen Menschen wandern zu gehen, wendet sich an den **Cape Town Gay Hiking Club** (www.facebook.com/groups/6068816435).

Sprache der Schwulen

Moffie, der örtliche Ausdruck für einen Ho-mosexuellen, stammt vom Afrikaans-Wort für Handschuh. Er bezeichnet zudem den Anführer einer der prächtigen Truppen beim Cape Minstrel Carnival (S. 20). Unter Schwu-len wird das ursprünglich negativ besetzte *moffie* inzwischen ganz stolz und selbstbe-wusst im Sinne von „homosexuell" gebraucht.

Ältere Schwule werden sich noch an eine Art Geheimsprache aus der Zeit der Apart-heid erinnern: Im „Gayle" standen Frauen-namen für bestimmte Begriffe, z. B. „Beau-lah" für „schön" und „Hilda" für „hässlich".

Schwulen- & Lesbenszene nach Stadtvierteln

➡ **De Waterkant** Im Schwulen- und Lesbenviertel ist freitags und samstags am meisten los. (S. 76)

➡ **Gardens & Umgebung** Innenstadtviertel mit einigen homofreundlichen Unternehmen. (S. 99)

➡ **Sea Point bis Hout Bay** In Sea Point gibt es seit Langem eine schwule Szene; Clifton No. 3 ist der Strand der Schönen, Sandy Bay ist für Nu-disten. (S. 126)

GUT ZU WISSEN

Informationen

The Pink Map
(www.mapmyway.co.za/
printed-maps)

Pink South Africa
(www.pinksa.co.za)

GayCapeTown4u.com
(www.gaycapetown4u.com)

Gaynet Cape Town
(www.gaynetcapetown.
co.za)

Mamba (www.mamba
online.com)

Mambagirl (www.mamba
girl.com)

Zeitschriften & Zeitungen

Pink Tongue Kostenlose
Monatszeitung mit Nach-
richten und Events für
Schwule und Lesben.

Out Africa Magazine
(www.outafricamagazine.
com) Erscheint viertel-
jährlich und ist umsonst.

Unterstützung

Triangle Project (www.
thetriangleproject.org)
Eine der führenden
Hilfsorganisationen für
Schwule, mit Rechtsbe-
ratung und einer Reihe
von Bildungsangeboten.

Top-Tipps

Glen Boutique Hotel Schicke
Unterkunft in Sea Point und bes-
tes „heterofreundliches" Hotel
in Kapstadt. (S.228)

Crew Bar Der angesagteste
Club in De Waterkant mit mus-
kelbepackten Barkeepern.
(S.76)

Sugarhut Location der tollen
Lesben-Events der Unofficial
Pink Party. (S.94)

Clifton No. 3 Sehen und gesehen werden am für Kontakte
vielversprechendsten der vier
Strände von Clifton. (S.128)

Deon Nagel's Gat Party Tanz-
vergnügen im traditionellen Bu-
ren-Stil. (S.171)

Sandy Bay Kleider und Hem-
mungen ablegen an diesem
traumhaften Nudistenstrand.
(S.129)

Schwulen- und lesbenfreundliche Unterkünfte

Purple House Zur Wahl stehen
B&B oder Selbstversorger – beides ist gut. (S.223)

Colette's Frauenfreundliches
B&B mit Entenzoo in Pinelands.
(S.233)

Village Lodge Die Bar und der
Pool auf dem Dach sind besonders attraktiv. (S.223)

De Waterkant House Eines von
mehreren Häusern des schwu-
len- und lesbenfreundlichen Village & Life. (S.223)

Huijs Haerlem Von einem
Schwulen geführtes Gästehaus
(auch für Heteros). (S.229)

Schwulen- und lesbenfreundliche Bars & Clubs

Alexander Bar & Café Tolle
Location mit Theater, die eine
Vielfalt von Shows auf die Bühne
bringt. (S.74)

**Amsterdam Action Bar &
Backstage** Das Kommen und
Gehen im Gay Village vom Balkon an der Straßenseite beobachten. (S.77)

Bar Code Leder und Latex geben den Ton an; an manchen Tagen ist der Dresscode auch opti-
onal. (S.77)

Beaulah Toller Club für Girls – in
dem auch Boys willkommen
sind. (S.77)

Schwulen- und lesbenfreundliche Lokale

Beefcakes Burgerbar mit Bingo,
Travestieshows und muskelbe-
packten Oben-ohne-Kellnern.
(S.72)

Lazari Zum Teufel mit der Diät:
Die Kuchen und Backwaren sind
hier göttlich. (S.106)

Cafe Manhattan Pionier der
Schwulen- und Lesbenszene von
De Waterkant, erst kürzlich auf-
gemöbelt. (S.77)

Masala Dosa Leckeres Restaurant mit schwulem Besitzer in
der Long Street. (S.69)

La Petite Tarte Sehr beliebt zur
Teatime mit Kuchen. (S.72)

Festivals & Events

Cape Town Pride (www.cape
townpride.org) Ende Februar in
De Waterkant.

**Out in Africa: SA International
Gay & Lesbian Film Festival**
(www.oia.co.za) November in
Kapstadt.

**Globeflight Pink Loerie Mardis
Gras & Arts Festival** (www.pink
loerie.co.za) Ende April bis Anfang Mai in Knysna.

Miss Gay Western Cape (www.
missgay.co.za) November;
Schönheitswettbewerb in Kapstadt.

MCQP (www.mcqp.co.za) Dezember; Tanzparty mit Verklei-
dung in Kapstadt.

Weingüter

Mit über 200 Weingütern im Umkreis von einer Tagesfahrt ist Kapstadt die ideale Basis für Touren durch die Weinregion des Westkaps. Hier nahm die Weinindustrie Südafrikas im 17. Jh. ihren Anfang. 2013 lag die Trauben-ernte bei fast 1,5 Millionen Tonnen, von denen 79 % zu Wein und anderen alkoholischen Getränken verarbeitet wurden.

Eine Wachstumsbranche

Jedes Jahr kommen unzählige neue Erzeuger hinzu. Während sich viele Winzer damit zufriedengeben, in bescheidenem Umfang herausragende Weine zu kultivieren, versuchen andere, sich den Boom der Branche zunutze zu machen, und erweitern ihre Betriebe um Museen, Restaurants, Unterkünfte, Wanderwege und andere Attraktionen. Ein paar dieser Unternehmen werden hier ebenso vorgestellt wie Weingüter, die sich mit ihren edlen Tropfen einen Namen gemacht haben.

Eine Weintour planen

Ein hilfreicher Leitfaden für alle, die bei der Weinprobe zumindest den Anschein erwecken wollen, Pinot von Pernod unterscheiden zu können.

BEVOR'S LOSGEHT

Am besten ruft man als Erstes bei den Weingütern, die man besuchen möchte, an und fragt nach, ob sie am Wunschtermin überhaupt geöffnet haben und nicht hoffnungslos überlaufen sind (von Dezember bis Februar kann es hier und da schon ziemlich voll werden). Pro Weingut sollte ca. eine Stunde eingeplant werden. Es lohnt sich in jedem Fall, mindestens auch einen Weinkeller zu besichtigen – das kann ein äußerst faszinierendes Erlebnis sein. Einer der Gruppe wird sich außerdem als Fahrer opfern müssen. Wer kein eigenes Fahrzeug hat, kann sich einer der vielen Touren durch die Weinregion anschließen (S. 29).

WEINPROBE

In vielen (aber nicht allen) Kellereien kosten Weinproben Geld. Meistens nicht viel, und oft wird der Betrag mit dem Mindesteinkaufswert verrechnet. Nicht selten dürfen die Besucher das mit dem Unternehmenslogo verzierte Glas, mit dem verkostet wurde, anschließend behalten – ein hübsches Souvenir, und die Kellerei spart sich das Abspülen. Die Weinproben, die in kleinen Familienunternehmen häufig der Winzer selbst durchführt, beginnen mit Weißweinen (erst die trockenen, dann die weniger trockenen), gehen dann zu den Rotweinen über und schließen mit süßen Weinen und Likörweinen ab. Am besten ist es, zunächst einmal am Wein zu riechen und ihn dann ein wenig im Mund herumzurollen. Anschließend wird er in das bereitstehende Gefäß gespuckt (wer nicht gleich nach den ersten Geschmacksproben aus der Reihe tanzen will, sollte sich das Herunterschlucken für die richtig guten Weine aufsparen). Vor der nächsten Probe das Glas ausschütten, aber nicht ausspülen, um den Wein nicht zu verwässern!

LAGERUNG

Die Hersteller verkaufen ihre Weine normalerweise direkt nach der Abfüllung, und die meisten sind dann auch bereits trinkbar. Selbst edlere Rotweine werden heutzutage vorwiegend jung genossen, wenngleich manche Erzeuger ihren Käufern empfehlen, sie ein Jahr oder länger zu lagern und reifen zu lassen. In guten Restaurants werden bestimmte Rot- und Weißweine serviert, die eine Weile in der Flasche gereift sind.

GUT ZU WISSEN

Literatur

Platter's South African Wine Guide (www.wineonaplatter.com) Der ultimative Weinführer stellt jährlich Tausende einheimische Tropfen vor und bewertet sie.

Exploring the Cape Winelands of South Africa (Doris Jansen und Kay Leresche; 2013) Bildband zu 101 Weingütern.

Love Your Wine (Cathy Marston; 2015) Gibt eine gute Einführung in Weinproben. Marston aktualisiert auch regelmäßig ihren Blog *Unwined* (www.cathymarston. co.za).

Wine of the New South Africa (Tim James; 2013) Profile von 150 führenden Weingütern Südafrikas. James' Blog *Grape* (www.grape.co.za) ist ebenfalls interessant.

Kurse

Cape Wine Academy (www.capewineacademy.co.za) Weinseminare in Stellenbosch, Kapstadt und anderen Orten am Westkap.

Fynbos Estate (www.fynbosestate.co.za) Einführung in die Weinherstellung in den Paardebergen, 15 km von Malmesbury, eine Autostunde von Kapstadt.

International Wine Education Centre (www.thewinecentre.co.za) Die Weinexpertin Cathy Marston aus Kapstadt und andere einheimische Fachleute bieten eine Reihe von Kursen an.

Brandy

An der Western Cape Brandy Route liegen 14 Weingüter mit Brennereien; nähere Informationen gibt's bei der **South African Brandy Foundation** (☏ 021-882 8954; www.sabrandy.co.za). Der Van Ryn Brandy Cellar (S.179) in Stellenbosch erzeugt Brandy von Weltklasse und bietet hervorragende Touren an.

KAUFEN

Lieferungen ins Ausland können kostspielig sein, also informiert man sich besser, bevor man eine Kiste Wein kauft. Die Preise sind natürlich von Wein zu Wein verschieden. Gute Rot- und Weißweine kosten zwischen 50 und 150 R die Flasche. Wer einen absoluten Spitzenwein haben möchte, muss noch einiges mehr hinblättern.

Weingüter nach Region

➡ **Constantia** Das älteste Weinanbaugebiet Südafrikas mit zehn Weingütern, alle nur eine halbstündige Autofahrt vom Stadtzentrum entfernt. (S.138)

➡ **Durbanville** Küstenregion mit zwölf Weingütern, rund 20 Autominuten nördlich der Innenstadt. Gelegentlich grandiose Ausblicke. (S.172)

➡ **Stellenbosch** Das erste Anbaugebiet mit einer „Weinstraße" und nach wie vor das größte Südafrikas, mit über 200 Weingütern und fünf Nebenstrecken. (S.176)

➡ **Helderberg** Rund 30 Weingüter liegen an der False Bay rund um die Städte Somerset, Gordon's Bay und Strand. (S.177)

➡ **Franschhoek** Unter den 48 Weingütern sind einige der innovativsten von Südafrika. Ideal für Leute, die lieber trinken als nur verkosten: Mehrere Weingüter sind vom Stadtzentrum zu Fuß oder mit dem Rad erreichbar. (S.182)

➡ **Paarl** Ein weiteres jahrhundertealtes Anbaugebiet, vor allem bekannt für Shiraz und Viognier – 27 Weingüter warten auf Besucher. (S.186)

➡ **Darling** Fünf Weingüter rund eine Autostunde nördlich von Kapstadt. (S.198)

➡ **Elgin** Diese Route verläuft entlang dem Sir Lowry's Pass in den Hottentots Holland Mountains und führt an 29 Weingütern und Cider-Erzeugern vorbei. (S.196)

➡ **Robertson** Im Robertson Wine Valley gibt's 48 Weingüter entlang der landschaftlich schönen Route 62, ca. 1½ Autostunden östlich von Kapstadt. (S.190)

➡ **Hemel-en-Aarde** Diese Route führt zu 15 Weingütern und beginnt 5 km westlich von Hermanus, rund 1½ Autostunden südöstlich von Kapstadt. (S.193)

Top-Tipps

Babylonstoren Neue Weine und sehr gutes Essen auf einem großartigen Weingut mit Obst- und Gemüsegarten. (S.188)

Solms-Delta Ausgezeichnetes Museum, fantasievolle Weine, Musik der Gegend, Garten mit heimischen Pflanzen und schöner Picknickbereich am Fluss. (S.184)

Groot Constantia Museum, Restaurants und ein schönes historisches Anwesen, wo der Weinbau in Südafrika begann. (S.138)

Vergelegen Hübsches altes Gebäude, Rosengärten und ein edles Restaurant. (S.177)

Fairview Günstige Wein- und Käseverkostung; Ziegen, die auf einen Turm klettern! (S.189)

Spice Route Verbindet komplexe Rote, Schokolade, hausgemachtes Bier und Glasbläserkunst. (S.189)

Weinproben

Klein Constantia Von dem Vin de Constance heißt es, er habe die Kraft, ein gebrochenes Herz zu heilen. (S.139)

Meerlust Estate Die Postersammlung im Verkostungsraum erzählt von der Geschichte des Weingutes. (S.179)

Durbanville Hills Weine in Kombination mit Schokolade, Biltong- oder Tapas-Gerichten im Schatten von Olivenbäumen genießen. (S.172)

Boschendal Verkostungen unter den ältesten Eichen dieses traditionsreichen Weingutes; auch Touren durch den Keller und die Reben. (S.183)

Schaumweine

Graham Beck Verkostung der preisgekrönten Blubberblasen

dieses Weingutes in Robertson. (S.191)

Steenberg Vineyards Wunderschöne moderne Bar und Lounge für Weinproben am südlichen Ende von Constantia. (S.138)

Villiera Erzeugt mehrere ausgezeichnete Weine nach der „Méthode Cap Classique". (S.177)

Haute Cabrière Die *sabrage* bestaunen: Die Technik, mit einem Schwert eine Schaumweinflasche zu köpfen. (S.184)

Essen

Waterkloof Der französische Chefkoch Gregory Czarnecki hat verschiedene Preise für seine kreative Küche in diesem Restaurant erhalten. (S.177)

Buitenverwachting Wonnevolle Picknicks in diesem alten Weingut in Constantia, aber auch ein Café und ein schickes Restaurant sind vertreten. (S.139)

La Motte Mittag- und Abendessen mit passenden Weinen im Pierneef à la Motte. (S.183)

Tokara Ausgezeichnetes Restaurant, aber auch ein Deli für weniger aufwendige Lunch-Mahlzeiten. (S.179)

Für Familien

Blaauwklippen Am Wochenende gibt's Kutschenfahrten auf dem Weingut. (S.179)

Spier Ausstellung zu Raubvögeln, Segway-Touren durch die Reben, zwei Restaurants und Picknick auf dem Gelände. (S.178)

Villiera Bei einer Autosafari rund um die Farm gibt's Antilopen, Zebras und verschiedene Vogelarten zu sehen. (S.177)

Paul Cluver Wines Mountainbike-Trails, Konzerte und ein Kindertheaterfestival im Amphitheater im Wald. (S.196)

Ausblicke

Durbanville Hills Bietet einen tollen Blick über die Table Bay und den Tafelberg von der Steinfestung aus. (S.172)

Beau Constantia Im Panoramablick über das Constantia Valley vom Verkostungsraum mit Wein- und Sushi-Bar aus schwelgen. (S.139)

Mont Rochelle Ein Lunch mit Blick auf die Stadt und die Berge dahinter genießen. (S.185)

Cape Point Vineyards Großartige Sonnenuntergänge über dem Noordhoek-Strand vom Weinberg aus. (S.161)

Unterkünfte

Grande Provence Dieses schöne Anwesen vermietet prächtig eingerichtete Hütten. (S.184)

Chamonix Dieses Weingut in Franschhoek bietet eine große Auswahl an Unterkünften. (S.184)

Babylonstoren Superschicke Gästezimmer, die aus ehemaligen Arbeiterhütten entstanden. (S.188)

Kunst

Glen Carlou Unter den 65 internationalen Künstlern in der Sammlung dieses Weingutes sind auch Werke von Gilbert and George, Frank Stella und James Turrell. (S.189)

Grande Provence Die großartige Galerie zeigt moderne Kunst aus Südafrika. (S.184)

Tokara Bietet eine Kunstsammlung, dazu einen fantastischen Deli sowie eine Skulpturengalerie. (S.179)

La Motte Heimat einer erstklassigen Sammlung der Werke des südafrikanischen Künstlers Jacob Hendrik Pierneef. (S.183)

Kapstadt & die Garden Route erkunden

KAPSTADTS HIGHLIGHTS

Stadtviertel im Überblick

V&A Waterfront
Table Bay
N
GOODWOOD
PAROW
BELLVILLE
Company's Gardens
4
SEA POINT
1
2
Voortrekker Rd
MAITLAND
Bo-Kaap
PINELANDS
M7
CLIFTON
3
Castle of Good Hope
LANGA
Settlers Way
8
Tafelberg
CAMPS BAY
M5
Cape Town International Airport
N2
NEWLANDS
ATHLONE
GUGULETHU
Kirstenbosch Botanical Gardens
NYANGA
6
WYNBERG
PHILIPPI
Cape Flats Fwy
LLANDUDNO
KHAYELITSHA
5
Constantia Valley Wine Route
HOUT BAY
Main Rd
Zeekoevlei
Duiker Island
MITCHELL'S PLAIN
TOKAI
M3
Rondevlei Nature Reserve
STRANDFONTEIN
Baden Powell Rd
MUIZENBERG
NOORDHOEK
Silvermine Nature Reserve
Seal Island
CLOVELLY
KALK BAY
M65
KOMMETJIE
FISH HOEK
7
SIMON'S TOWN
Boulders Penguin Colony
False Bay
SCARBOROUGH
BOULDERS
M4
Smitswinkel Bay
ATLANTIK
Kap der Guten Hoffnung
Buffels Bay
N
0
10 km
Cape Point

❶ City Bowl, Foreshore, Bo-Kaap & De Waterkant S. 54

Die City Bowl, die Stelle, wo die Holländer sich bei ihrer Ankunft niederließen, bietet zahlreiche historische Sehenswürdigkeiten und Geschäfte. Der Bezirk Foreshore entstand in den 1940er- und 1950er-Jahren durch Landaufschüttung und wird heute vom Duncan Dock und dem Convention Centre dominiert. Über die Hänge des Signal Hill verstreut liegen die farbenfrohen Behausungen des Bo-Kaap und nach Nordosten hin Kapstadts pinkfarbene Fußgängerzone De Waterkant, eine Einkaufs- und Partymeile.

❷ East City, District Six, Woodstock & Observatory S. 85

Nicht weit von der City Bowl entfernt befindet sich die Enklave der kreativen Szene: The Fringe. Gleich daneben warten die kahlen Flächen des District Six darauf, in den nächsten Jahren erschlossen zu werden. Woodstock und Salt River ziehen sowohl Immobilienhaie als auch Künstler an, sind aber noch nicht komplett gentrifiziert. Im unweit der Cape Town University gelegenen Observatory ist die Bohème zu Hause.

❸ Gardens & Umgebung S. 99

Die Gegend, die von den Museen am Südende der Company's Gardens bis zu den Ausläufern des Tafelbergs hinaufreicht, wird Gardens genannt. Die Siedlungen hier, z. B. Tamboerskloof, Oranjezicht, Higgovale und Vredehoek, sind allesamt heiß begehrte Vorort-Wohngegenden mit Blick auf die Table Bay und direktem Zugang zum Tafelberg. Die wichtigsten Geschäftsstraßen sind die Kloof Street und die Kloof Nek Road.

❹ Green Point & Waterfront S. 112

Zum Bezirk Green Point gehören ein fantasievoll gestalteter Park und das anlässlich der FIFA-Fußballweltmeisterschaft 2010 erbaute Cape Town Stadium. Direkt an der Table Bay liegen das Einkaufs-, Unterhaltungs- und Wohnviertel V&A Waterfront, kurz Waterfront genannt, sowie die reine Wohngegend Mouille Point.

❺ Von Sea Point bis Hout Bay S. 126

Sea Point geht in die nobleren Viertel Bantry Bay und Clifton über und mündet schließlich in der sündhaft teuren Villengegend Camps Bay. Ab hier verhindert der Nationalpark größtenteils eine Bebauung bis an den Rand des reizenden Ortes Hout Bay mit guter Anbindung sowohl in die City als auch zu den Weingütern von Constantia.

❻ Southern Suburbs S. 135

Das Gebiet am vegetationsreichen Osthang des Tafelbergs wird in Kapstadt unter dem Sammelbegriff Southern Suburbs zusammengefasst. Hier befinden sich die Kirstenbosch Botanical Gardens, die Rugby- und Kricketplätze von Newlands, die jahrhundertealten Weingärten von Constantia und der schattige Tokai Forest.

❼ Simon's Town & Southern Peninsula S. 149

An der zur False Bay hin gelegenen Seite der Halbinsel liegen die charmanten Gemeinden Muizenberg, Kalk Bay und Simon's Town, außerdem Boulders, wo die Pinguine leben. Noch mehr wilde Tiere und atemberaubende Landschaften stehen unter dem Schutz des Nationalparks am Cape Point. Kommetjie an der Atlantikküste ist bei Surfern beliebt und der breite Strand in Noordhoek bei Reitern.

❽ Cape Flats & Northern Suburbs S. 166

Die riesigen Townships und die armen Vororte südöstlich des Tafelbergs werden gemeinsam als die Cape Flats bezeichnet. Seite an Seite mit Langa, und doch zugleich Lichtjahre davon entfernt, liegt die grüne Vorort-Oase Pinelands. An der Table Bay nach Norden hin schließen sich Milnerton und Bloubergstrand an, während weiter landeinwärts der Weinanbau-Bezirk Durbanville liegt.

City Bowl, Foreshore, Bo-Kaap & De Waterkant

CITY BOWL & FORESHORE | BO-KAAP & DE WATERKANT

Highlights

❶ Im **Castle of Good Hope** (S. 56), der im 17. Jh. von den Holländern erbauten fünfeckigen Steinfestung, die zur Bewachung der Table Bay erbaut wurde, etwas über die Geschichte Kapstadts erfahren.

❷ Durch die Pflasterstraßen des in Regenbogenfarben angemalten **Bo-Kaap** (S. 60) streifen.

❸ In den üppigen, altehrwürdigen **Company's Gardens** (S. 58) lustwandeln.

❹ Das vielfältige Angebot an Kunstgalerien der City Bowl bei den monatlich stattfindenden **First Thursdays** (S. 81) erkunden.

❺ Auf dem gepflasterten **Greenmarket Square** (S. 61) im Kunsthandwerk stöbern und die Art-déco-Architektur der Umgebung bewundern.

Mehr zu diesem Gebiet auf den Karten S. 306 und S. 310. ➡

Erkundungstour

Die City Bowl, durch die Buitenkant Street, die Buitengracht Street, die Orange Street und die Annandale Road begrenzt, ist das historische und ökonomische Herz der „Mother City". Hier befinden sich Schloss und Park, beide von den ersten holländischen Siedlern errichtet, sowie das Parlament und die modernsten Wolkenkratzer. Tagsüber herrscht buntes Treiben, von den Kunsthandwerk- und Souvenirständen an der St. George's Mall bis zu den Blumenhändlern des Trafalgar Place an der Adderley Street. Besucher verbringen hier meist mindestens zwei Tage mit Besichtigungen und eine oder zwei Nächte in einer Unterkunft an der Long Street und Bree Street, wo sich viele Restaurants, Cafés und Bars befinden.

In anderen Ecken der City Bowl werden abends die Bürgersteige hochgeklappt. Doch das ändert sich allmählich, da immer mehr alte Büro- und Geschäftsgebäude in schicke Apartments umgewandelt werden. Neue Gebäude entstehen auch am Foreshore, dem Landgewinnungsstreifen zwischen City Bowl und der Table Bay, darunter eine Erweiterung des Cape Town Convention Centre.

Weiter westlich, an den Hängen des Signal Hill, liegt das Bo-Kaap. In dem überwiegend muslimischen Viertel mit bunten Häusern misst sich die Zeit nach den Gebetsrufen aus den vielen Moscheen. Nordöstlich schließt sich De Waterkant an, ein hipper Partybezirk und die Lieblingsgegend der Kapstädter Gay-Community.

Lokalkolorit

➡ **Märkte** An den Blumenständen auf dem Trafalgar Place kann man einen Strauß Rosen oder Proteen kaufen (S. 67).

➡ **Party** Highlights der Ausgehmeile an der Bree Street und Long Street sind die Events bei Youngblood Africa (S. 66).

➡ **Paraden** Wer an Silvester oder am 2. Januar hier ist, sollte den Teilnehmern der Cape-Town-Minstrel-Carnival-Umzüge (S. 20) applaudieren.

An- & Weiterreise

➡ **Zu Fuß & per Rad** Kein Problem, die Straßen sind sicher. Die ausgewiesenen Radwege sind aber manchmal von motorisierten Verkehrsteilnehmern blockiert.

➡ **Bus** Der Golden Acre Bus Terminal liegt direkt neben der Grand Parade. Die Strecken der MyCiTi-Busse treffen sich bei Adderley und am Civic Centre.

➡ **Sammeltaxi** Viele Sammeltaxis halten an der Strand Street und Long Street.

➡ **Bahn** Die Züge der Cape Metro Rail und Fernbusse enden an der Cape Town Train Station.

Top-Tipp

Der **EarthFair Food Market** (www.earthfairmarket. co.za; ⏱ Do 11–15 Uhr) neben einem Stück der Berliner Mauer am Südrand der St. George's Mall eignet sich hervorragend, um selbst gemachte Lebensmittel einzukaufen oder ein gesundes Mittagessen zu verspeisen. Bei Regen zieht der Markt in den Mandela Rhodes Place um.

 Gut essen

➡ Chef's Warehouse & Canteen (S. 70)

➡ Bombay Brasserie (S. 72)

➡ Hemelhuijs (S. 70)

➡ Africa Café (S. 70)

➡ Plant (S. 68)

Mehr dazu s. S. 68. ➡

 Schön ausgehen

➡ Publik (S. 73)

➡ Weinhaus + Biergarten (S. 74)

➡ Honest Chocolate Cafe (S. 73)

➡ Beerhouse (S. 74)

➡ Orphanage (S. 74)

Mehr dazu s. S. 73. ➡

 Schön shoppen

➡ Africa Nova (S. 83)

➡ Streetwires (S. 83)

➡ Monkeybiz (S. 83)

➡ South African Market (S. 79)

➡ Luvey 'n Rose (S. 79)

Mehr dazu s. S. 79. ➡

HIGHLIGHT
CASTLE OF GOOD HOPE

Vor weniger als einem Jahrhundert schlugen noch die Meereswellen an die Blausteinmauern des Castle of Good Hope. Südafrikas ältester noch erhaltener Kolonialbau ist das Hauptquartier des Militärkommandos am Westkap sowie der Standort einiger interessanter Museen und eine spektakuläre Kulisse für jährliche Events wie die Militärparade.

Geschichte

Die Festung wurde zum Schutz der logistischen und finanziellen Interessen der Niederländischen Ostindien-Kompanie (Vereenigde Oost-Indische Compagnie; VOC) zwischen 1666 und 1679 erbaut und ersetzte die Originalfestung aus Lehmziegeln und Holz, die der Befehlshaber der VOC, Jan van Riebeeck, 1652 zwei Tage nach seiner Landung in der Table Bay errichten ließ.

Der VOC Gouverneur Simon van der Stel bezog 1680 das Schloss. Auf seinen Befehl hin wurde das Haupttor von der Seeseite der Festung an die Stelle zwischen den Bastionen Leerdam und Buuren verlegt, wo es sich noch heute befindet. Im Jahr 1795, als die Holländer die Schlacht von Muizenburg gegen die Briten verloren, übernahmen diese auch das Schloss, ohne dass dort auch nur ein einziger Schuss abgefeuert wurde. Zwischen 1803 und 1806 flatterte dann die Flagge der Batavischen Republik auf den Zinnen, bis die Briten wieder die Macht übernahmen.

Den britischen Herrschern in Kapstadt gefiel die holländische Festung nicht, und sie versuchten mehrmals erfolglos, sie abreißen zu lassen. 1922 wurde die alte südafrikanische Flagge über der Burg gehisst, 1994 wurde sie dann durch die neue südafrikanische Flagge ersetzt. Auch heute

NICHT VERSÄUMEN

➡ Rundgang durch die Befestigungsanlage

➡ Castle Military Museum

➡ William Fehr Collection

➡ Traditionelle Militärzeremonien

PRAKTISCH & KONKRET

➡ Karte S. 306

➡ www.castleofgood hope.co.za

➡ Ecke Castle St & Darling St, City Bowl, Eingang an der Buitenkant St

➡ Erw./Kind Mo–Sa 30/15 R, So 25/10 R

➡ 🕙 9–16 Uhr

➡ P

➡ 🚉 Castle

noch sind dort Militäreinheiten stationiert. Anfang November veranstalten sie zusammen mit anderen Truppen der Streitkräfte das **Cape Town Military Tattoo** (www.capetattoo.co.za).

Die Anlage

Die fünfeckige Anlage hat an allen fünf Ecken Wehrtürme, von denen jeder nach den offiziellen Titeln des Prinzen von Oranien benannt ist (von links nach rechts ab dem Eingang: Buuren, Catzenellenbogen, Nassau, Oranje und Leerdam). Wer zu den Bastionen hochsteigt, kann die ganze Anlage des Forts überschauen und die Panoramaaussicht über die Grand Parade und Richtung Tafelberg genießen.

In der Mitte der Festung und rings um die Mauern stehen verschiedene Gebäude, die teils immer noch von der Armee genutzt werden. Die Besucher können einen Blick in die Folterkammer werfen, eine Nachbildung der Schmiede sowie eine Bäckerei aus dem 18. Jh. (Het Bakhuys) und den Dolphin Pool mit einem Delfin-Wasserspeier in der Brunnenmitte besichtigen.

Museen

Das interessante **Castle Military Museum** ist im zur Bucht hin gelegenen Eingang untergebracht. Hier sind echte und lebensnah gemalte Exemplare der Militäruniformen zu sehen, die im Laufe der Jahrhunderte getragen wurden, sowie eine sehr gute Ausstellung zum Zweiten Burenkrieg.

In den ehemaligen Gemächern des Gouverneurs ist ein Großteil der **William Fehr Collection** (www.iziko.org.za) ausgestellt, bestehend aus Ölgemälden, Möbeln, Keramik-, Metall- und Glasgegenständen. Auch Wanderausstellungen zu verschiedenen moderneren Themen finden statt. Der Geschäftsmann William Fehr begann seine Sammlung in den 1920ern mit Gemälden, die einen Bezug zu Südafrika hatten. Später kamen Möbel und andere Kunstobjekte hinzu. Vieles davon wird seit den 1950ern im Schloss ausgestellt, wobei die Werke auf Papier hauptsächlich in Rust en Vreugd (S. 105) ausgestellt werden.

Die Vorderfront dieses Gebäudes ziert ein restaurierter Balkon aus dem 18. Jh. mit einem Flachrelief – ein Werk des deutschen Bildhauers Anton Anreith.

Eine Tür weiter befindet sich das **Secunde's House**. Es war die Residenz des Kap-Vizegouverneurs. Originalmöbel sind nicht mehr erhalten, aber die Zimmer sind so gestaltet, wie sie wohl im 17., 18. und 19. Jh. ausgesehen haben. Im Zuge der Restaurierung wurden einige der ursprünglichen Wandgemälde im Haus wieder zutage gefördert.

SCHLÜSSEL-ZEREMONIE

Montag bis Freitag um 10 und 12 Uhr wird eine traditionelle Schlüsselzeremonie abgehalten. Um 10 Uhr wird mit einem Schlüssel ein Tor im Hauptschloss geöffnet, dann läutet eine Glocke, und die Wachen nehmen Aufstellung. Eine kleine Kanone wird auf der Vorburg abgefeuert und der Schlüssel in die Gemächer des Gouverneurs zurückgebracht. Die Mittagszeremonie wiederholt den Ablauf in umgekehrter Reihenfolge. An Feiertagen führen Freiwillige von der **Canon Association of South Africa** (www.caosa.org.za) vor, wie eine Kanone abgefeuert wird.

Im Eintrittspreis sind Führungen enthalten. Sie finden um 11, 12 und 14 Uhr statt. Die einstündigen Pferdekutschfahrten (www.ctcco.co.za) kosten extra und sollten vorab reserviert werden.

TUNNELTOUREN

Wer die Burg mal von unten sehen möchte, meldet sich für eine der von **Good Hope Adventures** (goodhopeadventures.com) organisierten Tunneltouren an, die am Parkplatz der Burg in der Darling Street beginnen.

HIGHLIGHT
COMPANY'S GARDENS

Der ehemalige Gemüsegarten der Niederländischen Ostindien-Kompanie (Vereenigde Oost-Indische Compagnie; VOC) ist heute eine grüne Oase im Herzen der Stadt, auf deren Rasenflächen sich die Kapstädter gern im Schatten jahrhundertealter Bäume ein Päuschen gönnen. Hauptattraktion ist der Public Garden, aber auch an der Government Avenue, dem Fußgängern vorbehaltenen Hauptweg durch die Gärten, gibt es zahlreiche interessante Sehenswürdigkeiten und Gebäude.

Geschichte

Mit der Kultivierung der Company's Gardens wurde 1652 begonnen, als die ersten Vertreter der VOC am Kap ankamen. Man hob Grachten aus, um das Wasser der Flüsse des Tafelbergs umzuleiten. Diese bestimmten bald nicht nur die Gestalt des Gartens, sondern auch die ersten Straßen und Grenzen der Stadt. Bis Ende des 17. Jhs. waren auf dem Gelände Pfade, Brunnen und eine Menagerie entstanden.

Im 19. Jh. erhielten die Gärten ihre heutige Form. Große Teile des Terrains wurden zur Bebauung freigegeben, es entstanden die St. Georges Cathedral, die Houses of Parliament und das South African Museum. 1848 wurde der tiefer gelegene Teil in einen botanischen Garten verwandelt, und in den 1920ern erfuhr der obere Teil des Gartens beim South Africa Museum durch die Errichtung des Delville Wood Memorial eine radikale Veränderung.

Public Garden

Das Highlight des Geländes ist der **Public Garden** mit einer Sammlung botanischer Arten. Das älteste verzeichnete Gewächs ist die *Scolopia mundii*, ein südafrikanisches Weidengewächs, das um die 300 Jahre alt ist und immer noch Früchte trägt.

Die Vorfahren der herumhuschenden Eichhörnchen hat Politiker und Bergbaumagnat Cecil Rhodes (siehe S. 62) aus Nordamerika importiert. Im Jahr 1908 wurde eine bronzene

NICHT VERSÄUMEN

➡ Public Garden
➡ De Tuynhuis
➡ Delville Wood Memorial
➡ National Library of South Africa
➡ Centre for the Book

PRAKTISCH & KONKRET

➡ Karte S. 306
➡ City Bowl
➡ ⏱7–19 Uhr
➡ 🚇Dorp/Leeuwen

Statue von Rhodes aufgestellt. Sie steht auf einem Sockel mit dem Satz: „Dort ist dein Hinterland" – die ausgestreckte Hand des Imperialisten zeigt Richtung Kontinent.

Zudem gibt es hier eine kleine Voliere, eine nachgemachte „Sklavenglocke" von 1911, ein 1929 entworfener Rosengarten und der VOC Vegetable Garden, der in Anlehnung an den ursprünglichen Marktgarten neu angelegt wurde – die Ernte kommt zum Teil in dem angeschlossenen Restaurant auf den Tisch.

An der Government Avenue

Die eichengesäumte Government Avenue mit Zugängen von der Wale Street und Orange Street teilte den ursprünglichen Company's Garden in zwei Teile. Von der Straße aus lässt sich durchs Ziergitter ein Blick aufs **De Tuynhuis** (Das Gartenhaus) erhaschen, 1700 als Unterkunft für Staatsbesucher erbaut. Vom vorderen Tor aus ist das VOC-Monogramm am Giebel zu erkennen. Näher kommt man nicht heran, denn De Tuynhuis dient jetzt als Büro des südafrikanischen Präsidenten. Der 1788 angelegte Garten wurde in den 1960er-Jahren wieder hergerichtet.

Weiter südlich führt die Government Avenue an der South African National Gallery und der Great Synagogue vorbei sowie an den Rasenflächen der Paddocks, wo früher wilde Tiere gehalten wurden. Heute gibt es nur noch Tiere aus Gips: die 1805 von Anton Anreith geschaffenen Löwen am Lioness Gateway hinter dem South African Museum.

Bauten & Statuen in der Umgebung

Die **National Library of South Africa** (☏021-424 6320; www.nlsa.ac.za; 5 Queen Victoria St; ◷Mo–Fr 9–17 Uhr; 🛜; 🚌Dorp) mit Blick auf den Nordrand des Gartens ist ein klassizistisches Gebäude nach dem Vorbild des Fitzwilliam Museum in Cambridge. Innen werden Ausstellungen gezeigt, und man kann die Rotunde in der Mitte des Gebäudes bewundern.

Das **Centre for the Book** (☏021-423 2662; www.nlsa.ac.za/NLSA/centreforthebook; 62 Queen Victoria St; ◷Mo–Fr 8–16 Uhr; 🛜; 🚌Upper Long/Upper Loop), befindet sich in einem eleganten Kuppelbau (1913) im Osten des Parks. Es besitzt einen traumhaften Lesesaal und dient auch als Veranstaltungsort für Konzerte.

Je eine **Statue von Jan Smuts** (1870–1950), dem ehemaligen General und Premierminister, steht an beiden Enden der Government Avenue. Die schönere und abstraktere vor der South African National Gallery, ein Werk von Sydney Harpley, löste bei ihrer Enthüllung 1964 einen Sturm der Entrüstung aus, deshalb wurde die zweite Statue in traditionellerer Weise ausgeführt. Sie stammt von Ivan Mitford-Barberton und steht neben der Slave Lodge.

BESUCHER-INFORMATION

Das Visitor Information Centre an der zur Queen Victoria Street hin gelegenen Seite des Public Garden zeigt eine Ausstellung zur Entwicklung des Gartens über die Jahrhunderte hinweg. Dort gibt es auch eine gute Broschüre für eine Besichtigung des Geländes auf eigene Faust.

Das Delville Wood Memorial ehrt die über 2000 südafrikanischen Soldaten, die in einer fünftägigen Schlacht im Ersten Weltkrieg fielen. Dazu gehören Alfred Turners Skulpturen von Castor und Pollux als Symbol für den Zusammenhalt britischer und Burensoldaten, Anton van Wouws Statue von General Henry Lukin (der den Befehl zum Vormarsch auf den Wald von Delville in Frankreich gegeben hatte) und ein Artilleriegeschütz aus dem Ersten Weltkrieg.

ESSEN

Das kürzlich umgestaltete Company Garden's Restaurant (S. 71) im Schatten alter Eukalyptusbäume ist ein herrlicher Ort. Die aus Weiden geflochtenen Hängestühle und Skulpturen sind Arbeiten blinder Handwerker.

HIGHLIGHT
BO-KAAP

Das Bo-Kaap, wörtlich: „Oberes Kap", mit seinen bunten kleinen Häusern an schmalen Kopfsteinpflastergassen zählt zu den meistfotografierten Ecken der Stadt. Das Viertel wurde ursprünglich in der Mitte des 18. Jhs. als Kasernengelände für Soldaten angelegt. In den 1830er-Jahren, nach der Abschaffung der Sklaverei, ließen sich dann immer mehr freigelassene Sklaven hier nieder.

Zentrum muslimischen Lebens

Es gibt zehn Moscheen im Bo-Kaap, darunter die **Auwal Mosque** (34 Dorp St). Die älteste islamische Glaubensstätte Südafrikas wurde von Iman Abdullah Kadi Salaam (auch bekannt unter dem Namen Tuan Guru) 1798 erbaut. Dieser indonesische Prinz saß auf Robben Island eine Gefängnisstrafe ab und schrieb dort auswendig dreimal den gesamten Koran nieder. Einer davon ist in der Moschee ausgestellt. Die Moschee kann nur im Rahmen einer Führung mit Gamidah Jacobs von **Lekka Kombuis** (☏079-957 0226; lekkakombuis@mweb.co.za; 81 Wale St; Kochkurse ab 400 R, Kochkurs & Tour ab 600 R) besichtigt werden, die auch Kochkurse in ihrem historischen, türkisfarbenen Haus in der Wale Street anbieten.

Bo-Kaap Museum

Das kleine, aber interessante **Bo-Kaap Museum** (www.iziko.org.za; 71 Wale St; Erw./Kind 20/10 R; ⊙Mo–Sa 10–17 Uhr) gewährt einen Einblick ins Leben einer wohlhabenden muslimischen Familie aus dem 19. Jh. Schwarz-Weiß-Fotos zeigen das Leben im Viertel. Das Gebäude, zwischen 1763 und 1768 errichtet, ist das älteste Gebäude in der Gegend.

Malerische Straßen

Früher war das Bo-Kaap nicht so gut in Schuss. Die bunten Hausfassaden sind erst nach dem Beginn der Demokratie entstanden – die bezauberndsten Straßen sind Chiappini, Rose und Wale. In manchen Teilen des Bo-Kaap herrscht immer noch Armut, und nach Einbruch der Dunkelheit ist es nicht ratsam, abseits der Hauptstraßen herumzuspazieren.

NICHT VERSÄUMEN

➡ Chiappini Street
➡ Rose Street
➡ Bo-Kaap Museum
➡ Auwal Mosque

PRAKTISCH & KONKRET

➡ Karte S. 306
➡ 🗺Dorp/Leeuwen

◉ SEHENSWERTES

◉ City Bowl & Foreshore

CASTLE OF GOOD HOPE — MUSEUM
Siehe S. 56.

COMPANY'S GARDENS — GARTEN
Siehe S. 58.

BO-KAAP — STADTVIERTEL
Siehe S. 60.

LONG STREET — ARCHITEKTUR
Karte S. 306 (⊡Dorp/Leeuwen) Bei einem Besuch in Kapstadt darf ein Spaziergang auf der Long Street nicht fehlen. Die pulsierende Einkaufs- und Ausgehmeile, teilweise von Gebäuden aus der viktorianischen Ära mit kunstvoll geschmiedeten Eisenbalkonen gesäumt, bildete früher die Grenze des muslimischen Bo-Kaap. An der Long Street stehen die **Palm Tree Mosque** (185 Long St; ⊡Dorp) von 1780, die nicht besichtigt werden kann, aber auch das **SA Mission Museum** (☑021-423 6755; 40 Long St; ⊙Mo–Fr 9–18 Uhr; ⊡Mid-Long) GRATIS, die älteste Missionskirche Südafrikas, und das neueste Kunstwerk im öffentlichen Raum, das Open House.

Um 1960 war die Straße dem Verfall preisgegeben, und das blieb auch so, bis Ende der 1990er-Jahre clevere Stadtentwickler das Potenzial dieser Straße entdeckten. Der interessanteste Abschnitt verläuft nördlich von der Kreuzung Buitensingle Street bis etwa zur Höhe der Strand Street. Tagsüber kann man bei den Antiquitätenhändlern, in den Secondhand-Buchläden oder den Streetwear-Boutiquen stöbern; abends dagegen geht man zum Feiern in die vielen Bars und Clubs entlang der Long Street.

MICHAELIS COLLECTION AT THE OLD TOWN HOUSE — MUSEUM
Karte S. 306 (www.iziko.org.za; Greenmarket Sq, City Bowl; Erw./Kind 20/10 R; ⊙Mo–Sa 10–17 Uhr; ⊡Church/Longmarket) An der Südseite des Greenmarket Square befindet sich das schön restaurierte Old Town House, das 1755 im Kap-Rokoko-Stil erbaut wurde. Heute befindet sich dort die eindrucksvolle Kunstsammlung von Sir Max Michaelis. Holländische und flämische Gemälde und Stiche aus dem 16. und 17. Jh. (darunter sind Werke von Rembrandt, Frans Hals und Anthonis van Dyck) hängen Seite an Seite mit zeitgenössischen Arbeiten. Der Kontrast zwischen Alt und Neu ist wirklich faszinierend.

GREENMARKET SQUARE — ARCHITEKTUR, MARKT
Karte S. 306 (City Bowl; ⊡Church/Longmarket) Dieser gepflasterte Platz ist nach der Grand Parade der zweitälteste öffentliche Platz Kapstadts. Hier findet täglich ein gut besuchter, bunter Handwerks- und Souvenirmarkt statt. Neben dem Old Town House säumen auch einige Bilderbuchbeispiele für Art-déco-Architektur den Platz, darunter das **Market House**, ein aufwendig verziertes Gebäude mit Balkonen sowie Steinadlern und -blumen an seiner Fassade.

Das strahlend weiße Haus der **Protea Versicherung** daneben wurde 1928 erbaut und 1990 renoviert. Gegenüber steht das

---

OPEN HOUSE

Im Rahmen der Aktionen 2014, als Kapstadt Weltdesignhauptstadt (World Design Capital, WDC) war, schrieb die Westkap-Regierung einen mit einer Million Rand dotierten Wettbewerb aus. Es sollte ein dauerhaftes Kunstwerk geschaffen werden, das auf einem Sockel an der Ecke von Dorp Street und Long Street stehen sollte. Die Aufgabe lautete, ein Kunstwerk zu schaffen, das nicht nur 20 Jahre Demokratie in Südafrika feiert, sondern auch die Geschichte, die Diversität und die Zukunftspläne von Kapstadt darstellt sowie den WDC-Slogan: "Live Design, Transform Life".

Unter den 16 Finalisten wurde im Dezember 2014 der Entwurf **Open House** (Karte S. 306; Ecke Dorp St & Long St, City Bowl; ⊡Dorp/Leeuwen) von dem in Kimberley geborenen Künstler Jacques Coetzer ausgewählt. Mit seinen drei Stockwerken und einer Höhe von bis zu 10,5 m soll die leuchtend rote Hausfassade mit Treppen und Balkonen ein Ort sein, an dem Menschen sprechen, singen, weinen oder einfach nur Passanten zuwinken können. Coetzer ließ sich inspirieren von rostigen Metallgerüsten, RDP-Häusern (siehe S. 258) und der Long Street selbst.

Shell House, einst Sitz von Shell Südafrika und nun ein Hotel mit Restaurant.

An der Ecke Shortmarket Street befindet sich das **Namaqua House** und darin das Cafe Baran's, von dessen Panoramabalkon sich eine geniale Aussicht auf den Platz bietet. Das **Kimberley House** (34 Shortmarket St; 🔲 Groote Kerk) aus Sandstein ist mit attraktiven Diamantenmotiven verziert.

CHURCH STREET   MARKT, DENKMAL
Karte S.306 (City Bowl; 🔲 Church/Longmarket) Auf dem als Fußgängerzone gestalteten Teil der Straße zwischen Burg Street und Long Street findet ein **Flohmarkt** (Mo–Sa 8–15 Uhr) statt, außerdem befinden sich hier mehrere Galerien. An der Kreuzung mit der Burg Street erinnert *The Purple Shall Govern*, eine Grafik von Conrad Botes, an die Anti-Apartheid-Demonstration von 1989. Vor der AVA Gallery steht das *Arm Wrestling Podium* von Johann van der Schijff.

HOUSES OF PARLIAMENT   PARLAMENT
Karte S.306 (📞 021-403 2266; www.parliament.gov.za; Parliament St, City Bowl; ⊘ Führungen Mo–Fr 9–14 Uhr; 🔲 Roeland) **GRATIS** Eine Führung durch das Parlament ist eine faszinierende Sache, vor allem für Leute, die an der jüngeren Geschichte Südafrikas interessiert sind. Diese heiligen Hallen, die 1885 eröffneten, haben einige bedeutsame Ereignisse gesehen. Im Jahr 1960 hielt der britische Premier Harold Macmillan hier seine „Wind of Change"-Rede, und 1966 wurde der Architekt der Apartheidpolitik, Ministerpräsident Hendrik Verwoerd, hier erstochen. Telefonische Anmeldung erforderlich; Einlass nur mit Pass.

IZIKO SLAVE LODGE   MUSEUM
Karte S.306 (📞 021-467 7229; www.iziko.org.za; 49 Adderley St, City Bowl; Erw./Kind 30/15 R; ⊘ Mo–Sa 10–17 Uhr; 🔲 Groote Kerk) Das 1660 erbaute Gebäude ist eines der ältesten Südafrikas und hat seine eigene faszinierende Geschichte. Einst waren hier bis zu 1000 Sklaven untergebracht. Die Slave Lodge wurde auch als Bordell, Gefängnis, Irrenhaus, Postamt und Bücherei genutzt. Anschließend befand sich hier das Oberste Gericht. Heute ist es ein Museum, das der Geschichte der Sklaven und ihrer Nachfahren am Kap gewidmet ist.

Bis 1811 hausten die Sklaven hier in feuchten, unhygienischen und überfüllten Räumen, in jedem Jahr starben bis zu 20 %

CECIL RHODES: VISIONEN EINES REICHES

Cecil John Rhodes (1853–1902), ein Erbauer des Reiches, war schon zu seinen Lebzeiten eine Legende. Als er 1870 in Südafrika ankam, war er ein kränklicher, verarmter Sohn eines englischen Vikars. Das Klima bekam Rhodes offensichtlich gut, denn er erholte sich nicht nur von seiner Krankheit, sondern gründete auch die Bergbaugesellschaft De Beers (die im Jahr 1891 90 % der Diamantenminen weltweit besaß) und wurde 1890 Premierminister des Kaps im Alter von nur 37 Jahren.

Rhodes träumte davon, eine Eisenbahn vom Kap nach Kairo zu bauen (die gesamte Strecke hätte durch britisches Territorium geführt), und drängte weiter in Richtung Norden, um Minen einzurichten und den Handel aufzubauen. Er brachte Bechuanaland (das spätere Botswana) sowie das Gebiet, das später Rhodesien (das heutige Zimbabwe) wurde, unter britische Kontrolle. Seine großartigen Träume von seinem Reich gingen jedoch zu weit, als er 1895 an einem gescheiterten Aufstand der von den Buren regierten Republik Transvaal beteiligt war. Die dadurch kompromittierte britische Regierung zwang Rhodes 1896 als Premierminister zurückzutreten, aber Rhodesien und Bechuanaland blieben seine persönlichen Lehnsgüter.

Rhodes heiratete nie (oft wurde spekuliert, dass er schwul war). Gegen Ende seines Lebens war er in die Intrigen der glamourösen und skrupellosen Prinzessin Radziwill verwickelt, die später für ihre Schwindeleien inhaftiert wurde. Da seine Gesundheit wieder nachließ, kehrte Rhodes 1902 nach Kapstadt zurück, um dort im Alter von 49 seinem Leiden in seinem Haus in Muizenberg zu erliegen. Rhodes' Ruf wurde mit seinem Testament wiederhergestellt: Er widmete einen Großteil seines Vermögens dem Rhodes-Stipendium, dessen Stipendiaten an die Universität Oxford gehen dürfen, und sein Land und viele Besitztümer in Kapstadt vermachte er der Nation.

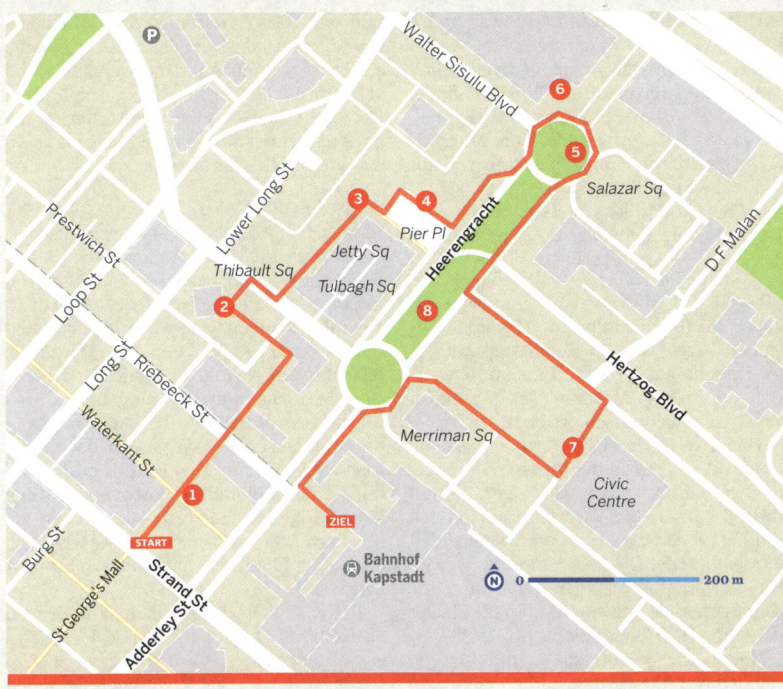

🏃 Stadtspaziergang
Kunst im öffentlichen Raum in Foreshore

START ECKE ST. GEORGE'S MALL
& STRAND ST, FORESHORE
ENDE CAPE TOWN TRAIN STATION
LÄNGE/DAUER 1 KM; EINE STUNDE

Sehenswürdigkeiten sind nicht Foreshores Stärke, aber die Tour führt um die Betonhochhäuser herum zu vielen Skulpturen.

In der Fußgängerzone St. George's Mall, gegenüber der Waterkant Street, steht **1 Africa** von Brett Murray. Die kuriose Bronzestatue, aus der leuchtend gelbe Bart-Simpson-Köpfe wachsen, ist typisch für Murrays Stil und provoziert seit ihrer Enthüllung 2000 heftige öffentliche Auseinandersetzungen.

Am Ende der St. George's Mall biegt man links auf den Thibault Square ab, an dem einige der ältesten Wolkenkratzer von Foreshore stehen, darunter auch das ABSA Centre. Den Platz ziert **2 Mythological Landscape.** Das Kunstwerk aus Stahl und Bronze von John Skotnes ist ein Loblied auf die Artenvielfalt.

Nach dem Überqueren der Mechau Street geht's Richtung **3 Jetty Square,** wo sich ein Schwarm stählerner Haie aus dem Atelier des Künstlers Ralph Borland auf Sockeln dreht und die Passanten „verfolgt". Den **4 Pier Place** um die Ecke bevölkern lebensgroße menschliche Figuren von Egon Tania.

Im Kreisverkehr an der Heerengracht Richtung Foreshore steht die Statue des portugiesischen Seefahrers **5 Bartholomeu Dias,** der als erster Europäer 1488 das Kap der Guten Hoffnung umrundete. Auf der anderen Straßenseite, neben dem Cape Town International Convention Centre, erhebt sich der 8 m hohe, rot bemalte Mann **6 Olduvai,** eine Hommage von Gavin Younge an das Rift Valley und Ostafrikas majestätische Seen.

Die Heerengracht führt zurück in die Innenstadt, mit einem Abstecher nach links zum Hertzog Boulevard. Beim Civic Centre wartet Edoardo Villas **7 The Knot,** der wie eine riesige rote, verbogene Heftklammer aussieht. Zurück an der Heerengracht, gegenüber dem Bahnhof, stehen Statuen von **8 Jan van Riebeeck und Maria de la Queillerie,** dem ersten holländischen Kommandeur Kapstadts und seiner Frau. Hier sollen sie 1652 an Land gegangen sein.

von ihnen. Der Sklavenmarkt war gleich um die Ecke in der Spin Street.

Die Mauern der ursprünglichen Slave Lodge flankieren den Innenhof. Dort findet man die Grabsteine von Kapstadts Gründer Jan van Riebeeck und seiner Frau Maria de la Queillerie. Die Grabsteine stammen aus Jakarta, wo van Riebeeck begraben ist.

Im Museum gibt's im ersten Stock auch Artefakte aus dem alten Ägypten, Griechenland, Rom und Fernost.

MUTUAL HEIGHTS ARCHITEKTUR

Karte S. 306 (Ecke Parliament St & Darling St, City Bowl; Darling) Mutual Heights ist mit seiner Fassade aus rosa- und golddurchwirktem schwarzen Marmor das beeindruckendste einer ganzen Reihe von Art-déco-Häusern in der City Bowl. Es ist geschmückt von einem der längsten durchgehenden Steinfriese der Welt, der von Ivan Mitford-Barberton entworfen und von den Bildhauermeistern Gebr. Lorenzi gemeißelt wurde. Viele der Originaldetails des Gebäudes sind erhalten geblieben, darunter die beeindruckende zentrale Bankhalle (leider nicht öffentlich zugänglich).

Mal abgesehen von den ägyptischen Pyramiden war dieses von der alten Finanzgesellschaft Old Mutual in Auftrag gegebene Bauwerk damals nicht nur das höchste in ganz Afrika, sondern auch mit Abstand das teuerste. Unglücklicherweise musste die Eröffnung 1939 wegen des ausbrechenden Zweiten Weltkriegs ausfallen. Hinzu kam, dass seine exponierte Lage in Foreshore mit einem Mal beschnitten wurde, als die Stadt beschloss, durch Landgewinnung das Gebiet 2 km in die Bucht hinein auszudehnen. In den 1950er-Jahren begann Old Mu-

tual seine Geschäftsräume nach Pinelands zu verlagern. Man wandelte die Immobilie erfolgreich in ein Apartmenthaus um und gab ihm 2002 den neuen Namen Mutual Heights. Das löste eine regelrechte Manie bei Architekten aus, andere lange vernachlässigte Büroblocks umzugestalten.

ST. GEORGE'S CATHEDRAL KIRCHE

Karte S. 306 (☎021-424 7360; www.sgcathedral.co.za; 1 Wale St, City Bowl; Groote Kerk) Allgemein ist diese Kirche als People's Cathedral bekannt, da sie während der Apartheid einer der wenigen Orte war, die allen Menschen unabhängig von der Hautfarbe offenstanden. Ab und zu werden in der Kirche klassische Konzerte aufgeführt; Ausführlicheres dazu sowie die genauen Messezeiten stehen auf der Website. In der Kirche ist es zum einen angenehm kühl, zum anderen ist das **Siyahamba Labyrinth** in den Kreuzgängen sehenswert. Dies ist ein gepflasterter, kreisförmig angelegter Weg, der bei der Meditation und inneren Einkehr helfen soll.

In Kapstadt ist der offizielle Name der von Sir Herbert Baker um die Wende des 19. Jhs. entworfenen Kirche Cathedral Church of St. George the Martyr. Erzbischof Desmond Tutu hatte hier seinen Sitz und machte die Kathedrale zum Zentrum der Opposition gegen das Afrikaander-Regime.

Nähere Aufschlüsse dazu bietet die Ausstellung im Memory & Witness Centre in der Krypta, wo sich auch das Crypt Jazz Restaurant (S. 78) befindet. Auch heute bleibt die Kirche durch ihr Hilfsprogramm für HIV/Aids-Betroffene ein Symbol der Hoffnung – beachtenswert ist auch der „Cape Town AIDS Quilt" über der Nordtür.

CITY WALK

Das Ende 2014 angekündigte Projekt „City Walk" soll die siebte große Sehenswürdigkeit von Kapstadt werden. Bisher wurden der Tafelberg, Robben Island, Cape Point, V&A Waterfront, Groot Constantia und die Kirstenbosch Botanical Gardens als Sehenswürdigkeiten vermarktet.

Der City Walk soll das Straßenleben in der City Bowl promoten. Die Route beginnt in den Company's Gardens, verläuft hinab zur St. George's Mall, über die Strand Street zur Waterkant Street, folgt von dort dem Walk of Remembrance und endet am Prestwich Memorial Park. Kostenloses WLAN entlang der Route ermöglicht digitale Angebote für historische Erläuterungen als Ergänzung der Beschilderung. Dabei werden auch ein paar unbekanntere Episoden aus der Stadtgeschichte erwähnt. Street Food, Kunst im öffentlichen Raum, Events und Unterhaltung wie Straßenmusiker gehören auch mit zum Projekt, ebenso wie eine Renovierung der Marktstände entlang der St. George's Mall.

ROCK-GIRL-BÄNKE

Augen auf beim Herumstreifen durch die City Bowl sowie auf dem Weg hoch zum Signal Hill, am Lion's Head und entlang der Waterfront: Hier stehen überall die bunten Mosaikbänke von **Rock Girl** (www.rockgirlsa.org). Dieses inspirierende Projekt wurde von der Menschenrechtlerin Michelle India Baird im Jahr 2010 gestartet, als sie als Freiwillige an der Red River School im Vorort Manenberg der Cape Flats arbeitete, in dem die Kriminalitätsrate sehr hoch ist. Es war dringend erforderlich, sichere Orte zu schaffen, an denen junge Mädchen und Jungs sitzen konnten, ohne von Straßengangs belästigt zu werden.

Mehrere prominente Kapstädter Künstler und Designer, darunter Lovell Friedman, Laurie Wiid van Heerden, Atang Tshikare, Paul du Toit und Lyall Sprong, haben sich seitdem am Entwerfen der Bänke beteiligt, inzwischen 37 an der Zahl. Die meisten Bänke im Zentrum von Kapstadt haben eine Schwesterbank in den Townships, wie in Gugulethu, wo eine am **Amy Biehl Memorial** steht und eine in Khayelitsha am **Grassroot Soccer Football for Hope Centre**.

In der City Bowl entlang der St. George's Mall gibt's eine Bank am **Krotoa Place** (Karte S. 306; St George's Mall & Castle St; 🚊 Strand), die an Krotoa von Meerhof, eine Khoe-San-Frau aus dem 17. Jh. erinnert, die für Jan van Riebeeck dolmetschte, einen holländischen Siedler heiratete und ihr Leben im Alter von nur 32 Jahren als Gefangene auf Robben Island beendete.

Im Prestwich Memorial Garden (S. 68) gibt's drei Bänke: *Time Out* vom Künstler Paul du Toit, in der Form eines symbolischen Rock Girls; eine übergroße Holzbank von Mark Thomas (der auch die Boomslang in den Kirstenbosch Botanical Gardens gestaltete) und eine Bank aus Metall und Holz von Laurie Wiird van Heerden im Truth Coffee. Weitere Bänke stehen am südlichen Ende von Long Street und in der Lobby des Cape Town International Convention Centre. Wer durch Llandudno oder Muizenberg streift, wird auch dort Bänke finden.

Für das Projekt **Wonder Women** (#WDC519) im Rahmen von Kapstadts Jahr als Weltdesignhauptstadt ist Rock Girl eine Partnerschaft mit dem Architekten Mokena Makeka eingegangen, um lebensgroße Stahlstatuen von bis zu zehn südafrikanischen Heldinnen zu schaffen, darunter Albertina Sisulu, Miriam Makeba, Adelaide Tambo und Nadine Gordimer. Diese sollen entlang des Walk of Remembrance (dem ehemaligen Fan Walk) in Green Point aufgestellt werden.

GROOTE KERK   KIRCHE

Karte S. 306 (📞 021-422 0569; www.grootekerk. org.za; Church Sq, City Bowl; ⏰ Mo–Fr 10–14 Uhr, Gottesdienste So 10 & 19 Uhr; 🚊 Groote Kerk) Die Highlights der Mutterkirche der Niederländischen Reformierten Kirche (Nederduitse Gereformeerde Kerk; kurz NG Kerk) sind ihre gigantische Orgel sowie die mit Schnitzereien verzierte Kanzel aus burmesischem Teakholz, geschnitzt von Anton Anreith und Jan Graaff.

Ansonsten ist das Gebäude ein architektonischer Mischmasch: Einige Fragmente stammen noch von der ersten Kirche, die im Jahr 1704 erbaut wurde, andere Teile sind jüngeren Datums – aus dem Jahr 1841. Bei dem Besuch sollte man sich vor Augen halten, dass während der ersten rund 100 Jahre seit dem Bestehen dieser Kirche direkt vor der Kirchentür Sklaven gehandelt wurden.

CHURCH SQUARE   DENKMAL

Karte S. 306 (City Bowl; 🚊 Groote Kerk) Den Platz vor der Groote Kerk ziert eine **Statue von Jan Hendrik**, dem ehemaligen Herausgeber der Zeitung *Zuid Afrikaan* und eine Schlüsselfigur bei der Niederschrift der südafrikanischen Verfassung von 1909. Auf dem Church Square steht außerdem das **Slavery Memorial** – bestehend aus elf flachen schwarzen Granitblöcken, in welche die Namen von Sklaven oder Begriffe eingemeißelt sind, die sich auf Sklaverei, Widerstand und Rebellion beziehen. An First Thursdays (S. 81) finden hier verschiedene Events statt.

Gegenüber der Kirche, auf der anderen Seite des Platzes, steht das schöne alte National Mutual Building, das teilweise noch aus dem Jahr 1905 stammt. Heute ist in dem Gebäude das Iziko Social History Centre untergebracht.

SLAVE TREE
DENKMAL

Karte S.306 (Spin St, City Bowl; 🚌Groote Kerk) Eine runde Gedenkplakette auf der Verkehrsinsel in der benachbarten Spin Street markiert die Stelle, wo der **Sklavenbaum** stand, unter dem bis zum Ende der Sklaverei 1834 Sklaven verkauft wurden. Während des Jahres, in dem Kapstadt Weltdesignhauptstadt war, wurde diese Stelle als Ort eines offiziellen Kunstprojekts bekannt (www.wdccapetown2014.com/projects/project/377); die temporär aufgestellte Skulptur dürfte noch eine Weile erhalten bleiben.

GRAND PARADE & UMGEBUNG
PLATZ

Karte S.306 (Darling St, City Bowl; 🚌Darling) An dieser Stelle errichteten die holländischen Kolonialherren ihr erstes Fort (1652), hier wurden Sklaven verkauft und bestraft, und hier versammelten sich die Massen, um den ersten Worten Nelson Mandelas nach seiner 27-jährigen Haft zu lauschen; seine Rede hielt er vom Balkon der Old Town Hall. Ein Abschnitt des Platzes dient abwechselnd als Markt- und Parkplatz.

An der Parade steht die prächtige **Cape Town City Hall**, in der hin und wieder Konzerte und Kulturveranstaltungen stattfinden. Gleich nebenan steht die 1889 erbaute Drill Hall, wo einst Königin Elisabeth II. ihren 21. Geburtstag feierte. Das Gebäude wurde einfühlsam restauriert und zur städtischen **Central Library** (☎021-467 1500; ⌚Mo 9–20, Di–Do 9–18, Fr 8.30–17, Sa 9–14 Uhr) umgebaut.

WE ARE STILL HERE
DENKMAL

Karte S.306 (Ecke Longmarket St & Parade St, City Bowl; 🚌Lower Buitenkant) Die Mosaikkünstler Lovell Friedman und Leora Lewis haben dieses äußerst beeindruckende Kunstwerk vor der Central Library erschaffen. Ein Mosaik aus Keramikfliesen ergibt das Bild eines Kindes, darum sind Zeichnungen und Schriftbeiträge von Straßenkindern angeordnet. Wer genau hinsieht, kann feststellen, dass jede Fliese den Abdruck einer Anzeige aus der Cape Government Gazette aus der Zeit von 1841 bis 1921 trägt, in denen zur Übernahme von Verantwortung für mittellose Kinder aufgerufen wird.

KOOPMANS-DE WET HOUSE
MUSEUM

Karte S.306 (☎021-481 3935; www.iziko.org.za; 35 Strand St, City Bowl; Erw./Kind 20/10 R;

⌚Mo–Fr 10–17 Uhr; 🚌Strand) Wer dieses typische Beispiel eines kap-holländischen Stadthauses betritt, macht eine Zeitreise ins 18. Jh. Das Mobiliar stammt aus dem 18. und frühen 19. Jh. Ein atmosphärischer Ort mit alten Weinranken im Innenhof und Dielen, die noch genauso knarren wie damals, als Marie Koopmans-de Wet – eine Dame der feinen Gesellschaft und Eigentümerin des Hauses – hier lebte.

EVANGELICAL LUTHERAN CHURCH
KIRCHE

Karte S.306 (☎021-421 5854; www.lutheran church.org.za; 98 Strand St, City Bowl; ⌚Mo–Fr 10–14 Uhr; 🚌Strand) GRATIS Die 1780 aus einer Scheune entstandene erste lutherische Kirche am Kap hat eine geschnitzte Holzkanzel, ein Meisterstück des deutschen Bildhauers Anton Anreith. Ein Paar von muskelbepackten Herkulessen (die die Kraft des Glaubens symbolisieren) stützen die beiden vorderen Ecken der Kanzel, über der vier Engelchen fliegen und ein Rokoko-Baldachin hängt. Weitere Werke können in der Groote Kerk und auf dem Landgut Groot Constantia bewundert werden.

Das **Martin Melck House** (Karte S.306; ☎021-405 1540; Erw./Kind 40/25 R; ⌚Mo–Sa 9.30–14.30 Uhr; 🚌Strand), das alte Pfarrhaus nebenan aus dem Jahr 1783, wurde nach dem Kaufmann benannt, der es erbaute. Es wird für verschiedene Wechselausstellungen genutzt. Im Hof dahinter befindet sich das Restaurant und der Veranstaltungsort für Jazzkonzerte Manenberg's @ The Camissa Courtyard (S.79).

HERITAGE SQUARE
ARCHITEKTUR

Karte S.306 (www.heritage.org.za/heritage_square_project.htm; 90 Bree St, City Bowl; 🅿; 🚌Church/Longmarket) Die wunderschöne Ansammlung von Gebäuden im kap-georgianischen und viktorianischen Stil wurde 1996 vor der Abrissbirne gerettet. Hier stehen u.a. das Cape Heritage Hotel (S.222) und mehrere Restaurants, und hier befinden sich auch Signal Hill Wines (S.81) und ein Hinterhof, in dem eine Weinrebe wächst, die bereits in den 1770er-Jahren gepflanzt wurde und damit die älteste ihrer Art in Südafrika ist. Sie produziert noch immer Trauben, aus denen Wein gekeltert wird.

YOUNGBLOOD AFRICA
GALERIE

Karte S.306 (☎021-424 0074; www.young blood-africa.com; 70-72 Bree St, City Bowl; ⌚Mo–Fr 9–17 Uhr, 1. und 3. Samstag 10–17 Uhr;

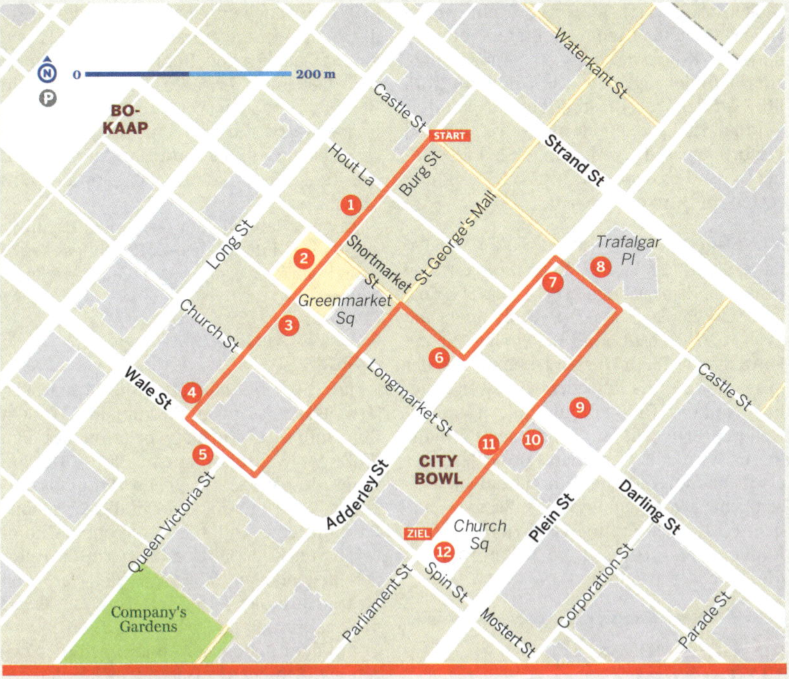

🏃 Stadtspaziergang
Kunst & Architektur

START CAPE TOWN TOURISM, ECKE
CASTLE ST & BURG ST, CITY BOWL
ENDE CHURCH SQ
LÄNGE/DAUER 1,5 KM; EINE STUNDE

Dank des Baubooms in den 1930er-Jahren erfreut sich die Innenstadt einer beachtlichen Zahl eleganter Art-déco-Bauten.

In der Burg Street Nr. 24 steht das **1 New Zealand House** von W. H. Grant, dessen Stil als „Cape Mediterranean" bezeichnet wird. Geradeaus liegt der **2 Greenmarket Square** (S. 61), wo täglich ein Kunstgewerbe- und Souvenirmarkt stattfindet. Drei Viertel der Bauten rings um den Platz stammen aus den 1930er-Jahren; nicht so das 1761 fertig-gestellte **3 Old Town House**, in dem sich heute eine Kunstgalerie befindet.

An der Kreuzung der Burg Street und Wale Street zieren die Fassade des **4 Waalburg Building** Plaketten aus Bronze und Tafelbergstein. Gegenüber steht das **5 Western Cape Legislature**, dessen wuchtige Mauern von in Stein gemeißelten Tierköpfen aufgelockert werden.

Jetzt geht's in die St. George's Mall und Richtung Shortmarket Street, rechts kommt die Kreuzung Adderley Street. Hier steht die 1913 fertiggestellte **6 First National Bank**, eines der letzten Bauprojekte von Sir Herbert Baker. Der Spazierweg führt weiter die Adderley Street entlang und vorbei an der noblen edwardianischen **7 Former Standard Bank**, einem Prachtbau, auf dem eine Statue der Britannia steht. Rechts geht's zum **8 Trafalgar Place**, dem angestammten Platz der Kapstädter Blumenverkäufer seit 1860. Am Ende des Platzes steht das **9 General Post Office**. Im Erdgeschoss drängen sich die Marktstände, darüber hängen Gemälde mit Szenen aus dem Leben in Kapstadt.

In der Darling Street steht man nun direkt vor **10 Mutual Heights** (S. 64). An der Kreuzung von Parliament und Longmarket Street wartet **11 Mullers Opticians**, eine der bezauberndsten erhaltenen Art-déco-Ladenfronten der Stadt. Ein paar Schritte weiter auf der Parliament Street und dem **12 Church Square** (S. 65) thront die Groote Kerk, gegenüber steht das alte National Building.

Church/Mid-Long) GRATIS Diese eindrucksvolle Galerie über mehrere Etagen mit Atelier zeigt Kunstwerke junger Südafrikaner. Hier befindet sich auch das Café **beautifull life**. Auf der Website steht ein gut gefüllter Veranstaltungskalender mit Konzerten und Performances, die von swingenden Electronic Gypsy Jazzbands bis hin zu Klassikkonzerten im Dunkeln reichen.

MUSEUM OF GEMS & JEWELLERY MUSEUM
Karte S. 306 (021-422 1090; www.prinsand prins.com; Huguenot House, Ecke Loop St & Hout Lane, City Bowl; Mo–Fr 9–17, Sa bis 13 Uhr; Church/Mid-Long) GRATIS Bei einer Führung kann man sich ein Hugenottenhaus aus der Mitte des 18. Jhs. ansehen, das weitestgehend von den Diamantenhändlern und Juwelieren Prins & Prins (S. 82) genutzt wurde. Es wird nicht erwartet, dass Besucher etwas kaufen. Zu sehen sind u. a. neoklassizistische Wandgemälde der Besitzer aus dem 19. Jh., der Familie Van Wielligh. Viele Exponate befinden sich im Keller, wo auch die Juweliere arbeiten.

◎ Bo-Kaap & De Waterkant

NOON GUN AUSSICHTSPUNKT
(Military Rd, Bo-Kaap) GRATIS Der 350 m hohe Signal Hill trennt Sea Point von der City Bowl. Von Montag bis Samstag wird zur Mittagszeit eine Kanone abgefeuert. Den Schuss hört man in der ganzen Stadt. Ursprünglich diente er den Bürgern der Stadt dazu, ihre Uhren zu stellen. Der Aufstieg von Bo-Kaap aus hat es in sich – am besten die Longmarket Street bis zum Ende gehen. Damit gelangt man zu einer Stelle direkt unter der Kanone (näher kommt man nicht heran). Die Aussicht ist phänomenal.

Man kann auch selbst oder mit dem Taxi zum Signal Hill über die Military Road hinauffahren, die von der Kloof Nek Road abzweigt.

PRESTWICH MEMORIAL GEDENKSTÄTTE
Karte S. 306 (Ecke Somerset St & Buitengracht St, De Waterkant; Mo–Fr 8–18, Sa & So 14 Uhr; Strand) GRATIS Bei Bauarbeiten wurden 2003 entlang der nahe gelegenen Prestwich Street viele Skelette freigelegt. Dies waren die namenlosen Gräber von Sklaven und anderen, die von den Holländern im 17. und 18 Jh. hingerichtet worden waren; dieser Ort hieß damals Gallows Hill (Galgenhügel). Die Knochen wurden exhumiert, und dieses Bauwerk mit einer attraktiven Fassade aus Schiefer von Robben Island wurde zum Gedenken errichtet. Es umfasst ein Beinhaus und hervorragendes Anschauungsmaterial, darunter eine Replik des sensationellen Gemäldes mit Rundumblick auf die Table Bay, das Robert Gordon 1778 schuf.

In dem Gebäude der Gedenkstätte gibt's auch eine Filiale des Coffeeshops **Truth** (www.truthcoffee.com; Mo–Fr 8–18, Sa & So bis 14 Uhr).

PRESTWICH MEMORIAL GARDEN SKULPTUREN
Karte S. 310 (Ecke Somerset St & Buitengracht St, De Waterkant; Strand) Entlang dem Walk of Remembrance (vormals bekannt als Fan Walk der Weltmeisterschaft 2010) und am Ende des vorgeschlagenen Stadtspaziergangs (S. 64) befindet sich dieser schöne Park mit einer Reihe faszinierender Skulpturen von Kapstädter Künstlern, darunter der Regenbogen *It's Beautiful Here* von Heath Nash, der *Full Cycle Tree* von KEAG und mehrere Rock-Girl-Bänke (S. 65).

Auf dem Boden sieht man noch die Spuren von Schienengleisen – von Pferden gezogene Straßenbahnwagen fuhren einst entlang der Somerset Street und durch Sea Point bis zur Endstation in Camps Bay.

╳ ESSEN

Die City Bowl ist voll von Restaurants und Cafés, am Sonntag haben allerdings viele Lokale geschlossen. Im Mittelpunkt der kulinarischen Szene von De Waterkant steht das Einkaufszentrum Cape Quarter. Auch das Bo-Kaap hat in Sachen Essen ein paar Asse im Ärmel; die Kapstädter schwören beispielsweise auf die Grillhähnchen und andere Fleischgerichte zum Mitnehmen, die ein Typ in der Nähe der Kreuzung Rose Street und Wale Street fabriziert.

╳ City Bowl & Foreshore

★ PLANT VEGAN €
Karte S. 306 (www.plantcafe.co.za; 8 Buiten St, City Bowl; Hauptgerichte 40–65 R; Mo & Di 7–19, Mo–Fr 7–22, Sa 8.30–23.30, So 9–15 Uhr; ; Upper Loop/Upper Long) Wie der Name

schon sagt, serviert das Plant nur veganes Essen, und das ist so lecker, dass man dabei glatt zum Veganer werden könnte. Sandwiches und Salate werden mit Käse- und Ei-Ersatzprodukten hergestellt, und riesige Pilze oder eine Mischung aus Kartoffelflocken und Algen dienen als alternative Burger. Die veganen Muffins und Brownies sind köstlich.

Es gibt auch noch eine kleinere Zweigstelle im **Bo-Kaap** (Karte S. 306; Urban Hub, 142 Buitengracht Service St, Bo-Kaap; Hauptgerichte 40–65 R; ⊘Mo–Fr 9–17, Sa bis 15 Uhr; 🚇Dorp/Leeuwen), aber die Filiale in der City Bowl ist länger geöffnet und serviert Wein und Bier.

JASON BAKERY BÄCKEREI, CAFÉ €

Karte S. 306 (📞021-424 5644; www.jasonbakery.com; 185 Bree St, City Bowl; Hauptgerichte 50 R; ⊘Mo–Fr 7–15.30, Sa 8–14 Uhr; 🚇Upper Loop/Upper Long) Wer einen Sitzplatz in diesem wahnsinnig angesagten Eckcafé ergattern will, muss schnell sein. Hier gibt's sensationelles Frühstück und Sandwiches sowie ordentlichen Kaffee, Brewers&Union-Bier und MCC-Sekt glas- oder flaschenweise. Zum Glück verfügt der Laden auch über eine Take-away-Theke.

CLARKE'S BAR
& DINING ROOM AMERIKANISCH €

Karte S. 306 (📞021-422 7648; www.clarkesdining.co.za; 133 Bree St, City Bowl; Hauptgerichte 55 R; ⊘Mo 7–17, Di–Sa 7–22.30, So 8–15 Uhr; 🚇Dorp/Leeuwen) Ein Lieblingstreff der Bree-Street-Hipster-Szene ist dieses einladende Lokal mit Sitzecken in der Tradition eines US-amerikanischen Diner. Frühstücksgerichte wie gegrillte Käse-Sandwiches und *huevos rancheros* gibt's hier den ganzen Tag und ab mittags auch Reubens- und Schweinebauch-Sandwiches sowie Burger und Käse-Makkaroni. Das Lokal liegt hinter dem **Pit**, einem Skaterpark und Veranstaltungsort für DJs und Bands, der gewöhnlich mittwochs (18 Uhr bis open end) zum Boarden und gelegentlich auch am Donnerstag und Freitag für Events geöffnet ist.

LOLA'S INTERNATIONAL €

Karte S. 306 (www.lolas.co.za; 228 Long St, City Bowl; Hauptgerichte 40–50 R; ⊘Sa–Mi 8–16.30, Do & Fr bis 22.30 Uhr; 🚇; 🚇Upper Loop/Upper Long) Die alte Dame der Szene in der Long Street hat ihren Look beibehalten, und das Ambiente ist nach wie vor entspannt. Das Frühstück, inklusive der Zuckermais-

Pfannkuchen und Eggs Benedict, ist immer noch gut. Toll, um etwas zu trinken und dabei das Treiben auf der Long Street zu beobachten. Am Donnerstag- und Freitagabend wird eine kleine, aber tolle Karte mit Street-Food-Gerichten angeboten.

SABABA NAHOST €

Karte S. 306 (www.sababa.co.za; 231 Bree St, City Bowl; Hauptgerichte 30–50 R; ⊘Mo–Fr 8–16 Uhr; 🚇Upper Loop/Upper Long) Die neue Zweigstelle des Sababa in der Bree Street ist eine Filiale eines Betriebs, der schon seit Jahren an der Piazza St. John in Sea Point ein gutes Geschäft macht. In dem makellos weißen Lokal kommen köstliche Falafel-Sandwiches, Salate, Süßspeisen und Getränke auf den Tisch. Das Essen gibt's auch zum Mitnehmen, sogar mit einem Exemplar des Kochbuchs. Samstags ist dieses Restaurant auch auf dem Oranjezicht City Farm Markt (S. 109) vertreten.

MASALA DOSA INDISCH €

Karte S. 306 (📞021-424 6772; www.masaladosa.co.za; 167 Long St, City Bowl; Hauptgerichte 40–85 R; ⊘Mo–Sa Mittag- & Abendessen; 🚇Dorp) Im Masala Dosa treffen Bollywood-Charme und traditionelle südindische Küche aufeinander. Im Angebot sind u. a. ziemlich gute *dosas* (Fladen aus Linsenmehl) und *thalis* (Menüs mit verschiedenen Curry-Varianten).

LATITUDE 33 INTERNATIONAL €

Karte S. 306 (www.lat33.co.za; 165 Bree St, City Bowl; Hauptgerichte 55–90 R; ⊘Mo–Fr 7–15, Sa 8.30–13 Uhr; 🚇; 🚇Dorp/Leeuwen) In diesem Café mit Boutique und Galerie, das nach der geografischen Lage von Kapstadt benannt ist, gibt's viel zu sehen. Das Café im Surferschick serviert eine gute Auswahl an Getränken, Arme Ritter mit Bauernbrot oder Panettone, knusprige Hühnchenschnitzel-Sandwiches und Burger. Im Obergeschoss befinden sich eine Boutique mit Strandmode aus Australien und eine Galerie, die die Porträtkunst eines der Inhaber ausstellt.

CRUSH SANDWICHES €

Karte S. 306 (📞021-422 5533; www.crush.co.za; 100 St. George's Mall, City Bowl; Hauptgerichte 20-30 R; ⊘ Mo–Fr 7–17, Sa 9–15 Uhr; 🚇Groote Kerk) Bietet frisch gepresste Säfte, Smoothies und leckere Wraps, die beweisen, dass gesundes Essen kein bisschen langweilig sein muss.

WOZA! AFRIKANISCH €

Karte S. 306 (☎021-422 0053; www.wozafood. co.za; Church St, City Bowl; Hauptgerichte 20–40 R; ⏲Mo–Fr 7–17 Uhr; ⛴Groote Kerk) Freundliche Menschen führen Gäste durch dieses bunt angestrichene, einladende Eckcafé in das Untergeschoss, wo man die Terrinen mit Hühnchen- und Rindereintopf kochen sieht, dazu – für die Hartgesotteneren – grüne Kutteln. Das Frühstück-Special wird den ganzen Tag über serviert, außerdem eine große Auswahl an Backwaren wie riesige Muffins.

BREAD, MILK & HONEY SANDWICHES, SALATE €

Karte S. 306 (☎021-461 8872; www.breadmilk honey.co.za; 10 Spin St, City Bowl; Hauptgerichte 30–50 R; ⏲Mo–Fr 7–16 Uhr; ⛴Groote Kerk) Die Mitglieder des nahe gelegenen Parlaments kehren gerne in diesem schicken, familiengeführten Café ein, um – natürlich – über Politik zu diskutieren. Die Speisen sind hervorragend, allen voran die Kuchen und Desserts. Mittags wird ein Tagesgericht (Preis nach Gewicht) serviert, außerdem gibt's jede Menge Sachen zum Mitnehmen.

SOUTH CHINA DIM SUM BAR CHINESISCH €

Karte S. 306 (289 Long St, City Bowl; Hauptgerichte 40–50 R; ⏲Di–Fr 12.30–15 & 18.30–22, Sa 11.30–15 & 18.30–22 Uhr; ⛴Upper Loop/Upper Long) Keinerlei Schnickschnack und eine manchmal recht langsame Bedienung, aber dafür ist das Essen – saftige Teigtaschen, köstliche Nudeln, Frühlingsrollen und hausgemachte Eistees – authentisch und lohnt das Warten. Die Einrichtung, d.h. Sitzgelegenheiten aus Holzkisten und abgegriffene Bruce-Lee-Poster, verströmt den rustikalen Charme eines asiatischen Cafés.

ROYALE EATERY BURGER €

Karte S. 306 (www.royaleeatery.com; 279 Long St, City Bowl; Hauptgerichte 60–70 R; ⏲Mo–Sa Mittag- & Abendessen; ⛴Upper Loop/Upper Long) Hier gibt's Burger in Vollendung. Im Erdgeschoss geht es locker und laut zu, eine Etage höher befindet sich der etwas ruhigere Restaurantbereich. Abenteuerlustige sollten einmal den Straußenburger „Big Bird" probieren.

CAFÉ MOZART INTERNATIONAL €

Karte S. 306 (www.themozart.co.za; 37 Church St, City Bowl; Hauptgerichte 50–80 R; ⏲Mo–Fr 9–16, Sa 8–15 Uhr; 🐾; ⛴Church/Longmarket) In diesem hübschen Café mit Tischen auf dem Bürgersteig kann man sich mitten im täg-lich abgehaltenen Flohmarkt an den Speisen vom „table of love" bedienen und nach Gewicht bezahlen oder einen Kaffee und ein Sandwich bestellen. Drinnen im ersten Stock befindet sich ein angenehm stilles Plätzchen, wo man auf seinem Laptop im Netz surfen und E-Mails checken kann.

★CHEF'S WAREHOUSE & CANTEEN TAPAS €€

Karte S. 306 (☎021-422 0128; www.chefs warehouse.co.za; Heritage Sq, 92 Bree St, City Bowl; Tapas-Auswahl für 2 Personen 350 R; ⏲Mo–Fr 12–15 & 16–20, Sa 12–14.30 Uhr; ⛴Church/Longmarket) Hier bietet der Küchenchef Liam Tomlin mit seiner talentierten Mannschaft seinen Gästen eine köstliche und sehr großzügige Auswahl an kleinen Gerichten. Früh zu kommen lohnt sich. Bei den Geschmacksrichtungen geht's einmal rund um die Welt, von Tintenfisch mit einem würzigen vietnamesischen Salat bis hin zu gediegenem Coq au Vin. Wer keinen Sitzplatz bekommt (reservieren ist nicht möglich), dem bleibt immer noch der Außerhausverkauf **Street Food** unter dem Eingang. Andere Kapstädter Köche kommen hierher, um Zutaten und Küchenzubehör einzukaufen. Nach dem Essen kann man noch in einer großartigen Auswahl an Kochbüchern und kulinarischen Leckerbissen stöbern.

★HEMELHUIJS INTERNATIONAL €€

Karte S. 310 (☎021-418 2042; www.hemelhuijs. co.za; 71 Waterkant St, Foreshore; Hauptgerichte 60–120 R; ⏲Mo–Fr 9–16, Sa bis 15 Uhr; 🐾; ⛴S-trand) Das „Himmelhaus" ist recht eigenwillig, aber elegant eingerichtet – es gibt z.B. einen mit zerbrochenem Geschirr „verzierten" Rehkopf und moderne Kunst. Hier finden die künstlerischen und kulinarischen Kreationen von Jacques Erasmus einen würdigen Rahmen. Das innovative Essen ist köstlich, und es gibt leckere frische Säfte, frische Backwaren und Spezialitäten des Hauses wie Sandveld-Kartoffel und Safran-Gnocchi mit geschwärzter Wachtelbrust und geräucherter Aubergine.

★AFRICA CAFÉ AFRIKANISCH €€

Karte S. 306 (☎021-422 0221; www.africacafe. co.za; 108 Shortmarket St, City Bowl; Bankett 250 R; ⏲Mo–Sa 18–23 Uhr; ⛴Church/Longmarket) Zwar touristisch, aber immer noch eine der besten Adressen für afrikanisches Essen. Ordentlich Hunger mitbringen, denn das Fest-Schlemmermahl besteht aus rund

15 panafrikanischen Gerichten, von denen man so viel verdrücken darf, wie man möchte. Die talentierten Mitarbeiter tanzen und singen beim Mittagsmahl um die Tische herum.

COMPANY GARDEN'S
RESTAURANT
INTERNATIONAL €€

Karte S.306 (☏021-423 2919; Company's Gardens, Queen Victoria St, City Bowl; Hauptgerichte 50–85 R; ⏱7–18 Uhr; 🖥🖿; 🚇Dorp/Leeuwen) Die kulinarischen Zauberer von Madame Zingara haben das alte Company's Gardens Café mit ihrem Zauberstab berührt und es in ein schickes, zeitgenössisches Lokal verwandelt, mit reizenden Details im Außenbereich wie ein riesiges Schachspiel und geflochtene Weidennester, in denen man spielen kann. Auf der Karte steht exzellentes Frühstück (den French Toast probieren) und ein Lunchbüfett (85 R).

ADDIS IN CAPE
ÄTHIOPISCH €€

Karte S.306 (☏021-424 5722; www.addisincape.co.za; 41 Church St, City Bowl; Hauptgerichte 95–125 R; ⏱Mo–Sa 12–22.30 Uhr; 🖥🖉; 🚇Church/Longmarket) Addis in Cape bietet an niedrigen Korbtischen köstliche äthiopische Küche, die traditionell auf tellergroßen *injeras* (Sauerteigbrotfladen) serviert wird. Man reißt sie in Stücke und nutzt sie anstelle von Besteck zum Essen. Es gibt eine gute Auswahl an vegetarischen und veganen Gerichten. Ausgesprochen lecker sind auch der hausgemachte *tej* (Honigwein) und der echt äthiopische Kaffee.

BORAGE BISTRO
INTERNATIONAL €€

Karte S.310 (☏021-418 992; www.borage.co.za; 7B Erdgeschoss, Portside Bldg, Ecke Buitengracht St & Hans Strijdom Ave, Foreshore; Hauptgerichte 85–105 R; ⏱Mo–Do 12–15.30, Fr 12–15.30 & 18.30–20.30, Sa 8–12 Uhr; 🚇Lower Loop/Lower Long) Das Rinderragout in diesem schicken Bistro mit den hohen Decken verändert angeblich das ganze Leben des Gastes. Nun, das ist dann doch wohl leicht übertrieben, aber es ist ganz sicher sehr aromatisch, innovativ und gelungen. Für das À-la-carte-Dinner am Freitagabend und den Supper Club an jedem zweiten Donnerstag im Monat muss man im Voraus buchen. Mit 140 R ist das Drei-Gänge-Menü nicht teuer.

DEAR ME
INTERNATIONAL €€

Karte S.306 (☏021-422 4920; www.dearme.co.za; 165 Longmarket St, City Bowl; Hauptgerichte 50–130 R, 5/8-Gänge-Dinner 460/580 R; ⏱Mo–Fr 7–15, Do & Fr 6.30–22 Uhr; 🕾; 🚇Church/Longmarket) Erstklassige Zutaten, kreativ kombiniert und von charmanten Mitarbeitern in gemütlichem Ambiente serviert – was will man mehr? Obendrein gibt's hier sogar noch eine Deli- und Backwarenabteilung. Für das absolut hervorragende Donnerstagabend-Gourmetdinner (3/5 Gänge 210/310 R) ist eine Tischreservierung erforderlich.

BOCCA
ITALIENISCH €€

Karte S.306 (☏021-422 0188; www.bocca.co.za; Ecke Bree St & Wale St, City Bowl; Pizzas 70–120 R; ⏱12–22 Uhr; 🚇Dorp/Leeuwen) Ausgezeichnete Pizzas mit der etwas weicheren Kruste nach neapolitanischer Art und kreativem Belag (Kimchi, Schweinewurst und Ingwer auf der Lady Zaza) kommen in diesem neuen und bereits sehr beliebten Lokal nur so aus dem Steinofen geflogen. Auf der Speisekarte stehen auch andere zeitgenössische italienische Gerichte und Platten für mehrere Personen.

6 SPIN ST RESTAURANT
INTERNATIONAL €€

Karte S.306 (☏021-461 0666; www.6spinstreet.co.za; 6 Spin St, City Bowl; Hauptgerichte 75–160 R; ⏱Mo–Fr 10–22, Sa 6–22 Uhr; 🚇Groote Kerk) Robert Mulders passt mit seinen ausgezeichneten Fertigkeiten als Gastronom und dem berühmten doppelt gebackenen Käsesoufflé hervorragend in dieses elegante, von Sir Herbert Baker entworfene Gebäude. Weitere Köstlichkeiten sind marokkanisches Lamm an Couscous oder mit der Angel gefangener gebratener Fisch mit Knoblauchkruste. Die Räumlichkeiten werden auch als Kunstgalerie genutzt, in der man sich gerne umsehen darf, egal, ob man im Restaurant etwas isst oder nicht.

An jedem zweiten Samstag im Monat wird hier Tango getanzt.

BIRDS CAFÉ
INTERNATIONAL €€

Karte S.306 (☏021-426 2534; 127 Bree St, City Bowl; Hauptgerichte 50–120 R; ⏱Mo–Sa 8–16, Mi–Sa 6–22 Uhr; 🚇Church/Longmarket) Dieses rustikale Café in einem prächtigen holländischen Gebäude ist in neuen Händen. Die Küche ist durchwachsen, daher ist es vermutlich sinnvoll, ein einfacheres Gericht wie die Quiche oder die guten Kuchen zu wählen. Als Ergänzung zur Abendkarte mischt das Birds Café jetzt auch etwas bei dem neuen Tapas-Trend mit – die Portionen sind jedoch riesig, also Vorsicht beim Bestellen!

⭐**BOMBAY BRASSERIE**   INDISCH €€€

Karte S.306 (☎021-819 2000; www.tajhotels. com; Wale St, City Bowl; Hauptgerichte 70–110 R, Probiermenüs ab 325 R; ⏱Mo–Sa 18–22.30 Uhr; 🚉Groote Kerk) Das Hauptrestaurant des Taj ist Lichtjahre von einer herkömmlichen Currybude entfernt. Mit seinen funkelnden Kronleuchtern und Spiegeln verströmt es düster-luxuriösen Charme. Die Kreationen von Küchenchef Harpreet Longani sind innovativ und köstlich, und die Präsentation ist ebenso makellos wie der Service. Die Probiermenüs laden zu einer Reise durch die Welt der Gewürze ein.

BISTRO BIZERCA   FRANZÖSISCH, ZEITGENÖSSISCH €€€

Karte S.306 (☎021-423 8888; www.bizerca. com; Heritage Sq, 98 Shortmarket St, City Bowl; Hauptgerichte 110–150 R; ⏱Mo–Fr 12.30–14.30 & 18.30–21.30 Uhr; 🚉Church/Longmarket) Die Speisen, die der französische Koch Laurent Deslandes serviert, darunter saftige Rinderbäckchen, sind fachmännisch zubereitet und entfalten wahre Geschmacksexplosionen. Die fachkundigen Kellner erklären den Gästen am Tisch gern Näheres zu den Gerichten auf der Kreidetafel. Der Hof, ein Außenbereich am Heritage Square, ist ein weiteres Plus.

SAVOY CABBAGE   MODERNE SÜDAFRIKANISCHE KÜCHE €€€

Karte S.306 (☎021-424 2626; www.savoy cabbage.co.za; 101 Hout Lane, City Bowl; Hauptgerichte 110–165 R; ⏱Mo–Fr 12–14.30, Mo–Sa 19–22.30 Uhr; 🚉Church/Longmarket) Das alteingesessene Savoy Cabbage ist bekannt für seine innovative Küche und bietet seinen Gästen die Möglichkeit, einheimisches Wild wie Elanantilope und Springbock zu probieren. Der Tomatenkuchen ist legendär, unbedingt probieren, wenn er gerade auf der Karte steht.

95 KEEROM   ITALIENISCH €€€

Karte S.306 (☎021-422 0765; www.95keerom. com; 95 Keerom St, City Bowl; Hauptgerichte 60–400 R; ⏱ Mo–Fr 12.30–14, Mo–Sa 19–22.30 Uhr; 🚉Upper Loop/Upper Long) Für einen Tisch in diesem schicken italienischen Restaurant, dessen Herzstück ein Olivenbaum im ersten Stock ist, muss man unbedingt vorab reservieren. Chefkoch Giorgio Nava ist ein Italiener, wie er im Buche steht, und stellt das auch gerne zur Schau, doch seine ausgezeichnete Pasta spricht für sich.

Fleischliebhaber können gegenüber in Navas hervorragendes Steakrestaurant **Carne SA** (Karte S.306; ☎021-424 3460; www. carne-sa.com; 70 Keerom St, City Bowl; Hauptgerichte 100–400 R; 🚉Upper Loop/Upper Long) ausweichen; eine weitere Filiale gibt's in der Kloof Street.

🍴 Bo-Kaap & De Waterkant

LA PETITE TARTE   CAFÉ €

Karte S.310 (☎021-425 9077; Shop A11, Cape Quarter, 72 Waterkant St, De Waterkant; Hauptgerichte 50–80 R; ⏱Mo–Fr 8.30–16, Sa bis 14.30 Uhr; 🚉Alfred) Ausgefallene Teesorten von Mariage Frères und dazu köstliche hausgemachte süße und pikante Tartes nach französischer Art werden in diesem süßen Café mit Tischen am Straßenrand serviert.

LOADING BAY   LIBANESISCH €

Karte S.310 (☎021-425 6320; www.loadingbay. co.za; 30 Hudson St, De Waterkant; Hauptgerichte 50–75 R; ⏱Mo–Fr 8–17, Sa 9–16, So 9–14 Uhr; 🚉Old Fire Station) Dieses schicke Café zeugt vom vorherrschenden Stil in De Waterkant. Serviert werden Kaffee mit „Milch mit Mikrotexturen" (sie wird nur bis 70°C erhitzt) und Speisen im Bistro-Stil wie Toast mit knusprigem Bacon und Avocado. Für die donnerstags stattfindenden Burger-Abende ist eine Reservierung erforderlich – die Bratlinge, sowohl die aus erstklassigem Rindfleisch als auch die vegetarischen, sind exzellent. Zum Café gehört außerdem eine Boutique für Herrenmode von Überseelabels.

BEEFCAKES   BURGER €

Karte S.310 (☎021-425 9019; www.beefcakes. co.za; 40 Somerset Rd, De Waterkant; Burger 55–85 R; ⏱12–0 Uhr; 🚉Gallow's Hill) Rosarote Flamingos, Federboas, Lichterketten, Oben-ohne-Barkeeper – in dieser Burgerbar wird den Gästen ordentlich was geboten. Sie ist ein heiß begehrter *jol*-(Party-) Treff von Gruppen, die dienstags zum Bitchy-Bingo-Spielen herkommen oder an anderen Abenden die professionell aufgezogenen Dragshows goutieren, bei denen Figuren wie Mary Scary und Princess Pop auftreten. Und die Burger? Nichts dran auszusetzen, aber seien wir ehrlich: Kein Mensch kommt wegen der Bulettenbrötchen her.

★**IZAKAYA MATSURI** JAPANISCH €€

Karte S.310 (☎021-421 4520; www.izakaya matsuri.com; Shop 6, The Rockwell, Schiebe St, De Waterkant; Hauptgerichte 40–110 R; 🚋Alfred) Der geniale Arata-san serviert mit das beste Sushi in Kapstadt, neben weiterem japanischen Kneipenessen wie *izakaya*, u.a. Nudeln und Tempura. Bei schönem Wetter wandern die Tische aus dem attraktiven Innenraum mit riesigen weißen und roten Papierlaternen nach draußen in den Hof.

BO-KAAP KOMBUIS KAPMALAIISCH €€

Karte S.306 (☎021-422 5446; www.bokaapkom buis.co.za; 7 Aug St, Bo-Kaap; Hauptgerichte 75–95 R; ⊙Di–Sa 12–16 & 18–21.30, So 12–16 Uhr) Yusuf und Nazli und ihre Mitarbeiter empfangen Gäste sehr herzlich in diesem toll gelegenen Restaurant weit oben im Bo-Kaap. Schon alleine wegen des Panoramablicks über den Tafelberg und Devil's Peak lohnt sich die Aussicht. Auf der Karte stehen die traditionellen kapmalaiischen Gerichte sowie vegetarische Speisen wie Zuckerbohnencurry. Es gibt auch ein paar Zimmer in einer Pension oder für Selbstversorger zu mieten.

BIESMIELLAH KAPMALAIISCH €€

Karte S.306 (☎021-801 1765; www.biesmiellah. co.za; Ecke Wale St & Pentz Rd, Bo-Kaap; Hauptgerichte 75–100 R; ⊙Mo–Sa 12–22 Uhr; 🚋Dorp/ Leeuwen) Was dem Biesmiellah an Atmosphäre und Ambiente fehlt, macht es mit den authentischen und pikanten kapmalaiischen und indischen Gerichten wieder wett. In dem Raum voller Teppiche mit Mekka-Motiv ist alles halal, und Alkohol wird nicht ausgeschenkt.

ANATOLI TÜRKISCH €€

Karte S.310 (☎021-419 2501; www.anatoli.co.za; 24 Napier St, De Waterkant; Meze 40–50 R, Hauptgerichte 110 R; ⊙Mo–Sa 6.30–22.30 Uhr; 🚋Alfred) Dieses stimmungsvolle türkische Restaurant bringt ein kleines Stückchen Istanbul ans Kap. Besonders lecker sind die warmen und kalten Meze, aber auch die Kebabs sind prima.

SPASIE INTERNATIONAL €€€

Karte S.306 (☎076 947 9231; www.facebook. com/spasieunderground; 97 Church St, Bo-Kaap; Abendessen 650 R; ⊙Mi–Fr 19–23 Uhr; 🚋Dorp/ Leeuwen) Jede Woche führt ein anderer talentierter Koch die Regie in diesem Supper Club in einem alten Lagerhaus im Bo-Kaap. Es werden jeweils vier Gerichte mit den

passenden Weinen an einer langen Tafel serviert. Man kommt sich wie bei einer schicken, aber entspannten Dinnerparty vor. Für diese Essen und für die „Flüsterkneipe"-Abende am Mittwoch, bei denen nur bar gezahlt werden kann und Street-Food, Alkohol und liederliche Kartenspiele auf dem Programm stehen, muss man unbedingt reservieren.

GOLD AFRIKANISCH €€€

Karte S.310 (www.goldrestaurant.co.za; 15 Bennett St, De Waterkant; Menü 295 R; ⊙18.30–22 Uhr; 🚋Alfred) Das Gold befindet sich in einem riesigen Lagerhaus, in dem eine Orgel steht, die aus einer alten Kirche gerettet wurde. Die Speisekarte ist wie eine Geschmackssafari quer durch Afrika. Sie reicht von Xhosa-Maisbrot und kapmalaiischen Samosas bis zu tunesischen würzigen Hühnchenflügeln und Eintopf aus schwarzen Bohnen und Karotten aus Sansibar – nur eines von mehreren vegetarischen Gerichten, die im Menü enthalten sind. Wer um 18.30 Uhr kommt, kann an einer 30-minütigen Trommelsession teilnehmen (95 R extra). Den ganzen Abend über gibt's immer wieder Show-Einlagen.

 # AUSGEHEN & NACHTLEBEN

📍 City Bowl & Foreshore

★**PUBLIK** WEINBAR

Karte S.306 (www.publik.co.za; 81 Church St, City Bowl; ⊙Mo & Di 16–22, Mi–Fr bis 0 Uhr; 🚋Church/ Longmarket) Abends verwandelt sich die Gourmetmetzgerei Frankie Fenner Meat Merchants in diese relaxte, unprätentiöse Bar, deren Inhaber es brillant beherrschen, unentdeckte Juwelen der Weinszene des Kaps auszugraben. Zu probieren gibt's Tropfen aus nachhaltigem Weinbau, interessante und ungewöhnliche Rebsorten und seltene Jahrgänge. Die Verkostung von fünf Weinen zu 100 R ist ein großartiges Angebot.

★**HONEST CHOCOLATE CAFE** CAFÉ, BAR

Karte S.306 (www.honestchocolate.co.za; 64 Wale St, City Bowl; ⊙Mo–Fr 8–16, Sa 9–14 Uhr; 🚋Dorp/Leeuwen) Nach einer erfolgreichen Crowdfunding-Kampagne hat Honest Chocolate, das seine von Hand gefertigten Leckereien im Woodstock Exchange (S.96) herstellt, diese Hommage an dunkle Schokolade in flüssiger, fester, Eis- und Kuchenform gestartet. Hier werden alle Träume der Schokoladenfans wahr, sogar vegane und glutenfreie Varianten gibt es.

Noch besser: Mittwoch bis Samstag ist hier abends eine kleine intime **Bar** im versteckten Hof an der Rückseite des Gebäudes geöffnet, die auf Gin spezialisiert ist.

★WEINHAUS + BIERGARTEN BIER

Karte S.306 (www.facebook.com/bierandwine; 110 Bree St, City Bowl; ⊙12–0 Uhr; ☎; 🚊Church/Longmarket) Die Spezialität der coolen Kneipe im rückwärtigen Teil der St. Stephen's Church sind verschiedene abgefüllte, importierte Craft-Biere von Brewers & Union. Im Sommer werden Gäste von der Tischtennisplatte angelockt und von den Live-Gigs, die ab und zu draußen im Hof veranstaltet werden. Weitere Infos dazu auf der Facebook-Seite. Die Betreiber sind stolz darauf, dass das Fleisch für die schmackhaften Sandwiches, Hotdogs und *braai* (Fleisch vom Grill) von „glücklichen" Tieren stammt.

★ORPHANAGE COCKTAILBAR

Karte S.306 (📞021-424 2004; www.theorphanage.co.za; Ecke Orphange St & Bree St, City Bowl; ⊙Mo–Do & Sa 17–2, Fr bis 15 Uhr; 🚊Upper Loop/Upper Long) Im nach der nahegelegenen Gasse benannten „Waisenhaus" bereiten die Bartender verführerische Drinks mit Namen wie Knicker-Dropper Glory, Dollymop und Daylight Daisy zu. Die Zutaten sind äußerst vielfältig und reichen von Erdnussbutter bis hin zu Kumquat-Kompott und „Goldfischen"! Es ist dunkel, edel und stylish, unter den Bäumen an der Bree Street gibt's weitere Sitzgelegenheiten.

★BEERHOUSE BAR

Karte S.306 (www.beerhouse.co.za; 223 Long St, City Bowl; 🚊Upper Loop/Upper Long) Bei 99 Sorten von lokalem und ausländischem Ale und einigen weiteren lokalen Hausbieren vom Fass werden Bierliebhaber in dieser freundlichen und geräumigen Bar im Herzen der Long Street wohl denken, sie seien bereits in den Himmel aufgestiegen. Der Balkon ist ein toller Ort, um das Treiben auf der Straße zu betrachten.

HOUSE OF MACHINES CAFÉ, BAR

Karte S.306 (www.thehouseofmachines.com; 84 Shortmarket St, City Bowl; ⊙Mo 7–16, Di–Sa bis 0 Uhr; 🚊Church/Mid-Long) Mit ihrer Kombination aus Motorradwerkstatt, Boutique und Livemusik/DJ-Club ist dies eine Hommage an Amerika. Dazu gibt's leckere, originelle Bourbon-Cocktails, Bier aus US-Mikrobrauereien und Kaffee von Evil Twin aus New York City.

ORCHARD ON LONG SAFTBAR

Karte S.306 (211 Long St, City Bowl; ⊙Mo–Fr 9–17, Sa 9–15 Uhr; ☎; 🚊Dorp/Leeuwen) Angesichts der frischen Obsts und Gemüses in der Long Street Parade gehen einem fast die Augen über. Hier gibt's supergesunde Fruchtsäfte und Smoothies. Probieren sollte man Dr Ozzy's Lemonade mit einem pfefrigen Kick oder Fine Lady, der den Teint verbessern soll. Die Wraps, Sandwiches und Salate sind auch alle vegetarisch.

WAITING ROOM BAR

Karte S.306 (📞021-422 4536; 273 Long St, City Bowl; Eintritt Fr & Sa 30 R; ⊙Mo–Sa 19–2 Uhr; 🚊Upper Loop/Upper Long) Diese angesagte Bar mit Retroeinrichtung und funky DJs ist über eine schmale Treppe neben der Royale Eatery zu erreichen. Noch ein Stück weiter oben befindet sich die Dachterrasse: ein perfekter Platz, um die nächtlichen Glitzerlichter der Stadt zu bewundern.

ALEXANDER BAR & CAFÉ SCHWULE, COCKTAILBAR

Karte S.306 (www.alexanderbar.co.za; 76 Strand St, City Bowl; ⊙Mo–Sa 11–13 Uhr; 🚊Strand) Stückeschreiber Nicholas Spagnoletti und Software-Entwickler Edward van Kuik bilden das geniale Duo hinter diesem witzigen, exzentrischen Lokal in einem herrlichen, denkmalgeschützten Gebäude. Die antiken Tischtelefone dienen dazu, mit anderen Gästen zu plaudern, an der Bar eine Bestellung aufzugeben oder einem Besucher, der besonders sympathisch aussieht, ein Telegramm zu schicken. Auf der Website stehen Details der Shows im **Studiotheater** im Obergeschoss.

MOTHER'S RUIN COCKTAILBAR

Karte S.306 (📞082 455 2223; www.facebook.com/mothersruincpt; 219 Bree St, City Bowl; ⊙Mo–Do 16–23.30, Fr & Sa bis 1 Uhr; 🚊Upper Long/Upper Loop) In diesem relaxten Lokal werden über 70 Sorten Gin serviert, einschließlich eigener Kreationen mit Zutaten wie Mango Chutney und Ingwerbier. In den Lounge-Räumen oder im Hinterhof mit den Lichterketten kann man in aller Ruhe einen Gin Tonic oder Cocktail schlürfen.

TJING TJING
BAR

Karte S. 306 (www.tjingtjing.co.za; 165 Longmarket St, City Bowl; ⊙Di–Fr 16 – open end, Sa 18.30–open end; ☎; ⬚Church/Longmarket) Diese edle Dachgartenbar über dem Restaurant Dear Me (S. 71) ist eine stilvolle Location zum Cocktail- und Weintrinken. Das Innenleben erinnert an eine aufgemöbelte Scheune – freiliegende Holzbalken, eine Tokio-Fotowand und eine knallrot gestrichene Bar. Details zu speziellen Events wie **Weinproben** (⊙Mi 17–19 Uhr) sind der Website zu entnehmen.

FORK
WEIN

Karte S. 306 (☑021-424 6334; www.fork-restaurants.co.za; 84 Long S, City Bowl; ⊙Mo–Sa 12–23 Uhr; ⬚Church/Longmarket) Das Fork ist ein superentspanntes Lokal, das sowohl für ein paar kleinere Gerichte im Tapas-Stil (45–60 R pro Stück) für den kleinen Hunger als auch für den großen Appetit genau der richtige Laden ist. Zu den einfallsreichen, nicht nur spanischen Spezialitäten werden exzellente Weine (viele auch offen) serviert.

LA PARADA
BAR

Karte S. 306 (☑021-426 0330; 107 Bree St, City Bowl; ⊙Mo–Sa 12–22, So bis 21 Uhr; ⬚Church/Longmarket) Scharen von Gästen stehen in und vor dieser geräumigen und echt spanisch aussehenden Bar, die *cerveza* und Tapas bietet – gleich an welchem Wochentag. Der DJ-Club **Catacombs** im Untergeschoss ist von mittwochs bis samstags von 19 Uhr bis open end geöffnet.

BEAN THERE
KAFFEE

Karte S. 306 (www.beanthere.co.za; 58 Wale St, City Bowl; ⊙Mo–Fr 7.30–16, Sa 9–14 Uhr; ⬚Dorp/Leeuwen) Das Angebot dieses schicken Cafés beschränkt sich ausschließlich auf Fair-Trade-Kaffees aus allen Teilen Afrikas sowie ein paar leckere süße Snacks. Es ist aber sehr geräumig, und das Ambiente ist trotz des hohen Koffeinpegels total entspannt.

HARD PRESSED CAFE
CAFÉ

Karte S. 310 (www.hardpressed.co.za; 4 Bree St, Foreshore; ⊙Mo–Fr 7.30–17.30, Sa 9.30–14.30 Uhr; ⬚Lower Loop/Lower Long) Dieses coole Café unten im Portside, dem neuesten und höchsten Gebäude Kapstadts, lässt die Konkurrenz durch seinen hervorragenden Kaffee und den köstlichen Kokosnuss-Dattel-Kuchen aufmerken. Verkauft (und spielt) auch alte LPs.

DELUXE COFFEEWORKS
KAFFEE

Karte S. 306 (25 Church St, City Bowl; ⬚Longmarket) Das Deluxe ist ein Pionier der Kaffeeszene. An der Wand hängt etwas, das wie ein Riesenmodell einer Vespa aussieht. Wer möchte, kann die Baristas um einen leeren Kaffeebohnensack aus Rupfen als Andenken bitten.

INSIDERWISSEN

EINE LIEBESERKLÄRUNG AN KAPSTADTS KAFFEEKULTUR

Der Boom der Kaffeeszene in Kapstadt wird in dem Blog **I Love Coffee** (www.ilovecoffee.co.za) dokumentiert, der von Cindy Taylor und zwei Kollegen geschrieben wird. Darin berichten sie über ihre Lieblingsorte, an denen man die besten handwerklich gerösteten Bohnen verkosten kann:

„Ich habe mein erstes Interview für den Blog bei Deluxe Coffeeworks (S. 75) geführt. Der neuseeländische Inhaber Judd hat jetzt eine Rösterei im Yard (S. 105), wo immer etwas los ist, aber im positiven Sinne. Ein Kaffee bei Tribe Woodstock (S. 94) dagegen ist so bequem und ruhig wie zu Hause, es gibt auch noch das Tribe 112 (S. 94) in der Stadt.

Ich arbeite in Woodstock, wenn ich also eine richtig gute Tasse Kaffee möchte, dann gehe ich zur Rosetta Roastery (S. 94). Dort gibt's nur Kaffee, der jeweils aus einer Plantage stammt; sie rösten ihre Kaffeebohnen mit sehr speziellen Verfahren, damit ihr Kaffee wirklich anders ist. So ähnlich läuft das auch bei Espressolab Microroasters (S. 93), aber bei Rosetta ist man weniger puristisch – wenn jemand Zucker in den Kaffee möchte, dann ist das dort in Ordnung!

Truth (S. 93) in Buitenkant hat ein tolles Ambiente mit lauter Musik und einer tollen Einrichtung – es ist mehr als nur ein Coffeeshop; und ich unterstütze Bean There (S. 75) aufgrund der fair gehandelte Kaffeesorten, weil sie die Kaffeebauern persönlich kennen und einem erklären, woher der Kaffee kommt."

TWANKEY BAR
COCKTAILBAR

Karte S.306 (www.tajhotels.com; Taj Hotel, Ecke Adderley St & Wale St, City Bowl; ⊙Mo–Do 15–23, Fr & Sa bis 2.30 Uhr; 🚋Groote Kerk) Zur Erklärung für diejenigen, die sich in der britischen Theaterlandschaft nicht so gut auskennen: Die elegante und kein bisschen schräge Bar ist nach Widow Twankey benannt, einer berühmten Figur des britischen Theaters. Gleichzeitig ist das auch der Spitzname der Schäferinnenstatue an der Ecke des Gebäudes. Die Cocktails sind gut, und dazu gibt's superfrische Austern und andere leckere Kneipenhäppchen.

JULEP BAR
COCKTAILBAR

Karte S.306 (www.julep.co.za; Vredenburg Lane, City Bowl; ⊙Di–Sa 17–2 Uhr; 🚋Upper Loop/Upper Long) Im Erdgeschoss eines ehemaligen Bordells gelegen, zieht diese Bar vor allem die heimischen Hipster an. Das versteckte Schmuckstück mit seinen Cocktails und Tapas ist ein echter Zufluchtsort vor dem hektischen Gewusel der nahe gelegenen Long Street.

NEIGHBOURHOOD
BAR

Karte S.306 (☎021-424 7260; www.goodinthehood.co.za; 163 Long St, City Bowl; ⊙Mo–Sa 12–0 Uhr; 🚋Dorp/Leeuwen) In dieser entspannten Bar und dem lässigen Restaurant nach dem Vorbild eines britischen Gastropubs verschwimmen die Kapstädter Farbgrenzen. Der große Balkon ist ideal zum Relaxen oder zum Beobachten der Long Street, und Montag bis Donnerstag gibt's zwischen 16 und 19 Uhr zwei Cocktails zum Preis von einem.

COLOURBOX STUDIOS
NACHTCLUB

(☎072 437 5183; www.colorboxstudios.co.za; 3 Industry St, Paarden Eiland; 🚋Woodstock) In diesem experimentellen Veranstaltungsort für Events in dem Industriegebiet Paarden Eiland finden alternative Tanz-Events statt, wie Nächte mit alten Soul- und R&B-Scheiben, die kuratiert werden von **Vinyl Digz** (www.facebook.com/VinylDIGZ).

LEOPOLD 7
BRAUEREI

Karte S.312 (☎071 370 1246; www.leopold7.com; Duncan Rd, Foreshore; ⊙Mo–Sa 8–18 Uhr; 🚋Foreshore) Eine der neuesten Hausbrauereien Kapstadts hat direkt neben dem Yachtclub aufgemacht. Hier wird nur bernsteinfarbenes Bier nach belgischer Art gebraut, das sieben Zutaten enthält – daher der Name der Brauerei, der auch auf einen

Bierbrauer zurückgeht, der genau hier vor 150 Jahren arbeitete.

KAMILI
CAFÉ

Karte S.306 (www.kamilicoffee.co.za; Ecke Long St & Shortmarket St, City Bowl; ⊙Mo–Fr 7–18, Sa 9–14 Uhr; 🚋Church/Longmarket) Die ehemalige Purple-Turtle-Taucherbar hat sich in diese trendige Kaffeerösterei mit Café verwandelt. Angeschlossen ist die **Imperial Bar**, die auch ein cooler, bunter Ort für einen Drink ist, wenn man eine Auszeit von dem Treiben auf der Long Street braucht.

31
NACHTCLUB

Karte S.306 (☎021-421 0581; www.thirtyone. co.za; 31. OG, ABSA Bldg, 2 Riebeeck St, Foreshore; Eintritt 50 R; 🚋Adderley) Der nach dem Stockwerk in luftiger Höhe benannte, glitzernde Club befindet sich tatsächlich im 31. Stock und bietet einen beeindruckenden Blick über die Stadt, wenn man eine Verschnaufpause vom Tanzen braucht.

COCO
NACHTCLUB

Karte S.306 (www.cococpt.co.za; 70 Loop St, City Bowl; Eintritt 30 R; ⊙Di–So 21–3 Uhr; 🚋Church/Mid-Long) Die allerjüngste Reinkarnation dieses Lokals, das immer wieder seinen Namen ändert. Hier dürften viele schöne Menschen anzutreffen sein, also besser noch mal in den Spiegel schauen, bevor man bei den Türstehern sein Glück versucht.

I LOVE MY LAUNDRY
CAFÉ, BAR

Karte S.306 (www.ilovemylaundry.co.za; 59 Buitengracht St, City Bowl; ⊙7–19 Uhr; 📞; 🚋Church/Longmarket) Dies ist hauptsächlich ein Waschsalon, der sich hinter einem Schaufenster voller schriller Kunst und Wein versteckt, aber zugleich ist dieser Laden auch noch eine Café-Bar, ein Geschenkeladen und ein Weinkeller. Die Gäste kommen auf ein Glas Wein oder einen Kaffee, dazu ein Teller mit gedämpften koreanischen Teigtaschen, dem Hauptangebot an Essen. Es gibt auch Zweigstellen in der Bree Street und Buitenkant Street.

🍷 Bo-Kaap &De Waterkant

CREW BAR
SCHWULE, CLUB

Karte S.310 (www.crewbar.co.za; 30 Napier St, De Waterkant; Eintritt Fr & Sa ab 22 Uhr 20 R; ⊙So–Do 19–2, Fr & Sa bis 3.30 Uhr; 🚋Alfred) Der beste Club für Schwule und Schwulenfreundliche, um die Nacht durchzutanzen. Dem dafür erforderlichen Durchhaltevermögen zuträglich sind sicher die flotten Bartänzer, die nichts weiter tragen als winzige Höschen und Glitzerzeug. Im Erdgeschoss wird mit erhobenen Armen zu den aktuellsten Pop- und Tanztiteln gehottet; ein Stockwerk höher (normalerweise nur am Wochenende geöffnet) sind die Beats härter und weniger Mainstream.

BEAULAH   LESBEN
Karte S. 310 (www.beaulahbar.co.za; 1. OG, 24 Somerset Rd, De Waterkant; Eintritt 20 R; ☉Fr & Sa 21–4 Uhr; ▣Alfred) Das amüsante, schwulen- und lesbenfreundliche Tanzlokal mit Bar im ersten Stock weiß eine ergebene Gemeinde junger Frauen und Männer hinter sich, die zu den poppigen DJ-Klängen abtanzen.

AMSTERDAM ACTION BAR & BACKSTAGE   SCHWULE
Karte S. 310 (www.amsterdambar.co.za; 10–12 Cobern St, De Waterkant; ☉17 Uhr – open end; ▣Alfred) Die Post geht überwiegend im Obergeschoss ab, wo sich die Darkrooms und Kabinen befinden. Hier können sich Freier nach Belieben vergnügen – womit und mit wem sie wollen. Im Erdgeschoss ist der Balkon zur Straße hin ein beliebtes Plätzchen zum Rauchen und Leutebeobachten.

In der Nichtraucherabteilung steht ein Billardtisch. Dazu gibt's eine kleine Boutique für ein Mode-Update (oder Sextoy). In der angeschlossenen Bar **Backstage** gibt's eine Live-Mitternachtsshow vom hageren Barmann.

BAR CODE   SCHWULE
Karte S. 310 (☎021-421 5305; www.leatherbar. co.za; 18 Cobern St, De Waterkant; ☉Mi & Do 22–1, Fr & Sa 22–4, So 21–1 Uhr; ▣Alfred) Leder- und Latexkerle treffen sich mit ihrem Gefolge in dieser kleinen Bar mit einladendem Darkroom eine Treppe höher. Vor dem Besuch die Website checken, um dem jeweiligen Abendthema entsprechend an- oder ausgezogen zu sein. Sonst kann es passieren, dass der Einlass verwehrt wird.

CAFE MANHATTAN   SCHWULE
Karte S. 310 (☎021-421 6666; www.manhattan. co.za; 74 Waterkant St, De Waterkant; ☉9.30–2 Uhr; ▣Alfred) Der Pionier und getreue Anhänger der Schwulenszene von De Waterkant ist weiterhin eine sehr beliebte Bar mit Restaurant, nicht zuletzt wegen seiner rundum verlaufenden Terrasse für einen guten Überblick über das Treiben auf der Straße. Das Café wurde kürzlich von der Madame-Zingara-Gruppe übernommen und erhielt einen Touch von Cowboy-trifft-Industrial-Schick.

FIREMAN'S ARMS   PUB
Karte S. 310 (☎021-419 1513; www.firemansarms. co.za; Ecke Buitengracht St & Mechau St, De Waterkant; ▣Alfred) Das Fireman's gibt's schon seit 1906 und ist inzwischen eine echte Kapstädter Institution. Drinnen hängen Flaggen aus Südafrika und Rhodesien neben einer Sammlung aus Feuerwehrhelmen und alten Krawatten. Rugbyspiele werden auf einem Großbildfernseher übertragen, die Pizza ist wirklich lecker, und ein, zwei Bier gehen immer. Donnerstagabends gibt's das Pub-Quiz.

ORIGIN   KAFFEE, TEE
Karte S. 310 (☎021-421 1000; www.origin roasting.co.za; 28 Hudson St, De Waterkant; ☉Mo–Fr 7–17, Sa & So 9–14 Uhr; ☎; ▣Alfred) Der Kaffee ist köstlich, und die nach traditionellem Rezept hergestellten Bagels sind ein Gaumenschmaus. Für die Kaffee- und Tee-Verkostungskurse (500 R) ist eine Reservierung erforderlich.

LOS MUERTOS   CAFÉ
Karte S. 306 (www.losmuertosmc.com; 42 Dorp St, Bo-Kaap; ☉Mo–Fr 8–17, Sa 9–13.30 Uhr; ▣Dorp/Leeuwen) Wie einige andere Lokale folgt auch Los Muertos dem Kapstädter Trend, Motorrad-/Fahrradläden mit einem Coffeeshop zu kombinieren. Los Muertos ist ein kurioser, cooler Nachbar für die älteste Moschee der südlichen Hemisphäre auf der anderen Straßenseite. Hier gibt's auch Bikermode und Surfboards.

☆ UNTERHALTUNG

ARTSCAPE   THEATER
Karte S. 310 (☎021-410 9800; www.artscape. co.za; 1–10 DF Malan St, Foreshore; ▣Civic Centre) Der aus drei Sälen unterschiedlicher Größe bestehende Komplex ist das wichtigste Kulturzentrum der Stadt – egal, ob es um Theater, klassische Musik, Ballett, Oper oder Kabarett geht. Wer auf Swing und Salsa steht, findet im **Que Pasa** (www.quepasa. co.za; Kurse ab 70 R pro Stunde) regelmäßig

stattfindende Kurse im Jazzart Studio, das sich ebenfalls hier befindet. Das Viertel ist abends für Fußgänger nicht besonders sicher. Es gibt aber eine Menge bewachte Parkplätze.

CRYPT JAZZ RESTAURANT JAZZ

Karte S.306 (☑079 683 4658; www.thecryptjazz.com; 1 Wale St, City Bowl; Eintritt 65 R; ⊙Di–Sa 6.30–0 Uhr; 🚇Groote Kerk) Dieses Restaurant in der St. George's Cathedral (S.64), das sich im Gewölbe der Krypta befindet, hat eine Karte mit Gerichten von allen Kontinenten. Besonders interessant ist es jedoch wegen seiner Jazzkonzerte. Die Konzerte starten entweder um 19 oder 20 Uhr und dauern fast den ganzen Abend. Hier treten auch sehr renommierte Künstler auf, bei manchen Konzerten sollte man unbedingt vorab buchen.

PIANO BAR LIVEMUSIK

Karte S.310 (www.thepianobar.co.za; 47 Napier St, De Waterkant; ⊙Mo–Do 12–0, Fr 12–2, Sa 16.30–3, So 16.30–23 Uhr; 🚇Alfred) Diese schicke Musikrevue-Bar mit Restaurant direkt im Herzen von De Waterkant hat sich mit ihren täglichen Auftritten verschiedener Künstler einen Namen bei einem breiten Publikum gemacht. Hier findet man Pianisten, Jazzsänger und -musiker der Spitzenklasse.

ONPOINTE DANCE STUDIOS TANZ

Karte S.306 (www.onpointedancestudio.wordpress.com; 5. OG, 112 Loop St, City Bowl; Tickets 70 R, Stunden ab 150 R; ☎; 🚇Dorp/Leeuwen) Theo Ndindwa und Tanya Arshamian wollen durch das Tanzen das Leben von Kindern in den Townships verändern. Am ersten Freitag des Monats organisiert dieses Studio, in dem die Kurse stattfinden, den **Art in the City with iKapa Dance**. Dies ist eine wunderbare Chance, eine ganze Reihe einheimischer Tanzensembles zu sehen und ihren Auftritten in einer sehr entspannten Umgebung beizuwohnen.

CAPE PHILHARMONIC ORCHESTRA KLASSISCHE MUSIK

Karte S.306 (CPO; www.cpo.org.za; Darling St, City Bowl, Eingang Corporation St; Tickets ab 130 R; 🚇Darling) Das alte Rathaus von Kapstadt (S.66) ist die Heimat des Cape Philharmonic Orchestra (CPO). Der Konzertsaal an der Rückseite des Gebäudes besitzt eine sehr gute Akustik und wird deshalb auch gern von einheimischen Chören genutzt.

Das CPO hat sich sehr bemüht, die ethnische Zusammensetzung am Kap besser zu repräsentieren. Zu diesem Zweck wurden das Cape Philharmonic Youth Orchestra und das Cape Philharmonic Youth Wind Ensemble gegründet. Etwa 80 % der Mitglieder kommen aus benachteiligten Bevölkerungsgruppen.

CAPE TOWN INTERNATIONAL CONVENTION CENTRE KONZERTHAUS

Karte S.310 (CTICC; ☑021-410 5000; www.cticc.co.za; 1 Lower Long St, Foreshore; 🚇Convention Centre) Seit seiner Eröffnung 2003 hatte das CTICC noch so gut wie keine Verschnaufpause. Sein jährlicher Veranstaltungskalender ist gespickt mit Musicals, Ausstellungen, Konferenzen und anderen Events wie dem Cape Town International Jazz Festival (S.21) und Design Indaba (S.20). Ein Anbau entsteht auf dem Grundstück neben dem jetzigen Gebäude und dem Artscape, wodurch sich seine Größe fast verdoppelt.

In der Haupthalle lässt sich die riesige Flachreliefskulptur *Baobabs, Stormclouds, Animals and People* bewundern, ein Gemeinschaftswerk von Brett Murray und dem verstorbenen San-Künstler Tuoi Steffaans Samcuia vom !Xun and Khwe San Art and Cultural Project.

PINK FLAMINGO KINO

Karte S.306 (☑021-423 7247; www.granddaddy.co.za/pinkflamingo; 38 Long St, City Bowl; Tickets ab 100 R; 🚇Church/Mid-Long) Von August bis in den April hinein wird der Dachgarten des Grand Daddy Hotels mit seinen Airstream-Caravans zur Kulisse dieses Freiluftkinos, das normalerweise montagabends Kinoklassiker zeigt. Das normale Ticket besteht aus der Eintrittskarte plus einer Tüte Popcorn und einem Willkommensgetränk; für 250 R gibt's noch ein Gourmetpicknick obendrauf. Einlass nur mit Reservierung.

MARCO'S AFRICAN PLACE LIVEMUSIK

Karte S.306 (☑021-423 5412; www.marcosafricanplace.co.za; 15 Rose Lane, Bo-Kaap; ⊙Di–Fr 12–0, Sa–Mo 15–0 Uhr; 🚇Old Fire Station) Marco Radebes äußerst beliebtes afrikanisches Restaurant (Hauptgerichte 120–140 R) bietet allabendlich Unterhaltung der Spitzenklasse durch eine ganze Reihe Sänger, Tänzer und Bands. An Musik gibt's die einheimische Marimba, Afro-Jazz, traditionelle Xhosa-Beats und den kongolesischen *kwasa-kwasa* zu hören. Dazu gibt's Wildplatten, Xhosa-Gerichte wie *smilies* (Schafsköpfe) und hausgebrautes afrikanisches Bier.

MAMA AFRICA
LIVEMUSIK

Karte S.306 (☎021-426 1017; www.mamaafrica restaurant.co.za; 178 Long St, City Bowl; Sitzplätze mit/ohne Essen 10/15 R; ⊙Mo–Sa 18.30–2 Uhr; ⧈Dorp/Leeuwen) In diesem altbewährten Lieblingslokal für Touristen geben drei hauseigene Bands jede Woche eine Reihe von Konzerten mit Marimba und anderen swingenden afrikanischen Sounds. Aufgetischt werden verschiedene Wildgerichte (Hauptgerichte 120 R). Am Wochenende ist Reservierung erforderlich, ansonsten lässt sich meistens noch ein Plätzchen an der Snake Bar ergattern.

MANENBERG'S @ THE CAMISSA COURTYARD
JAZZ

Karte S.306 (☎021-839 5126; www.facebook. com/groups/469188873223545; 96 Strand St, City Bowl; ⊙18–22.30 Uhr; ⧈Strand) Diese renommierte Jazzkneipe befand sich ursprünglich an der Adderley Street. Nach einer längeren Pause wurde sie nun im Hof des Martin Melk House wiedereröffnet und ist das Lieblingsprojekt des einheimischen DJs und Prominenten Clarence Ford. Mit Musik geht's los gegen 20 Uhr, zu essen bekommt man sowohl einheimische als auch indische Gerichte.

SHOPPEN

🔒 City Bowl & Foreshore

★ SOUTH AFRICAN MARKET
KLEIDUNG, KUNSTHANDWERK

Karte S.306 (SAM; www.ilovesam.co.za; Bree St, City Bowl; ⊙Mo–Fr 9–17, Sa 10–14 Uhr; ⧈Church/Longmarket) Eine geräumige Loft über La Parada ist der Ausstellungsraum für einheimische Designtalente, ob sie nun Mode, Schmuck, Inneneinrichtung, Papierwaren oder Kunst kreieren. Hier gibt's eine großartige Auswahl an Herren-, Damen- und Kinderkleidung, einschließlich der süßen grafischen T-Shirts von Mingo Lamberti.

★ LUVEY 'N ROSE
KUNST

Karte S.306 (☎083 557 7156; www.luveynrose. co.za; 66 Loop St, City Bowl; ⊙Mo–Fr 9–17, Sa bis 14 Uhr; ⧈Church/Longmarket) Diese umwerfende Galerie neben Prins & Prins ist noch so eine Art Geheimtipp. Sie vereint Antiquitäten und Werke wichtiger südafrikanischer Künstler wie Walter Battiss mit zeitgenössischen Werken aufstrebender Künstler. Gleichzeitig befinden sich hier auch ein Café und eine Zigarrenlounge, ein cleverer Zug, um Besucher dazu zu bringen, eine Weile zu bleiben und die vielfältigen Angebote in den Bereichen Kunst und Design zu betrachten.

AFRICAN MUSIC STORE
MUSIK

Karte S.306 (☎021-426 0857; 134 Long St, City Bowl; ⊙Mo–Fr 9–18, Sa bis 14 Uhr; ⧈Dorp/Leeuwen) Die hier vorrätige Auswahl an regionaler Musik – von Jazz über *kwaito* (Musikstil aus den Townships), Dance und Trance – ist einfach unübertroffen, und die Mitarbeiter dieses Ladens kennen sich bestens in der Musikszene aus. DVDs und Souvenirs sind auch im Angebot.

CHANDLER HOUSE
KUNST, HAUSHALTSWAREN

Karte S.306 (www.chandlerhouse.co.za; 53 Church St, City Bowl; ⊙Mo–Fr 10–17 Uhr, Sa bis 14 Uhr; ⧈Church/Longmarket) Michael Chandler stellt seine lebendigen Keramiken und Dekostücke in dieser gut sortierten Sammlung von fantasievoller lokaler Kunst und Kunsthandwerk aus, darunter befinden sich Kissen, Drucke und verspielte Designerstücke.

MERCHANTS ON LONG
KLEIDUNG, GESCHENKE

Karte S.306 (www.merchantsonlong.com; 34 Long St, City Bowl; ⊙Mo–Fr 10–18, Sa bis 14 Uhr; ⧈Church/Mid-Long) Dieser „afrikanische Salon-Laden" in einem der ansehnlicheren Gebäude der Long Street mit einer Jugendstil-Fassade aus Terrakotta ist eine wahre Galerie mit topmodischem Design (von Bekleidung bis Schreibwaren) aus allen Teilen des Kontinents. Zum Geschäft gehört auch ein Café.

AFRICAN IMAGE
KUNST & KUNSTHANDWERK

Karte S.306 (www.african-image.co.za; Ecke Church St & Burg St, City Bowl; ⊙Mo–Fr 9–17, Sa bis 14 Uhr; ⧈Church/Longmarket) Der Laden hat eine fabelhafte Auswahl an neuem und altem Kunsthandwerk zu angemessenen Preisen, darunter die tollen, farbenfrohen Kissenbezüge und Küchenschürzen von Shine Shine. Außerdem gibt's viel Kunsthandwerk aus den Townships und wild gemusterte Hemden.

MOGALAKWENA
KUNST & KUNSTHANDWERK

Karte S.306 ([📱]021-424 7488; www.mogalakwe na.com; 3 Church St, City Bowl; ⏱Mo–Fr 9–16 Uhr, Sa nach Anmeldung; [🚌]Groote Kerk) Diese attraktive Galerie präsentiert ihr Angebot auf zwei Etagen. Unten gibt's regelmäßig wechselnde Ausstellungen lokaler Kunsthandwerker wie z.B. Töpfer, während es oben eine Dauerausstellung bunt bestickter Wandbilder gibt, die Szenen aus dem Landleben zeigen, und andere kunstgewerbliche Erzeugnisse der Pedi aus der Provinz Limpopo. Diese Stücke sind tolle Mitbringsel.

ALEXANDRA HÖJER ATELIER
KLEIDUNG

Karte S.306 ([📱]021-424 1674; www.alexandra hojer.com; 156 Bree St, City Bowl; ⏱Mo–Fr 10–17, Sa bis 14 Uhr; [🚌]Upper Loop/Upper Long) Die schwedische Immigrantin und Designerin Alexandra Höjer hat hier ihr Atelier. Im vorderen Bereich befindet sich eine Boutique mit ihrer schicken Herren- und Damenkleidung aus Leinen, Denim, Baumwolle und Leder. Die auf alt getrimmten T-Shirts liegen ordentlich in Kisten verpackt, die mit Andenken ihres Rock'n'Roll-Dads dekoriert sind.

Höjer hat neben ihrem Atelier auch eine kleinere Boutique im Einkaufzentrum Lifestyle on Kloof.

MISSIBABA & KIRSTEN GOSS
ACCESSOIRES, SCHMUCK

Karte S.306 (229 Bree St, City Bowl; ⏱Mo–Fr 10–18, Sa bis 14 Uhr; [🚌]Upper Loop/Upper Long) Hier teilen sich zwei Modegeschäfte die Räumlichkeiten: **Missibaba** (www.missi baba.com), die Marke der in Woodstock ansässigen Designerin Chloe Townsend, die bunte Taschen, Gürtel und weitere Accessoires von Hand herstellt, einige Handwerkerleistungen kommen auch aus den Townships; und die Schmuckmacherin **Kirsten Goss** (www.kirstengoss.com), die sich für ihre vergoldeten Sterlingsilber-Stücke von Südafrika inspirieren lässt.

AFRICANDY
HAUSHALTSWAREN

Karte S.306 (www.africandy.com; 64 Wale St, City Bowl; ⏱Mo–Fr 9–17 Uhr; [🚌]Dorp/Leeuwen) Aus einem kleinen Schaufenster unter der Galerie Commune.1 verkauft Africandy sein gut durchdachtes Sortiment an kreativen Produkten, darunter Mobiles, Drucke mit limitierter Auflage und asymmetrische Schüsseln, die mit Beton gegossen wurden.

MA SE KINNERS
KINDER, SPIELZEUG

Karte S.306 (1B-C Church St, City Bowl; ⏱Mo–Fr 8–19, Sa bis 16 Uhr; [🚌]Groote Kerk) Der Name bedeutet „Mutters Kinder", ist zugleich aber auch ein Slang-Ausdruck für „Wie geht's?". Das attraktive neue Geschäft führt hochwertige, lokal hergestellte Kinderkleidung und weiches Spielzeug sowie Keramik, Kunst und andere Dinge für die Großen. Es gibt auch bereits Pläne, hier ein Café zu eröffnen.

WILD OLIVE
BEAUTY

Karte S.306 ([📱]021-422 2777; www.wildolive.eu; 29 Pepper St, City Bowl; ⏱Mo–Fr 10–17, Sa bis 13 Uhr; [🚌]Dorp/Leeuwen) Olivenöl und andere lokal beschafften Bio-Ingredienzien werden für die hochwertigen Bade-, Body- und Parfümerieeartikel verwendet, darunter Duftkerzen, die in dieser Apotheke ausgestellt werden.

PAN AFRICAN MARKET
KUNST & KUNSTHANDWERK

Karte S.306 (76 Long St, City Bowl; ⏱ Mo–Fr 8.30–17.30, Sa bis 15.30 Uhr; [🚌]Church/Longmarket) Ein Mikrokosmos des Kontinents mit einer überwältigenden Masse von Kunst und Kunsthandwerk. Es darf auch gefeilscht werden. Hier befindet sich außerdem das günstige Café Timbuktu, von dessen Balkontischen man Aussicht auf die Long Street hat. Außerdem sind in dem dreistöckigen Gebäude auch eine Schneiderei und ein Musikladen vertreten sowie der Herausgeber der pan-afrikanischen Zeitung Chronic Chimurenga (www.chimu renga.co.za). All das auf nur drei Stockwerken.

TRIBAL TRENDS
KUNST & KUNSTHANDWERK

Karte S.306 ([📱]021-423 8008; Winchester House, 72-74 Long St, City Bowl; ⏱Mo–Fr 9–17, Sa bis 14 Uhr; [🚌]Church/Longmarket) Farblich sortiert findet man hier alles, was afrikanisch, Stammeskunst oder Kunsthandwerk ist. Einheimische Künstler, die hier ihre Perlenarbeiten und Schmuck verkaufen, werden unterstützt.

CLARKE'S BOOKSHOP
BÜCHER

Karte S.306 ([📱]021-423 5739; www.clarkes books.co.za; 199 Long St, City Bowl; ⏱Mo–Fr 9–17, Sa 9.30–13 Uhr; [🚌]Dorp/Leeuwen) Für die beste Auswahl an Büchern zu Südafrika und zum gesamten Kontinent bringt man am besten viel Zeit mit. Ein großes Antiquariat befindet sich oben, und was es hier

FIRST THURSDAYS & GALERIEN IN DER CITY BOWL

Das äußerst beliebte Event der **First Thursdays** (www.first-thursdays.co.za; ⊘Erster Do im Monat 17–21 Uhr) findet vorwiegend in den Galerien und Designerläden rund um die Church Street und Bree Street statt – es ist eine Chance, in die Kunstszene vor Ort einzutauchen, und zugleich eine große Straßenparty. Church Square ist der Schauplatz für alles von Debatten bis hin zu riesigen Scrabble-Spielen. Food Trucks versammeln sich um den Van Riebeek Square und in der Upper Bree Street. Straßenmusiker sind in der Orphan Lane zu finden.

Das Schwesterevent, **Thursday Late**, wird gewöhnlich am dritten Donnerstag des Monats abgehalten und konzentriert sich auf die Stadtteile East City und Woodstock.

Diese Galerien beteiligen sich regelmäßig am First Thursday (und lohnen auch unabhängig davon einen Besuch): AVA Gallery (S. 82), Commune.1 (S. 81), Luvey 'n Rose (S. 79), Youngblood Africa (S. 66), Chandler House (S. 79), Pit hinter dem Clarke's (S. 69), Galerie in der Spin St 6 (Karte S. 306) und die Cape Gallery (S. 81).

---

nicht gibt, ist sehr wahrscheinlich auch nirgendwo sonst in den vielen Buchläden an der Long Street zu finden (wobei Stöbern natürlich nicht schadet).

IMAGENIUS　　　　KUNST & KUNSTHANDWERK
Karte S. 306 (📞021-423 7870; www.imagenius. co.za; 117 Long St, City Bowl; 🚌Church/Longmarket) Auf drei Stockwerken bietet dieses Geschäft eine eklektische Auswahl von modernem afrikanischen Design. Keramik, Strandmode, Schmuck und Druckstoffe befinden sich darunter. Außerdem gibt's auch noch stylishe Karten, Schachteln und Geschenkpapier.

SIGNAL HILL WINES　　　　WEIN
Karte S. 306 (www.winery.synthasite.com; Heritage Sq, 100 Shortmarket St, City Bowl; ⊘Mo–Fr 11–18, Dez.–März auch Sa 12–16 Uhr; 🚌Church/ Longmarket) Auf dem Heritage Square steht die älteste Weinrebe Südafrikas, die immer noch Trauben hervorbringt. Passenderweise befindet sich hier auch die Probierstube von Signal Hill Wines, dem einzigen städtischen Weingut des Landes. Sie bieten kleine, seltene Chargen ihrer Weine an, die aus Trauben hergestellt werden, die an einem kleinen Weinberg am Fuße des Tafelbergs geerntet werden.

CAPE GALLERY　　　　KUNST
Karte S. 306 (📞021-423 5309; www.capegallery. co.za; 60 Church St, City Bowl; ⊘Mo–Fr 9.30–17, Sa 10–14 Uhr; 🚌Church/Longmarket) Bis oben hin voll mit Werken einheimischer Künstler in verschiedenen Preisklassen. Ausschau halten sollte man nach den witzigen bunten Werken von David Kuijers, Puppen und Keramik.

LUCKY FISH　　　　KLEIDUNG, KUNSTHANDWERK
Karte S. 306 (www.luckyfish.mobi; 43 Long St, City Bowl; ⊘Mo–Do 8–19.30, Fr 8–18, Sa 9–16 Uhr; 🚌Church/Mid-Long) Ein faszinierender kleiner Laden mit einem tollen Angebot lokal gefertigter Souvenirs, das von T-Shirts mit Electric-Zulu-Aufdruck und kessen Bokkie-Schuhen bis zu CDs mit afrikanischer Musik reicht.

COMMUNE.1　　　　KUNST
Karte S. 306 (📞021-423 5600; www.commune1. com; 64 Wale St, City Bowl; ⊘Di–Fr 10–17, Sa bis 14 Uhr; 🚌Dorp/Leeuwen) Die in einem ehemaligen Leichenschauhaus untergebrachte Galerie von Greg Dales hat sich Skulpturen und Installationen verschrieben. Ausgestellt werden junge sowie etablierte südafrikanische Künstler.

MEMEME　　　　KLEIDUNG
Karte S. 306 (📞021-424 0001; www.mememe. co.za; 121 Long St, City Bowl; ⊘Mo–Sa 9.30–18 Uhr; 🚌Church/Longmarket) Mememe ist ein Pionier unter den hippen Boutiquen, die an der Long Street wie Pilze aus dem Boden schießen. Der Laden wurde 2001 von der preisgekrönten Bildhauerin und Modeschöpferin Doreen Southwood eröffnet und dient als Plattform für junge Kapstädter Designer und Labels wie Adam & Eve, Morphe Odonata und den Schuhdesigner Buqisi Ruux aus Nairobi.

MUNGO & JEMIMA　　　　KLEIDUNG
Karte S. 306 (📞074 083 0777; www.mungoand jemima.com; 108 Long St, City Bowl; ⊘Mo–Fr 9.30–18, Sa 10–14 Uhr; 🚌Church/Longmarket) Hört sich vielleicht an wie Puppentheater für Kinder, ist aber eine süße Boutique mit

hübschen Klamotten für Erwachsene von heimischen Labels wie Coppelia und Good und Accessoires wie Bilderrahmen von Ballo (www.ballo.co.za), die in Woodstock aus recyceltem Papier und Holzabfällen hergestellt werden.

OLIVE GREEN CAT
SCHMUCK

Karte S. 306 (☏021-424 1101; www.olivegreencat.com; 77 Church St, City Bowl; ⊙Mo–Fr 9.30–17 Uhr; 🚇Church/Longmarket) Im Atelier von Philippa Green und Ida Elsje sind die Arbeiten der beiden talentierten jungen Schmuckdesignerinnen zu bewundern, die bereits international Aufmerksamkeit erregt haben. Typisch für Green sind klobige Acryl-Armreife mit von Hand aufgebrachten Mustern und Schriftzügen. Elsje ist spezialisiert auf feine Ohrringe und Halsketten. Zusammen entwerfen sie die bemerkenswerte Diamantschmuck-Kollektion Situ.

PRINS & PRINS
SCHMUCK

Karte S. 306 (☏021-422 0148; www.prinsandprins.com; 66 Loop St, City Bowl; ⊙Mo–Fr 9–17, Sa bis 13 Uhr; 🚇Church/Mid-Long) Das alte Hugenottenhaus hat genau das richtige Flair für einen Laden, der Südafrikas mineralischen Reichtum in tragbarer Form präsentiert.

SKINZ
ACCESSORIES

Karte S. 306 (☏021-424 3978; www.skinzleather.co.za; 86 Long St, City Bowl; ⊙Mo–Fr 9–17, Sa 10–14 Uhr; 🚇Church/Longmarket) Wenn's denn unbedingt exotische Tierhaut oder Leder sein soll – Zebra, Springbock, Krokodil oder auch Strauß –, dann nichts wie hin. Ordinäres Kuhleder gibt's auch, ist aber natürlich langweilig verglichen mit lila gefärbtem Kroko.

SKINNY LA MINX
KUNSTHANDWERK

Karte S. 306 (www.skinnylaminx.com; 201 Bree St, City Bowl; ⊙Mo–Fr 10–17, Sa bis 14 Uhr; 🚇Upper Loop/Upper Long) Die Entwürfe von Heather Moore, auf Baumwolle oder eine Baumwoll-Leinen-Mischung aufgedruckt, sind auch in verschiedenen anderen Geschäften zu finden, aber hier gibt's das gesamte Sortiment als Kissen, Tischläufer, Lampenschirme und Ähnliches, außerdem kann man den Stoff als Meterware kaufen.

AVOOVA
KUNSTHANDWERK

Karte S. 306 (www.avoova.com; 97 Bree St, City Bowl; ⊙Mo–Fr 9–17, Sa bis 13 Uhr; 🚇Church/Longmarket) In diesem Laden gibt es die wunderschönen Accessoires von Avoova – jedes der mit Straußeneischale verzierten Stücke ist ein Unikat. Außerdem gibt's hier Massai-Perlenschmuck aus Kenia und weitere sorgfältig ausgewählte kunsthandwerkliche Artikel.

EYE
MUSIK, SECONDHAND

Karte S. 306 (44A Bloem St, City Bowl; ⊙Mo–Fr 7–19, Sa 10–16 Uhr; 🚇Upper Loop/Upper Long) Nach vielen Jahren des leidenschaftlichen Sammelns von Comics, Platten, Kameras, Grafiken und anderen Sammelobjekten der Popkultur und Retro-Stücken hat sich das Team hinter dieser schrulligen und ganz sicher augenfälligen Galerie mit Shop und Café nun zum Verkauf entschieden. Außerdem gibt's Vinylscheiben und CDs von einheimischen Künstlern wie Kalahari Surfers.

LONG STREET ANTIQUE ARCADE
ANTIQUITÄTEN

Karte S. 306 (☏021-423 3585; www.theantiquearcade.co.za; 127 Long St, City Bowl; ⊙ Mo–Fr 9–17, Sa 10–14 Uhr; 🚇Dorp/Leeuwen) Ständestöbern bis zum Abwinken durch eine riesige Auswahl an Antiquitäten und Krimskrams. Alles untergebracht in einer kompakten Arkade, in der es von staubigen alten Büchern über Silbergeschirr bis zu Kunst und Möbeln alles gibt. Wer hier nicht fündig wird, kann sich in den zahlreichen anderen Antiquitäten- und Kuriositätenläden der Long Street umsehen.

KLÛK & CGDT
KLEIDUNG

Karte S. 310 (☏083 377 7780; www.kluk.co.za; 43-45 Bree St, City Bowl; ⊙Mo–Fr 9–17, Sa bis 14 Uhr; 🚇Lower Loop/Lower Long) Dies ist sowohl der Showroom als auch das Atelier von Malcolm Klûk (der bei John Galliano in die Lehre ging) und Christiaan Gabriel du Toit. Es darf mit Haute Couture zu ebensolchen Preisen, aber auch mit ein paar erschwinglicheren Prêt-à-porter-Stücken gerechnet werden.

AVA GALLERY
KUNST

Karte S. 306 (☏021-424 7436; www.ava.co.za; 35 Church St, City Bowl; ⊙Mo–Fr 10–17, Sa bis 13 Uhr; 🚇Church/Longmarket) Im Ausstellungsraum der gemeinnützigen Association for Visual Arts (AVA) sind sehr interessante Arbeiten südafrikanischer Künstler zu sehen. Unter anderem gibt's hier signierte Werke des berühmten einheimischen Comiczeichners Zapiro.

🔒 Bo-Kaap & De Waterkant

⭐**AFRICA NOVA** KUNST & KUNSTHANDWERK

Karte S. 310 (www.africanova.co.za; Cape Quarter, 72 Waterkant St, De Waterkant; ☺ Mo–Fr 9–17, Sa 10–17, So 10–14 Uhr; 🚌 Alfred) Schicke und begehrte afrikanische Textilien sowie schönes Kunsthandwerk gibt es bei Africa Nova: Stoffe mit Kartoffeldruck von Frauen aus Hout Bay, Mosaikköpfe von Karin Dando und handgemachte Filzkissen von Ronan Jordaan, die wie Riesenkieselsteine aussehen. Ergänzt wird das Ganze durch eine wunderbare Auswahl an Keramik und Schmuck. Kleinere Filiale in der Watershed (S. 123) an der Waterfront.

⭐**STREETWIRES** KUNST & KUNSTHANDWERK

Karte S. 306 (www.streetwires.co.za; 77 Shortmarket St, Bo-Kaap; ☺ Mo–Fr 8.30–17, Sa 9–13 Uhr; 🚌 Church/Longmarket) Hier gilt das Motto: „Alles, was man sich aus Draht vorstellen kann, bauen wir!" Besucher dieses sozialen Projektes zur Bereitstellung umweltverträglicher Arbeitsplätze können zuschauen, wie die Drahtbildner ans Werk gehen. Die Auswahl ist riesig. Es gibt (funktionierende) Radios oder Kerzenhalter, lebensgroße Tierfiguren, aber auch kunstsinnigere Objekte wie die Kuhskulpturen der Kollektion Nguni Cow.

⭐**MONKEYBIZ** KUNST & KUNSTHANDWERK

Karte S. 306 (www.monkeybiz.co.za; 43 Rose St, Bo-Kaap; ☺ Mo–Do 9–17, Fr 9–16, Sa 10–13 Uhr; 🚌 Church/Longmarket) Verkaufsschlager des ungemein erfolgreichen Handelsunternehmens Monkeybiz sind farbenfrohe, von Township-Frauen hergestellte Perlenarbeiten. Ihre Produkte sind weltweit zu finden, aber hier ist die Auswahl am größten. Der Gewinn fließt zurück in soziale Projekte wie Suppenküchen und einen Begräbnisfond für Künstler und deren Familien.

BARAKA GESCHENKE

Karte S. 310 (📞021-425 8883; www.barakashop. co.za; Shop 13A, Cape Quarter, Dixon St, De Waterkant; ☺ Mo–Fr 10–17.30, Sa 10–15.30, So 11–15.30 Uhr; 🚌 Alfred) Baraka bedeutet „Segen" auf Arabisch, und Mitbesitzer Gavin Terblanche hat ein besonderes Auge dafür, was als Geschenk oder Eyecatcher funktioniert. Angeboten werden beispielsweise handgemachte, ledergebundene Notizbücher und Fotoalben seiner eigenen Firma **Worlds of Wonder** (www.worldsofwonder.co.za).

FRAZER PARFUM BEAUTY

Karte S. 306 (www.frazerparfum.com; 3 Rose St, De Waterkant; ☺ Di–Fr 10–17 Uhr; 🚌 Old Fire Station) Tammy Violet Frazer, Enkelin des Erfinders des Oil of Olaz, ist die kreative Parfümeurin hinter dieser maßgeschneiderten Kollektion an Luxusdüften. Verführerische Namen wie After the Rains enthalten exotische lokale Ingredienzen und sind in wunderschöne Flakons und Flaschen abgefüllt.

CAPE QUARTER EINKAUFSZENTRUM

Karte S. 310 (📞021-421 0737; www.capequarter. co.za; 72 Waterkant St, De Waterkant; ☺ Mo–Fr 9–18, Sa 9–16, So 10–16 Uhr; 🚌 Alfred) Cape Quarter teilt sich jetzt in zwei benachbarte Locations. Der neuere, größere Block schließt sich an eine schicke Filiale des Supermarktes **Spar** (Karte S. 310; ☺ Mo–Sa 7–21, So 8–21 Uhr) an. Der Laden ist äußerst praktisch für Selbstversorger, die sich in einem der Feriencottages oder -apartments der Gegend eingemietet haben. Auf den darüber liegenden Etagen wird zudem freitags ab 16 Uhr ein gut sortierter und gut besuchter Wochenmarkt abgehalten.

ATLAS TRADING COMPANY ESSEN

Karte S. 306 (📞021-423 4361; 94 Wale St, Bo-Kaap; ☺ Mo–Do 8–17, Fr 8–12 & 14-17, Sa 8.30–12.45 Uhr; 🚌 Leeuwen) Der kräftige Duft von über 100 verschiedenen Kräutern, Gewürzen und Düften parfümiert die Luft in diesem Eckpfeiler der muslimischen Gemeinde von Bo-Kaap.

BURR & MUIR ANTIQUITÄTEN

Karte S. 306 (📞021-418 1296; www.burrmuir. com; The Mirage, Ecke Strand St & Hudson St, De Waterkant; ☺ Mo–Fr 9–17, Sa 10–14 Uhr; 🚌 Old Fire Station) Wer Design aus dem Jugendstil, Art-déco oder 20. Jh. sucht, ist bei diesen Experten bestens aufgehoben. Die Ausstellungsflächen ähneln einem Minimuseum.

🏃 SPORT & AKTIVITÄTEN

LONG ST BATHS SCHWIMMEN

Karte S. 306 (www.capetown.gov.za/en/Sport-Recreation/Pages/LongStreetBaths.aspx; Ecke Long St & Buitensingel St, City Bowl; Erw./Kind 5,50/1,50 R; ☺ 7-19 Uhr; 🚌 Upper Loop/Upper

Long) Seit 1906 erfreuen sich die beheizten, liebevoll restaurierten Bäder mit Wandgemälden, die Kapstädter Innenstadtszenen zeigen, großer Beliebtheit bei den Einheimischen. Im türkischen Bad (48 R) lässt es sich insbesondere in den kühleren Monaten prima aushalten. Einlass für Frauen ins Dampfbad ist montags, donnerstags und samstags von 9 bis 18 und dienstags von 9 bis 13 Uhr, für Männer dienstags 13 bis 19 Uhr, mittwochs und freitags 8 bis 19 Uhr und sonntags von 8 bis 12 Uhr.

ROYAL CAPE YACHT CLUB SEGELN

Karte S. 312 (☎021-421 1354; www.rcyc.co.za; Duncan Rd, Foreshore; 🖳Foreshore) Der Club befindet sich am östlichen Ende des Duncan Dock, der Zugang führt durch das Tor an der South Arm Rd in V&A Waterfront. Wer segeln kann, ist eingeladen, mittwochs gegen 16.30 Uhr aufzutauchen, um an der Twilight-Serie von Rennen teilzunehmen – man erhält dann ein Boot für das Rennen, das um 17.30 Uhr beginnt.

East City, District Six, Woodstock & Observatory

DISTRICT SIX | WOODSTOCK | SALT RIVER | OBSERVATORY

Highlights

❶ Im **District Six Museum** (S. 87), einem Museum sowohl *für* als auch über die Menschen des ausradierten Innenstadtbezirks, Näheres über Kapstadts bewegte Vergangenheit erfahren.

❷ In der **Old Biscuit Mill** (S. 95) nach Naturprodukten und Feinkost stöbern.

❸ In **Galerien** (S. 97) wie Stevenson und What If The World südafrikanische Künstler entdecken.

❹ Erstklassiges Theater und Digitalkino im **Fugard** (S. 95) erleben.

❺ Die geniale **Graffitikunst** (S. 91) bewundern, die East City, District Six und Woodstock einen besonderen Anstrich gibt.

Mehr zu diesem Gebiet auf den Karten S. 312 und S. 314.

Top-Tipp

Vernissagen, Shoppen bei Nacht, Food Trucks und Straßenpartys gibt's in East City und Woodstock am **Thursday Late** (www.first-thursdays.co.za), dem dritten Donnerstag des Monats.

 Gut essen

➡ Pot Luck Club (S. 93)
➡ Kitchen (S. 90)
➡ Test Kitchen (S. 93)
➡ Pesce Azzurro (S. 93)
➡ Ocean Jewels (S. 90)

Mehr dazu s. S. 90.

 Schön ausgehen

➡ Taproom (S. 93)
➡ Espressolab Micro-roasters (S. 93)
➡ aMadoda Braai (S. 93)
➡ Truth (S. 93)
➡ Lady Bonin's Tea (S. 94)

Mehr dazu s. S. 93.

Schön shoppen

➡ Old Biscuit Mill (S. 95)
➡ Neighbourgoods Market (S. 96)
➡ Book Lounge (S. 96)
➡ Southern Guild (S. 96)
➡ Woodstock Exchange (S. 96)

Mehr dazu s. S. 95.

East City, District Six, Woodstock & Observatory entdecken

Östlich der City Bowl erstreckten sich Arbeiter- und Industrieviertel, die gerade wiederbelebt und saniert werden. Der Prozess schreitet holprig voran und ist umstritten. Hier befindet sich auch das Brachland des District Six, einer einst multikulturellen Gegend, die während der Apartheid dem Erdboden gleichgemacht wurde.

Kreative Branchen, Cafés und Bars finden sich an dem Ende von East City, das an den District Six angrenzt. Weiter östlich setzen Woodstock und Salt River ihren Aufstieg fort, der mit der phänomenalen Old Biscuit Mill begann. Neu sind der Woodstock Exchange, der Woodstock Foundry, Woodstock Co-op und Salt Circle Arcade, um nur einige der jüngsten großen Sanierungsprojekte zu nennen. Dank der Eröffnung diverser Galerien, die sich zu Pionieren wie Greatmore Studios gesellen, hat die Region sich einen Namen unter Kunstliebhabern gemacht. In dieser Gegend sind auch die eindrucksvollsten Graffitis der Stadt entstanden, und sie ist das Zentrum der florierenden Hausbrauereien der Stadt.

Noch weiter östlich liegt Observatory, kurz Obs. Dieser Vorort ist nach dem 1820 in der Nähe erbauten Royal Observatory benannt; hier befindet sich heute der Hauptsitz des South African Astronomical Observatory. Obs war lange ein Künstlerviertel mit Einwohnern verschiedener Ethnien, selbst während der Apartheid. Er ist beliebt bei Studenten der nahen University of Cape Town und der Medical School des Groote Schuur Hospital. Dank guter Backpacker-Hostels und günstiger Restaurants eignet sich das Viertel prima für Budgetreisende.

Lokalkolorit

➡ **Märkte** Der größte ist der samstägliche Neighbourgoods (S. 96); besser früh hingehen, um das Gedränge zu vermeiden.

➡ **Design** Bei der Southern Guild (S. 96) gibt's die Woodstock-Design-District-Karte, die den Weg zu örtlichen Künstlern weist.

➡ **Bücher** Lesungen und Buchpremieren in der Book Lounge (S. 96) sind unterhaltsame Kulturerlebnisse.

An- & Weiterreise

➡ **Zu Fuß** Von der City Bowl nach East City kann man gut zu Fuß gehen; bei Tag auch in der Nähe der Hauptstraßen von Woodstock und Salt River. Bei Dunkelheit ist Vorsicht geboten.

➡ **Bus & Sammeltaxi** Beide verkehren auf der Sir Lowry Road und Victoria Road zwischen der Innenstadt und Observatory.

➡ **Bahn** Die Züge von Cape Metro halten in Woodstock, Salt River und Observatory.

WHITE ARTISANS
REST ROOM & TOILET
BLANKE AMBAGSMANS
RUSKAMER EN TOILET

Dieses Museum lässt wohl niemanden kalt: Es ist ein Denkmal für das einst pulsierende, multikulturelle Viertel, das während der Apartheid zerstört wurde und dessen 60 000 Einwohner zwangsumgesiedelt wurden. In der ehemaligen methodistischen Missionskirche zeigt das Museum anhand nachgebauter Wohnungen, Fotos, Tonträger und Zeitzeugenberichten das facettenreiche Bild einer zersplitterten, aber nicht gänzlich zerstörten Gemeinschaft.

Die Geschichte von Noor Ebrahim

Wer verstehen möchte, was dem District Six und seinen Bewohnern zur Zeit der Apartheid widerfahren ist, sollte sich mit den Mitarbeitern unterhalten, von denen jeder Einzelne bewegende Geschichten über die Zerstörung seiner Heimat zu erzählen hat. „Ich wohnte mal in der Caledon Street 247", so beginnt Museumsführer Noor Ebrahim seine Schilderung und zeigt dabei auf die Straßenkarte, die den Fußboden des District Six Museum bedeckt.

Noors Großvater kam im Jahr 1890 aus Surat in Indien nach Kapstadt und war mit der Herstellung von Ingwerbier geschäftlich erfolgreich. Noors Vater war ein Sohn der ersten Frau des Großvaters, einer Schottin namens Fanny Grainger, und Noor wuchs im Herzen des District Six auf. „Es war eine sehr kosmopolitische Gegend. Viele Weiße lebten dort – ihnen gehörten die Läden. Die Schwarzen, Portugiesen, Chinesen und Hindus lebten zusammen wie eine große Familie."

„Wir wussten nicht, was geschehen würde", erinnert sich Noor an das Jahr 1966, als der District Six zum Bezirk für Weiße erklärt wurde. „Wir sahen die Schlagzeilen

NICHT VERPASSEN

➜ Karte von District Six auf dem Fußboden

➜ Tour durch den Bezirk

➜ Homecoming Centre

PRAKTISCH & KONKRET

➜ Karte S. 312

➜ ☎ 021-466 7200

➜ www.districtsix.co.za

➜ 25A Buitenkant St, East City

➜ Erw./Kind 30/15 R, Rundgang 60 R p.P.

➜ ◷ Mo–Sa 9–16 Uhr

➜ 🚌 Lower Buitenkant

ZUM WEITERLESEN

Recalling Community in Cape Town (Hrsg. Ciraj Rassool und Sundra Posalendis): illustrierter Bericht zum zerstörten District Six mit Erinnerungen ehemaliger Bewohner. Ein weiteres gutes Buch ist *„Buckingham Palace", District Six* von Richard Rive, eine eloquente Erzählung über die Bewohner von fünf Häusern im Herzen des District Six.

Die Bezeichnung der Gegend rührt daher, dass es sich um den sechsten, 1867 geschaffenen Bezirk Kapstadts handelte. In den 1960er-Jahren wurde er in Zonnebloem („Sonnenblume" auf Afrikaans) umbenannt.

in der Zeitung, und die Leute waren zornig und traurig, aber eine Weile passierte kaum etwas." Im Jahr 1970 begann der Abriss, und die Anwohner zogen nach und nach fort.

Noors Familie hielt bis 1976 durch, als man ihr schließlich zwei Wochen Zeit gab, das Haus zu räumen, das der Großvater 70 Jahre zuvor gekauft hatte. Zu diesem Zeitpunkt hatten sie schon mitangesehen, wie Familien, Nachbarn und Freunde auseinandergerissen und aufgrund ihrer ethnischen Herkunft in verschiedene Townships geschickt worden waren. Noors Familie hatte sich daher vorbereitet und bereits ein neues Haus in Athlone, einer Township für Farbige, gekauft.

Noor wird nie den Tag vergessen, an dem er dem District Six den Rücken kehrte. „Ich stieg mit Frau und Kindern ins Auto und fuhr weg, kam aber nur bis zur nächsten Ecke, wo ich noch einmal anhalten musste. Ich stieg aus dem Auto und fing an zu weinen, als ich sah, wie sofort die Bulldozer anrückten. Das brach vielen Menschen das Herz."

Homecoming Centre

Eine Querstraße nördlich des Hauptmuseumsgebäudes befindet sich sein Erweiterungsbau, das **Homecoming Centre** (Karte S. 312; 15 Buitenkant St; ▭Lower Buitenkant), das sich in einem Teil des Sacks Futeran Building befindet. Viele Generationen lang war dies das Geschäft der Familie Futeran, die mit Stoffen und Textilien handelte. Zuvor war in einem Teil des Gebäudes die Buitenkant Congregational Church untergebracht. Heutzutage finden hier gelegentlich Ausstellungen und Events statt.

Trafalgar Park

Um eine Vorstellung davon zu bekommen, wie sich der District Six früher einmal anfühlte, kann man (bei Tageslicht und vorzugsweise in Begleitung; das Museum bietet regelmäßig Rundgänge an) die Gegend rund um die Chapel Street nördlich des erhöht gebauten Nelson Mandela Boulevard erkunden.

Hier findet man alte Arbeiterhäuser sowie den **Trafalgar Park** (Karte S. 312; www.capetown.gov.za/en/parks/Pages/TrafalgarPark.aspx; Ecke Victoria Rd & Searle St, Woodstock; ▭Zonnebloem), in dem noch die Überreste der französischen Redoubt stehen. Dabei handelt es sich um eines der Bauwerke, das zu einer Reihe von Verteidigungsbauten gehörte, die von der niederländischen Ostindien-Kompanie (Vereenigde Oost-Indische Compagnie; VOC) im Jahr 1871 errichtet wurden, um das Kap gegen einen Angriff der Briten zu schützen.

Die Zukunft des District Six

Seit Beginn der Demokratie soll das 4200 m² große Gelände wieder bebaut werden, aber wie die zumeist leeren Parzellen zeigen, geht es nur schleppend voran. Der **District Six Beneficiary Trust** (www.districtsix.za.org) wurde eingerichtet, um sich um Grundstücksansprüche und Einzelheiten der Rückbesiedlung zu kümmern. Doch erst im Dezember 2011 verpflichtete sich die Stadt, bis Februar 2015 1500 Häuser wieder aufzubauen, bis 2019 sollen es insgesamt 5000 sein. Dann soll das Viertel rund 20 000 Einwohner zählen. Ob dieses Ziel erreicht wird, ist zum jetzigen Zeitpunkt sehr fraglich.

Nicht alle Menschen werden wieder dahin zurückkehren können, wo sie früher gewohnt haben, denn große Teile des Geländes nehmen mittlerweile Bauten wie die Cape Peninsula University of Technology in Beschlag. Viele Anspruchsteller sind inzwischen sehr alt und ziehen nun eine finanzielle Entschädigung von der Regierung dem lang ersehnten Wiederaufbau ihrer Häuser vor.

GEFÜHRTE TOUREN

Eine Tour bei Sonnenuntergang, jeweils am Donnerstag um 17.30 Uhr, kann man beim Museum für 60 R buchen, alternativ gibt's auch private Führungen. Auch viele Township-Touren beginnen beim Museum. Dort wird die Geschichte der Apartheid-Passgesetze erklärt, die je nach Rassenzugehörigkeit bestimmten, wo die Menschen wohnen durften und wo nicht.

EAST CITY, DISTRICT SIX, WOODSTOCK & OBSERVATORY DISTRICT SIX MUSEUM

◉ SEHENSWERTES

DISTRICT SIX MUSEUM MUSEUM
Siehe S. 87.

CAPE TOWN SCIENCE CENTRE MUSEUM
Karte S. 314 (☎021-300 3200; www.ctsc.org.za; 370B Main Rd, Observatory; Eintritt 40 R; ⊙ Mo–Sa 9–16.30, So 10–16.30 Uhr; ℙ; ☐Observatory) Das Museum befindet sich in einem der seltenen Bauwerke des Avantgarde-Architekten Max Policansky. Es ist ein tolles Ziel für Kinder. Die Besucher erwartet beispielsweise der Riesenkreisel (5 R extra), ein Raum voller Legosteine und eine Nachbildung der Sojus-Raumkapsel, die den südafrikanischen Milliardär Mark Shuttleworth nach seiner Reise zur Internationalen Raumstation wieder auf die Erde zurückbrachte.

HEART OF CAPE TOWN MUSEUM MUSEUM
Karte S. 314 (☎021-404 1967; www.heartofcapetown.co.za; Old Main Bldg, Groote Schuur Hospital, Main Rd, Observatory; ausländische Besucher 200 R, einheimische Erw./erm. 100/50 R; ⊙Führungen 9, 11, 13 & 15 Uhr; ℙ; ☐Observatory) In das Auditorium im Groote Schuur Hospital kommt man nur mit einer Führung. Hier schrieben 1967 Dr. Christiaan Barnard und sein Team Geschichte, als sie die weltweit erste erfolgreiche Herztransplantation durchführten (leider starb der Empfänger wenige Tage danach). Die Vitrinen erinnern irgendwie an frühe Arztserien. Wer noch 50 R drauflegt, wird vom Hotel abgeholt und wieder zurückgebracht.

GREATMORE STUDIOS ATELIERS
Karte S. 312 (☎021-447 9699; www.greatmoreart.org; 47-49 Greatmore St, Woodstock; ⊙Mo–Fr 9–17 Uhr; ☐Lawley) GRATIS Dieser Vorreiter der Kunstszene in Woodstock bietet Atelierräume für einheimische Künstler und Gäste aus dem Ausland. Die Idee dahinter ist, den Austausch von Techniken und eine kulturübergreifende Kreativität zu fördern. Besucher dürfen die Ateliers besichtigen, und manchmal finden hier Gemeinschaftsausstellungen mehrerer Künstler statt.

CAPE CRAFT & DESIGN INSTITUTE GALERIE
Karte S. 312 (CCDI; www.ccdi.org.za; 75 Harrington St, East City; ☐Lower Buitenkant) GRATIS Anfang 2015 wurde an diesen neuen Ausstellungsräumen für das CCDI noch gebaut. Dagegen ist das vom British Council gesponserte Projekt **Maker Library** unter der Leitung der kapstädtischen Designerin Heath Nash bereits in Betrieb. Das CCDI wird Projekte sowohl hier als auch auf der anderen Straßenseite im Harrington House veranstalten.

BIJOU ATELIERS
Karte S. 314 (78 Lower Main Rd, Observatory; ⊙Mo–Fr 7.30–16 Uhr; ☐Observatory) In diesem fantastischen Art-déco-Gebäude (ehemals ein Kino) befinden sich Ateliers für Künstler und Handwerker, darunter auch der Schmied **Conrad Hicks** (www.blacksmith.co.za). Einige seiner Werke werden in den Schaufenstern der Galerie gezeigt, die sich die Räumlichkeiten mit einer Filiale des Café Origin teilt.

Viele Ateliers öffnen während der Art Week Ende November oder Anfang Dezember ihre Türen.

ESSEN

Die drei wichtigen Essmeilen zum Vormerken sind: in Woodstock die Roodebloem Road, in Salt River die Albert Road und in Observatory die Lower Main Road. Ein großes Kreuz im Terminkalender verdient auch der sagenhafte Sonntagsbrunch des Neighbourgoods Market (S. 96).

★KITCHEN SANDWICHES, SALATE €
Karte S. 312 (www.lovethekitchen.co.za; 111 Sir Lowry Rd, Woodstock; Sandwiches & Salate 60–70 R; ⊙Mo–Fr 8–15.30 Uhr; ☑; ☐District Six) Unter all den schicken Restaurants der Stadt entschied sich Michelle Obama ausgerechnet für diesen kleinen Charmebolzen, um dort zu Mittag zu essen. Was beweist, dass die First Lady einen ausgezeichneten Geschmack hat. Die Gäste erwarten himmlische Salate, herzhafte, mit Liebe gemachte Sandwiches und süße Verführungen zum Tee, der aus Porzellankannen ausgeschenkt wird.

Ein paar Türen weiter hat die Köchin Karen Duddley ein etwas gehobeneres zweites Unternehmen gegründet, **Dining Room** (Karte S. 312; ☎021-461 0463; 117 Sir Lowrey Rd; ⊙Di–Fr 12–15, Do 19–21 Uhr; ☐District Six), das ähnliche Küche serviert.

★OCEAN JEWELS MEERESFRÜCHTE €
Karte S. 312 (☎083 582 0829; www.oceanjewels.co.za; Woodstock Exchange, 66 Albert Rd, Woodstock; Hauptgerichte 45–50 R; ⊙Mo–Fr

STREET-ART IN DISTRICT SIX & WOODSTOCK

Lebhafte Graffitis in allen Größen schmücken die Wände vieler Gebäude im District Six und Woodstock. Graffitikünstler veranstalten Führungen durch diese Gegenden, so z.B. Juma Mkwela (S. 28), ein freundlicher Mann aus Zimbabwe, der auch die Touren durch Khayelitsha anbietet, und **Grant Jurius** (☏079 066 7055; www.facebook.com/thestreetisthegallery), der auch Führungen durch Mitchell's Plain im Angebot hat. In Khayelitsha und Mitchell's Plain gibt's nämlich ebenfalls bemerkenswerte Street-Art.

Substation 13 (Karte S. 312; Canterbury St, District Six; 🚇Lower Buitenkant) Ein Bildnis von Nelson Mandela in Blautönen bedeckt eine Seite dieses Umspannwerkes, während sich auf der anderen Seite ein Wandgemälde befindet, das dem District Six gewidmet ist. Beide Bilder wurden von **Mak1one** (www.mak1one.com) alias Maxwell Southgate entworfen und ausgeführt, der auch die Fassade von Charly's Bakery gegenüber gestaltet hat. Seine unverkennbare Graffitihandschrift tritt noch an mehreren anderen Locations der Stadt zutage.

I Art Woodstock (Karte S. 312; zw. Gympie St & Hercules St, Woodstock; 🚇Woodstock) Ein Großteil der fantastischen Graffitikunst in diesem Straßengewirr unweit der Albert Road entstand 2011 im Zuge eines Gemeinschaftsprojekts von **a word of art** (www.a-word-of-art.co.za) und Adidas Originals. Es sind weitere Werke entstanden, wie Raised by Wolves von Nardstar und das Freedom Day Mural von Freddy Sam.

Land & Liberty (Karte S. 312; Keizersgracht, District Six; 🚇Hanover St) Die ausgesprochen produktive Spraykünstlerin **Faith47** (www.faith47.com) schuf diese acht Stockwerke hohe Mutter mit einem Baby auf dem Rücken, die beide Arme zum Lion's Head hochreckt.

Harvest (Karte S. 312; Picket Post 59–63 block, Ecke Cauvin Rd & Christiaan St, District Six; 🚇District Six) Faith47 entwarf diese stolze Afrikanerin mit ihrer Schilfernte, ein Werk, in das eine elektronische Beleuchtung integriert ist. Es leuchtet jedes Mal auf, wenn eine Spende an das Projekt #ANOTHERLIGHTUP (www.anotherlightup.com) geht, das die Straßenbeleuchtung in der Township Monwabisi Park finanziert.

Freedom Struggle Heroes (Karte S. 312; Darling St, District Six; 🚇Hanover St) Die Hauswand zieren Porträts von Nelson Mandela, Steve Biko, Cissie Gool und Imam Haron, die so gemalt sind, dass sie aussehen, als wären sie in den Tafelberg gehauen. Ganz in der Nähe an der Ecke Tennant Street gibt es noch mehr Graffitikunst, darunter die Darstellung einer stolzen Massai-Frau.

9.30–17, Sa 10–14 Uhr; 🚇Woodstock) Fisch direkt vom Hafen in der Kalk Bay serviert dieses Seafood-Café, das das SASSI-Projekt des WWF unterstützt und einen unglaublichen Thunfischburger mit Kartoffelspalten zaubert. Obwohl sich das Lokal im Woodstock Exchange mit seinem Industrial Chic befindet, ist die Atmosphäre hier so entspannt wie am Meer. Weiß getünchte Holztische und das auf rustikalen Emailletellern servierte Essen tragen dazu bei.

HELLO SAILOR BISTRO €
Karte S. 314 (☏021-447 0707; www.hellosailorbistro.co.za; 86 Lower Main Rd, Observatory; Hauptgerichte 50 R; ⊙8–22 Uhr; 🚇Observatory) Von der Wand schaut eine tätowierte Nixe aus einem runden Rahmen auf die tätowierten Mitarbeiter dieses schicken Bistros

herab, das sich auf günstiges Comfort Food verlegt hat, sprich: Burger, Salate, Pasta – alles gut zubereitet. Das Restaurant schließt um 22 Uhr, aber in der Bar kann am Wochenende bis 2 Uhr ordentlich was los sein.

THREE FEATHERS DINER BURGER €
Karte S.312 (☏021-448 6606; 68 Bromwell Rd, Woodstock; Burgers 70 R; ⊙Mo & Di 11–15, Mi–Fr bis 21, Sa bis 19 Uhr; 🚇Kent) Graffitis zieren die höhlenartigen Räumlichkeiten, die ein Schrein für die vom Inhaber so geliebten amerikanischen Muscle-Cars sind, wie der Pontiac Firebird in leuchtendem Orange, der drinnen neben dem Spielautomaten parkt. Serviert werden riesige, saftige Burger (auch vegetarisch), Shakes und Bier aus Hausbrauereien.

CHARLY'S BAKERY
BÄCKEREI, CAFÉ €

Karte S. 312 (www.charlysbakery.co.za; 38 Canterbury St, East City; Backwaren 17-35 R; ☺Di–Fr 8–17, Sa 8.30–14 Uhr; ☐Lower Buitenkant) Das unschlagbare Frauenteam, die Stars der Reality-TV-Serie *Charly's Cake Angels,* produziert hier – nach eigener Aussage – „mucking afazing" Muffins und andere Backwaren. Das historische Gebäude ist ebenso farbenfroh gestaltet wie die hier hergestellten Kuchen.

QUEEN OF TARTS
CAFÉ €

Karte S. 314 (☏021-448 2420; www.queenoftarts.co.za; 213 Lower Main Rd, Observatory; Hauptgerichte 45–70 R; ☺Mo–Fr 8–16, Sa bis 14 Uhr; ☐Observatory) Dieses reizende Café ist wie Großmutters Küche eingerichtet. Sowohl die süßen als auch die pikanten Kuchen und die anderen Konditoreiwaren sind ein Gedicht und werden auch auf dem Neighbourgoods Market sowie auf weiteren Märkten in Kapstadt verkauft.

SUPERETTE
CAFÉ, DELI €

Karte S. 312 (www.superette.co.za; Woodstock Exchange, 66 Albert Rd, Woodstock; Hauptgerichte 50 R; ☺Mo–Fr 9–16, Sa bis 14 Uhr; ☐Woodstock) Dies ist ein entspanntes, geschmackvoll gestaltetes und ungemein trendiges Nachbarschaftscafé. Eingerichtet haben es die Leute, die auch hinter der Galerie What If The World stecken und den Neighbourgoods Market organisieren. Tipp: das ganztägig erhältliche Frühstückssandwich oder das mit natürlichen Süßstoffen zubereitete Gebäck.

DOWNTOWN RAMEN
JAPANISCH €

Karte S. 312 (105 Harrington St, East City; Nudeln 65 R; ☺Mo–Sa 11–15 & 17.30–22 Uhr; ☐Roeland) Obwohl mittags und abends leicht unterschiedliche Gerichte angeboten werden, gibt's die beiden Arten von Ramen – eine mit einer Scheibe *char-sui*-Schweinefleisch, die andere als vegetarische Variante mit Tofu – zu beiden Mahlzeiten, und sie sind absolut empfehlenswert. Wer es nicht so scharf mag, bittet einfach darum, dass die Chilis separat serviert werden. Das Lokal befindet sich über Lefty's.

LEFTY'S
GRILLGERICHTE, PIZZA €

Karte S. 312 (105 Harrington St, East City; Hauptgerichte 60–95 R; ☺11–22 Uhr; ☐Roeland) Diese kunstvoll gestaltete Taucherbar ist bei Schülern und Liebhabern von Grunge und Shabby Chic beliebt. Das trendige Image wird unterstützt von den klebrigen Grillrippchen vom Schwein und Hühnchenwaffeln nach Kentucky-Art, außerdem gibt's Pizza aus dem Steinofen und Falafel aus Roter Beete und Ingwer für die Vegetarier. Dazu gibt's jede Menge Bier aus Hausbrauereien, um das Ganze herunterzuspülen.

RAW AND ROXY
VEGAN €

Karte S. 312 (302 Albert Rd, Woodstock; Hauptgerichte 70–90 R; ☺Mo–Sa 9–17 Uhr; ☐; ☐Kent) Beatrice Holst hat die fleischliebenden Kapstädter mit köstlicher Rohkost und veganen Mahlzeiten und Drinks verführt, darunter super vitaminreiche Säfte, eine rohe Lasagne, bei der Gourmets nach Superlativen suchen, und ein seidenweicher und super leckerer Avocado-Schokoladen-Cremekuchen.

CAFÉ GANESH
AFRIKANISCH, INDISCH €

Karte S. 314 (☏021-448 3435; www.cafeganesh.wozaonline.co.za; 38B Trill Rd, Observatory; Hauptgerichte 50–80 R; ☺Mo–Sa 18–23.30 Uhr; ☐Observatory) Ein abgefahrener Laden, der in eine Gasse zwischen zwei Gebäude gequetscht ist und mit seiner bunten, aus allerlei Krempel zusammengewürfelten Einrichtung einen ganz eigenen Charme versprüht. Zu futtern gibt's z. B. *pap* (Maisbrei) und Gemüse, gegrillten Springbock oder Lammcurry.

TOUCH OF MADNESS
BISTRO €

Karte S. 314 (☏021-448 2266; www.touchofmadness.co.za; 12 Nuttall Rd, Observatory; Hauptgerichte 55–70 R; ☺Mo–Sa 12 Uhr–open end, So 19 Uhr–open end; ☎; ☐Observatory) Diese schon lange bestehende Bar mit Restaurant versprüht mit ihrem Purpur und den Spitzenbordüren eine eklektische Art-house-Atmosphäre. Sie serviert eine Reihe von „ballistischen Burgern", prächtigen Pitas und radikalen Wraps", die dem Gaumen und Geldbeutel des studentischen Publikums dieser Gegend entgegenkommt. Interessant sind die Auftritte von Wortkünstlern am Montag.

SORBETIERE
EIS €

Karte S. 312 (www.sorbetiere.co.za; Side Street Studio, 48 Albert Rd, Woodstock; Eis ab 22 R; ☺Mo–Fr 8–16, Sa 10–14 Uhr; ☐Woodstock) Zum Abkühlen geht's in dieses winzige Café in den mit Graffiti geschmückten Side Street Studios. Hier gibt's leckere lokal hergestellte Eiscreme- und Sorbetsorten, aber auch Kaffee und Crêpes.

⭐**POT LUCK CLUB** INTERNATIONAL €€

Karte S.312 (☎021-447 0804; www.thepotluck club.co.za; Silo oberstes Stockwerk, Old Biscuit Mill, 373–375 Albert Rd, Woodstock; Gerichte 75–100 R; ⏱Mo–Sa 12.30–14.30 & 18–20.30, So 11–12.30 Uhr; 🚇Kent) Das etwas erschwinglichere Lokal von Luke Dale-Roberts in der Old Biscuit Mill bietet einen Panoramarundblick über die Umgebung, aber vor allem das, was auf dem Teller landet, ist wirklich atemberaubend. Die Gerichte sind dazu gedacht, dass man sie teilt. Man kann es aber keinem Gast verdenken, wenn er noch eine zweite Portion geräuchertes Rindfleisch mit Trüffel-Café-au-lait-Sauce bestellt. Der Sonntagsbrunch ohne/mit Sekt ohne Ende kostet 350/500 R.

⭐**PESCE AZZURRO** ITALIENISCH €€

Karte S.312 (☎021-447 2009; www.pesceazzur ro.co.za; 113 Roodebloem Rd, Woodstock; Hauptgerichte 85–105 R; ⏱Mo–Sa 12–15 & 18–22 Uhr; 🚇Balfour) Der in der Toskana geborene Küchenchef Andrea Volpe serviert köstliche, ländliche italienische Pasta und Meeresfrüchte in diesem lockeren Lokal, das die Einheimischen gerne besuchen. Die Muscheln und Schalentiere sind hier ausgezeichnet. Das Tiramisu nach Großmutters Art rundet das Essen perfekt ab.

CHANDANI INDISCH, VEGETARISCH €€

Karte S.312 (☎021-447 7887; www.chandani. co.za; 85 Roodebloem Rd, Woodstock; Hauptgerichte 60–80 R; ⏱Mo–Sa 11.30–15 & 18.30–22.30 Uhr; 🖋; 🚇Balfour) Das seit Langem bestehende und einladende indische Restaurant bietet eine großartige Auswahl an vegetarischen Gerichten, darunter Küchenschlager wie *aloo gobi* (Kartoffeln und Blumenkohl) und *dal makani* (schwarze Linsen in Tomatencremesauce).

⭐**TEST KITCHEN** INTERNATIONAL €€€

Karte S.312 (☎021-447 2622; www.thetest kitchen.co.za; Shop 104A, Old Biscuit Mill, 375 Albert Rd, Woodstock; 5 Gänge mittags/abends ab 470/590 R; ⏱Di–Sa 12.30–14.30, 19–21 Uhr; 🚇Kent) Luke Dale-Roberts zaubert inspirierende Gerichte mit lokalen Zutaten bester Qualität. Der britische Küchenchef ist jedoch inzwischen so berühmt, dass man mehrere Monate im Voraus buchen muss, und zwar sowohl für ein Mittag- als auch für ein Abendessen. Vegetarische Menüs oder Menüs mit Fisch sind auf Anfrage erhältlich.

🍷 **AUSGEHEN & NACHTLEBEN**

⭐**TAPROOM** MIKROBRAUEREI

Karte S.312 (www.devilspeakbrewing.co.za; 95 Durham Ave, Salt River; ⏱Mo8–16, Di–Sa bis 23 Uhr; 🚇Upper Salt River) Die Devil's Peak Brewing Company macht mit das beste Hausbier in Südafrika. Ihr Schankraum und ihr Restaurant bieten einen Panoramablick auf Devil's Peak. Das Essen ist eher herzhaft (Burger und Brathühnchen) und als Gegengewicht zur herausragenden Auswahl an Bieren vom Fass gedacht. Hier gibt's auch Gebräu, das im Fass gereift ist, und die neue Explorer-Reihe mit Ale in der Flasche.

⭐**TRUTH** KAFFEEBAR

Karte S.312 (www.truthcoffee.com; 36 Buitenkant St, East City; ⏱Mo–Sa 7.30–18 Uhr, So bis 14 Uhr; ☎; 🚇Lower Buitenkant) Diese „Steampunk-Rösterei und Kaffeebar", wie sie sich selbst bezeichnet, mit Decken aus gepresstem Blech, nackt herunterhängenden Glühbirnen und Metallarbeiten im Stile eines verrückten Erfinders ist ein Ehrfurcht einflößender Ort, an dem man auch auf schicke Einheimische trifft. Neben Kaffee, Hausbier, Backwaren und verschiedenen Sandwiches stehen hier auch Burger und Hotdogs auf der Speisekarte.

Es gibt auch eine Filiale im Prestwich Memorial (S.68).

⭐**AMADODA BRAAI** BAR, BRAAI

Karte S.312 (www.amadoda.co.za; 1–4 Strand St, Woodstock; ⏱Mo–Do 12–21, Fr–So 12–2 Uhr; 🚇Woodstock) Das in einer Nebenstraße an den Bahngleisen versteckte Amadoda bietet so etwas wie die *braai*-(Grillgerichte; Menüs ab 50 R) und *shebeen*-Atmosphäre der Townships, und das zieht eine ethnisch bunt gemischte Menschenmenge an. Die Jukebox ist mit afrikanischer Musik, Jazz und House bestückt. Ein später Besuch am Wochenende, wenn der Bär steppt – und der Chef persönlich tanzt –, lohnt sich in jedem Fall.

⭐**ESPRESSOLAB MICROROASTERS** KAFFEEBAR

Karte S.312 (www.espressolabmicroroasters. com; Old Biscuit Mill, 375 Albert Rd, Woodstock; ⏱Mo–Fr 8–16, Sa 8–14 Uhr; 🚇Kent) Über den Rand einer duftenden Tasse Kaffee kann man hier passionierten Kaffeeröstern und

EAST CITY, DISTRICT SIX, WOODSTOCK & OBSERVATORY AUSGEHEN & NACHTLEBEN

Baristas bei der Arbeit zusehen. Die Bohnen, die aus Einzelanbaufarmen, -plantagen und -kooperativen aus der ganzen Welt stammen, bekommen beim Verpacken Gütepunkte verpasst – wie edle Weine.

★ LADY BONIN'S TEA — TEEHAUS

Karte S.312 (www.ladybonin.com; Shop AG11b, Woodstock Exchange, 66 Albert Rd, Woodstock; ◷Mo–Fr 9–17, Sa bis 15 Uhr; 🚉Woodstock) Ein bezaubernd dekoriertes, erholsames Lokal, in dem man biologisch und nachhaltig angebaute Teesorten aus Kleinanbau, Frucht- und Kräutertees und vegan gebackene Köstlichkeiten probieren kann.

ROSETTA ROASTERY — CAFÉ

Karte S.312 (www.rosettaroastery.com; Shop AG01, Woodstock Exchange, 66 Albert Rd, Woodstock; ◷Mo–Fr 8–16 Uhr; 🚉Woodstock) Versteckt in einem Hof des Woodstock Exchange liegt dieses kleine Café, das Kaffeesorten aus der ganzen Welt anbietet, die jeweils nur von einem einzigen Erzeuger stammen. Jede Sorte wird anders geröstet, damit ihre typischen Aromen optimal zur Geltung kommen. Kein Wunder, dass dieses Café zu einem der 25 Cafés erkoren wurde, die man unbedingt einmal in seinem Leben besucht haben sollte.

FLAT MOUNTAIN — CAFÉ, BAR

Karte S.312 (www.flatmountainroasters.co.za; 101 Sir Lowry Rd, Woodstock; ◷Mo–Fr 6–15.30, Sa 9–13 Uhr; 🚉District Six) Diese Kaffeekünstler haben sich auf Mischungen spezialisiert, darunter eine Biomischung und ein entkoffeinierter Kaffee mit vollem Aroma. Die Lage ist praktisch für alle, die bei einem Bummel durch die Galerien in der Nähe einen Koffein-Kick brauchen. Bier und alkoholische Getränke werden in der Bar oben serviert, der luftige Balkon der Bar ist mit der trendigen Boutique Smith & Abrahams nebenan verbunden.

SUGARHUT — NACHTCLUB

Karte S.312 (www.sugarhutclub.co.za; 44 Constitution St, East City; Eintritt 40 R; 🚉Lower Buitenkant) Über einer Arbeiterkneipe an der Grenze zwischen der East City und District Six liegt dieser Club mit breitem Balkon und Panoramablick auf den Tafelberg. Die glamouröse Location kann man auch mieten, so finden hier z.B. die tollen Events der Unofficial Pink Party statt, veranstaltet von den wunderbaren Lesben Janine und Kelly, gewöhnlich am letzten Freitag des Monats.

RIOT FACTORY — MIKROBRAUEREI

Karte S.312 (The Palms, 145 Sir Lowry Rd, Woodstock; ◷Mi–Fr16–21, Sa 10–14 Uhr; 🚉District Six) Als eine von Woodstocks zahlreichen neuen Boutique-Brauereien macht Riot ein süffiges goldenes Ale und das Valve IPA. Es sind auch weitere lokale Hausbiere auf Lager sowie der Gin Inveroche aus einer kleinen Destillerie vom Westkap. Der Graffitikünstler Falco1 hat die tollen Wandgemälde geschaffen.

GARAGISTA — MIKROBRAUEREI

Karte S.312 (www.garagista.co.za; 139 Albert Rd, Woodstock; ◷Mi–Fr 14–18, Sa 11–15 Uhr; 🚉Woodstock) Eines muss man Garagista lassen – sie wissen wirklich, wie man den Markt anspricht und das hausgemachte Bier verkauft. Das gemeinsame Anmieten der Räumlichkeiten in Woodstock zusammen mit der Lovell Gallery war ein cleverer Zug, denn das bescherte ihrem Bier einen Touch von moderner Kunst (und das entsprechende Publikum). Eines der Gebräue „Tears of the Hipster" zu nennen ist genial.

WOODSTOCK LOUNGE — CAFÉ, BAR

Karte S.312 (www.woodstocklounge.co.za; 70 Roodebloem Rd, Woodstock; ◷Mo–Sa 11.30–24 Uhr; 🚉Balfour) Wandgroße Schwarz-Weiß-Fotos vom alten Woodstock verschaffen dem Auge ein wenig Entspannung in dieser knallweißen Café-Bar. Sie bietet tadellose Pizza zum Jack Black vom Fass und Fernsehbildschirme sowie bequeme Sofas zum Sportgucken.

TRIBE WOODSTOCK — CAFÉ

Karte S.312 (www.tribecoffee.co.za; Woodstock Foundry, 160 Albert Rd, Woodstock; ◷Mo–Fr 7–16, Sa 9–14 Uhr; 🚉Woodstock) Woodstocks zentrale Einrichtungen für die Kreativen wären nicht komplett ohne eine handwerkliche Kaffeerösterei mit Café vor Ort, und die Woodstock Foundary bildet dabei keine Ausnahme. Hier übernimmt das Tribe die Aufgabe mit einem angenehmen Café an einem ruhigen Innenhof. Die Besitzer betreiben auch das **Tribe 112** (Karte S.306; 112 Buitengracht St, City Bowl; ◷Mo–Fr 7–17, Sa 8–14 Uhr; 🚉Church/Longmarket) in einer BMW-Niederlassung in der City Bowl.

HAAS — CAFÉ

Karte S.312 (www.haascollective.com; 19 Buitenkant St, East City; ◷Mo–Fr 7–17, Sa & So 8–15 Uhr; ☎; 🚉Lower Buitenkant) Der Weg hierher lohnt sich eher wegen der Boutique mit ihrem künstlerischen Design, wo man Kaffee aus Kleinanbau bekommt, bequem sitzen und am Laptop arbeiten kann, als wegen des Essens. Das ist zwar okay, aber nichts Besonderes.

FIELD OFFICE CAFÉ

Karte S. 312 (www.fieldoffice.co.za; 37 Barrack St, East City; ◷ Mo–Fr 7–16 Uhr; 🚊 Lower Buitenkant) Dieses coole Café ist zugleich Büroraum für die Laptop schleppende Bevölkerung und außerdem ein Ausstellungsraum für die Möbel- und Leuchtendesigner **Pedersen & Lennard** (www.pedersenlennard.co.za). Das Field Office hat noch ein ähnliches Lokal im **Woodstock Exchange** (Karte S. 312; 66 Albert St, Woodstock; ◷ Mo–Fr 7.30–16.30 Uhr; 🚊 Woodstock).

 UNTERHALTUNG

FUGARD THEATRE THEATER

Karte S. 312 (✆ 021-461 4554; www.thefugard.com; Caledon St, East City; 🚊 Lower Buitenkant) Das äußerst eindrucksvolle Kunstzentrum trägt seinen Namen zu Ehren von Athol Fugard, dem berühmtesten lebenden Dramatiker Südafrikas. Die ehemalige Congregational Church Hall wurde geschickt so umgebaut, dass hier jetzt zwei Bühnen untergebracht sind. Die größere dient auch als *bioscope* (Modewort für ein Digitalkino, das erstklassige Tanz- und Opernperformances zeigt).

ASSEMBLY LIVEMUSIK

Karte S. 312 (www.theassembly.co.za; 61 Harrington St, East City; Eintritt 30–50 R; 🚊 Lower Buitenkant) In einer alten Möbelfabrik befindet sich dieser Spielort für Livemusik und DJ-Auftritte. Seine Beliebtheit verdankt er einer aufregenden, bunten Mischung lokaler und internationaler Künstler. Hier findet auch das audiovisuelle Event **Pecha Kucha** (www.pechakucha-capetown.co.za), in der Regel einmal monatlich, statt.

STARDUST BAR

Karte S. 312 (✆ 021-462 7777; www.stardustcapetown.com; 118 Sir Lowry Rd, Woodstock; ◷ Di–Sa 18–3 Uhr; 🚊 District Six) Diese kitschigen, aber unglaublich beliebten „Theaterdinner" werden von Gruppen besucht, die kommen, um Tagine (110 bis 140 R) und andere Gerichte zu genießen, während sie den Bedienungen – alles professionelle Sänger und Sängerin-

nen – lauschen, die immer wieder mal auf die Bühne hüpfen, um ein Lied zu schmettern. Es gibt hier eine geräumige Bar, sodass man nichts essen muss, wenn man nur die Show sehen möchte.

SHACK COMEDY

Karte S. 312 (43 De Villiers St, District Six; ◷ 12– 4 Uhr; 🚊 Roeland) Diese seit Langem bestehende Bar veranstaltet gelegentlich Luna Comedy Nights, bei denen man witzige Menschen aus der Gegend bei spontanen Auftritten erleben kann. Im Shack gibt's außerdem Livemusik sowie den DJ-Treff Mercury Live.

TAGORE LIVEMUSIK

Karte S. 314 (✆ 021-447 8717; 42 Trill Rd, Observatory; ◷ 17–24 Uhr; 🚊 Observatory) Kerzen, lauschige Ecken und Nischen und dazu Avantgardemusik bestimmen die Szenerie in dieser winzigen Lokalität, die sehr beliebt in der alternativen Szene von Observatory ist. Die Veranstaltungen beginnen normalerweise mittwochs, freitags und samstags um 21.30 Uhr und kosten keinen Eintritt.

MAGNET THEATRE THEATER

Karte S. 314 (✆ 021-448 3436; www.magnet theatre.co.za; Unit 1, The Old Match Factory, Ecke St. Michaels Rd & Lower Main Rd, Observatory; Tickets 50 R; 🚊 Observatory) Im Rahmen dieses von der National Lottery gesponserten Projekts wird mit jungen Leuten eine Vielzahl von Performances und Theaterstücken erarbeitet. Einige ihrer Shows haben schon bei Festivals in Südafrika und Übersee Preise errungen.

🛍 **SHOPPEN**

⭐ OLD BISCUIT MILL EINKAUFSZENTRUM

Karte S. 312 (www.theoldbiscuitmill.co.za; 373– 375 Albert Rd, Woodstock; ◷ Mo–Fr 9–17, Sa bis 15 Uhr; 🚊 Kent) Die ehemalige Keksfabrik beherbergt eine Reihe erstklassiger Kunst-, Kunstgewerbe-, Mode- und Designgeschäfte sowie Lokale, in denen man etwas essen und trinken kann. Hier eine Auswahl toller Läden: Schöne Keramik haben **Clementina Ceramics** (www.clementina.co.za) und **Imiso Ceramics** (www.imisoceramics.co.za); **Cocoafair** (www.cocoafair.co.za) ist die einzige Schokoladenfabrik Afrikas, wo von der Kakaobohne bis zur fertigen Schokolade alles nachhaltig ist; **Mü & Me** (www.muandme.net)

hat entzückende Motive auf Grußkarten, Geschenkpapier, Schreibwaren und Kinder-T-Shirts zu bieten.

⭐ NEIGHBOURGOODS MARKET   MARKT
Karte S. 312 (www.neighbourgoodsmarket.co.za; Old Biscuit Mill, 373-375 Albert Rd, Woodstock; ⊙Sa 9–14 Uhr; 🚇Kent) Es handelt sich um den ersten und nach wie vor besten der Kunstgewerbemärkte, die inzwischen überall am Kap Mode geworden sind. Essen und Getränke gibt's auf dem Hauptgelände, wo man Lebensmittel und Feinkost kaufen oder einfach nur bestaunen kann, und in der separaten Ecke mit Designerwaren lockt ein verführerisches Angebot an lokalen Textilien und Accessoires. Wer kein Gedränge mag, sollte früh kommen.

⭐ SOUTHERN GUILD   KUNST & KUNSTHANDWERK
Karte S. 312 (☎021-461 2856; www.southern guild.co.za; Unit 1, 10-16 Lewin St, Woodstock; ⊙Di–Fr 10–17, Sa bis 13 Uhr; 🚇District Six) Trevyn und Julian McGowan haben ein Geschäft aufgebaut, in dem sie die Rosinen der südafrikanischen Designergemeinde herauspicken und diese der Welt in ihren jährlichen Kollektionen vorstellen. Dies ist ihr neuer ständiger Ausstellungsraum und damit das Ziel der Wahl zum Entdecken aufstrebender Talente und zum Einkaufen unglaublicher, einzigartiger Stücke.

⭐ WOODSTOCK EXCHANGE   EINKAUFSZENTRUM
Karte S. 312 (www.woodstockexchange.co.za; 66 Albert Rd, Woodstock; ⊙Mo–Fr 9–17, Sa bis 14 Uhr; 🚇Woodstock) Im Exchange gibt's eine ganze Menge an Läden, darunter die Werkstatt und den Ausstellungsraum von **Grandt Mason Originals** (www.g-mo.co.za; Shop 13), der mit luxuriösen Stoffen und Farbmusterbüchern Schuhunikate herstellt, Lederwaren von **Chapel** (www.chapelgoods.co.za), **Charlie. H**, der Kimonos, Neckholder-Kleider und Röcke aus Druckstoffen herstellt, und die Boutique **Kingdom**, die Mode und Accessoires mit Innenarchitektur verbindet.

⭐ BOOK LOUNGE   BÜCHER
Karte S. 312 (☎021-462 2425; www.booklounge. co.za; 71 Roeland St, East City; ⊙Mo–Fr 9.30–19.30, Sa 8.30–18, So 10–16 Uhr; 🚇Roeland) Dieser Buchladen ist dank der großartigen Titelauswahl, der gemütlichen Sessel, eines einfachen Cafés und des vollen Veranstaltungsprogramms das Zentrum von Kapstadts Literaturszene. Pro Woche gibt es hier bis zu drei Lesungen oder Buchvorstellungen, zu denen meist Gratisgetränke und Knabbereien angeboten werden. Lesungen speziell für Kinder gibt es an den Wochenenden. Einen näheren Blick lohnen auch die handgefertigten elisabethanischen Taschen und Spangen, die aus alten Stoffen und anderen recycelten Fundstücken hergestellt wurden.

MNANDI TEXTILES & DESIGN   KLEIDUNG, KUNSTHANDWERK
Karte S. 314 (☎021-447 6814; 90 Station Rd, Observatory; ⊙Mo–Fr 9–17.30, Sa 14 Uhr; 🚇Observatory) Mnandi verkauft Tuch aus ganz Afrika, darunter der lokale Baumwollstoff *shweshwe*, der mit allem von Tieren bis zu traditionellen afrikanischen Mustern bedruckt ist. Man kann sich auch Kleidung schneidern lassen und viele süße Geschenke finden wie entzückende Puppen aus Zuka-Stoff von Xhosa-Frauen und Desmond Tutu.

WOODSTOCK CO-OP   EINKAUFSZENTRUM
Karte S. 312 (357-363 Albert Rd, Woodstock; ⊙Mo–Sa 9–17 Uhr; 🚇Kent) In dieser Kooperative findet man eine bunte Ansammlung von Start-ups, Testunternehmen und etablierten Händlern, die ein großes Sortiment an ansprechenden Waren anbieten, darunter auch Accessoires sowie alte und neue Einrichtungsgegenstände. Besonders interessant sind die Skateboards und Streetwear von **Babith** und aufgewertete Kleidung und Objekte von **Knobs & Tassles** sowie von **w9apparel**.

ASHANTI   EINRICHTUNG, KUNSTHANDWERK
Karte S. 312 (www.ashantidesign.com; 133-135 Sir Lowry Rd, Woodstock; ⊙Mo–Fr 9–17, Sa 10–15 Uhr; 🚇District Six) Körbe, Matten, Lampenschirme, kleine und große Kissen und Taschen sind nur einige der zahlreichen, aus ganz Afrika zusammengetragenen regenbogenfarbenen Produkte, die in diesem sensationellen Kunstgewerbeshop zum Verkauf stehen. Hier ist praktisch jedes Stück ein Unikat. Die Stoffe sind auch als Meterware erhältlich.

BIBLIOPHILIA   BÜCHER
Karte S. 312 (www.bibliophilia.co.za; 1 Side Street Studios, 48 Albert Rd, Woodstock; ⊙Mo–Fr 9–16, Sa 10–14 Uhr; 🚇Woodstock) Ein Exemplar der schön illustrierten *Woodstock, Salt River, Observatory Walking Map* findet man in

diesem erstklassigen Buchladen, der auf Kunst, Design und Populärwissenschaften spezialisiert ist. Hier gibt's auch viele lokal herausgegebene Zeitschriften und Bücher sowie ein paar Musik-CDs.

RECREATE — EINRICHTUNG

Karte S. 312 (www.recreate.za.net; 6 Stowe St, Salt River; ⊙Mo–Fr 9–17, Sa bis 14 Uhr; 🚇Kent) Verkauft die fantasievollen Kreationen von Katie Thompson, die Dinge zweckentfremdet, um daraus Möbel und Leuchten herzustellen (etwa Stühle aus Koffern, Stehlampen aus Geschirr und Kühlschrankmagneten aus Computertastatur-Tasten).

VAMP — EINRICHTUNG, KUNSTHANDWERK

Karte S. 312 (www.vampfurniture.co.za; 368 Albert Rd, Woodstock; ⊙Mo–Fr 9.30–16.30, Sa 8.30–15 Uhr; 🚇Kent) Weitere Einrichtungsabenteuer nach Kapstädter Art gibt's in

diesem Laden, der etwas zurückgesetzt liegt. Hier kann man unter Umständen original gerahmte Tretchikoff-Drucke neben Retro-Koffern, Globen sowie moderner Kunst und Kunsthandwerk entdecken.

WOODHEAD'S — ACCESSOIRES

Karte S. 312 (www.woodheads.co.za; 29 Caledon St, East City; ⊙Mo–Fr 8–17, Sa 8.30–13 Uhr; 🚇Lower Buitenkant) Diese kompetenten Fachhändler, die das Ledergewerbe seit 1867 betreiben, verkaufen Tierhäute, und zwar alles von Kuh über Büffel und Antilope bis hin zu Zebra. Sie haben auch in der Region gefertigte Flipflops, Lederboots, Taschen und Gürtel auf Lager.

WOODSTOCK CYCLEWORKS — SPORT, KLEIDUNG

Karte S. 312 (☎021-461 5634; www.woodstock cycleworks.com; 14 Searle St, Woodstock; ⊙Mo–Fr 9–18, Sa 9.30–13 Uhr; 🚇District Six) Ein

GALERIEN IN WOODSTOCK

Die Gentrifizierung von Woodstock wurde von einem starken Team kommerzieller Galerien vorangetrieben. Sie veranstalten alle interessante Ausstellungen und drängen Besucher auch nicht zum Kauf.

South African Print Gallery (Karte S. 312; www.printgallery.co.za; 109 Sir Lowry Rd, Woodstock; ⊙Di–Fr 9.30–16, Sa 10–13 Uhr; 🚇District Six) In der South African Print Gallery, die auf Drucke lokaler (sowohl etablierter als auch aufstrebender) Künstler spezialisiert ist, besteht die größte Chance, etwas zu erwerben, das nicht nur erschwinglich, sondern auch handlich genug ist, um auf der Heimreise in den Koffer zu passen.

Stevenson (Karte S. 312; www.stevenson.info; 160 Sir Lowry Rd, Woodstock; ⊙Mo–Fr 9–17, Sa 10–13 Uhr; 🚇District Six) In dieser renommierten Galerie waren u. a. schon die witzigen, subversiven Arbeiten von Anton Kannemeyer, alias Joe Dog, ausgestellt. Dieser hat zusammen mit Conrad Botes, der hier ebenfalls vertreten ist, den bitterbösen satirischen Comic Bitterkomix erfunden. Bei Stevenson werden auch die hübschen, eigenwilligen Stücke des Keramikers Hylton Nel verkauft.

What If The World (Karte S. 312; www.whatiftheworld.com; 1 Argyle St, Woodstock; ⊙Di–Fr 10–16.30, Sa bis 15 Uhr; 🚇Kent) Diese Galerie hat die kreative Szene Kapstadts ordentlich angeschoben und ist jetzt in die größeren Räumlichkeiten einer alten Synagoge und deren Nebengebäude umgezogen. Hier sind die Arbeiten der jungen Wilden der südafrikanischen Kunstszene zu sehen. Auf dem Gelände befindet sich auch eine Bäckerei.

Goodman Gallery Cape (Karte S. 312; ☎021-462 7573; www.goodman-gallery.com; 3. OG, Fairweather House, 176 Sir Lowry Rd, Woodstock; ⊙Di–Fr 9.30–17.30, Sa 10–16 Uhr; 🚇District Six) Die Goodman Gallery, ein Renner der Jo'burger Kunstszene, war eine der wenigen Galerien, die schon zu Apartheidzeiten Werke von Künstlern aller Ethnien ausstellte. Sie steht für Lichtgestalten wie William Kentridge und Willie Bester, zeigt aber auch Newcomer. Der Eingang befindet sich an der Rückseite des Gebäudes.

SMAC (Karte S. 312; ☎021-422 5100; www.smacgallery.com; The Palms, 145 Sir Lowry Rd, Woodstock; 🚇District Six) Diese Galerie mit Hauptsitz in Stellenbosch ist auf die Werke von 1960 bis zu den 1980er-Jahren spezialisiert. Sie befindet sich in einer Reihe geräumiger Säle im Palms, wo auch ein paar weitere kleinere Händler und Galerien für Kunst und Einrichtungsgegenstände vertreten sind.

Abstecher zu diesem umgebauten Lagerhauskomplex lohnt sich, selbst wenn man nicht auf ein maßgefertigtes Fahrrad aus ist. Der Laden verkauft auch modische, in der Region gefertigte Fahrradtops, künstlerisch angehauchte T-Shirts und Drucke und beherbergt das Le Jeune Café (benannt nach einer südafrikanischen Fahrradmarke). Im Hof werden mit Gemüse gegerbte Tierhäute für die Lederwaren von **Stockton Goods** (www.stocktongoods.com) verarbeitet.

Eine Seitenwand des Gebäudes ist mit einem Fahrradthema von Freddy Sam bemalt. Dies ist auch der offizielle Treffpunkt nach den Veranstaltungen am Thursday Late (S. 81).

AFRICAN HOME KUNSTHANDWERK

Karte S. 312 (www.africanhome.co.za; 41 Caledon St, East City; ☻Mo–Fr 8.30–17 Uhr; ▣Lower Buitenkant) 🍃 Der Laden hat ein ausgezeichnetes Sortiment an Fairtrade-Kunstgewerbe, nicht zuletzt wunderbare Spiegel und Bilderrahmen aus weißen Perlen.

BROMWELL BOUTIQUE MALL MODE, KUNST

Karte S. 312 (www.thebromwell.co.za; 250 Albert Rd, Woodstock; ☻Mo–Fr 8–17 Uhr; ▣Kent) Diese stylische Ansammlung von Boutiquen mit exotischen Gegenständen, schicken Klamotten, Accessoires, Kunst und Dekoartikeln drängt sich im aufgepeppten alten Bromwell Hotel aus den 1930er-Jahren. Getreu dem bewährten Woodstock-Aufmöbelungskonzept gibt es auch hier ein Café, eine Bäckerei und ein Deli im Erdgeschoss.

WOODSTOCK FOUNDRY EINKAUFSZENTRUM

Karte S. 312 (www.facebook.com/Woodstock Foundry; 160 Albert Rd, Woodstock; ▣Woodstock) Rund um die ehemalige Metallgießerei **Bronze Age** (www.bronzeageart.com) ist ein ansprechender Komplex mit Designerstudios und Geschäften entstanden. Zu finden sind hier Designermöbel von **John Vogel** (www.vogeldesign.co.za), Messing-, Silber- und Goldschmuck von **Dear Rae** (www.dearrae.co.za), **Indigi Designs** (www.indigidesigns.co.za) für Einrichtungsgegenstände und eine Filiale des mexikanischen Restaurants **Fat Cactus**. Mittwochabends findet hier der kleine Lebensmittel- und Krämermarkt **Day Before Thursday** statt.

SALT CIRCLE ARCADE EINKAUFSZENTRUM

Karte S. 312 (19 Kent Rd, Salt River; ▣Kent) Viele Läden laden hier zum Stöbern ein, darunter der antiquarische Buchladen **Blank Books** (www.blankbooks.co.za), dessen Besitzer den lokalen Blog www.ilovewoodstock schreibt, **Miyu** (www.miyuhomeware.com) für hochwertiges Kunsthandwerk und Inneneinrichtung und **Beerguevara** (www.beerguevara.com) für Zutaten und Kurse für hausgemachtes Bier. Im zentralen Innenhof versammeln sich diverse Food Trucks.

🏃 SPORT & AKTIVITÄTEN

CITY ROCK KLETTERN

Karte S. 314 (☎021-447 1326; www.cityrock.co.za; 21 Anson Rd, Observatory; Tageskarte für die Kletterwand Erw./Kind 100/75 R; ☻ Mo–Do 9–21, Fr 9–18, Sa & So 10–18 Uhr; ▣Observatory) Beliebte Kletterhalle mit Kletterkursen. Ausrüstung kann geliehen oder gekauft werden. Sogar Yogakurse werden hier angeboten.

HINTHUNT SPIEL

Karte S. 312 (☎021-448 9864; www.hinthunt.co.za; 3. OG, Haupthof, Old Biscuit Mill, 373–375 Albert Rd, Woodstock; ab 129 R p. P.; ☻9–20.15 Uhr; ▣Kent) Der Spaß ist garantiert, wenn die Uhr läuft und man mit seinen Mitspielern nur 60 Minuten Zeit hat, um Sherlock Holmes zu spielen, die Rätsel zu lösen und sich aus einem bedrückend engen Raum im Inneren der Old Biscuit Mill zu befreien. Mindestens zwei Personen.

WALK-IN ROBOTICS SPIELEZENTRUM

Karte S. 314 (☎021-448 8516; www.ortascape.org.za; 370B Main Rd, Observatory; 55 R pro Std.; ☻9–16 Uhr; ▣Observatory) In dem Gebäude, in dem sich das Cape Town Science Centre befindet, ist auch dieses Projekt zu Hause. Hier kann man mit Lego WeDo Robotics-Bausätzen seinen eigenen Roboter erschaffen und programmieren. Betreuer helfen dabei gerne. Den fertigen Roboter kann man zwar nicht mitnehmen, aber man darf jede Menge Fotos und Videoaufnahmen machen.

Gardens & Umgebung

GARDENS | ORANJEZICHT | TAMBOERSKLOOF | VREDEHOEK | HIGGOVALE

Highlights

❶ In einer sich um die eigene Achse drehenden Seilbahngondel auf den **Tafelberg** (S.101) hinauffahren und dann über das Plateau zum höchsten Punkt, dem Maclear's Beacon, wandern oder sich über den Rand abseilen.

❷ In der **South African National Gallery** (S.104) die hochkarätigsten Werke Südafrikas betrachten.

❸ Sich im **South African Jewish Museum** (S.103) umfassend über die jüdischen Einwanderer Südafrikas informieren.

❹ Die **Oranjezicht City Farm** (S.109) besuchen und samstags auf dem Bauernmarkt vorbeischauen.

❺ Auf den **Lion's Head** (S.104) steigen und den Panoramablick genießen oder zum Aussichtspunkt auf den **Signal Hill** (S.104) fahren.

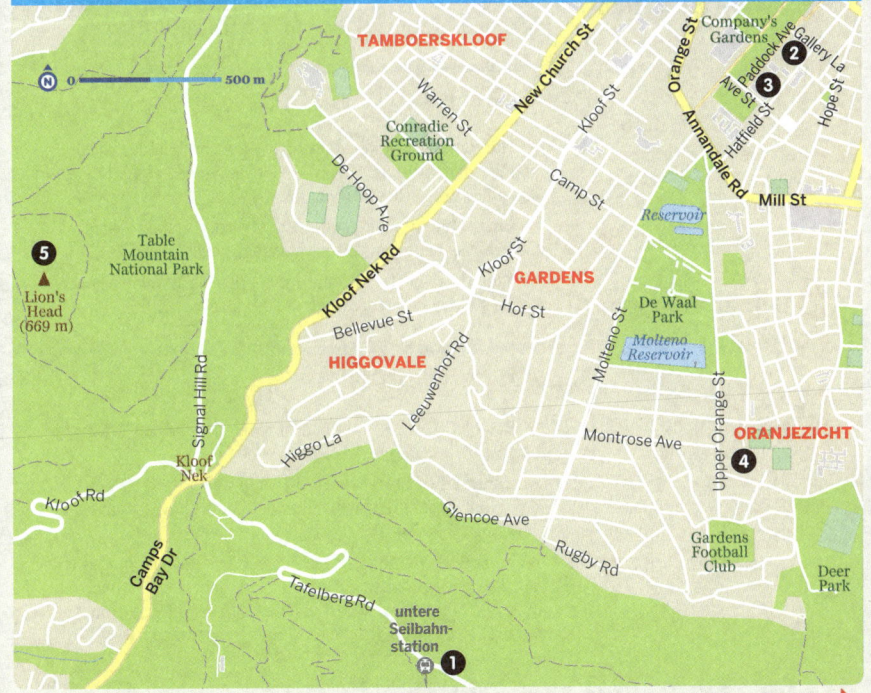

Mehr zu diesem Gebiet auf den Karten S. 315 und S. 316.

Top-Tipp

Bertram House (S. 105) und Rust en Vreugd (S. 105) sind zwei kleine Museen in Gardens, die nur selten einen Besucher sehen. Bei Ersterem handelt es sich um das letzte noch erhaltene rote Backsteinhaus im georgianischen Stil in der Stadt; Letzteres besitzt einen liebevoll angelegten Garten und eine Ausstellung, die einige herrliche Aquarelle und Kunstdrucke zeigt.

 Gut essen

➜ Chef's Table (S. 107)
➜ Ferdinando's (S. 105)
➜ Blue Café (S. 105)
➜ Hallelujah (S. 106)
➜ Aubergine (S. 107)

Mehr dazu s. S. 105. ➜

 Schön ausgehen

➜ Yours Truly (S. 107)
➜ Power & the Glory/Black Ram (S. 107)
➜ Blah Blah Bar (S. 108)
➜ Perseverance Tavern (S. 108)
➜ Chalk & Cork (S. 107)

Mehr dazu s. S. 107. ➜

Schön shoppen

➜ Coffeebeans Routes (S. 108)
➜ KIN (S. 108)
➜ Stefania Morland (S. 109)
➜ Erf 81 Food Market (S. 109)
➜ Bluecollarwhitecollar (S. 109)

Mehr dazu s. S. 108.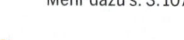

Erkundungstour

In diesem Ende der City Bowl, das am Berg gelegen und nach den Company's Gardens benannt ist, stehen einige der besten Museen Kapstadts. Weiter oben schmiegen sich begehrte Wohngebiete an die Hänge, mit traumhaften Unterkünften wie der üppig grünen Anlage des Belmond Mount Nelson Hotel.

Das alles beherrschende Element der Gegend ist natürlich der wuchtige Tafelberg mit seinen benachbarten felsigen Erhebungen Lion's Head, Signal Hill und Devil's Peak. Es ist schier unmöglich, den Blick vom Berg abzuwenden, besonders wenn sich das berühmte Nebel-„Tischtuch" über den Gipfel legt, was meistens am späten Nachmittag der Fall ist. Die Besteigung, so anstrengend sie ist, lohnt jeden vergossenen Schweißtropfen. Falls Zufußgehen jedoch nicht infrage kommt, bleibt immer noch die Seilbahn.

Die Kloof Street, die Hauptgeschäftsader mit ihren ausgefallenen Boutiquen, Restaurants und pulsierenden Bars, eignet sich perfekt zum gemächlichen Herumschlendern. Nach Westen und über den Signal Hill erstreckt sich der Vorort Tamboerskloof, im Osten dagegen, hinter dem De Waal Park, liegt Oranjezicht. Das windgepeitschte Vredehoek befindet sich weiter östlich, Richtung Devil's Peak (von Weitem sichtbar ist hier das Wohnblocktrio mit offiziellem Namen Disa Park, ist im Volksmund als die „Tampon Towers" bekannt) und auf der windgeschützten Seite im Westen liegt Higgovale.

Lokalkolorit

➜ **Hundepark** Die Einheimischen führen ihre Hunde im grünen De Waal Park aus (S. 105), in dem im Sommer sonntags gelegentlich Konzerte stattfinden.

➜ **Entschleunigen** Im modernen, stylishen Enmasse kann man voll bekleidet eine ölfreie Massage genießen (S. 111).

➜ **Kino** Die neuesten Streifen, aber auch die Juwelen des Arthouse-Kinos zeigt in der Gegend das Labia (S. 108).

An- & Weiterreise

➜ **Bus** MyCiTi-Busse fahren die Kloof Nek Road den Tafelberg hinauf und bis Orangezicht und Vredehoek.

➜ **Sammeltaxi** Sie fahren die Kloof Street entlang bis zur Kloof Nek Road und dann hinüber zur Camps Bay, anschließend wieder zurück zur City Bowl.

➜ **Zu Fuß** Die wichtigsten Sehenswürdigkeiten im unteren Teil von Gardens kann man gut zu Fuß erkunden, aber wer nach oben zur Talstation der Seilbahn marschieren möchte, muss sich auf eine schweißtreibende Tour gefasst machen.

HIGHLIGHT
TAFELBERG

Der Tafelberg ist rund 600 Millionen Jahre alt, ein Habitat der artenreichen Kapflora und ein Wahrzeichen Kapstadts. Der Berg samt Table Mountain National Park, der zu einem der Sieben Neuen Naturwunder (www.new7wonders.com) der Welt erkoren wurde, lässt sich von jeder Ecke der Stadt aus bewundern. Doch erst wer selbst oben gestanden hat, darf von sich behaupten, in Kapstadt gewesen zu sein.

Tafelberg-Seilbahn

Der Tafelberg ist mit der **Seilbahn** (☎021-424 0015; www.table mountain.net; Tafelberg Rd; Erw. einfach/hin & zurück ab 115/225 R, Kind 58/110 R; ☉Feb.–Nov. 8.30–18 Uhr, Dez. & Jan. 8–21.30 Uhr; ☒Lower Cable Car) einfach erreichbar. Der Ausblick von den sich drehenden Gondeln und vom Gipfel ist phänomenal. Oben warten Souvenirshops, ein gutes Café und ein paar leichte Wanderwege.

Die Bahn fährt in der Hochsaison (Dez.–Feb.) alle 10 Minuten, sonst alle 15 bis 20 Minuten. Sie verkehrt nicht, wenn es sehr windig ist, daher besser vorher telefonisch nachfragen oder im Internet nachschauen. Wenig sinnvoll ist eine Fahrt, wenn oben alles wolkenverhangen ist – die berühmte „Tischdecke" des Tafelbergs. Die besten Sichtbedingungen herrschen oft morgens oder abends.

Von Mitte Dezember bis Mitte Januar gibt's für Seilbahnfahrten ab 7.30 Uhr, bevor das Ticketbüro um 8 Uhr öffnet, eine begrenzte Anzahl von Online-Tickets. Sie kosten 300 R und gelten ab dem Kauf für zwei Tage.

Den Berg erklimmen

Im Jahr 1503 durfte sich der portugiesische Seefahrer-Admiral Antonio de Saldanha rühmen, als erster Europäer den Tafelberg erklommen zu haben. Er taufte ihn „Taboa do Cabo" (Tisch des Kaps); bei den Khoisan, den Ureinwohnern des Kaps, hieß er allerdings „Hoerikwaggo" (Berg des Meeres). Seither sind immer wieder Besucher auf den Berg geklettert, und von Gardens aus führen mehrere Wege nach oben.

NICHT VERPASSEN

➡ Cableway
➡ Maclear's Beacon
➡ Abseil Africa
➡ Dassies

PRAKTISCH & KONKRET

➡ Karte S. 315
➡ www.tmnp.co.za

ABSEIL AFRICA

Beim 112 m langen Abstieg vom Tafelberg mit **Abseil Africa** (Karte S. 306; ☎021-424 4760; www.abseilafrica.co.za; 297 Long St, City Bowl; Abseilen 650 R) ist der Nervenkitzel garantiert. Wer nicht schwindelfrei ist, verzichtet besser. Auf jeden Fall sollte man sich Zeit lassen, um die atemberaubende Aussicht auch genießen zu können. Eine lohnenswerte Alternative ist eine geführte Wanderung die Platteklip Gorge hoch für 250 R.

Der Tafelberg ist so unverkennbar, dass Astronomen nach ihm das Sternbild Mensa (lat. „Tisch") benannten.

ESSEN & SCHLAFEN

Das Selbstbedienungslokal **Table Mountain Café** bei der oberen Seilbahnstation hat leckere Happen und Gerichte, kompostierbare Verpackungen und guten Kaffee. Es gibt auch Wein und Bier, um auf die Aussicht anzustoßen. Campen ist verboten, doch man kann hier oben in der Selbstverpfleger-Unterkunft Overseers Mountain Cottage übernachten.

Keine dieser Wanderstrecken ist mühelos zu bewältigen, doch die 3 km lange **Platteklip-Gorge-Route** mit Zugang von der Tafelberg Road führt zumindest stetig bergan. Der Weg ist sehr steil, und selbst bei flotter Gangart ist mit ungefähr 2½ Stunden bis zur oberen Seilbahnstation zu rechnen. Vorsicht: Unterwegs gibt es keinerlei Schatten, deshalb morgens so früh wie möglich aufbrechen und viel Trinkwasser und Sonnenschutz mitnehmen.

Eine weitere Möglichkeit, die aber nur sehr erfahrenen Bergsteigern anzuraten ist, ist die **India-Fenster-Route**. Sie beginnt gleich hinter der unteren Seilbahnstation und geht geradewegs nach oben. Die Bergsteiger, die von der Seilbahn aus zu sehen sind und wie Bergziegen an vermeintlich senkrecht abfallenden Hängen zu kleben scheinen, sind auf dieser Route unterwegs.

Weitere Wanderrouten

Es ist gar nicht notwendig, bis zum Gipfel hinaufzusteigen, um unvergessliche Ausblicke zu erleben. Ein kurzer Anstieg hinter der unteren Seilbahnstation hoch, und schon ist man auf dem **Contour Path**, der einigermaßen eben nach Osten um den Devil's Peak herum zum King's Blockhouse und schließlich zum Constantia Nek führt.

Der **Pipe Track** verläuft auf der Westseite des Bergs in Richtung der Felsformation Twelve Apostles und ist mit sensationellen Ausblicken auf die Küste gespickt. Der Pfad wurde einst angelegt, um Wasser entlang einer Pipeline von der Disa Gorge in der Back Table genannten Gegend des Tafelbergs zum Molteno Reservoir in Oranjezicht zu leiten. Diese Strecke sollte am besten frühmorgens in Angriff genommen werden, bevor die Sonne auf die Bergflanke herunterbrennt. Eine Alternativroute zum Gipfel ist der vom Pipe Track abgehende **Kasteelspoort Path**.

Oben auf dem Berg

Von der Seilbahn-Bergstation führen asphaltierte Pfade zum Restaurant, zum Shop und zu mehreren Terrassen. Auf diesen Wegen kann man leicht herumspazieren und vielleicht sogar einen Klippschliefer entdecken. Diese Tierchen sind heimische Nagetiere, die – auch wenn es kaum zu glauben ist – mit Elefanten verwandt sind. Neben der oberen Bahnstation beginnen täglich um 10 und 12 Uhr kostenlose Führungen über das Tafelbergplateau.

Wer den 1088 m hohen höchsten Punkt des Bergs erklimmen möchte, folgt dem Pfad noch ein Stück weiter bis zum **Maclear's Beacon**. Für die rund 5 km sollte hin und zurück etwa eine Stunde eingeplant werden. Wenn der Berg in Nebel gehüllt ist, verbietet sich diese Strecke, denn die Gefahr, vom Weg abzukommen, ist groß.

HIGHLIGHT
SOUTH AFRICAN JEWISH MUSEUM

Das Leben der jüdischen Gemeinde in Südafrika und die Beiträge der hier ansässigen Juden zur Gesellschaft werden in diesem Museum eindrucksvoll gezeigt. Es befindet sich in der schön restaurierten Alten Synagoge (neben der prachtvollen, noch genutzten Großen Synagoge). Für den Zutritt zu dieser Sicherheitseinrichtung braucht man einen Lichtbildausweis.

Alte Synagoge
In der Alten Synagoge (1863) finden Wechselausstellungen statt; sehenswert sind auch die detaillierten Mosaike und die Buntglasfenster. Im Untergeschoss steht eine Teilrekonstruktion eines litauischen Schtetls; viele Juden, die sich in Südafrika ansiedelten, waren während der Pogrome des späten 19. und frühen 20. Jhs. aus Osteuropa geflohen.

Die Dauerausstellung *Hidden Treasures of Japanese Art* zeigt exquisite *netsuke* (Zierknöpfe) aus der **Isaac Kaplan Collection**. Kaplan war zwar nie in Japan, doch er brachte sich selbst Japanisch bei, damit er dieses Schnitzwerk aus Elfenbein und Holz sammeln und dokumentieren konnte.

Cape Town Holocaust Centre
Gegenüber dem Museum bietet das Cape Town Holocaust Centre im Obergeschoss eine ergreifende kostenlose Ausstellung zur Geschichte des Antisemitismus. Es werden Parallelen zum Kampf gegen die Apartheid gezogen. Unten kann man den 25-minütigen Dokumentarfilm *Nelson Mandela: A Righteous Man* sehen.

Große Synagoge
Auch die prachtvoll geschmückte Große Synagoge (1905) ist eine Besichtigung wert. Freiwillige Führer heben die neo-ägyptischen Aspekte des Gebäudes hervor, einschließlich der symbolträchtigen Buntglasfenster und einer von Anton Anreith geschnitzten Kanzel.

NICHT VERSÄUMEN
➡ Alte Synagoge
➡ Große Synagoge
➡ Cape Town Holocaust Centre

PRAKTISCH & KONKRET
➡ Karte S. 316
➡ www.sajewish museum.co.za
➡ 88 Hatfield St, Gardens
➡ Erw./Kind 40 R /frei
➡ So–Do 10–17, Fr bis 14 Uhr
➡ Annandale

 SEHENSWERTES

TAFELBERG
BERG

Mehr dazu s. S. 101.

SOUTH AFRICAN JEWISH MUSEUM
MUSEUM

Mehr dazu s. S. 103.

SOUTH AFRICAN NATIONAL GALLERY
GALERIE

Karte S. 316 (☎021-481 3970; www.iziko.org.za/museums/south-african-national-gallery; Government Ave, Gardens; Erw./Kind 30/15 R; ⊙10–17 Uhr; ⊠Annandale) Die beeindruckende Dauerausstellung von Südafrikas wichtigstem Kunstmuseum reicht zurück bis in die Ära der Holländer. Neben einigen bedeutenden Klassikern sind es vor allem die zeitgenössischen Arbeiten, die besonders hervorstechen. Zu nennen wäre hier etwa die Skulptur *Butcher Boys* von Jane Alexander, die aussieht, als wäre ein Trio von Orks aus *Der Herr der Ringe* in die Galerie gestolpert.

Erwähnenswert ist auch die von Herbert Vladimir Meyerowitz geschnitzte Teakholztür im Hof, die Szenen vom Auszug der Juden aus Ägypten zeigt. Seine Schnitzereien zieren auch die gesamten oberen Türrahmen der Galerie.

SOUTH AFRICAN MUSEUM
MUSEUM

Karte S. 316 (☎021-481 3805; www.iziko.org.za/museums/south-african-museum; 25 Queen Victoria St, Gardens; Erw./Kind 30/15 R; ⊙10–17 Uhr; ⊠Michaelis) Das älteste Museum Südafrikas zeigt vielleicht ein paar Anzeichen von Ermüdung, beherbergt aber noch immer eine Reihe von umfangreichen und interessanten Ausstellungen, vor allem zur Naturgeschichte. Die neuesten Ausstellungsräume sind am besten, sie zeigen die Kunst und Kultur der ersten Völker des Landes, der Khoikhoi und der San; darunter auch das berühmte Linton Panel, ein beeindruckendes Beispiel für die Felsbildkunst der San. Die Zeichnungen sind außergewöhnlich fein, besonders die Darstellung grazil er Elenantilopen.

Es lohnt sich auch, einen Blick auf die Lydenburg Heads aus Terrakotta – die frühesten bekannten Beispiele für afrikanische Bildhauerei (500–700 n. Chr.) – in der African Cultures Gallery zu werfen. Weiterhin interessant ist ein 2 m breites Nest des geselligen Webervogels (ein veritabler Vogel-Wohnblock in der Wonders of Nature Gallery) und der atmosphärische Whale Well, in dem gigantische Walskelette und -modelle hängen, beschallt mit Walgesängen vom Band.

SOUTH AFRICAN PLANETARIUM
PLANETARIUM

Karte S. 316 (www.iziko.org.za/museums/planetarium; 25 Queen Victoria St, Gardens; Erw./Kind 40/20 R; ⊙10–17 Uhr; ⊠Michaelis) Das an das South African Museum angeschlossene Planetarium enthüllt durch seine Exponate und Sternenshows die Geheimnisse des Nachthimmels über der südlichen Hemisphäre. Tägliche Vorführungen nutzen Aufnahmen, die mit dem südafrikanischen Großteleskop (dem Teleskop mit der weltweit größten Brennweite) in der Region Karoo gemacht werden. Die Zeiten der Vorführungen kann man vorab telefonisch erfragen oder auf der Website nachsehen.

LION'S HEAD
AUSSICHTSPUNKT

(Signal Hill Rd, Tamboerskloof; ℗; ⊠Kloof Nek) Es waren die Holländer, die dem Riesenfelsen mit Blick auf Sea Point und Camps Bay den Namen Lion's Head (Leeuwen Kop; Löwenkopf) verpassten. Der Hauptzugang zum Berg liegt an der Straße, die auf den Gipfel des Signal Hill führt, gleich bei der Kloof Nek Road. Von der Sea Point zugewandten Seite führen aber ebenfalls Wanderwege hoch. Die beliebte 2,2 km lange, rund 45-minütige Wanderung von Kloof Nek zum 669 m hohen Gipfel zählt zu Recht zu den beliebtesten Strecken.

Viele Frühaufsteher zieht es zum Morgensport hierher, und vor Vollmondnächten gehört es praktisch zum guten Ton, hochzusteigen und den Sonnenuntergang zu betrachten. Der Abstieg fällt im Mondschein zwar relativ leicht, dennoch sollte er nur in Begleitung und mit einer Taschenlampe bewaffnet zurückgelegt werden.

SIGNAL HILL
AUSSICHTSPUNKT

(⊠Kloof Nek) Der Aussichtspunkt der ersten Siedler wurde so genannt, weil hier Flaggen gehisst wurden, wenn ein Schiff in Sicht kam. So hatten die Menschen genug Zeit, ihre Waren zum Verkauf vorzubereiten und die Bierkrüge abzustauben. Zum Gipfel, der zum Table Mountain National Park gehört, kann man laufen, fahren oder radeln, wenn man den ersten Abzweig rechts von der Kloof Nek Road in die Military Road nimmt.

Der Signal Hill hieß auch Lion's Rump, da er sich an den Lion's Head wie ein „Rückgrat" von Hügeln anschließt.

RUST EN VREUGD
GALERIE, GARTEN

Karte S.316 (☑021-464 3280; www.iziko.org.za; 78 Buitenkant St, City Bowl; Erw./Kind 20/10 R; ⊙Mo–Fr 10–17 Uhr; 🚌Roeland) Die schmucke Villa, erbaut 1777–78, hat einen schönen Vorgarten im Stil dieser Zeit, der 1986 nach Originalentwürfen rekonstruiert wurde. Wo einst der Oberstaatsanwalt residierte, befindet sich nun ein Teil der Möbel und Kunstwerke aus der William Fehr Collection (der Großteil ist allerdings im Castle of Good Hope zu bewundern; S.57). Hier sind zum Beispiel gestochen scharfe Zulu-Lithografien von George Angus und ein kunstvolles Aquarellgemälde mit dem Panorama des Tafelbergs zu sehen, das Lady Eyre 1850 gemalt hat.

BERTRAM HOUSE
MUSEUM

Karte S.316 (☑021-481 3972; www.iziko.org.za/museums/bertram-house; Ecke Orange St & Government Ave, Gardens; Erw./Kind 20/10 R; ⊙Mo–Fr 10–17 Uhr; 🚌Government Ave) Das letzte georgianische Backsteinhaus Kapstadts stammt aus der Zeit um 1840. Die Innenräume sind stilecht mit Möbeln im Regency-Stil und mit Porzellan aus dem 19. Jh. ausgestattet, dazu gibt's eine kleine Ausstellung oben zum ethnografischen San-Archiv.

NEW CHURCH MUSEUM
GALERIE

Karte S.316 (www.thenewchurch.co; 102 New Church St, Tamboerskloof; ⊙Di & Do 12–15, Sa 11–15 Uhr; 🚌Ludwig's Garden) GRATIS Diese Galerie ist nur wenige Stunden in der Woche geöffnet und beschäftigt sich mit zeitgenössischer südafrikanischer Kunst. Der Gründer und Stifter, Piet Viljoen, hat seine Sammlung von über 400 Stücken dem New Church Museum vermacht. Darunter befinden sich einige besonders interessante, auffallend abstrakte Werke.

DE WAAL PARK
PARK

Karte S.315 (Camp St, Gardens; 🚌Lower Reservoir) Dieser grüne und nach Christiaan de Waal, einem ehemaligen Bürgermeister von Kapstadt, benannte Park ist gerade bei Hundebesitzern äußerst beliebt.

Zwischen Ende November und Anfang April finden außerdem auf der Bühne im Park kostenlose Sonntagnachmittagskonzerte statt; Beginn ist normalerweise gegen 15 Uhr. Die Bühne wurde in Glasgow angefertigt und kam anlässlich der Cape Town Exhibition von 1904–05 in Green Point nach Kapstadt.

 # ESSEN

⭐FERDINANDO'S
PIZZA €

Karte S.316 (☑084 771 0485; www.facebook.com/pages/Ferdinandos-pizza/41846376 4843892; 84 Kloof St, Gardens; Pizza 80–110 R; ⊙Mi–Sa 18–23 Uhr; 🚌Welgemeend) Für diese reizende „geheime Pizzeria", die sich die Räumlichkeiten mit dem Blah Blah Bar teilt, muss man auf jeden Fall vorher reservieren. Diego ist der Pizzameister, Kikki die Kellnerin und kreative Künstlerin, und die bezaubernde Promenadenmischung Ferdinando schmeißt den Laden. Der Belag der traumhaft dünnen und knusprigen Pizzas ändert sich je nach Jahreszeit.

⭐BLUE CAFÉ
INTERNATIONAL, DELI €

Karte S.316 (☑021-426 0250; www.thebluecafe.co.za; 13 Brownlow Rd, Tamboerskloof; Hauptgerichte 25–55 R; ⊙7.30–22 Uhr; 📶; 🚌Belle Ombre) Das Café mit Mini-Deli gibt's schon seit 1904 unter verschiedenen Inhabern (und Namen). Die letzte Reinkarnation des Blue Café ist vielleicht eine seiner besten überhaupt. Es ist ein hübsches, zwangloses Lokal mit ganztägig warmer Küche, das sich für eine Mahlzeit am frühen Abend an einem der Tische an der Straße anbietet – einige davon gestatten einen traumhaften Ausblick auf die umliegenden Berge bei Sonnenuntergang.

YARD
BURGER, SANDWICHES €

Karte S.316 (www.facebook.com/YARDCT; 6 Roodehek St, Gardens; Hauptgerichte 70–110 R; ⊙Mo–Sa 7–22.30 Uhr; 🚌Roodehek) Die Straßenfeger-Burger mit dem frivolen Namen „Dog's Bollocks" (es werden nur 50 pro Abend serviert, ab 17 Uhr) haben dieses coole Lokal vor ein paar Jahren auf die Beine gebracht. Inzwischen kann man den ganzen Tag über dort essen. Ab morgens gibt's Mucky Marys zum deftigen Frühstück und Sandwiches, Bitch's Tits Tacos und Kaffee von Deluxe Coffeeworks, die hier auch Bohnen rösten. Das Gebäude ist mit tollen Graffitis verziert.

TAMBOERS WINKEL
INTERNATIONAL €

Karte S.316 (☑021-424 0521; www.tamboerswinkel.com; 3 De Lorentz St, Tamboerskloof; Hauptgerichte 50–70 R; ⊙Di 8–20, Mi bis 22, Sa bis 18, So bis 16 Uhr; 🚌Welgemeend) Dieses charmante Café im Stil einer rustikalen Country-Küche ist ein ernsthafter Anwärter auf den Preis für das beste Frühstück oder Mittagessen an der Kloof Street. Die

Chicken Pies der Chefköchin Karen in knusprigem Filoteig sind bereits legendär. Am Mittwoch um 18 Uhr gibt's kostenlose Weinproben verschiedener Weingüter.

MANNA EPICURE
BÄCKEREI €

Karte S.315 (☏021-426 2413; www.manna epicure.com; 151 Kloof St, Gardens; Hauptgerichte 40–110 R; ☺Di–Sa 8–17, So bis 16 Uhr; ☐Welgemeend) Das in Weiß gehaltene kleine Café lädt zu einem köstlich schlichten Frühstück oder Mittagessen und später am Tag zu Cocktails und Tapas auf der Veranda ein. Der Fußmarsch den Hügel hinauf lohnt sich allein schon wegen des frisch gebackenen Brots mit Kokosnuss, Pekannuss und Rosinen.

LAZARI
INTERNATIONAL, GRIECHISCH €

Karte S.315 (☏021-461 9865; www.lazari.co.za; Ecke Upper Maynard St & Vredehoek Ave, Vredehoek; Hauptgerichte 60–75 R; ☺Mo–Fr 7.30–16, Sa & So 8–14.30 Uhr; ☏; ☐Upper Buitenkant) Wenige Restaurantbesitzer legen sich so intensiv dafür ins Zeug, dass ihre Gäste sich wohlfühlen, wie Chris Lazari. Entsprechend loyal ist seine Kundschaft. Das Lokal ist quirlig, gay-freundlich und toll zum Brunchen oder für ein Schlemmerpäuschen bei Kaffee und Kuchen.

LIQUORICE & LIME
INTERNATIONAL, DELI €

Karte S.315 (☏021-423 6921; 162 Kloof St, Gardens; Frühstück & Sandwiches 40–70 R; ☺7–17 Uhr; ☐Upper Kloof) Auf dem Weg zum oder vom Tafelberg oder Lion's Head lädt dieses gesellige Deli zu einem Päuschen ein. Die armen Ritter mit gegrillter Banane sind extrem lecker, außerdem gibt's Backwaren und Sandwiches.

TABLE MOUNTAIN FRAMES

Ein Vermächtnis aus dem Jahr 2014, als Kapstadt die Weltdesignhauptstadt war, sind die **Table Mountain Frames**: Riesige, leuchtend gelbe Rahmen stehen an verschiedenen Stellen, u. a. am Signal Hill, an der Waterfront; in Eden on the Bay in Bloubergstrand; neben Charly's Bakery in District Six und am Lookout Hill in Khayelitsha. Gesponsert wurden sie von der Table Mountain Cableway. Sie sind ausgesprochen beliebt, viele Fotos werden in eine **Online-Galerie** (www.tablemountain.net/galleries) hochgeladen.

DEER PARK CAFÉ
INTERNATIONAL, VEGETARISCH €

Karte S.315 (☏021-462 6311; www.deerparkcafe.co.za; 2 Deer Park Dr West, Vredehoek; Hauptgerichte 50–80 R; ☺8–21 Uhr; ☏☏☏; ☐Herzlia) Mit dem Kinderspielplatz vor dem Haus und den klobigen Holzmöbeln hat dieses entspannte Café ein bisschen was von einem großen Kindergarten. Das leckere Essen ist jedoch kein Kinderkram, denn geboten werden u.a. einige tolle vegetarische Gerichte, aber auch spezielle Angebote für Kinder.

MELISSA'S
INTERNATIONAL, DELI €

Karte S.316 (www.melissas.co.za; 94 Kloof St, Gardens; Hauptgerichte 50–70 R; ☺Mo–Fr 7.30–19, Sa & So 8–19 Uhr; ☐Welgemeend) Am köstlichen Frühstücks- und Mittagsbüfett wird nach Gewicht bezahlt. Die Verkaufsregale sind außerdem mit einer Auswahl ausgezeichneter Picknickzutaten und Gourmet-Mitbringsel gefüllt.

★HALLELUJAH
INTERNATIONAL €€

Karte S.316 (☏079 839 2505; www.hallelujah.co.za; 11 Kloof Nek Rd, Tamboerskloof; Hauptgerichte 90–130 R; ☺Mi–Sa 6.30–23 Uhr; ☐Ludwig's Garden) Emma Hoffmans ist die talentierte junge Küchenchefin dieser kompakten Küche, zu der ein mit Flamingos dekorierter Gastraum gehört. Die Speisekarte ist kurz, aber entzückend. Es gibt z.B. gegrillte Garnelen in gedämpften Brötchen, Ente und kalte Soba-Nudeln und einen schwungvollen Salat aus grüner Papaya, Tomaten und Yamswurzeln. Tischreservierungen nur für vier bis sechs Personen, wer ohne Reservierung kommt, kann am Tresen sitzen.

MARIA'S
GRIECHISCH €€

Karte S.316 (☏021-461 3333; 31 Barnet St, Dunkley Sq, Gardens; Hauptgerichte 75–135 R; ☺Di–Fr 8–22.30, Sa 9–22.30 Uhr; ☐☏; ☐Annandale) An einem warmen Abend gibt's kaum ein romantischeres oder gemütlicheres Fleckchen zum Essen als Maria's. An rustikalen Tischen unter den Bäumen im Hof werden klassische griechische Meze und Gerichte wie Moussaka aufgetragen. Auch bei den vegetarischen Gerichten ist die Auswahl groß.

KYOTO GARDEN SUSHI
JAPANISCH €€

Karte S.316 (☏021-422 2001; 11 Lower Kloofnek Rd, Tamboerskloof; Hauptgerichte 80–195 R; ☺Mo–Sa 17.30–23 Uhr; ☐Ludwig's Garden) Buchenholzmöbel und gedämpftes Licht verleihen diesem hervorragenden japanischen Restaurant eine entspannte, fast zen-artige Atmosphäre. Es gehört zwar einem Amerikaner aus L. A., aber der Chefkoch ist ein Meister seines Fachs und bereitet fantastisches Sushi und Sashimi zu. Besonders empfehlenswert sind außerdem der Garnelen-Nudel-Salat und der Asian-Mary-Cocktail.

SOCIETI BISTRO FRANZÖSISCH, MODERN €€

Karte S. 316 (☎021-424 2100; www.societi.co.za; 50 Orange St, Gardens; Hauptgerichte 100–180 R; ◷Mo-Sa 12–23 Uhr; ▥Michaelis) Im Hof mit Aussicht auf den Tafelberg sowie im stilvollen Lokal mit Backsteinwänden und Weinregalen werden fachmännisch zubereitete Bistrogerichte ohne überflüssiges Brimborium gekonnt serviert.

CAFE PARADISO ITALIENISCH €€

Karte S. 316 (☎021-423 8653; www.madamezingara.com; 101 Kloof St, Tamboerskloof; Hauptgerichte 80–160 R; ◷Mo-Sa 9–22, So 10–15 Uhr; ▣; ▥Welgemeend) Wer mit Kindern unterwegs ist, wird dieses Lokal lieben. Hier gibt's eine Küche, wo die Kleinen selbst Pizza, Kekse, Muffins oder Lebkuchenfiguren backen können (48 R pro Backprojekt), während die Erwachsenen in einem schönen Garten speisen.

★CHEF'S TABLE INTERNATIONAL €€€

Karte S. 316 (☎021-483 1864; www.belmond.com/mountnelsonhotel; Belmond Mount Nelson Hotel, 76 Orange St, Gardens; Mittagessen 500 R, Abendessen 595 R, mit Wein 995 R; ◷Fr 12–15, Mo-Sa 18.30–21 Uhr; ℗▨; ▥Government Ave) Das protzige Bar-Restaurant Planet des Nellie lohnt einen Abstecher, aber wer sich wirklich etwas gönnen will, bucht einen der vier Tische in der ersten Reihe mit Blick auf das dramatische Geschehen der kulinarischen Wundertaten in der Küche. Das Essen ist köstlich (auch für Vegetarier ist gesorgt) und wird von den Köchen serviert, die Gäste auch auf eine Tour hinter die Kulissen mitnehmen.

★AUBERGINE INTERNATIONAL €€€

Karte S. 316 (☎021-465 0000; www.aubergine.co.za; 39 Barnet St, Gardens; 2/3-Gänge-Mittagessen 240/320 R, 3/4/5-Gänge-Abendessen 465/565/675 R; ◷Mi-Fr 12–14, Mo-Sa 17–22 Uhr; ▨; ▥Annandale) Harald Bresselschmidt zählt seit Langem zu den besten Köchen der Stadt und kreiert einfallsreiche, herzhafte Gerichte, die mit einigen der bes-

ten Weine des Kaps auf den Tisch kommen. Auch Service und Ambiente sind makellos. Die Portionen sind groß, also besser nicht zu viel bestellen; vegetarische Gerichte gibt's auch.

Besondere Beachtung verdienen die Wein-Events, die in der neuen Filiale **Auslese** (Karte S. 316; www.auslese.co.za; 115 Hope St) um die Ecke veranstaltet werden.

🍷 AUSGEHEN & NACHTLEBEN

★YOURS TRULY CAFÉ, BAR

Karte S. 316 (www.yourstrulycafe.co.za; 73 Kloof St, Gardens; ◷6–23 Uhr; ▥Ludwig's Garden) Direkt vor dem Backpacker Once in Kapstadt (S. 225) liegt diese Bar, in der von frühmorgens bis spätabends etwas los ist. Traveller mischen sich mit coolen Einheimischen, die hier den vorzüglichen Kaffee, das Hausbier, Gourmet-Sandwiches, Pizza mit dünnem Teig und die gelegentlichen DJ-Events schätzen.

Die ursprüngliche, kleinere Filiale gibt es auch noch; sie befindet sich in der **Long Street** (Karte S. 306; www.yourstrulycafe.co.za; 175 Long St, City Bowl; ◷Mo-Fr 7–17, Sa 8–15 Uhr; ▥Dorp/Leeuwen).

★POWER & THE GLORY/ BLACK RAM CAFÉ, BAR

Karte S. 316 (☎021-422 2108; 13B Kloof Nek Rd, Tamboerskloof; ◷Café Mo-Sa 8–22, Bar Mo-Sa 17 Uhr–open end; ▥Ludwig's Garden) Der Kaffee und das Essen (Hotdogs im Laugenbrötchen, knusprige Pasteten und andere selbst gemachte Sachen) sind einwandfrei, aber dass die Trendsetter abends in Scharen herbeilaufen, besonders von Donnerstag bis Samstag, liegt an der rauchigen, gemütlichen Bar.

★CHALK & CORK WEINBAR

Karte S. 316 (☎021-422 5822; www.chalkandcork.co.za; 51 Kloof St, Gardens; ◷Mo-Mi 9–18, Do–Sa bis 22 Uhr; ▥Lower Kloof) Diese schöne Weinbar mit Restaurant hat einen angenehmen Hof zur Kloof Street. Auf der Speisekarte ist die ganze Palette von Frühstücksoptionen bis hin zu Tapas und Platten für mehrere Personen vertreten, aber man ist auch nur auf ein Glas Wein willkommen. Es gibt viele offene Weine, die von den besten Weingütern der Region stammen.

★ BLAH BLAH BAR BAR

Karte S. 316 (☏082 349 8849; www.facebook.com/BlahBlahBarCPT; 84 Kloof St, Gardens; ⊙17–2 Uhr; 🚇Welgemeend) Durch die Zusammenarbeit mit **Erdmann Contemporary** (www.erdmanncontemporary.co.za; ⊙Mi–Sa 10–21 Uhr), die ihre Galerie im ersten Stock für einige der von der Bar organisierten Konzerte zur Verfügung stellen, und mit der Pizzeria Ferdinando's (S. 105) ist Blah Blah wirklich alles andere als blah. Livemusik und DJ-Events stehen auf der Facebook-Seite, einige davon kosten Eintritt.

PERSEVERANCE TAVERN PUB

Karte S. 316 (www.perseverancetavern.co.za; 83 Buitenkant St, Gardens; ⊙Mo-Sa 12–22 Uhr; 🚇Roeland) Dieser gastliche, denkmalgeschützte Pub, der schon seit 1808 existiert und liebevoll Persies genannt wird, gehörte einst Cecil Rhodes. Es gibt Bier vom Fass, außerdem annehmbare Kneipenimbisse.

ASOKA BAR, RESTAURANT

Karte S. 316 (☏021-422 0909; www.asoka.za.com; 68 Kloof St, Gardens; 🚇Ludwig's Garden) Mitten in dieser groovigen asiatischen, von einem zen-artigen Geist durchzogenen Restaurant-Bar wächst ein Baum! Der Name wird übrigens „aschoka" ausgesprochen. Livejazz gibt's dort inzwischen regelmäßig dienstags ab 20 Uhr. An den anderen Abenden legen DJs einen angemessen gechillten Sound auf.

VAN HUNKS BAR, RESTAURANT

Karte S. 316 (Ecke Kloof St & Upper Union St, Gardens; ⊙12.30–1 Uhr; 🚇Belle Ombre) Von der Veranda dieses Lokals fällt der Blick direkt auf jenen Gipfel, wo der Legende nach Van Hunks den Teufel zu einem Rauchwettbewerb herausgefordert hat. Zudem lässt sich hervorragend das Treiben auf der Kloof Street beobachten.

☆ UNTERHALTUNG

LABIA KINO

Karte S. 316 (☏021-424 5927; www.thelabia.co.za; 68 Orange St, Gardens; Tickets 40 R; 🚇Michaelis) Dieses Kino für Fans des Independent Films ist einer der Schätze Kapstadts und wurde nach dem alten italienischen Botschafter und Philanthropen Graf Labia benannt. Die Reihe African Screen ist eine der seltenen Gelegenheiten, Filme aus heimischer Produktion zu sehen; Näheres auf der Website.

STRAIGHT NO CHASER JAZZ

Karte S. 316 (☏076-679 2697; www.straightnochaserclub.wordpress.com; 79 Buitenkant St, Gardens; 1/2 Vorstellungen 60/100 R; ⊙Mi–Sa 19–2 Uhr; 🚇Roeland) Der winzige Jazzclub neben Diva's Pizza hat sich zum Ziel gesetzt, eine Atmosphäre wie im Club von Ronnie Scott oder im Village Vanguard herzustellen. Gemanagt wird die Lounge von Hardcore-Jazzfreaks, denen der Jazz heilig ist und die obendrein die erforderlichen Beziehungen besitzen, um Topmusiker auf die Bühne zu locken. Für die beiden Abendvorstellungen, die um 20.30 und 22.30 Uhr beginnen, ist eine Reservierung erforderlich.

INTIMATE THEATRE THEATER

Karte S. 316 (☏021-480 7129; www.facebook.com/TheIntimateTheatre; University of Cape Town Hiddingh Campus, Orange St, Gardens; 🚇Michaelis) Dieses Theater mit nur 75 Plätzen ist das beste an der Theater-Fakultät der University of Cape Town. Man sollte sich aber vorher die Rezensionen durchlesen, da die Inszenierungen in Qualität und Inhalt doch recht unterschiedlich ausfallen können.

SHOPPEN

★ COFFEEBEANS ROUTES KUNST & KUNSTHANDWERK

Karte S. 316 (www.coffeebeansroutes.com; 22 Hope St, Gardens; ⊙Mo–Fr 9–17 Uhr; 🚇Roodehek) Coffeebeans Routes bietet nicht nur mit die besten geführten Touren in Kapstadt an, sondern stellt mit dieser Boutique auch ein großes Sortiment an Werken einheimischer Kreativer vor. Hier gibt's tolle CDs und Bücher von Kapstädter Musikern und Schriftstellern sowie Mode, Accessoires, Kunst und Kunsthandwerksgegenstände.

★ KIN KUNST, KUNSTHANDWERK

Karte S. 316 (www.kinshop.co.za; 99B Kloof St, Gardens; ⊙Mo–Sa 9.30–17.30 Uhr; 🚇Ludwig's Garden) In dieser innovativen Boutique sind Arbeiten von über 100 südafrikanischen Künstlern und Designern zu haben, von Keramik und Schmuck über Plakate bis hin zu Taschen – es ist praktisch unmöglich, hier kein originelles Geschenk oder Andenken zu finden. Es gibt auch eine Filiale an der **Waterfront** (Karte S. 318; Shop 11B, Alfred Mall, V&A Waterfront; ⏰9–21 Uhr; 🖥V&A Waterfront), in der es noch mehr mit afrikanischen Mustern verzierte Sachen gibt.

★STEFANIA MORLAND   MODE

Karte S. 315 (www.stefaniamorland.com; 153A Kloof St, Gardens; ⏰Mo–Fr 9–17, Sa bis 14 Uhr; 🖥Welgemeend) Traumhafte Roben und legerere Klamotten aus Seide, Leinen, Spitze und anderen Naturfasern verführen Fashionistas in diesem schicken Ausstellungsraum und Studio.

★ERF 81 FOOD MARKET   MARKT

Karte S. 316 (www.tyisanabanye.org; Ecke Leeuwenvoet Rd & Military Rd, Tamboerskloof; ⏰So 9–14 Uhr; 🖥Lower Kloof) Dieser aktuelle Neuzugang in der boomenden Marktszene von Kapstadt lohnt einen Besuch. Es ist der Markt eines gemeinnützigen Projekts für urbane Landwirtschaft. Die Lebensmittelsicherheitsaktivisten Tyisa Nabanye (Xhosa für „Zusammenwachsen") sind von den Townships in dieses ehemalige Militärgelände gezogen, haben einen Schuppen auf-

geräumt und einen Marktgarten mit spektakulärem Blick auf den Tafelberg gepflanzt. Für den Markt und den Garten der Straße immer weiter aufwärts folgen.

★BLUECOLLARWHITECOLLAR   KLEIDUNG

Karte S. 316 (www.bluecollarwhitecollar.co.za; Lifestyles on Kloof, 50 Kloof St, Gardens; 🖥Lower Kloof) Der Designer Paul van der Spuy hat eine sagenhafte Auswahl an Hemden und Blusen verschiedener Konfektionsgrößen für formelle (white collar) und informelle (blue collar) Anlässe für Damen und Herren. Kürzlich wurde das Sortiment um T-Shirts und Shorts erweitert. Bluecollarwhitecollar hat auch einen Verkaufsstand auf dem Samstagsmarkt der Old Biscuit Mill (S. 95).

LIM   HAUSHALTSARTIKEL

Karte S. 316 (www.lim.co.za; 86A Kloof St, Gardens; ⏰Mo–Fr 9–17, Sa 9.15–13 Uhr; 🖥Welgemeend) Auch wenn der Name als Abkürzung für „less is more" steht, ist dieses Geschäft für Inneneinrichtung so erfolgreich, dass die Erweiterung der Verkaufsfläche sogar das Ausweichen ins Nachbarhaus erforderlich machte. Hier können Einrich-

---

👁 HIGHLIGHT
ORANJEZICHT CITY FARM & MARKT

Anwohner und Freiwillige haben diesen schön angelegten Markt und Garten auf dem Land erschaffen, auf dem 1709 die ursprüngliche Farm „Oranje Zigt" an den oberen Hängen des Tafelbergs gegründet worden war. Anfang des 20. Jh. war die große Farm verschwunden, verschluckt von der Stadtentwicklung. Davon übrig blieben der kleine Homestead Park und ein nicht genutzter Bowlingrasen – der ab 2013 in die heutige Farm umgewandelt wurde. Besucher dürfen gerne herumschauen oder sich auf den Bänken ausruhen, von denen aus man einen weiten Blick über den Tafelberg hat. Geführte Touren werden angeboten, weitere Einzelheiten dazu auf der Website.

Die Erzeugnisse der Farm und anderer Farmen am Westkap werden samstags auf einem Markt im Homestead Park verkauft: Zum Zeitpunkt der Recherche wurde der Markt im **Leeuwenhof** (Karte S. 315; Hof St, Tamboerskloof; 🖥Upper Kloof), der offiziellen Residenz des Western Cape Premier, abgehalten. Als großes soziales Ereignis ist der Markt einen Besuch wert, ganz egal ob man frische Produkte braucht oder nicht, da es jede Menge Stände gibt, an denen man Frühstück oder Lunch bekommt oder Geschenke kaufen kann.

NICHT VERSÄUMEN
➡ Geführte Tour durch die Farm
➡ Samstagsmarkt

PRAKTISCH & KONKRET
➡ Karte S. 315
➡ www.ozcf.co.za
➡ Upper Orange St, Oranjezicht
➡ ⏰Farm Mo–Sa 8–16 Uhr, Markt Sa 9–14 Uhr
➡ gUpper Orange

tungsfans stylische, minimalistische Haushaltsartikel, Wohndeko und Modeaccessoires aus Wildleder bestaunen.

UNKNOWN UNION   KLEIDUNG

Karte S. 316 (www.unknownunion.co.za; 24 Kloof St, Gardens; ⏰Mo–Fr 10–18, Sa bis 16 Uhr; 🚇Lower Kloof) Der Ausstellungsraum und das Atelier für diese Streetwear-Marke aus Kapstadt sind ein freundlicher, farbenfroher und ansprechender Ort, an dem man nach Mode-Statements, aber auch nach etwas lässigerer Kleidung stöbern kann. Mittags verkauft ein Lieferwagen vor der Tür Tacos. Im Watershed (S. 123) an der Waterfront hat dieser Laden ebenfalls eine Filiale.

73 ON KLOOF   KLEIDUNG

Karte S. 316 (73 Kloof St, Gardens; ⏰Mo–Fr 10–18, Sa bis 16 Uhr; 🚇Ludwig's Garden) Eine Seite der Boutique gehört der Herrenmode wie Hemden, Shorts und Hosen von **Adriaan Kuiters** (www.adriaankuiters.com) plus Accessoires wie Stoff- und Ledertaschen und Gürtel. Die andere ist der Damenmode von **Take Care** (www.takecareclothing.com) vorbehalten. Beiden gemein ist die klare, gewöhnlich einfarbige Linie.

ASTRA CENTRE   SPIELZEUG, GESCHENKE

Karte S. 315 (www.astrajse.com; 20 Breda St, Gardens; ⏰Mo–Do 9–15.30, Fr bis 14.30 Uhr; 🚇Gardens) 🖉 „Können statt Nichtkönnen" ist das Motto dieser vorbildlichen Organisation, die bei der Schaffung von zukunftsträchtigen Arbeitsplätzen für körperlich und geistig behinderte Mitglieder der jüdischen Gemeinde von Kapstadt hilft. Verkauft werden Spielzeug wie Stoffpuppen und Holzspielzeug sowie farbenfrohe Webarbeiten, Stickereien und Holzschnitzereien. Hier gibt's auch das reizende koschere Café **Coffee Time** (⏰Mo–Do 8–15.30, Fr 8–14.30 Uhr).

MR & MRS   KLEIDUNG, HAUSHALTSARTIKEL

Karte S. 316 (www.mrandmrs.co.za; 98 Kloof St, Gardens; ⏰Mo–Fr 9–18, Sa bis 16 Uhr; 🚇Welgemeend) Führt ein geschmackvolles Sortiment an Bekleidung, Geschenk- und Haushaltsartikeln von südafrikanischen und internationalen Designern. Die Auswahl lässt erkennen, dass die Besitzer Indonesien, Argentinien und Indien bereist haben.

CITY BOWL MARKET   MARKT

Karte S. 316 (www.citybowlmarket.co.za; 14 Hope St, Gardens; ⏰Do 16.30–20.30 Uhr; 🚇Roodehek) Der in einem wunderschönen alten Gebäude mit Garten und geräumiger Eingangshalle untergebrachte Markt verkauft hauptsächlich Lebensmittel und Getränke, darunter auch frisch zubereitete Salate, Schweinebraten-Sandwiches, Hausbiere, Wein und Fruchtsäfte. Es gibt auch ein kleines Angebot an Kleidung. Vor dem Besuch auf die Website schauen, da der Markt demnächst wieder samstags abgehalten werden könnte.

GARDENS CENTRE   EINKAUFSZENTRUM

Karte S. 316 (📞021-465 1842; www.gardens shoppingcentre.co.za; Ecke Mill St & Buitenkant St, Gardens; ⏰Mo–Fr 9-19, Sa bis 17, So bis 14 Uhr; 🚇Gardens) Dieses einladende, gut ausgestattete Einkaufszentrum deckt alle Bedürfnisse ab: Es gibt gute Cafés (darunter auch ein Internetcafé), Buchhandlungen, die Supermärkte Pick 'n' Pay und Woolworths, eine Niederlassungen von Flight Centre sowie Cape Union Mart, wo es Camping- und Outdoor-Ausrüstung gibt.

LIFESTYLES ON KLOOF   EINKAUFSZENTRUM

Karte S. 316 (www.lifestyleonkloof.co.za; 50 Kloof St, Gardens; ⏰Mo–Fr 9–19, Sa bis 17, So 10–15 Uhr; 🚇Lower Kloof) Neben Modeboutiquen wie bluecollarwhitecollar und Alexandra Höjer gibt's hier den Supermarkt Woolworths, ein Reformhaus und die Drogerie **Wellness Warehouse** (www.wellnesswarehouse.com); ebenfalls vertreten ist eine Filiale der schicken Weinhandlung **Wine Concepts** (www.wineconcepts.co.za; ⏰Mo–Fr 9–19, Sa bis 17 Uhr).

MABU VINYL   BÜCHER, MUSIK

Karte S. 316 (📞021-423 7635; www.mabuvinyl.co.za; 2 Rheede St, Gardens; ⏰Mo–Do 9–20, Fr bis 19, Sa bis 18, So 11–15 Uhr; 🚇Lower Kloof) In diesem renommierten Laden kann man neue und gebrauchte LPs, CDs, DVDs, Comics und Bücher kaufen, verkaufen und tauschen. Der Laden kommt im preisgekrönten Dokumentarfilm *Searching for Sugarman* vor. Hier sind auch Independent-CDs lokaler Künstler erhältlich.

🏃 SPORT & AKTIVITÄTEN

DOWNHILL ADVENTURES   RADFAHREN

Karte S. 316 (📞021-422 0388; www.downhill adventures.com; Ecke Orange St & Kloof St, Gardens; Aktivitäten ab 750 R; 🚇Upper Loop/Upper Long) Dieser auf Adrenalinstöße spezialisierte Veranstalter bietet verschiedene Radtouren sowie Sandboarding bei Atlantis (ca. 60 km nördlich von Kapstadt) und Surfunterricht an. Für Adrenalinjunkies steht z.B. eine atemberaubende Mountainbike-Fahrt von der unteren Seilbahnstation den Tafelberg runter auf dem Programm, aber es gibt auch Genusstouren im Tokai Forest oder durch die Constantia Winelands und zum Kap der Guten Hoffnung. Außerdem werden Fahrräder verliehen (300 R pro Tag) und Surf- oder Sandboardingunterricht vermittelt.

ENMASSE   MASSAGE

Karte S.316 (☎021-461 5650; www.enmasse.co. za; 123 Hope St, Gardens; 1 Std. Massage 395 R; ⊙8–22 Uhr; ⊜Gardens) Entschleunigen mit thailändischer und Shiatsu-Massage in einem historischen Gebäude, das früher ein Hotel war. Nach der Behandlung dürfen die Gäste so lange bleiben, wie sie wollen, und sich im Teesalon entspannen, wo 13 verschiedene Sorten Tee auf sie warten. Zugang durch Gate 2 in der Schoonder Road.

CAPE TOWN TANDEM
PARAGLIDING   PARAGLIDING

(☎076 892 2283; www.paraglide.co.za; Flüge 1150 R) Wenn das kein James-Bond-Feeling erzeugt: Vom Lion's Head abheben, beim Glen Country Club landen und anschließend in Camps Bay einen Cocktail schlürfen. Neulinge können einen Tandem-Paraglide unternehmen. Dabei wird man an einen erfahrenen Drachenflieger angeleint, der sich um die technische Seite kümmert.

Es ist ratsam, gleich bei der Ankunft in Kapstadt Kontakt aufzunehmen, denn geflogen wird nur dann, wenn die Wetterbedingungen stimmen.

MILL ST BRIDGE SKATE PARK   SKATERPARK

Karte S.316 (Mill St, Gardens; ⊙8–21 Uhr; ⊜Gardens) GRATIS Skateboarder aller Leistungsstufen treffen sich in diesem eigens angelegten Skaterpark (unter der Trasse der Mill Street), um ihre Moves, bis hin zu Board Flips, zu üben. Wer ohne Board dort ist, kann einfach zuschauen oder sich die interessanten Graffitis ansehen.

GARDENS & UMGEBUNG SPORT & AKTIVITÄTEN

Green Point &Waterfront

GREEN POINT | WATERFRONT | MOUILLE POINT | THREE ANCHOR BAY

Highlights

❶ Robben Island (S.118) besuchen, einst ein Gefängnis, heute eine historische Stätte, und die Zellen besichtigen, in denen Nelson Mandela und andere Freiheitskämpfer einsaßen.

❷ Meereslebewesen aller Art, darunter Haie, im **Two Oceans Aquarium** (S.124) bestaunen.

❸ Die Geschichte der V&A Waterfront bei einem **Stadtspaziergang** (S.116) erkunden.

❹ Im hübschen **Green Point Urban Park** (S.119) etwas über Biodiversität lernen und an einer Tour durchs **Cape Town Stadium** (S.119) teilnehmen.

❺ Mit einer der vielen **Hafenrundfahrten** (S.116) von der Waterfront in die Table Bay schippern.

Mehr zu diesem Gebiet auf der Karte S. 318. ➡

Erkundungstour

Man versteht leicht, warum die V&A Waterfront, gemeinhin die Waterfront genannt, nicht nur Kapstadts wichtigste Touristenattraktion ist und mehr Besucher anzieht als die Seilbahn zum Gipfel des Tafelbergs, sondern auch die größte Attraktion Afrikas. Hierher kommen mehr Besucher als zu den Pyramiden. Die Gegend ist beispielhaft für eine gelungene Sanierung eines verfallenden Hafenviertels, es ist immer was los, und es gibt eine Menge zu unternehmen, nicht zuletzt einen Ausflug zum Gefängnis auf Robben Island, das heute ein nachdenklich stimmendes Museum ist. Rund um die Waterfront (S.227) gibt es mehrere Unterkünfte, und sie ist keine schlechte Basis für einen Aufenthalt in der Stadt.

Das weitgehend unbebaute Land westlich der Waterfront ist Green Point, wo sich das Cape Town Stadium und ein exzellenter neuer Stadtpark befinden – beides Hinterlassenschaften der Fußball-WM 2010. Greenpoint ist nicht nur der Name der Landspitze, sondern auch des umgebenden Vororts, der auch den felsigen Mouille Point direkt an der Atlantikküste umfasst, einen stimmungsvollen Ort für einen Spaziergang am Meer oder einen Cocktail und ein Abendessen bei Sonnenuntergang. Neben den Einkaufs- und Ausgehmöglichkeiten an der Waterfront gibt's ein paar Läden und Restaurants entlang der Main Road zwischen Braemar und York Road.

Lokalkolorit

➡ **Bewegung** Der Sonnenuntergang und die Abendbrise lassen sich bei einem Spaziergang oder einer Joggingtour um Mouille Point auskosten.

➡ **Shoppen** Victoria Wharf (S.123) ist bei Einheimischen so beliebt wie bei Touristen, und sei es nur, um im Multiplex einen Film anzuschauen.

➡ **Deli** Aus Giovanni's Deli World (S.120) sollte man sich einen Kaffee, ein Sandwich oder Picknickproviant mitnehmen.

An- & Weiterreise

➡ **Zu Fuß & per Rad** Die Fußgängerzone Walk of Remembrance, die für die WM 2010 eingerichtet wurde, bietet zu Fuß oder per Rad einen einfachen und sicheren Zugang zur Innenstadt.

➡ **Bus** MyCiTi-Busse pendeln von der Innenstadt zu den Haltestellen Waterfront und Green Point. Das Two Oceans Aquarium ist Start- und Zielpunkt der Touren mit den Bussen von City Sightseeing Cape Town (S.27).

➡ **Boot** City Sightseeing Cape Town bietet eine Kanalfährverbindung zwischen der Waterfront und dem Cape Town International Convention Centre.

Top-Tipp

Das Restaurant der Cape Town Hotel School (S.121) ist Geheimtipp für alle, die an der Küste dinieren möchten, mit Blick direkt auf die Granger Bay. Im Garten befindet sich das Fundament des alten Leuchtturms **Mouille Point**.

Gut essen

➡ V&A Market on the Wharf (S.120)

➡ Nü (S.120)

➡ Café Neo (S.120)

➡ Nobu (S.121)

➡ El Burro (S.120)

Mehr dazu s. S.120.

Schön ausgehen

➡ Bascule (S.121)

➡ Vista Bar (S.121)

➡ Shift (S.121)

➡ Shimmy Beach Club (S.121)

➡ Tobago's Bar & Terrace (S.121)

Mehr dazu s. S.121.

🔒 Schön shoppen

➡ Watershed (S.123)

➡ Victoria Wharf (S.123)

➡ Rain (S.123)

➡ Cape Union Mart Adventure Centre (S.123)

➡ Everard Read (S.123)

Mehr dazu s. S.123.

HIGHLIGHT
V&A WATERFRONT

Kapstadts sanierte Victoria and Alfred (V&A) Docks sind ein leuchtendes Zeichen für den Erfolg der Regenbogennation. Sie ziehen mit einem schicken Mix aus Geschäften und touristischer Unterhaltung jährlich 24 Mio. Besucher an. Die Tatsache, dass die Waterfront immer noch als Hafen in Betrieb ist und ein Großteil ihrer historischen Struktur beibehalten hat, trägt zur Jahrmarktsatmosphäre bei.

Entstehung der Waterfront

Die Niederländer erbauten 1726 die Chavonnes Battery in dieser Gegend der Table Bay. Im Juni 1858 zerstörte ein Sturm über 30 Schiffe in der Bucht und machte einmal mehr die Notwendigkeit deutlich, einen richtigen Hafen für Kapstadt zu schaffen. Der Bau begann 1860, und Queen Victorias zweiter Sohn, Prinz Alfred, war zur Einweihungszeremonie anwesend. Das erste gebaute Becken wurde nach ihm benannt, das zweite nach seiner Mutter (daher der Name Victoria and Alfred Docks).

Bis zur Mitte des 20. Jhs. war Kapstadt über diese Docks hinausgewachsen. Nach dem Bau des Duncan Dock weiter westlich entlang des Foreshore wurde der V&A-Bereich nicht mehr genutzt und verfiel zusehends. Die Sanierung der Docks begann Ende der 1980er-Jahre, als die Aussichten für das Projekt nicht gut waren, denn Südafrika befand sich am Ende der Apartheid und im Umbruch.

Nach vielen Höhen und Tiefen ist die Waterfront inzwischen sehr im Kommen. Geplante Großprojekte betreffen den Umbau eines alten Getreidesilos in ein großes Museum für moderne Kunst und die Erweiterung der Gewerbe- und Wohnflächen im Osten, die auch einen Teil von Duncan Dock einbezieht und eine Umsiedlung des Yachtclubs erfordern wird.

NICHT VERSÄUMEN

➡ Two Oceans Aquarium

➡ Zeitz MOCCA Pavilion

➡ Chavonnes Battery Museum

➡ Nobel Square

➡ Hafenrundfahrten

➡ Historischer Rundgang

PRAKTISCH & KONKRET

➡ Karte S. 318

➡ www.waterfront.co.za

➡ P

➡ Nobel Square

Two Oceans Aquarium

Das exzellente **Two Oceans Aquarium** (www.aqua rium.co.za; Dock Rd; Erw./Kind 125/60 R; ⏱9.30–18 Uhr; 🅿; 🚇Aquarium) ist eine der Hauptattraktionen der Waterfront. Es zeigt Tiefseebewohner aus den kalten und den warmen Regionen der Meere, die die Kaphalbinsel umgeben, darunter auch Sandtigerhaie. Außerdem gibt es Pinguine zu bestaunen, einen Unterwasser-Tangwald unter freiem Himmel und Becken, in denen die Kinder die Meeresbewohner anfassen dürfen. Geübte Taucher können auch komplett ins Wasser steigen, um sich das Ganze aus der Nähe anzuschauen (700 R inkl. Ausrüstung). Wer sich am Eingang einen Stempel geben lässt, hat bei einem erneuten Besuch am selben Tag freien Eintritt ins Aquarium.

Zeitz MOCAA Pavilion

Bis das von Thomas Heatherwick entworfene Haus in einem ehemaligen Getreidesilo im Jahr 2017 öffnet, wird in diesem kleinen **Pavillon** (www.waterfront. co.za/activities/land-operators/zeitz-mocca-pavilion; North Wharf; ⏱Mi–So 12–20 Uhr; 🚇Nobel Square) GRATIS neben der Bascule-Brücke eine Kostprobe der Sammlung zeitgenössischer Kunst von Zeitz MOCAA gezeigt. Die Exponate wechseln regelmäßig, und einige davon werden in Zusammenarbeit mit dem Chavonnes Battery Museum ausgestellt. Die eindrucksvolle Kunstsammlung des Unternehmers Jochen Zeitz wird mit rund 80 geplanten Ausstellungsflächen die Dauerausstellung des fertigen Museums ergeben.

Chavonnes Battery Museum

Neben dem Castle of Good Hope bauten die Niederländer auch eine Reihe von Befestigungsanlagen rund um die Table Bay. Das **Chavonnes Battery Museum** (📞021-416 6230; www.chavonnesmuseum.co. za; Clock Tower Precinct; Eintritt 35 R; ⏱9–16 Uhr) beherbergt die Überreste einer Kanonenbatterie aus dem frühen 18. Jh. Obwohl sie während des Baus der Docks 1860 zum Teil beschädigt und überbaut wurde, förderte 1999 eine Ausgrabung die Reste zutage. Die gesamte Anlage ist begehbar, sodass man ein gutes Gefühl dafür bekommt, wie sie früher einmal ausgesehen haben mag. Kostümierte Enthusiasten feuern sonntagmittags eine echte Kanone vor dem Museum ab.

Nobel Square

Das ist die Chance, ein Erinnerungsfoto mit Desmond Tutu und Nelson Mandela zu machen! Auf dem **Nobel Square** stehen überlebensgroßen Statuen der beiden bedeutenden Männer, entworfen

FEUERWERK

Das jährliche Feuerwerk am 31. Dezember ist eines der größten Events an der Waterfront. Restaurantplätze mit Blick auf das Outdoor-Spektakel sollten frühzeitig reserviert werden. Es gibt zwei Shows, eine um 19 Uhr und eine um Mitternacht.

Die Anlegeplätze an der Waterfront sind für heutige Containerschiffe und Tanker zu klein, aber das Victoria Basin wird immer noch von Schleppern, verschiedenen Hafen- und Fischerbooten genutzt. Im Robinson Dry Dock liegen Schiffe zur Reparatur.

JOGGEN & RADFAHREN

Es gibt ausgeschilderte Laufstrecken mit einer Länge von 2,5 km und 5 km rund um die Waterfront, die tolle Ausblicke bieten. Fahrräder können bei Up Cycles (S. 280), in der Nähe vom Clock Tower, und bei Awol Tours (S. 280) gemietet werden.

von Claudette Schreuders, neben denen zweier anderer südafrikanischer Nobel-preisträger: Nkosi Albert Luthuli und F. W. de Klerk. Außerdem zu sehen ist die Skulptur *Peace and Democracy* von Noria Mahasa. Sie symbolisiert den Beitrag von Frauen und Kindern zum Kampf um Demokratie und Frieden. Entsprechen-de Zitate der beiden großen Männer sind darauf eingraviert.

Historischer Stadtspaziergang

Eine gute Möglichkeit, einen Einblick in die Geschichte der Waterfront zu be-kommen und sich zugleich auf dem Gelände zu orientieren, bietet sich durch die Teilnahme an einem **historischen Stadtspaziergang** (☏Reservierung 021-408 7600; Erw. 150 R, min. 4 Personen; ☺11 & 14 Uhr). Die zweistündigen Besichtigungstou-ren beginnen am Chavonnes Battery Museum und führen von dort zu Sehens-würdigkeiten wie etwa dem **Clock Tower**, von dem aus der Hafenmeister einst das Kommen und Gehen in den Docks überwachte, dem **Robinson Dry Dock**, einem der weltweit ältesten Trockendocks, das immer noch in Betrieb ist, dem **Breakwater Prison**, in dessen Schieferwände Gefangene Botschaften geritzt haben, und zum **Time Ball Tower**, der früher den Schiffen in der Bucht die Zeit signalisierte.

Reservierungen nimmt das Visitor Information Centre (S. 275) entgegen. Dort ist aber auch eine Karte für einen Rundgang durch die Waterfront auf eigene Faust erhältlich.

Hafenrundfahrten

Auch wenn die Waterfront viele Angebote für Landratten bereithält, so hat man doch am meisten davon, wenn man sich die Gegend vom Boot aus ansieht. Eine Bootstour über die Table Bay mit Blick auf den Tafelberg ist ein unvergleichli-ches Erlebnis. Schon seit vielen Generationen empfängt Kapstadt Seeleute mit diesem Anblick.

Das Angebot an Bootstouren ist sehr groß, von Luxusyachten bis hin zum Ruderboot der **Penny Ferry** (5 R), mit dem Fahrgäste zwischen dem Pier Head und dem Clock Tower übersetzen können. Weitere Informationen zu den Ree-dereien und Anbietern finden sich auf S. 124.

Maritime Centre

Das kleine **Maritime Centre** (☏021-405 2880; www.iziko.org.za/museums/maritime-centre; 1. OG, Union-Castle House, Dock Rd; Erw./Kind 20 R/frei; ☺10–17 Uhr; ◻Nobel Square) ist voll mit verschiedenen Modellschiffen sowie einem Modell des Table Bay Harbour, das 1885 von Insassen und Wärtern des Breakwater Prison ange-fertigt wurde. Außerdem beherbergt das Zentrum das **John H Marsh Maritime Research Centre** (www.rapidttp.co.za/museum) mit Exponaten zur Geschichte der Seefahrt. Die Hauptausstellung im Zentrum dreht sich um den Untergang der *Mendi*, des Schiffes, das 1917 im Ärmelkanal sank und 607 schwarze Soldaten in den Tod riss.

Cape Wheel

Das **Cape Wheel** (www.capewheel.co.za; Market Sq; Erw./Kind 100/50 R; ☺So–Do 9–22, Fr bis 23 Uhr; ◻Nobel Square) sollte eine vorübergehende Attraktion sein, aber es erwies sich als so beliebt, dass es zu einer Dauereinrichtung wurde. Mit einer Fahrkarte fährt man vier Runden (ca. 15 Minuten lang) mit diesem 40 m hohen Riesenrad. Für 20 R extra kann man die Fahrt 30 Minuten lang genießen und bekommt sogar einen Picknickkorb dazu.

Diamond Museum

Das **Diamond Museum** (www.capetowndiamondmuseum.org; 1. OG, Clock Tower Shopping Centre; Eintritt 50 R, mit einem Gutschein von der Website kostenlos; ⊘9–21 Uhr; ▣Waterfront Silo) ist im Prinzip eine erweiterte Verkaufsfläche für die Klunker, die der Juwelier Shimansky im Angebot hat, aber die Auslagen sind recht stilvoll und interessant zusammengestellt. Man ist nicht verpflichtet, etwas zu kaufen, und kann eine Menge über Diamanten lernen und darüber, wie ihre Entdeckung zum Wohlstand Südafrikas beitrug. Das Verkaufspersonal bietet Führungen an, bei denen Repliken berühmter Steine wie des Hope- und des Taylor-Burton-Diamanten gezeigt werden.

Springbok Experience

Man muss nicht verrückt nach Rugby sein, um sich beim neuen **Springbok Experience** (☑021-418 4741; www.facebook.com/SpringbokRugbyMuseum; Portswood House; Erw./Kind 50/30 R; ⊘10–18 Uhr; ▣Nobel Square) gut zu unterhalten. Hier geht's um die Geschichte des Rugby in Südafrika, insbesondere um die Herausforderungen und Triumphe der Nationalmannschaft, der Springboks. Es gibt mehrere interaktive Ausstellungen (bei einer kann man herausfinden, ob man eine Chance als Springbok-Spieler hätte). Auch historische Aspekte – einschließlich des internationalen Boykotts gegen die Mannschaft während der Apartheid – werden ausführlich behandelt.

Der prominenteste Insasse von Robben Island war Nelson Mandela, und das macht die Insel zu einer der beliebtesten Pilgerstätten von Kapstadt. Die flache Insel liegt in der Table Bay rund 12 km vor der Küste. Sie ist ein UNESCO-Weltkulturerbe und diente seit den Tagen der VOC (Vereenigde Oost-Indische Compagnie; Niederländische Ostindien-Kompanie) bis 1996 als Gefängnis.

Die Tour

Die kleine Insel, gerade einmal zwei mal vier Kilometer groß, kann nur im Rahmen einer Tour besucht werden, die mit einer Überfahrt (30 bis 60 Minuten je nach Fähre) vom Nelson Mandela Gateway an der Waterfront beginnt. Nach dem Eintreffen stellt sich ein Guide vor, in der Regel ein ehemaliger Insasse, der durch das ehemalige Gefängnis führt (mit einem obligatorischen Blick in Mandelas Zelle). Zudem gibt's eine Bustour rund um die Insel. Dabei werden die wichtigsten Sehenswürdigkeiten erläutert, wie etwa der Kalksteinbruch, in dem Mandela und viele andere Häftlinge Zwangsarbeit leisten mussten. Zu sehen sind auch das Gebäude, in dem der Anführer des Pan-African Congress (PAC) Robert Sobuke inhaftiert war, und die Kirche, die aus der Zeit stammt, als die Insel noch eine Leprakolonie war. Insgesamt dauert diese Tour zwei Stunden.

NICHT VERSÄUMEN

➡ Nelson Mandelas Zelle

➡ Ausstellung *Cell Stories*

➡ Nelson Mandela Gateway

➡ Jetty 1

PRAKTISCH & KONKRET

➡ ☎ 021-413 4220

➡ www.robben-island.org.za

➡ Erw./Kind 280/150 R

➡ ⏱ Fähren legen um 9, 11, 13 & 15 Uhr ab, wenn das Wetter es zulässt.

➡ 🚇 Nobel Square

Cell Stories

Wenn man Glück hat, darf man zehn Minuten allein herumlaufen. Die Führer schlagen meist vor, sich die Kolonie der Brillenpinguine oder den *karamat* (muslimischer Schrein) anzusehen. Wir empfehlen jedoch, direkt zum Block A des Gefängnisses zu gehen, um sich die Ausstellung Cell Stories anzusehen. In jeder der 40 Isolationszellen befinden sich ein Ausstellungsstück und die jeweilige Geschichte eines ehemaligen politischen Gefangenen: Schachpartien auf Papierfetzen gemalt, ein Fußballpokal, die Weihnachtskarte einer einsamen Ehefrau. Das alles ist sehr bewegend. Obwohl es nicht zur regulären Tour gehört, hindert einen nichts daran, sich fortzuschleichen und sich das Ganze selbst anzusehen.

Tickets

Obwohl äußerst zu empfehlen, ist der Besuch der Insel mit einigen Hindernissen verbunden. Eine Hürde kann darin bestehen, ein Ticket zu ergattern; gerade in der Hochsaison sollte man frühzeitig online reservieren. Oder man bucht ein Ticket in Verbindung mit einer Township-Tour – manche Anbieter haben noch Zugang zu Kontingenten, wenn die regulären Tickets ausverkauft sind. (Probleme bei der Inselverwaltung haben zudem dazu geführt, dass die Boote manchmal außer Betrieb sind, so z. B. während unserer Recherchen.)

Am Kai

Auch an der Waterfront gibt es einiges zu sehen, falls man es nicht bis auf die Insel schafft. Am **Nelson Mandela Gateway** (Karte S. 318; Clock Tower Precinct, V&A Waterfront; ⏱ 9–20.30 Uhr; 🚇 Nobel Square) GRATIS zeigt ein kleines Museum Ausstellungsstücke, die den Freiheitskampf dokumentieren. Ebenfalls als kleines Museum erhalten geblieben ist die alte Landungsbrücke **Jetty 1** (Karte S. 318; V&A Waterfront; ⏱ 7–21 Uhr; 🚇 Nobel Square) GRATIS, der ehemalige Ableger zur Gefängnisinsel Robben Island.

⊙ SEHENSWERTES

V&A WATERFRONT
STADTVIERTEL

Die V&A Waterfront umfasst die folgenden Sehenswürdigkeiten: Two Oceans Aquarium (S. 115), Zeitz MOCAA Pavilion (S. 115), Chavonnes Battery Museum (S. 115), Nobel Square (S. 115), Maritime Centre (S. 116), Cape Wheel (S. 116), Diamond Museum (S. 117) und Springbok Experience (S. 117).

ROBBEN ISLAND & NELSON MANDELA GATEWAY
WAHRZEICHEN

Siehe S. 118.

CAPE TOWN STADIUM
STADION

Karte S. 318 (☑021-417 0101; Granger Bay Blvd, Green Point; Führung Erw./Kind 45/17 R; ☺Führungen Di–Sa 10, 12 und 14 Uhr; P; 🚉Stadium) Das 4,5 Mio. teure Stadion, das wie ein riesiger traditioneller afrikanischer Hut geformt und mit einer Teflonmembran ausgestattet ist, die das Tageslicht einfängt und reflektiert, ist Kapstadts bemerkenswertestes Beispiel zeitgenössischer Architektur. Erbaut wurde es für die Fußballweltmeisterschaft 2010. Die einstündige Tour gibt Einblicke hinter die Kulissen und führt in den VIP- und Pressebereich sowie in die Umkleiden der Spieler.

Das Stadion fasst 55000 Zuschauer und ist die Heimat des Fußballvereins Ajax Cape Town. Es wurde auch schon für große Popkonzerte genutzt, etwa von Coldplay und U2, sowie für den Gedenkgottesdienst für Nelson Mandela.

Gegenüber dem neuen Stadion wird ein Teil des alten Green Point Stadium nun als Tribüne für die Lauf- und Fahrradbahn genutzt.

GREEN POINT URBAN PARK
PARK

Karte S. 318 (www.gprra.co.za/green-point-urban-park.html; Bay Rd, Green Point; ☺7–19 Uhr; P; 🚉Stadium) 🖉 Eines der besten Dinge, die bei der Neugestaltung von Green Point Common für die WM 2010 entstanden sind, ist dieser Park, der sich der Biodiversität verschrieben hat. Wasserläufe, die sich aus Quellen des Tafelbergs speisen, beleben den Park, der über drei fantasievoll gestaltete Bereiche verfügt – People & Plants (Menschen & Pflanzen), Wetlands (Feuchtgebiete) und Biodiversity (Biodiversität entdecken) –, die durch informative Tafeln ergänzt werden und als Freiluftmuseum im besten Sinne funktionieren.

Geführte Touren (Erw./Kind 35/11 R) können direkt über das Cape Town Stadium gebucht werden.

Neben diversen Arten der *fynbos*-Vegetation (vor allem Proteen und Heidegewächse) und anderen einheimischen Pflanzen kann man das Modell einer Hütte der Khoisan sehen und kunstvolle Perlentiere, Insekten und Vögel in den Blumenbeeten entdecken. Es gibt reichlich Platz zum Picknicken mit herrlicher Aussicht auf das Cape Town Stadium, Signal Hill und Lion's Head sowie zwei schöne Kinderspielplätze – einen für Kleinkinder und einen für die Größeren.

GREEN POINT LIGHTHOUSE
LEUCHTTURM, PARK

Karte S. 318 (100 Beach Rd, Mouille Point; Erw./Kind 16/8 R; ☺Mo–Fr 10–15 Uhr; P 🖪; 🚉Three Anchor Bay) Dieser Leuchtturm von 1824, oft fälschlich als Mouille Point Lighthouse bezeichnet (dessen Überreste sich auf dem Gelände der Cape Town Hotel School befinden), ist mit seiner rot-weiß-gestreiften Bemalung ein auffälliges Wahrzeichen. Besucher können das Innere auf eigene Faust erkunden.

Draußen auf der Rasenfläche neben der Mouille Point Promenade finden sich diverse Familienattraktionen, darunter zum Beispiel ein schöner Kinderspielplatz, ein **Minigolfplatz** (Eintritt 20 R; ☺9–22 Uhr), ein **Irrgarten** (Erw./Kind 22/11 R; ☺10.30–18 Uhr) sowie die Spielzeuglokomotive **Blue Train** (www.thebluetrainpark.com; Eintritt 15 R; ☺9.30–18 Uhr), die im gleichnamigen Vergnügungspark fährt.

THREE ANCHOR BAY
STRAND

Karte S. 318 (Beach Rd, Green Point; 🚉Three Anchor Bay) Dieser kleine, felsige Strand ist von der Promenade aus leicht zugänglich. An dieser Stelle ertränkte sich 1965 die Dichterin Ingrid Jonker, die als die Sylvia Plath Südafrikas gilt.

CAPE MEDICAL MUSEUM
MUSEUM

Karte S. 318 (☑021-418 5663; Portswood Rd, Green Point; Spende statt Eintritt; ☺Di–Fr 9–16 Uhr; 🚉Stadium) Die Ausstellung Disease and History dieses etwas schrägen Museums schildert im Detail (und mit zum Teil gruseligen Fotos) die Geschichte der großen Krankheiten am Kap – von Skorbut bis HIV/Aids. Weniger grausig sind das restaurierte viktorianische Behandlungszimmer und eine Apotheke aus dieser Zeit.

ESSEN

★ V&A MARKET ON THE WHARF
ESSEN €

Karte S. 318 (www.marketonthewharf.co.za; Pump House, Dock Rd, V&A Waterfront; Hauptgerichte ab 50 R; ⏱Juni–Okt 10–17.30 Uhr, Nov–Mai bis 19 Uhr; P☎; ⎕Nobel Square) Für gutes (und gesundes) Essen muss man an der Waterfront dank diesem farbenfrohen Food Court im alten Pump House nicht viel ausgeben. Hier gibt's sowohl einen Kaffee oder einen frisch gepressten Saft zu einem Wrap oder Muffin als auch ein größeres Essen wie Fish and Chips.

★ NÜ
VEGETARISCH €

Karte S. 318 (www.nufood.co.za; Shop 4, Portside, Main Rd, Green Point; Hauptgerichte 50–60 R; ⏱Mo–Fr 7–19, Sa 7.30–19, So 7.30–18 Uhr; ✎; ⎕Upper Portswood) Ein toller Ort für ein gesundes vegetarisches Frühstück oder Mittagessen. Die Speisekarte bietet eine Vielzahl an frisch gepressten Säften, Smoothies, nahrhaften Salaten und Vollkorn-Wraps. Einfach die Bestellung an der Theke aufgeben und dann die Speisen in einem hellen, klaren Raum genießen. Es gibt auch eine Filiale in **Sea Point** (Karte S. 322; ☎021-439 7269; Shop 3, Piazza St John, 395 Main Rd, Sea Point; ⏱Mo–Sa 7.30–19, So bis 18 Uhr; ✎; ⎕Arthur's).

★ CAFÉ NEO
GRIECHISCH, CAFÉ €

Karte S. 318 (129 Beach Rd, Mouille Point; Hauptgerichte 50–70 R; ⏱7–19 Uhr; P☎; ⎕Three Anchor Bay) Eines der schönsten und beliebtesten Cafés an der Uferpromenade, das außerdem durch seine angenehm moderne Einrichtung besticht.

Zu den Stoßzeiten (mittags und abends) geht's hier umtriebig zu, aber dann wird es wieder ruhiger – toll für einen Drink am Spätnachmittag. Die Speisekarte steht auf der schwarzen Tafel. Man sitzt entweder drinnen an der langen Tafel oder draußen auf der Veranda mit Blick auf den rot-weißen Leuchtturm.

GIOVANNI'S DELI WORLD
CAFÉ, DELI €

Karte S. 318 (103 Main Rd, Green Point; Hauptgerichte 30–60 R; ⏱7.30–20.30 Uhr; ⎕Stadium) Auf der Speisekarte stehen jede Menge schmackhafte Gerichte. Giovanni's bereitet Sandwiches nach Wunsch zu und ist außerdem ein idealer Anlaufpunkt, um sich für ein Picknick oder einen Tag am Strand einzudecken. Auch das zugehörige Straßencafé ist sehr beliebt.

NEWPORT MARKET & DELI
INTERNATIONAL, DELI €

Karte S. 318 (www.newportdeli.co.za; Amalfi, 128 Beach Rd, Mouille Point; Hauptgerichte 50–80 R; ⏱7–17 Uhr; P; ⎕Three Anchor Bay) Es handelt sich hier um einen neuen Standort des seit Langem bestehenden Delis und Cafés, das sich nun über zwei Stockwerke erstreckt. Es ist ein guter Ort, um sich mit Sandwiches plus Smoothie oder Koffeingetränk für ein Picknick auf der Mouille Point Promenade oder im Green Point Park zu versorgen.

TASHAS
INTERNATIONAL €€

Karte S. 318 (☎021-421 4350; www.tashascafe.com; Shop 7117, Victoria Wharf, Breakwater Blvd, V&A Waterfront; Hauptgerichte 50–100 R; ⏱So–Mo 7.30–21, Di–Sa bis 22 Uhr; P☎✎; ⎕Waterfront) Muffins, von denen problemlos eine Kleinfamilie satt werden kann, und andere leckere Backwaren und Desserts sind die Stärke dieses Luxus-Designercafés – ein aus Johannesburg importiertes Hitkonzept. Auf der Speisekarte stehen außerdem viele Salate, Sandwiches und Hauptgerichte, von denen, aus gutem Grund, auch halbe Portionen erhältlich sind.

Auf der anderen Seite des Parkplatzes gibt's auch einen Außenbereich mit Blick auf das Wasser.

★ WILLOUGHBY & CO
MEERESFRÜCHTE, JAPANISCH €€

Karte S. 318 (☎021-418 6115; www.willoughbyandco.co.za; Shop 6132, Victoria Wharf, Breakwater Blvd, V&A Waterfront; Hauptgerichte 60–160 R; ⏱12–22.30 Uhr; P☎; ⎕Waterfront) Definitiv eines der besten Lokale an der Waterfront – schon die langen Schlangen beweisen es. Große Portionen Sushi sind das Markenzeichen der guten, fischlastigen Karte dieses schlichten Lokals im Einkaufszentrum.

EL BURRO
MEXIKANISCH €€

Karte S. 318 (☎021-433 2364; www.elburro.co.za; 81 Main Rd, Green Point; Hauptgerichte 90–175 R; ⏱12–22.30 Uhr; P; ⎕Stadium) Mit Aussicht vom Balkon auf das Cape Town Stadium ist dieser „Esel" ziemlich stylish. Die Einrichtung ist etwas schicker als beim Durchschnittsmexikaner und die Karte einfallsreicher. Die üblichen Tacos und Enchiladas werden durch traditionelle Gerichte wie Hühnchen Mole Poblano ergänzt. Das Lokal ist so beliebt, dass man besser reserviert.

CAPE TOWN HOTEL
SCHOOL ZEITGENÖSSISCH €€

Karte S. 318 (☎021-440 5736; Beach Rd, Mouille Point; Hauptgerichte 90–150 R; ☺Mo–Fr 11.30–14.30 & 18.30–21.30, So 12–14.30 Uhr; 🅿; 🚇Mouille Point) Der Speisesaal ist geschmackvoll in Grau- und Silbertönen gehalten, und von der Außenterrasse blickt man direkt auf die Granger Bay hinaus. Begeisterte Schüler werden hier zu Köchen und Kellnern ausgebildet, man sollte also etwas Nachsicht walten lassen; wir haben bei unserem Besuch gute Erfahrungen gemacht und fanden das Essen sehr lecker und ansprechend präsentiert. Sonntags wird ein Büfett für 195 R pro Person angeboten.

★NOBU JAPANISCH €€€

Karte S. 318 (☎021-431 5111; www.noburestaurants.com; One & Only Cape Town, Dock Rd, V&A Waterfront; Hauptgerichte 200–400 R, Menüs ab 190 R; ☺18–23 Uhr; 🅿; 🚇Aquarium) Diese Filiale der vornehmen japanischen Restaurantkette läuft seit der Eröffnung des One & Only wie geschmiert. Die Köche bereiten fachmännische Interpretationen unverkennbarer Nobu-Masahisa-Gerichte wie Ceviche und Dorsch in Miso-Sauce zu, daneben gibt's die üblichen Sushi und Tempura, die man am besten in den fertigen Menüzusammenstellungen probiert. Der große Speisesaal ist sehr geschäftig, die intimere Bar im Obergeschoss dagegen ein angenehmer Ort, um sich durch das umfangreiche Sakeangebot zu probieren.

HARBOUR HOUSE MEERESFRÜCHTE €€€

Karte S. 318 (☎021-418 4744; Quay 4, V&A Waterfront; Hauptgerichte 95–260 R; ☺12–22 Uhr; 🅿; 🚇Nobel Square) Diese Institution aus Kalk Bay gibt ihr Debüt an der Waterfront mit einem guten Restaurant im Erdgeschoss (Tipp: nach einem Tisch auf der Veranda fragen) und einer noch besseren Sushi- und Loungebar auf dem Oberdeck – einfach der perfekte Ort für ein kühles Glas Wein bei Sonnenuntergang.

🍷 AUSGEHEN
& NACHTLEBEN

★BASCULE BAR

Karte S. 318 (☎021-410 7100; www.capegrace. com; Cape Grace Hotel, West Quay Rd, V&A Waterfront; ☺12–14 Uhr; 🚇Nobel Square) Über 450

Whiskysorten werden in der vornehmen Bar des Grace ausgeschenkt, und es sind immer noch ein paar Schluck vom 50-jährigen Glenfiddich (pro Gläschen nur 18 000 R) übrig. Es werden Whisky-Verkostungen (ab 240 R) angeboten, bei denen man sechs Sorten zusammen mit Speisen probieren kann. Die Außentische Richtung Yachthafen sind ein angenehmer Ort für einen Drink und leckere Tapas.

★VISTA BAR COCKTAILBAR

Karte S. 318 (www.oneandonlyresorts.com; One & Only Cape Town, Dock Rd, V&A Waterfront; ☺12–1 Uhr; 🚇Aquarium) Die Bar des Luxushotels bietet eine Plüschumgebung kombiniert mit einem perfekt umrahmten Blick auf den Tafelberg. Sie ist ein stilvoller Ort für einen Nachmittagstee (195 R; 14.30–17.30 Uhr) oder etwas Kreatives von der Cocktailkarte, darunter Klassiker mit südafrikanischer Note.

★SHIFT KAFFEE

Karte S. 318 (47 Main Rd, Green Point; ☺7–19 Uhr; 📶; 🚇Upper Portswood) Mit seinem Industrial Chick, einer gemütlichen Bibliotheksecke und einem geschützten, geräumigen Vorhof ist dies eines der einladendsten Cafés der Gegend. Der Inhaber Luigi Vigliotti arbeitet hart, um seine Gäste zufriedenzustellen. Er hat einige faszinierende Gebräue entwickelt, darunter auch das „Hashtag", bei dem sich Espresso mit Vanilleeis und Oreo-Cookies vereint.

★SHIMMY BEACH CLUB NACHTCLUB

(☎021-200 7778; www.shimmybeachclub.com; South Arm Rd, V&A Waterfront; Eintritt vor/ nach 15 Uhr frei/150 R; ☺Mo–Fr 11–2, Sa 9–2, So 11–18 Uhr; 🚇Waterfront Silo) Hinter den streng riechenden Fischverarbeitungsfabriken liegt dieser glitzernde Mega-Club mit Restaurant, der um einen künstlichen Strand mit Glaspool angelegt ist. Es überrascht wohl kaum, dass es hier Poolpartys mit knapp bekleideten Tänzern und Tänzerinnen gibt, die den Shimmy zu den Grooves von Top-DJs tanzen. Auch die Electro-Jazz-Gruppe Goldfish hat hier den ganzen Sommer über ihre festen Auftritte (unbedingt reservieren).

★TOBAGO'S BAR
& TERRACE COCKTAILBAR

Karte S. 318 (☎021-441 3000; Radisson Blu Hotel Waterfront, Beach Rd, Granger Bay; ☺11–24 Uhr; 🚇Granger Bay) Durch das Hotel geht es zur geräumigen Bar im Außenbereich mit Toplage zur Table Bay. Zum Sonnenuntergang schmeckt der Cocktail gleich noch einmal so gut, und zum Abschluss führt ein lässiger Spaziergang an der Mole entlang.

SOTANO
CAFÉ, BAR

Karte S.318 (☎021-433 1757; www.sotano.co.za; 121 Beach Rd, Mouille Point; ⏱7–23 Uhr; 🚌Three Anchor Bay) Mit seiner relaxten Atmosphäre und einer geräumigen Veranda zur Mouille-Point-Promenade ist dies der ideale Platz für einen Drink bei Sonnenuntergang oder einen Kaffee und kleinen Happen mit Meeresblick. Freitags von 19 bis 21 Uhr und sonntags von 16 bis 19 Uhr gibt's Livemusik.

GRAND CAFÉ & BEACH
BAR

Karte S.318 (☎072 586 2052; www.grandafrica.com; Granger Bay Rd, Granger Bay; ⏱12–23 Uhr; 🚌Somerset Hospital) Um den Privatstrand für diese superhippe Restaurantbar in einem ehemaligen Speicher aufzuschütten, wurde extra Sand herangeschafft. Einheimische treffen sich hier gern am Wochenende, eher um die entspannte Stimmung zu genießen als das mäßige Essen. Später am Abend legen DJs auf.

ALBA LOUNGE
COCKTAILBAR

Karte S.318 (☎021-425 3385; www.albalounge.co.za; 1. OG, Hildegards, Pierhead, V&A Waterfront; ⏱11–2 Uhr; 🚌Nobel Square) Auch von dieser modern eingerichteten Cocktailbar aus lässt sich herrlich der Hafen überblicken. Die Drinks sind einfallsreich, und im Winter glüht außer dem Alkohol auch noch ein knisterndes Feuer.

MITCHELL'S SCOTTISH ALE HOUSE & BREWERY
PUB

Karte S.318 (☎021-418 5074; www.mitchells-ale-house.com; Ecke East Pier & Dock Rd, V&A Waterfront; ⏱10–2 Uhr; 🚌Nobel Square) Wer durch die Tür zu Südafrikas ältester Kleinbrauerei (1983 in Kysna gegründet) tritt, kann aus einer Reihe frisch gebrauter Biere und preiswerter Speisen wählen. Achtung: Das „Old Wobbly" haut ordentlich rein.

BELTHAZAR
WINE BAR

Karte S.318 (☎021-421 3753; www.belthazar.co.za; Shop 153, Victoria Wharf, V&A Waterfront; 🚌Breakwater) Mit dem Anspruch, die weltgrößte Weinbar zu sein, offeriert Belthazar 600 verschiedene südafrikanische Weine, etwa 250 davon sind als offene Weine erhältlich (übrigens in Riedel-Gläsern). Das

angeschlossene Restaurant ist auf erstklassiges Rindfleisch der Marke Karan spezialisiert, aber es gibt auch reichlich Gerichte mit Fisch und Meeresfrüchten.

 # UNTERHALTUNG

Mainstreamfilme zeigt das Numetro Multiplex, während das Ster Kinekor Cinema eher Arthouse-Streifen abspielt. Beide befinden sich im Einkaufszentrum Victoria Wharf.

MARKET SQUARE AMPHITHEATRE
LIVEMUSIK

Karte S.318 (www.waterfront.co.za/events/overview; abseits der Dock Rd, V&A Waterfront; 🚌Nobel Square) Der Market Square an der Waterfront ist wie ein Amphitheater und bietet viel kostenlose Unterhaltung, etwa Straßenmusiker und Tänzer. Neben dem gigantischen Bildschirm, auf dem Videos laufen, dient das Amphitheater als Bühne für Nachwuchskünstler, und samstags und sonntags von 17 bis 18 Uhr gibt es Liveauftritte.

JOU MA SE COMEDY CLUB
COMEDY

Karte S.318 (☎079-495 3989; www.joumase comedy.com; Pump House, Dock Rd, V&A Waterfront; Tickets ab 95 R; ⏱18–22 Uhr, Shows 20.30 Uhr; 🚌Nobel Square) Dieser alteingesessene Comedy-Club, in dem die Crème de la Crème der südafrikanischen Comedy-Szene auftritt, hat seine dauerhafte Heimat an der Rückseite des alten Pump House neben dem Robinson Dry Dock gefunden. Der Name des Clubs bedeutet „Your Mother's ****", aber man muss nicht den Afrikaans-Slang beherrschen, um die Witze des Gastgebers Kurt Schoonraad und anderer Künstler zu verstehen.

GALILEO OPEN AIR CINEMA
KINO

Karte S.318 (www.thegalileo.co.za/waterfront.html; Croquet Lawn, abseits Portswood Rd, V&A Waterfront; Tickets 70 R, Leihgebühr Decke/Stuhl 10/20 R; ⏱Nov–April; 🚌Nobel Square) Von November bis April wird dieses Open-Air-Kino auf dem Croquet-Rasen neben dem Dock House Hotel aufgebaut, um Klassiker und Kassenschlager zu zeigen. Leider darf man nicht die eigenen Stühle und Decken mitbringen, sondern kann sie nur beim Veranstalter mieten. Das aktuelle Programm kann man online einsehen.

SHOPPEN

Der Großteil der Geschäfte und Stände der Waterfront befindet sich in der Victoria Wharf, allerdings gibt es auch noch ein paar interessante Läden in der kleineren Alfred Mall.

⭐WATERSHED · EINKAUFSZENTRUM

Karte S.318 (www.waterfront.co.za; Dock Rd, V&A Waterfront; 🕙10–19 Uhr; 🚌Nobel Square) Dies ist die beste Adresse, um in Kapstadt nach Souvenirs zu schauen. Auf dieser spannenden, restaurierten Verkaufsfläche sind Hunderte Spitzenmarken für Mode, Kunst, Kunsthandwerk und Design aus Kapstadt und Südafrika versammelt – hier gibt's etwas für jeden Geldbeutel. Im Obergeschoss ist eine Ausstellungsfläche, und ein Wellness-Institut bietet ganzheitliche Produkte und Massagen.

Viele Boutiquen und Kunsthandwerksläden, die auch andernorts in der Stadt vertreten sind, haben hier einen Verkaufsstand. Aber es gibt auch einzigartige Stände wie den von Township Guitars, die die elektrischen „blik"-Gitarren aus Öldosen, Holz und Fischerdraht herstellen und verkaufen (ab 3900 R).

⭐VICTORIA WHARF · EINKAUFSZENTRUM

Karte S.318 (www.waterfront.co.za; Breakwater Blvd, V&A Waterfront; 🕙9–21 Uhr; 🚌Breakwater) Alle großen Namen des südafrikanischen Einzelhandels, darunter Woolworths, CNA, Pick 'n' Pay, Exclusive Books und Musica, plus internationale Luxusmarken sind in diesem einladenden Einkaufszentrum, einem der besten in Kapstadt, vertreten.

⭐RAIN · BEAUTY

Karte S.318 (www.rainafrica.com; Shop 105, Victoria Wharf, Breakwater Blvd, V&A Waterfront; 🕙9–21 Uhr; 🚌Breakwater) Hier kann man sich selbst etwas gönnen: hochwertige, handgemachte Beauty- und Body-Produkte von der in Swellendam ansässigen Firma, praktisch die südafrikanische Version von The Body Shop. Die Seifen und Lotionen geben hübsche Geschenke ab.

⭐CAPE UNION MART
ADVENTURE CENTRE · OUTDOOR-AUSRÜSTUNG

Karte S.318 (www.capeunionmart.co.za; Quay 4, V&A Waterfront; 🕙9–21 Uhr; 🚌Nobel Square) Dieses Warenhaus ist voller Rucksäcke, Stiefel, Kleidung und praktisch allem, was man für ein Outdoor-Abenteuer brauchen

könnte, sei es eine Wanderung auf den Tafelberg oder eine Safari von Kapstadt nach Kairo. Es gibt auch eine kleinere Filiale in der Victoria Wharf (S.123) sowie in den Einkaufszentren Gardens Centre (S.110) und Cavendish Square (S.147).

⭐EVERARD READ · KUNST

Karte S.318 (📞021-418 4527; www.everard-read-capetown.co.za; 3 Portswood Rd, V&A Waterfront; 🕙Mo–Fr 9–18, Sa bis 16 Uhr; 🚌Nobel Square) Sehr gehobene Galerie, die das Beste aus der südafrikanischen Kunst zeigt, darunter Werke des zeitgenössischen Realisten John Meyer und von Velaphi Mzimba, der mit einem Medienmix arbeitet.

DONALD GREIG GALLERY
& FOUNDRY · KUNST

Karte S.318 (📞021-418 0003; www.donaldgreig.com; West Quay Rd, V&A Waterfront; 🕙Mo–Fr 9.30–17.30, Sa bis 13 Uhr; 🚌Marina) Die auffallenden Bronzeskulpturen in Lebensgröße von Donald Greig zieren so manches öffentliche und private Anwesen rund um das Western Cape. In dieser Gießerei, die sich in einem alten Zolllagerhaus aus dem 19. Jh. befindet, kann man bei der Arbeit zusehen und auch kleine Stücke erwerben, die problemlos in den Koffer passen.

SOLVEIG · MODE

Karte S.318 (www.solveigoriginals.co.za; Albert Mall, Dock Rd, V&A Waterfront; 🕙9–21 Uhr; 🚌Nobel Square) Hier ist höchst originelle, bunte und unverkennbar südafrikanische Mode im Angebot, vor allem für Frauen, aber es gibt daneben auch ein paar Herrenjacken und Accessoires.

NAARTJIE · KINDER, KLEIDUNG

Karte S.318 (📞021-421 5819; www.naartjiekids.com; Shop 119, Victoria Wharf, Breakwater Blvd, V&A Waterfront; 🕙9–21 Uhr; 🚌Nobel Square) Dieser Anbieter von Designermode aus Baumwolle für Kinder hat sich von einem kleinen Stand am Greenmarket Square zu einer Weltmarke entwickelt. Weitere Filialen gibt es am **Cavendish Square** (Karte S.324; 📞021-683 7184; Vineyard St) und Canal Walk (S.173), dazu einen Fabrikverkauf in Hout Bay (S.134).

VAUGHAN JOHNSON'S WINE
& CIGAR SHOP · WEIN

Karte S.318 (www.vaughanjohnson.co.za; Market Sq, Dock Rd, V&A Waterfront; 🕙Mo–Fr 9–18, Sa bis 17, So 10–17 Uhr; 🚌Nobel Square) Hier werden viele südafrikanische Weine von Bedeutung verkauft – und darüber hinaus auch noch einige aus dem Ausland. Anders als bei den meisten Weinhandlungen ist sonntags geöffnet.

CARROL BOYES
HAUSHALTSWAREN

Karte S.318 (☑021-418 0595; www.carrolboyes. co.za; Shop 6180, Victoria Wharf, Breakwater Blvd, V&A Waterfront; ☉9–21 Uhr; 🚌Breakwater) Carrol Boyes entwirft Besteck, Küchenutensilien und Haushaltsgegenstände aus Zinn und Stahl mit ungewöhnlicher Haptik. Neben diesen besonderen Haushaltswaren werden auch die bunten Perlenarbeiten von Monkeybiz sowie die Keramik von Barbara Jackson verkauft.

SHIMANSKY
SCHMUCK

Karte S.318 (☑021-421 2788; www.shimansky. co.za; 1. OG, Clock Tower Centre, V&A Waterfront; ☉9–21 Uhr; 🚌Nobel Square) Diamanten sind ein Synonym für Südafrika, und hier gibt es eine ganze Menge davon, verarbeitet in einem breiten Schmuckangebot.

Es gibt darüber hinaus ein kleines Museum und eine Werkstatt, wo man einen Blick auf die Herstellung der Klunker erhaschen kann.

SPORT
& AKTIVITÄTEN

WATERFRONT CHARTERS
BOOTSAUSFLÜGE

Karte S.318 (☑021-418 3168; www.waterfront charters.co.za; Shop 5, Quay 5, V&A Waterfront; 🚌Breakwater) Bietet eine Reihe von Rundfahrten an, darunter die sehr empfehlenswerte 1½-stündige Tour bei Sonnenuntergang (220 R) auf dem schönen, mit Holz und Messing ausgestatteten Schoner *Esperance*. Eine halbstündige Fahrt mit dem Schnellboot kostet 330 R.

YACOOB TOURISM
BOOTSAUSFLÜGE

Karte S.318 (☑021-421 0909; www.ytourism. co.za; Shop 8, Quay 5, V&A Waterfront; 🚲; 🚌Breakwater) Unter den diversen angebotenen Touren sind jene an Bord von *Jolly Roger Pirate Boat* (Erw./Kind ab 120/60 R) und *Tommy the Tugboat* (50/25 R) perfekt für Familienausflüge geeignet. Erwachsene entscheiden sich vielleicht für eine Spritztour mit dem Speedboot *Adrenalin* oder einen Törn auf einer der Katamarane *Ameera* und *Tigress*.

KASKAZI KAYAKS
KAJAKFAHREN, TOUR

Karte S.318 (☑083 346 1146, 083 230 2726; www.kayak.co.za; Shell-Tankstelle, 179 Beach Rd, Three Anchor Bay; pro Person 300 R; ☉Di–Fr 13–17.30, Sa 9–13 Uhr; 🚌Three Anchor Bay) Dieser Veranstalter bietet (wetterabhängig) zweistündige geführte Kajaktouren ab der Three Anchor Bay entweder zur Granger Bay oder nach Clifton an. Unterwegs gibt's erstaunliche Aussichten auf Berge und Küste sowie möglicherweise Delfine, Robben und Pinguine aus nächster Nähe. Während der Saison sind auch Walsichtungen drin. Organisiert werden auch Radtouren und Radverleih sowie Tandem-Paraglides.

SPORTS HELICOPTERS
RUNDFLÜGE

(☑021-419 5907; www.sport-helicopters.co.za/ huey-combat-mission; East Pier Rd, V&A Waterfront; Flüge ab 2700 R; 🚌Waterfront) Zur Flotte dieses Unternehmen gehört auch ein ehemaliger Huey-Chopper des US Marine Corps aus der Ära des Vietnamkriegs, der mit offenen Türen fliegt, damit auch das richtige *Apocalypse-Now*-Feeling aufkommt. Standardtouren dauern 30 Minuten und führen in Richtung Hout Bay und zurück. Der einstündige Flug geht von der Waterfront hinunter zum Cape Point.

CAPE TOWN HELICOPTERS
RUNDFLÜGE

(☑021-418 9462; www.helicopterscapetown. co.za; 220 East Pier, Breakwater Edge, V&A Waterfront; pro Person ab 1300 R; 🚌Waterfront) Unvergessliche Ausblicke über die Kaphalbinsel sind bei diesen Rundflügen garantiert. Eine Vielzahl von Paketen steht zur Auswahl: von einem 30-minütigen Ausflug zur Robben Island und zurück bis zu einem einstündigen Flug bis zum Cape Point (3500 R).

TABLE BAY DIVING
TAUCHEN

Karte S.318 (☑021-419 8822; www.tablebay diving.com; Quay 5, Shop 7, V&A Waterfront; 🚌Breakwater) Bei diesem renommierten Anbieter kosten Tauchgänge vom Ufer aus 300 R und vom Boot aus 350 R. Eine komplette Ausrüstung ist für 600 R pro Tag zu haben, der Open-Water-PADI-Kurs kostet 4200 R. Table Bay Diving organisiert außerdem Touren zum Tauchen im Haikäfig nach Gansbaai.

TWO OCEANS AQUARIUM
TAUCHEN

Karte S.318 (☑021-418 3823; www.aquarium. co.za; Dock Rd, V&A Waterfront; Tauchen 700 R; 🚌Aquarium) In den Becken des Two Oceans

Aquarium ist die Begegnung mit Haien garantiert. Große Weiße gibt's hier zwar nicht, dafür aber einige Tigerhaie, eine Reihe anderer Raubfische und eine Schildkröte. Die Ausrüstung ist im Preis inbegriffen, ein Tauchschein ist Voraussetzung. Wer keinen hat, kann einen PADI-Kurs absolvieren.

OCEAN SAILING ACADEMY   SEGELN
Karte S. 318 (☑021-425 7837; www.oceansailing.co.za; Marina Centre, West Quay Rd, V&A Waterfront; ▣Marina) Südafrikas einzige Schule der Royal Yachting Association (RYA) veranstaltet Segelkurse für alle Levels.

METROPOLITAN GOLF CLUB   GOLF
Karte S. 318 (☑021-430 6012; www.metropolitan golfclub.co.za; Fritz Sonnenberg Rd, Mouille Point; Caddie-Gebühr 9/18 Löcher 100/185 R, Leihausrüstung 18/9 Löcher 200/300 R; ▣Mouille Point) Im Zuge der Umgestaltung der Sporteinrichtungen des Green Point Common bekam auch dieser Platz ein Facelifting. Vier einheimische Grassorten sollen ihm ein natürlicheres Aussehen verleihen. Die angenehm windgeschützte Lage zwischen Cape Town Stadium und Green Point Park vor dem Hintergrund des Signal Hill ist unschlagbar.

Sea Point bis Hout Bay

SEA POINT | CLIFTON | CAMPS BAY | HOUT BAY

Highlights

❶ Die **Sea-Point-Pro-menade** (S. 128) entlang-schlendern, um die Kunst im öffentlichen Raum zu be-wundern und dann am schönen **Sea Point Pavi-lion** (S. 134) im Art-déco-Stil schwimmen zu gehen.

❷ Vor der felsigen **Duiker Island** (S. 134) mit den Pelz-robben schnorcheln oder tauchen.

❸ Im weichen Sand der vier Strände von **Clifton** (S. 128) oder am eleganten **Camps Bay Beach** (S. 128) chillen.

❹ Vom aufregenden **Chap-man's Peak Drive** (S. 134) auf die Hout Bay herunter-schauen.

❺ An der abgeschiedenen **Sandy Bay** (S. 129) die Hül-len fallen lassen und die gigantischen Felsenforma-tionen erkunden.

Mehr zu diesem Gebiet auf den Karten S. 320, S. 321 und S. 322. ➡

Sea Point bis Hout Bay erkunden

Sea Point, schon lange populär bei der jüdischen und der chinesischen Bevölkerung Kapstadts wie auch bei der Gay-Community, hat mit seinen vielen Art-déco-Wohnblocks eine gewisse Eleganz, die ein wenig an Miami Beach erinnert. Die Main Road und die Regent Street bilden das Geschäftszentrum von Sea Point und sind von vielen guten Restaurants, Cafés und Läden gesäumt.

Weiter südlich gibt's die besten Strände zum Sonnenbaden: Die Villenviertel Bantry Bay, Clifton und Camps Bay haben einen beneidenswerten Meerblick.

Wer der Küstenstraße Victoria Road über den Pass am Little Lion's Head (436 m) folgt, erreicht den Fischerort Hout Bay. Hout bedeutet „Holz" auf Afrikaans. Aus den Wäldern, die einst das Tal rund um den Disa River bedeckten, gewann Jan van Riebeeck das Holz, mit dem er sein Fort in Cape Bowland baute. Die Wälder sind verschwunden, doch die Schönheit der Hout Bay – ein natürlicher Hafen und ein weißer Strand, der sich zwischen den fast senkrecht aufragenden Sentinel und die steilen Abhänge von Chapman's Peak schmiegt –, ist erhalten geblieben.

Mit der landeinwärts gelegenen Township Imizamo Yethu (auch Mandela Park genannt) und dem vor allem von Schwarzen bewohnten Bezirk Hangberg gegenüber dem Hafen bildet Hout Bay eine Art Mikrokosmos Südafrikas und sieht sich mit den gleichen Integrationsproblemen konfrontiert, mit denen das ganze Land nach dem Ende der Apartheid zu kämpfen hat. Die dörfliche Atmosphäre und die günstige Lage machen den Ort für Besucher zu einer guten Ausgangsbasis für Ausflüge.

Ein oder zwei Tage sind ausreichend, um den Sehenswürdigkeiten in der Gegend Genüge zu tun.

Lokalkolorit

➡ **Märkte** Freitagabends kann man den Bay Harbour Market (S. 133) in Hout Bay abgrasen und Livemusik hören.

➡ **Strände** An weniger bekannten Stränden wie Glen Beach (S. 129) oder Llandudno (S. 129) entkommt man den Massen.

➡ **Spaziergänge** Schön ist es, am frühen Abend die Promenade in Sea Point (S. 128) entlangzujoggen oder -schlendern.

An- & Weiterreise

➡ **Bus** MyCiTi-Pendelbusse fahren entlang der Küste von Clifton nach Hout Bay über Camps Bay.

➡ **City Sightseeing Cape Town** Die Sightseeing-Busse (Hop-on-hop-off-Prinzip) (S. 27) halten in Camps Bay und Hout Bay.

➡ **Sammeltaxi** Fahren regelmäßig von der Innenstadt nach Sea Point und Camps Bay.

Top-Tipp

Ein schöner Ort, um den Sonnenuntergang über Camps Bay zu erleben, wenn die Strahlen der untergehenden Sonne die Pfeiler der Twelve Apostles am Tafelberg erwärmen, ist in der Nähe der höchsten Stelle des Camps Bay Drive. Dort gibt's Bänke und viel Platz, um eine Decke auszubreiten und auf den Ausblick anzustoßen.

Gut essen

➡ La Boheme (S. 130)
➡ La Mouette (S. 130)
➡ Duchess of Wisbeach (S. 130)
➡ La Perla (S. 130)
➡ Kleinsky's Delicatessen (S. 129)

Mehr dazu s. S. 129.➡

Schön ausgehen

➡ Bungalow (S. 131)
➡ La Vie (S. 131)
➡ Dunes (S. 131)
➡ La Belle (S. 131)
➡ Hout Bay Coffee (S. 131)

Mehr dazu s. S. 129.➡

Schön shoppen

➡ Bay Harbour Market (S. 133)
➡ Hout Bay Craft Market (S. 133)
➡ Ethno Bongo (S. 133)
➡ T-Bag Designs (S. 133)

Mehr dazu s. S. 133.➡

 **SEHENSWERTES**

★SEA-POINT-PROMENADE
OUTDOORAKTIVITÄTEN

Karte S. 322 (Beach Road, Sea Point; Promenade) Die breite, gepflasterte und begrünte Promenade von Sea Point entlangzuschlendern oder zu -joggen ist ein Vergnügen, das von Kapstädtern jeder Couleur geteilt wird – die Promenade ist ein toller Ort, um bei Sonnenuntergang vorbeizuschauen und sich zu vergegenwärtigen, wie multikulturell die Stadt ist. Es gibt Spielplätze für die Kinder und einen gut gepflegten Freiluft-Fitnessbereich. Mehrere Kunstwerke lohnen den Besuch. Die Küste ist hier sehr felsig, und das Schwimmen gefährlich, aber man kann am **Rocklands Beach** ins Wasser. Wer zu dünnhäutig für die kalte See ist, hat immer noch den am Südende der Promenade gelegenen **Sea Point Pavilion** (S. 134).

★STRÄNDE VON CLIFTON
STRAND

Karte S. 320 (Victoria Rd, Clifton; Clifton, Clifton No. 2, Clifton No. 3, Clifton No. 4) Riesige Granitblöcke unterteilen die vier Strände von Clifton. Treppen führen von der Victoria Road zum Strand. Da sie relativ windgeschützt sind, sind die Strände bei allen Sonnenanbetern sehr beliebt. Verkäufer bringen Getränke und Eiscreme an den Strand; es gibt Sonnenstühle und Sonnenschirme, aber keine öffentlichen Toiletten. Die nördlichsten und längsten Strände sind **Clifton No. 1** und **No. 2**. Am Strand **Clifton No. 3** treffen sich die Schwulen; er wird aber auch von vielen Heteros aufgesucht, und zum **Clifton No. 4** kommen in erster Linie Familien. Wer schwimmen will, sollte bedenken, dass das Wasser direkt aus der Antarktis kommt und somit sehr belebend (will heißen: eiskalt) ist.

CAMPS BAY BEACH
STRAND

Karte S. 320 (Victoria Rd, Camps Bay; Camps Bay) Mit seinem weichen, weißen Sand und vor dem Hintergrund der spektakulären Twelve Apostles am Tafelberg ist Camps Bay einer der beliebtesten Strände der Stadt. Er hat jedoch auch Nachteile, denn er ist einer der windigsten Strände, vor allem am Wochenende wird es ziemlich voll, es gibt keine Badeaufsicht, und die Brandung ist stark. Wer schwimmen möchte, sollte vorsichtig sein. Hier gibt's eine Reihe belebter Bars und Restaurants, die ideal für einen Drink bei Sonnenuntergang oder einen entspannten Tag am Meer sind.

KUNST AM MEER

Öffentliche Kunstwerke gefallen wohl nie allen, aber es gab besonders heftige Proteste, als im November 2014 Michael Ellions **Perceiving Freedom** – eine gigantische Ray-Ban-Brille aus Metall und Plastik – an der Sea-Point-Promenade enthüllt wurde. Mit der Ausrichtung auf Robben Island wollte Ellion erklärtermaßen auf Nelson Mandela anspielen, der einmal mit einer der bekannten Sonnenbrillen fotografiert wurde. Von der Lokalpresse als „Vandalismus seitens eines Unternehmens" abgelehnt, dauerte es nur bis zum Monatsende, bis die Skulptur von der Guerrilla-Graffiti-Gruppe Tokolos Stencil Collective (www.facebook.com/tokolosstencils) verunstaltet wurde.

Perceiving Freedom, das inzwischen abgebaut wurde, war eine von mehreren temporären Installationen von **Art54** (www.art54.co.za). Dies ist ein Projekt der Weltdesignhauptstadt, das versuchsweise entlang des Atlantiks von Mouille Point bis nach Camps Bay läuft, damit die Stadt mehr Kunst im öffentlichen Raum bekommt. Diese Werke werden in der Regel für sechs bis zwölf Monate, manche jedoch auch auf Dauer installiert. So zum Beispiel die Bänke **Promenade Pets** am Rocklands Beach, deren Sitzflächen von Paaren von blauen Möwen, schwarzen Seelöwen und pinkfarbenen Pudeln getragen werden. In Camps Bay wiederum kann man auf den **Royal-View-**Thronen von Greg Benatar posieren und sich wie der König oder die Königin vom Strand fühlen.

Am Ende der Sea-Point-Promenade in Richtung Three Anchor Bay stehen die **White Horses** von Kevin Brand, der von dem folgenschweren Besuch der SS South African Seafarer in der Table Bay im Jahr 1966 inspiriert wurde. Als das Schiff auf Grund lief, wurde ein Teil der Ladung, darunter einige weiße Plastikpferde, an ein nahegelegenes Ufer gespült. Jedes der etwas skurrilen Pferde hat eine Vuvuzela im Maul; spricht man in eines der Pferde, so kommt der Ton aus dem Mund des anderen Pferdes.

SANDY BAY — STRAND

(Zugang über Sunset Ave, Llandudno; 🚌Llandudno) Dieser besonders schöne Sandstrand liegt rund 15 Gehminuten südlich des Parkplatzes „Sunset Rocks" in Llandudno. Als Kapstadts inoffizieller FKK-Strand (niemand ist dazu verpflichtet, sich auszuziehen) ist er bei Naturliebhabern beliebt, aber auch die Gay-Community hat hier ihren Treffpunkt. Zudem gibt es beeindruckende Felsformationen und Pfade durch die *fynbos*-Vegetation (wörtlich „feine Sträucher", vorwiegend Proteen, Heide und Erika).

LLANDUDNO BEACH — STRAND

(Llandudno Rd; 🚌Llandudno) Das exklusive Anwesen Llandudno verfügt über einen riesigen mit Felsbrocken übersäten Strand. Dieser schöne Ort wird gern von Familien aufgesucht. In den Brandungswellen (meist von rechts) wird gesurft, die besten Bedingungen herrschen bei Hochwasser mit geringer Dünung und südöstlichem Wind. Das Picknick muss man mitbringen, hier gibt's keine Läden.

TWELVE APOSTLES — BERG

(🚌Kloof Nek/Dal) Den Namen Twelve Apostles soll der britische Gouverneur Sir Rufane Donkin 1820 geprägt haben, obwohl diese Formation weitaus mehr als zwölf Säulen an der dem Meer zugewandten Seite des Tafelbergs umfasst und keine einzige davon nach einem Apostel benannt ist. Die Holländer sprachen von „De Gevelbergen", was so viel wie Giebelberge bedeutet. Am besten kann man sie kurz vor Sonnenuntergang vom Camps Bay Drive aus sehen.

WORLD OF BIRDS — VOGELPARK

(www.worldofbirds.org.za; Valley Rd, Hout Bay; Erw./Kind 85/40 R; ⏱9–17 Uhr, Affendschungel 11.30–13 & 14–15.30 Uhr; 🅿; 🚌Valley) Bart- und Webervögel und Flamingos sind unter den 3000 Vögeln und Kleinsäugern aus über 400 Arten, die in diesem Park zu bestaunen sind. Besonderer Wert wurde darauf gelegt, die Vogelhäuser, die im Übrigen die größten in Südafrika sind, durch allerlei tropische Landschaften so natürlich wie möglich erscheinen zu lassen. Im **Affendschungel** können sich die Besucher von den ziemlich vorlauten Totenkopfäffchen unterhalten lassen.

OUDEKRAAL — PARK, TAUCHEN

(Victoria Rd/M6; Erw./Kind 20/10 R; ⏱7–18 Uhr; 🚌Oudekraal) Auf dieser Ansammlung von Granitbrocken, die in den Atlantik ragen, unterhält der Table Mountain National Park einen hübschen Picknickplatz. Mit seinen geschützten Buchten voller Meeresgetier und dem ältesten bekannten Schiffswrack in Südafrika (aus dem Jahr 1670) ist dies außerdem ein erstklassiger Tauchspot.

GLEN BEACH — BEACH

Karte S.320 (abseits Victoria Rd, Camps Bay; 🚌Glen Beach) Den Massen entgeht man an diesem geschützten Sandstrand, der vom nördlichen Ende der Camps Bay durch Felsbrocken abgetrennt wird. Schwimmen ist nicht ratsam, aber wenn die Brandung gut ist, kommen viele Einheimische zum Wellenreiten her. Von der Hauptstraße führen Stufen zum Stand hinunter.

GRAAFF'S POOL — RUINE

Karte S.322 (Beach Rd, Sea Point; 🚌Graaf's Pool) GRATIS Dieses Naturschwimmbecken wurde nach der Familie Graaff benannt, die im 19. Jh. ein Herrenhaus am Strand von Sea Point hatte und dafür einen Weg und eine Schutzmauer (nahezu zerstört) baute. Im 20. Jh. wurde dieser Platz zum Treffpunkt einheimischer Homosexueller. Der preisgekrönte Kurzfilm *Behind the Wall* (auf YouTube zu sehen) handelt von der faszinierenden Geschichte dieses Schwimmbeckens.

✖ ESSEN

★ KLEINSKY'S DELICATESSEN — DELI €

Karte S.322 (www.facebook.com/Kleinskys; 95 Regent Rd, Sea Point; Hauptgerichte 20–65 R; ⏱8.30–20.30 Uhr; 📱; 🚌Tramway) Eine Hommage an klassische Delis nach jüdischer Art. Dies ist ein toller Neuzugang bei den einfacheren Lokalen von Sea Point. Serviert werden Gerichte wie getoastete Bagels mit Räucherlachs oder hausgemachter Lebertartar, Hühnersuppe mit Matzeklößchen und *latkes* (Kartoffelpfannkuchen). Außerdem gibt's guten Kaffee. Die Wände dienen als Galerie für lokale Künstler.

FISH ON THE ROCKS — MEERESFRÜCHTE €

Karte S.321 (☎021-790 0001; www.africasfavourite.com; Harbour Rd, Hout Bay; Hauptgerichte 50 R; ⏱10.30–20.15 Uhr; 🚌Atlantic Skipper) In luftiger Lage direkt an der Bucht gibt es so ziemlich die besten Fish and Chips der Stadt. Wer auf den Felsen isst, sollte sich aber vor den frechen Möwen in Acht nehmen.

HESHENG CHINESISCH €

Karte S.322 (☏021-434 4214; 70 Main Rd, Sea Point; Hauptgerichte 20–70 R; ☺Mo & Mi–So 11–23, Di 17–23 Uhr; 🚇Sea Point High) Chinesische Restaurants gibt's in Sea Point bis zum Abwinken, aber dieses unauffällige, von einem freundlichen Ehepaar geführte kleine Lokal ragt aus der Masse heraus. Die Teigtaschen und Nudeln sind hausgemacht, was sicher einer der Gründe ist, warum hier viele chinesische Einwanderer einkehren.

★LA BOHEME SPANISCH €€

Karte S.322 (☏021-434 8797; www.laboheme bistro.co.za; 341 Main Rd, Sea Point; Abendessen mit 2/3 Gängen 125/160 R; ☺Mo–Fr 12–22.15 Uhr; 🛜; 🚇Firmount) Tagsüber bekommt man Espresso, leckere Tapas und leichte Mahlzeiten, aber abends ist es im La Boheme am schönsten. Dann flackern Kerzen auf den Tischen, und man kann eines der köstlichen, aber doch einigermaßen preisgünstigen Zwei- oder Drei-Gänge-Menüs genießen.

★LA PERLA ITALIENISCH €€

Karte S.322 (☏021-439 9538; www.laperla.co.za; Ecke Church & Beach Rds, Sea Point; Hauptgerichte 95–160 R; ☺10–24 Uhr; 🚇Sea Point Pool) Das zeitlos elegante La Perla ist schon seit Jahrzehnten eine angesagte Adresse an der Promenade von Sea Point und bietet eine umfangreiche Karte mit allerlei Pasta-, Fisch- und Fleischgerichten. Die Gäste können auf der Terrasse unter Palmen speisen oder sich in die etwas intimere Bar zurückziehen.

★MASSIMO'S ITALIENISCH €€

(☏021-790 5648; www.pizzaclub.co.za; Oakhurst Farm Park, Main Rd, Hout Bay; Hauptgerichte 55–130 R; ☺Mi–Fr 17–23, Sa & So 12–23 Uhr; 🅿🛜🚭📶; 🚇Imizamo Yethu) Es gibt Pasta und *spuntini* (italienische Tapas), aber die eigentliche Spezialität im Massimo's sind die knusprig-dünnen Holzofenpizzas – und die sind ausgesprochen gut. Der Italiener Massimo und seine Frau Tracy aus Liverpool servieren mit Humor und Herzlichkeit. Dazu gibt's viel Auswahl für Vegetarier.

CHEYNE'S ASIATISCH, FUSION €€

Karte S.321 (☏079 067 4919; www.facebook. com/cheyneshoutbay; 1 Pam Arlene Pl, Main Rd, Hout Bay; Hauptgerichte 65–70 R; ☺Do–Sa 12–15, Mo–Sa 18–22 Uhr; 🚭; 🚇Military) Cheyne Morrisby hat sich mit seiner fantasievollen asiatischen und pazifischen Küche eine beträchtliche Fangemeinde aufgebaut. Hier gibt's kleine Gerichte, die abenteuerliche

Aromen und Texturen vereinen. Nicht jede Kombination gelingt, aber wenn – wie bei den Tacos mit Riesengarnelen oder dem opulenten Butterscotch-Shake mit Erdnussbutter und Miso – dann kann das Ergebnis umwerfend sein. Die Präsentation, der Service und das Street-Art-Dekor sind großartig.

★LA MOUETTE FRANZÖSISCH €€€

Karte S.322 (☏021-433 0856; www.lamouette-restaurant.co.za; 78 Regent Rd, Sea Point; Hauptgerichte 125–180 R, Degustiermenü 295 R; ☺Di–So 12–15, tgl. 18–22.30 Uhr; 🚇Kei Apple) Serviert werden gut zubereitete Klassiker wie Bouillabaisse und frischer Fisch auf Nizza-salat sowie kreative neue Gerichte wie gesalzene und gepfefferte Garnelen mit Chorizo-Popcorn. Das Degustiermenü ist ein tolles Angebot, und ein Dinner in dem üppig grünen Innenhof mit Springbrunnen ist ein entzückendes Erlebnis.

DUCHESS OF WISBEACH FRANZÖSISCH €€€

Karte S.322 (☏021-434 1525; Courtyard Bldg, 1 Wisbeach Rd, Sea Point; Hauptgerichte 95–165 R; ☺ Mo–Sa 19–22.30 Uhr; 🚇Sea Point High) Unter der Leitung eines gefeierten Johannesburger Kochs hebt die „Herzogin" die Messlatte für Sea Points Esslokale ein gutes Stück höher. Es werden klassische französische Bistrogerichte mit modernem südafrikanischen Touch serviert. Alle Zutaten sind frisch, tiefgefroren sind hier nur die hausgemachten Eissorten und Sorbets.

KITIMA ASIATISCH €€€

Karte S.321 (☏021-790 8004; www.kitima.co.za; Kronendal, 140 Main Rd, Hout Bay; Hauptgerichte 90-190 R, So Brunch 250 R; ☺Di–Sa 17.30–22.30, So 12–15 Uhr; 🅿; 🚇Imizamo Yethu) Die Heimat des hervorragenden panasiatischen Restaurants, das sich auf Thaiküche und Sushi spezialisiert hat, ist das Kronendal, ein sorgsam restauriertes holländisches Landhaus, das teilweise aus dem Jahr 1713 stammt. Thai-Köche garantieren, dass Gerichte wie *Hühnchen thai gai* wie in Thailand schmecken.

ROUNDHOUSE INTERNATIONAL €€€

Karte S.320 (☏021-438 4347; www.theround houserestaurant.com; The Glen; 4-Gänge-Menü 665 R; ☺Restaurant ganzjährig Di–Sa 18–22 Uhr, Mai–Sept. zusätzlich Mi–Sa 12–16, So 12–15 Uhr; 🅿🚭; 🚇Kloof Nek) Das denkmalgeschützte Gebäude aus dem 18. Jh. auf einem Waldgrundstück mit Blick auf die Camps Bay ist der perfekte Ort für das elegante Restaurant, das es jetzt beherbergt. Das Menü kann auch rein vegetarisch zusammengestellt werden. Im Frühjahr und Sommer bieten sich die Rasenflächen rund um das Restaurant **Rumbullion** für einen entspannten Lunch (Dienstag bis Sonntag) oder ein Frühstück (Freitag bis Sonntag) an, wo es Gourmetpizza und Salate gibt (Hauptgerichte 85 bis 180 R).

HARVEY'S
INTERNATIONAL €€€

Karte S.322 (☏021-434 2351; www.winchester.co.za; Winchester Mansions Hotel, 221 Beach Rd, Sea Point; Brunch 270 R; 🚇London) Für den sonntäglichen Jazz-Brunch (⏱11–14 Uhr) reservieren. Die Gäste werden mit Livemusik und einem Glas Sekt in dem mit Blumen geschmückten Innenhof empfangen. Die schicke, zum Meer ausgerichtete Bar mit Bistroküche eignet sich auch gut zum Mittagessen oder für Drinks und Snacks.

AUSGEHEN & NACHTLEBEN

⭐ BUNGALOW
BAR

Karte S.320 (☏021-438 2018; www.thebungalow.co.za; Glen Country Club, 3 Victoria Rd, Clifton; ⏱12–2 Uhr; 🚇Maiden's Cove) Dieses elegante Restaurant mit Loungebar ist ein großartiger Ort für ein paar Bier, Cocktails oder eine feuchtfröhliche Mahlzeit. Danach kann man es sich auf einem Tagesbett unter einem wogenden Sonnensegel gemütlich machen und die Füße in den winzigen Pool neben der Bar baumeln lassen. Abends herrscht eher Clubatmosphäre. Reservierung empfohlen.

⭐ LA VIE
BAR

Karte S.322 (☏021-433 1530; www.lavie.co.za; 205 Beach Rd, Sea Point; ⏱9–23.30 Uhr; 📶; 🚇Promenade) Gleich neben den Studios der South African Broadcasting Company gelegen, gehört das La Vie wohl zu den wenigen Lokalitäten, die in Sichtweite der Sea-Point-Promenade vom Frühstück bis zum Cocktail alles bedienen. Auf der Terrasse lässt sich gut faulenzen und dabei eine knusprig-dünne Pizza verzehren (50 bis 100 R).

⭐ DUNES
BAR

Karte S.321 (www.dunesrestaurant.co.za; 1 Beach Rd, Hout Bay; ⏱9–23 Uhr; 🚼; 🚇Hout Bay) Näher kann der Strand nicht mehr kommen – tatsächlich ist der Vorhof der Strand. Oben von der Terrasse oder aus der Restaurant-Bar heraus ist der Ausblick über die Hout Bay großartig, dazu gibt's ordentliches Kneipenessen und Tapas. Außerdem gibt's eine sichere Spielecke für Kinder.

⭐ LA BELLE
CAFÉ, BÄCKEREI

Karte S.320 (☏021-437 1278; www.labellecampsbay.co.za; 201 The Promenade, Camps Bay; ⏱7–23 Uhr; 🚇Whale Rock) Diese Schönheit ist tatsächlich eine der schönsten Optionen unter den Restaurants von Camps Bay und deutlich entspannter und weniger prätentiös als ihre Nachbarn. Hier gibt's Teespezialitäten, Smoothies und eine schöne Auswahl an Cocktails – dazu verführerische Backwaren, Kuchen und leichte Mahlzeiten.

⭐ HOUT BAY COFFEE
CAFÉ

Karte S.321 (www.facebook.com/HoutbayCoffee; Mainstream Shopping Centre, Main Rd, Hout Bay; ⏱Mo–Fr 9–17, Sa & So bis 15 Uhr; 🚇Military) In diesem rustikalen Café, das sich im Anbau aus dem 18. Jh. eines Holzfällerhauses aus dem 17. Jh. in Hout Bay befindet, gibt's ausgezeichneten Kaffee. Der Außenbereich liegt im Schatten 150-jähriger Norfolk-Kiefern. Tische und Stühle sind aus alten Fischerbooten gezimmert. Auf der Speisekarte stehen u.a. hausgemachte Hühnerpies mit Filo-Teig, üppige Schokoladenkuchen und weizenfreie Quiche mit Eiern von freilaufenden Hühnern.

KOI RESTAURANT & VODKA BAR
BAR, RESTAURANT

Karte S.322 (☏021-439 7258; www.ambassador-hotel.co.za/food-and-wine; Ambassador Hotel, 34 Victoria Rd, Bantry Bay; ⏱12–22.30 Uhr; 📶; 🚇Bantry Bay) Die vom Boden bis zur Decke reichenden Fenster in diesem minimalistischen Bar-Restaurant ermöglichen einen schwindelerregenden Blick über die tosenden Wellen und die Felsen darunter. Perfekt für einen Cocktail und kleine Knabbereien auf dem Rückweg von Clifton.

DIZZY'S RESTAURANT & PUB
PUB

Karte S.320 (☏021-438 7328; www.dizzys.co.za; 41 The Drive, Camps Bay; am Wochenende Eintritt von ca. 20 R; ⏱7.30–3 Uhr; 🚇Whale Rock) In diesem geselligen Pub im britischen Stil gibt's regelmäßig abends ein Unterhaltungsprogramm mit Karaoke am Dienstag, einem Pub-Quiz und DJs am Donnerstag und einem Bier-Pong-Wettkampf am Sonn-

LIVEMUSIK IN KAPSTADT

Patrick Craig, Musiker, Manager und Schöpfer des Studio 7 in Sea Point (S.132), setzte uns über aktuelle Bands und Locations der Kapstädter Szene ins Bild.

Die besten Live-Clubs? Assembly (S.95) und House of Machines (S.74) sind verlässliche Größen bei coolen Bands mit Zukunft. Im erstgenannten geht es hauptsächlich um DJs und elektronische Musik. Weinhaus + Biergarten (S.74) hat ebenfalls tolle Livemusik-Events, die in den wärmeren Monaten im Freien stattfinden. Jazzliebhaber schauen nach dem **Kloof St House** (Karte S.316; ☑021-423 4413; www.kloofstreet house.co.za; 30 Kloof St, Gardens; Hauptgerichte 95–175 R; ▣Lower Kloof) mit seinen Sessions am Sonntagmittag. Dem Inhaber gehört auch das Asoka (S.108), in dem die Sessions am Dienstagabend stattfinden. Montags führt der Weg ins Lyra's (S.147) in Rondebosch für Dan Shouts wöchentliche Jam-Session.

Die besten Orte für Open-Air-Konzerte? Im Sommer sollte man die Konzerte in Kirstenbosch nicht verpassen (S.137). Auch wenn man 45 Minuten aus der Stadt hinausfahren muss, ist das **Paul Cluver Forest Amphitheatre** (www.cluver.com/amphi theatre) in Elgin wirklich hübsch und mal eine ganz andere Umgebung, um ein Konzert zu erleben. Auch auf anderen Weingütern finden Veranstaltungen im Freien statt.

Künstler, die man sehen sollte? Die Electrojazz-Combo GoodLuck, den Einheimischen Jeremy Loops, Matthew Mole aus Jo'burg, Majozi aus Durban, das Indie-Pop-Trio Beatenberg und die symphonische Indie-Rockband Al Bairre.

tag um 20 Uhr. Das dazugehörige Restaurant ist auf Meeresfrüchteplatten spezialisiert. Liegt nicht direkt am Wasser. Entspanntes Lokal für einen Kaffee oder ein Bier in Gesellschaft von Einheimischen.

MYNT
CAFÉ, BAR

Karte S.320 (31 Victoria Rd, Camps Bay; ◷Di–So 8–22 Uhr; ▣Camps Bay) Am nördlichen Ende der Ansammlung von Lokalen in der Camps Bay bietet dieses Lokal Kaffee, Cocktails und leichte Mahlzeiten mit Blick auf das Meer – und es ist einen Tick entspannter als die bewusst modischen Cafés (mit dröhnender DJ-Untermalung) in der Nachbarschaft.

LEOPARD BAR
COCKTAIL BAR

(☑021-437 9000; www.12apostleshotel.com; Twelve Apostles Hotel & Spa, Victoria Rd, Oudekraal; 11–2 Uhr; ▣Oudekraal) Mit einem erstklassigen Ausblick über den Atlantik ist die Bar des Twelve Apostles Hotel der ideale Ort, um dem bunten Treiben in der Camps Bay für einen stilvollen Cocktail zu entkommen – oder besser noch für einen köstlich dekadenten Afternoon Tea (175 R; serviert von 14 bis 16 Uhr).

TA DA!
CAFÉ

Karte S.321 (☑021-790 8132; www.theboardroom adventures.co.za; 37 Victoria Rd, Hout Bay; ◷8–17 Uhr; ▣Lower Victoria) In dieser Café-Bar und Crêperie gibt's ein paar angenehme

schattige Sitzplätze im Außenbereich und einen einladenden Innenraum, einschließlich Lounge, in der gelegentlich Filme gezeigt werden. Serviert werden sowohl süße als auch pikante Versionen der französischen Pfannkuchen. Es gibt auch eine Filiale in Muizenberg über Gary's Surf School (S.164).

⭐ UNTERHALTUNG

★ STUDIO 7
LIVEMUSIK

Karte S.322 (www.facebook.com/Studio7 Sessions; 8 Calais Rd, Sea Point; ▣Rhine) Der einheimische Musiker Patrick Craig (S.132) unterhält einen Musikclub nur für Mitglieder in seinem Wohnzimmer. Einheimische und ausländische Spitzenmusiker spielen hier akustische Gigs in sehr entspannter, intimer Atmosphäre. In der Regel werden nicht mehr als 40 Tickets (online) verkauft. Bei Interesse auf Facebook nachsehen, denn diese Location ist ein tolles Ziel für wahre Musikfreunde.

THEATRE ON THE BAY
THEATER

Karte S.320 (☑021-438 3300; www.theatre onthebay.co.za; 1 Link St, Camps Bay; ▣Lower Camps Bay) Das Programm hält sich an konventionelle Theaterstücke oder Ein-Mann-Shows. Wer noch schnell etwas essen möchte, findet hier das schicke **Theaterbistro Sidedish**.

SHOPPEN

⭐ BAY HARBOUR MARKET   MARKT

Karte S. 321 (www.bayharbour.co.za; 31 Harbour Rd, Hout Bay; ⏰Fr 17–21, Sa & So 9–16 Uhr; 🚌Atlantic Skipper) Diese fantasievoll gestaltete Markthalle am äußersten westlichen Ende des Hafens ist einer der besten Märkte von Kapstadt. Es gibt eine gute Warenauswahl, dazu verführerisches Essen und Trinken. Livemusik trägt zur entspannten, partyähnlichen Atmosphäre bei.

⭐ HOUT BAY CRAFT MARKET   MARKT

Karte S. 321 (Baviaanskloof Rd, Hout Bay; ⏰So 10–17 Uhr; 🚌Military) Die Stände auf diesem kleinen Markt auf dem Dorfplatz zu durchstöbern, ein Sponsoring-Event des Lions Club von Hout Bay, ist keine schlechte Art, an einem Sonntag ein Stündchen oder zwei zu vertrödeln. Verkauft wird lokal produziertes Kunsthandwerk, darunter beeindruckende Perlenstickerei, bunt bedruckte Kleidung und süße Perlhühner aus Kiefernzapfen.

⭐ ETHNO BONGO   SCHMUCK

Karte S. 321 (☎021-790 0802; www.ethnobongo.co.za; 35 Main Rd, Hout Bay; ⏰Mo–Fr 9.30–17.30, Sa 9.30–16, So 10–16 Uhr; 🚌Military) Auch wenn eine gerichtliche Anordnung ihm untersagt hat, den Namen Dolce & Banana für seinen Perlenschmuck zu verwenden, tut das dem Betrieb dieses schon lange bestehenden Ladens keinen Abbruch. Er residiert in einer Fischerhütte und verkauft in lokaler Handarbeit produzierte Modeartikel, die wirklich Spaß machen. Das Angebot umfasst auch Wohnaccessoires aus Alt- und Treibholz.

⭐ T-BAG DESIGNS   KUNST & KUNSTHANDWERK

Karte S. 321 (☎021-790 0887; www.tbagdesigns.co.za; Klein Kronendal, 144 Main Rd, Hout Bay; ⏰Mo–Fr 9–16.30 Uhr; 🚌Imizamo Yethu) Hier kommen recycelte Teebeutel zu Glanz und Gloria: Aus ihnen entsteht eine attraktive Palette von Grußkarten und Briefpapier sowie anderen hochwertigen Papierprodukten. Ein sinnvolles Projekt, das Bewohnern des benachbarten Townships Imizamo Yethu Arbeit bietet. T-Bag Designs betreibt auch einen Stand im Watershed (S. 123) an der Waterfront.

SHIPWRECK SHOP   ANTIQUITÄTEN

Karte S. 321 (☎021-790 1100; www.marinerswharf.com; Mariner's Wharf, Harbour Rd, Hout Bay; ⏰9–17.30 Uhr; 🚌Northshore) Diese Schatztruhe sollten all diejenigen besuchen, die hinter Jeglichem her sind, was mit Schiffen zu tun hat. Ob Scrimshaw (alte Schnitzereien, zumeist aus Walzähnen), Seekarten oder Modelle: Über 20 000 Stücke maritimer Memorabilien warten in dem Laden darauf, entdeckt und mitgenommen zu werden.

INSIDERWISSEN

PROMENADE MONDAYS & SKATEBOARDEN IN KAPSTADT

Jeden Montag um 18 Uhr treffen sich bis zu 300 Skateboarder, Radfahrer und Inliner auf dem Parkplatz am Queen's Beach in Sea Point, um an den **Promenade Mondays** (www.facebook.com/pages/PromenadeMondays/128084890690061) teilzunehmen. Dieses gesellige Event, bei dem es nur darum geht, sich auf irgendeine Weise zu bewegen, wird von dem Städteplaner und Longboarder Marco Morgan organisiert, einem Gründungsmitglied des National Skate Collective – das seit Jahren in der Stadt Lobbying für bessere Einrichtungen für Skater betreibt.

Die Aufhebung des Verbots des Radfahrens entlang der Promenade hat nicht nur den Weg für die Promenade Mondays geebnet, sondern auch für Up Cycles (S. 320), das einen Fahrradverleih direkt neben dem Sea Point Pavilion betreibt, damit Besucher an dem Event teilnehmen können. Marco empfiehlt den Besuch von Skateboard-Läden entlang der Long Street, wenn man ein eigenes Board haben möchte. Es lohnt sich, die Szene im Bridge Skate Park an der Mill Street (S. 111) in Gardens anzuschauen, wo man sogar den südafrikanischen Meister-Skater (und Kapstädter) **Jean-Marc Johannes** (www.facebook.com/jeanmarcskate) beobachten kann, wenn er seine Moves trainiert.

IZIKO LO LWAZI
KUNST & KUNSTHANDWERK

Karte S. 321 (☎021-790 2273; www.izikoll.co.za; Hout Bay Community Cultural Centre, Baviaanskloof Rd, Hout Bay; ⊙Mo–Fr 8.30–16.30 Uhr; 🚌Military) ✈ Dieses Kollektiv für Kunsthandwerk produziert kreative Papierprodukte aus Recyclingpapier. Als weitere Bestandteile kommen auch Elefanten-, Pferde- und Kameldung in Betracht! Die Karten mit Perlenverzierung sind wunderschön.

PEACH
MODE

Karte S. 322 (www.peachsa.com; 2 Marine House, Main Rd, Sea Point; ⊙Mo–Fr9–17, Sa bis 13 Uhr; 🚌Arthur's) Diese bunte und bei einheimischen Modefans beliebte Boutique hat eine gut sortierte Auswahl an hochwertiger Importkleidung, Tüchern, Modeschmuck, Unterwäsche, Taschen und anderen Accessoires in der Auslage.

NAARTJIE KIDS
KINDERKLEIDUNG

Karte S. 321 (☎021-790 3093; www.naartjiekids.com; 46 Victoria Ave, Hout Bay; ⊙Mo–Fr 9–18, Sa 9–17, So 10–16 Uhr; 🚌Oxford Earl) Fabrikverkauf einer inzwischen weltweit erhältlichen Designermarke für Kinderkleidung. Der Sitz des Unternehmens ist in Kapstadt.

🏃 SPORT & AKTIVITÄTEN

⭐CHAPMAN'S PEAK DRIVE
AUTO- UND RADTOUREN

(www.chapmanspeakdrive.co.za; Chapman's Peak Drive; Auto/Motorrad 38/25 R; 🚌Hout Bay) Egal ob mit dem Auto, dem Fahrrad oder zu Fuß: „Chappies", eine 5 km lange Mautstraße, die die Hout Bay mit Noordhoek verbindet, ist eine der spektakulärsten Küstenstraßen der Welt, man sollte sich also genügend Zeit nehmen und von einem der Picknickplätze aus die Aussicht genießen. Es lohnt sich auf jeden Fall, die Straße zumindest auf einer Strecke zum oder vom Cape Point zu nehmen. Die Mautstation steht an dem Ende der Straße, das bei der Hout Bay liegt, man kann selbstverständlich hierher und entlang der Straße laufen. Kurz hinter Hout Bay befindet sich auf einem Felsen an der Straße eine bronzene **Leopardenstatue**. Im Jahr 1963 errichtet, erinnert sie an die vielen wilden Tiere, die einst durch die Wälder der Gegend streiften (und ebenfalls größtenteils verschwunden sind).

⭐ANIMAL OCEAN
SCHNORCHELN, TAUCHEN

Karte S. 321 (☎079 488 5053; www.animalocean.co.za; Hout Bay Harbour, Hout Bay; Schnorcheln/Tauchen pro Person 650/850 R 🚹; 🚌Fishmarket) Auch wenn dieses Erlebnis wetterabhängig ist (und nichts für Menschen, die an Seekrankheit leiden), sollte man sich nicht die Chance entgehen lassen, mit den verspielten und neugierigen Pelzrobben auf Duiker Island zu schnorcheln oder zu tauchen und in dem haifreien Gewässer zu schwimmen. Die gesamte Ausrüstung, einschließlich dicker Neoprenanzüge, wird gestellt. Das Angebot gibt's nur von September bis April.

DUIKER ISLAND CRUISES
BOOTSAUSFLÜGE

Karte S. 321 (🚌Fishmarket) Von Hout Bay Harbour kann man mit dem Boot zur Duiker Island fahren, die auch Robbeninsel wegen ihrer Kolonie von Pelzrobben genannt wird (nicht zu verwechseln mit der „offiziellen" Seal Island in False Bay). Drei verschiedene Unternehmen bieten täglich nahezu identische Touren an, die morgendlichen Abfahrten sind meist verlässlich: **Circe Launches** (☎021-790 1040; www.circelaunches.co.za; Erw./Kind 60/30 R), **Drumbeat Charters** (☎021-791 4441; www.drumbeatcharters.co.za; Erw./Kind 75/30 R) und **Nauticat Charters** (☎021-790 7278; www.nauticatcharters.co.za; Erw./Kind 75/30 R).

SEA POINT PAVILION
SCHWIMMEN

Karte S. 322 (Beach Rd, Sea Point; Erw./Kind 20/10 R; ⊙Okt. –April 7–19 Uhr, Mai–Sept. 9–17 Uhr; 🚌Sea Point Pool) Dieses riesige Freibad ist eine Institution in Sea Point und hat ein schönes Art-déco-Ambiente. An heißen Sommertagen kann es ganz schön voll werden. Das ist nicht überraschend, da die Pools immer wenigstens 10° C wärmer sind als der stets kalte Ozean.

INTO THE BLUE
TAUCHEN

Karte S. 322 (☎021-434 3358; www.diveschoolcapetown.co.za; 88B Main Rd, Sea Point; Open-Water-PADI-Kurse ab 4650 R, Tauchen vom Ufer/Boot 275/420 R, Ausrüstung 520 R pro Tag; 🚌Sea Point High) Der Tauchanbieter ist günstig in der Nähe der Hostels und Pensionen von Sea Point gelegen. Es gibt Kurse, und auf dem Programm stehen regelmäßige Tauchgänge um das Kap zu einer Vielzahl von Themen, darunter auch Haitauchen im Käfig.

Southern Suburbs

MOWBRAY | RONDEBOSCH | CLAREMONT | NEWLANDS | BISHOPSCOURT | WYNBERG | CONSTANTIA

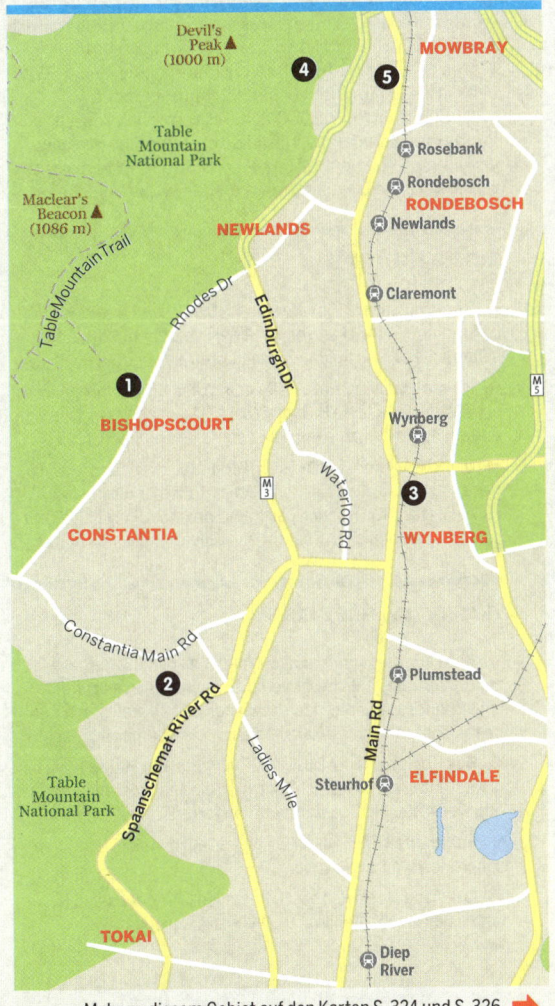

Highlights

❶ In den **Kirstenbosch Botanical Gardens** (S. 137) in die vielfältige Pracht der Kapflora eintauchen und unbedingt eines der sommerlichen Freiluftkonzerte besuchen.

❷ Wein an der **Constantia Valley Wine Route** (S. 138) probieren und historische Weingüter wie **Groot Constantia** (S. 138) besuchen.

❸ Einen Spaziergang durch das hübsche, denkmalgeschützte **Wynberg Village** (S. 140) unternehmen.

❹ Die Aussicht vom beeindruckenden **Rhodes Memorial** (S. 140) genießen.

❺ Im **Irma Stern Museum** (S. 140) die Welt einer der wichtigsten Malerinnen des modernen Südafrikas erspüren.

Mehr zu diesem Gebiet auf den Karten S. 324 und S. 326. ➡

Top-Tipp

Wer Keramik liebt und am vorletzten Samstag im März oder November in Kapstadt ist, sollte zum **Rondebosch Common** zum Töpfermarkt gehen, der von **Ceramics South Africa** (www.ceramics-sa-cape.co.za) organisiert wird. Für die besten Stücke und Schnäppchen sollte man schon um 7 Uhr dort sein. Jeden Samstag um 8 Uhr gibt's auch einen 5 km langen **Volkslauf** (www.park run.co.za/rondebosch common) rund um den Park.

 **Gut essen**

➡ Greenhouse (S. 145)
➡ La Colombe (S. 145)
➡ Starlings Cafe (S. 144)
➡ Bistro Sixteen82 (S. 144)
➡ Four&twenty Cafe & Pantry (S. 144)

Mehr dazu s. S. 143.➡

 Schön ausgehen

➡ Banana Jam (S. 145)
➡ Martini Bar (S. 145)
➡ Forrester's Arms (S. 145)
➡ Localé (S. 145)

Mehr dazu s. S. 145.➡

 Schön shoppen

➡ Montebello (S. 147)
➡ Art in the Forest (S. 147)
➡ Balu Legacy Boutique (S. 147)

Mehr dazu s. S. 147.➡

Erkundungstour

Ein Ausflug in die Southern Suburbs zeigt den wohlhabenden Teil Kapstadts. Die Wohngebiete erstrecken sich an den Osthängen des Tafelbergs. Südlich der City Bowl und rund um Devil's Peak liegen Mowbray und Rondebosch, wo die University of Cape Town (UCT) ihren Sitz hat. Hier befindet sich auch das Baxter Theatre Centre, eines der wichtigsten Kulturzentren Kapstadts.

Den grünen Bezirken Newlands und Bishopscourt sieht man den Wohlstand an. Hier liegen auch die Kirstenbosch Botanical Gardens und die wichtigsten Kricket- und Rugbyspielstätten. Der Gegensatz zwischen Arm und Reich wird besonders in der Gegend um die Metrostation Claremont deutlich, wo in den Straßen rund um das vornehme Einkaufszentrum Cavendish Square zahlreiche schwarze und farbige Händler ihre Waren feilbieten. Ähnliche Kontraste zeigen sich in Wynberg, wo Arm und Reich eng beieinander leben.

Westlich davon liegt Constantia, wo sich die ältesten Weingüter Südafrikas befinden und die Superreichen in gewaltigen, von hohen Mauern geschützten Villen residieren. Die grüne Gegend grenzt an das Waldgebiet Tokai.

Lokalkolorit

➡ **Sport** Im Sahara Park Newlands (S. 146) und Newlands Rugby Stadium (S. 146) kann man mit den Fans die südafrikanischen Kricket- und Rugbymannschaften anfeuern.

➡ **Bier** Im Banana Jam (S. 145) gibt's Bier aus Mikrobrauereien, Südafrikas älteste Brauerei (S. 142) kann besichtigt werden, und ein Abstecher zum Pub Forrester's Arms lohnt (S. 145).

➡ **Märkte** Auf dem Gelände von Kirstenbosch finden verschiedene Märkte, so auch ein monatlicher Kunsthandwerksmarkt (S. 147), statt. Toll ist auch der Tokai Forest Market (S. 147) mit seinem samstäglichen Bauern- und Kunsthandwerkermarkt.

An- & Weiterreise

➡ **Auto** Von der Innenstadt aus folgt man der M3, die parallel zur Ostseite des Tafelbergs verläuft, mit Ausfahrten zur UCT, zum Rhodes Memorial, nach Newlands und Kirstenbosch. Um nach Constantia und Tokai zu gelangen, bleibt man auf der M3.

➡ **Bus** Der Blue Route Bus von City Sightseeing Cape Town hält in Kirstenbosch; zusätzlich kann man die Tour kostenlos bis zu den Weingütern in Constantia verlängern.

➡ **Sammeltaxi** Minibustaxis pendeln auf der Main Road zwischen Mowbray und Wynberg.

➡ **Zug** Cape Metro Rail hat Haltestellen in Rondebosch, Newlands, Claremont, Kenilworth, Wynberg, Rosebank und Mowbray.

HIGHLIGHT
KIRSTENBOSCH BOTANICAL GARDENS

Dieser herrliche Landschaftspark – der größte Südafrikas – erstreckt sich über 5 ha des Tafelbergs und fügt sich unauffällig in die meist aus *fynbos*-Büschen (wörtlich „feine Büsche", vor allem Proteen, Heide und Erika) bestehende umliegende Vegetation ein. Irgendetwas blüht immer, ganz besonders lohnt sich ein Besuch der Gärten aber von Mitte August bis Mitte Oktober.

Geschichte des Gartens
Im Jahr 1657 setzte Jan van Riebeeck einen Förster für die Gegend ein. Eine Gruppe schiffbrüchiger französischer Flüchtlinge auf dem Weg nach Madagaskar wurde 1660 angestellt, um eine Hecke aus wilden Mandelbäumen anzulegen. Diese sollte als Grenze des holländischen Außenpostens dienen, ein Überrest ist noch erhalten. Van Riebeeck taufte sein privates Anwesen Boschheuwel, und vermutlich erhielt der Garten erst zu Beginn des 18. Jhs., als er von J. F. Kirsten betreut wurde, den Namen Kirstenbosch. Cecil Rhodes, in dessen Besitz sich das Grundstück ab 1895 befand, vermachte es bei seinem Tod 1902 der Nation. Im Jahr 1913 wurde es offiziell zum Botanischen Garten.

Was gibt's zu sehen?
Abgesehen von der Mandelhecke, prächtigen Eichen und den von Cecil Rhodes gepflanzten Feigen- und Kampferbäumen sind in den Gärten fast nur einheimische Arten anzutreffen. Etwa 9000 der rund 22000 in Südafrika beheimateten Pflanzenarten werden hier kultiviert.

Zum hundertjährigen Bestehen des Parks wurde 2013 der **Tree Canopy Walkway** (auch unter dem Namen Boomslang, „Baumschlange", bekannt) angelegt. Diese kurvige Brücke aus Stahl und Holz führt durch die Baumwipfel und ermöglicht wunderbare Ausblicke.

Zu sehen gibt es u.a. einen *kopje* (Hügel) mit Geranien, einen Skulpturengarten, einen Bereich, in dem Heilpflanzen angebaut werden, und einen speziell für sehbehinderte Menschen angelegten Duftgarten mit erhöhten Beeten und Pflanzen, die man riechen und ertasten kann (die Beschriftungen gibt's auch in Brailleschrift).

Am Haupteingang des Botanischen Gartens in Newlands gibt es reichlich Parkmöglichkeiten, das Informationszentrum, einen hervorragenden Souvenirladen sowie das klimatisierte **Conservatory**, in dem Pflanzengesellschaften aus verschiedenen Vegetationszonen zu bewundern sind. Besonders interessant sind die Abteilungen Namaqualand und Richtersveld, wo Affenbrot- und Köcherbäume wachsen.

Es lohnt sich, eines der **Summer Sunset Concerts** zu besuchen, die meist sonntags stattfinden. Einige der berühmtesten südafrikanischen Musiker treten hier auf.

Führungen & Wanderwege
Kostenlose Führungen oder ein geliehener Audioguide (40 R) geben Informationen über die Pflanzen, denen man auf drei ausgeschilderten Rundstrecken begegnet. Zudem beginnen zwei beliebte **Routen** auf den Tafelberg bei den Kirstenbosch Botanical Gardens. Die Strecke entlang der **Skeleton Gorge** beinhaltet einige gesicherte Passagen, die andere führt über **Nursery Ravine**. Wanderer mit normaler Kondition können beide Routen in gut drei Stunden zurücklegen. Obwohl die mitunter steilen Wege gut ausgeschildert sind, fehlen beim Weg vom Botanischen Garten zur Seilbahn und zurück entsprechende Schilder.

NICHT VERSÄUMEN
- Summer Sunset Concerts
- Tree Canopy Walkway
- Conservatory
- Van Riebeeck's Hedge

PRAKTISCH & KONKRET
- Karte S. 326
- 021-7998782
- www.sanbi.org/gardens/kirstenbosch
- Rhodes Dr, Newlands
- Erw./Kind 55/15 R
- Sept–März 8–19 Uhr, April-Aug bis 18 Uhr, Conservatory ganzjährig 9–17 Uhr

 **HIGHLIGHT**
WEINSTRASSE DURCH DAS CONSTANTIA VALLEY

Hier nahm Südafrikas Weinproduktion ihren Anfang, als Gouverneur Simon van der Stel das Land 1685 wegen seines Potenzials für den Weinbau wählte. Nach seinem Tod 1712 wurde sein 7,6 km² großes Gut, Constantia, aufgeteilt. Heute führt die Weinstraße Constantia Valley durch das Gebiet, vorbei an zehn Weingütern.

NICHT VERSÄUMEN

➡ Groot Constantia
➡ Steenberg Vineyards
➡ Buitenverwachting
➡ Klein Constantia
➡ Beau Constantia

PRAKTISCH & KONKRET

➡ Karte S. 326
➡ www.constantia wineroute.com

Groot Constantia

Simon van der Stels **Herrenhaus**, ein Paradebeispiel kap-holländischer Architektur, ist heute ein Museum in **Groot Constantia** (oben abgebildet; ☎021-794 5128; www.grootconstan tia.co.za; Groot Constantia Rd; Weinprobe 30 R, Museum Erw./Kind 20 R /frei, Kellerführung einschl. Weinprobe 40 R; ◷9–17.30 Uhr; Ⓟ). Das schön gelegene Anwesen ist meist gut besucht, aber so groß, dass die Massen sich verteilen können. Im 18. Jh. wurden die hoch geschätzten Weine von Constantia in die ganze Welt exportiert; man probiere den Sauvignon Blanc und den Gouverneurs Reserve, der wie ein Bordeaux ausgebaut ist.

Auf dem Anwesen angekommen, findet sich gleicht rechts die große **Probierstube**. Etwas weiter folgen ein **Infocenter** und das restaurierte Gutshaus. Unter dem Hauptgebäude sind die alten Sklavenunterkünfte. Der **Cloete Cellar** mit hübschem Ziergiebel war der ursprüngliche Weinkeller des Guts; heute können Besucher hier alte Kutschen und Lagerfässer bewundern. Einstündige Führungen durch den modernen Keller starten um 14 Uhr.

Steenberg Vineyards

Die großartige moderne Probierstube und Lounge der **Steenberg Vineyards** (www.steen bergfarm.com; Steenberg Estate, Steenberg Rd, Tokai; Weinprobe 20 R & 40 R; ◷10–18 Uhr; Ⓟ), wo herrlicher Merlot, Sauvignon Blanc, Semillon und Cap Classique ausgeschänkt wird, ist sehr einladend. Die Farm ist das älteste Anwesen am Kap. Es geht auf das Jahr 1682 zurück, als es als Swaaneweide (Schwanenweide) bekannt war. Im einstigen Gutshaus ist heute das Fünfsternehotel Steenberg Hotel (S. 231) untergebracht, weiterhin befinden sich auf dem

Gelände noch Catharina's Restaurant und ein 18-Loch-Golfplatz.

Buitenverwachting

Buitenverwachting (☎021-794 5190; www.buitenverwachting.co.za; Klein Constantia Rd; Weinprobe 40 R; ⏰Mo–Fr 9–17, Sa 10–15 Uhr; Ⓟ) bedeutet „jenseits aller Erwartungen", und genau dieses Gefühl stellt sich bei einem Besuch des 1 ha großen Gutes ein. Zu den herausragenden Weinen zählen der limitierte Rotwein Christine sowie der weiche Chardonnay und der gut strukturierte Cabernet Sauvignon. Wer vorbestellt, genießt vor dem 1796 erbauten Herrenhaus ein **mittägliches Picknick** (☎083 257 6083; Mittagessen 145 R; ⏰Nov.–April Mo–Sa 12–16 Uhr). Dazu gibt's ein eher legeres Café und ein schickes Restaurant mit weitem Blick über die Weinberge.

Klein Constantia

Klein Constantia (www.kleinconstantia.com; Klein Constantia Rd; Weinprobe 30 R; ⏰Proben Mo–Fr 10–17, Sa bis 16.30, So bis 16 Uhr; Ⓟ), Teil des einstigen Guts Constantia, ist berühmt für seinen Vin de Constance. Mit diesem süßen Muskateller linderte Napoleon auf St. Helena seinen Kummer. Eine der Romanheldinnen von Jane Austen schreibt dem Vin de Constance gar die Kraft zu, „ein enttäuschtes Herz zu heilen". Probieren sollte man auch den Schaumwein nach Champagner-Art. Klein Constantia bietet zwar nicht die Attraktionen und Zugaben anderer Weingüter, hat aber eine ausgezeichneten Probierstube.

Weitere Weingüter

Constantia Glen (☎021-795 6100; www.constantiaglen.com; Constantia Main Rd; Weinprobe 30 R; ⏰Mo–Fr 10–17, Sa & So bis 16 Uhr; Ⓟ) ist bekannt für Sauvignon Blanc und bordeauxähnliche Cuvées. Von der Terrasse vor der Probierstube fällt der Blick auf die Weinberge.

Stuart Botha, der junge Kellermeister im **Eagle's Nest** (☎021-794 4095; www.eaglesnestwines.com; Constantia Main Rd; Weinprobe 40 R; ⏰10–16.30 Uhr; Ⓟ), ist einer der Stars der Reality-TV-Serie *Exploring the Vine*. Probieren sollte man den Viognier oder Shiraz. Das Picknick sollte man im Voraus buchen (375 R für zwei). Genießen kann man es an einem schattigen Plätzchen beim Fluss. Ansonsten sind auch verschiedene Platten und leichte Snacks zu bekommen.

Von der Probierstube und Wein- und Sushibar auf **Beau Constantia** (☎021-794 8632; www.beauconstantia.com; Constantia Nek; Weinprobe 55 R, Canapés 90 R; ⏰Probierstube 10–16.30 Uhr, Wein- & Sushibar Di–So 12–20.30 Uhr Ⓟ) hat man einen weiten Blick. Augen auf beim Hereinfahren, denn der Parkplatz liegt etwas versteckt. Es gibt fünf Weine zu verkosten.

KARAMAT

Am Eingang nach Klein Constantia liegt das *karamat* (Grabmal eines Heiligen) von Sheik Abdurahman Matebe Shah. Er wurde hier 1661 begraben, und das Grab ist eines von mehreren, die Kapstadt umringen und offenbar ein Schutz gegen Naturkatastrophen sein sollen.

Eine Tour durch die Weingüter bedeutet auch reichlich Esslokale. Groot Constantia betreibt zwei Restaurants, und Steenberg Vineyards hat ein exzellentes neues Bistro. Buitenverwachting bietet ein elegantes Restaurant mit Blick auf die Weinberge sowie ein gemütliches Café und (im Sommer) Picknick. In Groot Constantia wie in Eagle's Nest kann man ein Picknick bestellen, um es auf dem Gelände zu verzehren – nur die Decke muss man selbst mitbringen.

WANDERWEGE

Zandvlei Trust (www.zandvleitrust.org.za/art-constantia%20walking%20trails.html) stellt Karten zu neun Wanderwegen im Constantia Valley bereit. Sie dauern höchstens 45 Minuten, manche verlaufen durch schattige alte Wälder und an Flüssen entlang.

 SEHENSWERTES

KIRSTENBOSCH BOTANICAL GARDENS
PARK

Siehe S.137.

WEINSTRASSE DURCH DAS CONSTANTIA VALLEY
WEINGÜTER

Siehe S.138.

RHODES MEMORIAL
DENKMAL

Karte S.324 (www.rhodesmemorial.co.za; abseits M3, Groote Schuur Estate, Rondebosch; ⏱7–19 Uhr; 🅿) GRATIS Diese monumentale Granit-Gedenkstätte befindet sich am Osthang des Tafelbergs an einer Stelle, an der der Bergbau-Magnat und ehemalige Premierminister gern die Aussicht genoss. Die Stätte ist in Teilen der Londoner Hyde Park Corner nachempfunden. Das Denkmal hat 49 Stufen, eine für jedes Lebensjahr von Rhodes. Die Stufen sind flankiert von einem Paar Löwen. Von oben hat man einen weiten Blick über die Cape Flats und die Gebirgszüge. Im Jahr 1895 kaufte Rhodes für 9000 Pfund das umliegende Land, um es als relativ unberührten Teil des Berges für zukünftige Generationen zu erhalten. Seinem Ehrgeiz und seiner Entschlossenheit wurde mit der Statue eines Mannes auf einem sich aufbäumenden Pferd ein Denkmal gesetzt – ein krasser Gegensatz zur Büste von Rhodes selbst, die ihn recht verdrießlich dreinschauen lässt. Hinter dem Memorial befinden sich ein angenehmes Restaurant (S.144) und ein steiler Pfad hinauf zum King's Blockhouse, einer zwischen 1795 und 1803 von den Briten erbauten Verteidigungsstellung. Von hier aus kann man einem höhenlinienparallelen Pfad über dem Newlands Forest zur Skeleton Gorge und hinunter nach Kirstenbosch folgen.

Für einen Abstecher zum Memorial nimmt man auf der M3 die Ausfahrt Princess Anne Interchange.

IRMA STERN MUSEUM
MUSEUM

Karte S.324 (☎021-685 5686; www.irmastern. co.za; Cecil Rd, Rosebank; Erw./Kind 10/5 R; ⏱Di–Sa 10–17 Uhr; 🚉Rosebank) Die bedeutende südafrikanische Künstlerin Irma Stern (1894–1966), deren Werke zu den begehrtesten der modernen südafrikanischen Malerei gehören, lebte fast 40 Jahre lang in diesem Haus. Ihr Atelier ist noch so erhalten, als wäre sie nur eben in ihren üppigen Garten gegangen, um ein wenig frische Luft zu schnappen. Ihre Sammlung ethnografischer Bilder und Skulpturen aus aller Welt ist ebenso faszinierend wie ihre eigenen, vom Expressionismus beeinflussten Arbeiten, die Elemente der traditionellen afrikanischen Kunst einbeziehen.

WYNBERG VILLAGE
DORF

Karte S.326 (an der Durban Rd, Wynberg; 🚉Wynberg) Das historische Wynberg Village wurde 1981 unter Denkmalschutz gestellt und erhielt seinen Spitznamen Little Chelsea

---

STAUSEEN AM TAFELBERG

In der als Back Table bekannten Gegend des Tafelbergs liegen fünf Stauseen aus dem späten 19. und frühen 20. Jh., mit denen die Wasserversorgung der wachsenden Bevölkerung Kapstadts sichergestellt werden sollte. Die Arbeiten am ersten Damm begannen 1890; der 995 Mio. l fassende Stausee **Woodhead Reservoir** (benannt nach dem damaligen Bürgermeister Sir John Woodhead) wurde 1897 fertiggestellt. Zur selben Zeit begann die unabhängige Gemeinde von Wynberg mit dem Bau einiger Staudämme: Das **Victoria Reservoir** wurde 1896 fertiggestellt, das **Alexandra Reservoir** folgte 1903 und das **De Villiers Reservoir** 1907. Kapstadt ließ 1904 noch das 924 Mio. l fassende **Hely-Hutchinson Reservoir** folgen, das seinen Namen Sir Walter Hely-Hutchinson verdankt, dem letzten Gouverneur der Kapkolonie.

Bei Wanderungen kann man sich hervorragend in die Baukunst dieser Staudämme vertiefen. Wissensdurst stillt zudem das **Waterworks Museum** (☎021-686 3408; Back Table, Table Mountain National Park). Weil das kleine Gebäude im Norden des Hely-Hutchinson Reservoir häufig geschlossen ist, sollte man vorher anrufen. Zu sehen sind verschiedene Erinnerungsstücke aus der Bauphase, wie etwa die schottische Barclay-Lokomotive aus dem Jahr 1898, einst auseinandergenommen und in luftigen Höhen wieder zusammengesetzt. Ein direkter Weg hier hinauf beginnt in Constantia Nek, wo es einen Parkplatz gibt, und führt durch die Cecilia Plantation. Bis zum Hely-Hutchinson-Damm sind es etwa 4 km (einfache Strecke).

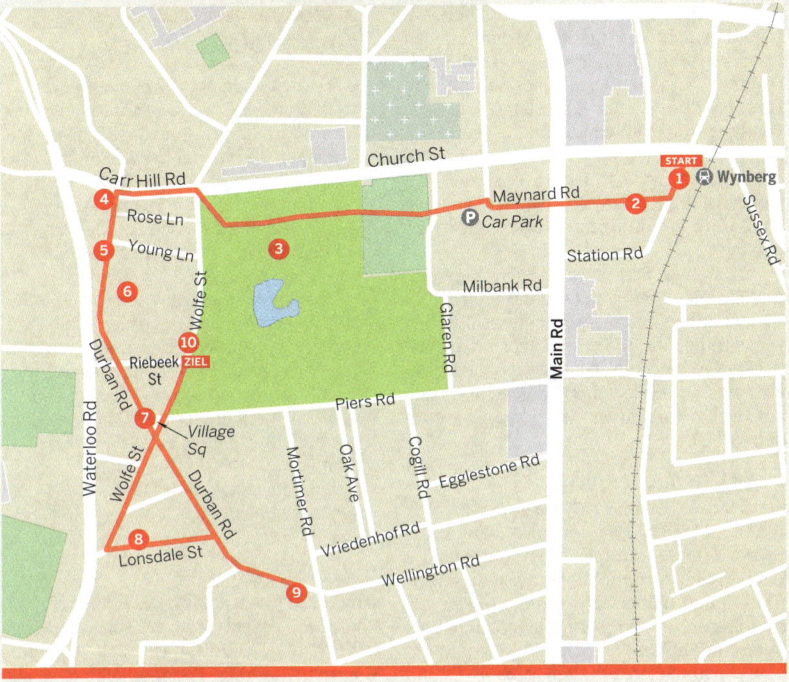

Stadtspaziergang
Wynberg Village

START WYNBERG STATION
ENDE WOLFE ST
LÄNGE/DAUER 2,5 KM; EINE STUNDE

Das denkmalgeschützte Gebiet ist voller georgianischer und viktorianischer Gebäude. Die Gegend um ❶ **Wynberg Station**, immer mit Sammeltaxis und Händlern verstopft, bildet einen starken Kontrast zur vornehmen dörflichen Umgebung kaum zehn Gehminuten westlich. Gegenüber dem Bahnhof steht die kürzlich restaurierte ❷ **Town Hall**, die W. Black Anfang des 19. Jhs. im Stil der flämischen Renaissance entwarf.

Weiter geht's über die Main Road und die Maynard Road entlang. Gegenüber vom Parkplatz (als Alternative zum Ausgangspunkt) liegt der ❸ **Maynardville Park** (S. 142), durch den man zur Kreuzung Wolfe Street/Carr Hill Road gelangt. Die neogotische ❹ **Dutch Reformed Church**, bergauf an der Durban Road, stammt von 1831. Im Inneren sind vier Granitsäulen zu sehen, die von Cecil Rhodes gestiftet wurden. An der

Kirche biegt man links (nach Süden) in die Durban Road. Die Straße wird von hübschen Reetdachhäusern gesäumt. Das ❺ **Winthrop House** beherbergte früher das Offizierskasino der britischen Streitkräfte, das ❻ **Falcon House** soll der erste Gerichtshof der Stadt gewesen sein.

An der Kreuzung Durban Road/Wolfe Street liegt ein kleiner Platz im Schatten zweier Eichen. Hier und um den versteckten und entzückenden Garten ❼ **Chelsea Courtyard** gibt es einige Einrichtungsläden. Zurück geht's zur Wolfe Street; weiter nach Süden bis zur Kreuzung Lonsdale Street zur ❽ **alten Bäckerei** (ca. 1890), mit dem von Greifen flankierten Schiefertürmchen.

Links kommt die Lonsdale Street bis zur Kreuzung Durban Road. Ein Schlenker nach rechts erlaubt einen Blick auf das Herrenhaus ❾ **Tenterden** aus dem späten 18. Jh. (die Veranda stammt aus dem 20. Jh.). Dann geht's auf demselben Weg zurück über die Durban Road, bis Dorfplatz und Ladenzeile der ❿ **Wolfe St** erreicht sind. Hier kann man erst mal einkehren.

oder auch Chelsea Village in den 1950er-Jahren in Anlehnung an den gleichnamigen Londoner Stadtteil. Ebenso wie das berühmte Künstlerviertel der englischen Hauptstadt zog auch das südafrikanische Pendant mit seinen schönen georgianischen Gebäuden (die höchste Dichte in Südafrika) zahlreiche Künstler, Designer und Innenarchitekten an, von denen viele noch heute ihre Wohnungen und Geschäfte hier haben.

Auf halber Strecke zwischen Kapstadt und Simon's Town entstand das charmante Viertel mit seinen reetgedeckten Häuschen vornehmlich im 19. Jh. als Garnison der britischen Armee, einige der Gebäude sind aber noch älter. Wynberg Village lässt sich am besten mit einem Spaziergang erkunden (S. 141).

MAYNARDVILLE PARK   PARK

Karte S. 326 (Wolfe St, Wynberg Village; ◷8–18 Uhr; ▣Wynberg) Als das aus den 1870er-Jahren stammende Herrenhaus des schwerreichen Immobilienhais James Maynard in den 1950er-Jahren abgerissen wurde, übernahm die Stadt das Grundstück und schuf diesen Park. Der alte Swimmingpool ist als Teich erhalten geblieben, und wo sich früher die Bogenschießanlage befand, steht heute die Maynardville Open-Air Theatre (S. 146).

GROOTE SCHUUR   HISTORISCHES GEBÄUDE

Karte S. 324 (✆083 414 7961, 021-686 9100; Klipper Rd, Rondebosch; Eintritt 50 R; ◷Touren Mo-Fr 10–12 Uhr; ▣Rondebosch) Cecil Rhodes residierte in der „Großen Scheune", bevor er sie nach seinem Tod mitsamt dem umliegenden Anwesen der Nation vermachte. Das historische Gebäude war bis 1984 offizieller Sitz der südafrikanischen Premierminister, zuletzt von F. W. de Klerk. Entsprechend imposant ist das schön restaurierte Interieur mit seiner Teakvertäfelung und den schweren Kolonialmöbeln, kostbaren Antiquitäten und Tapisserien.

Die Hauptattraktion ist jedoch die von Säulen gestützte Veranda, von der aus sich den Besuchern ein fantastischer Blick auf den Barockgarten, eine Pinienallee und den Devil's Peak bietet.

Man braucht seinen Personalausweis, um den Hochsicherheitsbereich betreten zu dürfen. Der Eingang ist nicht gekennzeichnet, aber beim Verlassen der M3, Ausfahrt Princess Anne Avenue, linker Hand leicht auszumachen.

SÜSSES QUELLWASSER

Wer sich wundert, in Newlands, gleich an der Kildare Road, einen stetigen Strom von Autos in eine Sackgasse einbiegen und wieder herauskommen zu sehen, dem könnte der Straßenname einen Hinweis liefern: Spring Way. Am Ende der Sackgasse sprudelt frisches Wasser, das durch Rohre direkt von einer Quelle auf dem Tafelberg hierher geleitet wird. Eingeweihte Kapstädter kommen, um sich hier Trinkwasser abzuzapfen, ebenso wie an der Quelle neben der Newlands Brewery. Die Khoisan nannten den Fluss, der auf dem Tafelberg entspringt, Camissa, das bedeutet „süßes Wasser". Wie berechtigt der Name ist, kann jeder selbst beurteilen, der sich seine Wasserflasche hier füllt.

TOKAI FOREST   WALD

Karte S. 326 (Tokai Rd, Tokai; Erw./Kind 20/10 R, Auto 15 R; ◷April–Sept. 8–17 Uhr, Okt.–März 7–18 Uhr; ℗) Der bewaldete Teil des Table Mountain National Park südlich von Constantia ist ein beliebtes Ausflugsziel zum Picknicken, Mountainbiken und Spazierengehen. Wer gut zu Fuß ist, kann die 6 km lange Wanderung zur **Elephant's Eye Cave** im Silvermine Nature Reserve in Angriff nehmen. Der Weg den Constantiaberg (928 m) hinauf ist recht steil, kurvenreich und in den höheren Lagen vor der Sonne ungeschützt. Es empfiehlt sich also, reichlich Wasser und eine Kopfbedeckung mitzunehmen. Am Startpunkt der Wanderung befindet sich das **Tokai Arboretum**, das 1885 von Joseph Storr Lister, dem „Conservator of Forests" der Kapkolonie, angelegt wurde und 1555 Bäume aus 274 verschiedenen Arten beherbergt. Außerdem gibt's hier den ausnehmend hübschen **Lister's Place Tea Garden** (✆021-715 4512; ◷Di–So 9–17 Uhr) und eine Unterkunft für Selbstversorger im Wood Owl Cottage (S. 231). Das Waldgebiet ist über die M3, Abfahrt Tokai, zu erreichen, die weitere Strecke ist ausgeschildert.

NEWLANDS BREWERY   BRAUEREI

Karte S. 324 (✆021-658 7440; www.newlandsbrewery.co.za; 3 Main Rd, Newlands; Eintritt 50 R; ◷Touren Mo–Do 10, 12 & 14, dazu Di & Mi 18, Fr 16, Sa 10 & 14 Uhr; ℗; ▣Newlands) Im frühen 19. Jh. baute Jacob Letterstedt die Brauerei

Mariendahl in Newlands, ein hübsches Gebäude und Nationaldenkmal, das heute Teil der Newlands Brewery ist, die wiederum zu South African Breweries gehört. Faszinierende Führungen durch den Komplex mit der Gelegenheit, diverse hier gebraute Biere (darunter Castle und Black Label) zu probieren, geben einen Einblick in die industrielle Bierproduktion.

ARDERNE GARDENS   PARK

Karte S.324 (www.ardernegardens.org.za; 222 Main Rd, Claremont; ⏰9–18 Uhr; 🚉Hartfield Rd) `GRATIS` Der Garten wurde 1845 vom Botaniker Ralph Arderne angelegt und umfasst die größte Sammlung von Bäumen auf der südlichen Halbkugel. Unter anderem sind hier Bambus, Koniferen, Gummibäume und gewaltige Großblättrige Feigen zu bewundern. Der Garten eignet sich wunderbar für einen gemütlichen Nachmittagsspaziergang und ist an den Wochenenden besonders farbenfroh, wenn viele Hochzeitsgesellschaften hierherkommen, um sich ablichten zu lassen.

MOSTERT'S MILL   HISTORISCHES GEBÄUDE

Karte S.324 (www.mostertsmill.co.za; Rhodes Ave, Rosebank; 🚉Rosebank) Verlässt man die Stadt auf der M3, kommt kurz nach den offenen Weiden an Devil's Peak linker Hand eine echte holländische Windmühle aus dem Jahr 1796 in Sicht – die einzige noch funktionierende Windmühle südlich der Sahara. Die reetgedeckte Dachhaube kann sich drehen und in den Wind stellen. Auf der Website stehen die wenigen Tage im Jahr, an denen die Mühle noch in Betrieb ist.

UNIVERSITY OF
CAPE TOWN   UNIVERSITÄT, ARCHITEKTUR

Karte S.324 (UCT; www.uct.ac.za; abseits Rugby Rd, Rosebank; 🅿; 🚉Rosebank) Auch für Nichtakademiker lohnt sich ein Rundgang über das Gelände der Universität von Kapstadt, um die efeubewachsenen, neoklassizistischen Fassaden und die schöne Steintreppe, die zur tempelartigen Jameson Hall hinaufführt, zu bewundern. Wer vom Woolsack Drive kommt, passiert das **Woolsack**, ein Landhaus, das Sir Herbert Baker im Jahr 1900 für Cecil Rhodes entwarf und das heute als Studentenwohnheim dient. Rudyard Kipling soll während seines Aufenthalts in diesem Haus zwischen 1900 und 1907 sein berühmtes Gedicht *If* geschrieben haben.

 # ESSEN

GARDENER'S COTTAGE   CAFÉ €

Karte S.324 (📞021-689 3158; Montebello Craft Studios, 31 Newlands Ave, Newlands; Hauptgerichte 45–70 R; ⏰Di–Fr 9.30–14.30, Sa & So 8.30–16.30 Uhr; 🚉Newlands) Nach einem Besuch in den Montebello Craft Studios entspannt man am besten in diesem hübschen Café und Teegarten bei einer herzhaften Mahlzeit im Schatten der Bäume.

O'WAYS TEACAFE   VEGETARISCH €

Karte S.324 (📞021-617 2850; www.oways.co.za; 20 Dreyer St, Claremont; Hauptgerichte 55–170 R; ⏰Mo–Fr 7.30–17, Sa 9–14 Uhr; 📝; 🚉Claremont) Ausgesprochen wird der Name dieser eleganten und entspannten Teestube wie „always". Die Speisekarte ist komplett vegetarisch und umfasst leckere Gerichte wie *dim-sum*-Teigtaschen und mit Couscous gefüllte Champignons. Dies ist auch einer der besten Orte Kapstadts für Tee. Rund 60 Sorten loser Tee und Kräutertee werden angeboten.

CHART FARM   CAFÉ €

Karte S.326 (📞021-762 0067; www.chartfarm. co.za; Klaasens Rd, Wynberg; Hauptgerichte 25–50 R; ⏰9–16.30 Uhr; 🅿; 🚉Wynberg) Auf dieser kleinen Farm, die sich westlich der M3 versteckt, werden unter anderem Rosen, Maronen, Zitronen und Trauben angebaut. Im Hofcafé mit Panoramablick über die Farm und auf die Berge genießt man hausgemachte Kuchen, Frühstück oder mittägliche Leckereien wie Hähnchenpastete. Selbst gepflückte Rosen kosten 4 R pro Stiel.

KIRSTENBOSCH TEA ROOM   INTERNATIONAL €

Karte S.326 (📞021-797 4883; www.ktr.co.za; Gate 2, Kirstenbosch Botanical Gardens, Rhodes Dr, Newlands; Hauptgerichte 50–100 R; ⏰9–17 Uhr; 🅿; 🚉Claremont) Die beste Option zum Essen in Kirstenbosch. Englischer „Tea for Two" kostet 120 R, im Preis inbegriffen sind Sandwiches mit Gurke und Frischkäse, Mini-Quiches und hausgemachte Scones mit Erdbeermarmelade und *clotted cream*. Das alles können die Gäste auch fertig verpackt bekommen und an irgendeinem schönen Plätzchen im Garten genießen. Auch als Picknick-Lunch erhältlich.

TASHAS   BÄCKEREI, INTERNATIONAL €

Karte S.326 (www.tashascafe.com; Shop 55, Constantia Village, Constantia Main Rd, Constantia; Hauptgerichte 55–80 R; ⏰7–18 Uhr; 🅿) Muffins, von denen eine Kleinfamilie satt wird, und andere köstliche Backwaren und Desserts sind die Stärke dieses luxuriös designten Cafés, das „unkompliziertes Essen" anbietet; ein Johannesburger Erfolgskonzept, das in die Mutterstadt importiert wurde.

BROOKER & WALLER DELI €

Karte S. 324 (☎087 625 0059; www.brooker waller.co.za; Shop 1A, Cavendish Pl, Cavendish St, Claremont; Salate & Sandwiches 30–65 R; ◷Mo-Fr 8–17, Sa 9–15 Uhr; ☎; 🚇Claremont) Dieses gesellige Deli mit Gemeinschaftstischen lockt mit lukullischen Genüssen; die leichten Mahlzeiten umfassen eine Auswahl an Salaten und Pastrami-Sandwiches.

★STARLINGS CAFE INTERNATIONAL €€

Karte S. 324 (☎021-671 6875; www.starlings. co.za; 94 Belvedere Rd, Claremont; Hauptgerichte 65–100 R; ◷Mo–Fr 7–16, Sa bis 15, So bis 14 Uhr; 🚇Claremont) Obwohl dieses Café fern von den Touristenpfaden und recht versteckt liegt – hinter einer großen Hecke –, ist es eines der bezauberndsten Lokale der Southern Suburbs. Dank seiner ruhigen, malerischen Lage im Cottage mit schattigem Garten ist es toll für ein ausgedehntes Frühstück oder ein Mittagessen.

★BISTRO SIXTEEN82 INTERNATIONAL €€

Karte S. 326 (☎021-713 2211; www.steenberg-vineyards.co.za; Steenberg Vineyard, Tokai; Hauptgerichte 100–185 R; ◷9–20 Uhr; 🅿) Das einladende Bistro des Steenberg Vineyard ergänzt perfekt die supermoderne Probierstube und serviert alles vom Frühstück mit einem Glas Schampus bis zum frühen Abendessen bestehende aus Tapas und dem hauseigenen süffigen Merlot. Die Terrasse bietet eine herrliche Sicht auf die Gärten und den Berg.

★FOUR & TWENTY INTERNATIONAL €€

Karte S. 326 (☎021-761 1000; www.fourandtwentycafe.co.za; 23 Wolfe St, Wynberg Village; Hauptgerichte 65–100 R; ◷Di–Sa 8–17 Uhr; 🚇Wynberg) Ein Lieblingslokal der Bewohner von Little Chelsea. Dieses ansprechende Lokal bereitet köstliche Speisen zu, von frischen Salaten und Sandwiches bis hin zu fantasievollen Gerichten wie Pastete mit geschmortem Ochsenschwanz, *imam biyaldi* (karamellisierte Aubergine mit Mandelkruste) und Fisch mit Polenta-Fritten. Der von Bougainvillea umhangene Hof ist ein nettes Plätzchen, selbst wenn es nur Tee und Kuchen sein sollen.

A TAVOLA ITALIENISCH €€

Karte S. 324 (☎021-794 3010; www.atavola.co.za; Library Sq, Wilderness Rd, Claremont; Hauptgerichte 90–150 R; ◷So–Fr 12–15, Mo–Sa 18–22 Uhr; 🅿; 🚇Claremont) Dieses geräumige, stilvolle Restaurant mit Fotos von Leuten an den roten Wänden, die es sich schmecken lassen, bereitet einen nahezu perfekten Caesar Salad zu wie auch köstliche Pasta und andere Hauptgerichte – kein Wunder, dass die Leute auf den Fotos glücklich aussehen.

LA BELLE BÄCKEREI, INTERNATIONAL €€

Karte S. 326 (☎021-795 6336; www.alphen.co.za; Alphen Dr, Constantia; Hauptgerichte 70–160 R; ◷7–19 Uhr; 🅿☎) Direkt vor dem Hotel Alphen gelegen ist dies ein einladendes Speiselokal, ob drinnen oder draußen, zum Frühstücken, Mittagessen oder für einen kleinen Imbiss. Hier kann man sich mit einem Fünfsterne-Frühstück (220 R) oder einem der Spezialtees verwöhnen (25 R). Es gibt auch eine Filiale an der Camps Bay (S. 131).

RHODES MEMORIAL RESTAURANT KAPMALAIISCH €€

Karte S. 324 (☎021-687 000; www.rhodes memorial.co.za; Rhodes Memorial, abseits M3, Groote Schuur Estate, Rondebosch; Hauptgerichte 70–125 R; ◷7–17 Uhr) Hinter dem Denkmal befindet sich in einem reetgedeckten Häuschen von 1920 das ansprechende Restaurant mit Tearoom im Freien. Der Familienbetrieb ist auf kapmalaiische Gerichte wie Currys, *bredies* (Eintopf mit Fisch oder Fleisch und Gemüse) und *bobotie* (mild gewürztes Straußenfleischcurry mit einer Kruste aus geschlagenem Ei) spezialisiert. Am Wochenende sollte reserviert werden – besonders am Sonntag, wenn es von 13 bis 16 Uhr Livejazz gibt.

JONKERSHUIS KAPMALAIISCH €€

Karte S. 326 (☎021-794 6255; www.jonkershuis constantia.co.za; Groot Constantia Rd, Constantia; Hauptgerichte 88–148 R; ◷Mo–Sa 9–22, So bis 17 Uhr; 🅿) Diese zwanglose, auf dem Weingut Groot Constantia gelegene Brasserie verfügt über einen gemütlichen, von Weinlaub beschatteten Hof mit Blick auf das Herrenhaus. Das perfekte Ambiente, um bei einem oder zwei Gläschen der örtlichen Weine kapmalaiische Gerichte (ein Probierteller kostet 148 R) oder Räucherfleisch zu genießen oder eines der köstlichen Desserts zu vernaschen.

GRAZE INTERNATIONAL €€

Karte S.326 (☑083 655 3332; Ecke Kenilworth Rd & 2nd Ave, Harfield Village, Kenilworth; Hauptgerichte 60–125 R; ☺Mo–Fr 7–21, Sa & So 8–21 Uhr; ⓟ; ⓡKenilworth) Eine praktische Ergänzung zum Pub Banana Jam gegenüber mit seinem Hausbier ist dieses neue Lokal, das sich auf nachhaltige, nahrhafte Produkte mit kräftigen Aromen spezialisiert hat, ganz zu schweigen von einer lebenden Wand aus Salatblättern. Hier darf man auf freilaufende Hühner, Burger aus Biorindfleisch und Ähnliches hoffen.

★GREENHOUSE INTERNATIONAL €€€

Karte S.326 (☑021-794 2137; www.collection mcgrath.com; The Cellars-Hohenort, 93 Brommerslvei Rd, Constantia; 5-Gänge-Menü mit/ohne Wein 550/870 R; ☺Di–Sa 19–21.30 Uhr; ⓟ☑) Die kulinarischen Fantasien von Chefkoch Peter Tempelhoff laufen in diesem eleganten, grünen Restaurant, eines der Spitzenlokale des Kaps, heiß. Nur die besten einheimischen Erzeugnisse, von nachhaltig gefangenem Kabeljau und Kroon-Ente bis hin zu Globe-Artischocken, kommen in das Fünf-Gänge-Menü (das es auch in rein vegetarisch gibt).

★LA COLOMBE FRANZÖSISCH €€€

Karte S.326 (☑021-794 2390; www.lacolombe. co.za; Silvermist, Main Rd, Constantia; Hauptgerichte am Mittag 135–210 R, 4/6-Gänge-Abendessen 465/685 R; ☺12.30–14.30 & 19.30–21.30 Uhr; ⓟ) Dieses sagenumwobene Restaurant hat ein neues Zuhause auf dem Silvermist Estate gefunden, aber ansonsten hat sich wenig geändert. Der britische Koch Scott Kirkton bringt fachmännisch Speisen hervor, die französische und asiatische Techniken und Aromen vereinen, wie geräuchertes Tomatenrisotto und in Miso scharf angebratene Jakobsmuscheln. Die elegante Lage und der entgegenkommende Service könnten nicht besser sein.

🍷 AUSGEHEN & NACHTLEBEN

★BANANA JAM BIERHALLE

Karte S.326 (www.bananajamcafe.co.za; 157 2nd Ave, Harfield Village, Kenilworth; ☺Mo–Sa 11–23, So 17–22 Uhr; ☏; ⓡKenilworth) Für echte Bierliebhaber ist diese gesellige karibische Restaurant-und-Bar-Kombination geradezu ein Paradies. Es gibt über 30 Biersorten aus den besten lokalen Mikrobrauereien (einschließlich der eigenen), gezapft oder aus der Flasche, darunter Jack Black, Darling Brew und CBC.

★MARTINI BAR COCKTAILBAR

Karte S.326 (☑021-794 2137; www.cellarshohenort.com; 93 Brommerslvei Rd, Constantia; ☺11–23.30 Uhr) Bei der 200 Cocktails umfassenden Karte hat man die Qual der Wahl (wir empfehlen den Liz McGrath Rose Martini, der mit Rosenblüttern aus den berühmten Hotelgärten garniert wird). Drinnen ist die prächtige Dekoration der Lounge mit ihrer Farbzusammenstellung aus Pink, Limone, Burgunder und Aquamarin zu bewundern, während draußen Pfaue umherstolzieren. Auch den Nachmittagstee kann man hier oder in der **Fern Bar** des Hotels genießen.

★LOCALÉ CAFÉ, BAR

Karte S.324 (☑021-685 2155; www.facebook. com/pintxosatlocale; 71 Klipfontein Rd, Little Mowbray; ☺Mo–Mi 7–17, Do & Fr bis 22, Sa & So 8–0 Uhr; ☏; ⓡMowbray) Diese ansprechende Café-Bar im Shabby Chic mit ihrem zusammengesammelten Mobiliar und sogar einem signierten Tretchikoff-Druck liegt zusammen mit ein paar weiteren Lokalen an einer Einkaufsstraße. Es ist ein guter Platz für einen Kaffee oder einen Cocktail, dazu leckere *pintxos* (mundgerechte spanische Canapés).

★FORRESTER'S ARMS PUB

Karte S.324 (www.forries.co.za; 52 Newlands Ave, Newlands; ☺Mo–Do & Sa 9–23, Fr bis 0, So bis 21 Uhr; ☏; ⓡNewlands) Der sehr englische Pub „Forries" besteht seit über einem Jahrhundert. Die Atmosphäre ist gesellig, und es gibt eine große Auswahl an einheimischen Bieren (aus großen und Hausbrauereien), gutes Kneipenessen wie Pizza aus dem Holzofen und einen sehr angenehmen Biergarten mit einem Spielbereich für Kinder.

TOAD & JOSEPHINE PUB

Karte S.324 (☑021-686 1437; www.thetoad. co.za; Boundary Rd, Newlands; ☺12–22.30 Uhr; ⓡNewlands) Am Liesbeek River steht Kapstadts einzige alte Wassermühle. Sie wurde irgendwann nach 1819 von Jacob Lettersted konstruiert, der es zum wohlhabenden Brauer und Müller brachte. Heute gehört sie zu diesem Pub und Restaurant. Bei dem einen oder anderen Bierchen kann man zuschauen, wie das riesige Rad sich dreht, und dazu auf der schattigen Veranda Pizza aus dem Holzofen verspeisen.

BARRISTERS PUB
Karte S. 324 (☑021-674 1792; www.barristersgrill. co.za; cnr Kildare Rd & Main St, Newlands; ⊙So–Fr 11–23, Sa 9–0 Uhr; 🚐; 🚉Newlands) Die bei Einheimischen beliebte Kneipe besteht aus einer Reihe gemütlicher Räume. Alle sind mit einer Auswahl auffälliger Elemente im Stil einer alten Westernkneipe geschmückt. An kühlen Abenden locken hier außerdem die warmen Gerichte.

CAFFÉ VERDI CAFÉ, BAR
Karte S. 326 (☑021-762 0849; www.caffe-verdi. co.za; 21 Wolfe St, Wynberg; ⊙Mo–Do 9.30–12.30, Fr bis 1.30, Sa bis 0 Uhr; 🚉Wynberg) In einem 110 Jahre alten Haus befindet sich diese Café-Bar nebst hübschem Hinterhof, der zum Erholungsgetränk nach Erkundungstouren durch Chelsea Village einlädt.

TIGER TIGER NACHTCLUB
Karte S. 324 (www.tigertiger.co.za; Stadium On Main, 103 Main Road, Claremont; Eintritt Do 45 R, Fr & Sa 50 R; ⊙Do–Sa 20.30–4 Uhr; 🚉Claremont) Wer spät am Abend in den Southern Suburbs noch Lust auf Party und Tanzen mit einer jungen, feierwütigen Gemeinde hat, der ist hier genau richtig. Bitte beachten, dass der Dresscode am Freitag und Samstag „kein T-Shirt, keine Shorts und keine Sandalen" lautet – schicke Outfits sind ein Muss.

⭐ UNTERHALTUNG

⭐ BAXTER THEATRE CENTRE THEATER
Karte S. 324 (☑021-685 7880; www.baxter.co.za; Main Rd, Rondebosch; Tickets ab 120 R; 🚉Rosebank) Seit den 1970ern ist das Baxter der Mittelpunkt der Kapstädter Theaterszene. Es hat drei Auditorien: das Haupttheater, die Konzerthalle und die Studiobühne. Aufgeführt wird alles vom Kindertheater bis hin zu afrikanischen Tanzrevuen. Dank des aus Kapstadt stammenden Schauspielers Sir Anthony Sher, der hier aufgetreten ist, besteht eine Partnerschaft mit der Royal Shakespeare Company.

ALMA CAFÉ LIVEMUSIK
Karte S. 324 (☑021-685 7377; www.almacafe. co.za; 20 Alma Rd, Rosebank; Eintritt ab 100 R; ⊙ Mo–Do 8–16, Mi 18–22, Fr 8–17, Sa & So 8–13, So

18–23 Uhr; 🚉Rosebank) Diese gemütliche Location, in der es auch Essen und Getränke gibt, hat meist mittwochs (kostenlos) und sonntags (mit Eintritt, Reservierung notwendig) Livemusik auf dem Programm. Auf Facebook werden die kommenden Events angekündigt.

MAYNARDVILLE OPEN-AIR THEATRE THEATER
Karte S. 326 (☑021-421 7695; www.maynardville. co.za; Ecke Church St & Wolfe St, Wynberg; 🚉Wynberg) Ein Sommer in Kapstadt ohne eine Shakespeare-Aufführung im Open-Air-Theater Maynardville ist einfach undenkbar. Aber bitte nicht Decke, Kissen und Schirm vergessen, denn das Wetter kann ganz schön ungemütlich sein, was auch für die Sitze gilt! Zu anderen Jahreszeiten gibt es hier auch Tanz, Jazzkonzerte und weitere Theateraufführungen.

SAHARA PARK NEWLANDS KRICKET
Karte S. 324 (☑021-657 2043; www.wpca.org.za; 146 Campground Rd, Newlands; Tickets 30–250 R; dNewlands) Wenn die nahe gelegene Brauerei nicht die Sicht auf den Tafelberg verstellen würden, hätte Newlands den Titel des schönsten Kricketstadions locker in der Tasche. Das 25 000 Zuschauer fassende Stadion wird auch für alle Länderspiele genutzt. Die einheimische Mannschaft „Nashua Mobile Cape Cobras" spielt hier während der Saison, also von September bis März.

Aufgrund eines Sponsoringvertrages lautet der offizielle Name Sahara Park Newlands, aber das Stadion ist allgemein unter dem Namen Newlands Cricket Ground bekannt. Tickets kosten rund 50 R für die Ligaspiele und bis zu 200 R für Länderspiele. Von einem Platz auf dem Rasen aus bekommt man die Atmosphäre bestens mit.

NEWLANDS RUGBY STADIUM RUGBY
Karte S. 324 (☑021-659 4600; www.wprugby. com; 8 Boundary Rd, Newlands; 🚉Newlands) Im Heiligtum des südafrikanischen Rugby tragen die **Stormers** (www.thestormers.com) ihre Heimspiele aus. Super-12-Spiele und Länderspiele finden hier statt.

GALILEO OPEN AIR CINEMA KINO
Karte S. 326 (www.thegalileo.co.za; Kirstenbosch Botanical Gardens, Rhodes Dr, Newlands; Tickets 70 R, Leihgebühr Decke/Stuhl 10/20 R; ⊙Nov–April Mi; 🚉Claremont) Von November bis April wird an den meisten Mittwochabenden

draußen im Park ein Film gezeigt (Einlass ab 18 Uhr, Beginn zwischen 19.30 und 20.15 Uhr, je nach Sonnenuntergang). Das aktuelle Programm steht auf der Website. Bitte beachten, dass die Vorführungen nur bei extremen Wetterbedingungen abgesagt werden und dass man nicht die eigenen Decken oder Stühle mitbringen darf.

KENILWORTH RACECOURSE   PFERDERENNEN
Karte S. 326 (☎021-700 1667; www.itsarush. co.za; Rosemead Ave, Kenilworth; ☐Kenilworth) Hier finden das ganze Jahr über Rennen statt. Das Großereignis des Jahres ist das prachtvolle **J&B Met**, Südafrikas Pendant zum Ladies Day in Ascot, das meistens eher an eine Modenschau als an ein Pferderennen erinnert. Eintrittskarten gibt's in der Regel ab 125 R.

LYRA'S   JAZZ
Karte S. 324 (☎021-685 2871; www.lyras.co.za; Shop 9 & 10, Fountain Centre, Ecke Belmont Rd & Main Rd, Rondebosch; ☺Mo-Sa 8–22 Uhr; ☐Rondebosch) Mehr noch als das preiswerte Gute-Laune-Essen (Hauptgerichte 50–100 R) lockt die Jazz-Jam-Session, die hier jeden Montagabend stattfindet und von dem einheimischen Musiker Dan Shout organisiert wird.

SHOPPEN

★MONTEBELLO   ARTS & KUNSTHANDWERK
Karte S. 324 (www.montebello.co.za; 31 Newlands Ave, Newlands; ☺Mo-Fr 9–17, Sa bis 16, So bis 15 Uhr; ☐Newlands) Dieses Förderprojekt hat bereits einigen talentierten Kunsthandwerkern und Designern den Weg geebnet. Auf dem Gelände im Grünen liegen die Künstlerateliers rund um den Kunstgewerbe-Shop in der Mitte verstreut. Hier findet man eine tolle Auswahl an Geschenkartikeln, die u. a. aus Recyclingmaterialien hergestellt sind. Es gibt auch eine Gärtnerei, das exzellente Café **Gardener's Cottage**, und sogar eine Autowäsche ist hier möglich.

★ART IN THE FOREST   KERAMIK
Karte S. 326 (☎021-794 0291; www.lightfrom africa.com; Cecilia Forest, Constantia Nek, Rhodes Dr, Constantia; ☺Mo–Sa 10–16 Uhr) Mit dem Gewinn aus dieser Galerie, die sich im Cecilia Forest versteckt, wird die Light From Africa Foundation unterstützt. Aber das ist nicht der einzige Grund für einen Besuch:

Viele Stücke der Keramik, die zum Verkauf steht, stammen von erstklassigen Kapstädter Töpfern und Nachwuchstalenten; das hübsche Gebäude aus den 1950er-Jahren bietet einen Panoramablick auf Constantia.

★TOKAI FOREST MARKET   MARKT
Karte S. 326 (www.tokaiforestmarket.co.za; Chrysalis Academy, Tokai Manor, Tokai Rd, Tokai; Parken 5 R; ☺Sa 9–14 Uhr; ☐) Wer sich von den anderen Samstagsmärkten losreißen kann, für den lohnt sich ein Besuch dieses Bauern- und Kunsthandwerkermarktes in der grünen Umgebung von Tokai. Hier gibt es auch Frühstück, und die Kleinen können auf dem Spielplatz rumtoben.

★BALU LEGACY BOUTIQUE   MODE
Karte S. 324 (www.balu.co.za; 9 Cavendish Lane, abseits Cavendish St, Claremont; ☺Mo–Fr 9–17, Sa bis 14 Uhr; ☐Claremont) Die Entwürfe von Balu Nivison mit Originaldruckstoffen werden verführerisch in dieser schicken Boutique in einem der denkmalgeschützten Cottages hinter dem Cavendish Square präsentiert. Hier gibt's auch ein Café und eine Saftbar sowie ein Sortiment an ätherischen Ölen und Bodylotions – und dazu ein paar Sachen für Männer von Balus Sohn Benjamin.

CAVENDISH SQUARE   EINKAUFSZENTRUM
Karte S. 324 (☎021-657 5620; www.cavendish. co.za; Cavendish Square, Dreyer St, Claremont; ☺Mo–Sa 9–19, So 10–17 Uhr; ☐Claremont) Im Mittelpunkt der Shopping-Szene von Claremont steht diese Mall der gehobenen Klasse mit Outlets vieler Top-Modedesigner Kapstadts. Daneben gibt es Supermärkte, Kaufhäuser und Multiplexkinos.

KIRSTENBOSCH CRAFT MARKET   KUNST & KUNSTHANDWERK
Karte S. 326 (☎021-671 5468; Ecke Kirstenbosch Dr & Rhodes Ave, Newlands; ☺letzter So im Monat 9–17 Uhr; ☐Claremont) Der große Kunsthandwerkermarkt, der sich außerhalb der Kirstenbosch Botanical Gardens ausbreitet, bietet eine große Auswahl. Das meiste hier kann mit Kreditkarte bezahlt werden. Die Kasse befindet sich in einer der Steinhütten auf dem Gelände. Die Erträge dieses Marktes gehen an einen Entwicklungsfonds für Kirstenbosch.

HABITS   MODE
Karte S. 324 (☎021-671 7330; www.habits.co.za; 1 Cavendish Close, Cavendish St, Claremont;

⊙Mo–Fr 9–17, Sa bis 13.30 Uhr; ⊞Claremont) Die Damenmode aus Leinen, Baumwolle und Seide von Jenny le Roux ist zugleich klassisch und praktisch. Gelangweilte Partner können sich auf das Sofa fläzen, fernsehen und kostenlose Drinks schlürfen.

THE SPACE
MODE

Karte S.324 (☑021-674 6643; www.thespace. co.za; L69, Cavendish Square, Dreyer St, Claremont; ⊙Mo–Sa 9–19, So 10–17 Uhr; ⊞Claremont) Diese hippe Boutique in den Tiefen des Cavendish Square führt kreative einheimische Mode und Accessoires für Kunden mit individuellem Stil, außerdem werden spaßige Geschenkartikel verkauft.

YDE
MODE

Karte S.324 (☑021-683 6177; www.yde.co.za; F66, Cavendish Square, Dreyer St, Claremont; ⊙Mo–Sa 9–19, So 10–17 Uhr; ⊞Claremont) YDE steht für „Young Designers Emporium". Hier ist es zwar ein bisschen chaotisch, aber meistens findet sich ein cooles, bezahlbares Teil. Die Streetwear und Accessoires für Damen und Herren entwerfen südafrikanische Designer. Filialen gibt es in der Victoria Wharf (S.123) an der Waterfront und im Canal Walk (S.173).

CONSTANTIA VILLAGE
EINKAUFSZENTRUM

Karte S.326 (☑021-794 5065; www.constantia village.co.za; Ecke Constantia Main Rd & Spaanschemat River Rd, Constantia; ⊙Mo–Fr 9–18, Sa bis 17, So bis 14 Uhr) Das größte Einkaufszentrum der Gegend hat alle Basics und mehr, dazu große Supermärkte und viele weitere Läden, auch für Musik, Bücher und Mode.

ACCESS PARK
FABRIKOUTLETS

Karte S.326 (www.accesspark.co.za; 81 Chichester Rd, Kenilworth; ⊙Mo–Fr 9–17, Sa bis 15, So 10–14 Uhr; ⊞Kenilworth) In den Unmengen von Outlets und Fabrikverkäufen, die alles von Adidas-Turnschuhen bis zu Computern und Koffern im Angebot haben, treffen sich die Schnäppchenjäger.

SPORT & AKTIVITÄTEN

SA FOREST ADVENTURES
ABENTEUERSPORT

Karte S.326 (☑083 517 3635; www.saforest adventures.co.za; Silvermist Mountain Lodge & Wine Estate, Main Rd, Constantia; pro Person 480 R; ⊙Aug–April 9–16 Uhr, Mai–Juli bis 15 Uhr) Eine der längsten Ziplines von Südafrika, die aus sieben Abschnitten besteht, führt über eine Schlucht auf dem Weingut Silvermist. Auf dem felsigen Hügel gibt's wenig Schatten, aber die Aussicht ist großartig – das heißt, wenn man nach dem Heruntersausen an dem Seil wieder bei Sinnen ist. Vom Eingang des Weingutes den Schildern zur Silvermist Eatery folgen, dort ist der Zugang zur Zipline.

SPORTS SCIENCE INSTITUTE OF SOUTH AFRICA
FITNESSSTUDIO, SCHWIMMEN

Karte S.324 (☑021-659 5600; www.ssisa.com; Boundary Rd, Newlands; pro Tag 90 R; ⊙Mo–Fr 5.30–21, Sa 6.30–19, So 8–12.30 & 16–19 Uhr; ⊛; ⊞Newlands) Viele der besten Profisportler des Landes kommen hierher zum Trainieren. Zu den Annehmlichkeiten des Hauses, in dem auch Tagesgäste willkommen sind, zählen unter anderem ein 25-Meter-Becken, eine Indoor-Laufbahn und eine Kinderbetreuung. Die Einrichtung befindet sich zwischen den Kricket- und Rugbystadien in Newlands.

KENILWORTH RACECOURSE CONSERVATION AREA
WANDERN

Karte S.326 (☑021-700 1843; www.krca.co.za; Kenilworth Race Course, Rosemead Ave, Kenilworth; ⊞Kenilworth) In der Mitte der Kenilworth-Rennbahn befinden sich diese 5200 m² geschützte *fynbos*-Landschaft (das sogenannte „Cape Flats Sand Fynbos"), in der manchmal naturkundliche Spaziergänge und andere Veranstaltungen organisiert werden; weitere Informationen stehen auf der Website.

Simon's Town & Southern Peninsula

MUIZENBERG | KALK BAY | SIMON'S TOWN | KOMMETJIE | NOORDHOEK

Highlights

❶ Mitten in einem Naturreservat, das die zerklüftete Spitze der Halbinsel bedeckt, wandern, radwandern oder das Strandambiente am **Kap der Guten Hoffnung** (S.151) genießen.

❷ Eine Fotosafari zu den Brillenpinguinen unternehmen, die um **Boulders** (S.158) herumwatscheln.

❸ In **Kalk Bay** (S.162) shoppen gehen und einen Snack oder einen Drink mit Hafenblick genießen.

❹ Am **Muizenberg Beach** (S.155), der von den berühmten quietschbunten Badehäusern gesäumt ist, surfen lernen.

❺ Im **Silvermine Nature Reserve** (S.154) im Table Mountain National Park Höhlen erkunden und um den Stausee wandern.

Mehr zu diesem Gebiet auf den Karten S.328, S.330 und S.331.

Top-Tipp

Von Ende Mai bis Anfang Dezember tummeln sich in der False Bay Wale mit ihren Jungen. Die Monate Oktober und November sind die beste Zeit, um sie zu sichten. Südkaper-, Buckel- und Brydewale („Brieda" ausgesprochen) lassen sich am häufigsten blicken. Gute Aussichtspunkte gibt's am Küstenweg von Muizenberg nach St. James (S. 156), am Pub Brass Bell (S. 161) in Kalk Bay und am Jager's Walk in Fish Hoek. Die Simon's Town Boat Company (S. 165) bietet vom Hafen in Simon's Town auch Bootstouren zur Walbeobachtung an.

Gut essen

➡ Olympia Café & Deli (S. 159)

➡ Flagship (S. 161)

➡ Foodbarn (S. 161)

➡ Lighthouse Cafe (S. 160)

➡ Casa Labia (S. 159)

Mehr dazu s. S. 158. ➡

Schön ausgehen

➡ Brass Bell (S. 161)

➡ Slow Life (S. 161)

➡ Tiger's Milk (S. 161)

➡ Cape Point Vineyards (S. 161)

Mehr dazu s. S. 161. ➡

Schön shoppen

➡ Blue Bird Garage (S. 162)

➡ Kalk Bay Modern (S. 162)

➡ Sobeit (S. 162)

➡ Artvark (S. 162)

Mehr dazu s. S. 162.

Erkundungstour

Fernab der Großstadthektik im Norden mutet der südlichste Zipfel des Kaps fast wie eine andere Welt an. Wer sich ein paar Tage Zeit nimmt, die Schönheiten der Gegend – allen voran das großartige Kap der Guten Hoffnung (Cape Point) – zu entdecken, wird reich belohnt.

Weitere tolle Orte sind der Vorort Muizenberg mit der hinreißenden Casa Labia, Kalk Bay mit seinen Antiquitäten- und Kunsthandwerksläden, guten Cafés und einem lebhaften Fischmarkt, der Marinestützpunkt Simon's Town, wo neben den Fregatten heute auch Ausflugsboote ankern, die aufregende Touren zum Cape Point anbieten, und Boulders mit der berühmten Brillenpinguinkolonie.

Noch ruhiger ist es an der Atlantikseite der Halbinsel, wie in Noordhoek, das für seinen breiten Sandstrand berühmt ist, und im Surfermekka Kommetjie („Kommickie" ausgesprochen, oft nur „Kom" genannt), einem beschaulichen Fischerdorf, mit dem gusseisernen Slangkop-Leuchtturm als Wahrzeichen. Scarborough ist der letzte Küstenort vor dem Cape Point.

Die Strände um die False Bay an der Ostseite der Halbinsel sind nicht ganz so spektakulär wie die an der Atlantikküste. Aber das Wasser ist oft über 5°C wärmer und kann im Sommer 20°C erreichen.

Lokalkolorit

➡ **Märkte** Halb Muizenberg genießt freitagabends Essen, Trinken und Livemusik in der Blue Bird Garage (S. 162); ein echtes Highlight ist aber auch der Nachtmarkt am Donnerstag auf dem Grundstück des Weinguts Cape Point Vineyards.

➡ **Surfen** Rauf aufs Brett – mit anderen Surfern kann man die Wellen in Kommetjie (S. 157) und Muizenberg (S. 155) reiten.

➡ **Musik** Konzerte gibt's im Casa Labia (S. 159), Slow Life (S. 161) und Alive Cafe (S. 162) in Muizenberg; es lohnt, sich danach zu erkundigen.

An- & Weiterreise

➡ **Auto** Unbedingt notwendig, um die Gegend wirklich erkunden zu können.

➡ **Taxi Noordhoek Taxis** (☏ 021-234 7021; www.noordhoektaxis.co.za)

➡ **Zug** Die Züge halten in Muizenberg und Kalk Bay, Endstation ist Simon's Town. Cape Metro Rail bietet Tageskarten für 30 R.

➡ **Wassertaxi Mellow Yellow** (Karte S. 330; ☏ 073-473 7684; www.watertaxi.co.za; einfach/hin & zurück 100/150 R) Zwischen Kalk Bay und Simon's Town. (Zur Anreise nach Kalk Bay empfehlen wir die Zugverbindung nach Simon's Town, dann umsteigen ins Wassertaxi, und nicht umgekehrt.)

HIGHLIGHT
KAP DER GUTEN HOFFNUNG

Das Kap heißt hier Cape Point und ist ein 77,5 km² großer Teil des Table Mountain National Park mit hinreißender Landschaft, fantastischen Wanderwegen und oft einsamen Stränden. Um die 250 Vogelarten nisten hier, darunter Kormorane und eine Straußensippe nahe dem Kap der Guten Hoffnung, dem südwestlichsten Punkt des Kontinents.

Flying Dutchman Funicular

Der Aufstieg ist zwar nicht anstrengend, aber Fußmüde können die Standseilbahn **Flying Dutchman Funicular** (www.capepoint.co.za; einfach/hin & zurück Erw. 42/52 R, Kind 17/22 R; ⊘ 19–17.30 Uhr) nehmen, die neben dem Restaurant bis zum Andenkenkiosk neben dem alten Leuchtturm fährt. Der Leuchtturm von 1860 wurde zu hoch oben gebaut (238 m ü.d.M.) und war deswegen oft von Dunst und Nebel verhüllt. Der neue Leuchtturm, der 1919 am Diaz Point errichtet wurde, liegt 87 m oberhalb des Wassers.

Strände

Es gibt am Kap ein paar herrliche Strände, die manchmal absolut einsam sind. Jedoch sollte man beim Baden aufpassen, denn an diesen Stränden gibt es keine Rettungsschwimmer. Zu den schönsten gehört der **Platboom Beach;** der hübsche Strand in der **Buffels Bay** ist für Badende absolut sicher, denn die Schwimmzone ist von Felsen umrahmt. Der Maclear Beach nahe dem Parkplatz eignet sich wunderbar zum Spazierengehen und Tauchen, zum Schwimmen ist es hier aber zu felsig. Weiter Richtung Cape Point liegt der schöne **Diaz Beach,** der zu Fuß vom Parkplatz aus erreichbar ist.

NICHT VERSÄUMEN

➡ Kap der Guten Hoffnung
➡ Leuchttürme am Cape Point
➡ Cape of Good Hope und Hoerikwaggo Trails
➡ Buffels Beach
➡ Platboom Beach

PRAKTISCH & KONKRET

➡ Karte S. 331
➡ www.tmnp.co.za
➡ Erw./Kind 110/55 R
➡ ⊘ Okt.–März 6–18 Uhr, April–Sept. 7–17 Uhr

GEFÜHRTE TOUREN

Zahlreiche Touren-anbieter haben den Cape Point in ihrem Programm. Die meisten flitzen ins Reservat, halten am Buffelsfontein Visitor Centre (Besucherzentrum, Karte S. 331; 📞 021-780 9204; Cape of Good Hope; 🕐 Mo–Do 9–16, Fr bis 15 Uhr) und erlauben gerade genug Zeit, um zum Cape Point zu laufen, etwas zu Mittag zu essen und sich auf dem Rückweg am Kap der Guten Hoffnung fotografieren zu lassen.

Der portugiesische Seefahrer Bartolomeu Dias prägte den Namen Cabo da Boa Esperança (Kap der Guten Hoffnung). Das in den Felsen gehauene Kreuz markiert die Stelle, an der Dias 1488 vermutlich das Kap betrat.

Fauna & Flora

Im Reservat leben zwar auch Buntböcke, Elenantilopen und Zebras, aber sie lassen sich nur selten blicken. Häufig sind dagegen Paviane und Klippschliefer zu sehen.

Die Warnschilder „Bitte Paviane nicht füttern" sollte man unbedingt beherzigen. Nach Jahren der Interaktion mit Touristen haben diese Affen gelernt, Futter direkt aus der Hand zu fressen oder bei offenem Fenster in die Autos zu klettern, um sich dort ihren Happen zu holen. Wer sie allerdings triezt, muss mit Aggression rechnen. Also bitte niemals provozieren! Der daraus resultierende Schaden könnte vielleicht weit größer sein als Paviandreck auf den Autositzen.

Das windverwehte Reservat, dessen Vegetation aus bodendeckenden *fynbos*-Arten besteht (wörtlich „feinblättrige Strauchgewächse", vor allem immergrüne Proteen, Heidekraut und Erica-Arten), ist fast baumlos. Besonders schön ist es hier im Frühling, wenn die Wildblumen blühen.

Wandern & Radfahren

Am schönsten lässt sich das Reservat zu Fuß oder per Fahrrad erkunden – mehrere Anbieter, darunter Awol (S. 27), Day Trippers (S. 28) und Downhill Adventures (S. 110) haben auch Radtouren im Programm. Am Eingang gibt es zur Eintrittskarte eine einfache Wegenetzkarte. Für anspruchsvolle Wanderungen sind die detaillierteren Slingsby Maps empfehlenswert. Nicht vergessen, dass das Wetter rasch umschlagen kann.

Cape of Good Hope Trail

Für die zweitägige Wanderung mit Übernachtung auf dem Cape of Good Hope Trail (210 R plus Eintritt ins Reservat) ist eine Buchung erforderlich. Auf dem spektakulären, insgesamt 33,8 km langen Rundweg durch das Reservat sind viele Arten von Zuckerbüschen (Proteen) und andere *fynbos*-Pflanzen zu entdecken. Weite Aussichten bietet der Abschnitt zwischen Paulsberg und Judas Peak Richtung False Bay.

Übernachtet wird in den Hütten Erica, Protea und Restio an der Nordseite des De Gama Peak. Durch die hohe Lage der Hütten kann man sowohl den Sonnenaufgang als auch den Sonnenuntergang sehen. Im Schlafsaal mit Stockbecken können bis zu sechs Personen übernachten, ein eigener Schlafsack muss mitgebracht werden. Besteck und Geschirr sind vorhanden, ebenso eine Dusche mit heißem Wasser. Kontakt über das Buffelsfontein Visitor Centre im Park.

Weitere Wanderwege

Ein weiterer Wanderweg im Reservat ist der 15 km lange erste (oder, je nach Perspektive, letzte) Abschnitt des **Hoerikwaggo Trail,** der insgesamt 77 km lang ist. Er beginnt am Cape Point Lighthouse und führt dann an der False Bay entlang zur Smitswinkel Bay. Einige Abschnitte dieser Route sind recht steil. Von Ende August bis Oktober kann man dafür aber Wale in der Bucht sichten.

Ein Pfad führt vom Kap der Guten Hoffnung über den Diaz Beach zum Cape Point Lighthouse hinauf. Zudem gibt es einen unkomplizierten, 3,5 km langen Wanderweg von der Buffels Bay zum spektakulären Gipfel des Paulsbergs.

Am einfachsten, in knapp 30 Minuten, ist der 1 km lange Wanderweg zwischen altem und neuem Leuchtturm zu bewältigen. Die Strecke führt über einen spektakulären Kammweg mit einem grandiosen Blick hinab auf den neuen Leuchtturm und die steilen Meeresklippen.

ESSEN & SCHLAFEN

Picknick vergessen? – Im Buffelsfontein Visitor Centre und in einem Laden neben der Standseilbahn gibt es Snacks. Dort befindet sich auch das Two Oceans Restaurant, das auf Reisegruppen eingestellt ist, aber eine Terrasse mit tollem Blick hat. Zelten ist nicht erlaubt, aber drei Ferienhäuser – Olifantsbos (S. 232), Eland und Duike – werden vermietet. Unterkunft bietet auch das Smitswinkel Tented Camp (S. 229) vor dem Haupteingang zum Cape Point.

SEHENSWERTES

Muizenberg, Kalk Bay & Umgebung

Muizenberg wurde 1743 von den Niederländern als Postkutschenstation gegründet. Seine Glanzzeit erlebte das Städtchen im frühen 20. Jh., als es sich zum bevorzugten Badeort der Reichen entwickelte. Kalk Bay wurde nach dem Kalk („kalk" auf Afrikaans) benannt, der im 17. Jh. durch Verbrennen von Muschelschalen in Brennöfen gewonnen und zum Anstrich der Häuser verwendet wurde. Während der Apartheid wurde der Ort von Regierung und Wirtschaft vernachlässigt, da er überwiegend von Farbigen bewohnt war. Rund um die False Bay südlich der Kalk Bay liegen die Gemeinden Fish Hoek und Clovelly mit ihren breiten Stränden, wo man gefahrlos im Meer schwimmen kann.

CASA LABIA CULTURAL CENTRE
KULTURZENTRUM

Karte S. 328 (☎021-788 6068; www.casalabia. co.za; 192 Main Rd, Muizenberg; ☺Di–So 10–16 Uhr; ☒Muizenberg) GRATIS Die prachtvolle Villa am Meer von 1930 war einst der palastartige Wohnsitz des italienischen Botschafters in Südafrika, Graf Natale Labia, und seiner südafrikanischen Gemahlin. Heute bietet das Haus ein reichhaltiges kulturelles Programm mit Konzerten, Vorträgen und Veranstaltungen. Außerdem beherbergt es Werke aus der Kunstsammlung der Labias (darunter Gemälde von Irma Stern und Gerald Sekoto), und es finden regelmäßige Wechselausstellungen mit Werken zeitgenössischer Kunst statt. Hinzu kommen ein ausgezeichnetes Café (S. 159) und der erstklassige Kunsthandwerksladen **CasBah.** Das feudale Haus, das über Jahrzehnte hinweg auch als Botschafts- und Gesandtschaftsgebäude diente, wurde vom Kapstädter Architekten Fred Glennie entworfen und von einem venezianischen In-

---

HIGHLIGHT
SILVERMINE NATURE RESERVE

Das Naturreservat Silvermine liegt zwar abseits der üblichen Touristenstrecken, ist aber dennoch ein spektakulärer Teil des Table Mountain National Park. Zu erreichen ist es vom Ou Kaapse Weg, der quer über die Halbinsel führt, oder über Wanderwege ab dem Boyes Drive. Seinen Namen erhielt es nach vergeblichen Versuchen der Niederländer, hier von 1675 bis 1685 nach Silber zu schürfen. Beliebt ist der Park bei Wanderern, Mountainbikern, Fels- und Höhlenkletterern.

Im Mittelpunkt steht das **Silvermine Reservoir** von 1898, das sich wunderbar für ein Picknick oder einen gemächlichen, 20-minütigen Spaziergang auf dem barrierefreien Uferweg eignet. Einheimische baden oft im tanninhaltigen Wasser des Stausees. Der **Silvermine River Walk** (einfach 45 Minuten) ab dem Parkplatz ist ebenfalls recht lohnenswert.

Am Südostrand des Reservats befindet sich die **Peers Cave,** die über einen Weg ab einem markierten Parkplatz am Ou Kaapse Weg zu erreichen ist. Die Höhle ist nach Victor Peers benannt, der hier 1927 mit seinem Sohn Bertie mit Ausgrabungsarbeiten begann. Die beiden stießen auf Belege, dass hier bereits vor 10 000 Jahren die Khoisan lebten, und sie fanden auch einen Schädel, der vermuten ließ, dass es sich um eine alte Begräbnisstätte handelte. Die 1941 zum Nationaldenkmal erklärte Höhle bietet einen dramatischen Blick Richtung Noordhoek und auf das Meer.

NICHT VERSÄUMEN
➡ Silvermine Reservoir (Stausee)
➡ Silvermine River Walk
➡ Peers Cave

PRAKTISCH & KONKRET
➡ Karte S. 328
➡ ☎021-715 0011
➡ www.tmnp.co.za
➡ Ou Kaapse Weg
➡ Erw./Kind 10/5 R
➡ ☺Okt.–März 7–18 Uhr, April–Sept. 8–17 Uhr

nenarchitekten antik ausgestattet. Nach einer wechselhaften Geschichte wurde das Haus 2008 wieder dem Sohn der Labias übertragen. Seither ist es liebevoll restauriert worden.

MUIZENBERG BEACH · STRAND
Karte S.328 (Beach Rd, Muizenberg; P; ⊠Muizenberg) Der bei Familien beliebte Surferstrand ist für seine grellbunten viktorianischen Badehäuser berühmt. Surfbrettverleih und Kurse bieten verschiedene Surfläden an der Beach Road. Schließfächer gibt es in den Pavillons an der Promenade. Der Strand fällt sanft zum Meer hin ab, und die See ist im Allgemeinen sicherer als andernorts auf der Halbinsel. Am östlichen Ende der Promenade befindet sich eine Wasserrutsche (1 Std./Tageskarte 40/80 R; ⊙13.30–17.30, Sa & So 9.30–17.30 Uhr).

KALK BAY HARBOUR · HAFEN
Karte S.328 (Essex Rd, Kalk Bay; ⊙9–17 Uhr Fischmarkt; P; ⊠Kalk Bay) Kalk Bays hübscher Hafen ist vor allem in den späten Morgenstunden angenehm zu besichtigen, wenn die wenigen noch verbliebenen Fischerboote der Gemeinde von ihrem täglichen Fang heimkehren und am Kai der quirlige Markt beginnt. Ein beliebtes Ziel für alle, die frischen Fisch für ein *braai* (Barbecue) kaufen oder in der Saison auch Wale beobachten wollen. Neben dem Bahnhof von Kalk Bay und dem Pub Brass Bell gibt es ein paar Gezeitenbassins zum Schwimmen.

RONDEVLEI NATURE RESERVE · WILDRESERVAT
(☎021-706 2404; Fisherman's Walk Rd, Zeekoevlei; Erw./Kind 12/6 R; ⊙ganzjährig tgl. 7.30–17 Uhr, Dez.–Feb. Sa & So 7.30–19 Uhr; P; ⊠Retreat) Flusspferde waren seit 300 Jahren aus den hiesigen Sümpfen verschwunden, bis sie im Jahr 1981 in diesem kleinen, malerischen Naturreservat nordöstlich von Muizenberg wieder angesiedelt wurden. Heute leben hier acht Flusspferde, aber sie sind scheu und lassen sich kaum blicken, außer vielleicht nachts (Übernachtung 1050 R für bis zu 4 Pers./Selbstversorger). Weitere Infos hat I**mvubu Nature Tours** (☎082-847 4916, 021-706 0842; www.imvubu. co.za) direkt im Reservat.

Auf den einstündigen Wanderführungen (400 R pro Pers., mind. 6 Pers.) der Anbieters können vom Küstenweg, den Aussichtstürmen und Unterständen aus um die 200 Vogelarten beobachtet werden.

RHODES COTTAGE MUSEUM · MUSEUM
Karte S.328 (246 Main Rd; Eintritt mit Spende; ⊙Mi, Fr & Sa 10–13, Di 10–16 Uhr; ⊠Muizenberg) Das von Sir Herbert Baker entworfene reetgedeckte Haus ist heute ein reizendes Museum zu Cecil Rhodes (S.62), der hier 1902 im vorderen Schlafzimmer starb. Durch das Haus führen engagierte Freiwillige der Muizenberg Historical Conservation Society. Der hübsche Garten am Hang ist ein wunderbares Plätzchen für eine Pause und um in der Saison Wale zu sichten.

SAVE OUR SEAS SHARK CENTRE · MUSEUM
Karte S.328 (www.saveourseas.com; 28 Main Rd; Kalk Bay; ⊠Kalk Bay) Nach längerer Renovierungsphase hat das Informations- und Bildungszentrum nun wieder seine Pforten geöffnet. Sein Engagement gilt der weltweiten Aufklärung sowie dem Schutz, Arterhalt und nachhaltigen Fang von Haien. Besucher können sich auch über das wegweisende Projekt **Shark Spotters** (www.sharkspotters.org.za) informieren, das die wichtigsten Strände überwacht und Alarm schlägt, wenn in der Nähe Haie auftauchen.

⊙ Simon's Town & restliche Southern Peninsula

Auf der False-Bay-Seite der Halbinsel ist Simon's Town nach dem Governor Simon van der Stel benannt. Als Winterankerplatz der Niederländischen Ostindien-Kompanie (Vereenigde Oost-Indische Compagnie, VOC) aus dem Jahr 1741 und Marinestützpunkt der Briten seit 1814 ist Simon's Town nach wie vor eine Flottenbasis.

KAP DER GUTEN HOFFNUNG · OUTDOORAKTIVITÄTEN
Siehe S.151.

NOORDHOEK BEACH · STRAND
(über die Beach Road erreichbar, Noordhoek) Der großartige 5 km lange Strand von Noordhoek ist vor allem bei Surfern und Reitern beliebt, wegen der starken Strömungen zum Schwimmen aber eher ungeeignet. Am Nordende befindet sich The Hoek, ein grandioser Surfspot, wo diejenigen, die auf der Suche nach der perfekten Welle sind, gute Chancen haben, fündig zu werden. Mitten auf dem Strand ragen die Überreste des im Jahr 1900 auf seiner Jungfernfahrt von England nach Australien gestrandeten

🏃 Stadtspaziergang
Muizenberg – St. James Walk

START BAHNHOF MUIZENBERG
ENDE BAHNHOF MUIZENBERG
LÄNGE/DAUER 3 KM; EINE STUNDE

Die Küstenwanderung bietet spektakuläre Aussichten auf die False Bay und vermittelt einen Eindruck von der Geschichte und der einstigen Pracht der Küstenvorstadt.

Vom ❶ **Bahnhof Muizenberg** geht es nordwärts über den Park zur Camp Road mit der rot-weiß gestrichenen ❷ **Synagoge**; Muizenberg hatte in den 1920er- und 1930er-Jahren eine große jüdische Gemeinde. Betonstufen steigen zum Boyes Drive hinauf, von wo sich ein großartiger Blick über die Stadt und den Strand bietet. Am schmiedeeisernen Tor auf der linken Seite führen Stufen hinab zum ❸ **Grab von Sir Abe Bailey** (1864–1940), „Soldat, ehemaliger Sportler, Philantrop, Bergbaupionier". Von dort sollte ein Blick auf Baileys Haus ❹ **Rust-en-Vrede** mit seinen roten Dachziegeln und hohen Giebeln an der Main Road unten möglich sein. Cecil Rhodes (S. 62) gab den Bau in Auftrag, lebte aber nie selbst dort.

Weiter geht's über den Boyes Drive bis zur steilen Treppe, die zum ❺ **Bahnhof St. James** hinabführt. Daneben warten die berühmten farbenfrohen viktorianischen Badekabinen und ein Gezeitenbecken, das eine Abkühlung verspricht. Hier beginnt ein Küstenpfad, der zurück nach Muizenberg führt.

In Richtung einer herrschaftlichen Villa im spanischen Stil (nach dem Anwesen von Elvis Presley „Graceland" genannt) überquert man durch eine Unterführung die Main Road, um dem ❻ **Rhodes Cottage**, in dem Rhodes 1902 starb, einen Besuch abzustatten.

Zurück auf dem Küstenpfad liegt rechts das reetgedeckte ❼ **Bailey's Cottage** (1909), einer der Wohnsitze von Sir Abe Bailey. Auf der Main Road näher an Muizenberg geht es auch an der ❽ **Casa Labia** vorbei, die der Familie eines italienischen Grafen gehört, der das Haus 1930 erbauen ließ.

Ein Stück weiter liegt das ❾ **Posthuys** aus den 1670er-Jahren. Das einstige Wachhaus für einlaufende Schiffe in die False Bay ist eines der ältesten Gebäude Kapstadts im europäischen Stil. Von hier sind es nur ein paar Gehminuten zurück bis zum Bahnhof.

Dampfers Kakapo wie eine bizarre Skulptur aus dem Sand.

SIMON'S TOWN MUSEUM — MUSEUM

Karte S. 330 (☑021-786 3046; www.simonstown.com/museum/stm_main.htm; Court Rd, Simon's Town; Erw./Kind 10/5 R; ☺Mo–Fr 10–16, Sa 13 Uhr; ℗; ⓇSimon's Town) Das weitläufige Museum, das in der alten Gouverneursresidenz (Baujahr 1777) eingerichtet worden ist, ist der Geschichte von Simon's Town gewidmet. Natürlich dürfen auch einige Exponate über Just Nuisance nicht fehlen, die berühmte Dogge, die im Zweiten Weltkrieg der Navy als Maskottchen diente und deren Grab sich in der Red Hill Road oberhalb der Stadt befindet. Ein längerer, angenehmer Fußweg (jedoch bergauf) führt vom Hafen aus zum Museum mit guten Ausblicken in die Umgebung.

JUST NUISANCE STATUE — STATUE

Karte S. 330 (Jubilee S, Simon's Town; ℗; ⓇSimon's Town) 1985 wurde dieses berühmte südafrikanische Maskottchen von dem Künstler Jean Doyle als Bronze-Skulptur verewigt. Von 1937 bis 1944 hatte die Dogge in Simon's Town ihr Zuhause, und sie ist eine unvergängliche Reminiszenz an die Seeleute aus dem Zweiten Weltkrieg, denen sie zum Talisman wurde. Die Skulptur thront hoch über dem Freizeithafen. Auf dem Platz drumherum befinden sich Kunsthandwerksstände. Jeden zweiten Samstag findet hier ein Markt statt (9.30 bis 14.30 Uhr).

HERITAGE MUSEUM — MUSEUM

Karte S. 330 (www.simonstown.com/museum/sthm.htm; Almay House, King George Way, Simon's Town; Eintritt 10 R; ☺Di–Do & So 11–16 Uhr; ℗; ⓇSimon's Town) Simon's Towns muslimische Gemeinde zählte 7000 (farbige) Menschen, bevor die meisten von ihnen aufgrund der Apartheid gewaltsam verdrängt wurden, vor allem nach Ocean's View auf der Atlantikseite der Halbinsel. Das kleine, aber interessante Museum im Almay House von 1858 mit einem reizenden Garten ist diesen Vertriebenen gewidmet. Es wird von Zainab Davidson betreut, deren Familie Simon's Town 1975 verlassen musste.

IMHOFF FARM — FARM

(☑021-783 4545; www.imhofffarm.co.za; Kommetjie Rd, Kommetjie; ℗ 🚹) GRATIS Auf dem alten und sehr schönen Hof außerhalb von Kommetjie gibt es einiges zu sehen und zu

INSIDERWISSEN

ABSEITS VON VERKEHR & MENSCHENMASSEN

Die Main Road ist die Hauptverkehrsstraße an der Küste zwischen Muizenberg und Fish Hoek. Eine hübschere (und weniger befahrene) Strecke zwischen Muizenberg und Kalk Bay ist der Boyes Drive durch die Berge mit fantastischen Aussichten auf die Halbinsel. Wer nur einen Tag Zeit für die Southern Peninsula hat, kann den Hauptansturm durch die Anfahrt entlang der Atlantikküste über den Chapman's Peak Drive und dann über die Main Road/M65 zum Eingang des Cape Point geschickt umgehen. Wer früh losfährt, erreicht die Spitze des Kaps lange vor dem großen Andrang der Touristenbusse, die meist zuerst in Boulders halten – wo man stattdessen besser auf dem Rückweg einen Zwischenstopp einlegt.

erleben: zahlreiche Kunsthandwerksläden und -ateliers, das nette Blue Water Café (S. 161), ein Schlangen- und Reptilienpark (Erw./Kind 35/30 R; ☺Mo–Fr 9–17 Uhr), einen Hof voller Tiere namens **Higgeldy Piggeldy Farmyard** (Eintritt 20 R, Futternapf 5 R; ☺9–17 Uhr); Kamelritte (☑082 344 3163; Erw./Kind 50/30 R; ☺Di–So 12–16 Uhr) und einen **Hofladen**, der leckeren Käse (der vor Ort hergestellt wird) und andere Esswaren verkauft.

KOMMETJIE-STRÄNDE — STRAND

(über die Kommetjie Rd erreichbar, Kommetjie; ℗) Einer der Hotspots für Kap-Surfer: Die Riffe sorgen für eine ordentliche Brandung. Outer Kommetjie ist ein Left-Point, der am Slangkop-Leuchtturm am Südende des Orts beginnt, während Inner Kommetjie geschützter und kleiner ist (mit viel Seetang bei Flut). Die Wellen sind bei südöstlichen bzw. südwestlichen Winden am besten. Wer lieber bei frischer Meeresbrise den Strand entlang schlendert, ist am Long Beach richtig, der über den Benning Drive erreichbar ist.

CAPE POINT OSTRICH FARM — FARM

Karte S. 331 (☑021-780 9294; www.capepointostrichfarm.com; Sun Valley; geführte Touren Erw./Kind 55/25 R; ☺9.30–17.30 Uhr; ℗ 🚹) Auf der Familienfarm mit Restaurant und Touristenanlagen knapp 600 m vor dem Haupteingang zum Cape Point tummeln sich zahlreiche Strauße. Führungen zu den Zuchtgehegen werden regelmäßig angeboten. Ein Abstecher in den Souvenirshop lohnt sich allein schon wegen der zahllosen, aus Straußeneiern, -häuten und -federn hergestellten dekorativen Objekte.

SAS ASSEGAAI · MUSEUM
Karte S. 330 (✆021-786 5243; www.navy.mil.za/museum_submarine; Naval Dockyard, Simon's Town; Erw./Kind 50/25 R; ⏰Dez.–Juni 10–15.30 Uhr, Juli–Nov. bis 14.30 Uhr; 🚉Simon's Town) Wer das erstklassige Daphne-Modell besichtigen will, muss sich vorher telefonisch zu einer geführten Tour anmelden. Das von Franzosen gebaute U-Boot war von 1971 bis 2003 im Dienst der Navy. Gruppen von bis zu zwölf Personen werden durch das schwimmende U-Boot geführt. Der Bus zu den Dockyards holt die Gruppe am Jubilee Square ab.

SOUTH AFRICAN NAVAL MUSEUM · MUSEUM
Karte S. 330 (✆021-787 4686; www.simonstown.com/navalmuseum; St. George's St, Simon's Town; ⏰9.30–15.30 Uhr; 🚉Simon's Town) GRATIS Das Marinemuseum ist hauptsächlich etwas für Marine-Enthusiasten, aber auch für alle anderen birgt es jede Menge interessante Exponate einschließlich Modelle von Schiffen und U-Booten, Uniformen und eine lebensgroße Schiffsbrücke. Das Museum ist in dem ursprünglichen Dockyard Magazine (Speicherhaus) untergebracht, das Mitte des 18. Jhs. erbaut wurde.

✕ ESSEN

✕ Muizenberg & Kalk Bay

C'EST LA VIE · BÄCKEREI, FRANZÖSISCH €
Karte S. 328 (20 Main Rd, Kalk Bay; Hauptgerichte 50 R; ⏰Mi–So 7–15 Uhr; 🚉Kalk Bay) Wie köstlich hier der Kaffee ist, hat sich schon in ganz Kalk Bay herumgesprochen – jeder schwärmt nur so davon; diese kleine, französisch angehauchte Café-Bäckerei ist ein guter Ort zum Frühstücken und für ein leichtes Mittagessen. Dazu gibt's frisch gepresste Säfte.

 HIGHLIGHT
PINGUINKOLONIE IN BOULDERS

Boulders ist eine malerische Gegend, etwa 3 km südöstlich von Simon's Town, mit einigen gewaltigen Felsbrocken zwischen kleinen Sandbuchten. Dort lebt eine Kolonie von 2100 niedlichen Brillenpinguinen. Ein Bohlenweg führt von Boulders Visitor Centre am Foxy Beach im Naturschutzgebiet (ein weiterer Teil des Table Mountain National Park) zum Boulders Beach, wo Besucher sich am Strand unter die watschelnden Pinguine mischen können. Aber bitte nicht streicheln: Die Pinguine haben scharfe Schnäbel, die ernsthafte Verletzungen verursachen können.

Der Großteil der Kolonie, die von nur zwei Brutpaaren aus dem Jahr 1982 abstammt, scheint sich vorzugsweise am Foxy Beach aufzuhalten, wo sie wie lässige Supermodels unbekümmert die Touristen ignorieren, die fleißig von der Aussichtsplattform knipsen.

Die gefährdeten Wasservögel wurden wegen ihrer eselartigen Laute im Englischen ursprünglich „Jackass Penguins" (Eselpinguine) genannt – die Chance, dieses Geschrei zu hören, ist während der Brutzeit von März bis Mai am höchsten. Parkplätze gibt es an beiden Enden des Reservats jeweils in der Seaforth Road und der Bellevue Road, wo sich auch Unterkünfte und Restaurants befinden.

NICHT VERSÄUMEN
➡ Pinguine
➡ Boulders Beach

PRAKTISCH & KONKRET
➡ Karte S. 330
➡ www.tmnp.co.za
➡ Simon's Town
➡ Erw./Kind 60/30 R
➡ ⏰April–Sept. 8–17 Uhr, Feb. –März & Okt.–Nov. bis 18.30 Uhr, Dez.–Jan. 7–19.30 Uhr
➡ P 🚉Simon's Town

EMPIRE CAFÉ
INTERNATIONAL €

Karte S. 328 (☎021-788 1250; www.empirecafe.co.za; 11 York Rd, Muizenberg; Hauptgerichte 50–95 R; ⏰Mo–Di & Do–Sa 7–16, Mi bis 21, So 8–16 Uhr; ☎; ☒Muizenberg) Das Lieblingscafé der Surfer ist super für ein deftiges Frühstück oder Mittagessen. An den Wänden hängen Werke einheimischer Künstler, und an der Decke baumelt ein beeindruckender Kronleuchter. Mittwochs ist länger geöffnet, und dann gibt es auch Gourmetburger (70 R).

KNEAD
BÄCKEREI, INTERNATIONAL €

Karte S. 328 (☎021-788 2909; www.kneadbakery.co.za; Surfer's Corner, Beach Rd, Muizenberg; Hauptgerichte 30–70 R; ⏰So & Mo 8–18, Di–Sa 20 Uhr; ☒Muizenberg) Egal ob Brot, Brioche oder Bagel, Kuchen, Pasteten oder Pizza – alles, was aus Teig besteht, ist im Knead zu haben. Der Kronleuchter und die Spiegelkacheln verleihen dem Strandcafé ein wenig Glamour.

BOB'S BAGEL CAFE
BÄCKEREI €

Karte S. 328 (☎083 280 0012; 6 Rouxville Rd, Kalk Bay; Bagels ab 20 R; ⏰Mo–Fr 7.45–13, Sa & So 8.15–14 Uhr; ☎; ☒Kalk Bay) Bob's, die Anlaufstelle schlechthin für alle Bagel-Fans, teilt sich die Räumlichkeiten mit einem Töpfereiwaren-Laden. Hier wird alles frisch gebacken, und die Brötchen gehen ganz ohne Belag oder als Sandwich über die Ladentheke; dazu ein guter Kaffee und andere Backwaren zum Naschen sowie verschiedene Bio-Eissorten! Draußen an der Straße stehen Sitzbänke, von wo aus man spielende Kinder in einer kleinen Freizeitanlage gleich gegenüber beobachten kann.

★CASA LABIA
INTERNATIONAL €€

Karte S. 328 (☎021-788 6068; www.casalabia.co.za; 192 Main Rd, Muizenberg; Hauptgerichte 70–145 R; ⏰Di–Do 10–16, Fr–So 9–16 Uhr; ☎; ☒Muizenberg) Einige der Zutaten in dem angenehmen Café in diesem wirklich originell gestalteten Kulturzentrum (S.154) stammen aus dem eigenen, gleich angrenzenden Garten. Auch die Herstellung von Wein und Olivenöl aus den Reben und Olivenbäumen, die am Hang wachsen, ist geplant. Serviert werden hausgemachte Backwaren, köstliches Frühstück und belegte Brote mit einer großen Auswahl für Vegetarier.

★OLYMPIA CAFÉ & DELI
BÄCKEREI, INTERNATIONAL €€

Karte S. 328 (☎021-788 6396; www.facebook.com/OlympiaCafeKalkBay; 134 Main Rd, Kalk Bay;

INSIDERWISSEN

MIT DER DAMPFEISENBAHN NACH SIMON'S TOWN

Wer einen der sehr beliebten Tagesausflüge mitmachen möchte, muss weit im Voraus buchen. Der Betreiber dieses nostalgischen Zugs ist die Dampfeisenbahngesellschaft **Atlantic Rail** (☎021-556 1012; www.atlanticrail.co.za; Erw./Kind 250/150 R; ⏰Büro Mo–Fr 9–15 Uhr; ☎). Gewöhnlich bietet sie sonntags Fahrten von Kapstadt nach Simon's Town an. Die hölzernen Waggons aus den 1920er- und 1930er-Jahren werden von einer Dampflokomotive der Klasse 24 von 1949 gezogen. Einer der Waggons ist ein Salonwagen. Nach vorheriger Vereinbarung ist auch ein Halt zum Aus- oder Einsteigen in Kalk Bay möglich.

Hauptgerichte 60–100 R; ⏰7–21 Uhr; ☒Kalk Bay) Das Olympia setzt immer noch Maßstäbe, wenn es um Cafés mit gemütlichem Ambiente direkt am Meer geht. Das hausgemachte Brot und Gebäck können da gut mithalten; das Frühstück ist spitze, und die mediterran angehauchten Mittagsgerichte sind einfach köstlich – insbesondere die riesigen Schüsseln voller Miesmuscheln.

LIVE BAIT
MEERESFRÜCHTE €€

Karte S. 328 (☎021-788 5755; www.harbourhousegroup.co.za/livebait; Kalk Bay (Hafen), Kalk Bay; Hauptgerichte 75–200 R; ⏰12–16 & 18–22 Uhr; ☒; ☒Kalk Bay) Das quirlige Fischrestaurant im griechischen Stil liegt in unmittelbarer Nähe der krachenden Wellen und des Hafenbetriebes von Kalk Bay und ist eines der besten Lokale für zwanglose Gaumenfreuden, die als Fisch oder Meeresfrüchte auf den Teller kommen. Zum gleichen Unternehmen gehören das schicke Restaurant Harbour House im oberen Stock und die supergünstige Imbissbude Lucky Fish gleich nebenan.

ANNEX
INTERNATIONAL €€

Karte S. 328 (☎021-788 2453; www.theannex.co.za; 124 Main Rd, Kalk Bay; Hauptgerichte 70–110 R; ⏰8–21 Uhr; ☎; ☒Kalk Bay) Das Annex ist ein Tagesrestaurant mit einer verlockenden Auswahl, die sich von French Toast, Croissants, Speck und Ahornsirup über Quiches und Salate bis hin zu reichhaltigeren Hauptgerichten erstreckt.

DIE SONNENPFADE VOM KAP

Im Laufe seiner Forschungen über die Khoisan und andere, noch ältere Kulturen am Kap hat der Archäoastronom Dean Liprini eine erstaunliche Theorie entwickelt. Er glaubt, dass das Kap von einem Raster aus Sichtachsen durchzogen ist, das durch markante Punkte wie Höhlen, Kulträume, geometrische Markierungssteine sowie Sonnen- und Mondschreine gebildet wird, manche in der verblüffenden Form riesiger menschlicher Gesichter. Sonnenauf- und -untergang sind zur Sommer- und Wintersonnwende sowie zur Tagundnachtgleiche exakt auf diese Punkte ausgerichtet, ein Indiz dafür, dass sie für die Menschen damals zur Messung des Jahresverlaufs und zur Berechnung günstiger Tage dienten.

Das mag zwar verrückt klingen, aber so ganz abwegig ist Liprinis Theorie nicht. Das wird auf einer Wanderung in den Bergen der Southern Peninsula mit ihm oder einem seiner Kollegen bald klar. Aus einem bestimmten Blickwinkel betrachtet sind in den Felsen eindeutig die Profile von Gesichtern zu erkennen, einige mit „Augenlöchern", in denen sich das Licht fängt. Einer dieser Felsen ist ein Granitbrocken am Lion's Head, ein anderer ist der „Pyramid All Seeing Eye" an der M6 zwischen Glencairn und Sunnydale. Hinzu kommt die von Liprini als „Cave of Ascension" (Himmelfahrtshöhle) bezeichnete Höhle oberhalb der Begräbnisstätte Peers Cave (S. 154). Näheres zu den Sonnenpfaden und geführten Touren steht auf der Website www.sunpath.co.za.

✘ Simon's Town & restliche Southern Peninsula

SOPHEA GALLERY & TIBETAN TEAHOUSE
VEGETARISCH €

Karte S. 330 (www.sopheagallery.com; 2 Harrington Rd, Seaforth; Hauptgerichte 30–65 R; ⏰Di–So 10–17 Uhr; ☑; ☒Simon's Town) In einer Ecke der farbenfrohen Galerie mit Artefakten und Schmuck aus dem Fernen Osten wird schmackhaftes vegetarisches und veganes Essen nach tibetischen Rezepten serviert. Die erhöhte Lage erlaubt einen hübschen Blick aufs Meer.

CAPE FARMHOUSE RESTAURANT
INTERNATIONAL €

Karte S. 331 (☎021-780 1246; www.capefarmhouse.com; Ecke M65 & M66, Redhill; Hauptgerichte 50–90 R; ⏰9–17 Uhr; ☒☒) Der 250 Jahre alte Landgasthof hat eine malerische Lage neben Kunsthandwerksständen und einem Kinderspielplatz. Serviert wird dort so ziemlich alles, von Frühstück bis Filetsteak, wobei so viele Zutaten wie möglich direkt aus dem eigenen Bio-Garten kommen. Im Sommer finden samstags ab 15.30 Uhr Konzerte statt; aktuelle Infos stehen auf der Website.

★ LIGHTHOUSE CAFE
INTERNATIONAL €€

Karte S. 330 (☎021-786 9000; www.thelighthousecafe.co.za; 90 St. Georges St, Simon's Town; Hauptgerichte 75–140 R; ⏰So–Di 8.30–16, Mi–Sa 21.30 Uhr; ☒Simon's Town) Das Lighthouse ist ein schickes Café à la Beachcomber, mit entspanntem Ambiente und einer großen Auswahl an Gerichten mit Fisch und Meeresfrüchten – dazu gehören u. a. eine köstliche, deftige Bouillabaisse nach Mauritius-Art sowie Fish and Chips nach einem Rezept von Jamie Oliver. Für wen es noch einfacher sein soll, gibt's die Möglichkeit, sich einen Burger, eine Pizza oder einen Vorspeisenteller zu bestellen.

MEETING PLACE
INTERNATIONAL €€

Karte S. 330 (☎021-786 5678; www.themeetingplaceupstairs.co.za; 98 St. George's St, Simon's Town; Hauptgerichte 75–120 R; ⏰Mo–Sa 9–21, So bis 15 Uhr; ☒Simon's Town) Das Feinschmeckerparadies besteht aus einem quirligen Feinkostcafé im Erdgeschoss und einem künstlerisch-kreativ anmutenden Restaurant oben mit einer Balkonterrasse, die auf die Hauptstraße von Simon's Town blickt. Unbedingt probieren sollte man eines der Gourmet-Sandwiches oder hausgemachtes Eis.

JUST SUSHI
JAPANISCH €€

Karte S. 330 (☎021-786 4340; Simon's Town Waterfront, St. George's St, Simon's Town; Hauptgerichte 90–135 R; ⏰12–22 Uhr; ℗; ☒Simon's Town) Fish and Chips bekommt man in Simon's Town an jeder Straßenecke, jedoch ist das hier der einzige Ort, an dem man gut Sushi und Sashimi schlemmen kann –

und noch dazu schmeckt es hier ziemlich köstlich. Auch die Nähe zum Hafen ist ein Pluspunkt.

★ BLUE WATER CAFÉ   INTERNATIONAL €€

(☏021-783 2007; www.bluewatercafe.co.za; Imhoff Farm, Kommetjie Rd, Ocean View; Hauptgerichte 50–105 R; ☉Di 9–17 Uhr, Mi–So bis 21 Uhr; ℗) Die Terrasse des historischen Anwesens ist das Herzstück der Imhoff Farm (S.157) und bietet einen atemberaubenden Blick auf Chapman's Peak. Das wunderbare Lokal, das auf dem Weg zum Cape Point liegt, serviert den ganzen Tag über Frühstück und andere einfache, aber gute Mittagsgerichte wie Pasta und Pizza.

★ FLAGSHIP   INTERNATIONAL €€€

Karte S.331 (☏021-786 1700; www.chefbruce robertson.com; 15 Erica Rd, Simon's Town; 5-Gänge-Mittagsmenü mit Weinen 800 R; ☉warme Küche nur mittags 13–16 Uhr; ☎; ℝSimon's Town) Der viel zu frühe Tod des vielfach ausgezeichneten südafrikanischen Kochs Bruce Robertson, kurz nachdem er dieses Boutiquehotel mit Gourmet-Mittagsrestaurant eröffnet hatte, hinterlässt ein schwer anzutretendes Erbe. Duncan Doherty jedoch hat bewiesen, dass er dieser Aufgabe gewachsen ist: Sein köstliches 5-Gänge-Mittagsmenü mit Meeresfrüchten wird gleich neben der offenen Küche an einem großen Gemeinschaftstisch serviert und besteht ausschließlich aus heimischen Zutaten. Reservierung ist unbedingt erforderlich; das Mittagessen beginnt um Punkt 13 Uhr. Badesachen nicht vergessen! In der Halbzeitpause zwischen den Gängen tut eine kleine Abkühlung gut. Wer hier übernachten will, kann zwischen vier Komfort-Suiten wählen (ab 1700 R).

★ FOODBARN   INTERNATIONAL €€€

(☏021-789 1390; www.thefoodbarn.co.za; Ecke Noordhoek Main Rd & Village Lane, Noordhoek; 4/5-Gänge-Menü 450/550 R; ☉Restaurant tgl. 12–14.30, Di–Sa 18.30–21.30 Uhr, Deli-Laden Di–Sa 8–21 Uhr, So–Mo bis 17 Uhr, Café tgl. 8–16.30 Uhr, Tapasbar Di–Sa 18–21.30 Uhr; ℗☎) 🗲 Meisterkoch Franck Dangereux mag sich zwar für ein weniger stressiges Leben in Noordhoek entschieden haben, das heißt aber nicht, dass es seinem Lokal an Qualität mangelt. Serviert werden deftige, köstliche Bistrogerichte. Das separate und mit Büchern vollgestopfte Feinkost-Bäckerei-Café samt Tapasbar ist ebenso gut und führt frische Backwaren, Schokolade und andere lokal bezogene Lebensmittel und Getränke.

AUSGEHEN & NACHTLEBEN

★ SLOW LIFE   CAFÉ

Karte S.328 (www.facebook.com/slowlifesouth africa; 152 Main Rd, Muizenberg; Gedeck 50–120 R; ☉Di–Sa 9–22 Uhr; ☎; ℝMuizenberg) In Muizenberg kann sich das Leben ziemlich entspannt anfühlen: In dem Themencafé herrscht eine groovige, entspannte Atmosphäre mit kreativem Touch; hier lässt es sich bei ordentlichen Drinks und einer Speisekarte, die sich sehen lassen kann, auch stundenlang aushalten. Freitags und samstags werden die Nächte auch etwas länger, dann spielt oft Livemusik, oder es wird Live-Kabarett geboten.

★ TIGER'S MILK   BAR, RESTAURANT

Karte S.328 (☏021-788 1869; www.tigersmilk. co.za; Ecke Beach & Sidmouth Rds, Muizenberg; ☉Küche 9–22 Uhr, Bar bis 2 Uhr; ☎; ℝMuizenberg) Dieses hangartige Bar-Restaurant, dessen Fensterfront vom Boden bis zur Decke reicht, bietet einen Panoramablick über den Muizenberg-Strand. Zwar hat das Restaurant auch tagsüber geöffnet (gute Pizzas und Steaks), jedoch dominiert hier die Nachtclub-Atmosphäre – angefangen bei dem langen Bartresen über bequeme Lounge-Sofas bis hin zu skurrilem Design: Ein BMW-Motorrad und ein riesiger, goldener Kuhschädel hängen als Deko an den unverputzten Backsteinwänden.

★ BRASS BELL   BAR, RESTAURANT

Karte S.328 (www.brassbell.co.za; Bahnhof Kalk Bay, Main Rd, Kalk Bay; ☉11–22 Uhr; ℝKalk Bay) Durch den Tunnel neben den Bahngleisen führt der Weg zu dieser Institution der Kalk Bay, die von Meereswellen in der False Bay umspült wird. An sonnigen Tagen gibt es kaum bessere Plätze, um auf einen Drink vorbeizuschauen und direkt am Meer zu essen (Hauptgerichte 50–100 R). Davor oder danach lockt ein Bad in den angrenzenden Gezeitenbecken.

★ CAPE POINT VINEYARDS   WEINGUT

(☏021-789 0900; www.cpv.co.za; 1 Chapmans Peak Dr, Noordhoek; Weinproben 45 R; ☉10–18 Uhr, Restaurant Mo–Mi, Fr & Sa 12–15 & 18.30–20.30 Uhr, Picknicks 11–18 Uhr, Markt Do 16.30–

20.30 Uhr;) Das kleine Weingut ist bekannt für seinen Sauvignon Blanc. Die Lage mit Blick auf den Noordhoek Beach ist wunderbar. Im hauseigenen Restaurant oder im Rahmen eines Picknicks auf dem Grundstück des Weinguts werden verschiedene Weine angeboten (295 R für 2 Pers., Buchung erforderlich). Donnerstagabends findet immer ein Gemeinschaftsmarkt statt (hauptsächlich zum Verkauf von Esswaren) – ein echtes Highlight für Einheimische, und auch Kinder haben ihren Spaß daran, denn sie können nach Herzenslust auf den Rasenflächen herumtollen.

BEACH ROAD BAR
BAR

(021-789 1783; Ecke Beach & Pine Rds, Noordhoek; 11–22.30 Uhr) Nach einem Ausflug in der Gegend, beispielsweise den Chapman's Peak Drive entlang, ist diese Bar über dem Red Herring Restaurant ein prima Ort für ein Getränk oder einen Happen zu essen (die Küche schließt um 22 Uhr). Von der Terrasse gibt es eine herrliche Aussicht auf den Strand.

☆ UNTERHALTUNG

KALK BAY THEATRE
THEATER

Karte S.328 (079 361 8275; www.kalkbay theatre.co.za; 52 Main Rd, Kalk Bay; Kalk Bay) Das Theater in einer ehemaligen Kirche ist eine der vielen Bühnen, die in intimer Atmosphäre Shows inklusive Dinner anbieten. Man kann sich die meist eher kurzen Aufführungen aber auch anschauen, ohne dort vorher zu essen.

ALIVE CAFE
DARSTELLENDE KÜNSTE

Karte S.328 (021-788 9010; www.alivecafe. co.za; 11 Atlantic Rd, Muizenberg; Café 8–17 Uhr; Muizenberg) Auf der Website steht immer die ganze Bandbreite der aktuellen Events, die in diesem „Kreativ-Erlebnis-Drehkreuz" stattfinden, angefangen bei Poetry Slams über Theateraufführungen, Dokumentarfilmabende und Livemusik bis hin zu Yoga und einem Markt, der jeden vierten Samstag im Monat abgehalten wird. Man kann aber auch einfach nur kurz vorbeischauen auf eine Tasse Fair-Kaffee im gleichnamigen Café – das geht jeden Tag.

MASQUE THEATRE
THEATER

Karte S.328 (021-788 6999; www.masque theatre.co.za; 37 Main Rd, Muizenberg; Muizen-

berg) Der Spielplan dieses kleinen Theaters (174 Plätze) wechselt ziemlich regelmäßig. Es bietet eine breite Palette von Politkabarett, Livemusik und Ballett bis hin zu Musikrevuen und ernsteren Stücken.

SHOPPEN

🏠 Muizenberg & Kalk Bay

⭐ KALK BAY MODERN
KUNSTHANDWERK

Karte S.328 (021-788 6571; www.kalkbay modern.co.za; 136 Main Rd, Kalk Bay; 9.30–17 Uhr; Kalk Bay) Die wunderbare Galerie bietet eine kunterbunte, attraktive Auswahl an Kunst und Kunsthandwerk. Oft werden Ausstellungen südafrikanischer und regionaler Künstler veranstaltet. Bemerkenswert ist die Art-i-San-Kollektion mit bedruckten Stoffe; das sind Fair-Produkte von den !Kung-Buschmännern in Namibia.

SOBEIT STUDIO
KUNSTHANDWERK

Karte S.328 (021-788 9007; www.sobeitstudio. com; 51 Main Rd, Muizenberg; Mo–Sa 8–17 Uhr; Valsbaai) Der chaotische Laden im oberen Stock eines türkis- und rosafarbenen Art-déco-Gebäudes ist ein moderner Kuriositätenladen von skurrilen kreativen Leuten, wie Wachskünstlern, Grafik- und Möbeldesignern und Schmuckherstellern. Zu den eigenwilligen Souvenirs gehören auch Totenschädelkerzen oder Napoleonbüsten. Auch sind hier Kalk-Bay-Co-op-Produkte erhältlich.

BLUE BIRD GARAGE FOOD & GOODS MARKET
MARKT

Karte S.328 (082 331 2471; www.bluebird market.co.za; 39 Albertyn Rd, Muizenberg; Fr 16–22 Uhr; Valsbaai) Der beliebte Markt für Lebensmittel und Kunsthandwerk ist in einem Hangar aus den 1940er-Jahren untergebracht, der einst Stützpunkt des ersten Luftpostdienstes der südlichen Hemisphäre und in den 1950er-Jahren eine Autowerkstatt war. Einkaufen und Naschen ist hier eine fröhliche Angelegenheit, besonders freitags, wenn es abends Livemusik gibt.

ARTVARK
KUNSTHANDWERK

Karte S.328 (021-788 5584; www.artvark.org; 48 Main Rd, Kalk Bay; 9–18 Uhr; Kalk Bay) In der Galerie für zeitgenössische Volkskunst gibt es hübsche Souvenirs. Jede Menge interessante kunsthandwerkliche Objekte einheimischer Künstler, darunter Gemälde, Keramik und Schmuck, sowie Artikel aus Indien und Mittelamerika sind hier im Angebot.

BBELLAMY & BBELLAMY HEIMTEXTILIEN

Karte S.328 (www.bbellamyandbbellamy.com; 51 Main Rd, Muizenberg; ⊙Do–Sa 9–17 Uhr; ☒Valsbaai) Hinter diesem Füllhorn an wunderschönen, importierten Stoffen und den daraus gefertigten Wohnaccessoires steht der Designer David Bellamy. Er zaubert aus den Stoffen Lampenschirme, Kissenhüllen, Schals und Hemden. Einige der im Block-Druck-Verfahren angefertigten Stoffe weisen ein originelles Design auf, das exklusiv von Davids Mitarbeitern entworfen wurde.

BLUE PLANET FINE ART GALERIE

Karte S.328 (☎021-788 3154; www.blueplanet fineart.com; 25 Main Rd, Muizenberg; ⊙8–17 Uhr; ☒Valsbaai) Die Kunstgalerie Blue Planet besteht aus einem Café, das Kunst ausstellt; hier wird eine Auswahl an attraktiven Werken gezeigt, wie etwa bunt bemalte Skateboards von heimischen Künstlern, die sonst nirgendwo vertreten sind. Hier werden neben den Ausstellungen auch Kunstkurse angeboten.

GINA'S STUDIO KUNSTHANDWERK

Karte S.328 (www.journeyinstitches.co.za; 38 Palmer Rd, Muizenberg; ⊙Mi–Fr 10–16 Uhr, Sa bis 14 Uhr; ☒Muizenberg) Gina Niederhumer stellt die originellen Sachen, mit denen ihre kleine Boutique nur so vollgestopft ist, selbst her. Dazu gehören gehäkelte Schmuckstücke, Patchworktaschen und -decken sowie Origami aus altem Afrikaans-Braille-Papier.

KALK BAY BOOKS BÜCHER

Karte S.328 (☎021-788 2266; www.kalkbay books.co.za; 124 Main Rd, Kalk Bay; ⊙Nov.–April 9–18, Mai–Okt. bis 17 Uhr; ☒Kalk Bay) Hier versammeln sich die Buchliebhaber der Southern Peninsula. Die Facebook-Seite informiert über regelmäßige Buchvorstellungen und Lesungen.

QUAGGA RARE BOOKS & ART BÜCHER

Karte S.328 (☎021-788 2752; www.quagga books.co.za; 84 Main Rd, Kalk Bay; ⊙Mo–Sa 9.30–17 Uhr, So 10–17 Uhr; ☒Kalk Bay) An dem attraktiven Buchladen kommt kaum jemand vorbei, der sich für alte Ausgaben und antiquarische Bücher interessiert. Daneben gibt es südafrikanische Kunst, authentische Stammeskunst und Artefakte zu kaufen.

POTTERSHOP KERAMIK

Karte S.328 (☎021-788 7030; 6 Rouxville Rd, Kalk Bay; ⊙9.30–16.30 Uhr; ☒Kalk Bay) Hier kann man hübsche Arbeiten einheimischer Töpfer kaufen, darunter wird auch Ausschussware wie handbemalte Teller und Tassen vom **Potter's Workshop** (www.pottersworkshop.co.za) angeboten – deren Macken sind oft so klein, dass man sie kaum bemerkt.

CATACOMBS MODE

Karte S.328 (☎021-788 8889; www.facebook.com/pages/Catacombes-Kalkbay/12757088 7056; 71 Main Rd, Kalk Bay; ⊙9.30–17 Uhr; ☒Kalk Bay) Diese Boutique bietet alles, was der aktuelle Bohemien-Look hergibt: jede Menge hübsche Kleider, Einzelteile und Accessoires. Alles lokal gefertigte Stücke mit origineller Ornamentik; einige Muster sind dem „Tag der Mexikanischen Revolution" nachempfunden, andere sind floral. Kunsthandwerkliche Objekte sind hier ebenfalls erhältlich.

THE STUDIO KUNSTHANDWERK

Karte S.328 (☎083 778 2737; www.thestudio kalkbay.co.za; Majestic Village, 122 Main Rd, Kalk Bay; ⊙Okt.–Feb. 9–17 Uhr, März–Sept. bis 16 Uhr; ☒Kalk Bay) Werke der Künstlerin Donna McKellar, die hier einst ihr Atelier hatte, wie auch Arbeiten von anderen Künstler und Kreativen sind hier zu sehen. Es lohnt sich zu stöbern, denn das Sortiment ändert sich häufig, und in einem Turnus von etwa zwei Wochen finden auch verschiedene Ausstellungen statt.

BIG BLUE MODE

Karte S.328 (☎021-788 2399; www.bigblue.co.za; 82 Main Rd, Kalk Bay; ⊙9–17 Uhr; ☒Kalk Bay) Das Sortiment dieser landesweit präsenten Boutique besteht aus schrägen, preiswerten T-Shirts sowie Ausgeh- und Strandmode. Außerdem kann man hier Geschenke und Heimtextilien bekommen. Weitere Filialen gibt es in Kapstadt; z.B. neben der Old Biscuit Mill in **Woodstock** (Karte S.312; Cavendish Square) und im Cape Quarter in **De Waterkant** (Karte S.310; ☎021-425 1179; www.big-blue.co.za; Somerset Rd; ☒Golden Arrow-Bus).

KALK BAY CO-OP
MODE

Karte S. 328 (☎071-124 0667; 100 Main Rd, Kalk Bay; ◷9–17 Uhr; ☒Kalk Bay) Dieser Ableger der Kalk Bay Co-op fasst Mode und Accessoires südafrikanischer Designer unter einem Dach zusammen (hauptsächlich Damenmode, teils auch Männermode); auf der gegenüberliegenden Straßenseite zu beiden Seiten des Bahnhofseingangs befinden sich Filialen, die ihren Schwerpunkt auf farbenfrohen Kunsthandwerksobjekten haben; dazu gehören auch Totenschädelkerzen und Sobeit-Güsse. In Simon's Town befindet sich eine noch kleinere Filiale.

WHATNOT & CHINA TOWN
ANTIQUITÄTEN

Karte S. 328 (☎021-788 1823; 70 Main Rd, Kalk Bay; ◷Mo–Sa 10–17, So bis 15 Uhr; ☒Kalk Bay) Das labyrinthische Kaufhaus bietet jegliche Art von Tellern, Tassen, Schalen oder dekorativer Wohnaccessoires aus Porzellan und Keramik, darunter auch Raritäten und Sammlerstücke.

🏠 Simon's Town & restliche Southern Peninsula

RED ROCK TRIBAL
KUNSTHANDWERK

Karte S. 331 (☎021-780 9127; www.redrocktribal.co.za; Cape Farm House, Ecke M65 & M66, Redhill; ◷10–17 Uhr) Die Inhaberin Juliette lädt Kunden gerne zum Mitmachen beim Hula-Hoop-Tanzen ein. Die skurril-originelle Kollektion bietet allerlei Kunsthandwerk und afrikanische Stammesartefakte an, von Blechdosen-Flugzeugen aus Kwa Zulu Natal bis zu altem äthiopischen Silber und koptischen Kreuzen. Gegenüber steht ein riesiges Metallzebra, das als Werbeträger entstand.

LARIJ WORKS
KUNSTHANDWERK

Karte S. 330 (86 St. George's St, Simon's Town; ◷Mo–Fr 10–16, Sa bis 14 Uhr; ☒Simon's Town) Zeitgenössische, maritime Kunst und Dekorationsstücke sowie Baumwollnachtwäsche verkauft die Galerie in der oberen Etage. Besonders schön sind die Matten aus geflochtenen Seilen.

REDHILL POTTERY
KERAMIK

Karte S. 331 (☎021-780 9297; www.redhill potterycape.co.za; Kilfinan Farm, Scarborough) Spezialist für Keramiken in leuchtenden afrikanischen Farben, die mit ihrer Glasur

alten Emaille-Waren nachempfunden sind. Es ist auch möglich, selbst einen Topf zu gestalten und ihn später abzuholen (oder ihn sich nach Hause schicken zu lassen).

SPORT & AKTIVITÄTEN

🏃 Muizenberg & Kalk Bay

JAGER'S WALK
WANDERN

(Fish Hoek; ☒Fish Hoek) Der ca. 1 km lange Spazierweg, der am südlichen Ende des Fish Hoek Beach beginnt, erweist sich als angenehme Möglichkeit, bis nach Sunny Cove (Station an der Bahnstrecke) zu bummeln. Ab da kann man die restlichen 5 km bis Simon's Town entlang einer ungepflasterten Straße zurücklaufen.

GARY'S SURF SCHOOL
SURFEN

Karte S. 328 (☎021-788 9839; www.garysurf.co.za; 34 Balmoral Bldg, Beach Rd, Muizenberg; Kurseinheit von 2 Std. à 380 R; ◷8.30–17 Uhr; ☒Muizenberg) Wer es unter der Anleitung des freundlichen Coach Gary Kleynhans nach zwei Stunden nicht schafft, auf dem Brett zu stehen, muss den Kurs nicht bezahlen. Garys Laden ist der Treffpunkt der Surfszene von Muizenberg und verleiht Surfbretter und Neoprenanzüge (pro Std./Tag 100/300 R). Außerdem werden Sandboarding-Trips in die Dünen von Kommetjie veranstaltet (300 R).

SURFSTORE AFRICA
WASSERSPORT

Karte S. 328 (☎076 202 3703, 021-788 5055; www.surfstore.co.za; 48-50 Beach Rd, Muizenberg; Kitesurfen/SUP/Surfkurse ab 690/490/280 R; ☒Muizenberg) Hier kann man Kitesurfing- und SUP-Kurs nehmen sowie ganz normales Windsurfen lernen. Außerdem bietet der Surfladen ein breites Angebot an Surfklamotten und -ausrüstung sowie ein Café.

ROXY SURF CLUB
SURFEN

Karte S. 328 (☎021-788 8687; www.surfemporium.co.za/roxy-surf-school; Empire Bldg, Surfer's Corner, Beach Rd, Muizenberg; Privatstunden 330 R; ◷8–18 Uhr; ☒Muizenberg) Roxy wurde 2003 als Surfclub nur für Frauen gegründet, um mehr Mädels in den von Männern dominierten Sport zu locken. Heute werden immer noch Kurse nur für Frauen angeboten, aber auch die Jungs treten in Aktion; denn inzwischen gehört Roxy zu dem größeren Surf Emporium.

🏃 Simon's Town & restliche Southern Peninsula

Awol Tours (S. 280) organisiert Radtouren durch die Township Masiphumelele (in der Xhosa-Sprache „Wir werden es schaffen!")

GOOD HOPE GARDENS NURSERY ÖKOTOUR
Karte S. 331 (☑072 234 4804; Sun Valley; 400 R pro Pers.) Die indigene Pflanzenschule gegenüber dem Naturreservat Cape of Good Hope veranstaltet Kurse zu den Themen *fynbos* und essbare Wildpflanzen im Küstengebiet. Erfahrene Naturkundler erklären Interessierten, wie man umweltschonend essbare Pflanzen erntet, und auch Meeresalgen und Muscheln (dafür braucht man einen Erlaubnisschein, der am Postamt erhältlich ist), die an der Felsenküste rund um Scarborough zu finden sind.

SIMON'S TOWN BOAT COMPANY   BOOTSAUSFLÜGE
Karte S. 330 (☑083 257 7760; www.boatcompany. co.za; Town Pier, Simon's Town; ℝSimon's Town) Das Unternehmen bietet sowohl die beliebte Hafenrundfahrt mit der Spirit of Just Nuisance (Erw./Kind 50/30 R) als auch längere Bootstouren zum Cape Point (Erw./Kind 550/400 R) und zur Seal Island (Erw./Kind 400/300 R) an. Während der Whalewatching-Saison werden außerdem Fahrten angeboten, auf denen Walfreunde den großartigen Säugetieren ganz nahe kommen.

APEX SHARK EXPEDITIONS BOOTSAUSFLÜGE
Karte S. 330 (☑021-786 5717; www.apex predators.com; Quayside Bldg, Main Rd, Simon's Town; Hai-Beobachtungstouren ab 1950 R; ℝSimon's Town) Von Februar bis September kann man in der False Bay im Rahmen sicherer Touren Haie beobachten (zu anderen Jahreszeiten finden Touren ab Gansbaai statt). Ein weiterer Schwerpunkt dieses Anbieters sind Touren zur Beobachtung der pelagischen Vogelkolonien (1800 R) in der Zeit von November bis Mai – dann tummeln sich Tausende von Seevögeln, darunter auch bis zu sieben verschiedene Albatros-Arten über dem offenen Meer – eine göttlicher Anblick!

PISCES DIVERS   TAUCHEN
Karte S. 330 (☑021-786 3799; www.piscesdivers. co.za; Goods Shed, Main Rd, Simon's Town; Tauchgänge 400 R, Kurse ab 1050 R; ℝSimon's Town) Das empfehlenswerte PADI-Tauchzentrum liegt nur ein paar Meter vom Ufer entfernt und bietet verschiedene Kurse und Tauchgänge.

SEA KAYAK TRIPS   SEEKAJAK
Karte S. 330 (☑082 501 8930; www.kayakcape town.co.za; Simon's Town Jetty, Simon's Town; geführte Touren ab 250 R; ℝSimon's Town) Der Anbieter aus Simon's Town veranstaltet unter anderem Paddeltouren zu den Pinguinen am Boulders Beach (250 R).

SLEEPY HOLLOW HORSE RIDING   REITEN
(☑021-789 2341, 083 261 0104; www.sleepyhollow horseriding.com; Sleepy Hollow Lane, Noordhoek; 460 R pro Pers.) Das bewährte Unternehmen organisiert Ausritte am breiten Sandstrand von Noordhoek und durch die Berge im Hinterland. Die zweistündigen Ausritte beginnen jeweils um 9, 13 und 16.30 Uhr.

Cape Flats & Northern Suburbs

LANGA | GUGULETHU | KHAYELITSHA | PINELANDS | MILNERTON

Highlights

❶ Bei einer **Township-Tour** (S. 28) oder einer Übernachtung in einem Township-B&B etwas über die Tragödien der Vergangenheit Südafrikas und die Hoffnungen für die Zukunft lernen.

❷ Mit fettigen Fingern köstliches Grillfleisch im **Mzoli's** (S. 169) in Gugulethu oder im **Nomzamo** (S. 169) in Langa genießen.

❸ Die Kitesurfer beobachten, die in Table View und am **Bloubergstrand** (S. 168) vor der malerischen Kulisse des Tafelbergs von den Wellen in die Luft aufsteigen.

❹ Auf einem Dutzend Weingütern entlang der **Durbanville Wine Route** (S. 172) Kostproben nehmen.

❺ Mit dem Boot das Feuchtgebiet von **Intaka Island** (S. 169) erkunden.

Mehr zu diesem Gebiet auf der Karte S. 332. ➡

Erkundungstour

Die Cape Flats erstrecken sich über die Ebene östlich des Tafelbergs. Die heruntergekommenen Gemeinden und zusammengewürfelten Siedlungen (sprich Slums) der überwiegend von Schwarzen bewohnten Townships scheinen nicht als Touristenziele zu taugen, aber der Besuch einer Township kann sehr aufschlussreich sein und eine unvermutet lebensbejahende Stimmung vermitteln.

Langa (1927 gegründet) ist die älteste geplante Township Südafrikas und hat, wie die anderen größeren Townships Gugulethu und Khayelitsha, reiche und arme Gebiete. Das schicke Gugulethu-Square-Einkaufszentrum oder das Guga S'Thebe Arts & Cultural Centre in Langa beweisen, dass das Leben hier mehr zu bieten hat als Kriminalität, Armut und Krankheiten. Wir stellen einige Sehenswürdigkeiten und Projekte vor, die auf einer Township-Tour oder auf eigene Faust erkundet werden können. Obwohl die meisten dieser Orte auch ohne Reiseleiter absolut ungefährlich sind, ist es unbedingt zu empfehlen, beim gewünschten Ziel anzurufen, um eine genaue Wegbeschreibung zu erfragen oder ein Treffen mit einem Einheimischen zu vereinbaren.

In der Gartenvorstadt Pinelands bei Langa lohnt ein Besuch des Ökodorfes Oude Molen. Nördlich des Stadtzentrums an der Table Bay liegen Milnerton, Table View und der Bloubergstrand mit herrlichen Stränden und Ausblick auf den Tafelberg. Auch gibt es ein gigantisches Einkaufszentrum in Century City und mehrere Weingüter in der Hügellandschaft um Durbanville. Je einen Tag für die Townships und die Northern Suburbs einplanen.

Lokalkolorit

→ **Märkte** Am Wochenende tummeln sich Antiquitäten- und Schnäppchenjäger auf dem Flohmarkt in Milnerton (S. 173).

→ **Pubs** Wie wär's mit einem Bier und einer Pizza vor dem Blue Peter (S. 171), einer Institution am Bloubergstrand?

→ **Kirche** Township-Reiseleiter (S. 28) helfen gern bei der Planung eines Besuchs der sonntäglichen Gospel-Gottesdienste.

An- & Weiterreise

→ **Auto** Die N2 führt nach Langa, Gugulethu und Khayelitsha, die N1 nach Century City und der Marine Drive (R27) nach Milnerton, Table View und Bloubergstrand.

→ **Township-Touren** Es gibt feste Routen, aber die Reiseleiter können auch flexibel sein.

→ **Bus** MyCiTi-Busse fahren via Milnerton zum Bloubergstrand und weiter nach Khayelitsha.

→ **Zug** Metrobahnen fahren nach Langa, Gugulethu (nächstgelegener Halt Nyanga) und Khayelitsha.

Top-Tipp

Auf den besten Township-Touren (S. 28) wandert oder fährt man mit dem Fahrrad umher, statt im Bus zu sitzen. Es gibt sogar eine Lauftour durch Gugulethu. Noch besser ist eine Übernachtung in einem der zahlreichen B&Bs oder den Privatunterkünften (S. 231) in den Townships.

 Gut essen

→ Tables at Nitida (S. 170)

→ Moyo (S. 170)

→ Maestro's on the Beach (S. 170)

→ Clifford & Sandra's (S. 169)

→ Mzoli's (S. 169)

Mehr dazu s. S. 169. →

 Schön ausgehen

→ Blue Peter (S. 171)

→ Kefu's (S. 171)

→ Buyel' Embo Village (S. 171)

→ Petit Fours (S. 171)

Mehr dazu s. S. 171. →

 Schön shoppen

→ Canal Walk (S. 173)

→ Milnerton Flea Market (S. 173)

→ Philani Nutrition Centre (S. 172)

Mehr dazu s. S. 172. →

CAPE FLATS & NORTHERN SUBURBS

👁 SEHENSWERTES

👁 Cape Flats

GUGA S'THEBE ARTS & CULTURAL CENTRE
KULTURZENTRUM

Karte S.332 (☑021-695 3493; Ecke Washington St & Church St, Langa; ☺Mo–Fr 8–16.30, Sa & So 8.30–14 Uhr; P; 🚇Langa) GRATIS Mit seinen schillernd bunt verzierten Keramikwänden gehört das Gebäude zu den beeindruckendsten der Townships – und es ist sogar noch beeindruckender, seit es hier ein neues Theater gibt, das in sehr kreativem Stil aus überwiegend recycelten Materialien gebaut wurde. Hier kann man in einem von mehreren Ateliers bei der Keramikherstellung zusehen und sich anschließend im hauseigenen Laden eins der fertigen Werke kaufen. Im Amphitheater treten oft lokale Gruppen auf.

LANGA QUARTER
KULTURZENTRUM

Karte S.332 (iKhaya Le Langa; www.facebook.com/IKhayaLeLanga/timeline; Ecke N'Dabeni St & Bittenhout St, Langa; ☺8–17 Uhr; 🚇Langa) GRATIS Eine alte Grundschule ist die Basis dieses beeindruckenden sozialen Projekts, das darauf abzielt, aus der umliegenden Umgebung ein Viertel für Galerien, Geschäfte, Restaurants, Bars und Cafés mit breitem, kulturübergreifendem Anreiz zu schaffen. Hier gibt es ein Café, einen Geschenkeladen und einen gelben Table Mountain Frame (S.106). Gegenüber, an der Bittenhout Street, dient eine Mauer als Leinwand für den jährlichen Straßenkunstwettbewerb.

An der nicht weit entfernten Rubusana Ave gehören einige Häuser zum Kunstprojekt **Langa Township Art Gallery** (Langa TAG). Hier stellen die Hausbesitzer die Werke hiesiger Künstler aus und verkaufen sie.

Die Organisatoren des Projekts können auch **Gastfamilienaufenthalte** in Langa arrangieren. Sofern genug Gelder zusammenkommen, wird hier auch der offizielle World-Design-Capital-Pavillon errichtet, ein Vermächtnis der Veranstaltung von 2014.

MOSAIKSOCKEL VON LANGA
KUNST IM ÖFFENTLICHEN RAUM

Karte S.332 (Washington St, Langa; 🚇Langa) Nahe dem Guga S'Thebe Arts & Cultural Centre stehen vier farbenprächtige, mit Mosaiken dekorierte Sockel. Jede Seite der Sockel hat ein anderes Thema. Auf einer Seite findet sich das einzige Denkmal für die *Mendi,* ein Kriegsschiff, das 1917 im Ärmelkanal sank und 607 Mitglieder des South African Native Labour Corps mit sich riss.

Das große Wandgemälde auf dem Gebäude gegenüber dem Kulturzentrum wurde von Philip Kgosana erschaffen, dem Mann ganz oben auf dem Bild. Es erinnert an die Widerstandskampagne gegen die Apartheid von 1960.

PASSMUSEUM VON LANGA
MUSEUM

Karte S.332 (☑084 863 3427; Ecke Washington St & Lerotholi Ave, Langa; Eintritt gegen Spende; ☺nach Vereinbarung; P; 🚇Langa) Ein Anruf bei Thami Siljila genügt, um einen Termin zur Besichtigung des alten Dompas-Büros zu vereinbaren. Hier mussten die Einwohner während der Apartheid ihre Ausweise vorzeigen. Eine große Sammlung von Fotos und Dokumenten veranschaulicht, wie das Leben in Langa während dieser Zeit war.

GUGULETHU SEVEN MEMORIAL & AMY BIEHL MEMORIAL
DENKMAL

(Ecke Steve Biko St/NY1 & NY111, Gugulethu; 🚇Nyanga) Das Gugulethu Seven Memorial ist ein Denkmal für sieben junge schwarze Aktivisten aus den Townships, die hier 1986 von der Polizei getötet wurden. Das Amy Biehl Memorial in der Nähe, neben der Caltex-Tankstelle, kennzeichnet die Stelle, an der die junge US-amerikanische Antiapartheidsaktivistin 1993 unter tragischen Umständen ums Leben kam.

LOOKOUT HILL
AUSSICHTSPUNKT

(☑021-367 7087; Ecke Mew Way & Spine Rd, Khayelitsha; P; 🚇Khayelitsha) GRATIS Eine Holztreppe führt auf den Sandhügel hinauf, der einen weiten Blick über die Township Khayelitsha bietet. Die Treppe ist am besten durch das Kultur- und Touristenzentrum am Fuß des Hügels zu erreichen, wo sich auch das Restaurant Malibongwe (S.169) und ein Kunsthandwerksmarkt befinden. Es ist sinnvoll, dort um die Begleitung eines Wachmanns zu bitten, da es schon zu Überfällen gekommen ist.

👁 Northern Suburbs

BLOUBERGSTRAND
STRAND, DORF

(🚇Kleinbaai) Am Strand dieses hübschen Dorfs gewannen die Briten 1806 die Schlacht ums Kap. Der Panoramablick über die Table Bay auf den Tafelberg ist wunderschön, und auch Kite- und Windsurfer tummeln sich hier gern. Vor allem an den Wochenenden kann man beobachten, wie sie eindrucksvoll auf den Wellen reiten. Von hier aus ist auch Robben Island gut zu sehen.

INTAKA ISLAND
VOGELSCHUTZGEBIET

Karte S. 332 (☎021-552 6889; www.intaka.co.za; 2 Park Lane, Intaka Island, Century City; Eintritt Erw./Kind 12,50/7,50 R, Eintritt & Fähre 35/25 R; ⊙Okt.–April 7.30–19 Uhr, Mai–Sept. bis 17.30 Uhr, Fähre 10–16 Uhr; Ⓟ) *Intaka* bedeutet „Vogel" in der Sprache der Xhosa, und in dem 1600 m² großen Feuchtreservat, das zum Entwicklungsgebiet von Century City gehört, sind etwa 120 Arten der gefiederten Tierchen zu sehen. Alles über das Feuchtgebiet ist im **Eco-Centre** zu erfahren, das unter strengsten ökologischen Richtlinien erbaut wurde und geführt wird. Dort fährt auch die **Fähre** die Wasserläufe auf der Insel ab, und es startet ein 2 km langer Wanderweg durch das Reservat.

 ESSEN

Cape Flats

⭐CLIFFORD & SANDRA'S
AFRIKANISCH €

(Khayelisha-Markt, abseits der Ntlazane Rd, Khayelitsha; Mahlzeiten 20 R; ⊙8–18.30 Uhr; Khayelitsha) Am Markt neben dem Bahnhof von Khayelitsha muss man sich durchfragen, um dieses Hütten-Café zu finden, in dem es einige der leckersten traditionellen Gerichte – mit dem definitiv besten Preis-Leistungs-Verhältnis – von ganz Kapstadt gibt. Clifford gießt den Gästen Wasser über die Hände, bevor sie sie (es gibt nämlich kein Besteck) in geschmortes Rindfleisch, knuspriges gebratenes Hühnchen und *pap* (Maisstärke) eintunken dürfen.

Die Street-Art-Tour von Juma Mkwela (S. 28) hält hier zum Mittagessen, das Lokal ist aber auch im Alleingang leicht zu finden.

⭐MZOLI'S
BRAAI €

(☎021-638 1355; 150 NY111, Gugulethu; Mahlzeiten 50–100 R; ⊙9–18 Uhr; Nyanga) Touristen, Fernsehstars und Einheimische zieht es in die stets volle Metzgerei mit einigen der leckersten Grillfleischgerichte *(braai)* Kapstadts. Die Gäste kaufen ihr Fleisch (auf die Spezialsoße bestehen!), bringen es in die Küche, um es grillen zu lassen, und lassen sich dann an den Tischen draußen nieder. Am Wochenende geht es hier hoch her, also frühzeitig auftauchen.

Bier und andere Getränke können in der Nähe besorgt werden. Reichlich Servietten sind ratsam, da es kein Besteck gibt.

NOMZAMO
BRAAI €

Karte S. 332 (☎021-695 4250; 15 Washington St, Langa; Mahlzeiten 50–100 R; ⊙ 9–19 Uhr; Langa) Der blitzblanke Metzgerladen ist das Langa-Pendant zum Mzoli's, aber mit einer zwangloseren und ruhigeren Atmosphäre, da er keinen Alkohol verkauft. Das Fleisch – Rind, Lamm, Schwein, Wurst und Hähnchenflügel – ist einfach spitzenmäßig. Beilagen wie Brot, Salat usw. sollten vorher bestellt werden.

EZIKO
AFRIKANISCH €

Karte S. 332 (☎021-694 0434; www.ezikorestaurant.com; Ecke Washington St & Jungle Walk, Langa; Hauptgerichte 50 R; ⊙Mo–Sa 9–17 Uhr; Ⓟ; Langa) Das Eziko bietet einfaches, gutes Essen in angenehmer Atmosphäre. Besonders empfehlenswert sind das Frühstück sowie das gebratene Hähnchen.

Abenteuerlustige können auch die „köstlichen" Kutteln probieren. Die Gerichte werden mit Beilagen wie *samp* (einer Mais-Bohnen-Mischung), *pap*, Brot und Gemüse serviert.

MALIBONGWE
AFRIKANISCH €

(☎021-361 6259; malibongwerestaurant.co.za; Ecke Mew Way & Spine Rd, Khayelitsha; Hauptgerichte 40–60 R; ⊙Mo–Sa 8–18 Uhr; Ⓟ; Khayelitsha) Kuttelcurry und Grillfleisch gehören zu den traditionellen Gerichten, die in dem hübsch eingerichteten und geräumigen Restaurant mit Bar zu Füßen des Lookout Hill serviert werden. Ein noch authentischeres Feeling bieten ein Stück weiter in der Spine Road die *braai*-Läden gegenüber Kefu's. Empfehlenswert: Ziba's Chicken.

LELAPA
AFRIKANISCH €€

Karte S. 332 (☎021-694 2681; www.facebook.com/lelapa; 49 Harlem Ave, Langa; Büfett ab 180 R; ☏; Langa) Sheila war so erfolgreich mit ihrem köstlichen afrikanischen Büfett (das auch jede Menge vegetarische Gerichte umfasst), dass sie auch den Nachbarladen übernommen und das einst gemütliche

ESSEN AUF DER SPINE ROAD, KHAYELITSHA

Auf dem Weg vom Lookout Hill die Spine Road hinab zur Makabeni Road bekommt man einen Einblick in die Esskultur von Khayelitsha. Es gib zwar kein Schild, aber man erkennt das **Groover Park** (Spine Rd, Ilitha Park; Mahlzeiten 50–100 R; ⏰11–22 Uhr; P; Khayelitsha) an den vielen Autos, die am Wochenende nachmittags davor parken – und an den Gästen, die sich frisch gegrilltes Fleisch schmecken lassen. Auf der anderen Straßenseite gibt es eine Reihe von *braai*-(Grill-)Buden im Freien (empfehlenswert: **Ziba's Chicken**) sowie einen Pizzastand. Näher am Lookout Hill liegt das **Espinaca** (073 095 0119; www.facebook.com/espinacainnovations/timeline; 42 Spine Rd, Ilitha Park; ⏰Mo–Fr 7–18, So 8–18 Uhr; Khayelitsha) des jungen Unternehmers Lufefe Nomjana. Er backt hier Spinatbrot und Muffins – eine willkommene vegetarische Abwechslung zur *braai*-Brigade auf der Spine Road.

Restaurant zu einem Lokal für große Reisegruppen erweitert hat. Eine Vorabreservierung ist sinnvoll, da es keine festen Öffnungszeiten gibt.

MZANSI
AFRIKANISCH €€

Karte S. 332 (021-694 1656; www.mzansi 45.co.za; 45 Harlem Ave, Langa; Büfett 180 R; Langa) Dieses fröhliche Restaurant bietet ähnliche Büfettküche wie das benachbarte Lelapa und von der Dachterrasse dazu noch einen tollen Blick auf den Tafelberg. Es organisiert außerdem auf Wunsch eine Marimba-Band und Kurse für afrikanisches Trommeln.

Northern Suburbs

MILLSTONE
INTERNATIONAL, BÄCKEREI €

Karte S. 332 (021-447 8226; Valkenberg East, Oude Molen Eco Village, Pinelands; Mahlzeiten 50–60 R; ⏰Di–So 9–17 Uhr; P; Pinelands) Im rustikalen Café mit Hofladen gibt es Bio-Erzeugnisse sowie Brot, Eingemachtes und Konfitüren aus eigener Herstellung. Toll für Kinder ist das Baumhaus im Garten und das Ponyreiten nebenan.

★ TABLES AT NITIDA
INTERNATIONAL €€

(021-975 9357; www.tablesatnitida.co.za; Nitida, Tygerberg Valley Rd, Durbanville; Hauptgerichte 55–125 R; ⏰Mo–Sa 9–16, So bis 15 Uhr; P) Auf Vorbestellung gibt es hier köstliche Gourmetpicknicks (320 R für zwei, 60 R für Kinder), die man draußen auf dem Rasen genießen kann. Auch ein Abstecher ins Café nach einer Weinverkostung im Nitida lohnt sich wegen der köstlichen Gerichte wie der fantastischen *tarte tatin* mit Roter Bete oder der Lammkebabs.

★ MOYO
AFRIKANISCH €€

(021-554 9671; www.moyo.co.za; Shop 50, Eden on the Bay, Blouberg; Hauptgerichte 85–145 R; ⏰10–22 Uhr; P; Big Bay) Wildfleisch wie Krokodil und Warzenschwein stehen auf der Speisekarte dieses amüsanten afrikanischen Restaurants. Man kann sich außerdem das Gesicht bemalen lassen, die Füße in einem kühlen Planschbecken in Form eines Surfbretts unter einem Tisch baumeln lassen und dabei den spektakulären Blick auf den Strand und den Tafelberg genießen.

Von Donnerstag bis Sonntag zieht abends ein Gitarrenspieler von Tisch zu Tisch. Sonntags ab 14 Uhr spielt eine Liveband.

★ MAESTRO'S ON THE BEACH
INTERNATIONAL €€

Karte S. 332 (021-551 4992; www.maestros. co.za; Bridge Rd, Milnerton; Hauptgerichte 60–130 R; ⏰Mo–Fr 10–23, Sa & So 9–23 Uhr; P; Woodbridge) Neben dem Milnerton Golf Club (Eingang durch dessen Parkplatz) liegt dieses ganztags geöffnete Restaurant in grandioser Lage direkt am Strand und mit einem Blick auf den Tafelberg, bei dem man ins Schwärmen geraten kann.

DE GRENDEL RESTAURANT
INTERNATIONAL €€€

(021-558 6280; www.degrendel.co.za; 112 Plattekloof Rd, Durbanville; 2/3 Gänge 255/285 R; ⏰Di–Sa 12– 14.30 & 19–21.30, So 12–14.30 Uhr; P) Wer sich eine Sekunde lang vom Panoramablick auf den Tafelberg losreißen kann, wird feststellen, dass sich die hochwertigen Bistro-Gerichte, die auf diesem eleganten Weingut am südlichen Ende der Durbanville Wine Route (S. 172; das der Stadt am nächsten gelegene Ende) serviert werden, ebenfalls lohnen. Es gibt so köstliche Gerichte wie Enten-Confit-Tarte und Bio-Lammnüsschen.

AUSGEHEN & NACHTLEBEN

Cape Flats

KEFU'S BAR
(☏021-361 0566; www.kefus.co.za; 39-41 Mthawelanga St, Ilitha Park, Khayelitsha; ☺Mo–Do 10–24, Fr & Sa bis 2 Uhr; ☒Khayelitsha) Ms. Kefuoe Sedia hat es weit gebracht, seit sie 1990 eine Kneipe mit sechs Plätzen in ihrem Wohnzimmer eröffnete. In dem schicken Pub über zwei Ebenen mit 140 Sitzen, wo sanfter Jazz im Hintergrund ertönt, wird auch Essen serviert. Montags bis donnerstags sollte angefragt werden, ob geöffnet ist.

BUYEL' EMBO VILLAGE BAR
(☏078 409 5071; www.facebook.com/pages/Buyel-Embo-Village/420612358048631; 8 Alfred Nzo St, Mandela Park, Khayelitsha; ☒Khayelitsha) Am Wochenende und in den Ferien gibt es oft DJ- und Livemusik-Veranstaltungen in dieser großen Anlage im Stil eines traditionellen afrikanischen Dorfs mit verschiedenen Bars, Grillplätzen und Bereichen zum Ausruhen, alle um einen zentralen, offenen Innenhof herum gelegen.

DEPARTMENT OF COFFEE CAFÉ
(☏078 086 0093; 158 Ntlazani St, Khayelitsha; ☺10–17 Uhr; ☒Khayelitsha) Gourmetkaffee in Khayelitsha – auch wenn er in einem Kiosk mit wenig einladenden verbarrikadierten Fenstern und zu unvorhersehbaren Öffnungszeiten serviert wird. Ganz in der Nähe stehen draußen ein paar Tische und Stühle, auf denen man seinen Kaffee und seine Muffins genießen kann.

GALAXY NACHTCLUB
(☏021-637 9132; www.superclubs.co.za; College Rd, Ryelands Estate; Eintritt 50 R; ☺Do–Sa 21–4 Uhr) Im legendären Tanzclub in den Cape Flats tanzen überwiegend schwarze und farbige Gäste zu R&B, Hip-Hop und Livebands. Frauen müssen oft keinen Eintritt zahlen. Der schicke Livemusikladen **West End** (☺Fr & Sa 17–4 Uhr) ist gleich nebenan.

Northern Suburbs

★BLUE PETER BAR
(☏021-554 1956; www.bluepeter.co.za; Popham St, Bloubergstrand; ☺9.30–23 Uhr; ☒Kleinbaai) In dem beliebten Dauerbrenner schnappen sich die Gäste ein Bier (13 verschiedene Schankbiere), bestellen eine Pizza und lassen sich draußen auf dem Rasen nieder, um den klassischen Blick auf den Tafelberg und Robben Island zu genießen. Das Pub ist auch ein Hotel.

★PETITS FOURS CAFÉ
(☏021-554 4462; www.petits-fours.co.za; 20 Stadler Rd, Bloubergstrand; ☺8–17 Uhr; ☒Kleinbaai) Am südlichen Ende von Bloubergstrand liegt dieses reizende Café in einem weiß getünchten Landhaus am Meer mit einem Tresen voller köstlicher Kuchen und Backwaren. Die Speisekarte (Hauptgerichte ab 60 R) ist leicht französisch angehaucht, aber es gibt auch die typischen getoasteten Sandwiches (*jaffles*).

DEON NAGEL'S GAT PARTY SCHWULEN- & LESBENCLUB
Karte S.332 (☏082 821 9185; www.facebook.com/groups/117474602037; Theo Marais Park, Koeberg Rd, Milnerton; Eintritt 30 R; ☺1., 2. & letzter Sa im Monat 21–2 Uhr; ☒Montague Gardens) Auf den Partys prallen die Schwulen- und die Afrikaans-Kulturen aufeinander. Schwule und Lesben aus der Gegend kommen zusammen, um im *langarm*-Stil (eine hiesige Form des Gesellschaftstanzes) zu Country-and-Western-Musik zu tanzen. Die Leute kommen gruppenweise und bringen ihr eigenes Essen und Trinken mit (es gibt aber auch stets eine Bar). Wer solo antritt, findet schnell Anschluss, und die DJs legen meist auch Musikstücke auf, zu denen jeder tanzen kann.

Gat heißt „Loch" auf Afrikaans, ein Name, der sich auf die ursprüngliche Location der Party, den alten Parrow Athletic Club bezieht, der in einem ehemaligen Steinbruch untergebracht war – buchstäblich ein Loch im Boden.

☆ UNTERHALTUNG

GRANDWEST CASINO CASINO
Karte S.332 (☏021-505 7777; www.suninternational.com/grandwest; 1 Vanguard Dr, Goodwood;

ABSTECHER

DURBANVILLE WINE ROUTE

Etwa 25 km (eine Fahrt von ca. 30 Minuten) nördlich der City Bowl, aber noch im Großraum Kapstadt gelegen, liegt die **Durbanville Wine Route** (www.durbanvillewine. co.za). Seit 1698 werden hier Reben angebaut; die typische Traube der Gegend ist der Sauvignon Blanc, der dank der kühleren Küstenwinde an den Hängen gut gedeiht. Zu den elf Weingütern auf der Strecke zählen:

De Grendel (☏021-558 6280; www.degrendel.co.za; 112 Plattekloof Rd, Durbanville; Weinprobe 20–50 R; ⊗Mo–Sa 9–19, So 10–16 Uhr; P) Das Weingut liegt am nächsten an Kapstadt und bietet vom Verkostungsraum aus einen überragenden Blick auf den Tafelberg. Es besitzt auch ein gutes Restaurant (S.170) und einen großen *fynbos*-Garten.

Durbanville Hills (☏021-558 1300; www.durbanvillehills.co.za; M13, Durbanville; Weinprobe 45–120 R; ⊗Verkostungen Mo–Mi 9–16.30, Do & Fr bis 18, Sa & So 10–16 Uhr, Restaurant ganzjährig Di–So 8.30–15 Uhr, Nov.–März Do–Sa 18–22 Uhr, April–Okt. Fr 18–22 Uhr; P) In einem ultramodernen Gebäude auf einer Hügelkuppe mit umwerfendem Blick auf die Tafelbucht werden zu den verschiedenen Weinproben auch Schokolade, Biltong oder Tapas gereicht.

Hillcrest Estate (☏021-970 5800; www.hillcrestfarm.co.za; M13, Durbanville; Weinprobe 20 R; ⊗Verkostungen 9–17 Uhr, Restaurant 9–16 Uhr; P) Neben hervorragenden Weinen braut das Hillcrest auch Bier und baut Oliven an. Sein historischer **Steinbruch** (www. thequarry.co.za) mit Fischteich wird zum Wakeboarden und für Veranstaltungen wie Filmvorführungen des **Galileo Cinema** (www.thegalileo.co.za) an Dienstagabenden genutzt.

Meerendal (☏021-975 1655; www.meerendal.co.za; M48 Visserhok, Durbanville; Weinprobe 10 R; ⊗Verkostungen Mo–Sa 9–18, So 10–17 Uhr; P) Auf den Weinbergen des 1702 gegründeten Meerendal wachsen einige der ältesten Pinotage- und Shiraz-Rebstöcke in Südafrika. Die Verkostungen hier sind sehr professionell. Es gibt ein Boutiquehotel, das zeitgenössische Crown-Restaurant und 18 km Mountainbike-Strecken (Tageskarte 30 R).

Nitida (☏021-976 1467; www.nitida.co.za; Tygerberg Valley Rd, Durbanville; Weinprobe 20–50 R; ⊗Mo–Fr 9.30–17, Sa bis 15, So 11–15 Uhr; P) Hier kann man preisgekrönte Weine probieren und im ausgezeichneten Restaurant Tables at Nitida (S.170) essen.

⊗24 Std.; 🚇; 🚉Goodwood) Auch für Nichtzocker bieten sich im Grandwest vielfältige Möglichkeiten zum Zeitvertreib. Dazu gehören beispielsweise ein Kino mit sechs Sälen, zahlreiche Restaurants, ein Food Court, eine Eishalle mit olympischen Dimensionen, Spielbereiche für Kinder, eine Bowlingbahn und regelmäßig Konzerte von großen internationalen Sängern und Bands. Das Casino liegt 12,5 km östlich des Stadtzentrums.

IBUYAMBO   LIVEMUSIK, TANZ
Karte S.332 (☏021-694 3113, 083 579 0853; www.ibuyambo.co.za; Washington St, Langa; 🚉Langa) Dizu Plaatjies und seine mit Preisen ausgezeichnete Gruppe aus Xhosa-Musikern und -Tänzern treten gelegentlich in diesem Kulturzentrum auf. Trommelsessions sowie Kurse in traditionellen Perlenarbeiten können organisiert werden.

ATHLONE STADIUM   ZUSCHAUERSPORT
(☏021-637 6607; Cross Blvd, Athlone; 🚉Athlone) Wird hauptsächlich für Fußballspiele genutzt, allerdings findet von Dezember bis Februar hier auch ein Wettstreit zwischen den verschiedenen Gesangsgruppen von Kapstadt statt.

 **SHOPPEN**

 **Cape Flats**

PHILANI NUTRITION CENTRE   KUNSTHANDWERK
(☏021-387 5124; www.philani.org.za; Phaphani St, Site C, Khayelitsha; ⊗8.30–16.15 Uhr; 🚉Nolungile) Die alteingesessene kommunale Gesundheitsorganisation betreibt sechs Pro-

jekte in den Townships, zu denen eine Weberei auf Site C in Khayelitsha, die Teppiche und Wandbehänge herstellt, sowie eine Druckerei gehören.

COMMUNITY CREATIVE DISTRICT
KUNST & HANDWERK

(www.artstownship.com; NY147, Gugulethu; ☺9–17 Uhr; 🚌Nyanga) Im Rahmen dieses Kollaborationsprojekts zwischen verschiedenen lokalen Kunst- und Gemeindegruppen haben mehrere Hausbesitzer in dieser Straße – in Gehweite vom Mzoli's (S. 169) – ihre Wohnzimmer in Kunstgalerien umgewandelt. Wie auch bei kommerziellen Galerien erhalten sie eine Provision für jedes verkaufte Werk und dürfen auch eigene Stücke verkaufen.

Northern Suburbs

MILNERTON FLEA MARKET
MARKT

Karte S. 332 (📞021-550 1383; www.milnertonfleamarket.co.za; Marine Dr/R27, Paarden Eiland; ☺Sa 8–14, So bis 15 Uhr; 🚌Zoarvlei) Zwischen all dem Flohmarkttrödel und Billigkram auf einem Parkplatz am Rand der Table Bay sind manchmal Vintage- und Sammlerstücke zu entdecken. Der Blick auf den Tafelberg ist ebenso faszinierend wie die Charaktere, denen man hier begegnet.

CANAL WALK
EINKAUFSZENTRUM

Karte S. 332 (📞021-529 9699; www.canalwalk.co.za; Century Blvd, Century City; ☺9–21 Uhr; 🚌Canal Walk North) Bei über 400 Läden, etwa 50 Restaurants, 18 Kinoleinwänden und einem Parkplatz für 6500 Autos bezweifelt wohl kaum jemand, dass es sich hier um das größte Einkaufszentrum Afrikas handelt. Der Food Court ist so groß, dass hier oft sogar Akrobatenshows über den Köpfen der Gäste veranstaltet werden.

CENTURY CITY NATURAL GOODS MARKET
MARKT

Karte S. 332 (www.centurycity.co.za/events/century-city-natural-goods-market-and-art-on-the-island; Central Park Field, Century City; ☺letzter So im Monat 9–14 Uhr; 🚻; 🚌Canal Walk North) Am letzten Sonntag im Monat findet im Park gegenüber von Intaka Island (S. 169) dieser fest etablierte Markt statt – mit jeder Menge Möglichkeiten zum Essen und Unterhaltungsangeboten für Kinder. Von hier aus kann man weiter zur Insel fahren und lokale Künstler im Eco-Centre bestaunen.

🏃 SPORT & AKTIVITÄTEN

OUDE MOLEN ECO VILLAGE
FREIWILLIGENARBEIT, SCHWIMMEN

Karte S. 332 (📞021-448 6419; www.oudemolenecovillage.co.za; Alexandra Rd, Pinelands; Pool Erw./Jugendlicher/Kind 30/20/10 R; ☺Pool 8–17 Uhr; 🚌Pinelands) In den verlassenen Gebäuden auf dem Gelände der einstigen psychiatrischen Klinik Valkenberg haben sich viele autonome Betriebe niedergelassen. Das Programm „Willing Workers on Organic Farms" (WWOOF) vermittelt Freiwilligenarbeit auf dem Biohof, Besucher können auf den Pferden der **Oude Molen Stables** (📞073 199 7395; 150 R pro Std.) reiten oder im Freibad des Dorfes schwimmen. Außerdem gibt es hier ein Café und den Hofladen Millstone (S. 170).

RATANGA JUNCTION
VERGNÜGUNGSPARK

Karte S. 332 (www.ratanga.co.za; Century Boulevard, Century City; Erw./Kind 172/90 R; ☺Jan.–März Sa & So 10–17 Uhr, während der Schulferien tgl.; 🚌Canal Walk South) Der afrikanisch ausgerichtete Vergnügungspark bietet Fahrgeschäfte und Attraktionen von schwindelerregenden Achterbahnen bis zu einem Streichelzoo. Wer davon nichts nutzen will, zahlt einen ermäßigten Eintritt von 65 R.

SKYDIVE CAPE TOWN
EXTREMSPORT

(📞082 800 6290; www.skydivecapetown.za.net; 1900 R) Das erfahrene Unternehmen ist im 20 km nördlich der Innenstadt gelegenen Melkboshstrand angesiedelt und bietet Tandemsprünge an. Die Aussicht ist – sobald man mit dem Kreischen aufgehört hat – wirklich spektakulär. Die Flieger starten vom Delta-200-Flugplatz in Melkbosstrand, und es gibt keine Abholung in Kapstadt, dafür aber Tipps zu Transportunternehmen, sofern man keinen eigenen Wagen hat.

MOWBRAY GOLF CLUB
GOLF

Karte S. 332 (📞021-685 3018; www.mowbraygolfclub.co.za; 1 Raapenberg Rd, Mowbray; 18 Löcher 350 R; ☺7–18 Uhr; 🚌Pinelands) Der 1910 angelegte Platz gilt vielen Golffreunden wegen seiner ländlichen Lage und der reichen Vogelwelt als der schönste der Stadt. Der Blick auf Devil's Peak ist jedenfalls reizend.

MILNERTON GOLF CLUB
GOLF

Karte S. 332 (📞021-552 1351; www.milnertongolf.co.za; Bridge Rd, Milnerton; 18 Löcher 315 R;

☺7–18 Uhr; 🖵Woodbridge) Der 18-Loch-Platz mit Par 72 befindet sich etwa 12 km nördlich der Innenstadt auf Woodbridge Island. Die herrliche Lage bietet tolle Ausblicke auf die Table Bay und den Tafelberg. (Allerdings kann es hier ziemlich windig sein.)

BEST KITEBOARDING AFRICA WASSERSPORT
Karte S.332 (📞021-556 2765; www.bestkite boardingafrica.com; Portico Bldg, Athens Rd, Table View; Halb-/Ganztageskurs 900/1700 R; ☺Mo–Fr 9.30–17.30, Sa & So 10–15 Uhr; 🖵Marine Circle) Der lange, breite und windumtoste Strand bei Table View ist ideal zum Kitesurfen. Dieser Anbieter mit Blick auf den Strand bringt Interessenten bei, wie's geht. Wer das schon weiß, kann sich auch einfach nur die Ausrüstung ausleihen. Auch Stehpaddeln (SUP) kann man hier lernen.

WINDSWEPT WASSERSPORT
(📞082 961 3070; www.windswept.co.za; Bloubergstrand; 2 Std. Gruppen-/Einzelunterricht 495/990 R) Philip Baker bietet in Bloubergstrand Wind- und Kitesurfingcamps an. Es gibt zweistündige Kurse für Gruppen oder als Einzelunterricht. Für 395 R können Fortgeschrittene Kite und Board mieten. Es gibt außerdem Pauschalangebote inklusive Unterkunft.

Ausflüge & Weingüter

Stellenbosch S.176
Inmitten von Weingütern liegt das Städtchen Stellenbosch mit seiner Kolonialarchitektur und guten Museen.

Franschhoek S.182
Üppige Weingärten umgeben das Stadtzentrum von Franschhoek, dessen Hauptstraße von hervorragenden Restaurants gesäumt ist.

Paarl S.186
Paarl, die größte Stadt in den Winelands, liegt am Ufer des Berg River und bietet kapholländische Architektur und Weingärten.

Robertson S.190
Etwas weiter ab im Tal des Breede River liegt Robertson, die größte Stadt, an einer angenehm ruhigen Weinstraße. Viele Anwesen bieten kostenlose Weinproben an.

Hermanus S.192
Hermanus, hoch oben in den Klippen, hat hübsche Strände und von *fynbos* bewachsene Hügel und ist ein guter Ort, um Wale zu beobachten.

Stanford S.196
Das bildschöne Dorf am Ufer des Klein River bietet fabelhafte Feinschmeckerküche abseits der ausgetretenen Pfade.

Darling S.198
Darling ist bekannt für seinen Wein, seine Kunstszene und die unnachahmliche Travestie-Show.

Langebaan S.200
Der Küstenort Langebaan lockt mit Meeresfrüchte-Restaurants im Freien, phänomenalen Sonnenuntergängen und Kitesurfingkursen in der Lagune.

Stellenbosch

Erkundungstour

Wer nur einen Tag Zeit hat, sollte die Erkundung der munteren Universitätsstadt im ausgezeichneten Village Museum beginnen und sich anschließend dem Hauptgrund für den Besuch widmen – dem Wein. Bei den Weingütern hat man die Qual der Wahl, aber die kostenlose Broschüre *Stellenbosch and its Wine Routes* aus der Touristeninformation kann bei der Entscheidung helfen. Ein fahrbarer Untersatz (ein Zweirad tut's auch) ist nötig, um die Weingüter zu erkunden, da sie sich weit ins Umland erstrecken. Noch besser ist die Teilnahme an einer geführten Tour, bei der die Proben geschluckt werden dürfen und nicht ausgespuckt werden müssen. Die Touren besuchen meist bis zu vier Weingüter und schließen ein Mittagessen ein; auf einem Weingut zu essen, ist hier ein Muss. Wer in Stellenbosch übernachtet, kann sich ins Nachtleben stürzen, das sich weitgehend um die quirligen Studentenkneipen dreht.

Das Beste

➡ **Sehenswertes** Villiera

➡ **Essen** Schoon de Companje (S. 179)

➡ **Ausgehen** Brampton Wine Studio (S. 181)

Top-Tipp

Wer nicht selbst fahren will und auch keine Tourgruppen mag, kann sich auf den **Vine**

Hopper (☏ 021-882 8112; www.vinehopper.co.za; Tageskarte 240 R) schwingen, einen Bus mit beliebigem Ein- und Ausstieg, der zwölf Weingüter in der Gegend um Stellenbosch anfährt.

An- & Weiterreise

➡ **Bus** Der **Baz Bus** (☏ 0861 229 287; www.bazbus.com) fährt von und nach Kapstadt (260 R, 30 Min., tgl.).

➡ **Zug Metrorail** (☏ 021-449 6478; www.metrorail.co.za) hat häufige Verbindungen mit Kapstadt (1./2. Klasse 18,50/12 R, ca. 1 Std.).

Gut zu wissen

➡ **Vorwahl** ☏ 021

➡ **Lage** Stellenbosch liegt 50 km östlich von Kapstadt.

➡ **Touristeninformation** (☏ 021-883 3584; www.stellenboschtourism.co.za; 36 Market St; ⏰ Mo–Fr 8–17, Sa & So 9–14 Uhr; ☏)

SEHENSWERTES

VILLAGE MUSEUM   MUSEUM

(www.stelmus.co.za; 18 Ryneveld St; Erw./Kind 35/15 R; ⏰ Mo–Sa 9–17, So 10–16 Uhr) Das sehr sehenswerte Museum besteht aus sorgfältig restaurierten Häusern mit historischer Einrichtung, die aus der Zeit von 1709 bis 1850 stammen und ein ganzes Karré zwischen Ryneveld, Plein, Drostdy und Church Street einnehmen. Zum Komplex gehören auch hübsche Gärten und auf der anderen Seite der Drostdy Street das stattliche **Grosvenor House**.

TOY & MINIATURE MUSEUM   MUSEUM

(Rhenish Parsonage, 42 Market St; Erw./Kind 20/10 R; ⏰ Mo–Fr 9–16, Sa 9–14 Uhr) Das entzückende Museum zeigt eine bemerkenswerte Sammlung detailgetreuer Spielzeuge, die von Modelleisenbahnen bis zu Puppenhäusern reicht. Das wahre Highlight ist aber ein Gespräch mit dem Kurator, Philip Kleynhans, der mit ebenso viel Begeisterung über die Geschichte und Architektur des Orts erzählen kann wie über die bezaubernden Exponate des Museums.

BRAAK   PARK

An der nördlichen Seite des grasbewachsenen Braak (Stadtplatz) steht die neugotische Kirche **St. Mary's on the Braak** von

---

ⓘ **EINE WANDERUNG DURCH STELLENBOSCH**

Nach all den Weinverkostungen tut ein bisschen Bewegung ganz gut, z. B. bei einem **geführten Stadtrundgang** (100 R pro Person; ⏰ Mo–Fr 11 & 15, Sa & So 9.30 Uhr). Los geht's an der Touristeninformation in Stellenbosch. Am Wochenende ist eine Reservierung erforderlich. Wer lieber allein loszieht, findet in der hervorragenden Broschüre *Historical Stellenbosch on Foot* (5 R) eine Karte für einen Rundgang sowie Informationen zu vielen historischen Gebäuden der Stadt.

WEINGÜTER UM DEN HELDERBERG

Es gibt um die 30 Weingüter in der Region Helderberg, einem Ableger der Stellenbosch-Weinstraße. An den unteren Hängen des Helderberg-Gebirges in der Nähe von Somerset West liegen hier einige der ältesten Gutshäuser des Landes.

Vergelegen (☎021-847 1334; www.vergelegen.co.za; Lourensford Rd, Somerset West; Erw./Kind 10/5 R, Weinproben 30 R; ☺9.30–16 Uhr) Simon van der Stels Sohn Willem pflanzte hier um 1700 die ersten Weinstöcke. Die Gebäude und eleganten Gärten mit hinreißendem Bergblick verströmen das Flair eines Herrensitzes. Man kann die Gärten (20 R) oder die Kellerei (20 R) besichtigen oder einfach nur die vier Weine des Hauses probieren. Eine Kostprobe des Vorzeige-Rotweins des Hauses Vergelegen kostet 10 R extra. Auch zwei Restaurants sind vorhanden. Das im Bistro-Stil gehaltene Stables (Hauptgerichte 70–175 R) bietet Ausblick auf den Rosengarten. Etwas gehobenere Küche serviert das Camphors (Mi–So Mittagessen, Fr & Sa Mittag- und Abendessen). Auch Picknickkörbe (pro Pers. 150 R; nur Nov.– April) sind erhältlich – dafür und für das Camphors ist eine Reservierung erforderlich.

Waterkloof (☎021-858 1292; www.waterkloofwines.co.za; Sir Lowry's Pass Village Rd, Somerset West; Weinproben ab 30 R; ☺10–17 Uhr, Führungen 10 & 16.30 Uhr) Die fantastisch moderne Architektur des Weinguts bildet einen schönen Kontrast zu den bekannten kapholländischen Gebäuden der älteren Anwesen. Das Weingut hat sich auf biologisch-dynamische Weine und umweltfreundlichen Anbau spezialisiert – auf der zweistündigen Führung (390 R) durch das Anwesen erfährt man mehr. Ausritte (585 R) sind ebenfalls im Angebot, und wem das Geld locker sitzt, der kann sich von Kapstadt aus mit dem Hubschrauber (6500 R) einfliegen lassen. Zu allen Aktivitäten gehört ein Zwei-Gänge-Mittag- oder -Abendessen in dem ausgezeichneten Restaurant.

1852. Westlich der Kirche befindet sich das **VOC Kruithuis** (Pulvermagazin; Erw./Kind 5/2 R; ☺Sept.–Mai Mo–Fr 9–14 Uhr), das 1777 erbaut wurde, um dort Waffen und Schießpulver zu lagern – heute beherbergt es ein kleines Militärmuseum. In der nordwestlichen Ecke des Platzes steht das **Fick House**, ein schönes Beispiel für den kapholländischen Baustil des späten 18 Jh.

BERGKELDER   WEINGUT
(☎021-809 8025; www.bergkelder.co.za; Weinproben 40 R; ☺Mo–Fr 8–17, Sa 9–14 Uhr) Für Weinliebhaber ohne Fahrzeug ist die Kellerei ideal, da sie nur ein kurzes Stück zu Fuß vom Stadtzentrum entfernt liegt. Nach der einstündigen Führung gibt es eine stimmungsvolle Weinprobe im Keller bei Kerzenschein. Führungen finden Montag bis Freitag um 10, 11, 14 und 15 Uhr statt und samstags um 10, 11 und 12 Uhr. Auch Verkostungen mit Wein und dazu passenden Salzen sind im Angebot (75 R). Für alle Aktivitäten ist eine Reservierung erforderlich.

UNIVERSITY MUSEUM   MUSEUM
(52 Ryneveld St; Spende erwünscht; ☺Mo 10–16.30, Di–Sa 9–16.30 Uhr) Dieses herrliche Gebäude im flämischen Renaissance-Stil beherbergt eine interessante und bunte Sammlung hiesiger Kunst, eine Reihe anthropologischer Schätze aus Afrika sowie Exponate aus der südafrikanischen Kultur und Geschichte.

★ VILLIERA   WEINGUT
(☎021-865 2002; www.villiera.com; kostenlose Weinproben; ☺Mo–Fr 9–17, Sa 9–15 Uhr) Villiera produziert mehrere exzellente Weine der Méthode Cap Classique und einen hochklassifizierten und sehr preisgünstigen Shiraz. Es gibt auch großartige zweistündige Safaritouren (150 R pro Pers.) mit sachkundigen Führern zu den verschiedenen Antilopen-, Zebra- und Vogelarten auf dem Gutsgelände.

WARWICK ESTATE   WEINGUT
(☎021-884 4410; www.warwickwine.com; Weinproben 25 R, Weinsafari 50 R; ☺10–17 Uhr; 🚹) Warwicks Rotweine sind legendär, besonders die Bordeauxverschnitte.

Das Weingut bietet eine informative „Big Five"-Weinsafari durch die Weingärten (zu den wichtigsten Rebsorten, nicht Großtieren) mit Picknicks auf den herrlichen Rasenanlagen an.

Stellenbosch

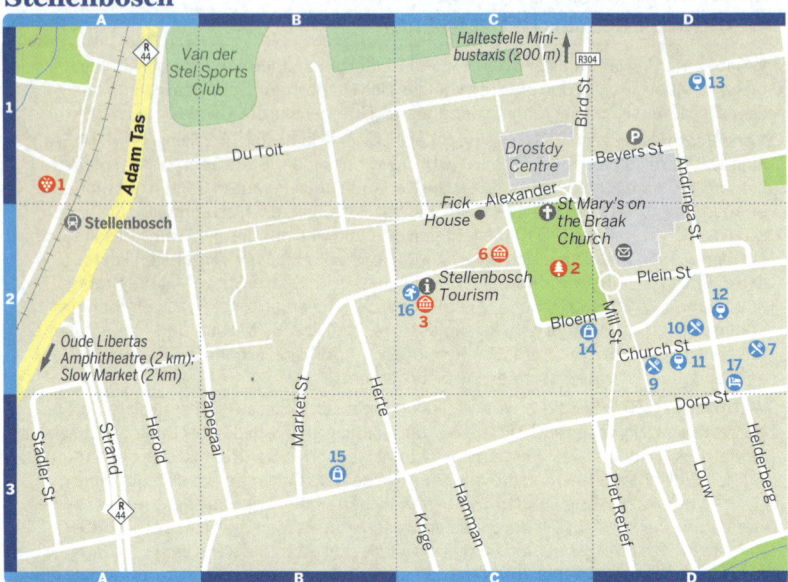

Stellenbosch

SPIER WEINGUT

(☎021-809 1100; www.spier.co.za; Weinproben ab 38 R; ⊗10–17 Uhr; ⊕) Spier produziert exzellenten Shiraz, Cabernet und Rotweinverschnitte. Ein Besuch auf diesem großen Weingut dreht sich jedoch weniger um Wein, sondern eher um die Freizeitaktivitäten. Es gibt hier Raubvogelvorstellungen, Segway-Touren durch die Weingärten, zwei Restaurants und Picknicks auf dem schönen Gelände. Auf Spezialveranstaltungen achten, vor allem auf den Spier Winelands Express, eine Zugfahrt von Kapstadt aus, die in den Sommermonaten stattfindet!

HARTENBERG ESTATE WEINGUT

(☎021-865 2541; www.hartenbergestate.com; Bottelary Rd; Weinproben 25 R; ⊗ganzjährig Mo–Fr 9–17, Sa 9–16 Uhr, Okt.–April So 10–16 Uhr) Dank des überaus günstigen Mikroklimas in dieser Region produziert das Weingut Hartenberg hervorragende Rotweine, besonders empfehlenswert sind die Sorten Cabernet, Merlot und Shiraz.

Es bietet seinen Gästen darüber hinaus einen Mittagstisch (Reservierung erforderlich), und von Oktober bis April können Picknickpakete (175 R) für eine Wanderung durch das Feuchtgebiet des Weinguts arrangiert werden.

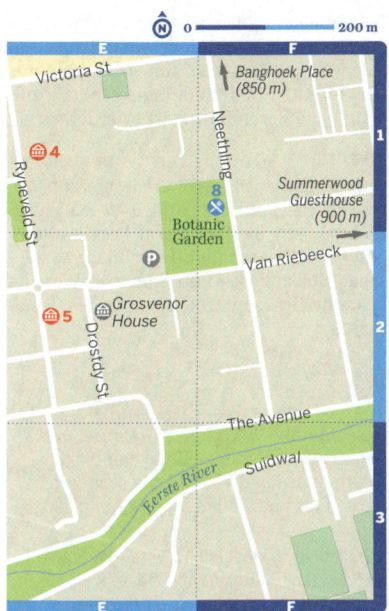

VAN RYN BRANDY CELLAR — DESTILLERIE

(☎021-881 3875; www.vanryn.co.za; Tour & Weinproben ab 50 R; ⏰ganzjährig Mo–Fr 9–17.30, Sa bis 15.30, Okt.–April So 11–15 Uhr) Diese Branntweindestillerie bietet erstklassige Führungen an, bei denen Besucher die Herstellung von Weinfässern miterleben und zum Abschluss die Weine ihrer Wahl kosten können. Zu den Branntweinverkostungen gibt es passende Schokolade oder feine Wurstwaren und auch Branntweincocktails.

BLAAUWKLIPPEN — WEINGUT

(☎021-880 0133; www.blaauwklippen.com; Rte 44; Weinproben 35 R; ⏰10–17 Uhr, Kellereiführungen 11 & 14 Uhr; 🚗) Das rustikale, über 300 Jahre alte Gut mit mehreren prächtigen kapholländischen Gebäuden ist für seine hervorragenden Rotweine bekannt, besonders für den Cabernet Sauvignon und den Zinfandel. Es gibt eine Wein- und Schokoladenverkostung (80 R) und Mittagsgerichte entweder im Bistro (wegen der Öffnungszeiten anrufen, die je nach Jahreszeit wechseln!) oder von Oktober bis März als Picknick auf den Grünflächen (Buchung erforderlich). Auch Kinder haben hier ihren Spaß, vor allem an den Wochenenden, wenn hier Kutschfahrten durch das Anwesen veranstaltet werden.

MEERLUST ESTATE — WEINGUT

(☎021-843 3587; www.meerlust.com; Rte 310; Weinproben 30 R; ⏰Mo–Fr 9–17, Sa 10–14 Uhr) Hannes Myburgh führt das historische Weingut von 1756 in achter Generation. Berühmt ist es vor allem für seinen Rubicon, einen Wein, der in John Platters Weinführer einst als der „herausragende Claret des Kaps" bezeichnet wurde. Besucher sollten sich unbedingt die Probierstube mit der Plakatsammlung des Besitzers und der Geschichte des Weinguts ansehen.

TOKARA — WEINGUT

(☎021-808 5900; www.tokara.co.za; Rte 310; kostenlose Weinproben; ⏰Mo–Fr 9–17, Sa & So 10–15 Uhr) Tokara ist bekannt für seine exzellenten Weine – besonders Chardonnay und Sauvignon Blanc –, aber auch für das Nobelrestaurant (Di–So Mittagessen, Di–Sa Abendessen), die Kunstsammlung und die mondäne Ausstattung. Im Sommer können draußen aufwendige Gerichte mit Bergblick genossen werden, im Winter lockt ein Gläschen edle Spätlese (Dessertwein) oder ein Pot Still Brandy (10 R) am Kamin. In einem fantastischen Deli mit Skulpturengalerie werden einfachere Mittagsgerichte serviert, und man kann das auf dem Gut hergestellte Olivenöl kosten.

JONKERSHOEK NATURE RESERVE — NATURSCHUTZGEBIET

(www.capenature.co.za; Jonkershoek Rd; Erw./Kind 40/20 R; ⏰7.30–16 Uhr) Das kleine Naturschutzgebiet liegt 8 km südöstlich der Stadt inmitten großer Nutzholzpflanzungen. Es gibt eine 10 km lange Panoramaroute für Autofahrten sowie Wanderwege von 5 bis 18 km. Eine Wanderkarte ist am Eingang zu bekommen.

✖ ESSEN & AUSGEHEN

⭐ SCHOON DE COMPANJE — DELI €

(www.decompanje.co.za; 7 Church St; Hauptgerichte 50–100 R; ⏰Di–So Frühstück & Mittagessen, Pizzas bis 18 Uhr) Die lebhafte Bäckerei mit Deli ist stolz auf ihre Zutaten aus lokalem Anbau. Auf der Karte stehen Salate, Sandwiches und Mezze-Teller sowie frische Kuchen und Gebäck und auch Bier, das in der Gegend gebraut wird. Es gibt Tische auf dem Bürgersteig und drinnen ein Ambiente wie in einer Markthalle mit jeder Menge Sitzmöglichkeiten und einigen Geschäften.

KATJIEPIERING RESTAURANT CAFÉ €

(Van Riebeeck St; Hauptgerichte 50–120 R; 9–17 Uhr) Versteckt in einer Ecke des botanischen Gartens findet man dieses herrliche Fleckchen für Kaffee, Kuchen oder einen Mittagsimbiss inmitten exotischer Pflanzen. Es gibt auch einige traditionelle Gerichte.

HELENA'S SÜDAFRIKANISCH €€

(021-883 3132; www.helenasrestaurant.co.za; Coopmanhuijs Boutique Hotel, 33 Church St; 80–220 R; Frühstück, Mittag- & Abendessen) Ein kleines, bezauberndes Restaurant in einem Boutiquehotel. Die Speisekarte ist kurz, bietet aber einige traditionelle Gerichte und jede Menge Leckereien mit Produkten aus der Gegend – das Wildpilzrisotto ist großartig. Eine Reservierung ist erforderlich.

96 WINERY ROAD INTERNATIONAL €€

(www.96wineryroad.co.za; Zandberg Farm, Winery Rd; Hauptgerichte 120 R; Mo–Sa Mittag- & Abendessen, So Mittagessen) Dieses alteingesessene Restaurant an der Route 44 zwischen Stellenbosch und Somerset West ist bekannt für sein trocken gereiftes Rindfleisch.

SCHLEMMEN AUF DEM WEINGUT

In den Winelands am Kap sind viele der Spitzenrestaurants Südafrikas zu Hause, und es lohnt sich, für ein erstklassiges Essen auf einem der Weingüter einmal tiefer in die Tasche zu greifen. Viele Güter servieren Gourmetmenüs mit drei bis sechs kleineren Gängen. Oft wird auch angeboten, zu jedem Gericht ein passendes, vom Sommelier ausgesuchtes Glas Wein zu reichen.

Jordan (021-881 3612; www.jordanwines.com; Stellenbosch Kloof Rd; Bäckerei-Hauptgerichte 60–120 R, 3-Gänge-Menü ab 345 R; Do–Sa Frühstück, Mittag- & Abendessen) Das angesehene Restaurant liegt auf einem Weingut etwas abseits der touristischeren Wege von Stellenbosch, aber die Fahrt hierher lohnt sich. Die erfreuliche Speisekarte ist voller innovativer Spitzengerichte, und wer etwas Normaleres sucht, bekommt in der Bäckerei Salate und Käseplatten mit frisch gebackenem Brot.

Harvest at Laborie (021-807 3095; www.harvestatlaborie.co.za; Taillefer St; Hauptgerichte 90–140 R; Mo–So Mittagessen, Do–Sa Abendessen;) Von der Terrasse des eleganten Weinguts ein paar Schritte von der Hauptstraße blicken die Gäste beim Essen auf die Rebstöcke. Bei den Gerichten überwiegen einheimische Erzeugnisse, wie Muscheln von der Westküste, Karoo-Lamm und zur Saison Wild. Abends und am Wochenende ist auch mittags eine Reservierung empfehlenswert.

La Petite Ferme (021-876 3016; www.lapetiteferme.co.za; Franschhoek Pass Rd; Hauptgerichte 100–180 R; Mittagessen;) Idyllisches, ländliches Bistro-Restaurant in umwerfender Lage mit Blick über das Tal und übersichtlicher Speisekarte. Gereicht werden exklusive Weine und dazu geräucherte und entgrätete Lachsforelle, die köstliche Spezialität des Hauses. Wer gar nicht mehr weg will, kann sich in einem der luxuriösen Zimmer einquartieren.

Haute Cabrière Cellar (021-876 3688; www.cabriere.co.za; Franschhoek Pass Rd; Hauptgerichte 140–180 R; Di–So Mittagessen, Do–Sa Abendessen) Neben den köstlichen und kreativen À-la-carte-Gerichten gibt's ein sechsgängiges Menü mit jeweils passenden Weinen (750 R). In der Kellerei gibt es zudem Weinproben (ab 30 R), und samstags führt der Besitzer die *sabrage* vor: die Kunst, eine Flasche Schampus mit dem Schwert zu entkorken.

Rust en Vrede (021-881 3757; www.rustenvrede.com; Annandale Rd; 4-Gänge-Menü 620 R, 6-Gänge-Menü mit/ohne Wein 1150/750 R; Di–Sa Abendessen) Der Koch John Shuttleworth präsentiert im Restaurant dieses Weinguts moderne Versionen alter Klassiker.

Overture Restaurant (021-880 2721; www.dineatoverture.co.za; Hidden Valley Wine Estate, abseits Annandale Rd; 3-Gänge-Menü 375 R, 6-Gänge-Menü 540 R; Mi–So Mittagessen, Do–Sa Abendessen) Ein sehr modernes Weingut mit Restaurant, in dem der Fernsehkoch Bertus Basson lokale, saisonale Erzeugnisse mit Weinen vom Gut Hidden Valley verbindet.

WIJNHUIS
ITALIENISCH €€

(www.wijnhuis.co.za; Ecke Andringa St & Church St; Hauptgerichte 100–210 R; ☺Mittag- & Abendessen) Es gibt eine interessante Speisekarte und eine umfangreiche Weinkarte mit mehr als 500 Marken. Etwa 20 Weine sind im Glas erhältlich, und es gibt auch Weinproben (50 R).

★BRAMPTON WINE STUDIO
WEINBAR

(☎021-883 9097; www.brampton.co.za; 11 Church St; ☺Mo–Fr 9–19.30, Sa ab 10 Uhr) In diesem trendigen Straßencafé können Gäste Spiele spielen und auf die Tische kritzeln, während sie Shiraz trinken. Hier finden auch die Weinproben des Weinguts Brampton statt. Sandwiches und Wraps (50 bis 70 R) sind den ganzen Tag über zu haben.

MYSTIC BOER
BAR

(www.diemysticboer.co.za; 3 Victoria St) Die flippige Bar ist eine Institution in Stellenbosch. Es gibt regelmäßig Livemusik und ganz annehmbare Kneipengerichte.

CRAFT WHEAT & HOPS
BIER

(Andringa St; ☺Mo–Sa 11–21.30 Uhr) Hier bekommt man 15 verschiedene Schankbiere aus Kleinbrauereien der Gegend sowie ein weiteres Dutzend Flaschenbiere. Es gibt außerdem eine ganz ordentliche Weinkarte und eine tolle Auswahl an Branntweinen. Belegte Brote sind für 40 bis 60 R zu haben, und ab 16 Uhr werden leckere Tapas serviert.

☆ UNTERHALTUNG

OUDE LIBERTAS AMPHITHEATRE
KUNST & KULTUR

(www.oudelibertas.co.za; Oude Libertas Rd) Von November bis März finden hier Open-Air-Theater-, Musik- und Tanzaufführungen statt.

SHOPPEN

OOM SAMIE SE WINKEL
SOUVENIRS

(Uncle Sammy's Shop; 84 Dorp St; ☺Mo–Fr 8.30–18, Sa & So 9–17 Uhr) Den Laden gab es schon in Stellenbosch, bevor es Stellenbosch überhaupt gab. Er ist ein hemmungslos touristischer Gemischtwarenladen, aber wegen seines schrägen Angebots von Scherzartikelkram bis hin zu afrikanischem Kunsthandwerk und regionalen Nahrungsmitteln trotzdem einen Besuch wert.

KUNSTHANDWERKSMARKT
MARKT

(Braak; ☺Mo–Sa 9–17 Uhr) Auf dem kleinen Markt im Freien lässt sich wunderbar um afrikanische Schnitzereien, Gemälde und Modeschmuck feilschen.

SPORT & AKTIVITÄTEN

Stellenbosch und die direkte Umgebung sind vergleichsweise flach. Das Stadtzentrum oder auch die Weingüter lassen sich hervorragend mit dem Fahrrad erkunden.

★BIKES 'N WINES
TOUREN

(☎021-823 8790; www.bikesnwines.com; pro Person 550–790 R) ✎ Sehr empfehlenswertes Unternehmen, das sich die CO_2-Reduktion auf die Fahne geschrieben hat. Es bietet Fahrradtouren zwischen 9 und 21 km zu drei bis vier Weingütern in Stellenbosch an.

ADVENTURE SHOP
FAHRRADVERLEIH

(☎021-882 8112; www.adventureshop.co.za; Ecke Dorp St & Mark St; 150 R pro Tag) Eine gute Alternative für alle, die sich ein Fahrrad leihen, aber nicht an einer Tour teilnehmen möchten.

🛏 SCHLAFEN

Neben zahlreichen Unterkünften für jedes Budget in der Stadt selbst bietet auch eine Reihe von Weingütern Unterkünfte an, die von Hütten für Selbstverpfleger bis hin zu superluxuriösen Hotels reichen.

★BANGHOEK PLACE
BACKPACKER-UNTERKUNFT €

(☎021-887 0048; www.banghoek.co.za; 193 Banghoek Rd; B/Zi. 150/600 R; 🛜🖵) Dieses hippe Vorstadthostel ist eine ruhigere Alternative abseits des Stadtzentrums. Im Freizeitraum stehen ein Satelliten-TV und ein Billardtisch, und im Garten gibt es einen schönen Swimmingpool.

STELLENBOSCH HOTEL
HISTORISCHES HOTEL €€

(☎021-887 3644; www.stellenboschhotel.co.za; 162 Dorp St, Ecke Andringa St; EZ/DZ mit Frühstück ab 880/1100 R; ❄️📶) Das komfortable, rustikale Hotel hat unterschiedliche Zimmer, darunter einige für Selbstversorger, andere mit Himmelbett. Im Gebäudeteil aus dem Jahr 1743 befindet sich die Jan Cats Brasserie, gut für einen Drink. Hotel und Restaurant wurden während der Recherche zu diesem Reiseführer renoviert.

SUMMERWOOD GUESTHOUSE PENSION €€€
(📞021-887 4112; www.summerwood.co.za; 28 Jonkershoek Rd; EZ/DZ mit Frühstück 1310/2150 R; ❄️📶🏊) Diese elegante Pension liegt am östlichen Stadtrand direkt an einem kleinen Naturschutzgebiet. Die makellosen Zimmer sind hell und geräumig und hervorragend ausgestattet. Zwischen April und September sinken die Preise enorm.

Franschhoek

AUSFLÜGE & WEINGÜTER FRANSCHHOEK

Erkundungstour

Franschhoek ist die kompakteste Stadt in den Winelands und eignet sich am besten für Besucher ohne Auto – allerdings braucht man ab Stellenbosch ein Taxi für die Anfahrt. Die Erkundung beginnt mit dem Huguenot Memorial Museum, in dem Franschhoeks französische Wurzeln und seine Entwicklung zu einer der führenden Weinstädte erläutert werden. Von hier geht es weiter über die Huguenot Street, um die Speisekarten der Lokale zu studieren und Kunsthandwerk zu kaufen. Nach einem Mittagessen in einem der besten Restaurants des Landes warten dann zahllose Weinproben, die oft in Laufnähe zur Hauptstraße angeboten werden. Wer mit dem Auto unterwegs ist – mit einem Fahrer, der nichts trinkt –, kann zu den Weingütern westlich der Stadt oder zum Franschhoek Pass im Osten fahren.

Das Beste

➡ **Sehenswertes** Boschendal (S. 183)

➡ **Essen** Le Quartier Français: Tasting Room (S. 185)

➡ **Ausgehen** Leopard's Leap (S. 184)

Top-Tipp

Franschhoek gilt als Feinschmeckerhauptstadt des Kaps, wo etliche Restaurants auch Kochkurse unter Leitung preisgekrönter Köche anbieten. Genaueres weiß die Touristeninformation.

An- & Weiterreise

➡ **Züge** Von Kapstadt fahren Züge nach Stellenbosch (1./2. Klasse 18,50/12 R, ca. 1 Std., regelmäßig). Von dort geht es mit Sammeltaxis (20 R) oder einem **privaten Taxi** (📞082 256 6784) weiter.

Gut zu wissen

➡ **Vorwahl** 📞021

➡ **Lage** Franschhoek liegt 85 km östlich von Kapstadt, erreichbar über die N1 und die Route 45.

➡ **Touristeninformation** (📞021-876 2861; www.franschhoek.org.za; 62 Huguenot St; 🕐Mo–Fr 8–18, Sa 9–18, So 9–16 Uhr)

◎ SEHENSWERTES

HUGUENOT MEMORIAL MUSEUM MUSEUM
(www.museum.co.za; Lambrecht St; Erw./Kind 10/2 R; 🕐Mo–Sa 9–17, So 14–17 Uhr) Das Museum ehrt Südafrikas Hugenotten und birgt genealogische Aufzeichnungen ihrer Nachkommen. Hinter dem Hauptkomplex befindet sich ein nettes Café, und davor steht das 1948 eröffnete **Huguenot Monument** (🕐9–17 Uhr) GRATIS. In einem **Nebengebäude** gegenüber sind Exponate über den Burenkrieg und zur Naturgeschichte untergebracht.

HUGUENOT FINE CHOCOLATES ESSEN
(📞021-876 4096; www.huguenotchocolates.com; 62 Huguenot St; 🕐Mo–Fr 8–17.30, Sa & So 9–17.30 Uhr) Ein Förderprogramm verhalf den beiden einheimischen Besitzern der Schokoladenmanufaktur auf die Sprünge, und heute schwärmen die Leute von ihrem Konfekt. Täglich gibt es Einblicke in die Schokoladenherstellung sowie Verkostungen (40 R) um 11 und 15 Uhr – unbedingt im Voraus buchen.

CERAMICS GALLERY GALERIE
(📞021-876 4304; www.davidwalters.co.za; 24 Dirkie Uys St; 🕐10–18 Uhr) Franschhoek hat viele schöne Galerien zu bieten, vor allem entlang der Huguenot Street. In der Keramikgalerie im schön restaurierten Haus des ersten Lehrers von Franschhoek lässt

Franschhoek

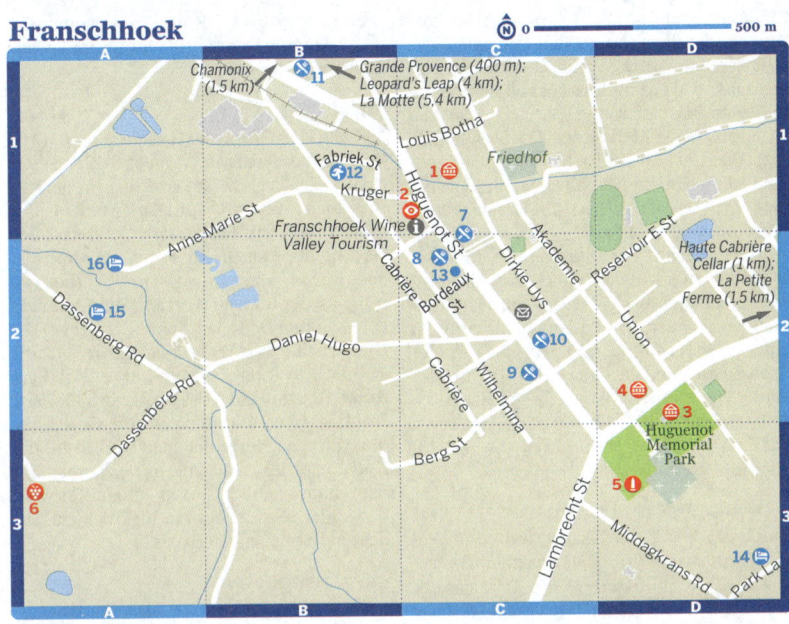

N 0 —————————————— 500 m

Franschhoek

sich David Walters, einer der angesehensten Töpfer ganz Südafrikas, bei der Arbeit über die Schulter schauen. Daneben werden auch die Werke anderer Künstler hier ausgestellt.

⭐ **BOSCHENDAL**　　　WEINGUT
(☎021-870 4210; www.boschendal.com; Rte 310, Groot Drakenstein; Weinproben 35 R, Gutshaus 20 R; ⊙9–17.30 Uhr) Charakteristisches Winelands-Weingut mit wunderbarer Architektur, Essen und Wein. Es gibt ausgezeichnete Führungen durch Weingärten (35 R) und Kellerei (25 R), die aber vorher gebucht werden müssen. Einen Hauch Ge-

schichte zum Wein vermittelt ein Rundgang durch das Gutshaus. Boschendal bietet drei Möglichkeiten zum Essen: das riesige Mittagsbüfett (240 R) im Hauptrestaurant, den leichten Imbiss im Le Café und den Esskorb „Le Pique Nique" (Erw./Kind 175/75 R; Bestellung erforderlich), der von September bis Mai unter Sonnenschirmen auf dem Rasen serviert wird.

⭐ **LA MOTTE**　　　WEINGUT
(☎021-876 8000; www.la-motte.com; Main Rd; Weinproben 50 R; ⊙Mo–Sa 9–17 Uhr) Das große Anwesen gleich westlich von Franschhoek bietet genug Beschäftigungsmöglichkeiten

für einen ganzen Tag. Neben den Verkostungen der hervorragenden Shiraz-Weine gibt es auch Mittag- und Abendessen mit passendem Wein im Restaurant **Pierneef à la Motte** (Hauptgerichte 100–200 R; ⊗Sa & So Frühstück, Di–So Mittagessen, Do–So Abendessen). Das Restaurant ist nach dem südafrikanischen Künstler Jacob Hendrik Pierneef benannt, dessen Werke im hauseigenen Museum ausgestellt sind.

Es ist auch der Startpunkt für Geschichtswanderungen (50 R) über das Anwesen, die eine Besichtigung von vier Nationaldenkmälern und eine Vorführung in einer Wassermühle mit anschließender Brot-Kostprobe beinhalten (Mi 10 Uhr, Buchung erforderlich). Wer sich den Bauch zu voll geschlagen hat, kann ein paar Kalorien auf dem 5 km langen Rundweg abwandern, der am Weingut beginnt.

LEOPARD'S LEAP   WEINGUT

(☑021-876 8002; www.leopardsleap.co.za; Rte 45; Weinproben ab 25 R, Hauptgerichte im Restaurant 60–120 R; ⊗Di–Sa 9–17, So 11–17 Uhr; ⊛) In der hellen, scheunenartigen Probierstube stehen überall gemütliche Sofas herum – man kann die Kostproben entweder dorthin mitnehmen oder das Ganze an der Bar etwas formeller angehen. Auf den großen Grünflächen gibt es einen Dschungel-Sportplatz für Kinder, und in der Rotisserie (Mittagstisch von Mittwoch bis Sonntag) kann man für die Winelands sehr preisgünstig essen. Einmal im Monat finden den Kochkurse statt – unbedingt im Voraus buchen!

SOLMS-DELTA   WEINGUT

(☑021-874 3937; www.solms-delta.com; Delta Rd, abseits der Route 45; Weinproben 10 R; ⊗So & Mo 9–17, Di–Sa bis 18 Uhr) Auf diesem hervorragenden Weingut kann man nicht nur Wein probieren und kaufen, sondern auch verschiedene kulturelle Führungen mitmachen. Das Museum beschreibt die Geschichte des Kaps und erzählt die Geschichte des Solms-Delta aus dem Blickwinkel der Gutsarbeiter im Wechsel der Jahre. Für die kulinarisch Interessierten gibt es das **Fyndraai Restaurant** (Hauptgerichte 130–155 R; ⊗Mittagessen) mit urtypischen Gerichten, die von den verschiedenen Kulturen des Kaps inspiriert sind und mit Kräutern aus dem hauseigenen Garten zubereitet werden. Oder man macht ein Picknick entlang des zauberhaften Uferwegs.

GRANDE PROVENCE   WEINGUT

(www.grandeprovence.co.za; Main Rd; Hauptgerichte ab 40 R, Kellereiführungen 25 R; ⊗10–19 Uhr, Kellereiführungen Mo–Fr 11 & 15 Uhr) Ein sehr schön umgebautes Gutshaus aus dem 18. Jh., in dem sich ein stilvolles Restaurant und eine großartige Galerie mit zeitgenössischer südafrikanischer Kunst befinden. Es gibt ein großes Verkostungsangebot, darunter auch eine Traubensaftverkostung für Kinder (20 R). Liegt in Laufnähe des Stadtzentrums.

CHAMONIX   WEINGUT

(☑021-876 8426; www.chamonix.co.za; Uitkyk St; Weinproben 35 R; ⊗9.30–17 Uhr) Kellereiführungen um 11 und 15 Uhr nach Vereinbarung (10 R). Als Probierstube, in der man auch eine Auswahl von Schnäpsen und Grappa kosten kann, dient eine umgebaute Schmiede.

Das Restaurant, **Racine** (Hauptgerichte 100–150 R; ⊗Di–So Mittagessen, Do–Sa Abendessen), hat eine herrliche Terrasse über einem Fluss. Es liegt auf einem Hügel, ist aber zu Fuß von der Stadt aus zu erreichen.

HAUTE CABRIÈRE   WEINGUT

(☑021-876 8500; www.cabriere.co.za; Franschhoek Pass Rd; Weinproben ab 30 R, Kellereiführungen 60 R; ⊗Mo–Fr 9–17, Sa 10–16, So 11–16 Uhr, Kellereiführungen Mo–Sa 11 Uhr) Verkostet werden in diesem Gut Méthode Cap Classique (MCC; südafrikanischer Schaum-

---

DIE WEINBAHN VON FRANSCHHOEK

Wer lieber das Auto stehenlässt, um die Verkostungen richtig genießen zu können, findet in der **Weinbahn von Franschhoek** (☑021-300 0338; www.winetram.co.za; 32 Huguenot Rd; Erw./Kind 200/85 R) eine witzige Alternative zur üblichen Winelands-Tour. Die eigentliche Bahnstrecke ist kurz, und nur zwei Weingüter haben eine Haltestelle. Die restliche Strecke wird von einem offenen Bus mit beliebigem Ein- und Ausstieg abgefahren, der die Besucher von Weingut zu Weingut bringt. Es gibt zwei Routen, die jeweils bis zu sieben Weingüter abdecken. Es ist ratsam, im Voraus zu buchen und sich warm anzuziehen – vor allem im Bus kann es ziemlich frisch werden.

BAUERNMÄRKTE IN DEN WINELANDS

Bauernmärkte sind der letzte Schrei bei Südafrikas Feinschmeckern. In den Winelands ist das Angebot besonders gut. Diese Märke sind gar nicht so sehr aufs reine Einkaufen ausgelegt, sondern vielmehr auf den Vor-Ort-Verzehr – hier gibt es alles, von frisch gebackenem Brot und traditionell hergestelltem Käse bis hin zu Paella, Thai-Snacks und würzigen Currygerichten, und dazu stapelweise Kuchen, regionale Weine und jede Menge Biere aus Kleinbrauereien.

Blaauwklippen Market (www.blaauwklippen.com; Rte 44, Blaauwklippen Vineyards; ⊙So 10–15 Uhr; ⊕) Ein sehr familienfreundlicher Markt, auf dem auch Kutschfahrten und Ponyreiten angeboten werden.

Franschhoek Market (www.franschhoekmarket.wozaonline.co.za; 29 Huguenot Rd; ⊙Sa 9–14 Uhr) Dieser Markt auf dem Gelände der Kirche versprüht eine Atmosphäre wie bei einem ländlichen Fest.

Slow Market (www.slowmarket.co.za; Oude Libertas Rd, Oude Libertas; ⊙Sa 9–14 Uhr) Stellenboschs urtümlicher Bauernmarkt hat jede Menge traditionell hergestellte Erzeugnisse sowie Handwerkskunst zu bieten.

wein) und die exzellenten Rot- und Weißweine sowie ein Branntwein. Samstags bietet der Besitzer seinen Gästen eine besondere Showeinlage, die *sabrage*, bei der er demonstriert, wie man eine Flasche Schampus mit dem Schwert entkorkt. Auf Anfrage können Besucher es auch selbst ausprobieren.

MONT ROCHELLE　　　　　WEINGUT
(www.montrochelle.co.za; Dassenberg Rd; Weinproben 20 R; ⊙10–18.30 Uhr) Das Weingut wurde zusammen mit dem piekfeinen Hotel gleichen Namens 2014 von Richard Branson aufgekauft. Zur Weinprobe wird eine Käseplatte gereicht (115 R), aber es gibt auch Mittagessen (Hauptgerichte ab 95 R) mit tollem Blick auf die Stadt und die Berge dahinter.

 **ESSEN**

★LE QUARTIER FRANÇAIS: LIVING ROOM　　　　　BISTRO €€
(☎021-876 2151; www.lqf.co.za; 16 Huguenot St; Tapas 40–95 R; ⊙Frühstück, Mittag- & Abendessen) Tolle Frühstücke, eher leichte Mittagessen und köstliche Abendessen, die nicht gleich ein Loch in die Urlaubskasse reißen. Auf der Karte stehen asiatisch angehauchte Tapas mit afrikanischen Zutaten wie Gnu und Springbock.

LUST BISTRO & BAKERY　　　BISTRO €€
(☎021-874 1456; www.lustbistro.com; Rte 45, Ecke Simondium Rd; Hauptgerichte 75–130 R;

⊙Frühstück & Mittagessen) Dieses herrlich schnörkellose Lokal auf dem Weingut At Vrede en Lust liegt in einer Gegend, die für ihre Haute Cuisine bekannt ist. Schwerpunkt hier sind Sandwiches und Pizza, für die das Brot frisch gebacken wird. Unbedingt probieren: den Sauerteig-Pizzaboden. Sonntags gibt es ein Mittagsbüfett, das nach Gewicht des Tellers abgerechnet wird – Reservierung erforderlich.

RYAN'S KITCHEN　　　SÜDAFRIKANISCH €€
(www.ryanskitchen.co.za; Pl Vendome, Huguenot Rd; Hauptgerichte 75–100 R, 5-Gänge-Verkostungsmenü ohne/mit Wein 400/590 R; ⊙Mo–Sa Mittag- & Abendessen) Dieses bei Einheimischen sehr beliebte und von Urlaubern empfohlene alteingesessene Restaurant kombiniert südafrikanische Zutaten mit gehobenen Zubereitungstechniken. Man kann den Köchen bei der Zubereitung komplizierter und überraschend preisgünstiger Gerichte zusehen. Die Speisekarte wechselt alle zwei Wochen.

FRENCH CONNECTION　　INTERNATIONAL €€
(48 Huguenot St; Hauptgerichte 80–165 R; ⊙Mittag- & Abendessen) Das verdientermaßen beliebte Restaurant serviert schlichte Bistroküche mit frischen Zutaten.

★LE QUARTIER FRANÇAIS: TASTING ROOM　　　FUSION-KÜCHE €€€
(☎021-876 2151; www.lqf.co.za; 16 Huguenot St; 5-Gänge-Menü mit Wein 750 R; ⊙Di–Sa Abendessen) Vom britischen *Restaurant Magazine* regelmäßig zu den 50 Toprestaurants der Welt gezählt. Für wahre Feinschmecker

bereitet die Köchin, Margot Janse, ein achtgängiges Gourmetmenü mit Wein für 1350 R zu.

REUBEN'S
FUSION-KÜCHE €€€

(📞021-876 3772; www.reubens.co.za; 19 Huguenot St; Hauptgerichte 125–200 R; ⊙mittags & abends) Im Vorzeigerestaurant des lokalen Promikochs kann man in entspannter Atmosphäre Fusion-Küche mit stark asiatischen Einflüssen genießen.

SPORT & AKTIVITÄTEN

PARADISE STABLES
REITEN

(📞021-876 2160; www.paradisestables.co.za; 200 R pro Std.; ⊙Mo–Sa) Neben den stündlichen Ausritten in die Umgebung von Franschhoek gibt es auch vierstündige Reitausflüge zu zwei Weingütern (750 R inkl. Weinproben).

FRANSCHHOEK CYCLES
RADFAHREN

(www.franschhoekcycles.co.za; Fabriek St; halb-/ganztags 190/290 R) Fahrradverleih; die Mitarbeiter organisieren aber gern auch geführte Fahrradtouren zu den umliegenden Weingütern (385 R).

SCHLAFEN

OTTER'S BEND LODGE
BACKPACKER-UNTERKUNFT €

(📞021-876 3200; Dassenberg Rd; Stellplatz 150 R, B/DZ 150/450 R; ⊠) Eine reizvolle Budgetunterkunft in einem Ort, in dem es sonst kaum bezahlbare Unterkünfte gibt. Einfache Doppelzimmer führen zu einer von Pappeln beschatteten Gemeinschaftsterrasse, und auf dem Rasen ist Platz für einige Zelte. Die Lodge liegt eine Viertelstunde zu Fuß von der Stadt und in der Nähe eines Weinguts.

★REEDEN LODGE
BERGHÜTTE €€

(📞021-876 3174; www.reedenlodge.co.za; Anne Marie St; Hütte für 2 Pers. ab 750 R; 🎧⊠) Die gut ausgestatteten Selbstverpfleger-Ferienhäuser für bis zu zehn Personen auf einem Farmgelände zehn Minuten zu Fuß von der Stadt sind eine günstige Alternative für Familien. Eltern wird die Ruhe gefallen, und Kinder lieben die Schafe, das Baumhaus und den vielen Platz.

LA CABRIÈRE COUNTRY HOUSE
PENSION €€€

(📞021-876 4780; www.lacabriere.co.za; Park Lane; DZ mit Frühstück ab 1980 R; ❄🎧⊠) Diese moderne Boutiquepension hat inzwischen neue Eigentümer und ist nach größeren Renovierungen jetzt besser als je zuvor. Die aufwendig dekorierten Zimmer haben Fußbodenheizung und einen beeindruckenden Ausblick auf die Berge. Im Ortskern gibt es auch ein Ferienhaus für Selbstverpfleger mit zwei Schlafzimmern und privatem Pool (2500 R).

Paarl

Erkundungstour

Der Nachteil des häufig übersehenen Paarl ist seine Ausdehnung: Die Hauptstraße ist 11 km lang, weswegen ein eigenes Auto zur Erkundung nötig ist. Wer sich für Geschichte interessiert, sollte am Nordende des Ortes beginnen, wo zwei kleine Museen relativ dicht beieinander liegen. Die Restaurants in Paarl sind alle im Ortszentrum, zwei Weingüter liegen beidseitig der Zufahrtsstraße von Süden an der N1 in Spaziernähe vom Bahnhof, also günstig für Zugreisende. Die Hauptattraktionen von Paarl befinden sich jedoch außerhalb des Ortes. Es gibt ein paar Weingüter an der Suid-Agter-Paarl Road westlich des Zentrums und weitere Richtung Süden an der Simondium Road.

Das Beste

➡ **Sehenswertes** Spice Route (S. 189)

➡ **Essen** Bosman's Restaurant (S. 190)

➡ **Aktivitäten** Eine Ballonfahrt über die Winelands (S. 190)

Top-Tipp

Einige der bekannteren Weingüter von Paarl können unglaublich überlaufen sein. Unter der Woche, vor allem morgens, geht es etwas ruhiger zu.

An- & Weiterreise

➡ **Zug Metrorail-Züge** (📞0800-656 463; www.capemetrorail.co.za) verkehren regelmäßig von Kapstadt aus (1./2. Klasse 19/12 R, 1¼ Std.).

Gut zu wissen

➡ **Vorwahl** ☎021

➡ **Lage** Paarl liegt 62 km östlich von Kapstadt, erreichbar über die N1.

➡ **Touristeninformation** (☎073 708 2835; www.paarlonline.com; 216 Main St; ☺Mo–Fr 8–17, Sa & So 10–13 Uhr)

◉ SEHENSWERTES

AVONDALE   WEINGUT

(☎021-863 1976; www.avondalewines.co.za; Klein Drakenstein; Weinproben 50 R, Öko-Touren 200 R; ☺Mo–Sa 10–16 Uhr) Von den insgesamt etwa 630 Weingütern am Westkap produzieren nur 14 Bioweine, eines davon ist Avondale. Es ist perfekt geeignet, um etwas über die umweltfreundliche „biologische" Herstellungsmethode zu erfahren und eine Öko-Tour durch das Anwesen auf der Ladefläche eines offenen Kleintransporters (ein „Backie") zu unternehmen, bei der es Kostproben von Avondales preisgekrönten Premiumweinen gibt.

In der schmucken „Verkostungsgalerie" im kapholländischen Stil hängen wunderschöne Landschaftsgemälde von Scats Esterhuyse. Mehr über die Anbau- und Herstellungsmethoden von Avondale gibt's auch im Blog des Besitzers unter www.biologicwine.co.za.

Paarl

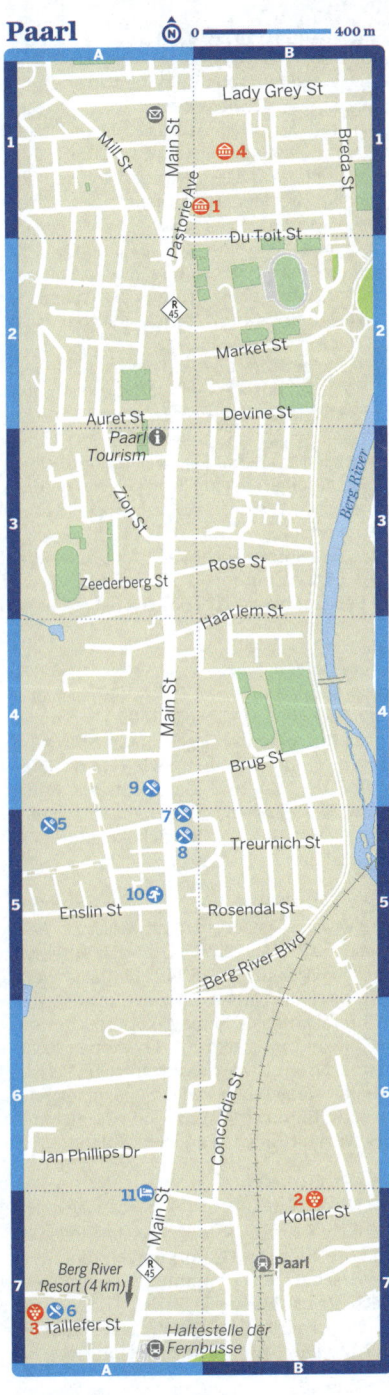

Paarl

BABYLONSTOREN

Das 2,5 km² große **Babylonstoren**-Anwesen für Wein- und Obstanbau (☎021-863 3852; www.babylonstoren.com; Simondium Rd, Klapmuts; Eintritt 10 R; ◷10–17 Uhr, Restaurant Mi–So mittags, Fr & Sa abends geöffnet; P) liegt am Nordhang des Simonsbergs zwischen Klapmuts und Paarl. Das Highlight des Guts ist ein 800 m² großer, kunstvoll gestalteter Garten, inspiriert von den Company's Gardens in Kapstadt und einfach nur umwerfend. Hier wachsen Nutz- und Heilpflanzen, es gibt Teiche voller Lotosblüten, Quittenspaliere, Hühnerställe und ein Irrgarten aus Opuntien. Am besten ist die Teilnahme an einer der Gartenführungen (10 Uhr) oder noch besser eine Übernachtung in einem der superschicken Gästezimmer (ab 4900 R) in den alten Arbeiterhäuschen. Wenn nämlich all die Tagesbesucher weg sind, kann man die Gärten erst richtig genießen – ganz zu schweigen vom Wellnesszentrum und dem Pool in einem der alten Wasserbecken des Guts.

Für einen Imbiss im Teegarten mit dem hübschen Glashaus ist keine Reservierung nötig, für das Restaurant Babel (Hauptgerichte 140 R) hingegen schon. Es serviert köstliche Gerichte mit Erzeugnissen aus dem Garten und süffige Weine, die das Gut seit jüngster Zeit wieder herstellt. Der neue Weinkeller (für die Führungen angeboten werden) ist der Inbegriff zeitgenössischen Designs mit interessanten Ausstellungen zur Weinherstellung. Und der Verkostungsraum (gleichzeitig Deli und Bäckerei) präsentiert Weine aus Gütern um den Simonsberg, der eine der besten Lagen des Kaps haben soll.

Babylonstoren besteht schon seit über 300 Jahren, tauchte aber bislang nie auf der Touristenroute der Winelands auf. Das änderte sich 2007, als Babylonstoren neue Besitzer bekam, die das Gut in eine Topattraktion der Region umwandeln wollten.

LABORIE CELLAR · WEINGUT

(www.laboriewines.co.za; Taillefer St; Weinproben ab 25 R; ◷Mo–Sa 9–17, So 11–17 Uhr) Laborie ist zwar für seinen preisgekrönten Shiraz bekannt, produziert aber auch gute Schaumweine der Méthode Cap Classique sowie gute Dessertweine. Weinproben werden mit Oliven (30 R) oder Schokolade (35 R) angeboten.

KWV EMPORIUM · WEINGUT

(www.kwvwineemporium.co.za; Kohler St; Weinproben 50 R; ◷Mo–Sa 9–16.30, So 11–16 Uhr, Kellereiführungen 10, 10.30 & 14.15 Uhr) Das Weingut liegt nur einen kurzen Fußweg vom Bahnhof entfernt. Seine Likör- und Branntweine sind preisgekrönt. Es werden Kellereitouren (40 R) sowie verschiedene Verkostungen angeboten wie Schokolade mit Brandy, Biltong mit Wein und eine alkoholfreie Variante aus Tee und Schokolade (45 R).

PAARL MOUNTAIN NATURE RESERVE · NATURSCHUTZGEBIET

(40 R pro Fahrzeug, 15 R pro Person; ◷7–19 Uhr) Die drei riesigen Granitkuppen, die dieses Naturschutzgebiet dominieren, schimmern nach Regenfällen wie Perlen – daher der Name „Paarl". Im Schutzgebiet gibt es Berg-*fynbos* (wortwörtlich „Feinbusch"; bestehend hauptsächlich aus Protea, Heidekraut und Erika), einen angelegten Wildblumengarten, der ein wunderbarer Picknickplatz ist, und zahlreiche Wanderwege mit tollen Aussichten über das Tal.

Wer schon mal hier ist, kann sich das leicht an einen Phallus erinnernde **Taal Monument** (www.taalmuseum.co.za; Erw./Kind 20/5 R; ◷8–17 Uhr, Dez.–März 8–20 Uhr), ein großes, nadelförmiges Denkmal zu Ehren der Afrikaans-Sprache (*taal* heißt „Sprache" auf Afrikaans) ansehen.

PAARL MUSEUM · MUSEUM

(303 Main St; Eintritt 5 R; ◷Mo–Fr 9–16 Uhr) Das Museum, untergebracht im alten Oude Pastorie (alten Pfarrhaus) aus dem Jahr 1714, zeigt eine interessante Sammlung kapholländischer Antiquitäten sowie diverse Hinterlassenschaften der Hugenotten und frühen Afrikaander.

AFRIKAANS LANGUAGE MUSEUM · MUSEUM

(www.taalmuseum.co.za; 11 Pastorie Ave; Erw./Kind 20/5 R; ◷Mo–Fr 9.30–16.30 Uhr) Paarl gilt als Ursprungsort des Afrikaans, mit dem sich dieses äußerst informative Museum befasst. Es zeigt auch mittels einer Multimediaausstellung, wie insgesamt drei Kontinente zur Bildung dieser Sprache beitrugen.

★ **SPICE ROUTE** WEINGUT
(☎021-863 5200; www.spiceroute.co.za; Suid-Agter-Paarl Rd; Weinproben ab 25 R; ⏰9–17 Uhr) Spice Route ist für seine komplexen Rotweine bekannt, besonders für den charakteristischen Syrah. Außer Wein hat das Gut aber noch mehr zu bieten, wie Glasbläservorführungen, Wein- und Schokoladenkombinationen (75 R), einen Chocolatier (Verkostung mit Anleitung 25 R), eine Grappadestillerie (Verkostungen 30 R) sowie eine hervorragende Brauerei (Verkostungen 25 R). Neben dem vornehmen Spice Route Restaurant (Hauptgerichte 95–170 R) gibt es auch noch eine Pizzeria (Hauptgerichte 50–90 R).

FAIRVIEW WEINGUT
(☎021-863 2450; www.fairview.co.za; Suid-Agter-Paarl Rd; Wein- & Käseverkostungen 25 R; ⏰9–17 Uhr) Das enorm beliebte Fairview nahe der Route 101 etwa 6 km südlich von Paarl ist ein großartiges Weingut, in Ruhe kann man den Wein hier allerdings nicht verkosten. Für das Geld ist es jedoch ein prima Angebot, da die Weinproben sechs Weine *und* eine breite Palette Käse umfassen. Das angesehene Restaurant (Hauptgerichte 70–160 R) bietet Frühstück und Mittagstisch an.

BACKSBERG WEINGUT
(☎021-875 5141; www.backsberg.co.za; Weinproben 15 R; ⏰Mo–Fr 8–17, Sa 9.30–16.30, So 10.30–16.30 Uhr) ✈ Dank des bewährten Labels und der üppigen Tagesmahlzeiten im Freien ist dieses Weingut enorm beliebt – für das sonntägliche Lammspieß-*braai* (225 R) ist daher immer eine Reservierung erforderlich.

Backsberg war das erste CO_2-neutrale Weingut Südafrikas, und zu seinen Produkten gehören die süffigen Weine Tread Lightly, die in leichte, umweltfreundliche Flaschen abgefüllt werden.

NEDERBURG WINES WEINGUT
(☎021-862 3104; www.nederburg.co.za; Weinproben 25–70 R; ⏰Mo–Fr 8–18, Sa & So 10–16 Uhr) Eine der bekanntesten Weinmarken Südafrikas, ein großes, aber professionelles und offenes Unternehmen mit einer breiten Palette an Weinen. Besondere Aufmerksamkeit verdienen die originellen Angebote wie die Essen- und Wein-Blindverkostung, die Wein- und Burger-Verkostung oder die Traubensaft- und Snack-Verkostung für Kinder.

ANURA WEINGUT
(☎021-875 5360; www.anura.co.za; abseits der Simondium Rd, Klapmuts; Wein- & Käseverkostungen 45 R; ⏰9.30–17 Uhr) Feinschmecker können hier viel Zeit verbringen. Es gibt selbst hergestellten Käse, Wurstplatten und Wurstpicknicks vom Deli oder anstelle des Weins auch Bier aus der Brauerei neben dem hübschen Teich.

GLEN CARLOU WEINGUT
(☎021-875 5528; www.glencarlou.co.za; Simondium Rd, Klapmuts; Weinproben 25–35 R; ⏰Mo-Fr 9–17, Sa & So 10–16 Uhr) Der Verkostungsraum südlich der N1 hat einen weiten Blick auf den Tortoise Hill. Zum Mittagessen (3-Gänge-Menü 340 R) werden ein vollmundiger Chardonnay oder der renommierte Bordeauxverschnitt Grand Classique gereicht. Auch eine Kunstgalerie ist vorhanden.

DRAKENSTEIN PRISON HISTORISCHE STÄTTE
Als Nelson Mandela am 11. Februar 1990 nach über 27 Jahren Gefangenschaft endlich freigelassen wurde, verließ er nicht Robben Island, sondern das Drakenstein. In dem Gefängnis, das damals noch Victor Verster hieß, verbrachte Mandela die letzten zwei Jahre seiner Gefangenschaft im Häuschen des Wärters, wo er das Ende der Apartheid aushandelte.

Es ist noch heute ein Gefängnis, daher gibt es keine Führungen, aber eine prächtige Statue von Mandela mit erhobener *viva*-Faust ist zu sehen.

✗ **ESSEN**

★ **TEA UNDER THE TREES** TEESTUBE €
(☎082 825 5666; www.teaunderthetrees.co.za; Main Rd, Northern Paarl; Hauptgerichte 40–50 R; ⏰Okt.–April Mo–Fr 9–16 Uhr) Der einzige Kritikpunkt an diesem großartigen Teegarten ist die Tatsache, dass er nur das halbe Jahr über geöffnet ist. Die Teestube liegt auf einer Bio-Obstfarm, und man kann hier herrlich unter jahrhundertealten Eichen sitzen und ein Tässchen Tee, einen Imbiss oder ein Stück hausgemachten Kuchen genießen. Es gibt keine überdachten Sitzmöglichkeiten.

MARC'S MEDITERRANEAN CUISINE & GARDEN MEDITERRAN €€
(129 Main St; Hauptgerichte 65–140 R; ⏰Di–Sa Mittag- & Abendessen) Dieses relaxte Lokal

gehört schon lange zu den Favoriten in Paarl. Der Gastwirt, Marc Friedrich, hat hier einen glänzenden Rahmen für eine ebensolche Küche erschaffen, die im provenzalischen Garten serviert wird.

TERRA MARE
FUSION-KÜCHE €€

(☏021-863 4805; 90A Main St; Hauptgerichte 90–190 R; ☺Mo–Sa Mittag- & Abendessen) Kurze, aber überragende Speisekarte mit aufwendigen Varianten klassischer Gerichte. Drinnen kann es wegen der Nähe zur geschäftigen Main Street etwas laut werden, aber zur Rückseite hin gibt es einen bezaubernden Garten.

★BOSMAN'S RESTAURANT
INTERNATIONAL €€€

(☏021-863 5100; www.granderoche.co.za; Plantasie St; 3 Gänge 420 R; ☺Mittag- & Abendessen) Dieses elegante Lokal im Grande Roche Hotel gehört zu den Spitzenrestaurants des Landes. Es gibt mehrgängige Menüs und etwas einfachere Mittagessen im Bistro-Stil (Hauptgerichte ab 90 R). Eine Reservierung wird dringend empfohlen.

NOOP
FUSION-KÜCHE €€€

(www.noop.co.za; 127 Main St; Hauptgerichte 95–200 R; ☺Mo–Sa Mittag- & Abendessen) Das Restaurant mit Weinbar wird von Einheimischen der gesamten Winelands empfohlen. Die Speisekarte ist umfangreich und erlesen.

SPORT & AKTIVITÄTEN

WINELAND BALLOONING
BALLONRUNDFLÜGE

(☏021-863 3192; www.kapinfo.com; 64 Main St; pro Pers. 3300 R) Man muss dafür zwar recht früh aufstehen, aber ein Flug mit dem Heißluftballon über die Winelands ist ein unvergessliches Erlebnis. Angeboten werden sie je nach Wetter von November bis April.

SCHLAFEN

BERG RIVER RESORT
CAMPINGPLATZ €

(☏021-863 1650; www.bergriverresort.co.za; Stellplätze ab 350 R, DZ-Hütten ab 715 R; ❄♿) Ein netter Campingplatz am Berg River, 5 km von Paarl an der Route 45 Richtung Franschhoek. Zur Anlage gehören Kanus,

Trampoline und ein Café. In den Schulferien aber besser den Platz meiden, da er dann sehr voll ist.

OAK TREE LODGE
PENSION €€

(☏021-863 2631; www.oaktreelodge.co.za; 32 Main St; EZ/DZ mit Frühstück ab 630/840 R; ❄☎♿) Das alte Haus liegt zentral und hat gemütliche, gut ausgestattete Zimmer, einige mit Balkon. Die größeren Zimmer zum Garten hin liegen abseits der Hauptstraße und sind deswegen ruhiger.

★CASCADE COUNTRY MANOR
BOUTIQUEHOTEL €€€

(☏021-813 6220; www.cascademanor.co.za; Waterfall Rd; EZ/DZ mit Frühstück 1200/1870 R; ❄☎♿♿) Versteckt an einer unbefestigten Straße 10 km östlich des Ortskerns. Hier fühlt man sich, als wäre man meilenweit ab vom Schuss, obwohl die Fahrt zurück zum Ort ziemlich kurz ist. Die Zimmer entsprechen den Erwartungen, aber das Gelände ist wunderschön, mit riesigen Rasenflächen, einem großen Pool, Olivenhainen und einem hübschen Wasserfall nur einen kleinen Fußmarsch entfernt.

Robertson

Erkundungstour

Robertson selbst hat Reisenden nicht viel zu bieten, außer einem wirklich guten Café und ein paar netten Pensionen, aber die Region um Robertson steckt voller Weingüter, die nicht überlaufen sind und oft kostenlose Weinproben anbieten. In der freundlichen Touristeninformation gibt es eine Karte der Robertson-Weinstraße, die auch die umliegenden Dörfer Ashton, Bonnievale und McGregor einschließt. Wer über Nacht bleibt oder etwas anderes tun möchte als Wein zu schlürfen, für den halten die umliegenden Bergen jede Menge Aktivitäten bereit: wandern, einfache Raftingtouren auf dem Fluss und reiten – die Stadt ist berühmt für ihre Gestüte.

Das Beste

➡ **Sehenswertes** Viljoensdrift

➡ **Essen** Strictly Coffee (S. 192)

➡ **Aktivitäten** Ausritte durch die Weinberge

Top-Tipp

Die Fahrt von Kapstadt nach Robertson dauert zwei Stunden. Wer also nicht übernachten möchte, sollte früh aufbrechen. Bargeld mitnehmen – die N1 ist eine Mautstraße!

An- & Weiterreise

➡ **Bus** Die täglichen **Translux**-Busse (✆0861 589 282; www.translux.co.za) von Kapstadt aus (200 R, 2 Std.) halten gegenüber der Polizeiwache an der Voortrekker Street.

Gut zu wissen

➡ **Vorwahl** ✆023

➡ **Lage** Robertson liegt 160 km östlich von Kapstadt, erreichbar über die N1 und die Route 60.

➡ **Touristeninformation** (✆023-626 4437; www.robertsontourism.co.za; Ecke Voortrekker & Reitz St; ⊙Mo–Fr 8–17, Sa 9–14, So 10–14 Uhr)

⦿ SEHENSWERTES

★ VILJOENSDRIFT   WEINGUT

(✆023-615 1017; www.viljoensdrift.co.za; kostenlose Weinproben; ⊙Mo–Fr 9–17, Sa 10–16 Uhr; ⛴) Viljoensdrift ist eines der beliebtesten Weingüter von Robertson. Wie wäre es beispielsweise mit einem Picknick vom Deli, einer Flasche aus der Kellerei und einem einstündigen Bootsausflug über den Breede River (Erw./Kind 50/20 R)? Die Boote fahren ab 12 Uhr stündlich ab. Eine Reservierung ist erforderlich.

EXCELSIOR   WEINGUT

(www.excelsior.co.za; Rte 317; kostenlose Weinproben; ⊙Mo–Fr 10–16, Sa bis 15 Uhr) Die Weinproben finden auf einer Holzterrasse mit Blick auf einen Stausee statt – ein herrliches Fleckchen. Die echte Attraktion ist das „Misch deinen eigenen Wein"-Erlebnis. Besucher können drei Weine nach ihrem eigenen Gusto zusammenmischen und bekommen dann eine Flasche ihrer Kreation samt eigenem Etikett (60 R).

SPRINGFIELD   WEINGUT

(www.springfieldestate.com; ⊙Mo–Fr 8–17, Sa 9–16 Uhr) Einige der Weine hier sind ungefiltert – der Whole Berry mit unzerstoßenen Beeren ist auf jeden Fall eine Kostprobe wert. Wer sich einen Picknickkorb mitbringt, kann sein Mittagessen auf dem idyllischen Anwesen mit Blick auf einen See genießen.

VAN LOVEREN   WEINGUT

(www.vanloveren.co.za; Weinproben 45 R; ⊙Mo–Fr 8.30–17, Sa 9.30–15, So 11–14 Uhr, Bistro Di geschlossen; ⛟) Verkostet werden hier Wein mit Käse, Schokolade und feinen Wurstwaren sowie Traubensaft für die Kinder (25 R). Jeder Baum im tropischen Garten erzählt eine Geschichte – an der Rezeption gibt's Broschüren, oder man nimmt an einer Führung teil (40 R). Das lässige Bistro (Hauptgerichte 55–110 R) serviert ausgezeichnete Burger und Pizzas.

GRAHAM BECK   WEINGUT

(www.grahambeckwines.co.za; Standard-/sonstige Weinproben kostenlos/ab 50 R; ⊙Mo–Fr 9–17, Sa & So 10–16 Uhr) Verkostet werden hier der preisgekrönte Syrah sowie Schaumweine von Weltklasse (75 R), und das in einem

---

ABSTECHER

MCGREGOR

Nur 20 km südlich von Robertson am Ende einer Straße ins Nirgendwo liegt die hübsche Ortschaft McGregor. Hauptanreiz für einen Besuch, außer der ruhigen, friedlichen Atmosphäre, ist der spektakuläre **Boesmanskloof Trail** (Greyton McGregor Trail; Tageskarte Erw./Kind 40/20 R), eine 14 km lange Wanderung durch die Riviersonderend-Berge nach Greyton. Wer nicht den ganzen Tag lang wandern will, kann auch eine kürzere Route zu einem **Wasserfall** einschlagen.

Im Ort gibt es ein ausgezeichnetes Restaurant, das **Karoux** (✆023-625 1421; www.karoux.co.za; 42 Voortrekker Rd; Hauptgerichte 70–140 R; ⊙Fr–Di Abendessen), sowie ein paar etwas außerhalb verstreute Weingüter. Die Privatkellerei **Tanagra Private Cellar** (✆023-625 1780; www.tanagra-wines.co.za; kostenlose Weinproben; ⊙nach Vereinbarung) hat ein schönes Sortiment an Rotweinen und einen guten Grappa zu bieten.

Man braucht ein Fahrzeug, um nach McGregor zu kommen.

auffallend modernen Gebäude mit riesigen Glasfronten. Das Weingut wirkt wie eine frische Brise nach all den kapholländischen Anwesen.

ESSEN

⭐ STRICTLY COFFEE   CAFÉ €
(www.strictlycoffee.co.za; 5 Voortrekker St; Hauptgerichte 40–70 R; ☺Frühstück & Mittagessen) Neben hervorragendem, selbst geröstetem Kaffee gibt es hier einfach fantastische Sandwiches mit unglaublich frischen Zutaten. Die Einheimischen schwärmen von den Eiern Benedict zum Frühstück.

BOURBON STREET   INTERNATIONAL €€
(☎023-626 5934; 22 Voortrekker St; Hauptgerichte 60–140 R; ☺Mo–Sa Mittag- & Abendessen, So Mittagessen; ☎) Dieses Restaurant, dessen Stil an New Orleans erinnert, ist ein Langzeitfavorit bei den Einheimischen und beliebt bei Besuchern, denn es bietet ein wenig von allem. Es ist zudem wohl auch der einzige Ort in Robertson, an dem abends etwas los ist.

SPORT & AKTIVITÄTEN

NERINA GUEST FARM   REITEN
(☎082 744 2580; www.nerinaguestfarm.com; Goree Rd) Hier gibt es Ausritte am Fluss entlang oder durch die Weinberge mit der Möglichkeit, anschließend zusammen mit den Pferden schwimmen zu gehen. Die Ausritte dauern von einer Stunde (150 R) bis zu einem halben Tag (600 R).

SCHLAFEN

ROBERTSON BACKPACKERS   BACKPACKER-UNTERKUNFT €
(☎023-626 1280; www.robertsonbackpackers. co.za; 4 Dordrecht Ave; B/EZ/DZ ohne Bad 130/250/350 R, DZ 450 R; ☎) Tolles Hostel mit geräumigen Schlafsälen und hübschen Doppelzimmern mit Bad im Garten. Es gibt einen grasbewachsenen Hinterhof, eine Shisha-Lounge, und hier können Ausflüge zu Weingütern oder andere Aktivitäten organisiert werden. Auch Campingmöglichkeiten sind vorhanden (70 R).

⭐ BALLINDERRY   PENSION €€
(☎023-626 5365; www.ballinderryguesthouse. com; 8 Le Roux St; EZ/DZ mit Frühstück ab 850/1100 R; ❄🛜🅿) Die Gastgeber, Luc und Hilde, halten die farbenfrohe Boutiquepension tadellos in Schuss. Es gibt ein Champagnerfrühstück und auf Wunsch auch hervorragendes Abendessen, und man spricht Niederländisch, Französisch und Deutsch. Tipp: Nach einem Zimmer zum Garten raus fragen.

GUBAS DE HOEK   PENSION €€
(☎023-626 6218; www.gubas-dehoek.com; 45 Reitz St; EZ/DZ ab 600/970 R; 🛜🅿) 🍃 Die gemütliche Pension mit ihren gut ausgestatteten Zimmern wird von Lesern sehr empfohlen. Der Eigentümer, Gunther Huerttlen, ist Koch und verpflegt seine Gäste am Abend (3 Gänge 270 R). Außerdem gibt es eine gemeinsame Küche für Selbstversorger, in der man sich kleine Mahlzeiten zubereiten kann. Die Eigentümer arbeiten daran, ihren gesamten Strom selbst zu produzieren.

Hermanus

Erkundungstour
Bei der Ankunft geht es schnurstracks zum Old Harbour (alten Hafen), der noch immer das Zentrum des Ortes markiert. In der Walsaison (Juni–Dez.) lassen sich hier häufig Wale blicken. Am Hafen sind das Museum, ein ständiger Kunsthandwerksmarkt und viele gute Restaurants, Cafés und Hotels angesiedelt. Hier beginnt auch der Cliff Path Walking Trail, ein Klippenweg, der nach Südwesten zu den Restaurants, Bars und Ausflugsbooten am New Harbour (neuen Hafen) oder nach Osten über 4 km zum Grotto Beach führt.

In der Walsaison ist Hermanus schnell überfüllt, aber dem Getümmel ist leicht zu entkommen: Im Osten locken Strände, im Norden die Berge, und wer Lust auf einen weniger bekannten Weinprobenweg hat, kann sich zum Hemel-en-Aarde Valley aufmachen.

Das Beste
➡ **Aktivitäten** Eine Wanderung über den Cliff Path Walking Trail (S. 195)

→ **Essen** Burgundy Restaurant (S. 194)

→ **Ausgehen** Creation

Top-Tipp

Während der Walsaison heißt es Augen auf – und auch Ohren, denn der Walausrufer trötet auf seiner Vuvuzela ein Morsesignal, sobald er einen Wal sichtet.

An- & Weiterreise

→ **Taxi Bernardus Tours** (☎028-316 1093; bniehaus@vodamail.co.za) betreibt Shuttles von und nach Kapstadt (800 R, 1½ Std.).

Gut zu wissen

→ **Vorwahl** ☎028

→ **Lage** Hermanus liegt 122 km östlich von Kapstadt, zu erreichen über die N2 und die Route 43.

→ **Touristeninformation** (☎028-313 1602; www.hermanustourism.info; Marktplatz; ⊙Mo–Fr 9–18, Sa 9–17, So 11–15 Uhr)

 SEHENSWERTES

FERNKLOOF NATURE RESERVE HISTORISCHE STÄTTE NATURSCHUTZGEBIET
(☎028-313 0819; www.fernkloof.com; Fir Ave; ⊙9–17 Uhr) GRATIS Das 15 km² große Naturschutzgebiet ist ein Paradies für *fynbos*-

Freunde. Es gibt ein insgesamt 60 km langes Wegenetz für jedes Fitnessniveau, und der Blick über das Meer von hier aus ist einfach atemberaubend. Eine Wanderkarte für das Gebiet ist an der Touristeninformation zu bekommen.

OLD HARBOUR HISTORISCHE STÄTTE
Der Hafen klebt an den Klippen vor dem Stadtzentrum. Ein Besuch des **Old Harbour Museum** (Erw./Kind 20/5 R; ⊙Mo–Sa 9–13 & 14–17, So 12–16 Uhr) lohnt sich nicht unbedingt, aber draußen werden alte Fischerboote ausgestellt. Im Eintrittspreis enthalten ist der Zugang zum interessanteren **Whale House Museum** (Marktplatz; ⊙Mo–Sa 9–16.30, So 12–16 Uhr) und zum **Photographic Museum** (Marktplatz; ⊙Mo–Sa 9–16.30, So 12–16 Uhr). Dort gibt es auch einen ständigen Kunsthandwerksmarkt.

 **ESSEN & AUSGEHEN**

EATERY CAFÉ €
(Long St Arcade, Long St; Hauptgerichte 50–90 R; ⊙Mo–Fr Frühstück & Mittagessen, Sa Frühstück & Brunch) In einer Arkade versteckt liegt dieser Treffpunkt der Einheimischen, der für seinen ausgezeichneten Kaffee, die frischen Salate und Sandwiches sowie die vielen leckeren selbstgebackenen Kuchen gerühmt wird.

WEIN GENIESSEN RUND UM HERMANUS

Die Gegend ist am bekanntesten wegen der Wale, doch es gibt auch einige hervorragende Weingüter gleich außerhalb von Hermanus. Das **Hemel-en-Aarde**-Tal (Himmel auf Erden) beginnt 5 km westlich der Stadt und windet sich dann 15 km lang nordwärts.

Die traditionelle Kellerei **Bouchard Finlayson** (☎028-312 3515; www.bouchardfinlayson.co.za; Weinproben 140 R; ⊙Mo–Fr 9–17, Sa 10–13 Uhr) ist für ihren überragenden Pinot Noir bekannt, während das hypermoderne Weingut **La Vierge** (www.lavierge.co.za; Weinproben 30 R; ⊙Mo–Fr 9–17, Mittagessen Mi–So), etwas weiter im Tal, Besucher mit einem Dekor aus grellem Pink und Glas zu Weinproben und Mittagessen einlädt. **Newton Johnson** (☎021-200 2148; www.newtonjohnson.com; kostenlose Weinproben; ⊙Mo–Fr 9–16, Sa 10–14 Uhr, Restaurant Mi–So Mittagessen, Fr & Sa Abendessen) hat ein erstklassiges Restaurant zu bieten, und das **Creation** (www.creationwines.com; Kombinationsverkostungen ab 75 R, Hauptgerichte im Restaurant 135 R; ⊙10–17 Uhr) ganz am nördlichen Ende der Route ist für seine köstlichen Weinproben mit passendem Imbiss bekannt.

Wer keinen Fahrer dabei hat, der auf die Weinproben verzichtet, kann für 250 R mit **Tuk-Tuk Transporter** (☎084 688 5885; www.hermanustaxi.com) zu drei Weingütern fahren, inklusive Halt zum Mittagessen und Rückfahrt zur Unterkunft.

Eine alternative Möglichkeit, die Weingüter zu besichtigen, ist eine Quad-Tour (600 R) mit **SA Forest Adventures** (☎083 517 3635; www.saforestadventures.co.za).

Hermanus

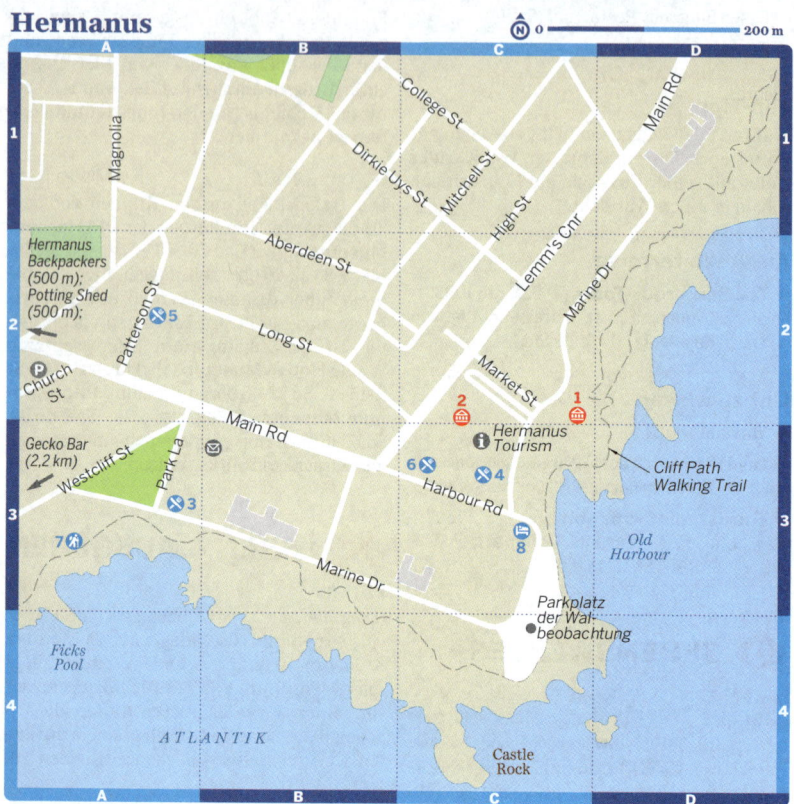

0   200 m

Hermanus

BISTRO AT JUST PURE   CAFÉ €€
(www.justpurebistro.co.za; Ecke Park Lane & Marine Dr; Hauptgerichte 55–95 R; ⊙Frühstück & Mittagessen; 🕾) Neben einem Naturkosmetikladen und direkt am Meer liegt dieses Bistro, in dem nur frische Biozutaten aus der Region verwendet werden. Absolut empfehlenswert: den famosen Käsekuchen genießen und dazu von der Terrasse aus Wale beobachten.

★ BURGUNDY RESTAURANT   MEERESFRÜCHTE €€
(☎028-312 2800; www.burgundyrestaurant.co.za; Marine Dr; Hauptgerichte 70–175 R; ⊙Frühstück, Mittag- & Abendessen) Alteingesessenes Restaurant, das wegen seines fantastischen Meerblicks wie auch wegen seiner Speisekarte bei Einheimischen und Touristen gleichermaßen enorm beliebt ist. Die Meeresfrüchte sind köstlich, aber auch Vegetarier und Fleischliebhaber kommen nicht zu kurz.

FISHERMAN'S COTTAGE   MEERESFRÜCHTE €€
(Ecke Lemm's; Hauptgerichte 70–140 R; ⊙Mo Abendessen, Di–Sa Mittag- & Abendessen, So Mittagessen) In dem reetgedeckten Cottage aus

dem Jahr 1860 mit Fischernetzdeko werden vor allem Meeresfrüchte serviert, aber man bekommt auch Steaks und traditionelle Gerichte.

GECKO BAR BAR

(New Harbour; ⏱11–2 Uhr) Die Ausstattung ist etwas heruntergekommen, aber der Meeresblick entschädigt. Auf der Speisekarte stehen Sushi und Pizza (Hauptgerichte 45–75 R), es gibt Schankbier aus der Region und am Wochenende Livemusik.

SPORT & AKTIVITÄTEN

Hermanus ist zwar bekannt dafür, dass sich hier vom Land aus Wale beobachten lassen, aber es werden auch Bootstouren angeboten. Die Annäherung an die Wale auf dem Wasser ist streng reguliert, und die Boote müssen mindestens 50 m Abstand zu den Tieren halten.

★CLIFF PATH WALKING TRAIL WANDERN

Vom New Harbour, 2 km westlich der Stadt, schlängelt sich der malerische Pfad, der überall auf der Strecke zugänglich ist, insgesamt über 10 km am Meer entlang bis zur Mündung des Klein River im Osten. Dieser Wanderweg ist einfach das Schöns-

te, das Hermanus zu bieten hat, Wale hin oder her. Unterwegs passiert er den Grotto Beach, den beliebtesten Strand, außerdem den Aussichtspunkt Kwaaiwater, wo gut Wale zu beobachten sind, und die Strände Langbaai und Voelklip. Die Touristeninformation hält eine Broschüre mit weiteren Infos zum Wanderweg bereit.

SOUTHERN RIGHT CHARTERS BOOTSAUSFLÜGE

(☎082 353 0550; www.southernrightcharters.co.za; 2-stündiger Ausflug Erw./Kind 650/350 R) Einer der vier offiziell zugelassenen Bootsbetreiber, die vom New Harbour aus Walbeobachtungsausflüge anbieten.

WALKER BAY ADVENTURES WASSERSPORT

(☎082 739 0159; www.walkerbayadventures.co.za; Kajaktouren 350 R, Kanutouren 450 R, Walbeobachtung vom Boot 650 R) Vom Kajak aus Wale auf dem Meer zu beobachten, ist ein atemberaubendes, wenn auch mitunter nervenaufreibendes Erlebnis. Darüber hinaus werden noch Aktivitäten wie Sandboarding, Reiten und Bootsausflüge angeboten.

SCHLAFEN

Hermanus bietet zahllose Unterkünfte, aber in der Ferienzeit kann es trotzdem schon mal schwierig werden, hier ein Bett

---

ABSTECHER

DIE KÜSTENSTRASSE

Wer etwas Zeit hat, sollte die spektakuläre Küstenstraße nach Hermanus nehmen, auf der die Fahrt nur eine halbe Stunde länger dauert (plus die Zeit, die man zum Anhalten, Fotografieren und Bestaunen der Aussicht braucht). Von der N2 zweigt in Strand die Route 44 ab, die ab Gordon's Bay dicht an der Küste entlangführt. Die Küstenstraße heißt hier Clarence Drive und ist eine tolle und mautfreie Alternative zum Chapman's Peak Drive in Kapstadt. Man sollte genügend Zeit für Stopps zum Fotografieren der schönen Aussicht einplanen, und zwischen Juni und Dezember lassen sich in der False Bay oft Wale blicken. Unterwegs stößt man auf ein paar lohnende Sehenswürdigkeiten, wie die **Kogelberg Biosphere Reserve** (☎028-271 5138; www.cape nature.co.za; Erw./Kind 40/20 R), ein Naturschutzgebiet mit einer ungeheuer komplexen Artenvielfalt, darunter über 1880 Pflanzenarten. Hier locken Tageswanderungen und auch Mountainbikestrecken, aber alle Aktivitäten müssen im Voraus gebucht werden. Unbedingt sehenswert ist die **Stony Point African Penguin Colony** (Eintritt 10 R; ⏱8–17 Uhr), wo die winzigen Pinguine sich sehr viel ungestörter beobachten lassen als am weitaus bekannteren Boulders Beach auf der anderen Seite der False Bay. Hinter Betty's Bay lohnt ein kurzer Besuch in den **Harold Porter National Botanical Gardens** (www.sanbi.org; Erw./Kind 24/8 R; ⏱Mo–Fr 8–16.30, Sa & So 8–17 Uhr). Naturlehrpfade führen zu einheimischen Pflanzen, und am Eingang befinden sich eine Teestube und jede Menge Picknickplätze. Das hübsche **Kleinmond** ist wunderbar für ein Mittagessen mit Meeresfrüchten am Wasser.

INSIDERWISSEN

DAS ELGIN VALLEY

Auf dem Gipfel des Sir Lowry's Pass in den Hottentots Hollandbergen östlich von Somerset West angekommen, geht es abwärts ins Appelland. Die Region um **Elgin** und **Grabouw** liegt nah genug an Kapstadt für einen Tagesauflug, ist aber nur wenigen Reisenden bekannt – und so sind die Weingüter (für ihren Sauvignon Blanc, Chardonnay und Pinot Noir bekannt), die Wanderwege und sonstigen Aktivitäten nicht überlaufen.

Paul Cluver Wines (www.cluver.com; N2, Grabouw; ☺Mo–Fr 9–17, Sa & So 10–14 Uhr) Ein lohnenswerter Halt auf der Elgin-Weinstraße. Hier gibt es guten Wein, ein schönes Restaurant im Country-Stil und Mountainbikestrecken.

Green Mountain Trail (www.greenmountaintrail.co.za) Eine viertägige Luxuswanderung durch die Berge, bei der das Gepäck voraustransportiert wird und man unbeschwert und relativ komfortabel wandern kann – mit Picknicks auf weißer Tischdecke und mit erlesenen Weinen – und am Ende des Tages in einem prächtigem Landgut übernachtet.

Canopy Tour (www.canopytour.co.za; pro Pers. 595 R) Wer die Berge mal etwas anders erleben möchte, kann das Naturschutzgebiet Hottentots Holland von oben erkunden: Man gleitet durch ein Netzwerk aus Kabeln mit Zwischenstopps in den Bäumen, wo der Reiseleiter prägnant die Ökologie erklärt.

Peregrine Farmstall (N2; ☺7.30–18 Uhr) Die Einheimischen stärken sich hier gern mit frisch gebackenem Obstkuchen und frisch gepresstem Apfelsaft, bevor sie einen Ausflug unternehmen.

---

zu finden. Es wird daher dringend empfohlen, sich frühzeitig um eine Reservierung zu kümmern.

HERMANUS
BACKPACKERS   BACKPACKER-UNTERKUNFT €
(☎028-312 4293; www.hermanusbackpackers. co.za; 26 Flower St; B 140 R, DZ 410 R, DZ ohne Bad 380 R; 🛜♒) Eine tolle Herberge mit fröhlicher Einrichtung, guter Ausstattung und kenntnisreichen Mitarbeitern, die gern bei der Freizeitplanung helfen. Das einfache Frühstücksbüfett ist inklusive, und abends kosten die *braais* (Speisen vom Grill) 100 R. Hier geht es ziemlich relaxt zu, und im Anbau um die Ecke ist es sogar noch ruhiger.

★POTTING SHED   PENSION €€
(☎028-312 1712; www.thepottingshedaccommo dation.co.za; 28 Albertyn St; EZ/DZ mit Frühstück 715/920 R; 🛜♒) Freundliche Pension mit bezauberndem persönlichen Touch wie selbst gemachte Begrüßungskekse in Walform. Die gepflegten Zimmer sind komfortabel, hell und fantasievoll eingerichtet. Es gibt noch ein geräumiges Loftstudio, und die Eigentümer betreiben auch einige stilvolle Ferienwohnungen mit Selbstverpflegung (4 Pers. 1150 R), die näher am Meer liegen.

HARBOUR HOUSE HOTEL   HOTEL €€€
(☎028-312 1799; www.harbourhousehotel.co.za; 22 Harbour Rd; DZ mit Frühstück ab 2100 R; ❋🛜♒) Einige der hellen, modernen Zimmer sind mit Kochnische ausgestattet, und alle haben Balkon oder Terrasse. Das zauberhafte Hotel liegt direkt am Meer, und der Meeresblick vom Infinity Pool aus ist phänomenal.

Stanford

Erkundungstour

An der Route 43 von Hermanus nach Stanford tauchen hin und wieder beschauliche Weingüter auf, die zu einer Weinprobe, einer Führung oder zum Mittagessen einladen. In Stanford selbst ist es am besten, das Auto stehen zu lassen und die oft menschenleeren Straßen bei einem Spaziergang zu erkunden. Vorbei am Village Green führt der Weg zur Hauptattraktion Stanfords – dem Klein River. Dort gibt es Bootstouren, Kanuverleihe und zahllose Fleckchen für ein Picknick oder zur Vogelbeobachtung. Mittagessen bekommt man in einem der Esslokale, die mit ihrem Mantra „frisch" und „aus der Region" jedes Wochenende zahlreiche Kapstädter anlocken. Den Abschluss des Rundgangs bilden die Brauerei gleich am Dorfrand oder noch mehr Weingüter östlich von Stanford.

Das Beste

➡ **Sehenswertes** Klein River

➡ **Essen** Marianna's

➡ **Ausgehen** Birkenhead Brewery

Top-Tipp

In den letzten Jahren hat sich Stanford zum wahren Feinschmeckermagnet entwickelt. Den besten Vorgeschmack auf die Produkte der Region holt man sich auf dem Samstagsmarkt (9.30–12 Uhr) am Stanford Hotel.

An- & Weiterreise

➡ **Auto** Ein eigenes Auto ist unbedingt nötig, um nach Stanford zu kommen. Das Dorf liegt 24 km östlich von Hermanus entfernt.

Gut zu wissen

➡ **Vorwahl** ☎028

➡ **Lage** Stanford liegt 145 km östlich von Kapstadt.

➡ **Touristeninformation** (☎028-341 0340; www.stanfordinfo.co.za; 18 Queen Victoria St; ☺Mo–Fr 8.30–16.30, Sa 9.30–16, So 10–13 Uhr)

⊙ SEHENSWERTES

STANFORD HILLS WEINGUT
(☎028-341 0841; www.stanfordhills.co.za; abseits der Route 43; ⚐) Unbedingt probieren: den Jacksons Pinotage – ein erlesenes Beispiel einer typisch südafrikanischen Traubensorte. Es gibt auch Unterkünfte für Selbstverpfleger (Hütte ab 700 R) sowie ein familienfreundliches Restaurant mit herzhaften Gerichten, die auf einer Kreidetafel angeschrieben sind.

KLEIN RIVER CHEESE FARM BAUERNHOF
(☎028-341 0693; www.kleinrivercheese.co.za; Rte 326; ☺Mo–Fr 9–17, Sa bis 13 Uhr; ⚐) Der hier hergestellte Käse erfreut sich zunehmend großer Beliebtheit – der gereifte Gruyère ist besonders gut. Besucher können Käse kosten und kaufen oder, was noch besser ist, sich einen Picknickkorb schnap-

pen (Picknick für zwei 255 R, Kinderkorb 55 R, erhältlich Okt.–März 11–15 Uhr) und sich irgendwo auf dem Anwesen zum Schlemmen niederlassen. Kinder kommen im Streichelzoo und auf dem Spielplatz auf ihre Kosten.

BIRKENHEAD BREWERY BRAUEREI
(☎028-341 0013; www.birkenhead.co.za; Rte 326; Führungen mit Verkostung 40 R; ☺10–17 Uhr, Führungen Mi–Fr 10 & 15 Uhr) Eine Kostprobe wert ist das Bier, das in Birkenhead gebraut wird. Nach 300 m an der Route 326 in Richtung Bredasdorp zu finden.

ROBERT STANFORD ESTATE WEINGUT
(☎028-341 0647; www.robertstanfordestate. co.za; Rte 43; kostenlose Weinproben; ☺Do–So 8–16 Uhr) Gute Weißweine, vor allem der Sauvignon Blanc. Es gibt auch eine kleine Grappadestillerie und ein hübsches Restaurant im Country-Stil, das mittags geöffnet hat.

 ESSEN

MARIANNA'S BISTRO €€
(☎028-341 0272; 12 du Toit St; Hauptgerichte ab 85 R; ☺Do–So Mittagessen) Dieses preisgekrönte, vielseitige Lokal serviert eine Mischung aus traditionellen und modernen Speisen, die zu einem Großteil mit Produkten aus dem hauseigenen Garten zubereitet werden. Eine Reservierung ist unbedingt erforderlich. Falls alle Einzeltische besetzt sind, muss man sich möglicherweise einen größeren Tisch mit anderen Gästen teilen.

HAVERCROFT'S BISTRO €€
(☎028-341 0603; Rte 43; Hauptgerichte ab 95 R; ☺Do–So Mittagessen) Die Gerichte des Ehepaars Brydon und Innes werden hoch gelobt. Die Karte ist originell und raffiniert und setzt auf jede Menge Produkte aus der Region. Besonders empfehlenswert ist das Sonntagsessen. Eine Reservierung ist erforderlich. Das Havercroft's liegt auf einem Bauernhof an der Route 43, wenn man von Hermanus aus nach Stanford kommt.

🏃 SPORT & AKTIVITÄTEN

Drei Unternehmen bieten Bootstouren auf dem Klein River an. Die **African Queen**

(☎082-732 1284; ⏱Sept.–Mai 10, 14 & 18 Uhr) ist das größte der Boote, die **River Rat** (☎083 310 0952; www.riverratstanford.wordpress.com; ⏱nach Vereinbarung) und die **Platanna** (☎073 318 5078; www.platanna.com) sind gemütlicher. Alle kosten 150 R pro Person für eine dreistündige Tour und erlauben auch Schwimmen vom Boot aus. Die River Rat verleiht außerdem Kanus und ist auf Touren zur Vogelbeobachtung spezialisiert.

Darling

Erkundungstour

Viele Besucher kommen nach Darling, um sich das bissige und sehr lustige Politkabarett des Satirikers Pieter-Dirk Uys anzuschauen. Allerdings ist dafür eine Reservierung notwendig – die Vorstellung findet meist mittags an Wochenenden statt, manchmal auch abends. Die Touristeninformation mit ihrem kleinen Museum ist ein guter Startpunkt für einen Tag in Darling. Im Ort gibt es ein paar nette Lokale für einen Mittagsimbiss. Nach Besichtigung des staubigen *dorp* (Dorf) lohnt ein Besuch in den Weingütern im Umland und

ein Ausflug zum hervorragenden !Khwa ttu an der Route 27 südlich von Darling.

Das Beste

➡ **Sehenswertes** Evita se Perron

➡ **Essen** Hilda's Kitchen

➡ **Ausgehen** Slow Quarter

Top-Tipp

Im Frühjahr (von August bis September) ist Darling ideal, um die berühmten Wildblumen Südafrikas in voller Blüte zu erleben. Es gibt mehr als ein Dutzend Wildblumenschutzgebiete um den Ort, und Mitte September findet hier ein Wildblumenfest statt.

An- & Weiterreise

➡ **Auto** Die Route 27 ist der schnellste Weg von Kapstadt. Malerischer ist es allerdings, statt des nördlichen Abschnitts der Route 27 die Route 307 zu nehmen.

Gut zu wissen

➡ **Vorwahl** ☎022

➡ **Lage** Darling liegt 73 km nördlich von Kapstadt.

ABSTECHER

GANSBAAI

In den letzten Jahren wurde Gansbaai zwar dank des Haikäfigtauchens immer populärer, aber die meisten Besucher machen nur einen Tagesausflug von Kapstadt aus hierher. Die unberührte Küste ist ideal für alle, die gerne die abgelegeneren Naturlandschaften erleben wollen.

Von Hermanus führt die Straße am Dorf De Kelders vorbei – großartig für einsame Walbeobachtung – direkt auf die Main Road parallel zur Küste. Kleinbaai, 7 km weiter östlich an der Küstenstraße, ist der Ausgangshafen für das **Haikäfigtauchen**. Es gibt etliche Anbieter mit ähnlichen Touren; **Marine Dynamics** (☎079 930 9694; www.sharkwatchsa.com; Erw./Kind 1500/900 R) und **White Shark Projects** (☎028-007 0001; www.whitesharkprojects.co.za; R1500) besitzen beide eine Fairtrade-Zulassung.

Von Kleinbaai weiter Richtung Süden geht es zum **Danger Point Lighthouse** (☎028-384 0530; Erw./Kind 16/8 R; ⏱Mo–Fr 10–15 Uhr), einem Leuchtturm von 1895, und zum **Walker Bay Reserve** (Erw./Kind 40/20 R; ⏱7–19 Uhr). In dem Schutzgebiet lassen sich Vögel beobachten, es gibt gute Wanderwege und die Klipgat Caves, in denen Khoisan-Artefakte entdeckt wurden.

Wer Hunger hat, kann sich ins **Coffee on the Rocks** (☎028-384 2017; Cliff St, De Kelders; Hauptgerichte 50–110 R; ⏱Mi–So 10–17 Uhr) begeben. Alle Backwaren werden täglich frisch im Haus gebacken. Die Terrasse am Meer mit Blick auf Wale während der Saison ist ideal für ein Sandwich, einen Salat oder auch nur einen Kaffee.

Wer nicht mit eigenem Fahrzeug unterwegs ist, kann sich an **Bernardus Tours** (☎028-316 1093; bniehaus@vodamail.co.za) wenden, die täglich von und nach Kapstadt fahren (1000 R, 2 Std.).

!KHWA TTU

Das San-Kultur- und Bildungszentrum **!Khwa ttu** (www.khwattu.org; Rte 27, Yzerfontein; Führungen 150 R; ☺9–17 Uhr, Führungen 10 & 14 Uhr; ☎) ist ein Gemeinschaftsprojekt der San und einer Schweizer Wohltätigkeitsorganisation (Ubuntu Foundation). Es ist das einzige Kulturzentrum des Westkaps in Besitz und Verwaltung der San.

!Khwa ttu befindet sich im angestammten Gebiet der San, einem 8,5 km² großen Naturschutzgebiet. Dazu gehören auch ein **Restaurant** (Hauptgerichte 50–95 R; ☺Frühstück & Mittagessen) mit traditioneller südafrikanischer Küche und ein wunderbarer Kunsthandwerksladen. Die **Touren** (2-Std.-Touren 250 R; ☺10 & 14 Uhr) bestehen aus einer Wanderung, bei der man die San-Kultur kennenlernt, sowie einer Jeep-Safari, auf der man Antilopen, Zebras und Strauße sehen kann.

Im Schutzgebiet bieten gut ausgestattete **Unterkünfte** (Buschcamp im Zelt/Buschhaus pro Pers. 250/480 R, DZ 1360 R) Übernachtung mit Selbstversorgung. !Khwa ttu liegt an der Route 27 gleich südlich von Yzerfontein und 70 km von Kapstadt.

➡ **Touristeninformation** (☎022-492 3361; www.darlingtourism.co.za; Ecke Pastorie St & Hill Rd; ☺Mo–Do 9–13 & 14–16, Fr 9–15.30, Sa & So 10–15 Uhr)

⊙ SEHENSWERTES

★EVITA SE PERRON   THEATER

(☎022-492 2851; www.evita.co.za; Bahnhof Darling; Karten 90 R; ☺Sa & So 14 & 19 Uhr) Das einzigartig südafrikanische Kabarett mit Pieter-Dirk Uys als sein Alter Ego Evita Bezuidenhout streift so ziemlich alles Südafrikanische, von Politik über Geschichte bis zur Ökologie. Nichts wird geschont, auch nicht die rassistische Vergangenheit des Landes und die Aids-Epidemie. Die Shows sind zwar mit etwas Afrikaans durchsetzt, aber überwiegend auf Englisch und immer urkomisch und tiefschürfend.

Auch ohne den Besuch der Show lohnt sich eine Besichtigung des Komplexes. Es gibt einen Skulpturengarten mit politischem Thema und einige faszinierende Apartheids-Devotionalien. Das wunderbar kitschige **Restaurant** (Hauptgerichte 50–75 R; ☺Di–So Mittagessen) serviert traditionelle Afrikaander-Gerichte. Uys gründete auch den **Darling Trust** (www.thedarlingtrust.org), der Gemeinden in Swartland mittels Schulung und Gesundheitsprojekten zur Selbsthilfe anleitet. Der A en C Shop im selben Komplex verkauft Perlenarbeiten, Kleidung, Drahtskulpturen und Gemälde.

GROOTE POST   WEINGUT

(☎022-492 2825; www.grootepost.com; kostenlose Weinproben, 2-stündige Safariausflüge 130 R pro Person; ☺Mo–Fr 9–17, Sa & So 10–16 Uhr) Von allen Weingütern in und um Darling hat das Groote Post Besuchern mit Angeboten wie Jeep-Safaris, Naturwanderungen (auf eigene Faust), einem erstklassigen Restaurant und natürlich kostenlosen Weinproben des exzellenten Chardonnay und Sauvignon Blanc am meisten zu bieten. Zu erreichen ist das Gut nach 7 km über eine unbefestigte Straße, die von der Route 307 abzweigt. Eine Reservierung vorab ist erforderlich.

✕ ESSEN & AUSGEHEN

★MARMALADE CAT   CAFÉ €

(☎022-492 2515; 19 Main Rd; Hauptgerichte 50–95 R; ☺tgl. Frühstück & Mittagessen, Fr & Sa Abendessen) Bestens geeignet für einen Nachmittagskaffee oder ein Frühstück den ganzen Tag über. Serviert werden auch Sandwiches, köstlicher Käse und hausgemachter Süßkram. Freitags ist Pizzaabend – Reservierung notwendig.

HILDA'S KITCHEN   BISTRO €€

(☎022-492 2825; www.grootepost.com; Groote Post Winery; Hauptgerichte 110–130 R; ☺Mi–So Mittagessen) Das wohl vornehmste Restaurant Darlings mit ständig wechselnder Speisekarte, die auf die Weine von Groote Post abgestimmt ist.

SLOW QUARTER   BAR

(5 Main Rd; ☺Di–Sa 10–18 Uhr) Der Schankraum des beliebten einheimischen Biers Darling Brew ist ein schickes Lokal, in dem zu den fünf Biersorten Platten mit Leckereien aus der Region serviert werden. Imbisse zwischen 55 und 85 R.

Langebaan

Erkundungstour

Das erste Ziel in Langebaan sollte der Strand sein, ganz gleich ob zum Segeln, Wind- und Kitesurfen oder einfach zum Faulenzen auf dem weißen Sand. Die Lagune erstreckt sich bis in den West Coast National Park, wo es in Kraalbaai ebenfalls einen hübschen Strand gibt. Die Hauptattraktionen des Parks sind in der Regel Strauße sowie der grandiose Blick aufs Meer und die Lagune. Im August und September verwandelt sich der Park für eine Weile in ein rauschendes Blumenmeer. Eintrittspreise und Besucherzahlen steigen spürbar während dieser Zeit, aber ein Ausflug lohnt sich dennoch.

Langebaan kann gut an einem Tag erkundet werden, außer wenn ein mehrtägiger Wassersportkurs angesagt ist. Wer hier übernachten will, sollte sich eine Unterkunft dicht am Strand suchen, wo alles leicht zu Fuß zu erreichen ist.

Das Beste

→ **Sehenswertes** West Coast National Park (S. 200)

→ **Essen** Die Strandloper (S. 200)

→ **Aktivitäten** In der Lagune Kitesurfen lernen (S. 201)

Top-Tipp

Außer den hier erwähnten Restaurants gibt es noch mehrere in der Bree Street. Diejenigen am Strand bieten einen tollen Blick auf den Sonnenuntergang.

An- & Weiterreise

→ **Bus Elwierda-Busse** (📞0861 001 094; www.elwierda.co.za) fahren regelmäßig von und nach Kapstadt (100 R, 2 bis 3 Std.). Unbedingt einen Tag im Voraus buchen!

Gut zu wissen

→ **Vorwahl** 📞022

→ **Lage** Langebaan liegt 127 km nördlich von Kapstadt, erreichbar über die Route 27.

→ **Touristeninformation** (📞022-772 1515; www.capewestcoastpeninsula.co.za; Bree St; ⌚Mo–Fr 9–17, Sa 9–14 Uhr)

 SEHENSWERTES

WEST COAST NATIONAL PARK
NATIONALPARK

(www.sanparks.org; Erw./Kind Okt.–Juli 64/32 R, Aug. & Sept. 128/64 R; ⌚7–19 Uhr) Zum Park gehört auch die Langebaan-Lagune mit ihrem kristallklaren, blauen Wasser, wo zahlreiche Vogelarten leben. Der 310 km² große Nationalpark ist ein international bedeutendes Feuchtgebiet mit wichtigen Brutkolonien von verschiedenen Seevögeln. Im Sommer sammeln sich hier Tausende von Watvögeln. Die häufigste Art ist der Sichelstrandläufer, der in großen Schwärmen aus der Subantarktis nach Norden wandert. Auf den Inseln vor der Küste tummeln sich Brillenpinguine.

Von August bis September ist der Park für seine Wildblumenblüte berühmt – dann kann es hier recht überlaufen sein. Neben den weißen Sandstränden und dem türkisfarbenen Wasser des Ozeans und der Lagune ist der größte Reiz des Parks, dass er den Rest des Jahres kaum besucht ist. Unter der Woche (und außerhalb der Schulferien) teilt man sich die Wege hier oft nur mit Zebras, Straußen und gelegentlich auch schon mal einer gemütlich umherschlendernden Pantherschildkröte.

★ WEST COAST FOSSIL PARK
ARCHÄOLOGISCHE STÄTTE

(📞022-766 1606; www.fossilpark.org.za; Erw./Kind 20/15 R; ⌚Mo–Fr 8–16, Sa & So 10–13 Uhr) Im herausragenden Fossilienpark an der Route 45, etwa 16 km außerhalb von Langebaan, sind der erste Bär, der südlich der Sahara entdeckt wurde, löwengroße Säbelzahnkatzen, dreizehige Pferde und Kurzhalsgiraffen ausgestellt. Faszinierende Touren beginnen jede volle Stunde von 10 bis 15 Uhr (am Wochenende bis 13 Uhr) und führen zu den Ausgrabungsstätten, die zu den reichsten Fossilienstätten der Welt zählen. Im Park gibt's auch Mountainbike- und Wanderwege sowie ein Café.

 ESSEN

★ DIE STRANDLOPER
MEERESFRÜCHTE €€€

(📞022-772 2490; www.strandloper.com; Büfett 260 R; ⌚Feb.–Nov. Sa & So mittags, Fr & Sa abends, Dez.–Jan. tgl. mittags & abends) Wenn das nicht das Leben an der Westküste ist, wie es im Buche steht: ein *10-gängiges*

Fisch- und Meeresfrüchte-*braai* (Grillbüfett) direkt am Strand. Es gibt frisch gebackenes Brot, *moerkoffie* (frisch gemahlener Kaffee) satt und dazu einen örtlichen Schnulzensänger, der mit seiner Gitarre um die Tische zieht. Getränke kann man entweder selbst mitbringen oder sich etwas an der rustikalen Bar mit sensationeller Aussicht bestellen. Eine Reservierung wird dringend empfohlen.

CLUB MYKONOS

MEERESFRÜCHTE, MEDITERRAN €€€

(☑0800 226 770; www.clubmykonos.co.za; 🅿) Die pseudo-griechische Hotelanlage mag zwar nicht zur Übernachtung verlocken, ist aber erstklassig zum Ausgehen. Es gibt hier acht Restaurants sowie zahlreiche Bars und ein Casino, die alle auch Nichtgästen zugänglich sind.

SPORT & AKTIVITÄTEN

CAPE SPORTS CENTRE   WASSERSPORT

(☑022-772 1114; www.capesport.co.za; 98 Main Rd) Langebaan ist ein Wassersportmekka, besonders für Wind- und Kitesurfer. Das Büro bietet Kurse zum Kitesurfen (Dreitagekurs 2650 R) und Windsurfen (2 Std. 700 R), verleiht Surfbretter, Stehpaddelboards und Kajaks (295/345/385 R pro Tag).

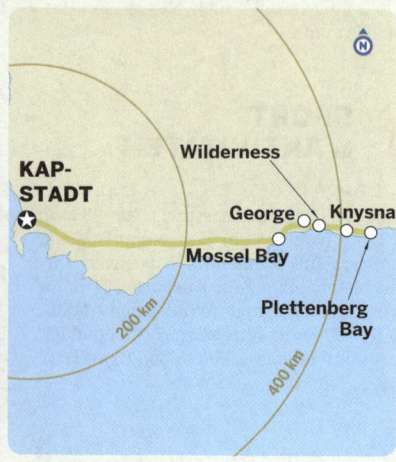

Die Garden Route

Die Garden Route, die ihren Namen den ganzjährig grünen Wäldern und Lagunen entlang der Küste verdankt, steht für die meisten Kapstadtbesucher ganz oben auf der Must-See-Liste. Sie führt über 200 km von Mossel Bay bis kurz hinter Plettenberg Bay.

Mossel Bay S. 203

Jenseits der Erdgasraffinerie warten Strände, super Surfspots und jede Menge Aktivitäten wie Haikäfigtauchen und Küstenwanderungen.

George S. 207

Die größte Stadt an der Garden Route bietet attraktive alte Gebäude, erstklassige Golfplätze und herrliche Bergpanoramastraßen.

Wilderness S. 209

Wilderness (Wildnis) macht seinem Namen alle Ehre: Zum Nationalpark gehören umwerfende Strände, Mündungsgebiete voller Vögel, geschützte Lagunen und dicht bewaldete Hügel.

Knysna S. 211

Knysna schmiegt sich an eine ausnehmend schöne Lagune und ist von alten Wäldern umgeben; ideal zum Wandern, Segeln, Mountainbiken oder um meeresfrische Austern und Regionalbier zu genießen.

Plettenberg Bay S. 215

Grüne Wälder, weiße Strände und kristallblaues Wasser machen „Plett" zu einem der beliebtesten Touristenziele des Landes, das sowohl Südafrikaner als auch ausländische Besucher begeistert.

Mossel Bay

→ **Essen** Kaai 4

→ **Ausgehen** Blue Shed Coffee Roastery

Erkundungstour

Die Tour startet am hervorragenden Dias Museum Complex, der einen guten Einblick in die Rolle Mossel Bays in der südafrikanischen Geschichte vermittelt. Von dort sind es nur ein paar Schritte zum Hafen, von wo aus Boote zu den Delfinen hinausfahren und Uferrestaurants köstliches Meeresfrüchte-*braai* (Grillgericht) servieren. Weiter geht's zum Schwimmen oder Faulenzen an den Santos Beach oder auch zu einem Bummel durch die Marsh Street mit ihren Restaurants und Bars und schließlich bis hin zur Landzunge The Point. Dort warten eine entspannte Atmosphäre und Restaurants mit Blick aufs Meer sowie die Höhlen und der Leuchtturm vom Cape St. Blaize. Am zweiten Tag stehen dann Aktivitäten wie Haikäfigtauchen, Surfen, Fallschirmspringen oder eine Küstenwanderung auf dem Programm.

Das Beste

→ **Sehenswertes** Dias Museum Complex

Top-Tipp

Eine Postkarte nach Hause vom ältesten „Briefkasten" Südafrikas – einem Baum im Dias Museum Complex, in dem Seeleute schon Anfang des 16. Jhs. Nachrichten hinterließen. Alle Sendungen erhalten einen besonderen Poststempel.

An- & Weiterreise

→ **Bus** Die Busgesellschaften **Translux** (www.translux.co.za), **Greyhound** (www.greyhound.co.za) und **Intercape** (www.intercape.co.za) bedienen die Strecke Mossel Bay–Kapstadt mit regelmäßigen Verbindungen (380 R, 6 Std., 2-mal tgl.).

Gut zu wissen

→ **Vorwahl** ☏ 044

→ **Lage** Mossel Bay liegt, der N2 folgend, 390 km östlich von Kapstadt.

→ **Touristeninformation** (☏ 044-691 2202; www.visitmosselbay.co.za; Market St; ☺ Mo–Fr 8–18 Uhr, Sa & So 9–16 Uhr)

OASEN DER RUHE ENTLANG DER GARDEN ROUTE

Auf einigen Abschnitten der Garden Route kann es voll werden, besonders während der südafrikanischen Schulferien. Um den Menschenmassen zu entkommen, bietet sich ein Ausweichen auf versteckt gelegene Lodges an.

Das Landgasthaus **Eight Bells Mountain Inn** (☏ 044-631 0000; www.eightbells.co.za; EZ/DZ ab 750/1200 R; 🛜 ⬜ 🏠) liegt 35 km nördlich von Mossel Bay an der Route 328 nach Oudtshoorn (50 km). Das weitläufige Grundstück in hübscher Berglage zu Füßen des Robinson Pass ist für alle möglichen Zielgruppen geeignet; hier fühlen sich Kinder und auch Squash-Spieler wohl; außerdem gibt es einen Teegarten mit Restaurant und Gelegenheiten zum Wandern und Reiten. Während der Schulferien ziehen die Preise stark an. Die Zimmerauswahl ist vielfältig; die *rondavels* (Rundhütten mit Spitzdach) sind eine besonders spaßige Option.

Hog Hollow (☏ 044-534 8879; www.hog-hollow.com; Askop Rd, The Crags; EZ/DZ inkl. Frühstück 2170/3100 R; ❄ 🛜 ⬜) Das Hog Hollow, 18 km über die N2 östlich von Plett, bietet hinreißende, mit afrikanischer Kunst dekorierte Zimmer, die sich um ein Farmhaus am Wald gruppieren. Jede Wohneinheit hat ihre eigene Holzveranda und Hängematte. Monkeyland (S. 216) ist von hier aus zu Fuß zu erreichen; wer nicht zurücklaufen mag, kann sich auch abholen lassen.

Phantom Forest Eco-Reserve (☏ 044-386 0046; www.phantomforest.com; Phantom Pass Rd; EZ/DZ ab 2935/4275 R; ⬜) Das kleine private Ökoreservat liegt 6 km westlich von Knysna an der Lagune. Die Anlage besteht aus 14 raffiniert konzipierten und elegant eingerichteten Baumhäusern aus nachhaltigen Materialien. Geboten werden verschiedene Aktivitäten, darunter geführte Naturwanderungen. Ein Besuch lohnt allein schon wegen des üppigen sechsgängigen afrikanischen Abendessens (400 R), das täglich im Forest Boma serviert wird; Reservierung ist erforderlich.

Garden Route

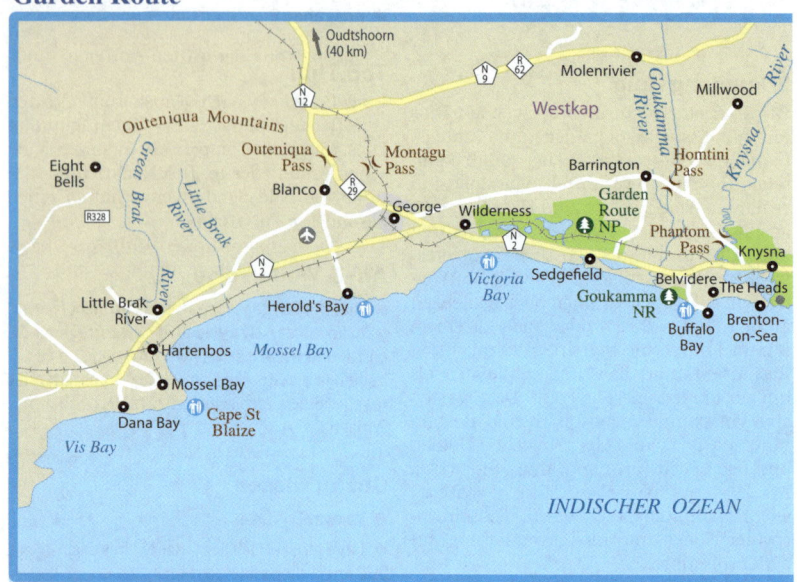

SEHENSWERTES

★ DIAS MUSEUM COMPLEX MUSEUM

(www.diasmuseum.co.za; Market St; Erw./Kind 20/5 R; Mo–Fr 9–16.45, Sa & So 9–15.45 Uhr; P) Zu dem hervorragenden Museum gehören die Quelle, aus der der portugiesische Seefahrtspionier Bartolomeu Dias den Postbaum wässerte, der Getreidespeicher der Niederländischen Ostindien-Kompanie (Vereenigde Oost-Indische Compagnie), ein Muschelmuseum (mit einigen interessanten Aquarien) und ein Heimatmuseum. Das Highlight des Komplexes ist eine Replik der Karavelle (Erw./Kind 20/5 R), mit der Dias 1488 in See gestochen war. Ihre geringe Größe macht deutlich, wie viel außerordentliches Geschick und Mut die ersten Entdecker aufbrachten. Die Replik wurde in Portugal gebaut und 1988 zum Gedenken an den 500. Jahrestag von Dias' Reise an Bord eines Großseglers nach Mossel Bay verschifft.

BOTLIERSKOP PRIVATE GAME RESERVE WILDRESERVAT

(044-696 6055; www.botlierskop.co.za; Little Brak River) In dem Naturreservat können Besucher auf einer Ranch übernachten und viele verschiedene Wildtiere wie Löwen, Elefanten, Nashörner, Büffel und Giraffen

beobachten. Tagesausflügler können hier ebenfalls an diversen Aktivitäten teilnehmen, z. B. an dreistündigen Safaris mit dem Jeep (Erw./Kind 420/210 R) oder auf dem Pferderücken (pro Std. 270 R) sowie an Elefantenausritten (820 R). Das Reservat liegt etwa 20 km nordöstlich von Mossel Bay über die N2 (Abzweig Little Brak River und dann den Schildern nach Sorgfontein folgen). Eine Buchung ist erforderlich.

CAPE ST. BLAIZE LIGHTHOUSE LEUCHTTURM

(Erw./Kind 16/8 R; 10–15 Uhr) Der Leuchtturm bietet herrliche Ausblicke. Bedauerlicherweise befindet sich die steinzeitliche St.-Blaize-Höhle in einem verwahrlosten Zustand und fällt regelmäßig dem Vandalismus zum Opfer.

ESSEN & AUSGEHEN

★ KAAI 4 BRAAI €€

(www.kaai4.co.za; Mossel Bay Harbour; Hauptgerichte 30–95 R; Mittag- & Abendessen) Das unprätentiöse Meeresfrüchtelokal bietet Picknicktische mit fantastischem Meerblick und damit Logenplätze an der Mossel Bay. Das Essen wird über hoch aufgeschichteten Feuerstellen, den typischen südafrikani-

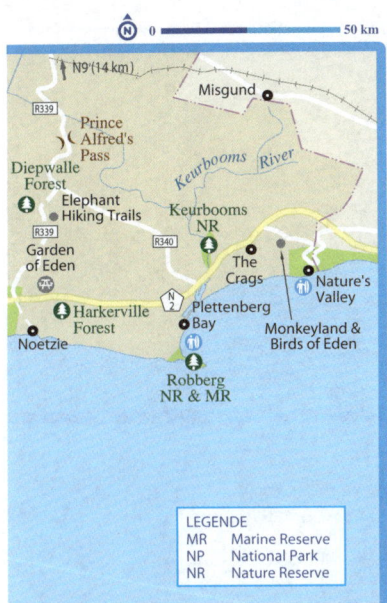

LEGENDE
MR   Marine Reserve
NP   National Park
NR   Nature Reserve

schen *braai,* gegrillt und gegart; es gibt Geschmortes und Eintöpfe, Burger, *boerewors* („Bauernwurst") sowie Fisch und Meeresfrüchte; dazu schmeckt frisches Zapfbier aus heimischen Brauereien.

CAFÉ HAVANA — INTERNATIONAL €€

(www.cafehavana.co.za; 38 Marsh St; Hauptgerichte 50–110 R; ☺Frühstück, Mittag- & Abendessen; 🕿) Immer schon kubanisch angehaucht und so beliebt wie eh und je: Neben der Speisekarte mit Geschmortem, Steaks, Fisch und Meeresfrüchten hat das Café Havana auch noch eine gute Auswahl an Cocktails zu bieten. Hier kann man auch bis spät in die Nacht sitzen und genießen, und es ist auch die beste Adresse für After-Work-Events.

BIG BLU — INTERNATIONAL €€

(Point Rd; Hauptgerichte 50–95 R) Die windschiefe Bude direkt auf den Felsen von The Point wird gern zum Sundowner aufgesucht. Zum Essen gibt's Burger, Fisch und Meeresfrüchte sowie Steaks.

VILLA POINT — SÜDAFRIKANISCH €€€

(☎044-691 1923; 11 Marsh St; Hauptgerichte 105–180 R; ☺Mo–Sa Mittag- & Abendessen) Ein angesehenes Restaurant in einem historischen Gebäude. Die Speisekarte ist zwar auf wenige Gerichte beschränkt, darunter jedoch einige typisch südafrikanische Fleischspezialitäten wie etwa Lammkarree, Ossobuco von der Kudu-Antilope und Springbockkeule.

★ BLUE SHED COFFEE ROASTERY — CAFÉ

(33 Bland St; ☺6.30–20 Uhr; 🕿) In diesem flippigen Café mit originellem Dekor und tollen Ausblicken aufs Meer gibt es herrlichen Kaffee und leckere hausgemachte Kuchen. An diesem wunderbaren Fleckchen könnte man stundenlang abhängen und sich vom nostalgischen Schallplattensound aus der Jukebox einlullen lassen.

🏃 SPORT & AKTIVITÄTEN

OYSTERCATCHER TRAIL — WANDERN

(www.oystercatchertrail.co.za; Vollverpflegung/Selbstversorger ab 3200/5400 R) Geübte Wanderer können den überwältigend schönen Küstenwanderweg in drei bis vier Tagen schaffen; nämlich von Mossel Bay nach Dana Bay über das Cape St. Blaize, wo häufig der Klippenausternfischer, eine von Aussterben bedrohte Art, zu sehen ist.

BILLEON — SURFEN

(www.billeon.com; 2-stündiger Surfkurs 350 R) Mossel Bay ist als Surfmekka bekannt; dieser Anbieter hat sowohl Schnupperkurse für Anfänger als auch Sandboarding-Spaß auf großen Sanddünen im Programm (380 R).

POINT OF HUMAN ORIGINS — ARCHÄOLOGISCHE FÜHRUNG

(☎044-691 0051; www.humanorigin.co.za; geführte Touren 395 R) Unter der Leitung eines Archäologen führt diese faszinierende vierstündige Erkundungstour u.a. zu den Pinnacle-Point-Höhlen, in denen Spuren frühen menschlichen Lebens entdeckt wurden, die 162 000 Jahre zurückreichen.

ROMONZA — BOOTSAUSFLÜGE

(☎044-690 3101; 1-stündige Bootsausflüge 140 R) Der Anbieter organisiert regelmäßige Bootsausflüge zur Robbenkolonie sowie zu den Vögeln und Delfinen, die sich im Gewässer um Seal Island tummeln. Gegen Ende des Winters und im Frühjahr bietet Romonza auch Walbeobachtungstouren an (640 R, 2½ Std.).

Mossel Bay

◎ Sehenswertes

✖ Essen

☕ Ausgehen

✈ Sport & Aktivitäten

🛏 Schlafen

WHITE SHARK AFRICA TAUCHEN
(☎044-691 3796; www.whitesharkafrica.com;
7 Church St; Tauchgänge 1350 R) Ganztägige
Käfigtauchausflüge zu den legendären
Weißen Haien einschließlich Mittagessen,
Getränke und Snacks.

**SKYDIVE MOSSEL
BAY** ABENTEUER- & EXTREMSPORT
(☎082 824 8599; www.skydivemosselbay.com;
Mossel Bay Airfield; ab 2000 R) Die Tandemsprünge über der Bucht beginnen bei
3000 m. Wenn Wetter und Gezeiten mit-
spielen, landen die Fallschirmspringer auf
dem Diaz Beach.

🛏 SCHLAFEN

Wohnmobilurlaubern stehen in Mossel Bay
insgesamt drei kommunale Caravanparks
und/oder Chaletanlagen zur Verfügung:
zum einen **Bakke** (☎044-690 3501, 044-691
2915; Stellplatz ab 210 R, Chalets ab 520 R) und

Santos (☎044-690 3501, 044-691 2915; Stellplatz ab 210 R); beide befinden sich direkt
nebeneinander am schönen Santos Beach;
aber nur auf dem Bakke-Campingplatz
gibt's auch Chalets zum Mieten. Zum anderen gibt es die Anlage **Punt** (☎044-690 3501,
044-691 2915; Stellplatz 210 R), die, wie der
Name schon verrät, bei The Point gelegen
ist und auch ganz nah am Surfspot. Im Januar und Dezember schnellen die Preise
nach oben.

MOSSEL BAY BACKPACKERS HOSTEL €
(☎044-691 3182; www.mosselbayhostel.co.za;
1 Marsh St; B 140–160 R, DZ ohne/mit Bad
380/450 R; 🛜🖩) Diese gut geführte und alteingesessene Backpacker-Unterkunft bildet
inzwischen mit der angrenzenden Pension
eine Einheit, d.h. das Übernachtungsange-
bot wurde damit um einige ausgezeichnete
Zimmer mit eigenem Bad erweitert, während aber auch nach wie vor Mehrbettzimmer und einfache Doppelzimmer zur Auswahl stehen. Sogar eine Flitterwochen-Sui-

te mit Minispa steht zur Verfügung. Das Personal organisiert alle möglichen Aktivitäten.

⭐ POINT VILLAGE HOTEL   HOTEL €€

(☎044-690 3156; www.pointvillagehotel.co.za; 5 Point Rd; EZ/DZ 500/840 R) Der skurrile Pseudoleuchtturm an der Fassade des extrem preisgünstigen Hotels lässt bereits erahnen, was sich dahinter verbirgt: fröhlich-flippige, helle Zimmer und freundlicher Service. Die Zimmer haben Kochnischen und manche einen Balkon. Außerdem gibt es Ferienwohnungen mit zwei bis drei Schlafzimmern und schönen Ausblicken aufs Meer (1800 R).

POINT HOTEL   HOTEL €€€

(☎044-691 3512; www.pointhotel.co.za; Point Rd; EZ/DZ 1285/1710 R; 🛜) Dieses moderne Hotel besticht durch seine atemberaubende Lage direkt über den Felsen von The Point. Das Restaurant (Hauptgerichte von 60 bis 120 R) serviert ordentliches Essen, und die geräumigen Zimmer bieten Balkon und Meerblick – am schönsten sind die Ausblicke in den südwärts ausgerichteten Zimmern.

George

Erkundungstour

George ist für viele Leute nicht viel mehr als ein Verkehrsknotenpunkt, aber in der größten Stadt an der Garden Route sind doch auch einige Perlen zu finden. Für einen historischen Einblick sorgt das Museum. Wer die Stadt allein erkunden möchte, kann sich in der Touristeninformation eine Broschüre für den Stadtrundgang besorgen. Dann führt ein Bummel über die York Street weiter zur winzigen St. Mark's Cathedral und zum „Sklavenbaum". Am Nachmittag steht dann eine Runde Golf oder ein Ausflug in die umliegenden Outeniqua Mountains zu Fuß, mit dem Auto oder mit dem witzigen Outeniqua Power Van auf dem Programm.

Das Beste

➡ **Essen** Old Townhouse (S. 208)
➡ **Ausgehen** Robertson Brewery (S. 208)
➡ **Aktivitäten** Outeniqua Power Van (S. 207)

Top-Tipp

Wer von George aus Richtung Süden fährt, kommt zu den malerischen Stränden in der Herold's Bay und der Victoria Bay, die beide bei Surfern beliebt sind. In der Victoria Bay gibt es Gezeitenbecken für Kinder.

An- & Weiterreise

➡ **Bus** Die Busgesellschaften **Translux** (www.translux.co.za), **Greyhound** (www.greyhound.co.za) und **Intercape** (www.intercape.co.za) bieten häufige Verbindungen zwischen George und Kapstadt (R380, 7 Std.).

➡ **Flugzeug** Die beiden Fluglinien **Airlink** (☎0861 606 606; www.flyairlink.com) und **SA Express** (☎0861 729 227; www.flyexpress.aero) fliegen ab Kapstadt zum George Airport (50 Min.); der regionale Flughafen liegt 7 km westlich von George.

Gut zu wissen

➡ **Vorwahl** ☎044

➡ **Lage** George liegt, der N2 folgend, 430 km östlich von Kapstadt.

➡ **Touristeninformation** (☎044-801 9295; www.georgetourism.org.za; 124 York St; ⏰Mo–Fr 7.45–16.30, Sa 9–13 Uhr)

👁 SEHENSWERTES

GEORGE MUSEUM   MUSEUM

(Courtenay St; Eintritt mit Spende; ⏰Mo–Fr 9–16.30, Sa 9–12.30 Uhr) George war einst das Zentrum der indigenen Holzwirtschaft, und so zeigt das Museum eine Fülle an entsprechenden Artefakten aus der Vergangenheit der Stadt.

OUTENIQUA TRANSPORT MUSEUM   MUSEUM

(Ecke York & Courtenay Sts; Erw./Kind 20/10 R; ⏰Mo–Fr 8–16.30, Sa 8–14 Uhr) Das Museum ist der Start- und Endbahnhof für die idyllischen Fahrten mit dem Outeniqua Power Van. Für Eisenbahnfans lohnt sich ein Besuch auf jeden Fall. Ein Dutzend Lokomotiven und 15 Waggons sowie zahlreiche detailgetreue Modelle haben hier ihr museales Zuhause gefunden; darunter befindet sich auch ein Waggon, der in den 1940er-Jahren von der britischen Königsfamilie genutzt wurde und hier aus der Nähe bewundert werden kann.

✕ ESSEN & AUSGEHEN

OLD TOWNHOUSE
STEAKHAUS €€

(☎044-874 3663; Market St; Hauptgerichte 50–130 R; ☺Mo–Fr Mittag- & Abendessen, Sa nur Abendessen) Das alteingesessene Restaurant im Gebäude der einstigen Stadtverwaltung von 1848 ist bekannt für seine exzellenten Steaks und das wechselnde Angebot an Wildgerichten.

ROBERTSON BREWERY
BRAUEREI

(www.robertsonbrewery.com; 1 Memoriam St; Bierverkostungen 35 R, kleine Gerichte 60 R; ☺Mo–Sa 10–19 Uhr) Da George nicht gerade viel Abwechslung bietet, ist diese familiengeführte Mikrobrauerei eine erfreuliche Ergänzung.

Bei der Verkostung stehen sechs verschiedene Biersorten vom Fass zur Wahl, die vor Ort gebraut wurden; dazu gibt's einfache Snacks vom Brotzeitbrett, und während man es sich schmecken lässt, führt einem die originelle Wandmalerei den Brauprozess detailliert vor Augen.

🏃 SPORT & AKTIVITÄTEN

George ist die Golfhauptstadt des Westkaps und vielleicht sogar des ganzen Landes. Es gibt Dutzende Golfplätze – einschließlich der kleinen – im Umland der Stadt und auch drei Golfschulen für Anfänger bzw. Golfer mit höherem Handicap. Der elitärste und berühmteste Golfplatz ist **Links at Fancourt** (☎044-804 0000; www.fancourt.co.za), entworfen von Gary Player. **Little Eden** (☎044-881 0018; www.edenforest.co.za) ist ein abgeschiedener 9-Loch-Platz, und **Oubaai** (☎044-851 1263; www.oubaaigolfestate.co.za) ist eine exklusive Anlage mit Greens, die herrliche Ausblicke aufs Meer bieten.

OUTENIQUA POWER VAN
TOUR

(☎082 490 5627; Erw./Kind 130/110 R; ☺Mo–Sa) Zu den tollsten Aktivitäten, die George zu bieten hat, zählt eine Fahrt mit dem Outeniqua Power Van, einer motorisierten Draisine, die auf einer 2½-stündigen Tour vom Outeniqua Transport Museum in die

---

SURFEN ENTLANG DER GARDEN ROUTE

In dem wärmeren Gewässer um die Ecke des Cape Agulhas, wo der Indische Ozean beginnt, können sich Surfer im Sommer unbekümmert in Badehosen bzw. Boardshorts oder einem Surf-Shorty in die Wellen stürzen. Im Winter ist jedoch ein Long-John-Neoprenanzug vonnöten. Entlang der gesamten Küste herrscht guter Wellengang; in der Mossel Bay und in der Victoria Bay sind die besten Surfspots.

Der beste Surfspot in der **Mossel Bay** ist der Outer Pool (links vom Gezeitenbecken) – ein großer Riff- und Pointbreak. Daneben gibt es auch noch den Inner Pool, rechts vom Gezeitenbecken. An anderen Stellen schlagen gute Rechtswellen in einem großen Swell (= Dünung) hoch, die sogenannten Ding Dangs, die bei Ebbe am besten sind, besonders bei südwestlichem oder östlichem Wind. Es ist etwas mühsam, auf dem Brett hinauszupaddeln, aber die Rechtswelle ist besser als die Linkswelle.

Surfen geht auch am Grootbrak und Kleinbrak, aber noch besser ist die Herold's Bay. Wenn die Dünung stimmt, rollt eine Linkswelle an den Strand, was ungewöhnlich ist, da dies bei Nordwestwind geschieht.

Am besten ist jedoch die **Victoria Bay**, die die beständigsten Breaks der Küste hat. Perfekt sind sie bei einem Swell von ein bis zwei Metern und wenn dann eine super Rechtswelle tosend hereinbricht.

Die **Buffel's Bay** (Büffelbucht) ein Stück weiter an einem Ende des Brenton Beach hat eine weitere Rechtswelle zu bieten; am Nordende gibt es einige gute Peaks, aber Vorsicht vor den Haien.

Weiter nach **Plettenberg Bay**: Die Robberg Peninsula ist tabu, da dort eine Robbenkolonie lebt. Aber der Badestrand von Robberg Beach (wo die Rettungsschwimmer stationiert sind) hat manchmal ganz gute Wellen, wenn die Dünung nicht zu stark ist. Am Central Beach gibt es eine der bekanntesten Wellen, die Wedge, die perfekt für Goofy-Footer ist, die mit dem linken Bein vorne auf dem Brett stehen. Am Lookout Beach mit seinen Sandbänken kann der Pointbreak recht gut werden, aber die Erosion ist stark fortgeschritten, sodass der Strand langsam verschwindet. Vorsicht vor Rückströmungen, besonders wenn keine Rettungsschwimmer einsatzbereit sind.

Outeniqua-Berge fährt. Wer möchte, kann ein Fahrrad mitnehmen und über den Montagu Pass zurückradeln.

Wilderness

Erkundungstour

Nach einem kurzen Besuch in der Touristeninformation geht es direkt zu dem, was Wilderness Leben einhaucht und wofür sein Name steht: unberührte Natur. Den Anfang machen eine gemütliche Wanderung im Garden Route National Park oder eine Kanutour in einer der Lagunen. Wilderness ist eine ruhigere und zwanglosere Alternative zu Knysna und Plettenberg Bay, und in dem räumlich sehr begrenzten Ortskern gibt es überraschend viele gute Restaurants. Von hier sind es nur ein paar Schritte zu Fuß unter der N2 hindurch zum Strand – aber Vorsicht: Die starke Brandungsströmung macht das Schwimmen gefährlich. Nach einem kleinen Sonnenbad geht es mit dem Auto zum Timberlake Organic Village, um Kunsthandwerk und Obst und Gemüse in Bioqualität zu kaufen oder um dort im Restaurant Zucchini gut zu essen.

Das Beste

➡ **Sehenswertes** Garden Route National Park

➡ **Essen** Girls Restaurant (S. 210)

➡ **Aktivität** Kanufahren quer durch die Lagune

Top-Tipp

Auf zu einer zweistündigen Küstenwanderung vom Naturreservat Wilderness bis zur Victoria Bay! Auf dem Weg dorthin geht es durch einen Zugtunnel, und auch ein paar Abstecher zur Höhlenerkundung stehen auf dem Programm. Mehr Informationen hierzu sind bei Fairy Knowe Backpackers (S. 210) erhältlich.

An- & Weiterreise

➡ **Bus** Beide Busgesellschaften, **Greyhound** (www.greyhound.co.za) wie auch **Translux** (www.translux.co.za), bedienen die Routen zwischen Kapstadt und Wilderness (300 R, 7 Std., 2-mal tgl.).

ABSTECHER

MONTAGU & OUTENIQUA PASS

Der Montagu Pass ist eine ruhige, unbefestigte Straße, die sich von George aus durch die Berge schlängelt. Eröffnet wurde sie 1847, und heute ist sie ein Nationaldenkmal. Es gibt dort tolle Picknickplätze, Proviant gehört also ins Gepäck. Zurück geht es über den Outeniqua Pass, wo die Ausblicke sogar noch besser sind. Da die Passstraße aber ein Hauptverkehrsweg ist, wird es schwieriger, nach Belieben Pausen einzulegen.

Gut zu wissen

➡ **Vorwahl** ☏044

➡ **Lage** Das Naturreservat liegt 445 km östlich von Kapstadt direkt an der N2.

➡ **Touristeninformation** (☏044-877 0045; George Rd; ⏱Mo–Fr 7.45–16.30, Sa 9–13 Uhr)

◉ SEHENSWERTES

GARDEN ROUTE NATIONAL PARK (WILDERNESS SECTION)   NATIONALPARK

(☏044-877 1197; www.sanparks.org; Erw./Kind 106/53 R; ⏱7–18 Uhr) Der ehemalige Wilderness National Park wurde zusammen mit den Nationalparks Knysna Forests und Tsitsikamma in den weitläufigen und auf mehrere Gebiete verstreuten Garden Route National Park eingegliedert. Der Park besteht aus einer einzigartigen Seenplatte mit Flüssen, Feuchtgebieten und Meeresarmen, die für das Überleben vieler Arten wichtig sind. Durch den Nationalpark führen mehrere Naturwanderpfade aller Schwierigkeitsgrade zu den Seen, zum Strand und durch Urwald.

Der Kingfisher Trail ist eine Tageswanderung durch das Gebiet, die u.a. auch auf einem Holzbohlenweg über den Gezeitenabschnitt des Touws River führt. Das Seengebiet ist ideal für Angler, Kanufahrer, Windsurfer und Segler. Kanus (250 R pro Tag) verleiht Eden Adventures, das auch Abseilen (375 R) und Canyoning (495 R) im Angebot hat.

Zwei ähnlich ausgestattete Campingplätze im Park bieten einfache, aber komfortable Unterkünfte, auch in *rondavels*

BAUERNMARKT BEI SEDGEFIELD

Wild Oats Community Farmers Market (www.wildoatsmarket.co.za; ⊘Sa 7.30–12 Uhr) Eine echte Institution an der Garden Route: Den Bauernmarkt gibt es schon seit zehn Jahren. Wer zuerst kommt, mahlt zuerst, Frühaufsteher können hier aus dem Vollen schöpfen: Pies, Trockenfleisch (Biltong), Käse, Kuchen, Brot, Bier, Bonbons – alles aus kleinen, heimischen Betrieben. Der Markt befindet sich in einer Nebenstraße an der N2, 1,5 km östlich vom Ortszentrum Sedgefield.

(Rundhütten mit Spitzdach): der kleinere **Ebb & Flow North** (Stellplätze ab 150 R, DZ-rondaval ohne/mit Bad 280/325 R) und der **Ebb & Flow South** (Stellplätze ab 150 R, Waldhütten 540 R, Blockhütte für 4 Pers. 1015 R).

ESSEN & AUSGEHEN

BEEJUICE — CAFÉ €

(Sands Rd; kleine Gerichte 45–85 R; ⊘ganzjährig Frühstück & Mittagessen, Nov.–April auch Abendessen) Zwar fahren hier keine Züge mehr, aber ein Besuch des Cafés im alten Bahnhof lohnt sich noch immer für einen frisch zubereiteten Salat und Sandwiches. Abends werden hier traditionelle südafrikanische Gerichte serviert.

★GIRLS RESTAURANT — INTERNATIONAL €€

(1 George Rd; Hauptgerichte 100–285 R; ⊘Di–So Abendessen) Aus der Ferne sieht das Restaurant, das direkt neben einer Tankstelle liegt, nicht sehr verlockend aus, aber es schneidet in den Bewertungen hervorragend ab. Lecker sind die frischen Garnelen mit verschiedenen köstlichen Saucen oder das Wildfleischfilet.

ZUCCHINI — EUROPÄISCH €€

(www.zucchini.co.za; Timberlake Organic Village; Hauptgerichte 60–130 R; ⊘tgl. Frühstück & Mittagessen, Fr & Sa auch Abendessen; 🅿) 🍃 Das wunderbare, stilvoll eingerichtete Restaurant serviert Bioprodukte aus eigenem Anbau, Freilandfleisch und eine große Auswahl an vegetarischen Speisen.

SERENDIPITY — SÜDAFRIKANISCH €€€

(☎044-877 0433; Freesia Ave; 5-Gänge-Menü 415 R; ⊘Mo–Sa nur Abendessen) Lonely-Planet-Leser und Einheimische empfehlen das elegante Restaurant mit einer Terrasse an der Lagune. Die südafrikanisch inspirierte Speisekarte wechselt monatlich, enthält aber stets originelle Versionen alter Klassiker. Feinstes Speiselokal vor Ort, nur mit Reservierung!

SCHLAFEN

FAIRY KNOWE BACKPACKERS — HOSTEL €

(☎044-877 1285; www.wildernessbackpackers.com; Dumbleton Rd; Campen 80 R, B/DZ ohne Bad 130/400 R, DZ 500 R; 🖥) Das seit Langem etablierte Farmhaus von 1874 liegt direkt am Touws River auf einem weitläufigen Grundstück im Schatten von Bäumen. Bar und Café sind in einem anderen Gebäude ein Stück weit entfernt untergebracht, Ruhestörung bei Nacht ist also nicht zu befürchten. Das Personal arrangiert alle möglichen Aktivitäten. Autofahrer fahren von der N2 in den Ort Wilderness und folgen der Hauptstraße über 2 km bis zum Abzweig Fairy Knowe.

★INTERLAKEN — PENSION €€

(☎044-877 1374; www.interlaken.co.za; 713 North St; EZ/DZ inkl. Frühstück 695/1100 R; 🖥🍽) Begeisterte Kritiken von zahlreichen Lesern, denen wir nur zustimmen können: Die gut geführte und sehr freundliche Pension bietet einen herrlichen Lagunenblick. Auf Wunsch gibt es auch ein leckeres Abendessen.

★VIEWS BOUTIQUE HOTEL — BOUTIQUEHOTEL €€€

(☎044-877 8000; www.viewshotel.co.za; South St; EZ/DZ inkl. Frühstück 3200/4200 R; ❄🖥🍽) Diesem Hotel ist es gelungen, seine atemberaubende Lage optimal zu nutzen, nämlich durch helle Räume mit großzügiger Fensterglasfront, die den Blick auf den herrlichen Strand freigibt.

Die Zimmer sind allemal ihren Preis wert; wer es sich leisten kann, sollte sich wirklich ein Deluxe-Zimmer mit Meerblick gönnen – aber auch die Bergblickvariante ist fantastisch. Das Hotel hat einen Dachterrassenpool mit angrenzendem Spa und einer Treppe, die direkt zum Sandstrand führt.

Knysna

Erkundungstour

Holzwirtschaft spielte in Knysnas Vergangenheit eine große Rolle, der beste Startpunkt für eine Erkundung sind also die Wälder im Umland des Orts. Wanderwege gibt es von kurzen Spaziergängen bis zu mehrtägigen Wanderungen. In der Main Street befinden sich unzählige Läden und Cafés und das urige Old Gaol Museum. Nach ein bisschen Lokalgeschichte geht es zur quirligen, wenn auch touristischen Knysna Waterfront zum Mittagessen mit Fisch und Meeresfrüchten und einer Boots-tour auf der Lagune. Anschließend bietet sich ein Blick aufs Meer vom schroffen Eastern Head, und eines der schicken neuen Restaurants auf Thesen's Island lädt zum Abendessen ein. Wer etwas länger bleibt, kann sich einer Township-Tour anschließen und sich eine der vielen Outdoor-Aktivitäten aussuchen, für die diese Region bekannt ist.

Das Beste

→ **Sehenswertes** Knysna Forests (S. 215)

→ **Essen** Ile de Pain (S. 213)

→ **Ausgehen** Mitchell's Brewery

Top-Tipp

Wer entweder in der Rastafari-Gemeinde oder in der Township übernachten will, sollte sich von Knysna Tourism die Broschüre Living Local besorgen.

An- & Weiterreise

→ **Bus** Die Busgesellschaften **Translux** (www.translux.co.za), **Greyhound** (www.greyhound.co.za) und **Intercape** (www.intercape.co.za) bedienen regelmäßig die Strecke Knysna–Kapstadt (450 R, 8 Std., 2-mal tgl.).

→ **Sammeltaxi** An der Ecke Main Street/Gray Street in ein Sammeltaxi einsteigen; möglich sind Fahrten nach Plettenberg Bay (20 R, 30 Min., tgl.) und Kapstadt (150 R, 7½ Std., tgl.).

Gut zu wissen

→ **Vorwahl** ☏044

→ **Lage** Knysna liegt 490 km östlich von Kapstadt.

→ **Touristeninformation** (☏044-382 5510; www.visitknysna.co.za; 40 Main St; ◷Mo–Fr 8–17 Uhr, ganzjährig Sa 8.30–13 Uhr, außerdem Dez., Jan. & Juli So 9–13 Uhr)

◉ SEHENSWERTES

KNYSNA LAGOON   PARK

Die Lagune öffnet sich zwischen zwei Sandsteinklippen zum Meer, den Heads, die einst von der britischen Royal Navy zur gefährlichsten Hafeneinfahrt der Welt erklärt wurden. Ein Aussichtspunkt auf der östlichen Klippe und das Featherbed Nature Reserve auf der westlichen Klippe bieten schöne Ausblicke.

Am besten lässt sich die Lagune auf einer Bootsfahrt genießen. Die Featherbed Company (☏044-382 1697; www.featherbed.co.za; Remembrance Dr, Abzweig Waterfront Dr; Bootstouren Erw./Kind ab 100/55 R) hat mehrere Boote; eine Tour beinhaltet auch einen Erkundungsabstecher per pedes (Erw./Kind 380/130 R).

MITCHELL'S BREWERY   BRAUEREI

(☏044-382 4685; www.mitchellsbrewing.com; 10 New St; Bierverkostungen 75 R, geführte Touren & Verkostungen 150 R; ◷Mo–Sa 10–18 Uhr, geführte Touren 11, 12.30 & 14.30 Uhr) Südafrikas älteste Kleinbrauerei ist inzwischen umgezogen; die neuen Räumlichkeiten und Produktionsanlagen befinden sich am Rand der Lagune.

Man kann sich entweder einer Brauereibesichtigung anschließen oder auch nur an einer Verkostung teilnehmen, die direkt im Biergarten stattfindet. Zur Auswahl stehen verschiedene Biere, die nach englischer Rezeptur gebraut werden. Dazu gibt es auch günstige Bistrogerichte (45 bis 70 R). Buchung ist erforderlich.

KNYSNAS RASTAFARI-GEMEINDE

Knysna beherbergt Südafrikas größte Rastafari-Gemeinde **Judah Square**. Diese kann man in Begleitung des Urgesteins **Brother Zeb** (☏076 649 1034; Touren ab 70 R) im Rahmen eines anregenden Rundgangs kennenlernen. Einfach unvergesslich, der Typ!

Knysna

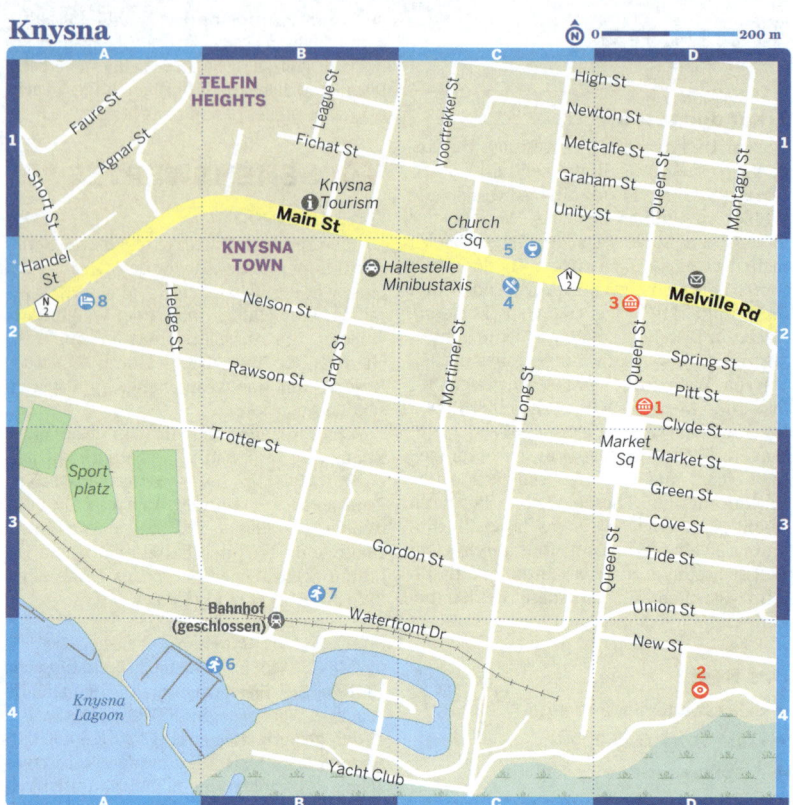

OLD GAOL MUSEUM

MUSEUM

(☎044-302 6320; Ecke Main St & Queen St; ⏰Mo–Fr 9.30–16.30 Uhr, Sa bis 12.30 Uhr) GRATIS Da es in der Region oft regnet, kommt ein Museum gerade recht. Das Hauptmuseum befindet sich in einem hübschen Gebäude aus der Mitte des 19. Jhs., das einst ein Gefängnis war. Es enthält eine Galerie mit Kunst aus der Region, eine Ausstellung zu den Knysna-Elefanten und ein kommunales Kunstprojekt.

MILLWOOD HOUSE

MUSEUM

(Queen St; ⏰Mo–Fr 9.30–16.30 Uhr, Sa bis 12.30 Uhr) GRATIS Das Millwood House gleich um die Ecke in der Queen Street ist ein kleiner Museumskomplex zur Geschichte Knysnas. Er besteht aus urigen Gebäuden aus der Zeit des Holzwirtschaftsbooms, der den Schwerpunkt des Museums bildet. Es beschäftigt sich aber auch mit der Beteiligung Knysnas am Zweiten Burenkrieg und mit dem Stadtgründer George Rex.

GOUKAMMA NATURE RESERVE

NATURRESERVAT

(www.capenature.co.za; Erw./Kind 40/20 R; ⏰8–18 Uhr) Das Naturreservat ist von der Straße an der Buffalo Bay aus zu erreichen. Es schützt 14 km Felsenküste mit Sandsteinklippen, von Küsten-*fynbos* bewachsene und bewaldete Dünen und den Groenvlei, einen großen Süßwassersee.

BELVIDERE

DORF

Belvidere, 10 km von Knysna entfernt gelegen, ist so unberührt, dass es einem fast schon unheimlich erscheint – jedoch ganz in positivem Sinne. Jedenfalls lohnt sich ein kurzer Abstecher dorthin, um die wunderschöne normannische **Kirche** zu besichtigen, die in den 1850er-Jahren von an Heimweh erkrankten britischen Auswanderern erbaut wurde. Ein Stück weiter beginnt dann auch schon das **Featherbed Nature Reserve**, und an der Meerseite liegt Brenton-on-Sea.

Knysna

NOETZIE STRAND

Der kleine Ort Noetzie mit Ferienhäusern im Pseudoburgenstil ist über einen Abzweig an der N2 10 km östlich von Knysna zu erreichen. Es gibt dort einen schönen Surfstrand (weitläufig, aber gefährlich) und eine geschützte Lagune in einer bewaldeten Schlucht. Der Weg zwischen Parkplatz und Strand ist steil.

✕ ESSEN & AUSGEHEN

★ ILE DE PAIN CAFÉ, BÄCKEREI €

(www.iledepain.co.za; Thesen's Island; Hauptgerichte 50–90 R; ☺ Di–Sa Frühstück & Mittagessen; 🐾🅿) Einheimische wie auch Touristen fahren total auf dieses Café mit Bäckerei ab, denn dort gibt es eine hervorragende Auswahl an Frühstücksvariationen, jede Menge frischen Salat und kreative Mittags-Specials – auch Vegetarier kommen hier nicht zu kurz.

EAST HEAD CAFÉ CAFÉ €€

(☎ 044-384 0933; www.eastheadcafe.co.za; 25 George Rex Dr, Eastern Head; Hauptgerichte 75–145 R; ☺ Frühstück & Mittagessen; 🅿🅰) Die Terrasse blickt auf Lagune und Meer, und zur Auswahl stehen jede Menge Fisch & Meeresfrüchte sowie ein paar vegetarische Gerichte. In der Hochsaison dauert es schon mal länger, bis ein Tisch frei wird, denn das Café ist sehr beliebt.

OLIVE TREE BISTRO €€

(☎ 044-382 5867; 21 Main St; Hauptgerichte 90–170 R; ☺ Mo–Sa Abendessen) Das Restaurant mit dem romantischen Namen „Olivenbaum" gehört zu den hochpreisigeren Adressen. Originell ist die schwarze Schiefertafel, auf der die jeweiligen Tagesgerichte stehen. Reservierung ist ratsam.

SIROCCO INTERNATIONAL €€

(☎ 044-382 4874; www.sirocco.co.za; Main Rd, Thesen's Island; Hauptgerichte 50–130 R; ☺ Mittag- & Abendessen) Innen ist es ein stilvolles Restaurant, das Steaks und Meeresfrüchte serviert, draußen eine lässige Bar, die Holzofenpizza und die gesamte Palette Mitchell-Bier bietet.

ZANZIBAR LOUNGE NACHTCLUB

(Main St; ☺ Di–Sa) Knysnas beliebtester Hotspot zum Abtanzen bis spät in die Nacht bietet eine entspannte Atmosphäre und eine weitläufige Lounge-Zone mit Balkoncharakter.

🏃 SPORT & AKTIVITÄTEN

Die Touristeninformation verfügt über eine aktuelle Liste zahlreicher Township-Tourenanbieter, die Besucher zu den Hügeln rund um Knysna hinaufführen. In der Gegend sind aber auch jede Menge anderer Aktivitäten möglich; dazu gehören etwa Abseilen, Canyoning, Ausritte, Kajaktouren und Quad-Biken.

EMZINI TOURS KULTURELLE FÜHRUNG

(☎ 044-382 1087; www.emzinitours.co.za; Erw./Kind 350/100 R) Im Rahmen kommunaler Projekte bietet Emzini dreiständige Township-Touren unter der persönlichen Leitung einer Einheimischen namens Ella an. Die geführten Touren können je nach Interessensschwerpunkt individuell zugeschnitten werden; in der Regel enden die Rundgänge mit einer Teerunde bei Ella zu Hause – inklusive Trommeleinlage und Gruppengelächter, wenn sich die Besucher mit den Schnalzlauten der Xhosa-Sprache abmühen.

MAD ABOUT ART KULTURELLE FÜHRUNG

(☎ 044-375 0242; www.madaboutart.org; empfohlene Spende 180 R) Eine gemeinnützige Organisation, die Kunstinteressierten 90-minütige Rundgänge anbietet, um verschiedene Kreativ- und Bildungsprojekte kennenzulernen.

Rund um Knysna

s. Karte Knysna (S. 212)

Rund um Knysna

⊗ Essen
1	East Head Café	D3
2	Ile de Pain	C2
3	Sirocco	C2

🛏 Schlafen
4	Brenton Cottages	B3
5	Under Milk Wood	D3

KNYSNA CYCLE WORKS   RADFAHREN
(☎044-382 5152; www.knysnacycles.co.za; 20 Waterfront Dr; Tagesmiete 200 R; ⊗Mo–Fr 8.30–17, Sa 9–13 Uhr) Der etablierte Fahrradverleih für Mountainbikes hat auch spezielle Karten für empfohlene Trails durch die Region.

TRIP OUT   WASSERSPORT
(☎083 306 3587; www.tripout.co.za; 2-stündiger Surfkurs 350 R) Bietet Surfkurse für Anfänger, Schnorchelgänge um die Heads (300 R), Bootstouren und ganztägigen Canyoning-Nervenkitzel in tiefen Schluchten (850 R).

🛏 SCHLAFEN

In der Nebensaison liefern sich einige Hostels und Pensionen einen harten Konkur-renzkampf, weshalb das Preisniveau sinkt; in der Hochsaison jedoch steigen die Übernachtungstarife stark an (ausgenommen bei den Hostels). Vorabbuchen ist ratsam.

ISLAND VIBE   HOSTEL €
(☎044-382 1728; www.islandvibe.co.za; 67 Main St; B 150 R, DZ ohne/mit Bad 480/550 R; 🛜🖨) Das flippige Hostel hat tolle Gemeinschaftsräume, gut gelaunte Mitarbeiter und hübsch ausgestattete Zimmer. Hinzu kommen eine lebhafte Bar und ein kleiner Dachterrassenpool.

★ BRENTON COTTAGES   CHALET €€
(☎044-381 0082; www.brentononsea.net; 242 CR Swart Drive, Brenton-on-Sea; 2-Pers.-Hütte 680 R, 6-Pers.-Chalet 1380 R; ❄🛜🖨) An der Meerseite der Lagune fallen die Hügel nach Brenton-on-Sea hin mit Blick auf einen herrlichen, 8 km langen Strand ab. Die Cottages sind mit einer vollständigen Küche ausgestattet, die Hütten nur mit einer Kochnische; einige haben Meerblick. Auf dem gepflegten Rasen gibt es reichlich Grillplätze mit den landestypischen *braai*-Feuerstellen.

UNDER MILK WOOD   CHALET €€€
(☎044-384 0745; www.milkwood.co.za; George Rex Dr; Hütte ab 200 R) Die Selbstversor-

WANDERN DURCH DIE KNYSNA FORESTS

Das Waldgebiet der **Knysna Forests**, heute Teil des Garden Route National Park, ist ideal für Wanderer jeden Niveaus. Am einfachsten zu erwandern ist der **Garden of Eden** (Erw./Kind 36/18 R), wo es hübsche Picknickplätze mitten im Wald gibt (auch für Rollstuhlfahrer geeignet). Der **Goldminenweg in Millwood** ist ebenso leicht begehbar, während die **Elephant Trails** (Erw./Kind 60/30 R) im Diepwalle Forest unterschiedliche Schwierigkeitsgrade aufweisen.

Für alle, die nach mehr Herausforderung suchen, eignet sich der **Harkerville Coast Trail** (210 R pro Pers.), eine zweitägige Wanderung, die zum beliebten Outeniqua Trail führt. Der Outeniqua Trail (☏044-302 5606) ist 108 km lang und nimmt eine Woche Zeit in Anspruch; allerdings kann man sich auch auf Abschnitte von zwei oder drei Tagen beschränken. Die Übernachtung in einer einfachen Hütte am Wanderweg kostet 66 R. Eigenes Bettzeug muss mitgebracht werden. Genehmigungen, Karten und weitere Informationen gibt es bei **SANParks** (☏044-302 5656; www.sanparks.org).

Außerdem gibt es hier jede Menge Mountainbike-Trails – Leihräder und Kartenmaterial sind über Knysna Cycle Works erhältlich.

ger-Blockhütten liegen schön eingebettet in der Landschaft direkt an der Küste der Knysna Lagoon; jedes Chalet hat seine eigene Terrasse mit *braai*-Platz. Einen Pool gibt es zwar keinen, dafür aber einen kleinen Strand.

Plettenberg Bay

Erkundungstour

Plett, wie der Ort kurz genannt wird, ist kompakt, und die Infrastruktur konzentriert sich rund um die einzige Durchfahrtstraße, die Main Road. Sie ist ein netter Startpunkt mit ihren Restaurants und einigen passablen Cafés, die zum Frühstück oder Brunch einladen. Der Hauptgrund für einen Besuch in Plett sind natürlich die schönen Strände. Der Lookout Beach liegt in der Nähe der Stelle, wo die Keurbooms River Lagoon sich zum Meer hin öffnet. Östlich des Orts erstrecken sich noch einige weitere Sandstrände – der Hauptstrand in Keurboomstrand ist einfach umwerfend. Aber auch im Binnenland locken Wanderungen und Ausritte durch die Wälder oder Begegnungen mit verschiedenen afrikanischen Tieren. Wieder zurück im Ort können Besucher ein Abendessen entweder in der Main Road oder in einem der Restaurants am Meer genießen. Ein zweiter Tag ist den Klippen und Dünen des Robberg Nature

Reserve gewidmet, mit anschließender Bootstour zu den Delfinen. Ausgangspunkt hierfür ist der Central Beach.

Das Beste

➡ **Sehenswertes** Monkeyland

➡ **Essen** Ristorante Enrico

➡ **Aktivitäten** Wandern im Robberg Nature Reserve

Top-Tipp

Wer unter ersten Anzeichen von Weinentzug leidet, sollte sich bei der Touristeninformation nach einer Sonderbroschüre erkundigen, die die neu entstehende Weinroute der Region detailliert beschreibt – bei unserer letzten Erkundungstour gab es insgesamt schon neun Weingüter; die meisten setzen auf die Méthode Cap Classique (MCC; Südafrikanische Sektmarke).

An- & Weiterreise

➡ **Bus** Das Busunternehmen **Intercape** (www.intercape.co.za) betreibt zwei Buslinien ab Kapstadt (450 R, 9 Std.).

Gut zu wissen

➡ **Vorwahl** ☏044

➡ **Lage** Plett liegt 520 km östlich von Kapstadt.

➡ **Touristeninformation** (☏044-533 4065; www.plett-tourism.co.za; Melville's Corner Shopping Centre, Main St; ⊙Mo–Fr 9-17, Sa 9–13 Uhr)

Plettenberg Bay

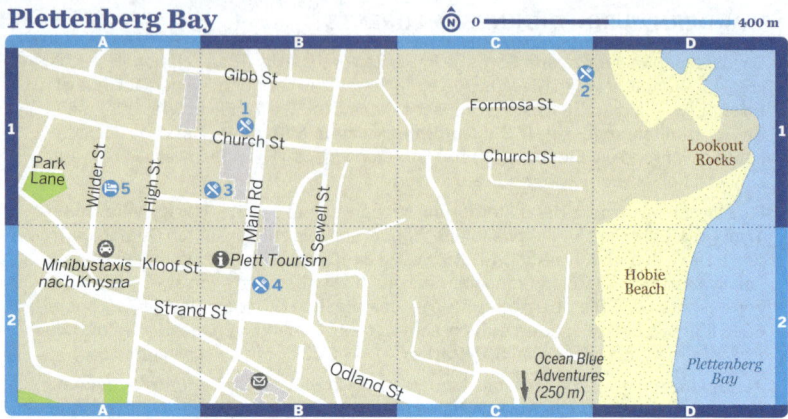

Plettenberg Bay

⊗ Essen
1 Le Fournil de Plett B1
2 Lookout.. C1
3 Nguni.. B1
4 Table... B2

⊜ Schlafen
5 Nothando Backpackers Hostel A1

◎ SEHENSWERTES

ROBBERG NATURE & MARINE
RESERVE   PARK
(☎044-483 0190; www.capenature.org.za; Erw./
Kind 40/20 R; ⊙Mai–Sept. 8–18 Uhr, Okt.-Apr.
7–20 Uhr) Das Reservat liegt 9 km südöstlich
von Plettenberg Bay und besteht aus einer
4 km langen Halbinsel mit einer schroffen
Klippen- und Felsküste. Es gibt dort drei
Rundwege mit zunehmend hohem Schwie-
rigkeitsgrad, allerdings ist die Landschaft
überall sehr felsig und nichts für Ungeübte
oder Leute mit Knieproblemen. Einfache
Unterkünfte finden sich an der spektakulär
gelegenen **Fountain Shack** (4 Pers. 875 R),
die im Rahmen einer zweistündigen Wanderung erreichbar ist. Der Weg zum Reservat führt über die Robberg Road, die von
der Piesang Valles Road abzweigt; hier wei-
terfahren, bis die Schilder auftauchen.

Möglich ist von diesem Naturreservat
aus auch ein Ausflug zur Halbinsel, um dort
vom Wasser aus die Pelzrobbenkolonie zu
beobachten. Ja, man kann sogar ins Wasser
springen und mit den Robben schwimmen!
Bei **Offshore Adventures** (www.offshore

adventures.co.za; Bootstour 250 R, mit Robben
schwimmen 500 R) kann man entsprechende
Touren buchen.

MONKEYLAND   WILDRESERVAT
(www.monkeyland.co.za; 1-stündige Tour Erw./
Kind 175/88 R; ⊙8–17 Uhr) Diese äußerst beliebte Einrichtung hilft bei der Auswilde-
rung von Affen, die vorher in Zoos oder
privaten Tierheimen lebten. Die hier ange-
botene Wandersafari durch dichten Wald
und über eine 128 m lange Seilbrücke ist
einfach klasse und ein tolles Erlebnis für
Groß und Klein. Ein Kombiticket mit Vo-
gelbeobachtungsoption von Birds of Eden
kostet 280/140 Rand pro Erw./Kind.

BIRDS OF EDEN   NATURSCHUTZGEBIET
(www.birdsofeden.co.za; Erw./Kind 175/88 R;
⊙8–17 Uhr) Eines der größten Freiflug-
vogelgehege der Welt mit einer 2 ha großen
Kuppel über dem Wald. Kombitickets inkl.
Monkeyland kosten 280/140 Rand pro
Erw./Kind.

ESSEN & AUSGEHEN

RISTORANTE ENRICO   MEERESFRÜCHTE €€
(☎044-535 9818; www.enricorestaurant.co.za;
Main Beach, Keurboomstrand; Hauptgerichte
90–140 R; ⊙tgl. Mittag- & Abendessen, im Winter Mo geschl.) Das beste Lokal für Fisch
und Meeresfrüchte in Plett und von Lesern
wärmstens empfohlen. Enrico besitzt ein
eigenes Boot, mit dem er bei gutem Wetter
jeden Morgen zum Fischen hinausfährt.
Wer rechtzeitig vorher Bescheid sagt, kann

sogar zum Fischen mitfahren und seinen fangfrischen Fisch anschließend im Restaurant zubereiten lassen.

TABLE ITALIENISCH €€
(www.thetable.co.za; 9 Main St; Hauptgerichte 70–130 R; ☺Mo–Sa Mittag- & Abendessen, So Mittagessen) Das fröhliche, minimalistisch anmutende Lokal serviert Pizzas in ungewöhnlichen Variationen mit recht kreativem Belag.

LE FOURNIL DE PLETT CAFÉ €€
(Ecke Church St & Main St; Hauptgerichte 70–85 R; ☺Frühstück & Mittagessen; ☎) Im hübschen Innenhof oder auf dem Balkon dieses Cafés mit Blick auf Pletts Hauptstraße schmecken der Kaffee und dazu gereichtes Ofenfrisches besonders gut. Außerdem gibt's im Le Fournil eine kleine Mittagskarte mit Schwerpunkt auf Salaten und Sandwiches.

LOOKOUT MEERESFRÜCHTE €€
(☎044-533 1379; www.lookout.co.za; Lookout Rocks; Hauptgerichte 70–130 R; ☺Frühstück, Mittag- & Abendessen) Die Terrasse mit Meerblick ist ideal für eine einfache Mahlzeit und gelegentlich tauchen Delfine in den Wellen auf.

★NGUNI STEAKHAUS €€€
(☎044-533 6710; www.nguni-restaurant.co.za; 6 Crescent St; Hauptgerichte 115–240 R; ☺Mo–Fr Mittagessen, Mo–Sa Abendessen) Das Steaklokal liegt etwas versteckt in einem ruhigen Innenhof. Es gehört zu den exklusivsten Restaurants in ganz Plett. Spezialität des Hauses ist das sogenannte Chalmar-Rind; jedoch bietet die Speisekarte auch jede Menge südafrikanische Lieblingsspeisen wie etwa Deftiges mit Straußenfleisch, Karoo-Lammfleisch sowie traditionelle Gerichte wie *bobotie* (Curry mit Eierkruste). Vorab reservieren.

SHOPPEN

OLD NICK VILLAGE KUNSTHANDWERK
(www.oldnickvillage.co.za) Für einen kleinen Einkaufstrip lohnt sich ein Besuch im Old Nick Village, einem knapp 3 km östlich der Stadt gelegenen Komplex, in dem Künstler leben und arbeiten. Außerdem gibt es dort ein Webereimuseum, Antiquitäten und ein Restaurant.

SPORT & AKTIVITÄTEN

OCEAN BLUE ADVENTURES BOOTSAUSFLUG
(☎044-533 5083; www.oceanadventures.co.za; Milkwood Centre, Hopewood St; Delfin-/Walbeobachtungstouren 440/700 R) Ausflüge an Bord von Booten mit bis zu 30 Personen, je nach Saison.

OCEAN SAFARIS BOOTSAUSFLUG
(☎044-533 4963; www.oceansafaris.co.za; Milkwood Centre, Hopewood St; Delfin-/Walbeobachtungstouren 440/700 R) Bootstouren, um je nach Saison Delfine oder Wale zu beobachten. Kapazität: bis zu 30 Personen.

SKY DIVE PLETTENBERG BAY ABENTEUER- & EXTREMSPORT
(☎082 905 7440; www.skydiveplett.com; Plettenberg Airport; Tandemsprünge 1850 R) Dieser empfehlenswerte Anbieter hat Tandemsprünge mit atemberaubenden Ausblicken im Programm.

LEARN TO SURF PLETT SURFEN
(☎082 436 6410; www.learntosurfplett.co.za; 2-stündiger Gruppenkurs inkl. Ausrüstung 350 R) Ein seit Langem etablierter Surfkurs-Anbieter, neuerdings auch mit SUP-Kursen (150 R pro Std.).

SCHLAFEN

★NOTHANDO BACKPACKERS HOSTEL BACKPACKER-UNTERKUNFT €
(☎044-533 0220; www.nothando.com; 5 Wilder St; B 160 R, DZ ohne/mit Bad 420/500 R; ☎) Das hervorragende „Fünf-Sterne"-Hostel ist inhabergeführt, und das macht sich auch deutlich bemerkbar. Es gibt eine tolle Bar mit Satelliten-TV, aber auf dem weitläufigen Gelände finden Gäste dennoch ihre Ruhe. Die Qualität der Zimmer ist mit einer Budget-Pension vergleichbar.

ABALONE BEACH HOUSE BACKPACKER-UNTERKUNFT €
(☎044-535 9602; www.abalonebeachhouse.co.za; 50 Milkwood Glen, Keurboomstrand; DZ ohne/mit Bad 500/600 R; ☎) Das gehobene und extrem freundliche Hostel liegt nur zwei Gehminuten von einem herrlichen Strand entfernt; Surfbretter und Bodyboards sind umsonst. Zu erreichen ist das Haus über den ausgeschilderten Abzweig

nach Keurboomstrand von der N2 (etwa 6 km östlich von Plett), dann in die Milkwood Glen abbiegen.

MILKWOOD MANOR HOTEL €€€
(☎044-533 0420; www.milkwoodmanor.co.za; Salmack Rd, Lookout Beach; DZ ab 1520 R; ☎) Das frisch renovierte Anwesen erfreut sich einer bemerkenswerten Lage direkt am Strand mit Blick auf die Lagune. Der neue Look hat Strandflair. Ein hauseigenes Restaurant sorgt für das leibliche Wohl der Gäste; Kajaks stehen den Gästen kostenlos zur Verfügung.

Zurück auf der Route 62

Wer mit dem eigenen Auto unterwegs ist und die Garden Route über die N2 erkundet, sollte unbedingt auf der berühmten Route 62 zurückfahren; sie gilt als die längste Weinstraße der Welt. Die im Little Karoo beginnende Straße schlängelt sich die Bergpässe hoch und endet in der Region Langeberg.

Wer von der Garden Route aus nach Kapstadt zurück möchte, nimmt zuerst die N12 von George aus. Die Straße windet sich serpentinenartig den Outeniqua Pass hoch bis nach Oudtshoorn, welweit als die „Hauptstadt der Strauße" bekannt. Hier gibt es eine ganze Reihe von **Strauß-Show-Farmen**, das interessante **CP Nel Museum** (www.cpnelmuseum.co.za; 3 Baron van Rheede St; Erw./Kind 20/5 R; ☉Mo–Fr 8–17 Uhr, Sa 9–13 Uhr) und die sehr touristischen, aber beeindruckenden **Cango-Höhlen** (☎044-272 7410; www.cango-caves.co.za; Erw./Kind 80/45 R; ☉9–16 Uhr). Wer nicht unter Klaustrophobie

leidet, kann bei **Adventure Tour** (Erw./Kind 100/60 R) eine Höhlentour mitmachen, um die Höhlen hautnah zu erleben.

Auf der Route 62 geht es dann weiter quer durch das Weingebiet Calitzdorp, das für seine besonderen Portweine bekannt ist. Vier der **Weingüter** sind von der Hauptstraße aus leicht zu Fuß erreichbar. Wer zum Mittagessen einkehren will, sollte es mit **Porto Deli** (Ecke Calitz Street & Voortrekker Street; Hauptgerichte 70–130 R; ☉Mo–Sa Mittag- & Abendessen, So nur Mittagessen) versuchen, einem authentisch portugiesischen Restaurant an der Hauptdurchgangsstraße.

Weiter geht's durch das unscheinbare Ladismith bis nach Barrydale, einem oft übersehenen Juwel mit stilvoller Unterkunft, Kunsthandwerksläden und originellen Restaurants mit unkonventionell-künstlerischem Flair. In dieser Gegend gibt es ebenfalls Weingüter; ganz in der Nähe befindet sich eine unnachahmliche Kneipe namens **Ronnie's Sex Shop** (Rte 62; Hauptgerichte 50–90 R; ☉8.30–21 Uhr); eine ziemlich schmuddelige, mit Büstenhaltern ausgeschmückte Bar, die regelmäßig ganze Scharen von Bikern und neugierige Durchreisende anlockt.

Schließlich erreicht man das atemberaubende Montagu, schön versteckt in den Cogmanskloof-Bergen. Seine breit angelegten Straßen sind von 24 restaurierten Nationaldenkmälern gesäumt, einschließlich Art-déco-Architektur. Zum großen Spektrum an möglichen Aktivitäten gehören u.a. die **Heißen Quellen** (www.avalonsprings. co.za; Eintritt 50 R; ☉8–22Uhr), eine Reihe von **Spaziergängen** und das spektakuläre **Klettern in den Wänden von Montagu** (☎023-614 3193; www.montaguclimbing.com; 45 Mount St; 2 Std. Klettertour 550 R). Außerdem gibt es hier hervorragende Unterkünfte und einige gute Restaurants.

 # Schlafen

Kapstadt bietet eine breites Spektrum an Unterkünften für jedes Porte-monnaie, darunter Fünf-Sterne-Hotelpaläste mit hohem Verwöhnfaktor und schicke Designhostels mit kreativem Touch. Die Unterkunft sollte je nach eigenen Prioritäten sorgfältig gewählt werden – nicht alles liegt nahe an einem Strand oder im näheren Umkreis wichtiger Sehenswürdigkeiten.

Reservierungen

Wer in einem ganz bestimmten Haus nächti-gen will, sollte unbedingt frühzeitig reservie-ren, besonders während der Schulferien von Mitte Dezember bis Ende Januar und über Ostern. Vor allem die besten Budgetunter-künfte sind schnell ausgebucht.

SA-Venues.com (www.sa-venues.com) Unter-kunftsverzeichnis von Kapstadt und der Re-gion Westkap.

Cape Town Tourism (www.capetown.travel) Reservierung von Unterkünften über Mit-gliedhotels.

Portfolio Collection (www.portfoliocollection. com) Ausgewählte Adressen von Spitzenho-tels, Pensionen und Ferienwohnungen/-häu-sern auf Boutique-Niveau.

Lonely Planet (lonelyplanet.com/south-africa/ cape-town/hotels) Hotel- und Hostelbuchungen.

Ausstattung

Qualität hat ihren Preis, doch die hohe Quali-tät einzelner Unterkünfte kann eine angeneh-me Überraschung sein. Auf ein paar Dinge gilt es bei der Wahl der Unterkunft zu achten:

Internetzugang WLAN ist allgegenwärtig und häufig gratis. Die Verbindung kann aber langsam und ungesichert sein. Wer eine stabile Verbindung braucht, sollte sich zuvor genau erkundigen und die Zusatzkos-ten prüfen.

Swimmingpools Oft handelt es sich eher um Planschbecken, besonders in Pensionen – allerdings haben auch einige Spitzenhotels nur winzige Pools.

Sichere Parkplätze Nicht jede Unterkunft hat sie – wenn doch, nur mit einem Aufpreis von bis zu 100 R, gerade in der City Bowl.

Selbstversorger-Ferienunterkünfte & Service-Apartments

Für einen längeren Aufenthalt können sich Selbstversorgeroptionen oder Service-Apart-ments als günstige Alternative erweisen. Zu den seriösen Agenturen gehören:

African Elite Properties (Karte S. 310; ☑021-421 1090; www.africaneliteproperties.com) Ver-mittlungsagentur für Luxus-Ferienwohnun-gen hoch über dem beliebten Cape Quarter, ab 2530 R pro Nacht für Einbettzimmer.

Cape Breaks (Karte S. 306; ☑083 383 4888; www.capebreaks.co.za) Studios und Apart-ments in St. Martini Gardens.

Cape Stay (www.capestay.co.za) Unterkünfte in der gesamten Kapregion.

De Waterkant Cottages (Karte S. 310; ☑021-421 2300; www.dewaterkantcottages.com) Exklu-sive Villen und Apartments in De Waterkant für zwei bis acht Personen.

FZP Property Investment (☑021-426 1634; www.fzp.co.za) Selbstversorger-Apartments in der City Bowl und darüber hinaus.

In Awe Stays (☑083 658 6975; www.inawe stays.co.za) Stilvolle Studios und Ferienhäu-ser in Gardens und Fresnaye ab 850 R pro Nacht für zwei Personen.

Village & Life (Karte S. 310; ☑021-437 9700; www.villageandlife.com) Vermietungen vor allem in De Waterkant und Camp's Bay.

GUT ZU WISSEN

Die aufgeführten Preise gelten für Zimmer mit eigenem Bad in der Hochsaison (Mitte Dezember bis Mitte Januar), inklusive Frühstück und sämtliche Abgaben und Steuern.

Preise

€ unter 800 R pro Zimmer oder Bett im Schlafsaal

€€ 800 bis 2500 R pro Zimmer

€€€ über 2500 R pro Zimmer

Ermäßigungen

Bei Onlinebuchung werden oft Ermäßigungen angeboten. Die Preise können dann in der Wintersaison in Kapstadt von Mai bis Oktober um bis zu 50 % sinken.

Nichtraucherzimmer

Gibt es in den meisten Unterkünften.

Verkehrsverbindung

Es wird vermerkt, wenn ein Hotel in Laufnähe einer MyCiTi-Bushaltestelle oder eines Bahnhofs liegt.

Top-Tipps

Tintswalo Atlantic (S. 230) Vom Balkon der luxuriösen Lodge am Rand von Hout Bay sind oft Wale zu sehen.

Mannabay (S. 226) Modernes Boutiquehotel, nicht allzu hoch auf dem Tafelberg gelegen.

Backpack (S. 225) Gekonnt geführter Hotelbetrieb mit bunten Zimmern für jedes Budget.

La Grenadine (S. 225) Alte Stallungen in neuem kreativen Design mit reizvollen Zimmer rund um eine Oase von Obstbäumen.

Preiskategorien

€

Scalabrini Guest House (S. 222) Pension im Stadtzentrum, mit Solidaritätsbeitrag für benachteiligte Menschen.

La Rose B&B (S. 222) Die frischen Crêpes in dieser zauberhaften Bo-Kaap-Pension sind eine wahre Gaumenfreude!

African Soul Surfer (S. 231) Backpacker-Unterkunft mit Treppe zum Muizenberg Beach.

€€

Villa Zest (S. 227) Bauhaus lässt grüßen: tolle Villa im Green-Point-Viertel mit Retro-Ambiente.

Hippo Boutique Hotel (S. 225) Überaus geräumige Zimmer, jeweils mit kleiner Küche.

Cape Heritage (S. 222) Elegantes Boutiquehotel im Zentrum.

€€€

Ellerman House (S. 233) In der wunderschönen Bantry Bay mit Milliardären mitmischen.

Belmond Mount Nelson Hotel (S. 226) Seit 1899 erfolgreich; noch immer ganz vorne dabei.

Cape Grace (S. 228) Eine der schönsten Hoteladressen an der Waterfront.

Backpacker

Ashanti Gardens (S. 225) Hostel mit Party-Rummel und schönen Ausblicken auf den Tafelberg.

Atlantic Point Backpackers (S. 227) In Gehweite zur Waterfront.

Once in Cape Town (S. 225) Cooles Pflaster im Gardens-Viertel: Café-Bar, wo immer jede Menge los ist.

Boutique- & Designhotels

Marly (S. 230) Exklusives Luxushotel in Toplage direkt in der Camps Bay.

Kensington Place (S. 227) Nachts mit fantastischem Blick auf das funkelnde Häusermeer von Kapstadt.

Dutch Manor (S. 222) Historisches Haus mit jeder Menge Antiquitäten, am Rande von Bo-Kaap.

B&Bs

Chartfield Guest House (S. 232) Die derzeit angesagteste Pension in der Kalk Bay.

St Paul's B&B Guesthouse (S. 222) Tolle und günstige Alternative zu den Hostels im Stadtzentrum.

Bella Ev (S. 232) Familiengeführte Pension in Muizenberg, wunderschön ausgestattet.

Im Grünen

Vineyard Hotel & Spa (S. 231) Umgeben von üppigen Gärten, mit Ausblicken auf den Tafelberg.

Camps Bay Retreat (S. 230) Mitten in einem Naturreservat gelegen; schön abgeschieden und in Strandnähe.

Thulani River Lodge (S. 228) Herrschaftliche Reetdach-Lodge in einer Oase der Ruhe und Stille, Hout Bay.

Wo übernachten

Stadtteil	Pro	Kontra
City Bowl, Foreshore, Bo-Kaap & De Waterkant	Ideal für Stadterkundungen zu Fuß und gute Verkehrsverbindungen zu anderen Regionen. Bo-Kaap & De Waterkant haben reizvolle Pensionen und Hotels.	Keine Strände. Die City Bowl ist sonntags wie ausgestorben, da die meisten Geschäfte geschlossen sind. Die Moscheen im Bo-Kaap und das Nachtleben in De Waterkant können ruhestörend sein.
East City, District Six, Woodstock & Observatory	Die cool urbane Atmosphäre dieser trendigen, langsam immer schicker werdenden Gegenden.	Sicherheit ist noch immer ein Problem; kaum Grün und Strände.
Gardens & Umgebung	Massenhaft wunderbare Privatpensionen; leichter Zugang zum Tafelberg.	Der Marsch die Hügel rauf und runter strengt an (hält aber fit); Ohrstöpsel nötig gegen den heulenden Wind.
Green Point & Waterfront	Direkter Zugang zur V&A Waterfront; luftige Promenadenspaziergänge und der Green Point Park.	Massenhaft Leute an der Waterfront; damit muss man sich abfinden.
Sea Point bis Hout Bay	Gute Standorte am Meer und im Nobelvorort Camps Bay. Hout Bay ist praktisch zur Erkundung von Stränden am Atlantik und Weingütern im Constantia Valley.	In Sea Point gibt es ein paar schäbige Gegenden; Camps Bays Beliebtheit treibt die Preise hoch und sorgt für Massenansturm. Von Hout Bay ist es eine ganze Ecke bis zu den wichtigsten Sehenswürdigkeiten im Stadtzentrum.
Southern Suburbs	Grüne und gutbürgerliche Vororte nahe den Kirstenbosch Botanical Gardens und den Weingütern von Constantia.	Keine Strände; die Sehenswürdigkeiten im Stadtzentrum sind ebenfalls weit weg (nur mit Fahrzeug erreichbar).
Simon's Town & Southern Peninsula	Gut für Familien und Surfer, die nette Strände wollen; angenehme Dorfatmosphäre. Vom historischen Simon's Town sind ruhige Strände und die zerklüfteten Landschaften des Cape Point leicht zu erreichen.	Fast eine Stunde Fahrt von der City Bowl. Weder Stadtatmosphäre noch besondere Attraktionen.
Cape Flats & Northern Suburbs	Dicht am Flughafen und auf der Strecke nach Stellenbosch. Direkte Begegnung mit schwarzafrikanischer Kultur.	Die Cape Flats sind windig und staubig, die Armut ist groß. Ziemlich weit weg vom Stadtzentrum.

🛏 City Bowl, Foreshore, Bo-Kaap & De Waterkant

LA ROSE B&B
B&B €

Karte S. 306 (☎021-422 5883; www.larosecape town.com; 32 Rose St, Bo-Kaap; EZ/DZ ab 600/800 R; P✱🛜; 🚌Old Fire Station) Das südafrikanisch-französische Paar Adheena und Yoann sind die äußerst gastfreundlichen Inhaber des zauberhaften B&Bs, das sich als so erfolgreich erwiesen hat, dass sie es auf benachbarte Häuser ausgedehnt haben. Es ist wunderschön eingerichtet und hat einen Dachgarten mit den schönsten Ausblicken in der ganzen Umgebung. Yoanns Spezialität sind authentische Crêpes für die Hausgäste.

ROSE LODGE
B&B €

Karte S. 306 (☎021-424 3813; www.rosestreet28. com; 28 Rose St, Bo-Kaap; EZ/DZ 600/650 R; 🛜; 🚌Old Fire Station) Das hübsche B&B ist in einem Eckhaus mit grauer Fassade untergebracht. Der kanadische Inhaber spielt gerne Klavier und hat zwei liebenswerte Hunde. Es gibt nur drei ebenso gemütlich wie modern eingerichtete Zimmer (mit eigenem Bad). Der Betreiber führt noch mehrere vergleichbare Häuser im Bo-Kaap.

ST PAUL'S B&B GUESTHOUSE
B&B €

Karte S. 306 (☎021-423 4420; www.stpauls church.co.za/theguesthouse.htm; 182 Bree St, City Bowl; EZ/DZ 550/900 R, mit Gemeinschaftsbad 450/750 R; P🛜; 🚌Upper Long/Upper Loop) Das blitzblanke B&B in sehr günstiger Lage ist eine ruhige Alternative zum lauten Long Street Backpackers. Die einfach möblierten und geräumigen Zimmer haben hohe Decken. Im von Weinranken beschatteten Hof können die Gäste relaxen und ihr Frühstück genießen.

SCALABRINI GUEST HOUSE
HOSTEL €

Karte S. 306 (☎021-465 6433; www.scalabrini. org.za; 47 Commercial St, City Bowl; B/EZ/DZ 240/420/600 R; @🛜; 🚌Roeland) Der italienische Mönchsorden der Scalabrini-Patres kümmert sich seit 1994 um Arme und Flüchtlinge in Kapstadt. In den Räumlichkeiten einer ehemaligen Textilfabrik im Stadtzentrum betreuen die Mönche zahlreiche soziale Projekte, aber auch dieses hübsche Hostel mit elf blitzsauberen Zimmern mit Bad und einer tollen Küche für Selbstversorger, wo es auch Satelliten-Fernsehen gibt.

LONG STREET BACKPACKERS
HOSTEL €

Karte S. 306 (☎021-423 0615; www.longstreet backpackers.co.za; 209 Long St, City Bowl; B/EZ/ DZ 140/260/370 R; 🛜; 🚌Dorp/Leeuwen) Seit der Eröffnung 1993 hat sich im Long Street Backpackers wenig geändert (damit zählt es zu den ältesten Unterkünften in der Long Street). Die 14 kleinen Wohnungen sind jeweils mit vier bis acht Betten und einem Bad ausgestattet. Sie liegen um einen begrünten Innenhof mit originellen Mosaiken, in dem die süßen Katzen des Betreibers herumschleichen.

★ DUTCH MANOR
HISTORISCHES HOTEL €€

Karte S. 306 (☎021-422 4767; www.dutchmanor. co.za; 158 Buitengracht St, Bo-Kaap; EZ/DZ 1400/1900 R, Parkplatz 60 R pro Tag; P✱🛜; 🚌Dorp/Leeuwen) Baldachinbetten, riesige Kleiderschränke und knarzende Holzdielen verleihen den sechs Zimmern in einem Gebäude von 1812 eine tolle Atmosphäre. Es liegt zwar in der verkehrsreichen Buitengracht, aber die modern isolierte Bausubstanz dämpft den Lärm. Auf Wunsch bereiten die Angestellten auch Abendessen zu und organisieren Stadtrundgänge mit einem einheimischen Führer durch das Bo-Kaap-Viertel (70 R/Nichtgäste 100 R).

CAPE HERITAGE HOTEL
BOUTIQUEHOTEL €€

Karte S. 306 (☎021-424 4646; www.capeheritage. co.za; Heritage Sq, 90 Bree St, City Bowl; DZ/Suite ab 2250/3490 R, Parkplatz 75 R pro Tag; P✱@🛜; 🚌Church/Longmarket) In dem eleganten Boutiquehotel, das zum Sanierungsprojekt des Heritage Square mit seinen Häusern aus dem 18. Jh. gehört, hat jedes Zimmer seinen eigenen Charakter. Einige haben Baldachinbetten, und alle sind mit modernen Annehmlichkeiten wie Satelliten-TV und Kleidermangel ausgestattet. Das Haus hat eine Dachterrasse und einen Whirlpool.

GRAND DADDY HOTEL
BOUTIQUEHOTEL €€

Karte S. 306 (☎021-424 7247; www.granddaddy. co.za; 38 Long St, City Bowl; Zi./Wohnwagen ab 1910 R, Parkplatz 40 R pro Tag; P✱@🛜; 🚌Mid-Long/Church) Der Clou des Grand Daddy ist die Penthouse-Wohnwagensiedlung auf dem Dach, die aus sieben klassischen Airstream-Wohnwagen besteht. Die normalen Zimmer sind ebenfalls stilvoll und haben verspielte Motive südafrikanischer Kultur integriert. Die Bar Daddy Cool wurde mit Goldfarbe und Glitzerkram bis zum Überfluss aufgemotzt.

DADDY LONG LEGS HOTEL
BOUTIQUEHOTEL €€

Karte S.306 (☎021-422 3074; www.daddylong
legs.co.za; 134 Long St, City Bowl; Zi./Apt. ab
1175/1275 R; ❉@☎♨; ☐Dorp/Leeuwen) Ein
Aufenthalt in dem im wahrsten Sinne des
Wortes kunstvollen Boutiquehotel ist alles
andere als langweilig. 13 Künstler hatten
freie Hand, um die Zimmer ihrer Träume zu
gestalten. Herausgekommen sind Räume
von der Künstlermansarde bis hin zu einer
Art Krankenhausstation. Besonders gelungen sind das Karaokezimmer (mit einem
Mikrofon unter der Dusche) und das Zimmer, das mit Cartoons der südafrikanischen
Popband Freshly Ground gestaltet wurde.
Darüber hinaus gibt es zum selben Preis su-
perschicke Apartments (Karte S.306; 263 Long
St, City Bowl; 1/2-Zimmer-Apt. ab 1275/1775 R; ❉;
☐Upper Long/Upper Loop) – eine ideale Wahl
für alle, die Hotelannehmlichkeiten mit
Selbstversorgung verbinden wollen.

ROUGE ON ROSE
BOUTIQUEHOTEL €€

Karte S.306 (☎021-426 0298; www.rougeonro
se.co.za; 25 Rose St, Bo-Kaap; EZ/DZ 1000/
1500 R; ❉☎; ☐Old Fire Station) Ein weiteres
tolles Hotel im Bo-Kaap mit insgesamt
neun rustikal-schicken Zimmern einschließlich Suiten (ohne Aufpreis) mit
Kochnische, Lounge und viel Bewegungs-
raum. Die witzigen Bilder stammen von
einem ortsansässigen Künstler, und alle
Zimmer haben luxuriöse offene Bäder mit
freistehenden Badewannen.

PURPLE HOUSE
B&B, APARTMENT €€

Karte S.310 (☎021-418 2508; www.purplehouse.
co.za; 23 Jarvis St, De Waterkant; EZ/DZ/Apt. ab
950/1050/1500 R; ❉@☎; ☐Alfred) Neben
dem stilvollen, gemütlichen B&B, das – wie
der Name schon sagt – in einem Haus mit
purpurner Fassade untergebracht ist, bieten die holländischen Inhaber, Hank und
Guido, in der gleichen Straße auch noch ein
Cottage für Selbstversorger sowie ein
2BZ-Apartment in der Loader Street.

DE WATERKANT HOUSE
B&B €€

Karte S.310 (☎021-409 2500; www.dewaterkant.
com; Ecke Napier St & Waterkant St, De Waterkant;
EZ/DZ ab 1000/1250 R; @☎♨; ☐Old Fire Station) Das freundliche B&B ist ein renoviertes
kapgeorgianisches Haus mit Minipool für
heiße Sommertage und einer Lounge mit
Kamin für kalte Winterabende. Das Management führt auch die ebenso nette Pension The Charles (Karte S.310 ☎021-409 2500;

www.thecharles.co.za; 137 Waterkant St; de Waterkant; EZ/DZ ab 1000/1250 R; ❉@☎;
☐Alfred) und eine breite Auswahl an Apartments in der Gegend.

VICTORIA JUNCTION
HOTEL, APARTMENT €€

Karte S.310 (☎021-418 1234; www.proteahotels.
co.za; Ecke Somerset St & Ebenezer Rd, De Waterkant; EZ/DZ ab 2079/2392R, Parkplatz 45 R pro
Tag; P❉@☎♨; ☐Gallow's Hill) Nostalgische
Retrokoffer hängen wie Kunstwerke an den
Wänden in der Lobby des Protea-Hotels,
das sich mit seinen Lofts und Selbstversorger-Apartments in Backsteinoptik besonders kreativ gibt. Es gibt ein einigermaßen
großes Schwimmbecken.

VILLAGE LODGE
B&B, APARTMENT €€

Karte S.310 (☎021-421 1106; www.thevillage
lodge.com; 49 Napier St, De Waterkant; EZ/DZ ab
850/1400 R; ❉@☎♨; ☐Alfred) Die Zimmer
sind schick, aber nicht gerade geräumig.
Der Minipool und die Bar auf dem Dach
sind ideal, um zu sehen und gesehen zu
werden. Das Frühstück ist nicht im Preis
inbegriffen.

DE WATERKANT LODGE
B&B €€

Karte S.310 (☎021-419 2476; www.dewaterkant
place.com; 35 Dixon St, De Waterkant; EZ/DZ/Apt.
600/900/1000 R; @☎; ☐Old Fire Station) Die
attraktive Pension mit freundlichem Management vermietet preisgünstige Zimmer
mit Antiquitäten und Deckenventilatoren
sowie ein Selbstversorger-Apartment für
bis zu sechs Personen.

CAPE TOWN HOLLOW
HOTEL €€

Karte S.316 (☎021-423 1260; www.seasonsin
africa.com; 88 Queen Victoria St, City Bowl; Zi. ab
1200 R, Parkplatz 55 R pro Tag; P❉@☎♨;
☐Upper Long/Upper Loop) Gutes Preis-Leistungs-Verhältnis für eine Unterkunft der
Mittelklasse inklusive schöne Ausblicke auf
die hoteleigene Parkanlage und den Tafelberg. Die Hotelanlage wurde erst vor Kurzem renoviert, den Gemeinschaftsflächen
und den Zimmern wurde ein angenehmes,
modernes Design verpasst. Der Pool ist
ziemlich klein, aber dafür ist das lauschige
Restaurant von viel Grün umgeben.

TOWNHOUSE
HOTEL €€

Karte S.306 (☎021-465 7050; www.townhouse.
co.za; 60 Corporation St, City Bowl; EZ/DZ
ab 1595/1945 R, Parkplatz 45 R pro Tag;
P❉@☎♨; ☐Groote Kerk) Da das Hotel in
Sachen Service und Ausstattung gut mit

dem hohen Niveau des Schwesterhotels Vineyard Hotel & Spa (S. 231) mithalten kann, erfreut sich diese zentral gelegene Unterkunft zu Recht großer Beliebtheit. Die Zimmer wurden mit edlen Holzböden und schickem Schwarz-Weiß-Design modern verschönert.

LONG STREET BOUTIQUE
HOTEL
BOUTIQUEHOTEL €€

Karte S. 306 (☎021-426 4309; www.longstreet hotel.com; 230 Long St, City Bowl; Zi. ab 1250 R; ✳️🛜; 🚉Upper Long/Upper Loop) Das schmucke Hotel bietet zwölf stilvolle, schallgeschützte Zimmer mit ordentlichen Bädern; so gesehen ist der hohe Lärmpegel der Long Street überhaupt kein Problem.

TAJ CAPE TOWN
LUXUSHOTEL €€€

Karte S. 306 (☎021-819 2000; www.tajhotels. com; Wale St, City Bowl; Zi./Suite 7000/10 000 R; 🅿✳️@🛜🖃; 🚉Groote Kerk) Die indische Luxushotelkette hat dem Gebäude des alten Board of Executors an der Ecke Wale und Adderly Street glanzvolles neues Leben eingehaucht. Tradition wird hochgehalten, aber im neuen Turm gibt es auch schicke, modern eingerichtete Zimmer, viele mit spektakulärem Blick auf den Tafelberg. Service und Serviceangebote wie das hervorragende Restaurant **Bombay Brasserie** (S. 72) sind spitzenmäßig.

🛏 East City, District Six, Woodstock & Observatory

⭐WISH U WERE HERE
HOSTEL €

Karte S. 312 (☎021-447 0522; www.wishu wereherecapetown.com; 445 Albert Rd, Salt River; B/EZ/DZ mit Gemeinschaftsbad 200/450/600 R, DZ mit Bad 700 R; 🛜; 🚉Kent) Keine Frage: Designer haben sich hier, nur einige Gehminuten von der Old Biscuit Mill entfernt, nach Herzenslust ausgetobt. Ein Mehrbettzimmer ist quietschpink à la Barbie gestrichen; in einem romantischen Doppelzimmer ist ein Fischerboot an der Decke aufgehängt; in einem anderen Zimmer sieht es aus wie in einer Intensivpflegestation! Der Balkon mit Blick auf den Salt-River-Kreisverkehr führt einmal um das Gebäude herum; tagsüber herrscht ein hoher Geräuschpegel.

OBSERVATORY BACKPACKERS
HOSTEL €

Karte S. 314 (☎021-447 0861; www.observatory backpackers.com; 235 Lower Main Rd, Observatory; B/EZ/DZ mit Gemeinschaftsbad ab 160/360/460 R, Zi. mit Bad 530 R; 🛜; 🚉Observatory) Ein unkonventionelles, sehr attraktives Hostel für Backpacker, das sehr afrikanisch anmutet; es liegt nur einen kurzen Fußmarsch, ein Stück weiter auf der Lower Main Road, vom „Obs" entfernt. Der großzügige, schattige Hinterhof und verschiedene Lounge-Ecken gehören zu den Pluspunkten. Kein Frühstück, dafür aber eine Patisserie gleich nebenan.

GREEN ELEPHANT
HOSTEL €

Karte S. 314 (☎021-448 6359; www.green elephant.co.za; 57 Milton Rd, Observatory; B/EZ/DZ mit Gemeinschaftsbad 140/400/500 R, EZ/DZ mit Bad 450/540 R, Zeltplatz 90 R; 🅿@🛜🖃; 🚉Observatory) Das alteingesessene Hostel in drei Häusern ist eine beliebte Alternative zu den Hostels im Stadtzentrum. Camping ist auch möglich; zudem werden Wanderungen auf den Tafelberg mit einem kompetenten Bergführer organisiert (300 R pro Pers.). Frühstück ist nicht im Preis enthalten.

33 SOUTH BOUTIQUE
BACKPACKERS
HOSTEL €

Karte S. 314 (☎021-447 2423; www.33south backpackers.com; 48 Trill Rd, Observatory; B/EZ/DZ mit Gemeinschaftsbad ab 150/400/460 R, DZ mit Bad 580 R; @🛜; 🚉Observatory) Dieses behagliche, in einem viktorianischen Cottage untergebrachte Hostel hat zwar nicht gerade Boutiquehotel-Niveau, ist dafür aber sehr fantasievoll gestaltet. Die Zimmer sind unterschiedlich nach Motiven einzelner Vorstädte Kapstadts eingerichtet. Es gibt zudem eine wunderbare Gemeinschaftsküche, einen hübschen Innenhof und kostenlose Rundgänge durch das Viertel Observatory, die vom Personal durchgeführt werden. Frühstück ist nicht im Preis enthalten.

DISTRICT SIX GUEST HOUSE
B&B €

Karte S. 312 (☎021-447 0902; www.districtsix guesthouse.co.za; 2 Chester Rd, District Six; EZ/DZ/3BZ 600/750/850 R; 🅿🛜; 🚉Zonnebloem) Mit den drei Cottages, die früher zum historischen Zonnebloem Farm House gehörten, gibt die geräumige Pension mit breiter Veranda und Hafenblick ein gutes Beispiel für die kapmalaiische Gastfreundschaft ab. Das 4-Bett-Zimmer ist ideal für Familien. Obwohl das Haus beileibe nicht luxuriös ist, ist es tadellos, und hier läuft alles wie am Schnürchen.

DOUBLETREE BY HILTON HOTEL CAPE TOWN – UPPER EASTSIDE HOTEL €€

Karte S. 312 (☏021-404 0570; www.doubletree. hilton.com; 31 Brickfield Rd, Woodstock; Zi./Suite 1195/2195 R, Parkplatz 40 R pro Tag; P ✲ @ ☎ ✉; ☐Upper Salt River) Diese flott designte Hotel ist in den restaurierten Gebäuden der ehemaligen Textilfabrik Bonwitt untergebracht. Die Zimmer sind großzügig und angenehm, mit Ausblicken auf die Bergkulisse oder über die Dächer der Stadt. Die Loft-Suites (die größte ist die Nr. 507) haben Kochnischen. Außerdem gibt es einen Innenpool und einen Fitnessraum. Frühstück ist nicht inbegriffen.

🛏 Gardens & Umgebung

BACKPACK HOSTEL €

Karte S. 316 (☏021-423 4530; www.backpackers. co.za; 74 New Church St, Tamboerskloof; B/EZ/ DZ mit Gemeinschaftsbad ab 270/720/1060 R, EZ/DZ/Apt. mit Bad ab 780/1320/1600 R; P @ ☎ ✉; ☐Upper Long/Upper Loop) Der von Fair Trade in Tourism zertifizierte Hostelbetrieb bietet bezahlbaren Stil, eine quirlige Atmosphäre und fantastisches Personal. Die Mehrbettzimmer zählen zwar nicht zu den preiswertesten in Kapstadt, dafür aber zu den schönsten; die Privatzimmer wie auch die Selbstversorger-Ferienwohnungen sind liebevoll eingerichtet. Es gibt einen hübschen mosaikverzierten Pool und einen Garten, in dem es sich mit Tafelbergblick entspannt abhängen lässt. Frühstück ist nicht im Preis enthalten.

ONCE IN CAPE TOWN HOSTEL €

Karte S. 316 (☏021-424 6169; www.onceincape town.co.za; 73 Kloof St, Gardens; B/EZ/DZ 235/850/910 R; P @ ☎; ☐Ludwig's Garden) Dieses neue Hostel bietet eine tolle Atmosphäre und Toplage. Alle Zimmer sind mit Bad, das Frühstück ist inklusive und wird in einem hippen Café vor dem Gebäude serviert. Außerdem gibt es einen Innenhof zum Abhängen und eine große Küche für Selbstversorger.

ASHANTI GARDENS HOSTEL €

Karte S. 316 (☏021-423 8721; www.ashanti.co.za; 11 Hof St, Gardens; B/EZ/DZ mit Gemeinschaftsbad ab 190/450/650 R, DZ mit Bad 990 R; P @ ☎; ☐Government Ave) Eine der pfiffigsten Unterkünfte Kapstadts, wo sich das Geschehen auf die quirlige Bar und die Terrasse mit Blick auf den Tafelberg konzentriert.

In dem schönen alten Haus, das geschmackvoll mit lokaler zeitgenössischer Kunst neu eingerichtet wurde, befinden sich die Mehrbettzimmer und auf dem Rasen Zeltplätze (110 R pro Pers.). In zwei separaten, denkmalgeschützten Häusern um die Ecke gibt es sehr gute Zimmer mit Bad für Selbstversorger. Ein weiterer Ableger dieser Herberge befindet sich im Viertel Green Point (S. 227).

BLENCATHRA HOSTEL €

Karte S. 315 (☏073 389 0702, 021-424 9571; www.blencathra.co.za; Ecke De Hoop Ave & Cambridge Ave, Tamboerskloof; B/DZ mit Gemeinschaftsbad ab 150/500 R; P @ ☎; ☐Cotswold) Der wunderbare Familienbetrieb liegt in Richtung Lion's Head und bietet attraktive Zimmer, die oft von Dauergästen belegt sind. Das Hostel ist ideal, um der Stadt und den kommerzielleren Hostels zu entkommen. Preise für längeren Aufenthalt sind verhandelbar.

★ LA GRENADINE PENSION €€

Karte S. 316 (☏021-424 1358; www.lagrenadine. co.za; 15 Park Rd, Gardens; Zi./2B-Cottage ab 1300/2500 R; ✲ @ ☎; ☐Ludwig's Garden) Das Auswanderer-Paar Maxime und Mélodie sorgt für französisches Flair. Mit diesen fantasievoll renovierten ehemaligen Stallungen ziehen sie das volle Register; so z.B zeichnen sich die Zimmer durch uriges Steingemäuer aus. Der Garten mit Obstbäumen ist eine zauberhafte Oase, die Lounge ist randvoll mit Büchern und alten Schallplatten bestückt, und der Frühstückstisch wird mit preisgekröntem Porzellan-Service gedeckt, einer Leihgabe aus der Privatsammlung der Schauspielerin Mélodie.

HIPPO BOUTIQUE HOTEL BOUTIQUEHOTEL €€

Karte S. 316 (☏021-423 2500; www.hippotique. co.za; 5-9 Park Rd, Gardens; DZ/Suite 1550/ 2200 R; P ✲ @ ☎ ✉; ☐Lower Kloof) Ein toll gelegenes und attraktives Boutiquehotel mit geräumigen Designzimmern, alle mit kleiner Küche. Die größeren und kreativen Suiten mit Mezzanin-Schlafzimmern und Themeneinrichtung wie Red Bull und Mini Cooper lohnen die Extraausgabe.

FOUR ROSMEAD PENSION €€

Karte S. 315 (☏021-480 3810; www.fourrosmead. com; 4 Rosmead Ave, Oranjezicht; DZ/Suite ab 2500/3150 R; P ✲ @ ☎ ✉; ☐Rayden) Das denkmalgeschützte Gebäude von 1903 wurde in eine luxuriöse Pension umgewandelt.

Zu den Besonderheiten zählen ein Salzwasser-Swimmingpool und ein duftender mediterraner Kräutergarten. Die Spa-Suite mit hohen Decken ist super für etwas mehr Privatsphäre.

CAPE MILNER

HOTEL €€

Karte S. 316 (☎021-426 1101; www.capemilner.com; 2A Milner Rd, Tamboerskloof; EZ/DZ ab 1785/2380 R, Parkplatz 60 R pro Tag; P ❄ @ 📶 🏊; 🚌Upper Long/Upper Loop) Samt und Seide in metallischen Farben verleihen den modern eingerichteten Zimmern, die für diese Gegend recht preisgünstig sind, ein raffiniertes Ambiente. Weitere Pluspunkte sind der freundliche Service und atemberaubende Ausblicke auf den Tafelberg von den Luxussuiten und der Poolterrasse aus.

ABBEY MANOR

B&B €€

Karte S. 315 (☎021-462 2935; www.abbey.co.za; 3 Montrose Ave, Oranjezicht; EZ/DZ ab 2000/2600 R; P ❄ @ 📶 🏊; 🚌Montrose) Die luxuriöse Unterkunft befindet sich in einem prächtigen Belle-Époque-Haus im britischen Arts-and-Crafts-Stil, das 1905 für einen reichen Reeder gebaut wurde. Die Zimmer sind mit edler Bettwäsche und antiken Möbeln mit verspielten Jugendstildetails ausgestattet. Ein recht großer Pool und höfliches Personal tragen zum Wohlbefinden bei.

AN AFRICAN VILLA

B&B €€

Karte S. 316 (☎021-423 2162; www.capetowncity.co.za; 19 Carstens St, Tamboerskloof; EZ/DZ ab 1500/1900 R; @ 📶 🏊; 🚌Belle Ombre) Das attraktive B&B in drei Reihenhäusern aus dem 19. Jh. besticht durch ein raffiniertes, farbenfrohes „afrikanisch-modernes" Design. Abends lässt es sich bei einem Glas Sherry oder Portwein (gratis!) in den beiden komfortablen Lounge-Bereichen ganz prima entspannen.

TREVOYAN

B&B €€

Karte S. 316 (☎021-424 4407; www.trevoyan.co.za; 12 Gilmour Hill Rd, Tamboerskloof; Zi. ab 1650 R; P ❄ @ 📶; 🚌Belle Ombre) Das historische Gebäude mit hohen Decken, Parkettböden und einem Hauch Art déco wurde in eine relaxte Pension umgebaut, die schick, aber nicht zu vornehm ist. Ein großes Plus ist der schöne Innenhofgarten, der teilweise von einer riesigen alten Eiche überschattet ist und einen Pool hat, der groß genug zum Schwimmen ist.

DUNKLEY HOUSE

PENSION €€

Karte S. 316 (☎021-462 7650; www.dunkleyhouse.com; 3B Gordon St, Gardens; EZ/DZ ab 800/1025, EZ/DZ-Apt. ab 1250/1650 R; ❄ @ 📶 🏊; 🚌Annandale) Das überaus stilechte Haus bietet Zimmer in neutralen Tönen und einer Mischung aus moderner Einrichtung und Retro-Anklängen; zur Grundausstattung gehören CD-Player wie auch frisches Obst und Blumen. Für angenehmen Schatten sorgt ein Bambushain. Im Hof gibt es einen Minipool, die Hochzeitssuite hat ihren eigenen kleinen Pool und noch einen Whirlpool dazu.

PLATTEKLIP WASH HOUSE

HAUS €€

Karte S. 315 (☎012-428 9111, 021-712 7471; www.tmnp.co.za; Deer Park, Vredehoek; DZ 850 R, zus. Person 425 R; P; 🚌Herzlia) Die ehemaligen Waschhäuser am Rand des Tafelbergs wurden in eine sehr stilvolle Unterkunft umgewandelt. Der Salon ist mit besonderen Stücken kapstädtischer Kunsthandwerker ausgestattet, während im Freien eine kreisförmige Lagerfeuerstelle in den Boden eingelassen ist. In den Hängematten kann man sich gut entspannen.

★MANNABAY

BOUTIQUEHOTEL €€€

Karte S. 315 (☎021-461 1094; www.mannabay.com; 8 Bridle Rd, Oranjezicht; Zi./Suite ab 5000/6000 R; P ❄ @ 📶 🏊; 🚌Upper Orange) Die hinreißende Luxusunterkunft mit äußerst zuvorkommendem Service bietet sieben Zimmer, die mit Werken südafrikanischer Künstler dekoriert bzw. themenorientiert gestaltet sind: Versailles, Weltentdecker, Japan usw. Das Hotel liegt am Rand des Nationalparks und gerade hoch genug am Hang, um tolle Aussichten zu bieten. Im Preis enthalten ist High Tea, der in der Bücherlounge serviert wird.

BELMOND MOUNT NELSON HOTEL

HOTEL €€€

Karte S. 316 (☎021-483 1000; www.mountnelson.co.za; 76 Orange St, Gardens; Zi./Suite ab 5000/7465 R; P ❄ @ 📶 🏊; 🚌Government Ave) Das rosarote Kolonialhaus „Nellie" bezaubert durch Chintz-Dekor und Portiers in Tropenhelmen. Wohnaccessoires und Details sind in Silber und Moosgrün gehalten. Zudem ist das Haus sehr familienfreundlich, denn für die Kleinen ist gut gesorgt, z. B. mit Bademänteln in kleinen Größen, Betthupferl und Milch – ganz zu schweigen von dem großen Pool und dem 3 ha großen Garten, in dem es auch Tennisplätze gibt.

KENSINGTON PLACE
BOUTIQUEHOTEL €€€

Karte S.315 (☏021-424 4744; www.kensington place.co.za; 38 Kensington Cres, Higgovale; Zi. ab 3553 R; P❄@🛜🏊; ☐Upper Kloof) Das exklusive, schicke Haus hoch oben auf dem Berg vermietet acht große und geschmackvoll eingerichtete Zimmer mit Balkon und wunderschön gefliesten Badezimmern. Ein nettes Detail sind frisches Obst und Blumen in den Zimmern.

CAPE CADOGAN
BOUTIQUEHOTEL €€€

Karte S.316 (☏021-480 8080; www.cape cadogan.com; 5 Upper Union St, Gardens; EZ/DZ ab 2190/2920 R; P❄@🛜🏊; ☐Belle Ombre) Die denkmalgeschützte Villa wie aus „Vom Winde verweht" ist ein sehr exklusives Boutiquehotel mit einigen Zimmern zum abgeschiedenen Innenhof raus. Ebensfalls unter Cape-Cadogan-Regie: die Selbstversorger-Apartments **More Quarters** (www.morequarters.co.za) in der nahen Nicols Street.

15 ON ORANGE
HOTEL €€€

Karte S.316 (☏021-469 8000; www.africanpride-hotels.com/15onorange; Ecke Grey's Pass & Orange St, Gardens; Zi./Suite ab 3650/3350 R, Parkplatz 65 R pro Tag; P❄@🛜🏊; ☐Michaelis) Der knallrote, marmorne Laufgang zur Lobby gibt einen Vorgeschmack auf den Luxus im Hotel. Einige Zimmer gehen zum lichtdurchfluteten Atrium raus (perfekt für Exhibitionisten). Alles ist sehr opulent und designvernarrt. Frühstück ist nicht im Preis enthalten.

🛏 Green Point & Waterfront

ATLANTIC POINT BACKPACKERS
HOSTEL €

Karte S.318 (☏021-433 1663; www.atlanticpoint.co.za; 2 Cavalcade Rd, Green Point; DZ mit Gemeinschaftsbad/eigenem Bad ab 820/940 R; P@🛜; ☐Upper Portswood) Die einfallsreich gestaltete, verspielte und gut geführte Herberge ist nur ein paar Schritte von der Hauptstraße von Green Point entfernt. Besonderheiten sind ein großer Balkon, eine Bar und eine Lounge mit Loft-Charakter sowie ein Minipool für eine Abkühlung und ein Fahrradverleih (70 R pro Tag).

B.I.G. BACKPACKERS
HOSTEL €

Karte S.318 (☏021-434 0688; www.bigback packers.co.za; 18 Thornhill Rd, Green Point; B/EZ/DZ/3BZ 300/705/965/1400 R; P❄@🛜🏊;

☐Skye Way) In Hanglage und etwas versteckt, bietet dieses neue Hostel ein heiteres, lässiges Ambiente mit schön ausgestatteten Zimmern, Lounge-Ecken zum Abhängen und eine große Küche mit einer praktischen Bar. Zum Frühstück gibt's hausgemachtes Brot frisch aus dem Backofen; außerdem kann man sich nach Lust und Laune eine Gitarre oder ein Fahrrad ausleihen.

ASHANTI GREEN POINT
HOSTEL €

Karte S.318 (☏021-433 1619; www.ashanti.co.za; 23 Antrim Rd, Three Anchor Bay; B/EZ/DZ mit Gemeinschaftsbad 180/450/650 R, DZ mit Bad 900 R; P@🛜🏊; ☐St. Bedes) Der Ableger des Ashanti ist lässiger als das Original in Gardens (S.225). Das Hostel liegt in luftiger Höhe an einem Hügel mit Meerblick und ist mit alten Kapstadtfotos hübsch dekoriert. Zum Frühstück gibt's auch Pancakes.

VILLA ZEST
BOUTIQUEHOTEL €€

Karte S.318 (☏021-433 1246; www.villazest.co.za; 2 Braemar Rd, Green Point; EZ/DZ ab 1490/1590 R; P❄@🏊; ☐Upper Portswood) Die Villa im Bauhaus-Stil wurde in ein skurril eingerichtetes Boutiquehotel verwandelt. In der Lobby ist eine beeindruckende Sammlung von Elektrogeräten aus den 1960er- und 1970er-Jahren zu sehen, wie Radios, Telefone, Polaroidkameras und Kassettenrekorder. Die sieben Gästezimmer in auffälligen Designmöbeln im Retrostil und tapezierten Wänden sind mit Plüschkissen und Flokatis bestückt.

HEAD SOUTH LODGE
BOUTIQUEHOTEL €€

Karte S.318 (☏021-434 8777; www.headsouth.co.za; 215 Main Rd, Three Anchor Bay; DZ ab 995 R; P❄@🏊; ☐Ellerslie) Das Haus ist mit dem Retro-Mobiliar und einer ganzen Sammlung von Tretchikoff-Drucken in der Bar eine Hommage an die 1950er-Jahre. In den großen Zimmern in kühlem Weiß und Grau hängen markante Werke der Moderne, die Philip Briels Handschrift tragen.

LA SPLENDIDA
HOTEL €€

Karte S.318 (☏021-439 5119; www.lasplendida.co.za; 121 Beach Rd, Mouille Point; EZ/DZ ab 1460/2010 R, Parkplatz 25 R pro Tag; P❄@🛜; ☐Lighthouse) Zimmer mit Meerblick sind für einen leichten Aufpreis zu haben, jedoch sind auch die Zimmer mit Blick auf Signal Hill ziemlich schön. Das Design ist eine Mischung aus Retrostil und Pop-Art. Das Frühstück wird in der pulsierenden Café-Bar Sotano (S.122) im Parterre serviert.

CAPE STANDARD
BOUTIQUEHOTEL €€

Karte S. 318 (☑021-430 3060; www.capestan dard.co.za; 3 Romney Rd, Green Point; EZ/DZ 1390/1780 R; P @ 🐾 🗷; 🖵Ravenscraig) Das elegante Haus in Green Point hat unten weiß getünchte Strandhauszimmer und oben modernere Zimmer. Die Duschen in den mosaikgefliesten Badezimmern sind groß genug, um darin tanzen zu können.

CAPE GRACE
LUXUSHOTEL €€€

Karte S. 318 (☑021-410 7100; www.capegrace. com; West Quay Rd, V&A Waterfront; Zi./Suite ab 6700/13 200 R; P ✳ @ 🐾 🗷; 🖵Nobel Square) Das von „Fair Trade in Tourism" anerkannte Hotel gehört zu den attraktivsten der Waterfront. Eine kunstvolle Kombination aus Antiquitäten und Kunsthandwerk – darunter handbemalte Bettplaids und Vorhänge – vermittelt ein einzigartiges Gefühl für den Ort und für die Geschichte Kapstadts.

ONE & ONLY CAPE TOWN
HOTEL €€€

Karte S. 318 (☑021-431 5888; www.oneandonly capetown.com; Dock Rd, V&A Waterfront; Zi./Suite ab 6495/12 595 R; P ✳ @ 🐾 🗷; 🖵Aquarium) Für diese luxuriöse Hotelanlage wurden offensichtlich keine Kosten gescheut. Zur Wahl stehen entweder riesige, opulente Zimmer im Hauptgebäude (mit Blick auf den Tafelberg) oder die noch exklusivere Insel neben Pool und Spa. An der Bar werden kreative Cocktails gemixt, und man trifft sich dort gerne auf einen Drink, bevor es zum Essen in die VIP-Restaurants Nobu oder Reuben's geht, wo Promi-Köche am Werke sind.

DOCK HOUSE
BOUTIQUEHOTEL €€€

Karte S. 318 (☑021-421 9334; www.dockhouse. co.za; Portswood Close, Portswood Ridge, V&A Waterfront; DZ/Suite 6830/8260 R; P ✳ @ 🐾 🗷; 🖵Nobel Square) Zur Begrüßung warten Butler in weißen Kurtas auf die Gäste. Das superelegante Anwesen hat sechs Zimmer mit Blick über die Waterfront und gehörte früher dem Hafenmeister. Die luxuriösen Zimmer sind in Taubengrau und Olivgrün gehalten und haben geräumige Bäder. Das Hotel liegt zwar inmitten der Waterfront, wirkt aber wie Welten davon entfernt. Das gleiche Unternehmen betreibt in der Nähe auch das hübsche (und günstigere) **Queen Victoria Hotel** (Karte S. 318; ☑021-427 5900; www.queenvictoriahotel.co.za; Portswood Close, Portswood Ridge, V&A Waterfront; DZ/Suite 5820/8260 R; P ✳ @ 🐾 🗷; 🖵Nobel Square).

🚍 Sea Point bis Hout Bay

★GLEN BOUTIQUE HOTEL
BOUTIQUEHOTEL €€

Karte S. 322 (☑021-439 0086; www.glenhotel. co.za; 3 The Glen, Sea Point; DZ/Suite ab 1950/4900 R; P ✳ @ 🐾 🗷; 🖵The Glen) Dieses fantastische schwulenfreundliche Hotel ist in den Räumlichkeiten eines eleganten historischen Hauses und in einem neueren Gebäudeblock dahinter untergebracht. Die großen Zimmer des Glen sind alle in Naturtönen gestaltet. In der Mitte liegen ein sagenhafter Pool und ein Spa; außerdem kann man im Hotelrestaurant im Freien dinieren.

THULANI RIVER LODGE
B&B €€

(☑021-790 7662; www.thulani.eu; 14 Riverside Tce, Hout Bay; EZ/DZ ab 1150/1300 R; P @ 🐾 🗷; 🖵Imizamo Yethu) In der Sprache der Zulu bedeutet „Thulani" so viel wie Ruhe und Frieden – die perfekte Beschreibung für dieses Kleinod. Das traditionelle afrikanische reetgedeckte Landgut liegt in einem grünen Tal, durch das der Disa River nach Hout Bay fließt. Wer in das Himmelbett der Hochzeitssuite sinkt, hat einen beeindruckenden Panoramablick auf den Tafelberg (von der Rückseite aus).

WINCHESTER MANSIONS HOTEL
HOTEL €€

Karte S. 322 (☑021-434 2351; www.winchester. co.za; 221 Beach Rd, Sea Point; EZ/DZ ab 2007/2397 R, Suite EZ/DZ ab 2521/2911 R; P ✳ @ 🐾 🗷; 🖵London) Das Winchester bietet Küstenlage (Zimmer mit Aussicht kosten extra), nostalgisches Flair und einige Flure mit Putting Greens für ein bisschen Golftraining. Der Pool ist recht groß, und der hübsche Innenhof mit einem Springbrunnen in der Mitte eignet sich gut für ein romantisches Abendessen.

CASCADES ON THE PROMENADE
HOTEL €€

Karte S. 322 (☑021-434 5979; www.cascades collection.com; 11 Arthurs Rd, Sea Point; EZ/DZ 1750/1950 R; ✳ @ 🐾; 🖵Boat Bay) Das trendig einfarbig gehaltene Designhotel liegt zwar nicht direkt an der Strandpromenade, aber doch so nah am Wasser, dass die Zimmer mit Balkon einen Ausblick aufs Meer gewähren. Alle Zimmer verfügen über USB-Ports und Apple-PCs. Das Veranda-Café nach vorne raus ist ein wunderbarer Ort zum Frühstücken, Brunchen oder zum Mittagessen.

HUIJS HAERLEM
B&B €€

Karte S.322 (☎021-434 6434; www.huijs haerlem.co.za; 25 Main Dr, Sea Point; EZ/DZ ab 900/1850 R; P@🛜🏊; 🚏Rhine) Steil bergauf geht es zu dieser ausgezeichneten Pension, die u.a. auch gay-freundlich ist. Die zwei Häuser sind mit Antiquitäten ausgestattet und liegen in einem entzückenden Garten. In diesem befindet sich auch ein angenehm großer Pool.

CHAPMAN'S PEAK HOTEL
HOTEL €€

Karte S.321 (☎021-790 1036; www.chapmans peakhotel.co.za; Chapman's Peak Dr, Hout Bay; ursprüngliches Haus EZ/DZ ab 1300/1600 R, neuer Trakt EZ/DZ ab 1470/2200; P❄@🛜🏊; 🚏Hout Bay) Zur Wahl stehen schicke, moderne Zimmer mit Balkon und einem hinreißenden Blick über Hout Bay (in einem neuen Anbau) und die viel günstigeren, kleineren Zimmer im alten Gebäude. Dort befindet sich auch ein sehr beliebtes Bar-Restaurant.

AMBLEWOOD GUESTHOUSE
B&B €€

Karte S.321 (☎021-790 1570; www.amblewood. co.za; 43 Skaife St, Hout Bay; Zi. ab 1180 R; P@🛜🏊; 🚏Military) June und Trevor, so heißen die freundlichen Inhaber dieses gehobenen B&Bs, das ein paar hübsche Zimmer mit Stilmöbeln vermietet. Ein kleiner Pool lädt zu einer Abkühlung ein – ein wunderschöner Ausblick über Hout Bay inklusive.

SCHLAFEN IM TABLE MOUNTAIN NATIONAL PARK

Zwar ist hier privates Campen verboten, jedoch bietet der Table Mountain National Park einige Unterkunftsmöglichkeiten:

Hoerikwaggo Tented Camps

Die Zeltlodges sind teils aus Naturmaterialien gebaut, die im Nationalpark aufgesammelt wurden, um sie harmonisch in die Umgebung einzubetten. Die Unterkünfte liegen alle verstreut entlang des 75 km langen Hoerikwaggo Trails, auf dem man in fünf Tagen vom Cape Point bis zur Tafelberg Road gelangt. Die mit komfortablen Betten ausstatteten „Safarizelte", wie man sie auch beim Militär verwendet, bestehen aus robustem Leinen, das über ein stabiles Holzgerüst gespannt ist. Die Nassbereiche sind in allen Zelten hervorragend integriert; auch die Gemeinschaftsküche ist voll ausgestattet, und es gibt eine *braai*-Feuerstelle zum Grillen im Freien. Von einer Lodge zur nächsten ist es immer nur eine kurze Fahrt oder eine leichte Wanderung. Die Preise liegen bei etwa 500 R (615 R in Smitswinkel) pro Zweibetteinheiten; Bettzeug und Handtücher werden nicht gestellt. Buchungen sind möglich über die Website www. tmnp.co.za oder per Telefon (☎021-712 7471; ⏱Mo–Fr 8–16 Uhr).

Orange Kloof (Karte S.326; Abzweig von der Hout Bay Rd, Cecelia Forest) Vielleicht der beste, ruhigste Winkel in der wunderschönen Gegend um Constantia Nek mit direktem Zugang zum letzten Waldstreifen des Afromontane Forest im Nationalpark.

Silvermine (Silvermine Nature Reserve, Abzweig von Ou Kaapse Weg) Hier weht immer ein frisches Lüftchen; nahe am Stausee im Silvermine Nature Reserve.

Slangkop (Abzweig von der Lighthouse Rd, Kommetjie) Nahe dem Leuchtturm an der Küste von Kommetjie, unterhalb eines Waldes mit seltenen, indigenen Milkwood-Bäumen; hier und da liegen Walskelette herum. Die Wale wurden 2006 mit der Meeresbrandung an den Strand gespült, sie wirken fast wie kunstvolle Skulpturen.

Smitswinkel (Karte S.331; Cape Point) Das einzige Zeltlager mit Komfort; sprich jedes Zelt hat seinen eigenen Nassbereich. Die Unterkunft ist nur einige Schritte vom Eingang zum Cape-of-Good-Hope-Parkabschnitt entfernt. Hier bläst manchmal der Wind recht kräftig.

Cottages

Zu den besten Adressen in dieser Kategorie gehören das Platteklip Wash House (S.226), das Wood Owl Cottage (S.231) und das Olifantsbos Guest House (S.232). Sie alle erfreuen sich einer herrlichen Lage, und man kann bis vor die Haustüre fahren. Bettwäsche wird gestellt.

★ TINTSWALO ATLANTIC   LUXUSHOTEL €€€

(☎021-201 0025; www.tintswalo.com; Chapman's Peak Dr, Hout Bay; EZ/DZ/Suite ab 5070/7800/25,000; P❄@🐾🛜🏊; ⬛Hout Bay) Hier wütete im März 2015 ein verheerender Brand, weswegen das vielgepriesene Hotel frühestens 2016 wiedereröffnet werden kann. Die einzige Luxuslodge innerhalb des Table Mountain National Park liegt direkt am Rand einer herrlichen Felsenbucht, in der sich häufig Wale tummeln. Jedes Zimmer bietet einen majestätischen Ausblick und ist mit zahlreichen Naturmaterialien ausgeschmückt. Standardtarife beinhalten Abendessen und Frühstück. Der Gebäudekomplex wurde auf erhöhten Plattformen errichtet, um die Umwelt weitestgehend zu schützen.

POD   BOUTIQUEHOTEL €€€

Karte S. 320 (☎021-438 8550; www.pod.co.za; 3 Argyle Rd, Camps Bay; Zi./Suite ab 3950/12 120 R; P❄@🐾🛜🏊; ⬛Camps Bay) Liebhaber schlichten, modernen Designs werden sich für das mit Holz und Schiefer ausgestattete POD begeistern. Es ist so gebaut, dass man von der Bar und der großen Poolterrasse aus das Geschehen von Camps Bay voll im Blick hat. Die günstigsten Zimmer haben keinen Meerblick, dafür aber schöne Ausblicke auf die Bergkulisse; die Luxussuiten haben ihren eigenen Minipool.

ELLERMAN HOUSE   LUXUSHOTEL €€€

Karte S. 322 (☎021-430 3200; www.ellerman.co.za; 180 Kloof Rd, Bantry Bay; DZ/Suite/Villa ab 8300/17 270/53 460 R; P❄@🛜🏊; ⬛Bantry Bay) Man stelle sich vor, von einem unfassbar reichen Kunstsammler aus Kapstadt eingeladen zu werden. Der passende Ort wäre dieses elegante Herrenhaus mit Blick auf den Atlantik mit seinen beiden separaten moderneren Privatvillen. Es beherbergt eine unglaubliche Kunstgalerie mit Werken der Moderne. Wunderschöne Parkanlage, Luxus und exklusive Extras – kurz: alles, was das Herz begehrt!

TWELVE APOSTLES HOTEL & SPA   LUXUSHOTEL €€€

(☎021-437 9000; www.12apostleshotel.com; Victoria Rd, Camps Bay; Zi./Suite ab 5511/12 100 R; P❄@🛜🏊; ⬛Oudekraal) Tapeten mit Seidenschimmer, Berge von Kissen und schöne Kunst heben das Ambiente in diesem Luxushotel in herrlich abgeschiedener Lage, das zur Meerseite hin hoch über steil abfallenden Felswänden von Oudekraal

aufragt. Weitere Pluspunkte sind das Kino mit 16 Plätzen und die Spazierwege hinter dem Hotel, die zu verschwiegenen Picknickplätzen führen.

CAMPS BAY RETREAT   LUXUSHOTEL €€€

Karte S. 320 (☎021-437 8300; www.campsbayretreat.com; 7 Chilworth Rd, The Glen; DZ/Suite ab 5050/7850 R; P❄@🛜🏊; ⬛Glen Beach) Im prächtigen Earl's Dyke Manor (aus dem Jahr 1929) in wunderbarer Lage in einem abgeschiedenen Naturreservat können Gäste zwischen Zimmern im Haupthaus oder im modernen Deck House wählen, das jenseits einer Hängebrücke über einer Schlucht liegt. Es gibt auch vier Pools, von denen einige von einem Tafelbergbach gespeist werden.

HOUT BAY MANOR   HOTEL €€€

Karte S. 321 (☎021-790 0116; www.houtbaymanor.co.za; Baviaanskloof Rd, Hout Bay; EZ/DZ ab 2570/3905 R; P❄@🐾🛜🏊; ⬛Military) Beim Anblick der tollen Neugestaltung im Afro-Chic geraten Gäste des Hout Bay Manor von 1871 ins Staunen. Stammesartefakte, leuchtend bunte, moderne Stoffe und Kunsthandwerk schmücken die Zimmer, die alle die üblichen elektronischen Annehmlichkeiten haben.

MARLY   HOTEL €€€

Karte S. 320 (☎021-437 1287; www.themarly.co.za; 201 The Promenade, Camps Bay; Berg-/Meerblick-Suite 5600/10 100 R; P❄@🐾🛜🏊; ⬛Whale Rock) Das Marly ist so exklusiv und abgehoben, dass man kaum den Eingang findet, die Lage ist top: Es thront wie ein Adlerhorst hoch über dem Menschengewimmel in der Camps Bay, jedoch ist man nah genug an der Küste, um das Getöse der Meeresbrandung zu hören (ganz zu schweigen vom Verkehrslärm auf der Victoria Road). Wer nachts ungestört schlafen will, sollte besser eines der ruhigeren Zimmer mit Bergblick buchen.

🛏 Southhern Suburbs

OFF THE WALL   HOSTEL €

Karte S. 324 (☎076 322 4053, 021-671 6958; www.offthewallbackpackers.com; 117 Roscommon St, Claremont; B/EZ/DZ mit Gemeinschaftsbad 175/450/570 R; 🛜; ⬛Claremont) In dem Gedränge entlang der Claremonter Einkaufsmeile liegt dieses attraktive Hostel mit kurzen Wegen zu den umliegenden Se-

BEI TOWNSHIP-BEWOHNERN ZU HAUSE

Unterkunftsmöglichkeiten gibt es auch in den Townships. In Langa werden diese durch Siviwe Mbidna (S. 28) und Langa Quarter (S. 168) vermittelt; in Khayelitsha über das Kopanong (S. 233) und über die Agentur **Khayelitsha Travel** (☏021-361 4505; www.khayelitshatravel.com; Lookout Hill Complex, Ecke Mew Way & Spine Rd, Ilitha Park).

henswürdigkeiten. Es nimmt sich innen wie außen sehr farbenfroh aus und hat auch eine große Gemeinschaftsküche. Das Frühstück ist im Preis nicht inbegriffen.

WOOD OWL COTTAGE FERIENHAUS €€

Karte S. 326 (☏021-712 2337; www.tmnp.co.za; Tokai Forest, Tokai Rd, Tokai; 1–3 Pers. 1095 R, zus. Erw./Kind 360/180 R; P) Das von Bäumen umgebene ehemalige Försterhaus ist elegant eingerichtet und bietet drei Schlafzimmer für bis zu sechs Personen. Die offene Küche und der Salon haben einen Kamin; und es gibt auch ein separates Fernsehzimmer. Ideal für eine ganze Familie.

VINEYARD HOTEL & SPA LUXUSHOTEL €€€

Karte S. 324 (☏021-657 4500; www.vineyard.co.za; Colinton Rd, Newlands; EZ/DZ ab 2150/2600 R, Suite EZ/DZ ab 4500/5040 R; P ✲ @ ☎ ☲; 🚍Claremont) Herzstück dieses reizenden Hotels ist ein 1799 für Lady Anne Barnard errichtetes Haus. Die Zimmer sind modern eingerichtet und in beruhigenden Naturtönen gehalten. Vom herrlichen Garten aus kann man den Blick auf den Tafelberg genießen. Das freundliche Personal, das fantastische **Angsana Spa**, ein toller Fitnessraum, ein Pool und das Gourmetrestaurant **Myoga** runden das Bild ab.

ALPHEN BOUTIQUEHOTEL €€€

Karte S. 326 (☏021-795 6300; www.alphen.co.za; Alphen Dr, Constantia; Suite ab 4000; P ✲ @ ☎ ☲; 🚍Wittebome) Eine effektvolle Renovierung hat das historische Anwesen in ein glamouröses Hotel mit 19 Suiten umgewandelt, die abwechselnd als „cool", „erstaunlich", „umwerfend" und „märchenhaft" bezeichnet werden. Das heißt konkret eine mutige Mischung aus Antiquitäten und poppig modernem Design. Das haus-

eigene gesellige Bäckerei-Café **La Belle** und die schicke **Rose Bar** mit Blick auf den gepflegten Garten und den Pool sind schon für sich einen Abstecher wert. Zu erreichen ist das Hotel über die Ausfahrt Constantia von der M3, dann den Schildern zum Alphen folgen.

STEENBERG HOTEL LUXUSHOTEL €€€

Karte S. 326 (☏021-713 2222; www.steenberghotel.com; Steenberg Estate, Steenberg Rd, Tokai; Zi./Suite ab 2650/11 450 R; P ✲ @ ☎ ☲) Die Zimmer in diesem einem Weingut (S. 138) angeschlossenen Luxushotel sind stets mit frischen Blumen dekoriert, behaglich und in sanften Farbtönen gehalten. Hotelgäste können an kostenlosen Weinproben teilnehmen, und zur Waterfront fährt täglich ein Shuttle.

🛏 Simon's Town & Southern Peninsula

AFRICAN SOUL SURFER HOSTEL €

Karte S. 328 (☏021-788 1771; www.africansoulsurfer.co.za; 13-19 York Rd, Muizenberg; B/EZ/ 2BZ/DZ mit Gemeinschaftsbad 150/300/400/ 450 R; ☎; 🚍Muizenberg) Wer wirklich mit einem Fuß auf dem Strand logieren will, ist hier genau richtig. Das denkmalgeschützte Gebäude bietet atemberaubende Ausblicke aufs Meer. Die Zimmer sind hübsch gestaltet; außerdem gibt es eine große Küche, einen gemütlichen Lounge-Bereich und eine Tischtennisplatte. Das Frühstück ist nicht inbegriffen.

SIMON'S TOWN BOUTIQUE BACKPACKERS HOSTEL €

Karte S. 330 (☏021-786 1964; www.capepax.co.za; 66 St. George's St, Simon's Town; B/EZ/DZ mit Gemeinschaftsbad 190/450/550 R, DZ mit Bad 625 R; ☎; 🚍Simon's Town) Einige der geräumigen, schiffsrumpfähnlichen Zimmer des preiswertesten Hostels in Simon's Town bieten Hafenblick. Fahrräder werden für 200 R pro Tag verliehen, und das freundliche Personal ist bei der Organisation der vielen Aktivitäten in der Gegend behilflich. Frühstück ist nicht im Preis enthalten.

SAMHITAKASHA COB HOUSE B&B €

Karte S. 328 (☏021-788 6613; www.cobhouse.co.za; 13 Watson Rd, Muizenberg; EZ/DZ 450/ 750 R; P ☎; 🚍Muizenberg) 🖋 Der Englisch und Französisch sprechende Reiseleiter Simric Yarrow brauchte zwei Jahre, um das einzigartige Ökohaus aus Lehm, Holz und Stroh zu bauen; ein Zimmer über der Garage ist Gästen vorbehalten. Warmwasser gibt's über eine solarbetriebene Heizanlage. Das Biofrühstück ist im Preis enthalten.

STOKED BACKPACKERS   HOSTEL €
Karte S.328 (☎021-709 0841; www.stokedback packers.com; 175 Main Rd, Muizenberg; B/EZ/DZ mit Gemeinschaftsbad R155/400/550, DZ mit Bad 715 R; @☎; ⊠Muizenberg) Einige Mehrbettzimmer sind schöner als andere; deshalb sollte man sich alles genau anschauen, bevor man seine Wahl trifft. Die Lage ist einwandfrei: nah am Bahnhof und mit Strandblick. Das Frühstück ist nicht im Preis enthalten, aber es gibt hier ein nettes Café.

GLEN LODGE   HOTEL €
(☎021-782 0314; www.theglenlodgeandpub. co.za; 12-14 Glen Rd, Glencairn; B/EZ/DZ 200/400/750 R; P☎; ⊠Glencairn) Das historische Haus vermietet einfache, aber geschmackvoll möblierte Zimmer; vier davon sind mit Meerblick. Im Preis für das Vierbettzimmer ist kein Frühstück enthalten. Die Lodge liegt günstig zum Glencairn Beach und zum Bahnhof und ist nicht weit von Simon's Town entfernt. Ein lebhaftes Pub-Café befindet sich ebenfalls auf dem Gelände.

ECO WAVE LODGE   HOSTEL €
(☎073-927 5644; www.ecowave.co.za; 11 Gladioli Way, Kommetjie; B/EZ/DZ mit Gemeinschaftsbad 150/400/450 R, DZ mit Bad 550 R; P☎) Das Hostel ist knapp 100 m vom Strand entfernt und damit ideal für Surfer. Das etwas abgewohnte Haus ist geräumig, ebenso der wirklich großzügige Speiseraum (mit Kronleuchter an der Decke). Es gibt auch eine große Sonnenterrasse, und das Management vermittelt Surfkurse und -ausrüstung. Autofahrer zweigen von der Kommetjie Road (M65) in den Somerset Way ab, zum Gladioli Way führt.

★ BELLA EV   PENSION €€
Karte S.328 (☎021-788 1293; www.bellaevguest house.co.za; 8 Camp Rd, Muizenberg; EZ/DZ ab 700/1000; P@; ⊠Muizenberg) Die charmante Pension mit einem idyllischen Innenhofgarten wäre der perfekte Schauplatz für einen Krimi von Agatha Christie – und zwar für einen, in dem der Besitzer eine Vorliebe für alles Türkische hat. Davon zeugen auch die osmanischen Schlupfschuhe und das türkische Frühstück.

CHARTFIELD GUEST HOUSE   B&B €€
Karte S.328 (☎021-788 3793; www.chartfield. co.za; 30 Gatesville Rd, Kalk Bay; Zi. ab 900 R; P@☎⊠; ⊠Kalk Bay) Das weitläufige Haus aus den 1920er-Jahren mit Holzböden ist mit erlesenem zeitgenössischen Kunsthandwerk dekoriert. Die unterschiedlichen Zimmer haben alle taufrische Bettwäsche und Bäder mit Regendusche. Das Frühstück kann man auf einer wunderbaren Terrasse zu sich nehmen; vom Garten aus schweift der Blick über den Hafen. WLAN-Zugang kostet 35 R pro Tag.

MONKEY VALLEY BEACH NATURE RESORT   RESORT €€
(☎021-789 1391; www.monkeyvalleyresort.com; Mountain Rd, Noordhoek; EZ/DZ ab 1210/1660 R, Cottages ab 2550 R; P☎⊠) Die fantasievoll gestaltete und rustikale Anlage unter Milkwood-Bäumen vermietet Zimmer zum Meer raus oder auch geräumige reetgedeckte Ferienhäuschen. Das familienfreundliche Resort liegt nur ein paar Schritte vom breiten Strand entfernt. Ab dem Noordhoek-Ende der Chapman's Peak Road (M6) ist das Hotel ausgeschildert.

BOULDERS BEACH LODGE   B&B €€
Karte S.330 (☎021-786 1758; www.boulders beach.co.za; 4 Boulders Pl, Simon's Town; EZ/DZ/ Apt. ab 650/1100/2400 R; P@☎; ⊠Simon's Town) Pinguine watscheln fast bis zur Haustür des schicken B&Bs, dessen Zimmer mit Rattan- und Holzmöbeln ausstaffiert sind. Es gibt auch einige Apartments für Selbstversorger; das Frühstück ist im Preis enthalten. Das hervorragende Restaurant hat eine Außenterrasse. Pinguine sind übrigens nicht gerade die leisesten Geschöpfe, Ohrstöpsel sind daher ziemlich nützlich.

DE NOORDHOEK HOTEL   HOTEL €€
(☎021-789 2760; www.denoordhoek.co.za; Ecke Chapman's Peak Dr & Village Ln, Noordhoek; EZ/ DZ ab 1250/1750 R; P☀@☎⊠) Das Hotel ist so gut gebaut, als wäre es schon immer ein Teil des Noordhoek Farm Village gewesen. Neben den geräumigen und komfortablen Zimmern um einen hübschen Innenhof mit *fynbos*-Pflanzen und Zitronenbäumen gibt es auch einige barrierefreie Einheiten. Von der Chapman's Peak Road (M6) ist das Noordhoek Farm Village ausgeschildert.

OLIFANTSBOS GUEST HOUSE   HAUS €€€
Karte S.331 (☎021-780 9204; www.tmnp.co.za; Cape of Good Hope; 1–6 Pers. 3285 R, zus. Erw./

Kind 360/180 R; [P]) Das hübsche Cottage mit weiß getünchter Fassade ist ein nettes Refugium, schön abgelegen und nur ein paar Schrittte vom Strand entfernt. Zusammen mit dem Nebengebäude bietet es Platz für bis zu zwölf Personen.

Cape Flats & Northern Suburbs

★ LIZIWE GUEST HOUSE
B&B €

([☎]021-633 7406; www.sa-venues.com/visit/liziwesguesthouse; 121 NY 111, Gugulethu; Zi. ab 500 R; [P] [@]; [🚌]Nyanga) Liziwe hat ihre Villa in einen Palast mit vier wunderbaren Zimmern mit Bad, Satelliten-TV und afrikanischen Motiven umgewandelt. Sie hat an einer Kochsendung der BBC teilgenommen – entsprechend köstlich ist ihre Küche. Das Frühstück kostet 70 R extra, das Abendessen 80 R. Das Haus liegt in Gehweite vom Mzoli's (S.169).

EKHAYA EKASI
B&B €

([☎]083 681 0604, 076 658 3426; www.capetownshiptour.com; 6 Gaba St, Makhaza, Khayelitsha; EZ/DZ mit Gemeinschaftsbad 275/550 R; [🚌]Kuyasa) Diese besondere Unterkunft ist eingebettet in ein Kunst- und Bildungszentrum, das aus Schiffscontainern zusammengebaut wurde. Sie besteht aus nur zwei gemütlichen, hellen Zimmern, die in grellen Pop-Art-Farben gehalten sind. Außerdem gibt es ein Café und einen Geschenkeladen sowie einen kleinen Gemüsegarten auf dem Dach. Verschiedene Entrepreneurship- und Bildungsprojekte sind auch Teil des Betreiberkonzepts; so lernen beispielsweise Frauen bei **heArt of a Woman** (www.heartofawomanproject.com/heart-south-africa), wie man mit Smartphones Fotokunst macht; die besten Bilder werden als Postkartenmotive verwendet.

COLETTE'S
B&B €

Karte S.332 ([☎]083 458 5344, 021-531 4830; www.colettesbb.co.za; 16 The Bend, Pinelands; EZ/DZ ab 420/600 R; [P] [🕾]; [🚌]Pinelands) Die sehr charmante Colette betreibt das frauenfreundliche B&B. Das geräumige und hübsche Haus in Pinelands teilt sie sich mit den beiden Enten. Alle Zimmer sind mit Bad ausgestattet – auch die neuen unterm Dach.

KOPANONG
B&B €

([☎]082 476 1278, 021-361 2084; www.kopanong-township.co.za; 329 Velani Cres, Section C, Khayelitsha; EZ/DZ 390/780 R; [P]; [🚌]Khayelitsha) Thope Lekau, auch „Mama Africa" genannt, betreibt das ausgezeichnete B&B zusammen mit ihrer Tochter Mpho. Das beachtliche Backsteinhaus hat zwei stilvoll ausgestattete Zimmer mit Bad. Das Abendessen (120 R) ist köstlich. Wenn das B&B ausgebucht bist, kann Thope auch bei der Suche nach Privatunterkünften in der Gegend helfen.

★ HOTEL VERDE
HOTEL €€

([☎]021-380 5500; www.hotelverde.com; 15 Michigan St, Airport Industria; EZ/DZ 1485/1625 R; [P] [❄] [@] [🕾] [☎]; [🚌]Airport) [🅿] Es ist unschwer zu erkennen, warum das selbsternannte „grünste Hotel Afrikas" so viele Preise gewonnen hat. Die Zimmer bieten jeglichen Komfort, und überall gibt hier regionales Kunsthandwerk den Ton an. Solarpaneelen und Windräder reduzieren den Energieverbrauch aus dem öffentlichen Versorgungsnetz. Hinter dem Hotel ist ein wunderschöner Umweltgarten mit großem Schwimmteich angelegt, der das umliegende Sumpfgebiet mit einbezieht. Zum/vom Flughafen gibt es einen kostenlosen Shuttle-Service, obwohl man die paar Schritte dorthin genauso gut zu Fuß zurücklegen könnte.

MAJORO'S B&B
B&B €€

([☎]082 537 6882; majoros@webmail.co.za; 69 Helena Cres, Khayelitsha; EZ/DZ mit Gemeinschaftsbad 450/900 R; [P]; [🚌]Khayelitsha) Die freundliche Maria Maile ist Besitzerin des B&Bs in einem kleinen Backstein-Bungalow in einer gutbürgerlichen Ecke von Khayelitsha. Bis zu vier Leute finden in den zwei gemütlichen Zimmern Platz. Es gibt Abendessen für 120 R sowie bewachte Parkplätze.

MALEBO'S
B&B €€

([☎]083 475 1125, 021-361 2391; malebo12@webmail.co.za; 18 Mississippi Way, Khayelitsha; EZ/DZ 450/900 R; [🚌]Khayelitsha) Lydia Masoleng vermietet seit 1998 Zimmer in ihrem geräumigen, modernen Haus. Drei der vier behaglichen Zimmer hat sie mit eingebauten Bädern modernisiert. Zum Abendessen auf Wunsch (120 R) gehört ihr selbst gebrautes *umqombothi* (Bier).

Kapstadt verstehen

Kapstadt aktuell

Das Vermächtnis des ehrenvollen Titels „Weltdesignhauptstadt" (World Design Capital 2014, kurz WDC2014); die wiederholten Stromausfälle (auch Lastabschaltung genannt) aufgrund des instabilen Stromnetzes; politische Spannungen zwischen der Demokratischen Allianz (DA), die für die Stadt und das gesamte Westkap zuständig ist, und dem Afrikanischen Nationalkongress (ANC); und nicht zuletzt die Frage: Ist Kapstadt die rassistischste Stadt in ganz Südafrika? All diese Themen liefern quer durch die „Mutterstadt" Südafrikas immerzu neuen Gesprächsstoff.

Top-Filme

Black Butterflies Filmbiografie von Carice van Houten über die Afrikaans-Dichterin Ingrid Jonkers.

Sea Point Days (www.seapointdays.co.za) Dokumentarfilm von Francois Verster um den namensgebenden Stadtteil und seine Promenade als multikultureller Scheideweg.

Love the One You Love Jenna Bass' Debütfilm handelt von drei sehr unterschiedlichen Charakteren in Kapstadt.

Top-Bücher

Cape Town. A City Imagined (hrsg. Stephen Watson; engl.) Spitzenauswahl an Essays südafrikanischer Autoren über diverse Aspekte der Stadt.

Reports from before Daybreak (Brent Meersman; engl.) Kapstadt bildet die Kulisse für den Roman über das gewalttätige Jahrzehnt vor der Demokratie und dessen zerstörerische Auswirkung auf die Menschen aller Rassen. Lesenswert ist außerdem der Folgeroman *Five Lives at Noon.*

The Last Train to Zona Verde (Paul Theroux; engl.) Der großartige Reiseschriftsteller thematisiert das Leben in Kapstadt zu Beginn seiner Überlandreise durch Afrika bis Angola, 2011.

Das WDC2014-Erbe

Die Auswirkungen, die die 460 offiziellen WDC2014-Projekte mit sich gebracht haben, und die Lehren, die man daraus gezogen hat – einige davon sind neu, andere sind Dauerbrenner –, wurden zu Beginn des Jahres 2015 genau unter die Lupe genommen. Aus Kapstädter Sicht hat das Kulturereignis einen ganz entscheidenden Gesinnungswandel herbeigeführt; insbesondere steht nun nicht mehr die Problemerkennung im Fokus, sondern die Problemlösung. Ein solch kooperativer Ansatz wurde sogleich durch das Motto der Stadtregierung aufgegriffen: „Die Stadt, die für euch arbeitet" („This City Works for You") wurde zu „Gemeinsam Fortschritt möglich machen" („Making Progress Possible. Together").

Was fällt Besuchern neben den Yellow Frames, die den Blick auf den Tafelberg perspektivisch einrahmen, sonst noch auf? Auf der offiziellen Website von Kapstadt – www.capetown.gov.za/WDC2014 – steht eine ganze Liste laufender Initiativen, die darüber Aufschluss gibt, was die Stadt so alles zu Wege bringt. Besonders bemerkenswert sind die 543 Wohneinheiten, die in dem Stadtbezirk Ocean View entstanden sind: Teilweise wurde das Baumaterial aus Gesteinsvorkommen direkt vor Ort gewonnen, und so konnten sich im Zuge der Umsetzung des Wohnungsbauprojekts einige Einheimische im Steinmetzhandwerk profilieren. Interessant sind auch das Art54-Projekt, das als Vorbild für moderne Kunst im öffentlichen Raum gilt, und eine ganze Reihe an kreativen Workshops zum Mitmachen wie etwa nachhaltige Tourismusentwicklung unter Einbeziehung der Bevölkerung auf Khayelitshas Lookout Hill, dem „Aussichtshügel" der größten Township von Kapstadt.

Politisch korrekte Namensgebung

Als umstritten erwies sich die Umbenennung des Table Bay Boulevard in „FW de Klerk Boulevard" zu Beginn des Jahres 2015. Sowohl der Afrikanische National-kongress (ANC) wie auch der führende Gewerk-schaftsbund COSATU (Congress of SA Trade Unions) sprachen sich gegen die Namensänderung aus mit dem Verweis auf die frühere Rolle des Präsidenten während des Apartheid-Regimes. Eine ähnliche De-batte brach in Bezug auf das umgestaltete Company Garden's Restaurant los. Das legendäre Lokal wurde im November 2014 als Haarlem & Hope (benannt nach dem holländischen Schiff *Nieuwe Haarlem,* das 1657 in der Table Bay havarierte) wiedereröffnet; als jedoch durch den Aktivisten Zackie in den Social Me-dia die Kritik laut wurde, dies gleiche einer „brutalen Verherrlichung des Kolonialismus", nahm das Res-taurant seinen ursprünglichen Namen wieder an.

Im Rahmen der Feierlichkeiten zum 103-jährigen Bestehen des ANC in Kapstadt im Januar 2015 mach-te Präsident Jacob Zuma die Apartheid-Politik für den aktuellen Stromabschaltskandal des staatlichen Stromversorgers ESKOM verantwortlich. In einer vo-rausgehenden Township-Demo erinnerte er an die Geschichte und sagte, die „ganzen Probleme (in Süd-afrika) hätten schon im Jahr 1652 ihren Anfang ge-nommen, als Jan van Riebeeck am Kap zu Land ge-gangen war". Dieser Kommentar löste seitens der weißen Südafrikaner eine große Empörungswelle aus; unter anderem auch bei Zelda la Grange, der ehemaligen Privatsekretärin Mandelas. Das beweist alles nur umso mehr, dass die tiefen Wunden in Süd-afrikas wechselhafter Geschichte immer noch nicht verheilt sind, insbesondere in Kapstadt, einer Stadt mit krassem Wohlstandsgefälle, nämlich zwischen den Reichen, die vorwiegend den weißen Bevölke-rungsanteil repräsentieren, und den Armen, die mehrheitlich in den schwarzen bzw. farbigen Gesell-schaftsschichten anzutreffen sind.

Blutige Stadt?

Im internationalen Kontext herrscht die Meinung vor, dass Kapstadt (wie auch das übrige Südafrika) an einer hohen Kriminalitätsrate leidet. Diese Wahr-nehmung wird durch berichtenswerte Ereignisse noch verstärkt, wie etwa die Entführung und Ermor-dung von Shrien Dewani in Gugulethu im Jahr 2010. Die Wahrheit ist aber vielschichtiger. Vororte wie etwa Camps Bay und Claremont gehören zu den si-chersten Orten – nicht nur in Südafrika, sondern weltweit –, 2014 gab es dort überhaupt keine Kapital-verbrechen. Im Vergleich dazu brachte es die Town-ship Khayelitsha auf insgesamt 146 Mordfälle. Nyan-ga ist mit 305 Mordopfern sogar die tödlichste Ge-gend im ganzen Land.

Wer tiefer in die Kriminalitätsstatistiken ein-steigt, wird feststellen, dass es in der Regel nicht ahnungslose Touristen sind, die zufällig zum Mord-opfer werden, sondern dass die Verbrechen im Rah-men interner Konflikte unter Familienmitgliedern

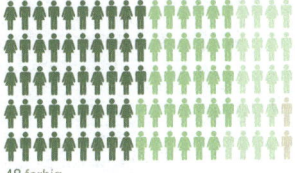

Gäbe es nur 100 Kapstädter, wären...

48 farbig
31 schwarz
19 weiß
2 indischer/asiatischer Herkunft

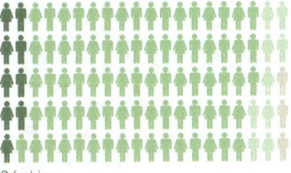

Gäbe es nur 100 Südafrikaner, wären...

9 farbig
79 schwarz
9 weiß
3 indischer/asiatischer Herkunft

Einwohner pro km²

Südafrika   Kapstadt

= 10 Einwohner

oder in Drogenbanden geschehen. So zum Beispiel verhielt es sich im Mordfall Vicky Ntozini im November 2012. Im Jahr 2000 vermietete sie als Pionierin des Township-Tourismus ihre Baracke mitten in den Slums erstmals an zahlende Übernachtungsgäste. Vicky, Mutter von sechs Kindern, wurde von ihrem eigenen Ehemann getötet.

Township-Blues: Prozesse & Triumphe

Organisationen wie Ndifuna Ukwazi (www.nu.org.za), die über Sicherheit, Polizeigewalt und Rechtsstreitigkeiten berichten, sowie ein Journalismus-Nachbarschaftsprojekt namens Ground Up (www.groundup.org.za) rücken die täglichen Probleme ins Rampenlicht, denen sich Township-Bewohner stellen müssen. Beide Initiativen sind sich aber darüber im Klaren, dass die negative Berichterstattung nur Teilaspekte des Gesamtgeschehens ausleuchtet.

Unserer Auffassung nach gab es nie einen besseren Zeitpunkt, um sich ein klares Bild davon zu machen, wie die überwiegende Mehrheit der Kapstädter lebt. Neben den verslumten Stadtvierteln, wo die Menschen in düsteren Bruchbuden hausen, lassen sich auch glitzernde Konsumwelten wie Gugulethu Square entdecken, die auch im vornehmen Camps Bay nicht fehl am Platze wären. Es gibt viele saubere Straßen, gesäumt von imposanten Häusern, schicke öffentliche Gebäude wie das Bezirkskrankenhaus Khayelitsha District Hospital oder auch das Kunst- & Kulturzentrum Langa's Guga S'Thebe und die Township Langa mit ihrem Kultur- und Nachbarschaftszentrum.

Geschichte

Bevor die Europäer im 15. Jh. eintrafen, lebten schon seit Jahrtausenden Menschen am Kap. Die niederländische Herrschaft dauerte fast 200 Jahre, bis 1814 die Briten die Macht ergriffen und damit viele Afrikaander (Buren) veranlassten, landeinwärts zu ziehen. Später, während der Apartheid, übernahmen diese jedoch wieder die Macht. Im Jahr 1990 wurde Nelson Mandela ein freier Mann, womit der Grundstein für ein demokratisches Südafrika gelegt war.

Die Völker der Khoikhoi und San

Wissenschaftler sind sich noch nicht darüber im Klaren, ob die frühesten bekannten Einwohner Südafrikas – die San – direkte Abkommen der Urbevölkerung sind oder ob sie nach Äonen von Jahren der Wanderung in diese Gegend zurückkehrten, vor etwa 40 000 bis 25 000 Jahren vor unserer Zeit. Jahrhundertelang, vielleicht auch für Jahrtausende, lebten die San und die Khoikhoi, ein weiteres altes Volk Südafrikas, miteinander und vermischten sich, sodass eine klare Abgrenzung kaum möglich ist, daher auch die kombinierte Bezeichnung Khoisan.

Kulturell und physisch entwickelten sich die Khoisan anders als die anderen Urvölker Afrikas. Aber vielleicht kamen sie mit Bantu sprechenden Hirtenstämmen in Kontakt, als sie, ergänzend zur Jagd und zum Sammeln von Nahrung, ebenfalls Hirten wurden und Rinder und Schafe züchteten. Es gibt Beweise dafür, dass vor 2000 Jahren Khoisan am Kap der Guten Hoffnung lebten.

Südafrika erhebt den Anspruch, die Wiege der Menschheit zu sein. Die Entdeckung von 117 000 Jahre alten versteinerten Fußabdrücken an der Langebaan Lagoon (nördlich von Kapstadt) veranlasste einen Forscher zu der Vermutung, dass „Eva" (der erste Mensch bzw. die gemeinsame Vorfahrin von uns allen) hier gelebt habe.

Die ersten Europäer

Die Portugiesen waren die ersten Europäer, die das Kap nachweislich sichteten. Sie segelten hier vorbei, als sie gerade auf der Suche nach einem Seeweg nach Indien (und zu dessen Gewürzen) waren.

Das Land, das sie hier vorfanden, bot den Portugiesen wenig mehr als frisches Wasser, da die Handelsversuche mit den Khoisan oft in Gewaltausbrüchen endeten. Ohnehin machten Ende des 16. Jhs. englische und niederländische Händler den Portugiesen Konkurrenz, und bald

ZEITACHSE	ca. 40.000 v. Chr.	1488 n. Chr.	1510
	Prähistorische Müllhaufen – voller Muscheln, Knochen und Bruchstücke von Steinwerkzeugen und Töpferwaren – deuten darauf hin, dass Vorfahren der Khoikhoi und der San am Kap lebten.	Bartolomeu Dias, der als erster Europäer das Kap umsegelt, nennt es Cabo da Boa Esperança (Kap der Guten Hoffnung). Andere bevorzugen den Namen Cabo das Tormentas (Kap der Stürme).	Die Khoisan schlagen zurück, als portugiesische Soldaten versuchen, zwei von ihnen zu entführen. Kapitän de Almeida und 50 seiner Leute werden getötet.

Die San waren nomadische Jäger und Sammler und die Khoikhoi (was vermutlich „wahre Menschen" bedeutet) waren halbnomadische Jäger und Hirten. Europäische Siedler bezeichneten die Khoikhoi später „Hottentotten" und die San als „Buschmänner".

Bartolomeu Dias umrundete das Kap 1488, hielt sich aber nicht lange auf, weil er es auf die Handelsreichtümer der Ostküste Afrikas und Südostasiens abgesehen hatte.

nutzten Schiffe das Kap regelmäßig als Zwischenstopp. Im Jahr 1647 erlitt das niederländische Schiff *Nieuwe Haarlem* in der Table Bay Schiffbruch, die Mannschaft baute ein Fort und blieb über ein Jahr, bevor sie gerettet wurde.

Nach diesem Ereignis erkannten die Direktoren der Niederländischen Ostindien-Kompanie (Vereenigde Oost-Indische Compagnie, VOC) den Wert einer ständigen Siedlung am Kap. Sie hatten überhaupt nicht im Sinn, das Land zu kolonisieren, sondern wollten ganz einfach eine sichere Basis aufbauen, wo Schiffe Schutz finden und sich mit frischen Nahrungsmitteln versorgen konnten.

Ankunft der Niederländer

Die Aufgabe, die VOC-Niederlassung aufzubauen, fiel Jan van Riebeeck (1619–77) zu, Kapkommandant von 1652 bis 1662. Die Niederländer wurden von den Khoisan nicht gerade mit offenen Armen empfangen, und immer wieder kam es zu Feindseligkeiten. Die Ureinwohner, deren Zahl sich auf 4000 bis 8000 Menschen belaufen haben soll, hatten jedoch kaum eine Chance gegen die Waffen, aber auch die Krankheiten der Europäer.

Da die Khoisan unkooperativ blieben, litt die Kapsiedlung bald unter chronischem Arbeitskräftemangel. Ab 1657 entließ van Riebeeck VOC-Angestellte. Er gestattete ihnen die unabhängige Landbewirtschaftung, setzte so die Kolonisierung Südafrikas in Gang und hob damit auch die Buren aus der Taufe. Im Folgejahr begann er, aus Westafrika, Madagaskar, Indien, Ceylon, Malaysia und Indonesien Sklaven zu importieren. Als der Sklavenhandel 1807 zu einem Ende kam, waren etwa 60000 Sklaven zum Kap gebracht worden. Sie alle bildeten die Grundlage für den am Kap typischen und einzigartigen Mix aus Kulturen und Ethnien.

Die Siedlung wächst

Die Kolonisierung provozierte eine Reihe von Kriegen zwischen den Niederländern und den Khoisan weiter im Landesinnern, die den gut bewaffneten Europäern jedoch nicht gewachsen waren. Die Niederländer gestatteten zudem 1688 etwa 200 Hugenotten, französischen Calvinisten auf der Flucht vor religiöser Verfolgung, sich am Kap niederzulassen.

Es gab nur wenige Frauen in der Kolonie, und so wurden weibliche Sklaven und Khoisan-Frauen für Arbeit und Sex rücksichtslos ausgebeutet. Bald vermischten sich auch die Sklaven mit den Khoisan. Die Kinder dieser Verbindungen waren die Vorfahren der heutigen sogenannten farbigen Bevölkerung.

1647	1652	1660	1679
Die Mannschaft eines schiffbrüchigen niederländischen Schiffes errichtet ein Fort an der Table Bay – Vorbote einer ständigen niederländischen Siedlung am Kap.	Jan van Riebeeck, von der Niederländischen Ostindien-Kompanie (VOC) mit der Gründung eines Versorgungsstützpunkts auf dem Weg nach Indien beauftragt, trifft am 6. April ein.	Van Riebeeck pflanzt eine Hecke aus wilden Mandelbäumen, um seine Europäersiedlung vor den Khoisan zu schützen – ein Teil davon ist noch in den Kirstenbosch Botanical Gardens erhalten.	Simon van der Stel, Sohn eines VOC-Beamten und einer befreiten indischen Sklavin, trifft am Kap als Kommandeur ein. Zwei Jahre später wird er zum Gouverneur ernannt.

WER SIND DIE BUREN?

Südafrikas Afrikaans-Bevölkerung hat ihre Wurzeln in den ersten europäischen, insbesondere niederländischen Kapsiedlern. Die unabhängigeren von ihnen entfernten sich bald vom strikten Regime der Niederländischen Ostindien-Kompanie (Vereenigde Oost-Indische Compagnie) und zogen aufs Land. Sie waren die ersten Treckburen (wörtlich „umherziehende Bauern"), später kurz als Buren bezeichnet.

Die kompromisslos unabhängigen und von der Viehzucht lebenden Buren unterschieden sich nicht groß von den Khoisan, mit denen es bei der Kolonisierung des Landesinneren zu Konflikten kam. Viele Buren konnten nicht lesen und hatten außer der Bibel keine anderen Informationsquellen. Von den Europäern abgeschnitten, entwickelten sie eine eigene Kultur und Sprache, das Afrikaans, abgeleitet vom Jargon ihrer Sklaven.

Unter der nahezu totalen Kontrolle der VOC bot Kaapstad (der niederländische Name für Kapstadt) einen komfortablen europäischen Lebensstil für eine wachsende Anzahl von Handwerkern und Unternehmern, die ihre Dienste den Schiffen und deren Besatzung anboten. Mitte des 18. Jhs. lebten an die 3000 Menschen in dem zügellosen Hafen, der jedem Seefahrer, der zwischen Europa und dem Osten reiste, als „Taverne der Meere" bekannt war.

Die Briten ergreifen die Macht

Im Lauf des 18. Jhs. bröckelte die Weltmacht der Niederländer unter der Bedrohung des British Empire. Zwischen 1795 und 1806 war das Kap ein Spielball zwischen den beiden Kolonialmächten, auch die Franzosen waren kurz in das Machtspiel involviert.

Noch bevor die Kolonie am 13. August 1814 offiziell der britischen Krone übergeben wurde, hatten die Briten den Sklavenhandel abgeschafft. Im Jahr 1828 wurde den verbleibenden Khoisan ausdrücklich der Schutz durch das Gesetz zugesichert. Diese Ereignisse verstimmten die Afrikaander und führten zu einer Massenmigration von der Kapkolonie landeinwärts, die als der Große Treck in die Geschichte Südafrikas eingehen sollte.

Obwohl sie die Sklaverei abschafften, verabschiedeten die Briten neue Gesetze, die den Grundstein für eine ausbeuterische Arbeitsordnung legten, die sich letztendlich kaum von der Sklaverei unterschied. Tausende von enteigneten Schwarzen suchten Arbeit in der Kolonie. Sich dort aber ohne Ausweis oder Arbeit aufzuhalten, wurde zu einem Verbrechen erklärt. Ebenso galt es als ein Verbrechen, einen Job zu kündigen.

> In der ersten Hälfte des 19. Jhs., vor der Eröffnung des Suezkanals, machten britische Offiziere, die in Indien stationiert waren, Urlaub am Kap.

1699	1795	1806	1808
Van der Stel tritt in den Ruhestand, um sich um sein Gut Constantia zu kümmern, die Wiege des Weinanbaus am Kap. Sein Sohn Willem Adriaan wird sein Nachfolger.	Nach der siegreichen Schlacht von Muizenberg übernehmen die Briten die Kontrolle am Kap. Acht Jahre später bringt der Vertrag von Amiens die Niederländer zurück an die Macht.	Im Verlauf der Napoleonischen Kriege kehren die Briten zurück. Mit ihrem endgültigen Sieg in der Schlacht von Blouberg erobern sie das Kap für die britische Krone.	Die neue Regierung führt den Freihandel ein und schafft im Land den Sklavenhandel ab. Dennoch revoltieren Sklaven bei Malmesbury und Tygerberg und marschieren nach Kapstadt.

Wirtschaftsboom am Kap

Mit dem Freihandel gedieh Kapstadts Wirtschaft. Im Jahr 1854 wurde in Kapstadt ein repräsentatives Parlament gebildet, aber zum Schrecken der niederländischen und englischen Landwirte im Norden und Osten bestanden die britische Regierung und die Liberalen vom Kap auf einer ethnisch gemischten Wählerschaft (wenngleich mit finanziellen Auflagen, die die meisten Schwarzen und Farbigen ausschlossen).

Die Eröffnung des Suezkanals 1869 ließ den Schiffsverkehr am Kap dramatisch abnehmen, aber die Entdeckung von Diamanten und Gold im Zentrum Südafrikas in den 1870er- und 1880er-Jahren half Kapstadt, seinen Status als wichtigster Hafen des Landes aufrechtzuerhalten. Einwanderer strömten in die Stadt, und die Bevölkerung stieg von 33 000 im Jahr 1875 auf über 100 000 Menschen zur Jahrhundertwende.

Burenkrieg

Nach dem Großen Treck gründeten die Buren mehrere unabhängige Republiken, die größten waren der Oranje-Freistaat (die heutige Provinz Free State) und der Transvaal (heute die Northern Province, Gauteng und Mpumalanga).

Als die weltweit ergiebigste Goldader im Transvaal gefunden wurde (daneben entstand ein Dorf namens Johannesburg), passte es den Briten nicht, dass die Buren diesen Reichtum unter ihrer Kontrolle hatten, was 1899 zum Krieg führte. Die Buren waren zahlenmäßig unterlegen, aber ihre Zähigkeit und ihre Landeskenntnis führten dazu, dass sich der Krieg hinzog, bis 1902 die Briten schließlich siegten.

Kapstadt war nicht direkt in die Kämpfe verwickelt, aber es spielte eine Schlüsselrolle als Landungs- und Versorgungshafen für die halbe Million Soldaten, die für Großbritannien kämpften.

Südafrikanische Union

Nach dem Krieg unternahmen die Briten Schritte in Richtung Aussöhnung und schoben die Vereinigung der vier südafrikanischen Provinzen – der Republiken Kapprovinz (bis 1910 Kapkolonie), Natal, Oranje-Freistaat und Transvaal – zur Südafrikanischen Union an. Im Jahr 1910 wurde das Vereinigungsgesetz schließlich unterzeichnet. Auf dieser neuen staatsrechtlichen Grundlage war die Union immer noch britisches Hoheitsgebiet, stand jedoch unter lokaler Selbstverwaltung. Am Kap erhielten Schwarze und Farbige ein eingeschränktes Wahlrecht (bei dem nur Weiße Mitglieder des Landesparlaments werden konnten und wahlberechtigte Schwarze oder Farbige nur etwa 7 % ausmachten), in anderen Provinzen hatten sie jedoch gar keine Stimme.

1814	1834	1835	1849
Die Kapkolonie wird formal den Briten übertragen und ist damit nach Sierra Leone das zweite Besitztum des Empires in Afrika. Englisch ersetzt Afrikaans als offizielle Sprache.	Die nunmehr freigelassenen Sklaven Kapstadts gründen ihr eigenes Stadtviertel, das Bo-Kaap. Im selben Jahr wird auch Kapstadts Parlament gegründet.	Der Unmut der Afrikaander über die britische Herrschaft führt zum Großen Treck; um die 10 000 Familien machen sich auf, um ihren eigenen Staat zu gründen, und erschließen dabei das Landesinnere.	Damit das Kap keine Strafkolonie wird, verbietet Gouverneur Sir Harry Smith 282 britischen Gefangenen, das Schiff *Neptune* zu verlassen, und zwingt sie zur Weiterfahrt nach Tasmanien.

An der Spitze der ersten Regierung der neuen Union stand General Louis Botha mit General Jan Smuts als Stellvertreter an seiner Seite. In der City Bowl sind Statuen der beiden Staatsmänner zu finden. Ihre Südafrikanische Staatspartei (bekannt als Südafrikanische Partei oder SAP) verfolgte eine allgemein probritische Linie der Weißen Einheit.

Im Schatten der Apartheid

Im Jahr 1948 kam die National Party (NP), welche die Interessen der Afrikaander vertrat, mit dem Apartheidsgedanken an die Macht (wörtlich bedeutet Apartheid etwa „das Getrenntsein"). Nicht-Weiße durften nicht wählen, Mischehen wurden verboten, sexuelle Begegnungen zwischen verschiedenen Ethnien für illegal erklärt, und jede Person wurde nach Rasse klassifiziert. Der Group Areas Act wies jeder ethnischen Gruppe bestimmte Wohngebiete zu, und der Separate Amenities Act legte getrennte öffentliche Einrichtungen fest: getrennte Strände, Busse, Toiletten, Schulen und Parkbänke. Schwarze mussten ständig ihre Ausweise bei sich tragen, und es war ihnen verboten, ohne spezielle Genehmigung bestimmte Orte zu besuchen oder dort zu leben.

Erfundene Homelands

Im Jahr 1951 wurde ein System von sogenannten „Homelands" (Heimatländern) eingesetzt. Damit wuchs der Anteil von verfügbarem Land für Schwarze ganz sacht auf 13% an. Zu dieser Zeit bestand die Bevölkerung zu etwa 75% aus Schwarzen. Der Gedanke hinter den Homelands war, dass alle Gruppen von Schwarzen ein traditionell angestammtes Gebiet hätten, in das sie ursprünglich gehörten – und in dem sie nun bleiben sollten. Im Gebiet um Kapstadt galt die Regel, dass Farbige gegenüber Schwarzen bevorzugt werden mussten. Es durfte also kein Schwarzer einen Job bekommen, bevor nicht bewiesen war, dass es keinen Farbigen gab, der dafür geeignet war.

Der Plan ignorierte die große Zahl von Schwarzen, die nie in ihren „Heimatländern" gelebt hatten. Millionen Menschen, die seit Generationen in völlig anderen Gebieten gelebt hatten, wurden in öde, wirtschaftlich unproduktive Gegenden ohne Infrastruktur abgeschoben.

Die Homelands wurden als selbstverwaltete Staaten betrachtet, und es war geplant, dass aus ihnen unabhängige Länder werden sollten. Vier der zehn Homelands waren bereits nominell unabhängig, als die Apartheid abgeschafft wurde (obwohl die UN sie nicht als unabhängig anerkannten), und ihre Oberhäupter behielten ihre Macht mithilfe des südafrikanischen Militärs.

Das weiße Südafrika war derweil von billigen schwarzen Arbeitskräften abhängig, um die florierende Wirtschaft zu sichern. Deswegen

Nur einige Monate nach seiner Eröffnung im Jahr 1899 wurde das Mount Nelson Hotel während des Burenkriegs unter der Befehlsgewalt von Lord Roberts und Lord Kitchener zum Hauptquartier der britischen Armee umfunktioniert. Winston Churchill gewann das Hotel wieder zurück und ließ von hier aus Pressemitteilungen verschicken, nachdem er einem Gefangenenlager der Buren entkommen war.

1867	1869	1890	1899
Die Entdeckung des weltgrößten Diamantenvorkommens in Kimberley und des ebenfalls weltgrößten Goldvorkommens im Transvaal lässt Kapstadts Wirtschaft boomen.	Am 17. November wird der Suezkanal eröffnet, was den Schiffsverkehr rund um das Kap der Guten Hoffnung enorm einschränkt.	Der Minenmagnat Cecil Rhodes, Gründer von De Beers, wird zwei Jahrzehnte nach seiner Ankunft in Kapstadt im Alter von 37 Jahren der erste Premierminister der Kolonie.	Lord Kitchener nennt den Feldzug der Briten zur Machtgewinnung über die Burenrepubliken einen „Kaffeekränzchen-Krieg". Aber die Burenkriege werden drei Jahre lang unerbittlich ausgefochten.

wurde zahlreichen schwarzen „Gastarbeitern" die Rückkehr ins Land erlaubt. Wenn schwarze Personen aber keinen Ausweis und keinen Job hatten, kamen sie ins Gefängnis oder wurden zurück in ihre Homelands geschickt. Auf diese Weise wurden zahllose schwarze Gemeinschaften und Familien auseinandergerissen, und verständlicherweise zog es auch Menschen ohne Arbeit in Städte wie Kapstadt, um ihren Ehepartnern oder Eltern nahe zu sein.

Weil aber keine neuen Wohnhäuser für Schwarze gebaut wurden, schossen in den sandigen Ebenen östlich von Kapstadt illegale Hüttensiedlungen wie Pilze aus dem Boden. Die Regierung machte die Baracken mit Bulldozern dem Erdboden gleich, und die Bewohner wurden in die Homelands vertrieben. Nach einigen Wochen standen an derselben Stelle natürlich wieder neue Hütten.

Mandela im Gefängnis

Im Jahr 1960 organisierten der African National Congress (ANC) und der Pan-African Congress (PAC) Märsche gegen die verhassten Passgesetze. Diese zwangen Schwarze und Farbige dazu, Ausweise mit sich zu führen, die ihnen den Aufenthalt in bestimmten Gebieten erlaubten. In Langa und Nyanga in den Cape Flats tötete die Polizei fünf Demonstranten. Die Massaker von Sharpeville in Gauteng ereigneten sich zur gleichen Zeit und führten zum Verbot von ANC und PAC.

Die Reaktion war ein Haftbefehl für Nelson Mandela und andere Anführer des ANC. Mitte 1963 wurde Mandela gefangen genommen und im Prozess zu lebenslänglicher Haft auf Robben Island verurteilt.

Jahrzehntelang versuchte die Regierung, Barackensiedlungen wie Crossroads auszumerzen, in denen sich der schwarze Widerstand gegen das Apartheidsregime konzentrierte. Gewalttätige Räumungen und Ermordungen zeigten keine Wirkung. Die Regierung war gezwungen, die unabänderliche Sachlage zu akzeptieren, und begann damit, die Lebensbedingungen zu verbessern. Seither haben sich riesige Townships in den Cape Flats ausgebreitet. Niemand weiß genau, wie viele Menschen dort leben, aber schätzungsweise sind es 1,5 Mio.

Die Farbigen

Die Teile-und-herrsche-Taktik des Apartheidsregimes, die darin bestand, Farbige Schwarzen vorzuziehen, schürte die Feindseligkeit, die auch heute noch zwischen diesen Gruppen am Kap zu spüren ist. Doch litten auch Farbige unter der Apartheid, etwa die Bewohner des Armenviertels in der Innenstadt, dem District Six, der 1966 zum weißen Gebiet erklärt wurde. 50 000 Menschen, darunter ganze Familien, die fünf Generationen hier gelebt hatten, wurden nach und nach in die öden

Die Niederländische Reformierte Kirche rechtfertigte die Apartheid mit religiösen Gründen. Sie behauptete, Rassentrennung sei gottgewollt: Das *Volk* (damit waren natürlich nur die Afrikaander gemeint) habe eine heilige Mission, die Reinheit der weißen Rasse in ihrem gelobten Land zu bewahren.

1902	März 1902	1910	1914
Die Beulenpest gelangt mit einem Schiff aus Argentinien nach Kapstadt – für die Regierung ein Vorwand zur Rassentrennung; 6000 Schwarze werden in die Cape Flats abgeschoben.	Rhodes stirbt in Muizenberg; die Stadt erbt sein riesiges Anwesen, auf dem die University of Cape Town und die Kirstenbosch Botanical Gardens entstehen.	Die britischen Kolonien und die alten Burenrepubliken werden in der Südafrikanischen Union zusammengeführt. Kapstadt wird Parlamentssitz.	Die anhaltende Bitterkeit über den Burenkrieg und die Abneigung der Afrikaander, mit Schwarzen und Farbigen um schlecht bezahlte Jobs zu konkurrieren, führt zur Gründung der National Party.

Außenbezirke der Cape Flats wie Athlone, Mitchell's Plain und Atlantis abgeschoben. Freunde, Nachbarn und Verwandte wurden getrennt. Bulldozer rissen der Stadt mit dem Vielvölkermix das Herz heraus, und in den Townships schlossen sich deprimierte, desillusionierte Jugendliche zunehmend Gangs an und wurden kriminell.

NELSON MANDELA

Nelson Rolihlahla Mandela, einer der weltweit größten Führungspersönlichkeiten, wurde am 18. Juli 1918 im Dorf Mveso am Mbashe River geboren. Nach seinem Studium an der Universität Fort Hare (Ostkap) brach der Sohn der dritten Frau eines Xhosa-Häuptlings nach Johannesburg auf und setzte sich dort durch seine Qualifikation als Rechtsanwalt über Armut und Vorurteile gegenüber Schwarzen hinweg. Zusammen mit seinem Freund Oliver Tambo gründete er die erste schwarze Anwaltskanzlei Südafrikas.

Im Jahr 1944 bildete Mandela mit Tambo und Walter Sisulu als engste Verbündete die ANC-Jugendliga. Während der 1950er-Jahre stand Mandela im Vordergrund der ANC-Kampagnen für zivilen Ungehorsam, was 1952 zu seiner Verhaftung führte. Es kam zum Prozess, und er wurde freigesprochen. Nachdem infolge des Sharpeville-Massakers ein ANC-Verbot verhängt worden war, operierte Mandela als Anführer des militärischen Arms des ANC, dem Umkhonkto we Sizwe (dt. „Speer der Nation") aus dem Untergrund weiter. 1964 wurde gegen Mandela wegen Sabotage und des Anfachens einer Revolution Anklage erhoben. Seine Verteidigungsrede im berühmten Rivonia-Prozess erhielt die Aufmerksamkeit einer breiten Öffentlichkeit. Trotz hervorragender Argumentation in eigener Sache wurde er zu lebenslanger Haft verurteilt. Die ersten 18 Jahre seiner Haftstrafe büßte er in dem berühmt-berüchtigten Gefängnis Robben Island ab, später wurde er auf das Festland verlegt.

Während seiner gesamten Haftzeit beharrte Mandela auf seiner kompromisslosen Verweigerung, seine politischen Überzeugungen im Tausch gegen die Freiheit aufzugeben; denn nur ein freier Mann war seiner Auffassung nach auch verhandlungsfähig. Kurz nach seiner Entlassung im Februar 1990 wurde Mandela 1991 zum Präsidenten des ANC gewählt. 1993 wurde Mandela zusammen mit FW de Klerk der Friedensnobelpreis verliehen, und gleich im darauffolgenden Jahr wurde er im Zuge freier Wahlen zum Präsidenten Südafrikas gewählt. 1997 trat Mandela – bzw. Madiba, wie sein traditioneller Xhosa-Name lautet – aus seinem ANC-Präsidentenamt zurück, wurde jedoch weiterhin als „Elder Statesman" verehrt. Am 5. Dezember 2013 starb Nelson Mandela im Alter von 95 Jahren an einer hartnäckigen Atemwegsinfektion.

Sein weit über die Landesgrenzen hinaus nachhallendes Vermächtnis verdankt Madiba der Tatsache, dass sich sein Erfolg auf unbeirrbarer Entschlossenheit, Großmut und dem Verzicht auf Rache gründet. Sein Geschenk an Südafrika war die bedeutende Rolle, die er in einem durch Rassendiskriminierung zerrissenen Land als Friedensbringer und Versöhnungsbotschafter einnahm.

1923	**1939**	**1940**	**1948**
Der Black Urban Areas Act verbietet Schwarzen, Kapstadts Innenstadt zu betreten. Drei Jahre später wird die gefängnisartige Siedlung Langa zur ersten geplanten Township für Schwarze.	Die Felsspitze der Halbinsel wird als Cape of Good Hope Nature Reserve unter Naturschutz gestellt. 60 Jahre später wird ein weiterer Nationalpark auf der Kaphalbinsel geschaffen.	Kapstadts Pier von 1925 wird für ein Landgewinnungsprojekt abgerissen, durch das sich die Stadt 2 km vom Stadtteil Strand in die Table Bay erstreckt. Der Stadtteil Foreshore entsteht.	Die National Party kommt an die Regierung. Farbigen wird am Kap das Stimmrecht entzogen (Schwarze durften seit 1910 nicht wählen), und die Apartheid beginnt.

Die muslimische Farbigengemeinde des Bo-Kaap am nordöstlichen Rand von Signal Hill hatte mehr Glück. Der Bezirk mit Kapstadts erster Moschee (die Auwal Mosque in der Dorp Street stammt aus dem Jahr 1798) war einst als Malay Quarter (Malaienviertel) bekannt: Hier lebten viele der importierten Sklaven aus den ersten Tagen der Kapkolonie mit ihren Besitzern.

Im Jahr 1952 wurde das gesamte Viertel Bo-Kaap unter den Bestimmungen des Group Areas Act zum Farbigengebiet erklärt. Es kam zu Zwangsräumungen, aber die Einwohner des Viertels, das etwas homogener war als der District Six, rückten näher zusammen. Auf diese Weise entschieden sie den Kampf um ihre Häuser erfolgreich für sich. Viele davon wurden in den 1960er-Jahren unter Denkmalschutz gestellt und entgingen dadurch den Bulldozern.

Der Weg zur Demokratie

Im Jahr 1982 wurde Nelson Mandela mit anderen Anführern des ANC von Robben Island nach Kapstadt ins Pollsmoor-Gefängnis verlegt (1986 suchten dann hochrangige Politiker heimlich das Gespräch mit ihnen). Zeitgleich wurden die Razzien des Militärs in den Townships noch unerbittlicher.

Anfang 1990 begann Präsident F. W. de Klerk damit, diskriminierende Gesetze aufzuheben, und der ANC, PAC sowie die Kommunistische Partei wurden legalisiert. Am 11. Februar 1990 sah die Welt mit Staunen zu, wie eine lebende Legende das Victor-Verster-Gefängnis nahe Paarl verließ. Später am selben Tag hielt Nelson Mandela seine erste öffentliche Rede, seit er 27 Jahre zuvor inhaftiert worden war, und die Zuhörer drängten sich auf dem völlig überfüllten Grand Parade in Kapstadt, um sie zu hören.

Seither wurden praktisch alle Vorschriften des alten Apartheidsregimes außer Kraft gesetzt. Ende 1991 nahm die Convention for a Democratic South Africa (Codesa) Verhandlungen zur Bildung einer multiethnischen Übergangsregierung und einer neuen Verfassung auf, die allen ethnischen Gruppen politische Rechte garantierte. Zwei Jahre später wurden ein Kompromiss erreicht und ein Wahltermin festgelegt. Der Frust über die Wartezeit führte in dieser Zeit zu Ausbrüchen politischer Gewalt im ganzen Land, mitunter von der Polizei und der Armee ausgelöst.

Trotzdem verlief die 1994 abgehaltene Wahl erstaunlich friedlich. Der ANC bekam insgesamt 62,7% der Stimmen. Die Mehrheit der farbigen Bevölkerung in Westkap wählte hingegen die NP als Provinzregierung. Anscheinend war ihnen das bereits bekannte Übel lieber als der ANC.

Das Sunday Times Heritage Project (www.sthp.saha.org.za) ist ein Internetforum, das sich für die Zusammenarbeit zwischen der Sunday Times und dem Unabhängigen Südafrikanischen Menschenrechtsarchiv (SAHO: South African History Online) engagiert. Dazu gehört eine detaillierte Übersichtskarte, die zahlreiche Geschichten prominenter südafrikanischer Aktivisten des 20. Jahrhunderts aufgreift.

Mehr über die TRC ist nachzulesen im preisgekrönten Bericht *Country of My Skull* der Journalistin und Dichterin Antjie Krog.

1951	1964	1966	1976
Die Regierung verabschiedet im Rahmen ihrer Politik der Rassentrennung ein Gesetz zur Schaffung von „Homelands" für die schwarze Bevölkerung.	Nach dem Rivonia-Prozess entgehen Nelson Mandela, Walter Sisulu und andere der Todesstrafe. Sie werden jedoch zu lebenslanger Haft auf Robben Island in der Table Bay verurteilt.	Der District Six wird zum „weißen Gebiet" erklärt. 50 000 Menschen, deren Familien hier über Generationen hinweg gelebt haben, werden in die Cape Flats umgesiedelt.	Schüler in Langa, Nyanga und Gugulethu demonstrieren gegen die zwangsweise Einführung von Afrikaans als Unterrichtssprache. 128 Menschen werden getötet und 400 verletzt.

Wahrheits- und Versöhnungskommission

Eine der ersten Amtshandlungen der neuen ANC-Regierung war es, die Wahrheits- & Versöhnungskommission (Truth & Reconciliation Commission, TRC) einzusetzen, um die Verbrechen aus der Ära der Apartheid öffentlich zu machen. Diese Institution handelte nach Erzbischof Desmond Tutus Wahlspruch: „Ohne Vergebung gibt es keine Zukunft, aber ohne Geständnis kann es keine Vergebung geben." Zahllose Geschichten von furchtbarer Brutalität und Ungerechtigkeit hörte die Kommission während ihres fünfjährigen Bestehens und half damit einzelnen Personen wie auch Gemeinden, ihre quälende Vergangenheit aufzuarbeiten.

Die TRC ermöglichte es den Opfern, ihre Geschichten zu erzählen, und Straftätern, ihre Schuld zu gestehen. Straferlass wurde jenen gewährt, die alles gestanden. Personen, die nicht vor der Kommission erschienen, wurden strafrechtlich verfolgt, wenn ihre Schuld bewiesen werden konnte. Obwohl einige Soldaten, die Polizei und „normale" Bürger ihre Vergehen eingestanden haben, ist es unwahrscheinlich, dass diejenigen, die die Befehle gaben und die Politik bestimmten, jemals antreten werden (auch der frühere Präsident P. W. Botha gehört zu denen, die nicht erschienen sind). Beweismaterial gegen sie zu sammeln, hat sich als außerordentlich schwierig erwiesen.

Südafrikas Verfassung gehört zu den aufgeklärtesten der Welt. Abgesehen vom Verbot von Diskriminierung in praktisch jeglichem Bereich garantiert sie u. a. Rede- und Religionsfreiheit und das Recht auf angemessenen Wohnraum, medizinische Versorgung und Grundausbildung für Erwachsene.

DESMOND TUTU

Wenige Persönlichkeiten in Südafrikas Kampf gegen Apartheid sind so präsent wie Desmond Mpilo Tutu, der ehemalige Anglikanische Erzbischof von Kapstadt, heute im Ruhestand. Tutu, geboren 1931 in Klerksdorp, Transvaal (heute Nordwestprovinz) wurde nach seinen bescheidenen Anfängen zum international anerkannten Aktivisten. Während der Apartheid-Ära war Tutu ein vehementer Befürworter wirtschaftlicher Boykotts und internationaler Sanktionen gegen Südafrika. Nach dem Niedergang des Apartheidsregimes führte Tutu den Vorsitz der Südafrikanischen Wahrheits- und Versöhnungskommission, eine Erfahrung, die er in seiner Zeitchronik *No Future Without Forgiveness* (dt. „Keine Zukunft ohne Vergebung") beschreibt.

Gestern wie heute ist Tutu ein unermüdlicher moralischer Botschafter der südafrikanischen Sache. Seit jeher ist er ein freimütiger Kritiker der ANC-Regierung und liest ihr in punkto Armutsbekämpfung, Korruption und Aids-Krise die Leviten. Neben dem Friedensnobelpreis wurden Tutu auch der Gandhi-Friedenspreis sowie zahlreiche andere Auszeichnungen verliehen. Der Begriff „Regenbogennation", den er für das Südafrika nach der Apartheid-Ära geprägt hat, wird in der Regel mit ihm in Verbindung gebracht.

1982 Mandela und andere führende ANC-Mitglieder werden von Robben Island ins Pollsmoor-Gefängnis in Tokai verlegt, was diskrete Kontakte zwischen ihnen und der National Party ermöglicht.

1986 Etwa 70 000 Menschen werden aus ihren Häusern vertrieben und Hunderte getötet, als die Regierung versucht, die illegalen Siedlungen Nyanga und Crossroads in den Cape Flats zu räumen.

1989 Präsident P. W. Botha erleidet einen Schlaganfall. Nachfolger wird F. W. de Klerk, der die Geheimverhandlungen fortsetzt, die zur Legalisierung von ANC, PAC und Kommunistischer Partei führen.

1990 Mandela wird aus dem Victor-Verster-Gefängnis in Paarl entlassen und hält vom Balkon des alten Rathauses von Kapstadt seine erste öffentliche Rede seit 27 Jahren.

Aufstieg, Fall und Wiederaufstieg von Pagad

Das Regierungsvakuum zwischen Mandelas Haftentlassung und der Wahl einer demokratischen Regierung versetzte Kapstadt in eine wackelige soziale Lage. In den frühen 1990er-Jahren wurden Drogen und Kriminalität zu einem solchen Problem, dass die Gemeinden die Sache in die eigene Hand nahmen. Im Jahr 1995 entstand die Initiative „People against Gangsterism and Drugs" (Pagad), ein Ableger der islamischen Organisation Qibla. Die Gruppe verstand sich als Beschützer der Farbigen gegen korrupte Polizisten und Drogenbosse, die es zuließen, dass Gangs die Townships der Farbigen kontrollierten.

Zunächst tolerierte die Polizei Pagad, aber die Bürgerwehrtaktiken erwiesen sich 1996 mit dem grauenhaften (im Fernsehen ausgestrahlten) Tod des Verbrechers Rashaad Staggie als vollkommen inakzeptabel. Ein Lynchmob setzte den Kriminellen erst in Brand und schoss dann wiederholt auf den Sterbenden. Andere Anführer von Gangs wurden getötet, aber die Sorge der Kapstädter erreichte ihren Höhepunkt, als überall in der Stadt Bomben hochgingen, von denen einige vermutlich von radikalen Pagad-Mitglieder gelegt wurden. Der schlimmste Vorfall ereignete sich 1998, als eine Explosion im Restaurant Planet Hollywood an der Waterfront eine Frau tötete und 27 Menschen verletzte. Im September 2000 wurde der vorsitzende Richter in einem Verfahren gegen Pagad-Mitglieder aus einem vorbeifahrenden Auto heraus erschossen.

Der Pagad-Anführer Abdus Salaam Ebrahim wurde 2002 für seine Gewalttaten zu sieben Jahren Haft verurteilt. Die Verantwortlichen für die Bombenanschläge in Kapstadt wurden jedoch nie überführt. Die muslimische Bürgerwehr Pagad wurde für eine gewisse Zeit von der Regierung zur Terrororganisation erklärt. 2009 jedoch startete die Vereinigung als „neue Pagad" eine Comeback-Offensive, ging aber immer noch mit den gleichen Methoden vor wie die alte (kriminelle) Vorgängervereinigung. In einem Akt der Selbstjustiz fiel ein Trupp bei verdächtigen Drogendealern zu Hause ein und forderte sie auf, ihre Aktivitäten einzustellen. 2013 wurden gegen Ebrahim mehrere Mordanklagen erhoben. Nach dem Massaker an drei Tansaniern (angeblich Drogendealer) in Kapstadt war er verhaftet worden.

Mehr über Mandela

Der lange Weg zur Freiheit (Nelson Mandela)

Nelson Mandela (Anthony Sampson)

The Long Walk of Nelson Mandela (www.pbs.org/ wgbh/pages/ frontline/shows/ mandela)

Nelson Mandela Foundation (www.nelson mandela.org)

Allianzen entstehen

Im Jahr 1999, zwei Jahre nachdem Nelson Mandela von seinem Posten als ANC-Präsident zurückgetreten und von seinem Vertreter Thabo Mbeki abgelöst worden war, fanden in Südafrika die zweiten freien Wahlen statt. Landesweit gewann der ANC an Stimmen und kam bis

1994	1998	2002	2004
Nach demokratischen Wahlen löst Nelson Mandela F. W. de Klerk mit den Worten „Jetzt ist die Zeit, alte Wunden zu heilen und ein neues Südafrika aufzubauen" als Präsident ab.	Nach drei Jahren emotional schmerzlicher Aussagen verkündet die Wahrheits- & Versöhnungskommission in Kapstadt ihren Urteilsspruch und verurteilt beide Seiten des Freiheitskampfs.	Die Kapstädter wählen ihre erste schwarze Bürgermeisterin, Nomaindia Mfeketo. Die New National Party (NNP) verlässt die Democratic Party (DP), um sich mit dem ANC zusammenzutun.	Ebrahim Murat, 87, und Dan Mdzabela, 82, beziehen ihr neues Heim im District Six. Sie wollen sich wie Tausende von Rückkehrern im einst abgerissenen Viertel ein neues Leben aufbauen.

auf einen Sitz an die Zweidrittelmehrheit heran, die er zur Änderung der Verfassung benötigt hätte. Ein zwischen der alten NP (neu aufgelegt als New National Party, kurz NNP) und der Democratic Party (DP) für die Gründung der Democratic Alliance (DA) geschlossener Pakt brachte diesen aber in Westkap den Sieg, sowohl bei den Provinz- als auch bei den großstädtischen Wahlen.

Im Jahr 2002 verschob sich die politische Landschaft massiv, als die NNP mit dem ANC fusionierte. Das führte dazu, dass der ANC auch in Kapstadt die Oberhand gewann und die Stadt mit Nomaindia Mfeketo erstmals eine Schwarze als Bürgermeisterin bekam. Zwei Jahre danach verzeichnete der ANC bei den Landes- und Provinzwahlen gleichermaßen Triumphe, und Ebrahim Rasool – ein praktizierender Muslim, dessen Familie aus dem District Six vertrieben worden war, als er zehn Jahre alt war – wurde Ministerpräsident von Westkap.

Es war völlig klar, dass die meisten Stimmen aus den Cape Flats kamen, daher schwor der vom ANC geführte Stadtrat, das Los der Township-Bewohner zu verbessern. Maßnahmen sollten eine optimierte Infrastruktur in den „wilden" Siedlungen und mehr Investitionen in sozialen Wohnungsbau sein, etwa das N2 Gateway Project. Projekte zur Stadterneuerung wurden auch für Mitchell's Plain angekündigt, einen der sozial benachteiligten Stadtteile der Farbigen, der wie viele Cape-Flat-Siedlungen vom mörderischen Drogenhandel gezeichnet ist. Als besonders tödlich hat sich die rasante Zunahme der Methamphetaminsucht erwiesen, ein Stoff, der vor Ort als „tik" bekannt ist.

Fremdenhass & Fußball

Die Democratic Alliance (DA) ist in Kapstadt seit 2006 an der Macht, in der Provinz Westkap seit 2009. Angesichts der harten wirtschaftlichen, sozialen und gesundheitlichen Probleme hatte dieser politische Zirkus für die ärmsten Kapstädter wenig Bedeutung. Im Mai 2008 kochte der Unmut in den Townships über, angefacht von Spitzenpreisen für Nahrungsmittel und Benzin. Es kam zu einer Serie furchtbarer fremdenfeindlicher Übergriffe auf die schutzlosesten Mitglieder der Gesellschaft – Einwanderer sowie politische und Kriegsflüchtlinge. Als etwa 30 000 Menschen in Panik flohen, versammelte sich die große Mehrheit der Kapstädter, um ihnen zu helfen.

Trotz der Kontroversen um Lage und Kosten des neuen Cape Town Stadium schlossen sich die verschiedenen Lager der Stadt zusammen, um die FIFA-Weltmeisterschaft 2010 auszurichten. Das Ereignis wurde als großer Erfolg bewertet. Aber angesichts der weltweiten Rezession und der sozialen Probleme fragten sich manche Kapstädter, ob das Geld nicht besser hätte ausgegeben werden können.

2008	**2010**	**2013**	**2014**
Afrikanische Immigranten sind das Ziel ausländerfeindlicher Gewalttätigkeiten in den Townships des Kaps. Über 40 Menschen werden getötet und 30 000 aus ihren Häusern vertrieben.	Fußballfieber ergreift Kapstadt. Über 60 000 Zuschauer verfolgen die Spiele der WM im neuen Cape Town Stadium und Hunderttausende auf den Straßen.	Die „Mutterstadt" vereint die Nation in der Trauer um den Tod Nelson Mandelas; hier ist Madibas Gesicht zu sehen, mit Laserlicht großflächig auf den Tafelberg projiziert.	Als Weltdesignhauptstadt plant und realisiert Kapstadt Projekte nach dem Motto „Lebe Design, verändere das Leben" und erweitert das Streckennetz der MyCiTi-Buslinien.

ZILLE & DE LILLE

Helen Zille (Zilla ausgesprochen, daher ihr Spitzname „Godzille") und Patricia de Lille sind ein dynamisches Zweiergespann an der Spitze der Kapstädter Politik. Zille war ab 2006 für drei Jahre Bürgermeisterin von Kapstadt, und ihr wurde die internationale Auszeichnung World Mayor verliehen. Im Mai 2009 wurde sie zur Premierministerin der Provinz Westkap gewählt. Sie war zwischen 2007 und 2015 auch die Vorsitzende der offiziellen Oppositionspartei auf Landesebene, der Democratic Alliance (DA).

Die in Johannesburg geborene Zille (eine Großnichte des Berliners Heinrich Zille) begann 1974 ihre Karriere als Journalistin. In dieser Zeit deckte sie die Umstände um den Tod des Freiheitskämpfers Steve Biko in Polizeigewahrsam auf. Als Bürgermeisterin und Provinzpremier hat sie die Bürger mit ihrem nüchternen und pragmatischen Regierungsstil beeindruckt (und manchmal zur Weißglut gebracht) und furchtlos heikle Probleme wie Drogen und Bandenwesen, Teenagerschwangerschaften und die Vorbeugung gegen HIV/Aids-Übertragung in Angriff genommen.

De Lille war im Lauf ihrer politischen Karriere nicht weniger hitzig und kontrovers. Sie begann als Gewerkschaftsvertreterin in ihrer Heimatstadt Beaufort West und war schließlich zeitweilige Vorsitzende der Independent Democrats (ID) und Aktivistin für die Aufdeckung eines dubiosen Waffenhandels, der der Führung des ANC noch immer anhängt. Die ID schlossen sich 2010 mit der DA zusammen. Im Jahr 2011 wurde de Lille zur Bürgermeisterkandidatin ernannt und im selben Jahr in das Amt gewählt.

Wahlen 2014

Vor den National- und Provinzwahlen 2014 herrschte landauf, landab große Enttäuschung über die gescheiterte Innenpolitik und die Machtlosigkeit gegenüber Korruption, Kriminalität und der problematischen Grundversorgung ärmerer Gemeinden; all dies nährte den Wunsch nach Wandel. Ein Nutznießer der kritischen Lage war der politische Unruhestifter Julius Malema, Parteichef der „Ökonomischen Freiheitskämpfer" (Economic Freedom Fighters, kurz EFF). Auf nationaler Ebene gewann der Afrikanische Nationalkongress (ANC) ohne Not mit 62,1 % (gegenüber 65,9 % in 2009), während die Demokratische Allianz (DA) mit 22,2 % hoffnungslos hinterherhinkte. Hingegen blieb die DA in der Provinz Westkap mit einer Stimmenmehrheit von 59,4 % gegenüber dem ANC (nur 32,9 %) weiter an der Macht. Gegenwärtig fährt der ANC im Wahlkampf für die nächsten Regionalwahlen 2016 alle Geschütze auf, aber Patricia de Lille, Bürgermeisterin von Kapstadt seit 2011, und ihre DA-Mitstreiterin Helen Zille, Premierministerin der Provinz Westkap, sind beide mit Blick auf die Erfolgsbilanz ihrer Partei ziemlich zuversichtlich, dass sie weiterhin die Provinz und die Stadt regieren werden.

Menschen & Kulturen

Kapstadts spezieller Völkermix unterscheidet sich deutlich von dem im restlichen Südafrika. Von den 3,1 Mio. Einwohnern sind über die Hälfte Farbige, etwa ein Drittel sind Schwarze, während der Rest aus Weißen und einigen anderen Ethnien besteht; und dies ist erst der Ausgangspunkt für den reichen Mix an Kulturen, die hier zusammenleben.

Ethnische Gruppen

Viele Menschen finden die alten Rassenbezeichnungen der Apartheid – „weiß", „schwarz", „farbig" und „indisch" – zwar unzumutbar und wollen sich von den damit verbundenen Stereotypen distanzieren, aber tatsächlich werden die Bezeichnungen in Südafrika gemeinhin noch verwendet, meist ohne Groll oder Verbitterung.

Farbige

Farbige, teils auch bekannt als Kapfarbige oder Kapmalaien, sind seit Langem Südafrikaner. Viele ihrer Vorfahren wurden als Sklaven in die noch junge Kapkolonie verschleppt, andere waren jedoch politische Gefangene und Exilanten aus Niederländisch-Indien. Die Sklaven kamen auch aus Indien und anderen Teilen Afrikas, aber ihre Lingua franca war Malaiisch (zu der Zeit eine wichtige Handelssprache), daher auch die Bezeichnung Kapmalaien.

Viele Farbige gehören dem Islam an. Die muslimische Kultur am Kap konnte sich seit Jahrhunderten behaupten und hat den schlimmsten Übergriffen durch die Apartheid standgehalten. Viele Sklaven, die mit den Holländern ins Landesinnere zogen, verloren dagegen nach und nach ihre Religion und ihre kulturellen Wurzeln, und ihnen erging es sehr viel schlechter. Dennoch sind fast alle Farbigen der Provinzen Westkap und Nordkap durch das Afrikaans verbunden, die einzigartige Sprache, die sich durch den Austausch zwischen Sklaven und Holländern vor 300 Jahren entwickelt hat.

Viele Südafrikaner verstehen sich selbst stolz als Schwarze, Weiße oder Farbige – es gibt beispielsweise schwarze Südafrikaner, die sich lieber als Schwarze bezeichnen denn als Südafrikaner oder Afrikaner (was der vom African National Congress bevorzugte Ausdruck für alle Menschen ist, die einen afrikanischen, indischen oder gemischtrassigen Ursprung haben).

Der Cape Town Minstrel Carnival

Der in der Öffentlichkeit sichtbarste nichtreligiöse Ausdruck der kulturellen Identität der Farbigen ist heute der ausgelassene Cape Town Minstrel Carnival. Diese Parade, in Afrikaans auch als Kaapse Klopse bekannt, ist ein lautes, fröhliches und chaotisches Treiben von manchmal über 1000 Mitglieder zählenden Gruppen, deren Kostüme aus Satin, Pailletten und Glitter in allen Farben leuchten.

Das Festival stammt aus der frühen Kolonialzeit, als Sklaven am Tag nach Neujahr einen freien Tag bekamen. Aber seine heutige Form verdankt der Karneval dem Besuch amerikanischer Minstrelmusiker im späten 19. Jh., daher die bemalten Gesichter, die bunten Kostüme und die frechen Lieder und Tänze. Die überwiegende Mehrheit der Teilnehmer sind Farbige.

Obwohl der Karneval ein fester Bestandteil des Kapstädter Kalenders ist, gab es doch große Kontroversen wegen der Finanzierung sowie aufgrund von Zusammenstößen zwischen rivalisierenden Karnevalsorganisationen und Vorwürfen krimineller Verwicklungen. Das Fest war auch stets eine Art Machtdemonstration der Farbigen: Weiße, die sich in der Zeit der Apartheid die Parade anschauten, mussten damit rechnen, dass man ihnen die Gesichter mit Schuhcreme schwärzte. Noch heute entsteht während des Festes der Eindruck, die Leute aus den Cape Flats würden die Stadt in Besitz nehmen.

Schwarze

Auch wenn die meisten Schwarzen in Kapstadt Xhosa aus der Provinz Ostkap sind, stellen diese doch nicht die einzige schwarze Gruppierung in der Stadt. Kapstadts Wirtschaft hat Menschen aus ganz Südafrika angelockt, auch einige Einwanderer vom Rest des Kontinents. Viele Parkplatzwächter, Markthändler und Kellner in Restaurants kommen aus Simbabwe, Nigeria, Mosambik und anderen Ländern Afrikas.

Die Xhosa sind keine homogene Gruppe, sondern bilden zahlreiche Clans und Untergruppen. Innerhalb der Gruppe der Schwarzen gibt es auch wirtschaftliche Unterschiede sowie unterschiedliche Subkulturen, etwa die Rastafari-Gemeinschaft im Stadtteil Marcus Garvey der Township Philipi.

Weiße

Bei den Weißen gibt es hier sehr spezifische kulturelle Unterschiede, abhängig davon, ob es sich um Nachkommen der Buren oder der Briten

UMGANG MIT RASSISMUS

Kulturelle Apartheid gibt es noch immer in Südafrika. In gewisser Weise ersetzt finanzieller Status die Rassendiskriminierung; die meisten Besucher haben also automatisch einen hohen Status. Es gibt aber noch immer viele Menschen, die eine bestimmte Hautfarbe mit einer bestimmten Geisteshaltung verbinden oder sie gar als minderwertig einschätzen.

Das ständige Gewahrsein der Rassenzugehörigkeit, selbst wenn es nicht zu Problemen führt, ist eine nervige Begleiterscheinung bei Südafrikareisen, egal welche Hautfarbe man hat. Rassendiskriminierung ist verboten, aber es ist unwahrscheinlich, dass die überarbeitete und unzureichend ausgestattete Polizei Beschwerden viel Aufmerksamkeit schenken wird. Tourismusbehörden sind da wahrscheinlich etwas empfänglicher. Wer an einem der von uns erwähnten Orte Rassismus erlebt, sollte es uns wissen lassen.

Afrikaner

Wer afrikanische Wurzeln hat, kann immer noch rassistisches Verhalten einiger Weißer und Farbiger erleben. Mit einer engen Verbundenheit mit schwarzen Südafrikanern ist auch nicht zu rechnen. Die einheimischen Völker Südafrikas bilden sehr unterschiedliche und bisweilen feindliche kulturelle Gruppen.

Inder

Auch wenn Inder während der Apartheid von den Weißen diskriminiert wurden, sahen Schwarze in ihnen Kollaborateure. Wer also indischer Abstammung ist, könnte auf unterschwellige Feindseligkeiten von Schwarzen und Weißen treffen.

Asiaten

Ostasiaten waren ein Problem für das Apartheidsregime – Japanern wurde ein Status als „Ehrenweiße" zuerkannt, aber Chinesen galten als Farbige. Grobe Stereotypisierung und kulturelle Ignoranz sind wahrscheinlich die größten zu erwartenden Unannehmlichkeiten.

und anderer späterer Einwanderer aus Europa handelt. Die Geschichte der Buren, die von geografischer Isolation und oft selbst gewählter kultureller Abschottung geprägt war, hat ein Volk hervorgebracht, das oft als „weißer Stamm Afrikas" bezeichnet wird.

Afrikaans, die einzige germanische Sprache, die sich außerhalb Europas entwickelt hat, ist zentraler Bestandteil der Afrikaander-Identität, hat aber gleichzeitig dazu beigetragen, ihre Isolation von der Außenwelt zu verstärken. Afrikaans ist in den nördlichen Stadtgebieten Kapstadts und in den ländlichen Orten am Kap viel öfter zu hören, vor allem rund um Stellenbosch mit seiner berühmten Afrikaans-Universität.

Die meisten anderen weißen Kapstädter haben britische Vorfahren. Kapstadt als langjähriger Sitz britischer Macht ist nicht so stark von den Afrikaandern beeinflusst wie andere Landesteile. Die liberalen Weißen Kapstadts wurden von den konservativen Weißen während der Apartheid mit großem Argwohn betrachtet.

Religion

Islam

Der Islam kam mit den Sklaven, die von den Niederländern vom indischen Subkontinent und aus Indonesien nach Kapstadt gebracht wurden. Obwohl die Religion bis 1804 in der Kolonie nicht offen praktiziert werden konnte, entwickelte sich aufgrund einflussreicher und charismatischer politischer und religiöser Figuren unter den Sklaven ein großer Zusammenhalt in der muslimischen Gemeinschaft am Kap. Einer dieser politischen Dissidenten war der Imam Abdullah Ibn Qadi Abdus Salaam aus Tidore (heute in Indonesien), allgemein bekannt als Tuan Guru, der 1780 nach Robben Island ins Exil geschickt und 13 Jahre später in Cape Town freigelassen wurde. Vier Jahre später gründete er die erste Moschee der Stadt, die Auwal Mosque in Bo-Kaap, und machte somit den Stadtteil zum Zentrum der islamischen Gemeinde Kapstadts, das es noch heute ist.

Tuan Gurus Grab ist eines der insgesamt etwa 20 *karamats* (Gräber muslimischer Heiliger), die Kapstadt umgeben und auf Miniwallfahrten von Gläubigen aufgesucht werden. Weitere *karamats* gibt es auf Robben Island (das von Sayed Abdurahman Matura), auf dem Signal Hill (das von Scheich Mohammed Hassen Ghaibie Shah und das von Tuan Kaape-ti-low), am Tor des Weinguts Klein Constantia (das von Scheich Abdurahman Matebe Shah) und in Oudekraal (das von Sheikh Noorul Mubeen und möglicherweise von seiner Frau oder einem seiner Anhänger). Ein volles Verzeichnis findet sich auf www.capemazaar society.com.

Kapstadt hat es geschafft, sich vom gewalttätigen islamischen Fundamentalismus fernzuhalten, was Anfang der 1990er-Jahre noch unwahrscheinlich erschien. In Bo-Kaap sind viele freundliche Gesichter anzutreffen, und im dortigen Museum erfahren Neugierige mehr über die Gemeinde. Eine recht große muslimische Gemeinde lebte vor den Vertreibungen durch den Group Areas Act Ende der 1960er-Jahre auch in Simon's Town. Ihre Geschichte kann im Simon's Town's Heritage Museum nachvollzogen werden.

Christentum

Die Afrikaander sind religiös, und ihre Variante des christlichen Fundamentalismus, der auf dem Calvinismus des 17. Jhs. basiert, hat immer noch großen Einfluss. Afrikaander aus dem städtischen Mittelstand sind da viel gemäßigter. Weiße britischer Abstammung gehören

---

Marginalien:

Die ethnische Zusammensetzung der Afrikaander lässt sich nur schwer bestimmen, besteht aber schätzungsweise aus 40 % Niederländern, 40 % Deutschen, 7,5 % Franzosen, 7,5 % Briten und 5 % anderen Ursprungs. Einige Historiker sind der Meinung, dass zu diesen 5 % ein signifikanter Anteil Schwarzer und Farbiger gehört.

Während seiner 13 Jahre auf Robben Island soll Tuan Guru drei Exemplare des Koran aus dem Gedächtnis niedergeschrieben haben. Er ist auf dem Friedhof Tana Baru in Bo-Kaap begraben.

INITIATIONSRITEN

Männliche Initiationsriten, die meistens im Alter zwischen 16 und Anfang 20 vollzogen werden, sind ein fester Bestandteil des traditionellen Lebens von schwarzen Afrikanern (das gilt auch für farbige Muslime, bei denen männliche Teenager auch beschnitten werden, allerdings mit viel weniger rituellem Tamtam). Initiationen finden meist zum Ende des Jahres und im Juni statt, wo sie mit Schulferien und Feiertagen zusammenfallen.

Am Ostkap gingen junge Xhosa-Männer einst in eine abgeschiedene Gegend in den Bergen in die Initiationsschule Ukwaluka. Dort wurden sie beschnitten, lebten in Zelten und lernten, was es mit dem Mannsein in der Stammesgemeinschaft auf sich hat. Manche kehren für die Zeremonie noch immer zum Ostkap zurück, andere können sich das nicht leisten oder entscheiden sich dagegen. Deshalb werden in den Einöden rund um die Townships ähnliche Initiationsorte in provisorischen Zelten eingerichtet.

Initiationen dauerten einst mehrere Monate, heute jedoch eher einen Monat oder weniger. Die Initiationskandidaten rasieren all ihr Haar ab, legen ihre Kleidung ab, tragen nur eine Decke und bestreichen ihre Gesichter vor der Beschneidung mit weißem Lehm. Sie bekommen einen Stock, der den traditionellen Jagdstock symbolisiert. Diesen verwenden sie in der Initiationszeit als Ersatz für ihre Hände zum Händeschütteln. Direkt nach der Beschneidung essen die jungen Männer während der Wundheilung etwa eine Woche lang nur wenig und trinken nichts. Frauen dürfen den Orten der Initiation nicht näherkommen.

Initiationen kosten viel Geld – 6000 bis 8000 Rand. Das meiste davon geht für die Tiere drauf (meist Schafe oder Ziegen), die für die verschiedenen Festmähler der Zeremonie geschlachtet werden müssen. Am Ende der Initiation werden alle gebrauchten Gegenstände, darunter auch die alten Kleidungsstücke, zusammen mit der Schlafhütte des Kandidaten verbrannt, und der Junge ist zum Mann geworden. Frischgebackene Männer sind in den Townships und in Kapstadts Innenstadt an den schicken Klamotten zu erkennen, meist tragen sie eine Sportjacke und eine Kappe.

meist der anglikanischen Kirche an, eine Glaubensrichtung, die zusammen mit anderen Formen des Christentums auch in manchen Teilen der schwarzen und farbigen Gemeinden beliebt ist.

Naturreligion

Nur wenige Schwarze in Kapstadt pflegen auch im Alltag einen traditionellen Lebensstil, aber Teile der traditionellen Kultur bestehen fort und verleihen den Townships ein ausgesprochen afrikanisches Flair. Zu allen wichtigen Lebensstationen, wie Geburt, Erwachsenwerden und Heirat, gibt es die unterschiedlichsten Riten und Bräuche.

Heilkräuterläden werden oft aufgesucht, und *sangomas* (traditionelle Medizinmänner – die übrigens meistens Frauen sind) werden bei allen möglichen Erkrankungen um Rat gefragt. Manche *sangomas* können sogar Kontakt zu den Ahnen herstellen, die eine wichtige Rolle im Leben vieler schwarzer Kapstädter spielen. Die Vorfahren wachen über ihre Verwandten und sind Vermittler zwischen dem Diesseits und der Welt der Geister. Die Menschen wenden sich mit ihren Problemen oder Bitten an ihre Ahnen. Mitunter wird ein Tier geschlachtet und über offenem Feuer gebraten, denn dem Glauben nach essen die Ahnen den Rauch.

Judentum

In Kapstadt lebt die älteste jüdische Gemeinde Südafrikas. Obwohl die Niederländische Ostindien-Kompanie (Vereenigde Oost-Indische Companie, VOC) nur protestantische Siedler am Kap zuließ, gibt es Auf-

Die jüdische Bevölkerung Kapstadts sank von 25 000 Menschen 1969 (die zweitgrößte nach Johannesburg) auf 15 000 heute. Sea Point ist der am stärksten jüdisch geprägte Stadtteil.

zeichnungen, dass in Kapstadt bereits 1669 Juden zum Christentum konvertierten. Nach der Machtübernahme der Briten erhöhte sich die Zahl jüdischer Immigranten, die überwiegend aus England und Deutschland kamen. Die erste Gemeinde wurde 1841 gegründet, und 1863 öffnete die erste Synagoge ihre Tore (heute Teil des South African Jewish Museum).

Zwischen 1880 und 1930 strömten immer mehr Juden ins Land. Schätzungsweise 15000 Familien immigrierten nach Südafrika, hauptsächlich aus Litauen, Lettland, Polen und Weißrussland. Die Juden trugen in diesem Zeitraum erheblich zum Gemeinwesen und Kulturleben der Stadt bei. Max Michaelis etwa stiftete seine Kunstsammlung der Stadt, und Hyman Lieberman wurde 1905 der erste jüdische Bürgermeister Kapstadts, im selben Jahr, als die Einsegnung der Great Synagogue stattfand.

Architektur

Vom Castle of Good Hope aus dem 17. Jh. bis zu den Türmen des 21. Jhs., die sich auf Foreshore erheben, ist Kapstadts vielfältige Architektur äußerst attraktiv und sehenswert. Vieles, was anderswo vielleicht zerstört worden wäre, blieb hier erhalten und kann bei einer Tour zu Fuß oder mit dem Fahrrad durch Kapstadts Innenstadt und Umgebung besichtigt werden.

Kapholländische Kolonialbauten

Castle of Good Hope (1679)

Groot Constantia (1692)

Vergelegen (1700)

De Tuynhuis (1700)

Rust en Vreugd (1778)

Kapholländischer Kolonialstil

Als im Jahr 1652 die niederländischen Kolonisten eintrafen, brachten sie ihre europäischen Architekturkonzepte mit, mussten sich aber an örtliche Gegebenheiten und verfügbare Materialien anpassen. Für den Bau des Castle of Good Hope von 1666 bis 1679 gab es massenhaft Stein vom Tafelberg.

Die ersten Kapstädter Häuser waren Zweckbauten, wie das strohgedeckte und weiß getünchte Posthuys von 1673 in Muizenberg. Dieser einfache, rustikale Stil ist heute noch oft an der Westkapküste zu sehen.

Im Jahr 1692 entstand das erste Gutshaus Groot Constantia des Gouverneurs Simon van der Stel, dem weitere prachtvolle Anwesen weiter landeinwärts in den Winelands folgten. Die extravagante Fassade des Koopmans-de Wet House aus dem 18. Jh. in der Strand Street stammt wohl von Louis Thibault, der als leitender Ingenieur der Niederländischen Ostindien-Kompanie (Vereenigde Oost-Indische Compagnie, VOC) in jener Zeit für die Bauausführung der meisten öffentlichen Gebäude Kapstadts zuständig war. Thibault war auch an dem hübschen Rust en Vreugd beteiligt: Das 1778 fertiggestellte Haus zeichnet sich durch das grazile Rokoko-Oberlicht über dem Haupteingang sowie seine Doppelbalkons mit Säulenvorbau aus.

Natürlich lebte nicht jeder auf so großem Fuß. Ein Spaziergang durch das Bo-Kaap in der Innenstadt vermittelt am besten einen Eindruck davon, wie Kapstadt im 18. Jh. für die Normalbürger aussah. Auffällig sind Flachdächer anstelle von Giebeln und das Fehlen von Fensterläden – alles Ergebnisse von Bauvorschriften der VOC.

Britische Kolonialbauten

Bertram House (1840)

Standard Bank (1880)

Houses of Parliament (1885)

Cape Town Town Hall (1905)

Centre for the Book (1913)

Britischer Kolonialstil

Als die Briten im frühen 19. Jh. die Macht übernahmen, spiegelte sich das auch in der Architektur der Stadt wider. Der britische Gouverneur Lord Charles Somerset hatte während seiner Amtszeit von 1814 bis 1826 den größten Einfluss. Er befahl die Umgestaltung des Tuynhuis – ursprünglich ein Gästehaus, später eine Sommerresidenz für niederländische Gouverneure am Kap –, um es dem Regency-Stil mit Veranden und Vorgärten anzupassen, und benannte es um in Government House.

Als das britische Weltreich im späten 19. Jh. seinen Zenit erreicht hatte, florierte Kapstadt, und es wurden eine Menge monumentaler Bauten errichtet. Ein Spaziergang die Adderley Street entlang und durch die Company's Gardens führt an vielen solcher Bauten vorbei, z. B. am 1880 erbauten Gebäude der Standard Bank mit Giebeldreieck, Kuppel und hohen Säulen, den Houses of Parliament und der byzantinisch beeinflussten Old Synagogue von 1862. Die benachbarte neoägyptisch gestaltete Great Synagogue mit ihren zwei Türmen stammt von 1905.

In der Long Street ist das viktorianische Kapstadt in seiner attraktivsten Form zu sehen, mit schmiedeeisernen Balkons und unterschiedlichen Fassaden von Läden und Gebäuden.

Während eines weiteren Baubooms in den 1920er- und 1930er-Jahren entstanden im Stadtzentrum viele schöne Art-déco-Gebäude. Zu den besten Beispielen gehören die Bauten um den Greenmarket Square und das schöne Mutual-Heights-Gebäude von 1939, der erste Wolkenkratzer des afrikanischen Kontinents, der mit Friesen und Fresken mit südafrikanischen Motiven geschmückt ist.

Township-Architektur

Seit Beginn der 1920er-Jahre entstanden in den öden, sandigen Cape Flats Unterkünfte für die farbigen und schwarzen Arbeiter. Langa wurde 1927 gegründet und ist Südafrikas älteste geplante Township. Heute leben dort 250 000 Menschen, genauso viele wie im Stadtzentrum, nur ist Langa 48-mal kleiner.

Zwar werden mit den Townships überwiegend Baracken assoziiert (offiziell werden sie „informelle Behausungen" genannt), aber sie sind bei Weitem nicht die einzige Bauform in diesen Gegenden. Es gibt im Prinzip fünf verschiedene Gebäudearten:

Hütten

Vermutlich leben etwa 1 Mio. Menschen in selbst gebauten Baracken. Die Hütten sind aus unterschiedlichsten Materialien zusammengestückelt, darunter Verpackungskisten, und u.a. mit Zeitschriftenseiten und Dosenetiketten geschmückt. Design und Struktur einer Hütte hängen stark von der finanziellen Situation der Besitzer ab und davon, wie lange sie schon darin leben.

Wohnheime

Die zweigeschossigen Backsteinwohnheime wurden ursprünglich für Wanderarbeiter gebaut. Sie waren in einfachste Wohneinheiten für je 16 Männer aufgeteilt, die sich eine Dusche, eine Toilette und eine kleine

SIR HERBERT BAKER

Wie sein Förderer Cecil Rhodes war auch Herbert Baker (1862–1946) ein ambitionierter junger Engländer, der die Chance ergriff, sich in Südafrika einen Namen zu machen. Baker traf 1892 in Kapstadt ein, wurde ein Jahr später dank familiärer Beziehungen Rhodes vorgestellt und erhielt den Auftrag, Groote Schuur, das Haus des Premierministers an den Hängen des Tafelbergs, umzubauen. Damit führte er einen neuen Stil ein, das Cape Dutch Revival (etwa: neukapholländischer Stil).

Viele Aufträge folgten – Kapstadt ist praktisch übersät mit Gebäuden, die Baker entwarf. Zu ihnen gehören kleine Wohnhäuser in Muizenberg, wo Baker eine Weile lebte, die St. George's Cathedral und die First National Bank in der Adderley Street. Im Jahr 1900 schickte Rhodes Baker nach Italien, Griechenland und Ägypten. Dort sollte er die klassische Architektur studieren, um später ebensolche Bauten in Südafrika zu entwerfen. Zwei Jahre später war Rhodes jedoch tot, und Baker entwarf sein Denkmal.

Zu Bakers großartigsten Arbeiten gehören die imposanten Union Buildings in Pretoria (1909). 1912 verließ er Südafrika, um mit Edwin Lutyens das Regierungsviertel in Neu-Delhi zu planen. Zurück in Großbritannien arbeitete er am South Africa House an Londons Trafalgar Square und wurde 1926 zum Ritter geschlagen. Er ist in der Westminster Abbey begraben.

**Architek-
turbücher**

·····················

*Cape Town:
Architecture &
Design (Pascale
Lauber)*

·····················

*Cape Town (Wolf-
gang Seifert)*

·····················

*3 Stadia.
Architektur für
einen afrikani-
schen Traum
(Falk Jaeger)*

Küche teilten. Bis zu drei Männer schliefen in einem winzigen Schlafzimmer. Nachdem die Passgesetze abgeschafft waren (nach denen Menschen ohne Job ihre Homelands nicht verlassen durften), holten die
meisten Männer ihre Familien in die Wohnheime. In jeder Einheit lebten jetzt bis zu 16 Familien, bis zu drei Familien schliefen in jedem
Zimmer. Auch wenn manche Familien immer noch so leben, wurden
andere Wohnheime mittlerweile modernisiert, um mehr Raum und
Wohnlichkeit zu schaffen.

Reihenhäuser

Die älteren Townships Langa und Gugulethu verfügen über eingeschos-
sige Reihenhäuser aus den 1920er- und 1940er-Jahren. Wie die Wohnheime waren auch diese 30 m² großen, eisenbahnwaggonartigen Häuser sehr einfach und überfüllt. Seit dem Ende der Apartheid gehören
diese Häuser den früheren Mietern, die jetzt für die Instandhaltung
verantwortlich sind. Wenn es ihnen möglich war, haben die Bewohner
ihre Häuser nach vorne und nach hinten hinaus vergrößert.

Sozialer Wohnungsbau

Seit 1994 ist es Bestreben der südafrikanischen Regierung, die Wohnsi-
tuation in den Townships nachhaltig zu verbessern. Grundlage hierfür
war in einem ersten Schritt der Masterplan im Rahmen des Wiederauf-
bau- und Entwicklungsprogramms RDP; seine Fortsetzung findet er
nun durch die städtebauliche Initiative Breaking New Ground (BNG).
Beide Maßnahmen dienen dem Zweck, ehemaligen Slum-Bewohnern
kostenlosen Wohnraum mit dem Allernotwendigsten bereitzustellen.
Im Durchschnitt hat ein solches „Matchbox-Haus" eine Wohnfläche von
ca. 28 Quadratmetern und ist nur wenig komfortabler als ein Beton-
block aus vier Wänden und mit einem Wellblechdach, d.h. es fehlen
Zimmerdecken, Isolierung ist nicht vorhanden, und es mangelt auch an
Warmwasserversorgung.

Das sogenannte „Lücken"-Konzept (raumsparender Wohnungsbau)
wird ebenso in den Townships für Familien mit geringem Einkommen
(3500 bis 10 000 R pro Monat) praktiziert. Die Bewohner sollen zum
Erwerb dieser subventionierten und im Vergleich zu den BNG-Bauten
hochwertigeren Wohnungen beitragen.

Township-Villen

Es gibt in Gugulethu, Langa und Khayelitsha Gegenden, die sehr bür-
gerlich sind. Dort stehen großzügige Bungalows und Villen mit hohem
Wohnstandard.

Am Foreshore-
Ende der Bree
Street ragt das
höchste Gebäude
von Kapstadt auf:
der 142 m hohe
Hafenturm mit
42 Stockwerken.
Das nach einem
Entwurf der Archi-
tekten DHK und
Louis Karol ent-
standene Ge-
bäude ist der
erste Wolkenkrat-
zer, der nach dem
„Grünen Stern"
bewertet wurde
und alle Umwelt-
aspekte berück-
sichtigt.

Zeit der Apartheid

Mit der Wahl der National Party zur Regierungspartei im Jahr 1948
begannen für die Architektur in Kapstadt in vielerlei Hinsicht schlechte
Zeiten. Die Apartheidgesetze markierten Kapstadt als eine Stadt für
überwiegend Farbige, mit der Folge, dass die Regierung keine größeren
Bauprojekte mehr förderte (das blockierte jahrzehntelang die Bebauung von Foreshore). Die Kommunalbehörden setzten derweil den Group
Areas Act um, indem sie Gebiete wie District Six zerstörten und Green
Point (inklusive De Waterkant) zu einem ausschließlich Weißen vorbehaltenen Gebiet erklärten.

Zu den Beispielen der Rationalismus-Architektur jener Zeit gehört
das Kulturzentrum Artscape und das angrenzende Civic Centre in Foreshore. Beide lassen den Betonwahn erkennen, der so typisch für die
internationale Moderne war. Derart schlechtes Design war aber nicht

unbedingt Ausdruck der Bauplanung während der Apartheid, wie das Baxter Theatre beweist. Der Architekt Jack Barnett versah das flache Dach mit orangefarbenen Fiberglasdeckenleuchten, die nachts märchenhaft glühen. Bemerkenswert ist auch das markante Taal Monument in Paarl mit einem 57 m hohen Betonturm von Jan van Wijk.

Die fehlende Bauplanung und ein Mangel an Interesse von offizieller Seite an der Baugestaltung der Townships werden schon lange kritisiert. Dennoch ist der enorme und unbeirrbare Einfallsreichtum bemerkenswert, mit dem die Bewohner aus Schrott ein wohnliches Heim gestalten. Ein Besuch der heutigen Townships offenbart bunt bemalte Hütten mit Wandbildern, Häuser und Kirchen aus Frachtkisten sowie einfallsreiche Bauten jüngeren Datums wie das Guga S'Thebe Arts & Cultural Centre in Langa.

Architektur heute

Das Ende der Apartheid fiel mit der Sanierung der Victoria & Alfred Waterfront Anfang der 1990er-Jahre zusammen. Zu den neueren Bauten der Waterfront gehört der Nelson Mandela Gateway und der Clock Tower Precinct, 2001 als neue Ablegestelle nach Robben Island erbaut, sowie der protzige Millionärstummelplatz V&A Marina mit etwa 600 Apartments und 200 Anlegeplätzen für Boote.

Der jüngste Immobilienboom in Kapstadt schaffte die Voraussetzung für ein paar interessante neue Wohnhäuser und den Umbau alter Bürogebäude in Apartments, wie das Mutual-Heights-Gebäude, die drei alten Gebäude am Mandela Rhodes Place und das angrenzende Hotel Taj Cape Town, die alle auf sorgsame Art originale Bausubstanz mit neuen Türmen verbinden.

Das 2003 eröffnete Cape Town International Convention Centre (CTICC) mit seinem schiffsartigen Bug und dem gepflegten Hotel aus Glas und Stahl erntete zustimmenden Beifall und beförderte die City Bowl näher ans Ufer, von dem sie jahrzehntelang abgeschnitten war.

Im Moment wird das Kongresszentrum CTICC entlang der gesamten Heerengracht erweitert, d. h. entlang der Hauptachse, die sich vom Hafenbezirk bis zum Fuß des Tafelberges hinzieht. Ende 2014 kündigte die Stadt Pläne an, die kommerziell erfolgreiche Waterfront-Zone entlang der Foreshore mit einem neuen Hafen für Kreuzfahrtschiffe, Wohnhäusern, Gewerbebauten und öffentlichen Grünflächen zu erweitern.

Zum Jahreswechsel 2014/15 wurde im Kunst- und Kulturzentrum Guga S'Thebe in Langa ein neues Theater eröffnet. Der Kulturbau entstand im Rahmen einer innovativen Zusammenarbeit zwischen dem städtischen Kunst- und Kulturreferat und Architekturstudenten aus Fachfakultäten in Kapstadt, Deutschland und den USA. Zu den für den Bau verwendeten Recycling-Materialien gehörten u. a. Transportbehälter und -kisten, Stroh und hölzerne Obststeigen. Im Jahr 2017 werden alle gespannt auf die Waterfront blicken, wenn das neue, von Thomas Heatherwick entworfene Kunstmuseum Zeitz MOCAA, in dessen Bau alte Getreidesilos integriert werden, seine Pforten öffnen soll.

Moderne & zeitgenössische Bauten

Baxter Theatre (1977)

Guga S'Thebe Arts & Cultural Centre (2000)

Green Point Stadium (2010)

The Fugard (2010)

Kunst & Kultur

Kapstadts ethnische Vielfalt und die großen Unterschiede zwischen den Lebenswelten der Einwohner bieten einen fruchtbaren Boden für Kunst und Kultur. Musik, besonders Jazz, ist eine pulsierende Konstante in der Stadt. Es gibt ein überraschend breites Spektrum an Bühnenkunst und eine Menge kreativer Autoren, die die unbekannteren Ecken des urbanen Daseins beleuchten.

Bildende Kunst

Kunst im öffentlichen Raum

....

Africa von Brett Murray

....

The Knot von Edoardo Villa

....

Nobel Square von Claudette Schreuders

....

Olduvai von Gavin Younge

In der South African National Gallery hängen Gemälde des schwarzen Künstlers Gerard Sekoto, dessen Werke die Lebendigkeit des District Six widerspiegeln, und von Peter Clarke, einem profilierten Drucker, Dichter und Maler aus Simon's Town. Irma Sterns vom deutschen Expressionismus inspirierte Werke finden sich im Irma Stern Museum und in der Casa Labia in Muizenberg.

Zu den hiesigen Künstlern von internationalem Rang gehört Conrad Botes, der erstmals mit seinem bizarren Kultcomic *Bitterkomix* in Erscheinung trat, den er zusammen mit Anton Kannemeyer herausgibt. Botes' farbenfrohe Zeichnungen, die ebenso schön wie erschreckend sind, wurden mittlerweile auf diversen hochrangigen Ausstellungen in New York, Großbritannien, Italien und auf der Havana Biennale 2006 gezeigt.

Weitere interessante Künstler Kapstadts sind der Maler Ndikhumbule Ngqinambi, Willie Bester (www.williebester.co.za), dessen Mixed-Media-Kreationen über das Leben in den Townships höchst eindring-

DER MALER DES VOLKES

In ganz Kapstadt sind Gesichter jeglicher ethnischer Herkunft zu sehen, die die Porträts von Vladimir Tretchikoff (1913–2006) inspirierten. Das berühmteste unter ihnen ist wohl das *Chinese Girl* – ein geradezu hypnotisch wirkendes Bild einer asiatischen Schönheit mit blauem Gesicht und roten Lippen, sofort als Mona Lisa erkennbar.

Die Ereignisse, die Tretchikoff – geboren in Petropawlowsk im heutigen Kasachstan – über Harbin, Schanghai, Singapur und Indonesien kurz nach dem Zweiten Weltkrieg nach Kapstadt führten, sind abenteuerlich. Wider Erwarten und kaum Unterstützung der etablierten Künstlerkreise Kapstadts machte Tretchikoff mit der weltweiten Vermarktung seiner Kunstdrucke ein Vermögen; die 252 Ausstellungen, welche der versierte Geschäftsmann und Selbstpromoter organisierte, wurden von über 2 Mio. Menschen besucht.

Aber erst 2011 fand in der South African National Gallery in Kapstadt eine größere Retrospektive seines Werks statt mit zahlreichen seiner Ölgemälde. Das Buch zur Ausstellung, *Tretchikoff: The People's Painter*, ist eine sehr gute Einführung in das Werk des Künstlers.

Natasha Mercorio, Tretchikoffs Enkelin, hat auch den Tretchikoff Trust (www.vladimirtretchikoff.com) gegründet, der kreativen Jungkünstlern bei der Verwirklichung ihrer Träume helfen will. Finanziert wird das Projekt durch einen Anteil der Verkaufserlöse von neuen Tretchikoff-Drucken.

lich sind, und der konventionellere John Kramer (www.johnkramer.net), dessen Bilder die heitere Stimmung der südafrikanischen Landschaft einfangen.

Musik

Jazz

Kapstadt hat ein paar größere Jazztalente hervorgebracht, etwa den Singer-Songwriter Jonathan Butler und die Saxofonisten Robbie Jansen und Winston „Mankunku" Ngozi. Die Stadt war so wichtig für die Entwicklung des Jazz, dass ein Subgenre namens Cape Jazz entstand. Der Stil ist improvisatorisch und nutzt Instrumente, die bei Straßenparaden typisch sind, etwa solche Trommeln und Trompeten, wie sie beim Cape Town Minstrel Carnival zu sehen sind.

Der Dienstälteste der Szene ist der Pianist Abdullah Ibrahim (www.abdullahibrahim.co.za). Im Jahr 1934 als Adolph Johannes Brand im District Six geboren, trat er erstmals mit 15 Jahren unter dem Namen Dollar Brand auf und gründete die Jazz Epistles mit dem legendären Hugh Masekela. 1962 zog er nach Zürich, wo Duke Ellington ihn entdeckte. Ellington organisierte für ihn Aufnahmen bei Reprise Records und sponserte seinen Auftritt beim Newport Jazz Festival 1965. Brand trat 1968 zum Islam über und nahm den Namen Abdullah Ibrahim an. Im Jahr 1974 nahm er das bahnbrechende Album *Manenberg* mit dem Saxofonisten Basil Coetzee auf. Er tritt noch gelegentlich in Kapstadt auf; 2006 initiierte er die Gründung des 18-köpfigen Cape Town Jazz Orchestra.

Goema-Jazz erhält seinen Rhythmus durch die Goema-Trommeln. Bekannt gemacht wurde er von Musikern wie Mac McKenzie und Hilton Schilder. Weitere angesehene Künstler Kapstadts sind die Gitarristen Jimmy Dludlu und Reza Khota (www.rezakhota.com), der Pianist Paul Hamner und die Sängerin Judith Sephuma.

Dance, Rock & Pop

Kaum eine der Afro-Fusion-Gruppen hatte so viel Erfolg wie die multiethnische, siebenköpfige Band Freshlyground (www.freshlyground.com), die ein großes Publikum anzieht, wenn sie in ihrer Heimatstadt auftritt. Ihr Song *Waka Waka*, eine Zusammenarbeit mit der kolumbianischen Sängerin Shakira, war die offizielle Hymne der FIFA-Weltmeisterschaft 2010; auf ihrem 2013 veröffentlichten Album *Take me to the Dance* arbeitete die Band mit Steve Berlin von Los Lobos zusammen.

Eine Brücke zwischen Jazz und elektronischem Dance-Sound schlagen Goldfish (www.goldfishlive.com), das Duo David Poole und Dominic Peters, die bei ihren Liveauftritten Sampler, Groovebox, Keyboards, Vocoder, Kontrabass, Flöte und Saxofon zum Einsatz bringen. Dominics Bruder Ben Peters ist eins der Mitglieder von Goodluck (www.goodlucklive.com), die mit einem ähnlichen Sound ebenfalls immer mehr Fans finden.

Techno, Trance, Hip-Hop, Jungle und Rap sind extrem beliebt: Der Afrikaans-Rapper Jack Parow (www.jackparow.com) ist die Kapstädter Antwort auf die landesweite Rap-Sensation Die Antwoord (www.dieantwoord.com) – beide Acts verkörpern die Subkultur „Zef", ein White-Trash-Stil mit jeder Menge übertriebenem Bling-Bling, Tattoos und Ähnlichem. Ebenso klasse ist *kwaito*, eine Mixtur aus *mbaqanga* (Musikstil, der Zulu-Tradition mit modernen Einflüssen verbindet), Jive, Hip-Hop, House und Ragga. Die Musik des heimischen Megastars Brenda Fassie (1964–2004) lehnt sich stark an *kwaito* an. Hörenswert sind Hits wie „Weekend Special" und „Too Late For Mamma". Die in

Einen Überblick über die Kapstädter Kunstszene bietet die Website Artthrob (www.artthrob.co.za) mit zeitgenössischer Spitzenkunst Südafrikas und jeder Menge aktueller Nachrichten sowie das Magazin ArtSouthAfrica (www.artsouthafrica.com).

Langa geborene Fassie, die vom *Time Magazine* als „Madonna of the Townships" bezeichnet wurde, hatte während ihres kurzen Lebens massive Drogenprobleme.

Zu den vielen Indie-Rockbands und -sängern, die in der Stadt auftreten, gehören Ashtray Electric (www.ashtrayelectric.co.za), Arno Carstens (www.arnocarstensmusic.wordpress.com), der ehemalige Leadsänger der legendären Springbok Nude Girls, die irrwitzige One-Man-Band Jeremy Loops (www.jeremyloops.com) sowie die 13-köpfige Ska-, Reggae-, Hip-Hop-, Dance- und Tausendsassa-Band The Rudimentals (www.facebook.com/rudimentals).

Literatur

Aus Kapstadt stammen mehrere international angesehene Autoren, darunter der Nobelpreisträger J. M. Coetzee (der erste Teil seines mit dem Booker-Preis ausgezeichneten Romans *Schande* spielt in Kapstadt), der Englischprofessor an der University of Cape Town André Brink und der für den Man-Booker-Preis vorgeschlagene Damon Galgut.

Der farbigen Bevölkerung im District Six entstammen die namhaften Autoren Alex La Guma (1925–85) und Richard Rive (1931–89). La Guma verfasste unter anderem *A Walk in the Night,* eine Kurzgeschichtensammlung rund um den District Six, und *And a Threefold Cord,* wo es um Armut, Elend und Einsamkeit eines Lebens in den Slums geht. Rives wichtigstes Buch ist *Buckingham Palace, District Six,* eine Sammlung besinnlicher und sensibler Geschichten.

Sindiwe Magona wuchs in den 1940er- und 1950er-Jahren in Gugulethu auf. Die frühen Erfahrungen der angriffslustigen Schriftstellerin tauchen in ihren autobiografischen Werken *To My Children's Children* (1990) und *Forced to Grow* (1992) auf. *Beauty's Gift* (2008) befasst sich schonungslos mit Aids unter den Schwarzen und im Speziellen mit den Folgen für fünf Frauen, die sich der Treue ihrer Partner sicher glaubten.

Die unfassbaren wahren Verbrechen am Kap sind eine reiche Inspirationsquelle für eine ganze Reihe von Krimiautoren, wie Mike Nicol, Deon Meyer, Margie Orford, Sarah Lotz und Andrew Brown, dessen Roman *Würde* (engl. Originaltitel *Refuge*) es in die engere Auswahl für den Commonwealth Writers Prize 2009 schaffte und einen unerschrockenen Blick auf die Schattenseite der Stadt wirft.

Film

Das African Screen im Labia ist das einzige Kino Kapstadts, das regelmäßig südafrikanische Filme zeigt. In den Multiplexkinos gibt es gelegentlich auch südafrikanische Filme. Die beste Gelegenheit, heimische Produktionen zu sehen, sind jedoch die zahlreichen Filmfestivals der Stadt.

Kapstadt ist ein wichtiges Zentrum der südafrikanischen Filmindustrie und mehr und mehr auch für internationale Produktionen. Die Stadt ist ein Magnet für viele begabte Filmschaffende, und oft sind hier Filmcrews bei Dreharbeiten an Originalschauplätzen zu sehen. In den Cape Town Film Studios (www.capetownfilmstudios.co.za) am Stadtrand wurden mehrere größere Hollywood-Produktionen gedreht, darunter *Safe House,* ein Thriller mit Denzel Washington und Ryan Reynolds, der in Kapstadt spielt.

Oliver Hermanus drehte nach seinem Erstlingsfilm *Shirley Adams* von 2009 – ein freudloses Drama im Stil von Ken Loach mit Schauplatz Mitchell's Plaine in den Cape Flats – den Film *Skoonheid (Beauty).* Es war der erste Film auf Afrikaans, der je auf dem Filmfestival in Cannes (2011) aufgeführt wurde und der die Queer Palm gewann. Weitere neue südafrikanische Filme mit Schauplatz Kapstadt sind *Long Street* unter der Regie von Revel Fox, dessen Frau und Tochter die Hauptrollen spielen, und der charmante *Visa/Vie* unter der Regie von Elan Ganmaker.

Die amerikanische Doku *Long Night's Journey into Day,* die bei der Oscarverleihung 2001 als bester Dokumentarfilm nominiert war, gibt es auf DVD. Dieser beim Sundance Film Festival ausgezeichnete, sehr

UNBEQUEME KÜNSTLER
••••••••••••••••••••••••••

„Es ist eine Anstiftung zur Gewalt", sagte der Künstler Michael Elion und machte damit deutlich, dass er Angst um sein Leben hatte, nachdem seine Riesenskulptur einer Ray-Ban-Brille mit dem Titel Perceiving Freedom (dt. *Freiheit wahrnehmen*) an der Sea-Point-Promenade im November 2014 dem Vandalismus zum Opfer gefallen war. Durch dieses provokative Kunstwerk hat sich Elion in die lange Liste Kapstädter Künstler eingereiht, die das Establishment und/oder die Öffentlichkeit in Aufruhr versetzt haben.

Unter dem Apartheidsregime war die Zensur von Kunst gang und gäbe, und auch in den letzten Jahren ging vonseiten der Regierung eine unschöne Tendenz zur Zensur kritischer Werke aus. Der Kapstädter Cartoonist Zapiro (www.zapiro.com) wurde zwei Mal hintereinander wegen Diffamierung des Staatspräsidenten Jacob Zuma angeklagt (und beide Anklagen wurden schließlich fallen gelassen). Zuma und der ANC nahmen auch am *The Spear* (dt. *Der Speer*) von Brett Murray (www.brettmurray.co.za) Anstoß, als dieses Werk 2012 in der Goodman Gallery in Johannesburg ausgestellt wurde; dieses provokative Porträt von Zuma wurde später von zwei Übeltätern in aller Öffentlichkeit verunstaltet. Murrays Skulptur *Africa* vor dem Einkaufszentrum St. George's Mall gewann 1998 den ersten Preis im Kapstädter Skulpturenwettbewerb, doch auch diese Auszeichnung war sehr umstritten.

bewegende Film zeigt vier Fälle, die vor der Wahrheits- und Versöhnungskommission verhandelt wurden, darunter auch der von Amy Biehl, der weißen Amerikanerin, die 1993 in den Cape Flats ermordet wurde. *U-Carmen e Khayelitsha* gewann den Goldenen Bären bei der Berlinale 2005. Er basiert auf Bizets Oper *Carmen* und wurde komplett in Khayelitsha gedreht.

Theater & darstellende Kunst

Kapstadts lebendige und vielfältige Bühnenszene bietet ein breites Spektrum von großen Musicals und Soloauftritten bis zu kritischen Dramen, die das moderne Südafrika thematisieren, und intimen Dichterlesungen. Aus der Stadt stammen einige namhafte Schauspieler, wie der in Sea Point geborene Sir Anthony Sher, der gelegentlich für Auftritte in die Stadt zurückkehrt.

Zu den international bekannten Theateresembles gehören die Handspring Puppet Company (www.handspringpuppet.co.za), deren unglaublich lebensechte Kreationen das Herzstück der bejubelten Produktion *War Horse* des UN National Theatre bildet, sowie Brett Baileys Third World Bunfight (www.thirdworldbunfight.co.za), welche darauf spezialisiert ist, mit schwarzen Schauspielern afrikanische Geschichten zu inszenieren – ihre nachdenklich stimmende Show *Exhibit B* sorgte 2014 für Kontroversen in ganz Europa.

Songwriter und Regisseur David Kramer (www.davidkramer.co.za) und der Musiker Taliep Peterson (1950–2006) arbeiteten gemeinsam an zwei Musicals, *District Six* und *Poison,* bevor sie den großen Knüller mit ihrer Jazzhommage *Kat and the Kings* landeten. Das Stück wurde 1999 in London mit Preisen überhäuft und am Broadway mit Standing Ovations gefeiert. Ihre gemeinsame Arbeit *Goema* feiert die Tradition von Volksliedern auf Afrikaans und spürt gleichzeitig dem Beitrag der Sklaven und ihrer Nachfahren zur Entwicklung Kapstadts nach.

Anfang 2015 feierte Kramers neues Musical *Orpheus in Africa* Premiere; es handelt vom Impresario Orpheus McAdoo und seinen afroamerikanischen Virginia Jubilee Singers, die Südafrika in den 1890er-Jahren besuchten.

Natur & Umwelt

Kapstadt ist geprägt von der überwältigenden Natur des Umlands. Die als Welterbe anerkannte Cape Floristic Region (CFR) gilt mit etwa 8200 Pflanzenarten – das sind mehr als dreimal so viele Pflanzen pro Quadratkilometer wie an jedem Ort in Südamerika – als das artenreichste und zugleich kleinste der weltweit sechs offiziellen Pflanzenreiche.

Geografie

Lesestoff

....

Südafrika. Am Kap der Guten Hoffnung (Dirk Bleyer, Jürgen Kurzhals)

....

Wild About Cape Town (Duncan Butchart)

....

How the Cape Got Its Shape (Faltkarte und Grafik von Map Studio)

Das flache Plateau des Tafelbergs ist rund 60 Mio. Jahre alt, wenngleich der Berg als Ganzes sich schon vor 250 Mio. Jahren zu bilden begann. Damit ist er der älteste Berg der Welt. Zum Vergleich: Die Alpen kommen auf gerade einmal 32 Mio. und der Himalaya auf 40 Mio. Jahre.

Die Gesteinsarten, die den Berg und die Halbinsel prägen, lassen sich drei großen geologischen Gruppen zuordnen. Am ältesten ist der 540 Mio. Jahre alte Malmesbury-Schiefer – zu finden in der City Bowl, an der Küste von Sea Point, am Signal Hill und an den unteren Hängen von Devil's Peak. Er ist sehr weich und verwittert leicht. Am zweitältesten ist der Granitstein, der den Tafelberg, Lion's Head und die Felsbrocken von Clifton und Boulders Beach prägt. Zur dritten Gruppe gehört der Tafelberg-Sandstein, eine Mischung aus Sandstein und Quarzit.

Es wird angenommen, dass der Gipfel des Tafelbergs einst um einige Kilometer höher war als heute. Durch Verwitterung entstanden im Lauf der Zeit die Höhlen und merkwürdig geformten Felsen auf dem Berggipfel und am Cape Point.

Flora

Fynbos (der Name kommt aus dem Niederländischen und bedeutet „Feinbusch") gedeiht auf dem stickstoffarmen Boden des Kaps; es wird angenommen, dass die dünnen, ledrigen Blätter die Pflanzen vor natürlichen Feinden schützen. Es sind hauptsächlich die drei *fynbos*-Gattungen Protea (Silberbaumgewächse, zu denen auch Südafrikas Nationalsymbol, die Königsprotea, zählt), Erika (Heidekrautgewächse) sowie Restio (Riedgras) anzutreffen. *Fynbos*-Blumen wie Gladiolen, Freesien und Gänseblümchen wurden auch in andere Teile der Welt exportiert.

Allein der Tafelberg und die Halbinsel beheimaten 2285 Pflanzenarten, mehr als ganz Großbritannien. Hinzu kommen noch 100 wirbellose Tiere und zwei Wirbeltierarten, die es sonst nirgends auf der Welt gibt.

Am Signal Hill und an den unteren Hängen des Devil's Peak wachsen *renosterbos* („Nashornbusch"), der hauptsächlich aus grauen, heidekrautartigen Sträuchern besteht, sowie massenhaft Gräser und Geophyten (Stauden, deren Knollen im Boden liegen). In den kühlen, wasserreichen Schluchten am Osthang des Tafelbergs gibt es kleine Waldgebiete, wie zum Beispiel der Orange Kloof, für den pro Tag nur zwölf Eintrittsberechtigungen erteilt werden.

So beeindruckend die Artenvielfalt der Kaphalbinsel ist, so sehr ist sie auch bedroht. Über 1400 *fynbos*-Pflanzen sind stark gefährdet oder vom Aussterben bedroht; von einigen gibt es nur noch eine Handvoll. Viele *fynbos*-Pflanzen werden durch Feuer zum Wachsen und Blühen angeregt, doch nicht in die Jahreszeit passende Feuer oder Brände können schwere Schäden hervorrufen. Zudem brennen die Feuer aufgrund gebietsfremder Pflanzen, wie z. B. Kiefern und Akazien, weitaus länger und heftiger – darüber hinaus ist der enorme Wasserbedarf dieser Pflanzen eine zusätzliche Gefahr.

Fauna

Das Tier, das am häufigsten mit dem Tafelberg in Verbindung gebracht wird, ist der Klippschliefer, auch Klippdachs genannt. Trotz der Ähnlichkeit mit dicken Hamstern sind diese kleinen Pelztiere überraschenderweise entfernt mit den Elefanten verwandt. Die Klippschliefer sind oft beim Sonnenbad auf den Felsen in der Gegend um die obere Seilbahnstation zu sehen.

Neben dem Damwild, das die unteren Berghänge des Tafelbergs beim Rhodes Memorial bevölkert, lebt hier auch ein Tier, das schon als ausgestorben galt: das Quagga. Früher glaubte man, dass das nur teilweise gestreifte Zebra eine eigene Tierart sei. Doch DNA-Analysen eines ausgestopften Quagga im Kapstädter South African Museum zeigten, dass es sich um eine Unterart des weitverbreiteten Steppenzebras handelt. Ein 1987 gestartetes Rückzüchtungsprogramm hat die Quaggas erfolgreich wieder „auferstehen" lassen. Zu den Säugetieren am Kap der Guten Hoffnung gehören acht Antilopenarten, Kap-Bergzebras und eine Gruppe von Bärenpavianen.

Der berühmteste Vogel am Kap ist der Brillenpinguin, der wie ein Esel krächzt. Um die 3000 Exemplare dieser freundlichen Pinguine leben am Boulders Beach.

Lizenzen für erste Farmen am Cape Point wurden in den 1780er-Jahren vergeben, aber erst mit der Fertigstellung der Küstenstraße von Simon's Town im Jahr 1915 wurde das Gebiet tatsächlich zugänglich.

Unterwasserwelt

In den Gewässern rund um die Kaphalbinsel sind viele Meereslebewesen beheimatet: Südliche Glattwale und Buckelwale, Delfine, Kap-Pelzrobben sowie Unechte Karettschildkröten und Lederschildkröten gehören zu den Arten, die man dort mit etwas Glück sichten kann. Einen Meeresbewohner, den man vielleicht nicht so gerne antreffen möchte – außer in sicherem Abstand von einem Tauchkäfig aus oder an Bord eines Schiffs – ist der Weiße Hai.

Um die bedrohte Meeresfauna zu schützen und zu erhalten, wie etwa Abalone-Muscheln und Westküsten-Hummer, deren Populationen bis vor Kurzem in den Gewässern rund um das Kap noch richtige Blütezeit erlebten, schuf der Table Mountain National Park 2004 eine geschützte Meereszone auf einer Gesamtfläche von etwa 1000 Quadratkilometern, die sich von Moullie Point bis Muizenberg erstreckt. Zu

TOP-RANKING FÜR KAPSTADT IN SACHEN UMWELTLEISTUNGEN

Im Jahr 2014 lag Kapstadt auf dem African Green City Index von Siemens (www.siemens.co.za/sustainable-development), einer Bewertungsreihe für Umweltleistungen von insgesamt 15 großen afrikanischen Städten, in vielen Punkten ziemlich weit vorne. So wurde die Kap-Metropole für ihre weitreichende Agenda in Bezug auf Energie- und Klimawandel-Politik in höchsten Tönen gelobt. Dazu gehören u. a. die Eindämmung der Verstädterung und der Schutz von Grünflächen. Indexbezogene Verbesserungsspielräume gibt es noch für Zonen mit hohem CO_2-Ausstoß pro Kopf, der auf massiven Stromverbrauch zurückzuführen ist, und in puncto Abfallerzeugung steht Kapstadt an zweiter Stelle. Nichtsdestotrotz würdigt der Bericht die Initiativen der Stadt in Bezug auf ein nachhaltiges Abfallmanagement, das vor allem eine ordentliche Mülltrennung voraussetzt. Dies soll noch vor der Abfallentsorgung geschehen. Recyclefähige Materialien sollen im Rahmen eines integrierten Abfallmanagement-Programms entsprechend sortiert werden, um die Aufbereitung und Wiederverwertung von Sekundärrohstoffen zu gewährleisten.

dieser Marine Protected Area gehören sechs Gebiete, in denen Fischen verboten ist beziehungsweise keine natürlichen Ressourcen für die Rohstoffindustrie abgebaut werden dürfen.

Enstehung des Table Mountain National Park

Die Kampagne mit dem Ziel, die Gegend um Cape Point zum Naturschutzgebiet zu erklären, lief erst in den 1920er-Jahren an, als die Gefahr bestand, dass das Land Bauunternehmern überlassen würde. Zur selben Zeit setzte sich der künftige Premierminister General Jan Smuts – ein begeisterter Wanderer – öffentlichkeitswirksam für den Schutz des Tafelbergs ein. Heute trägt ein Wanderweg seinen Namen. Im Jahr 1939 wurde das Cape of Good Hope Nature Reserve schließlich geschützt.

Es war das erste offizielle Naturschutzgebiet am Kap. Allerdings hatte der Minenmagnat und südafrikanische Politiker Cecil Rhodes bereits zuvor einen kleinen Teil seines riesigen Vermögens genutzt, um Teile des östlichen Tafelbergs zu kaufen. Er vermachte das Land, zu dem Kirstenbosch und die Cecilia Estate bis Constantia Nek zählen, testamentarisch der Allgemeinheit.

Die Van-Zyl-Kommission sträubte sich zwar in den 1950ern dagegen, den Park einer einzigen Parkbehörde zu unterstellen, doch 1958 wurde alles Land am Tafelberg oberhalb von 152 m zum Naturdenkmal erklärt. Die Stadt Kapstadt schuf schließlich 1963 das Table Mountain Nature Reserve und 1965 das Silvermine Nature Reserve.

In den 1970er-Jahren hatten 14 verschiedene Behörden ein Wörtchen bei den Naturschutzgebieten am Kap mitzureden. Erst 1998 wurde der einheitliche Cape Peninsula National Park Realität. Im Jahr 2004 wurde er in Table Mountain National Park umbenannt.

Cape Point ist nicht genau der Schnittpunkt, an dem die warmen Meeresströmungen des Indischen Ozeans auf den kalten Atlantik treffen; tatsächlich verlagert sich diese Stelle ständig entlang der Südwestküste zwischen Cape Point und Cape Agulhas.

Wein

Obwohl der Gründer der Kapkolonie Jan van Riebeeck eigenen Wein anbaute und herstellte, begann die breite Weinproduktion in Südafrika erst im Jahr 1679 mit der Ankunft des Gouverneurs Simon van der Stel. Van der Stel legte das Gut Constantia an (das später in mehrere Anwesen unterteilt wurde, die es noch heute gibt) und gab seine Kenntnisse an die Siedler weiter, die sich rund um Stellenbosch niedergelassen hatten.

Französischer Einfluss

Zwischen 1688 und 1690 trafen etwa 200 Hugenotten am Kap ein, denen vor allem in der Gegend von Franschhoek („Franzosenwinkel") Land zur Verfügung gestellt wurde. Obwohl nur ein paar von ihnen Erfahrung im Weinbau hatten, gaben sie der jungen Industrie neue Impulse.

Lange Zeit waren die Kapweine, mit Ausnahme der auf Constantia erzeugten, nicht sehr gefragt, und die meisten Trauben endeten als Brandy. Erst Anfang des 19. Jhs. erhielt die Branche einen Auftrieb, als die Briten wegen des Kriegs gegen Frankreich auf der einen und günstiger Handelszölle zwischen Großbritannien und Südafrika auf der anderen Seite verstärkt südafrikanischen Wein importierten.

Die Sanktionen während der Apartheid und die Macht der Kooperative Wijnbouwers Vereeniging (KWV; die Kooperative gründete sich 1918, um Mindestpreise sowie Produktionsstätten und -quoten zu kontrollieren) trugen nicht gerade zu einem innovationsfreudigen Klima bei und lähmten stattdessen die Entwicklung. Seit 1992 hat die inzwischen privatisierte KWV viel von ihrem früheren Einfluss eingebüßt.

Viele neue und progressive Erzeuger tragen heute dazu bei, dass Südafrika sich wieder als feste Größe auf dem Weltmarkt etabliert. In den kühleren Küstenregionen entstehen östlich von Kapstadt neue Anbaugebiete um Mossel Bay, Walker Bay und Elgin und im Norden um Durbanville und Darling. Auch die alten Rebstöcke des Swartlands nordwestlich von Paarl (insbesondere die Gegend von Paardeberg) bringen hochwertige Weine hervor.

Die menschlichen Kosten

Zurzeit beschäftigt die südafrikanische Weinindustrie 160 000 schwarze und farbige Feldarbeiter und Helfer bzw. meist Helferinnen, die in den von etwa 4500 Weißen betriebenen Weingütern schuften. Inzwischen gilt ein Mindestlohn von ca. 8 Euro (150 Rand) am Tag. Auf den alles lahmlegenden Streik im Jahr 2103, mit dem die Arbeiterschaft die Erhöhung des Tagessatzes von 69 Rand auf 105 Rand durchgesetzt hatte, reagierten die Weinbarone mit Einstellungsstopp. Die Personaleinsparungen bekamen vor allem die weiblichen Helferinnen zu spüren, auf deren Schultern die gleichbleibende Arbeitslast verteilt wurde.

Zwar gibt es eine offizielle arbeitsrechtliche Regelung, doch wird sie nicht immer eingehalten; leider wissen auch viele Arbeiter nicht über ihre Rechte Bescheid. Der südafrikanische Exportverband Wines of South Africa (www.wosa.co.za) hat verschiedene Programme aufgelegt,

„Heute, gelobt sei der Herr, wurde zum ersten Mal Wein aus Trauben vom Kap gepresst."

Jan van Riebeeck, 2. Februar 1659

Die Menschenrechtsorganisation Human Rights Watch (HRW; www.hrw.org) veröffentlichte 2011 einen Bericht mit dem Titel *Ripe with Abuse* (dt. etwa „Wir haben den Missbrauch satt!"). Die südafrikanische Weinindustrie wird darin in folgenden Punkten scharf verurteilt: Niedriglohnniveau, schockierende Unterbringungssituation, kein Zugang zu Sanitäranlagen oder Trinkwasser, kein Schutz gegen Pestizide und Zugangsbarrieren für eine ordentliche Gewerkschaftsvertretung.

Die britischen Lebensmittelketten Asda, Tesco, Marks & Spencer und Waitrose unterstützen WIETA, ebenso Woolworths in Südafrika; nähere Informationen stehen auf der Webseite der WIETA (www.wieta.org.za).

um den Schutz der Menschenrechte in der Weinbranche zu verbessern und die Leistungsbilanz durch nachhaltiges Wirtschaften zu sichern. Die Weinindustrie arbeitet nun verstärkt mit dem Industrie- und Fair-Trade-Verband WIETA (Wine Industry and Ethical Trade Association, www.wieta.org.za) zusammen. Entsprechende Lobby-Arbeit soll die Arbeitsbedingungen in der Weinindustrie weiter verbessern.

Weinsortenvielfalt

Rotweine

Der echte Pinotage, basierend auf den Rebsorten Pinot Noir und Cinsaut, die, wenn man sie miteinander kreuzt, einen sehr würzigen Wein ergeben, ist ein Kapwein mit emblematischem Charakter. Konkurrenz machen ihm indes neben anderen robusten roten Rebsorten wie etwa Shiraz (Syrah) und Cabernet Sauvignon auch die leichteren Cuvées aus Cabernet Sauvignon, Merlot, Shiraz und Cabernet Franc, die sich vom Stil her mehr an Bordeaux-Weine anlehnen.

Weißweine

Die gängigste weiße Rebsorte Südafrikas ist Chenin Blanc. Seit ungefähr zehn Jahren halten verstärkt modernere Rebsorten Einzug, wie etwa Chardonnay und Sauvignon Blanc. Intensiviert hat sich auch der Anbau von Rebsorten wie Colombard, Sémillon und süßerer Muscat-Reben. Weiße Tafelweine, insbesondere Chardonnays, hatten früher einen viel intensiveren Eichenduft und einen höheren Alkoholgehalt, hinge-

SPITZENWEINE

Cathy Marston (www.cathymarston.co.za), aktive Weinkundlerin und Autorin mit Sitz in Kapstadt, empfiehlt die folgenden Weine:

Rotweine

MR de Compostella (www.raats.co.za) Dieser elegante Rotwein von Mzokhona Mvemve und Bruwer Raats punktet mit seinen verhaltenen Bouquets und kann mit den Bordeaux-Spitzencuvées locker mithalten bzw. übertrumpft diese haushoch. Nur schade, dass er so beliebt ist: An ihn ranzukommen ist eher schwierig; man klopft also vergeblich an der Tür zum Weinkeller.

Hartenberg's Cabernet Sauvignon-Shiraz (www.hartenbergestate.com) Das Preis-Leistungs-Verhältnis bleibt unübertroffen; es gibt praktisch keinen besseren Rotwein unter 7 Euro (100 Rand). Eine tolle Allround-Cuvée, die wirklich zu jedem Gericht schmeckt und zum täglichen Genuss einlädt.

Fairview's Beacon Shiraz Das Pfefferaroma dieses Rotweins hat es in sich, jedoch ist der Tropfen sehr modern und geradeheraus mit brombeerigem Abgang und würzigem Nachhall.

Weißweine

Tokara's Director's Reserve White Eine elegante Kombination aus den weißen Rebsorten Sauvignon und Sémillon.

DeMorgenzon's White 12 (www.demorgenzon.co.za) Eine herrliche Weißwein-Cuvée auf der Grundlage von Chenin Blanc.

AA Badehorst Secateurs chenin blanc (www.aabedenhorst.com) Der tolle Weißwein für jeden Tag ist ein echter Publikumsrenner.

Graham Beck Blanc de Blancs Eine der edelsten und prickelndsten Schaumweine am Kap. Unter den MCC-Perlweinen stechen auch die Sekte von **Silverthorn Wines** (www.silverthornwines.co.za) im Weinanbaugebiet Robertson besonders hervor.

WEIN DER ARBEITER

Erwähnenswert ist, dass Südafrika mehr Fair-Trade-Weine produziert als jedes andere Land. Verschiedene fortschrittliche Weingüter setzen neue Standards für verbesserte Arbeitsbedingungen und fairen Handel. Solms-Delta und Van Loveren (www.van loveren.co.za) in Robertson machten ihre Arbeiter zu Teilhabern in Genossenschafts-weingütern. Ein Teil des Nelson Wine Estate (www.nelsonscreek.co.za) wurde den Arbeitern geschenkt, die unter der Marke „New Beginnings" (www.fms-wine-marketing. co.za) ihren eigenen Wein produzieren.

Weitere Handelsmarken im Besitz von Arbeitern oder Schwarzen:

Thandi (www.thandiwines.com) Das Weingut im Elgin-Gebiet, dessen Name in der Sprache der Xhosa (isiXhosa) „Liebe" oder „Wertschätzung" bedeutet, war das erste der Welt, das das Gütesiegel „Fair Trade Certified" erhielt. Es gehört zur Hälfte den 250 Gutsarbeiterfamilien und produziert gute reinsortige Weine und Cuvées, von denen einige auch nach Deutschland exportiert werden.

M'hudi (www.mhudi.com) Das Weinsortiment der Familie Rangaka umfasst Rebsorten wie Chenin Blanc, Merlot, Pinotage und Sauvignon Blanc.

Lathithá (www.lathithawines.co.za) Der Wein wird von Kellereien in Blaauwklippen im Auftrag von Sheila Hlanjwa aus Langa hergestellt. Das Unternehmen gehört zu einem Projekt, das die Weinkultur in den Townships bekannt machen soll.

Fairvalley Wines (www.fairvalley.co.za) Die Fair-Trade-zertifizierten Weine aus diesem Genossenschaftsbetrieb gleich neben dem Weingut Fairview gehören 42 Familien.

gen sind jetzt leichtere, fruchtbetontere Weine im Aufstieg begriffen. Gute Sauvignon Blancs findet man in den kühleren Weinregionen Constantia, Elgin und Hermanus.

Perlweine

Méthode Cap Classique (MCC) ist heute das tonangebende Label für champagnerähnliche Sekte: Viele sind genauso gut oder sogar besser als der echte Champagner.

Likörweine

Worcester, Calitzdorp und Karoo gehören zu den landesweit führenden Herstellerregionen für Spirituosen und Likörweine wie Portwein, Brandy und Südafrikas *hanepoot* (dt. „Hahnenfuß"). Dieser herrliche Dessertwein wird aus der mediterranen Rebsorte Muscat d'Alexandrie gewonnen. Ein süßer, hochprozentiger Likörwein, der hauptsächlich für den heimischen Markt hergestellt wird.

Weintrends

Das Verschneiden verschiedener Rebsorten zu Spitzenweinen ist unter südafrikanischen Winzern weit verbreitet. Rote, meist auf Cabernet Sauvignon basierende Cuvées, sind seit Jahrzehnten üblich, aber in den letzten Jahren nahmen auch weiße Verschnitte überhand, wobei sich zwei verschiedene, aber gleichermaßen spannende Varianten herausgebildet haben. Eine davon sind die am Bordeaux-Stil orientierten Cuvées aus Sauvignon Blanc und Semillon. Vorreiter war Vergelegen mit seinen in Eichenfässern gereiften und ziemlich noblen Semillon-Verschnitten. Heute jedoch gibt es viele gute Angebote, wie die Oak Valley Blends von Oak Valley, den Tokara White und den Magna Carta von Steenberg.

Die zweite Variante ist etwas bodenständiger. Die Weine stammen vorwiegend aus den wärmeren Inlandsregionen, wie z.B. Swartland. Die meisten Erzeuger folgen dem Beispiel des „Erfinders" dieses Stils,

Roséwein – leicht fruchtig, frisch und trocken – erfreut sich immer größerer Beliebtheit. Der Vermerk „Pinotage" auf dem Etikett verspricht zumeist einen anständigen Tropfen – diese einheimische rote Traube ist nicht jedermanns Sache, eignet sich aber hervorragend für Rosé.

Eben Sadie, mit seinem Palladius-Wein und verwenden für ihre Verschnitte reichlich Chenin Blanc, Chardonnay, Roussanne und Viognier.

Viele Erzeuger bauen inzwischen außerdem in küstennahen oder höher gelegenen Regionen an und nutzen die kühleren klimatischen Bedingungen, um andere Weine herzustellen, die weniger Alkohol enthalten und leichter und spritziger sind. Elgin beispielsweise, ein Hochplateau im Binnenland, erwirbt sich einen hervorragenden Ruf als neues Anbaugebiet – etwa für Chardonnay, Sauvignon Blanc und insbesondere Pinot Noir. Weitverbreitet ist Sauvignon Blanc auch auf den Weingütern in Küstenregionen wie Lomond oder Black Oystercatcher, die beide unweit vom Kap Agulhas liegen, oder Fryer's Cove an der Westküste, nur ein kleines Stück landeinwärts vom kühlen Atlantik.

Neuerdings setzt sich die weiße Rebsorte Muscat zur Herstellung leichter, schäumender Perlweine aus den typischen Moscato-Trauben immer mehr durch. Diesem Trend folgen insbesondere die Hersteller De Krans in der Weinregion Klein Karoo und auch die Imbuko-Weingüter in Wellington.

Pinotage-Weine sind in der Kategorie Rotweine mit Schoko-Kaffee-Bouquet ebenfalls auf dem Vormarsch; den Startschuss für den Pinotage-Trend gab das Weingut Diemersfontein in Wellington. Zwar rümpfen die Kritiker bei diesen Weinen (im wahrsten Sinne des Wortes) die Nase, doch sind diese Weine aufgrund der originellen Bitteraromen ein echter Verkaufsschlager.

Wein-Visionäre: Gerard de Villiers, Thomas Ernst und Harald Bresselschmidt stellen Menschen und ihre Weingüter in Südafrika vor.

Kleines Weinglossar

Abgang Der Nachgeschmack eines Weins; je länger der Geschmack nachklingt (und je bedauerlicher sein Verschwinden ist), desto besser.

Aroma Der Duft eines Weins; der Begriff „Bouquet" bezeichnet meist den Duft weniger fruchtiger, ausgereifter Weine.

Balance Die Ausgewogenheit der einzelnen Komponenten eines Weines: Alkohol, Frucht, Säure und Tannin (und ggf. Eiche)

Cuvée Verschnitt aus zwei oder mehr verschiedenen Trauben, z. B. Colombard-Chardonnay; manche Rotweine tragen den Vermerk „Cape Blend"; solche Weine bestehen zu mindestens 20 % aus Pinotage.

Eichen- oder Holzgeschmack Die meisten guten Rotweine, und viele elegante Weißweine, reifen ein oder zwei Jahre in teuren Holzfässern, wodurch sich Textur und Aroma der Weine verändern; eine billige Methode, Holzgeschmack zu erzielen, ist die Verwendung von Holzstücken in einem Metallbehälter.

Erzeugerabfüllung Dieser Begriff (engl. *estate wine*) darf nur verwendet werden, wenn der Wein von einem einzigen Betrieb angebaut, gekeltert und abgefüllt wird.

Garagenwein Wein, der von Kleinstunternehmen oder passionierten Amateuren in sehr kleinen Mengen und bisweilen buchstäblich in einer Garage hergestellt wird.

Jahrgang Engl. *vintage*; das Jahr der Traubenernte; als Jahrgangswein bezeichnet man außerdem einen in einem besonders guten Jahr hergestellten Süßwein (die besten heißen in Südafrika „Vintage Reserve").

Korkgeschmack Tritt nicht etwa auf, wenn Korkfragmente in den Wein gelangen, sondern wenn der Korken den Wein verdorben hat, wodurch er im Extremfall faulig und flach schmeckt.

Ökologisch Das ökologische Verfahren betrifft eher den Anbau der Reben (ohne Pestizide oder chemische Düngemittel usw.), weniger die Weinherstellung.

Tannin Bezeichnet die Gerbstoffe im Wein, die hauptsächlich in Schale, Stiel und Kernen roter Trauben vorkommen; äußert sich durch eine trockene Empfindung am Gaumen; die Tannine werden weicher, je reifer der Wein ist.

Praktische Informationen

Allgemeine Informationen

Botschaften & Konsulate

Die meisten Auslandsbotschaften befinden sich in Johannesburg oder Pretoria, ein paar Länder haben aber auch Konsulate in Kapstadt, darunter Deutschland, Österreich und die Schweiz. Die meisten sind montags bis freitags von 9 bis 16 Uhr geöffnet.

Deutschland (☎021-405 3052; www.southafrica.diplo. de; 19. Stock, Triangle House, 22 Riebeeck St, Foreshore; 🖳Lower Long/Lower Loop)

Österreich (☎021-421 1440; 3. Stock, 1 Thibault Sq, City Bowl)

Schweiz (☎021-418 3665; 26. Stock, 1 Thibault Sq, City Bowl)

Feiertage

An Feiertagen sind Behörden, Banken, Büros sowie Postämter und einige Museen geschlossen. Feiertage in Südafrika:

Neujahr 1. Januar

Tag der Menschenrechte 21. März

Ostern (Karfreitag/ Ostermontag) März/April

Tag der Familie 13. April

Tag der Verfassung (Freiheitstag) 27. April

Tag der Arbeit 1. Mai

Tag der Jugend 16. Juni

Frauentag 9. August

Heritage Day (Tag des Kulturerbes) 24. September

Day of Reconciliation (Versöhnungstag) 16. Dezember

1. Weihnachtsfeiertag 25. Dezember

2. Weihnachtsfeiertag (Day of Goodwill) 26. Dezember

Frauen unterwegs

Frauen wird in Kapstadt generell Herzlichkeit und Gastfreundschaft entgegengebracht. Bevormundung und Sexismus sind jedoch ebenfalls weit verbreitet, besonders außerhalb des Stadtzentrums, was häufiger als tätliche Übergriffe zum Problem wird.

Südafrikas Statistiken zu sexuellen Übergriffen sind beängstigend. Dennoch sind Vergewaltigungen von Touristinnen relativ selten. Es ist schwer, das tatsächliche Risiko einzuschätzen – das Risiko existiert, aber man sollte nicht vergessen, dass viele Frauen auch allein sicher durch Südafrika reisen.

Vernunft und Vorsicht sind besonders nachts angezeigt. Frauen sollten abends nie alleine zu Fuß unterwegs sein, sondern immer ein Taxi nehmen, einsame Gegenden, Straßen und Strände bei Tag und Nacht meiden, niemals allein wandern und auf gar keinen Fall trampen. Wer allein mit dem Auto fährt, sollte immer ein Handy dabeihaben. Die einheimischen Frauen geben gute Tipps, was wo sicher ist und was nicht.

Freiwilligenarbeit

Gute Anlaufpunkte sind **Greater Good SA** (www. myggsa.co.za), die Informationen zu vielen südafrikanischen Hilfsorganisationen und Entwicklungsprojekten haben, und **Uthando South Africa** (www.uthandosa.org/ projects), ein Touristikunternehmen, das zahlreiche Hilfsprojekte unterstützt. Empfehlenswert ist auch **How 2 Help** (www.h2h.info).

Geld

Währungseinheit ist der Rand (R), der in 100 Cent (¢) unterteilt ist. Es gibt Münzen im Wert von 5, 10, 20 und 50 Cent sowie 1, 2 und 5 Rand. Banknoten gibt es zu 10, 20, 50, 100 und 200 Rand. Rand werden manchmal auch als „Bucks" bezeichnet.

Geldautomaten

Wer eine Karte des weltweiten Cirrus-Netzes hat, sollte keine Probleme mit den Geldautomaten in Kapstadt haben. Dennoch ist es sinnvoll, ein paar grundlegende Dinge in Sachen Sicherheit zu beachten:

➡ Geldautomaten am besten nicht bei Nacht aufsuchen und schon gar nicht an abgeschiedenen Orten. Die Automaten in Einkaufszentren sind meist am sichersten.

➡ An den meisten Geldautomaten in Banken stehen Wachleute. Falls gerade keiner da ist, immer achtsam sein oder jemand anderen um Hilfe bitten.

➡ Immer die Leute checken, die vor einem am Geldautomaten stehen. Wenn einer verdächtig wirkt, einen anderen Automaten wählen.

➡ Geldautomaten stets zu den Banköffnungszeiten nutzen und möglichst eine Begleitung mitnehmen. Steckt die Karte mal fest, sollte einer beim Automaten bleiben, während der andere in der Bank um Hilfe bittet.

➡ Gleich nach dem Einstecken der Karte in den Automaten auf Abbruch drücken. Wird die Karte ausgegeben, weiß man, dass der Automat nicht blockiert ist, sodass man weitermachen kann.

➡ Wenn Fremde anbieten, beim Abschließen der Transaktion zu helfen, immer freundlich ablehnen. Wenn jemand gleich fragt, sofort den Vorgang abbrechen und einen anderen Automaten suchen.

➡ Immer die Notrufnummer der eigenen Bank dabeihaben. Geht die Karte verloren, sofort Bescheid geben.

Geldwechsel

Die meisten Banken wechseln gegen unterschiedlich hohe Gebühren Bargeld und Reiseschecks in den wichtigsten Währungen. Wechselstuben gibt es auch in den größeren Einkaufszentren wie der Victoria Mall an der Waterfront.

Trinkgeld

Standard für die meisten Dienstleistungen ist ein Trinkgeld von 10 %.

Gesundheit

Das Leitungswasser ist hier trinkbar und abgesehen von HIV/Aids gibt es kaum gesundheitliche Bedenken in Kapstadt. Täglich sterben Hunderte an HIV/Aids; wer Sex hat, sollte sich also unbedingt schützen. Weitere Informationen zu Gesundheitsfragen in Südafrika sind in *Healthy Travel Africa* und *Südafrika, Lesotho & Swaziland* von Lonely Planet nachzulesen.

Internetzugang

WLAN gibt es in vielen Hotels und Hostels und auch in mehreren Cafés und Restaurants in der ganzen Stadt, die in diesem Buch aufgeführt sind – oft ist der Zugang kostenlos (einfach nach dem Passwort fragen). Die Preise für kostenpflichtiges WLAN liegen überall bei 30 R pro Stunde. Provider sind **Red Button** (www.redbutton.co.za) und **Skyrove** (www.skyrove.com).

Medizinische Versorgung

Die medizinische Versorgung hier ist erstklassig. Jegliche Behandlung muss jedoch sofort bezahlt werden, wird aber in der Regel von der Krankenversicherung zurückerstattet. Die Notrufzentralen, die über ☎107 (nur über Festnetz) oder ☎021-480 7700 (mit dem Handy) erreicht werden, erklären, wo das nächste Krankenhaus ist. Viele Ärzte machen auch Hausbesuche; sie sind unter „Medical" im Telefonbuch zu finden, andernfalls kann hierüber auch das Hotel Auskunft geben.

Netcare Christiaan Barnard Memorial Hospital (☎021-480 6111; www.netcare.co.za/139/nectare-christiaan-barnard-memorial-hospital; 181

Longmarket St, City Bowl; 🚇Church/Longmarket) Die beste Privatklinik der Stadt; die Rezeption befindet sich im 8. Stock.

Netcare Travel Clinic (☎021-419 3172; www.travelclinic.co.za; 11. Stock, Picbal Arcade, 58 Strand St, City Bowl; ⏰Mo–Fr 8–16 Uhr; 🚇Adderly) Impfungen und sonstige Gesundheitsfragen auf der Reise

Groote Schuur Hospital (Karte S. 314; ☎021-404 9111; www.westerncape.gov.za/your_gov/163; Main Rd, Observatory; 🚇Observatory) In Notfällen kann man direkt zur Notaufnahme gehen.

Notfälle

Für jegliche Notfälle gelten die Rufnummern ☎107 (nur über Festnetz) oder mit dem Handy ☎021-480 7700. Weitere wichtige Telefonnummern:

Table Mountain National Park (☎0861 106 417)

Seenotrettungsdienst (☎021-449 3500)

Öffnungszeiten

Ausnahmen von den nachfolgend angegebenen Öffnungszeiten sind bei den Adressen aufgeführt:

Banken Mo–Fr 9–15.30, Sa 9–11 Uhr

Postämter Mo–Fr 8.30–16.30, Sa 8–12 Uhr

Läden Mo–Fr 8.30–17, Sa 8.30–13 Uhr. Große Einkaufszentren wie das Waterfront und das Canal Walk sind täglich von 9 bis 21 Uhr geöffnet.

Cafés Mo–Sa 7.30–17 Uhr. Die Cafés in der City Bowl sind samstags von 8 bis 15 Uhr geöffnet und sonntags geschlossen.

Restaurants Mo–Sa 11.30–15 & 18–22 Uhr

Post

Postfilialen gibt es in ganz Kapstadt; eine Auflistung steht auf www.sapo.co.za. Die Post ist zuverlässig, aber oft langsam. Werden Wertsachen versandt, lohnen sich private Postdienste, wie Postnet (www.postnet.co.za), die internationale Sendungen mit DHL verschicken.

Reisen mit Behinderung

Reisende mit Seh- oder Hörbehinderungen dürften eigentlich kaum Probleme in Kapstadt haben, für Rollstuhlfahrer ist die Reise mit einem Begleiter im Allgemeinen einfacher. Nur sehr wenige Unterkünfte sind mit Rampen und rollstuhlgerech-

ten Badezimmern ausgestattet. Viele der größeren Autovermietungen haben auch Wagen mit Handsteuerung.

Der Weg um das Reservoir in Silvermine ist für Rollstuhlfahrer ausgebaut. **Linx Africa** (www.linx.co.za/trails/lists/disalist.html) führt eine Liste mit behindertengerechten Wanderwegen für jede Provinz.

Es gibt mehrere südafrikanische Touristikunternehmen, die sich auf Pauschalreisen für Reisende mit Behinderung spezialisieren, darunter auch ein paar mit Sitz in Kapstadt:

Endeavour Safaris (☎021-556 6114; www.endeavour-safaris.com)

Epic Enabled (☎021-785 7440; www.epic-enabled.com)

Flamingo Adventure Tours

& Disabled Ventures (☎082 450 2031, 021-557 4496; www.flamingotours.co.za)

Access-Able Travel Source (www.access-able.com) hat ein Verzeichnis von Touristikunternehmen, die sich an Reisende mit Behinderung wenden.

Weitere allgemeine Informationen gibt es über das **National Council for Persons with Physical Disabilities in South Africa** (☎011-726 8040; www.ncppdsa.org.za).

Sicherheit

Kapstadt ist eine der entspanntesten Städte Afrikas, was ein trügerisches Gefühl der Sicherheit erzeugen kann. Leute, die ohne jeden Zwischenfall oder Diebstahl auf dem Landweg von Kairo angereist sind, wurden in Kapstadt schon komplett ausgenommen – z. B. während des Schwimmens, wenn die Sachen am Strand liegen.

Paranoia ist nicht nötig, wohl aber gesunder Menschenverstand. Auf der Halbinsel herrscht furchtbare Armut und eine „zwanglose Umverteilung des Wohlstands" ist ziemlich verbreitet. Die Kriminalitätsrate in den Townships und Vororten der Cape Flats ist erschreckend hoch und wer keinen vertrauenswürdigen Führer hat oder mit einer geführten Tour unterwegs ist, sollte diese Gegenden besser meiden.

Wenn es um die Frage geht, wo man sich bedenkenlos aufhalten kann und wo nicht, am besten dem Rat der Einheimischen folgen. Zu mehreren ist man sicherer.

An jedem Strand des Kaps ist Schwimmen gefährlich, besonders für diejenigen, die keine Erfahrung mit der Brandung haben. Immer die Warnhinweise für Rückströmungen und Felsen beachten und nur in beaufsichtigten Bereichen schwimmen. Eltern müssen ihre Kinder

---

MEDIEN

Zeitungen & Zeitschriften

➡ **Cape Times** (www.iol.co.za/capetimes) Morgendliche Lokalzeitung, montags bis freitags

➡ **Cape Argus** (www.iol.co.za/capeargus) Nachmittägliche Lokalzeitung, montags bis samstags

➡ **Mail & Guardian** (mg.co.za) Überregionales Wochenblatt, erscheint freitags und enthält exzellente Investigativ- und Kommentarteile sowie eine Kulturbeilage

➡ **Cape Etc** (www.capeetc.com) 14-tägiges Veranstaltungsmagazin

➡ **Big Issue** (www.bigissue.org.za) Monatliche Obdachlosenzeitschrift; wird an vielen der belebtesten Verkehrskreuzungen in Kapstadt verkauft

TV & Radio

➡ **South African Broadcasting Corporation** (SABC; www.sabc.co.za) Staatliche Radio- & TV-Sender

➡ **Cape Talk** (www.capetalk.co.za) 567MW; Talkradio

➡ **Fine Music Radio** (www.fmr.co.za) 101.3FM; Jazz und Klassik

➡ **94.5 Kfm** (www.kfm.co.za) Pop

➡ **Good Hope FM** (www.goodhopefm.co.za) Zwischen 94 und 97FM; Pop

➡ **Heart** (www.1049.fm) 104.9FM; Pop, Soul, R&B

➡ **Taxi Radio** (thetaxi.mobi) Internetradio mit Sitz in Woodstock

immer im Auge behalten und stets daran denken, dass die Wassertemperaturen zu Unterkühlung führen können!

Steuern & Erstattungen

Die Mehrwertsteuer (VAT) beträgt 14 %. Ausländische Besucher können einige Mehrwertsteuerausgaben bei der Abreise zurückfordern. Das gilt allerdings nur für Waren, die aus dem Land ausgeführt werden und aus einem Laden stammen, der am VAT-Erstattungssystem für Ausländer teilnimmt.

Für die Erstattung ist der Steuerbeleg erforderlich. Dazu reicht meist der Kassenzettel, aber er muss Folgendes enthalten:

➡ den Begriff „tax invoice";

➡ den Namen des Geschäfts mit Adresse und Mehrwertsteuernummer *(VAT registration number);*

➡ die genaue Bezeichnung der Ware;

➡ den Warenpreis und den Mehrwertsteuerbetrag;

➡ eine Steuerrechnungsnummer;

➡ das Kaufdatum.

Bei Käufen über 5000 R müssen auch Name und Adresse des Käufers sowie die Warenmenge auf der Rechnung stehen. Alle Rechnungen müssen als Original vorliegen. Der Warengesamtwert muss für eine Erstattung höher als 250 R sein.

Bei der Abreise müssen die Waren einem Zollbeamten gezeigt werden. Am Flughafen sollte das unbedingt vor der Gepäckaufgabe erledigt werden. Nach der Passkontrolle wird die Erstattung beantragt. Man erhält entweder einen Erstattungsscheck (der sofort in der Wechselstube eingelöst werden kann) oder ein Guthaben auf einer weltweit einsetzbaren Visa-Electron-Cash-Karte.

Der Erstattungsantrag ist auch in den internationalen Flughäfen in Johannesburg und an verschiedenen Grenzübergängen möglich – detailliertere Informationen unter www.taxrefundes.co.za.

Strom

Die Stromversorgung läuft mit 230 Volt Wechselstrom bei 50 Hertz. Auch Geräte für 240 Volt Wechselstrom funktionieren.

250v/50hz

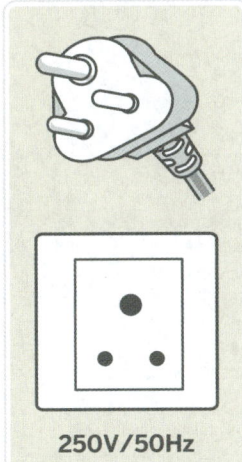

250V/50Hz

Telefon

Die Landesvorwahl Südafrikas von Europa aus ist ☎0027. Kapstadts Ortsvorwahl ist ☎021, die auch für Stellenbosch, Paarl und Franschhoek gilt. Sie muss auch bei Ortsgesprächen gewählt werden. Kostenlose Telefonnummern beginnen mit ☎0800. Kosten für Telefonate mit Nummern, die mit ☎0860 beginnen, werden je zur Hälfte zwischen Anrufer und Angerufenem geteilt. Telefonate zwischen 19 und 7 Uhr sind billiger.

Öffentliche Münz- und Kartentelefone funktionieren nur selten – wenn überhaupt welche zu finden sind.

Handys

Die Handynetze in Südafrika laufen alle über das digitale GSM-System. Die drei größten Anbieter sind Vodacom (www.vodacom.co.za), MTN (www.mtn.co.za) und Cell C (www.cellc.co.za). Vodacom und MTN haben Schalter am Cape Town International Airport, wo es Prepaid-SIM-Karten fürs Handy zum Telefonieren in Südafrika gibt. Ansonsten gibt es in der ganzen Stadt Filialen aller Anbieter und auch viele Läden, die Guthabenkarten verkaufen. Gespräche kosten im Schnitt 2,50 R pro Minute.

Touristeninformation

Im Hauptsitz von **Cape Town Tourism** (Karte S. 318; ☎021-487 6800; www.cape town.travel; Pinnacle Bldg., Burg St Ecke Castle St, City Bowl; ☐Mid-Long) werden Unterkünfte, geführte Touren und Mietwagen gebucht. Es gibt zudem Informationsmaterial zu Nationalparks und Reservaten.

Es gibt weitere Niederlassungen in der Stadt:

Blaauwberg Coast Visitor Information Centre (☎021-

521 1080; 1 Marine Dr, Table View; ⊙Mo–Fr 9–17.30, Sa & So 9–13 Uhr; 🚇Marine Circle)

Muizenberg Visitor Information Centre (Karte S. 328; 📞021-787 9140; The Pavilion, Beach Rd; ⊙Mo–Fr 8–17, Sa & So 9–13 Uhr; 🚇Muizenberg)

Simon's Town Visitor Information Centre (Karte S. 330; 📞021-786 8440; 111 St. George's St; ⊙Mo–Fr 8–17, Sa & So 9–13 Uhr; 🚇Simon's Town)

V&A Waterfront Visitor Information Centre (Karte S. 318; 📞021-408 7600; Dock Rd; ⊙9–18 Uhr; 🚇Nobel Sq)

Visa

Besucher aus den meisten westeuropäischen Ländern, darunter Deutschland, Österreich und die Schweiz, brauchen kein Visum. Sie erhalten stattdessen bei der Ankunft eine Einreiseerlaubnis, die bis zu 90 Tage gültig ist. Liegt der Rückflug früher, trägt der Einreisebeamte diesen Termin als Ablaufdatum ein, wenn nicht anders verlangt. Seit Juni 2015 gelten neue Einreisebestimmungen, die besagen, dass Kinder unter 18 Jahren eine ungekürzte Geburtsurkunde – in einigen Fällen noch mehr Papiere – vorzeigen müssen. Die Fluggesellschaften informieren bei der Buchung über die neuen Einreisebestimmungen. Weitere Informationen und Aktuelles zum Thema finden sich auf www.south africa.com, www.home-affairs.gov.za, beim Auswärtigen Amt oder bei der Fluggesellschaft.

Für die Einreise müssen im Reisepass mindestens zwei Seiten noch völlig frei sein, nicht jedoch die beiden letzten.

Zeit

Die South African Standard Time ist der mitteleuropäischen Zeit (MEZ) eine Stunde voraus. Es gibt keine Umstellung auf Sommerzeit.

Zoll

Bei der Einreise nach Südafrika dürfen zollfrei eingeführt werden: 1 l Spirituosen, 2 l Wein und 400 Zigaretten. Kraftfahrzeuge benötigen einen Carnet (Zollbegleitschein). Weitere Informationen erteilt das **Department of Customs & Excise** (📞0800 007 277, 011-602 2093; www.sars.gov.za).

Verkehrsmittel & -wege

ANREISE

Die meisten Besucher treffen am Cape Town International Airport ein, bei der Anreise aus Südafrika eher am Zug- oder Busbahnhof Kapstadts. Die Stadt liegt auch auf der Route internationaler Kreuzfahrtschiffe, die entweder an der Waterfront oder im Hafen anlegen. Flüge, Mietwagen und (geführte) Touren können online über www. lonelyplanet.com/travel services gebucht werden.

Flugzeug

Es gibt viele internationale Direktflüge nach Kapstadt. Inlandsflüge sind günstiger im Internet zu buchen und zu bezahlen (statt über einen südafrikanischen Reiseveranstalter).

Cape Town International Airport (CPT; ☑021-937 1200; www.airports.co.za) Der Flughafen liegt 22 km östlich des Stadtzentrums. In der Ankunftshalle befindet sich eine Touristeninformation.

Vom/Zum Flughafen
BUS

MyCiTi-Busse Die Busse fahren von 4.45 bis 22.15 Uhr alle 30 Minuten zum Stadtzentrum und an die Waterfront. Eine einfache Strecke kostet 75 Rand; wer die *myconnect*-Karte benutzt (nicht erstattungsfähiger Grundpreis 35 Rand; siehe

S. 249), zahlt zwischen 45,30 und 68,70 Rand, je nachdem, ob gerade Stoßzeiten sind oder nicht bzw. ob man eine reguläre Fahrkarte kauft oder eine MyCiTi-Mover-Pauschalkarte.

Backpacker Bus (☑082 809 9185; www.backpackerbus.co.za) Flughafentransfer ab 180 R pro Person und Abholung vom Hostel bzw. Hotel (im Voraus buchen!).

TAXI
Ein Taxifahrt zum/vom Flughafen kostet etwa 250 R, wenn man sich die Kosten nicht mit anderen teilt.

AUTO
Alle größeren Autovermietungen haben einen Schalter am Flughafen. Die Fahrt über die N2 ins Stadtzentrum dauert in der Regel 15 bis 20 Minuten, während der Hauptverkehrszeit (7–9 und 16.30–18.30 Uhr) kann es aber bis zu einer Stunde dauern.

Zug

Endbahnhof der Fernzüge ist die Cape Town Railway Station in der Heerengracht in der City Bowl. Der Zug Shosholoza Meyl (☑086 000 8888; www.shosholozameyl.co.za) verkehrt mittwochs, freitags und sonntags zwischen Kapstadt und Johannesburg (Jo'burg) via Kimberley. Er hat zwar komfortable Schlaf- und Speisewagen, aber luxu-

riöser sind die Züge von Rovos Rail (☑012-315 8242; www.rovos.com) oder der elegante Blue Train (☑021-449 2672; www.bluetrain. co.za).

Bus

Endbahnhof der Fernbusse ist die Cape Town Train Station, wo auch die Fahrkartenbüros für die folgenden Busgesellschaften sind, alle täglich geöffnet von 6 bis 18.30 Uhr.

Greyhound (Karte S. 306; ☑021-418 4326; www.grey hound.co.za)

Intercape Mainliner (Karte S. 306; ☑0861 287 287; www.intercape.co.za)

Translux (Karte S. 306; ☑0861 589 282, 021-449 6209; www.translux.co.za)

Baz Bus (☑0861 229 287, 021-422 5202; www.bazbus. com) richtet sich an Backpacker und Individualreisende und bietet Hop-on-hop-off-Tarife und Tür-zu-Tür-Transport zwischen Kapstadt und Jo'burg/Pretoria über die nördlichen Drakensberge, Durban und die Garden Route.

Schiff/Fähre

Viele Kreuzfahrtschiffe legen in Kapstadt an. Nützliche Kontakte:

Cruise Compete (www. cruisecompete.com) Website mit aktuellem Verzeichnis sämtlicher Kreuzfahrtrouten mit Kapstadt als Anlaufhafen.

MSC Starlight Cruises (☑0860 114 411; www.msc cruises.co.za) Kreuzfahrtveranstalter mit Sitz in Südafrika.

Royal Mail Ship St Helena (☑+44 020 7575 6480; www. rms-st-helena.com) Einzigartiges Fracht-/Passagierschiff, das auf der Route von Großbritannien über die entlegenste Insel der Welt, St. Helena, nach Kapstadt verkehrt.

UNTERWEGS VOR ORT

Auto & Motorrad

Auf eigene Faust

Kapstadt hat ein exzellentes Straßennetz, die Hauptverkehrszeiten sind zwischen 7–9 und 16.30–18.30 Uhr. Verkehrsschilder wechseln zwischen Afrikaans und Englisch. Jeder hat schnell raus, dass Linkerbaan kein Ortsname ist, sondern „linke Spur" bedeutet.

Benzin kostet pro Liter um die 12,50 R, je nach Oktanzahl. Die meisten Tankstellen akzeptieren Kreditkarten. Tankwarte füllen den Tank, putzen die Fenster und fragen, ob Öl- oder Wasserstand geprüft werden müssen – ein Trinkgeld von 5 bis 10 % ist hierfür angemessen.

Kapstädter setzen sich nur allzu gerne über Verkehrsregeln hinweg, also besser vorsichtig fahren! Es gibt zwar Alkoholtests, aber angesichts des Personalmangels der Polizei und des relativ hohen Promillewerts (0,8 ‰) sind betrunkene Fahrer nach wie vor eine Gefahr. Es ist auch sehr unwahrscheinlich, dass die Polizei kleinere Geschwindigkeitsüberschreitungen ahndet, obwohl man sich durch-

aus eine Bußgeldstrafe einhandelt, wenn man geblitzt wird.

Fahrzeugkauf

Für den Kauf eines Autos oder Motorrades sollten ein bis zwei Wochen einkalkuliert werden, und in Kapstadt lässt sich diese Zeit auch ziemlich angenehm verbringen. In der Victoria Road zwischen Salt River und Observatory und in der Voortrekker Road/R102 gibt es zahlreiche Gebrauchtwagenhändler.

Zu den einschlägigen Kleinanzeigen-Websites gehören u. a. Junk Mail (www.junk mail.co.za/cape-town) und Auto Trader (www.auto trader.co.za).

Ein gutes Auto kostet etwa 30 000 R; für ein anständiges Fahrzeug für weit unter 20 000 R braucht es schon sehr viel Glück. Vielleicht kommt auch ein alter oder neuer Land Rover für eine Tour durch Afrika in Frage; wer sich dafür entscheidet, zahlt bei dem Land-Rover-Experten Graham Duncan Smith (☑021-797 3048) für eine erste Inspektion 180 R Beratungshonorar und für daraus resultierende Reparaturen 300 R Wartungskosten pro Stunde.

Vor dem Kauf sollte nach dem aktuellen Roadworthy Certificate (TÜV-Abnahme) gefragt werden. Das Zertifikat muss bei Zahlung der Straßensteuer und bei Registrierung des Besitzerwechsels vorgelegt werden. Das TÜV-Zertifikat gibt es, wenn nötig, in den Prüfwerkstätten der Dekra (www. dekraauto.co.za) an mehreren Standorten in Kapstadt; ein Test kostet 340 R.

Woher das Auto auch immer stammt, es sollte unbedingt überprüft werden, ob die Fahrzeugdetails mit denen auf den Zulassungspapieren genau übereinstimmen, dass eine gültige Steuerplakette an der Windschutzscheibe angebracht und dass das Fahrzeug poli-

zeilich zugelassen ist. Die polizeiliche Zulassungsstelle ist unter ☑021-945 3891 zu erreichen.

Das neu erworbene Auto wird in der Stadtkasse bei der Motor Vehicle Registration Division (☑0860 212 414; Civic Centre, Hertzog Blvd, Foreshore; ⏱Mo–Fr 8–15.30 Uhr; ▣Civic Centre) angemeldet; vorzulegen sind das TÜV-Zertifikat, eine gültige Steuerplakette, vollständige Zulassungspapiere, der vom Käufer unterschriebene Kaufvertrag mit Besitzerwechselformular und eine erkennbare Fotokopie des eigenen Personalausweises zusammen mit dem Original.

Sehr ratsam sind eine Haftpflicht- und Kaskoversicherung, um sich gegen Schäden und Diebstahl abzusichern.

Mietfahrzeuge

AUTO

Die Preise reichen von 230 R pro Tag für einen KIA Picanto bis zu etwa 3000 R für ein Porsche-Cabrio. Der Aufpreis für eine unbegrenzte Kilometerzahl wird wohl kaum nötig sein. Für ein bisschen Herumkurven sollten 400 km pro Tag genug sein, und wer hier und da einen autofreien Tag einlegt, sollte eigentlich mit durchschnittlich 200 km pro Tag auskommen.

Bei Preisangeboten darauf achten, dass die 14 %-ige Mehrwertsteuer enthalten ist, denn das macht einen Riesenunterschied.

Ein Problem bei fast allen Autovermietungen ist der Selbstbehalt – der Betrag, der vom Kunden zu zahlen ist, bevor die Versicherung greift. Selbst bei einem Kleinwagen können bis zu 6000 R fällig werden (es gibt aber auch die Möglichkeit, den Selbstbehalt durch eine höhere Versicherungsprämie zu senken oder ganz auszuhebeln). Ein paar Versicherungen bieten gegen einen höheren Beitrag 100 % Kostenübernahme bei Schaden und Diebstahl an. Es kann auch teurer werden, wenn mehr als eine Person als Fahrer angegeben wird. Hat ein nicht eingetragener Fahrer einen Unfall, zahlt die Versicherung nichts. Der Vertrag sollte also vor Unterzeichnung sorgfältig durchgelesen werden.

Zu den größeren Autovermietern gehören u. a.:

Around About Cars (☎021-422 4022; www.aroundabout cars.com; 20 Bloem St; ⏰Mo-Fr 7.30–19, Sa bis 16, So 8–13 Uhr; 🚇Upper Long/Upper Loop) Freundliche Agentur mit freundlichem Service, einer der besten unabhängigen Anbieter in ganz Kapstadt; mit Preisen ab 230 R pro Tag.

Avis (☎021-424 1177; www. avis.co.za; 123 Strand St, City Bowl; ⏰Mo-Fr 7.30–18, Sa & So 8–12 Uhr; 🚇Strand)

Hertz (☎021-410 6800; www. hertz.co.za; 40 Loop St, City Bowl; ⏰Mo-Fr 7–18, Sa & So 8–16 Uhr; 🚇Strand)

Status Luxury Vehicles (☎021-510 0108; www.slv.co. za) Wer auf Luxus „abfährt", miete sich hier einen Bentley oder ein sportliches Cabrio wie etwa den Porsche Boxter S Cab (5500 R pro Tag) für eine großspurige Spritztour.

MOTORRÄDER & ROLLER
Vermietungen von Motorrädern und Rollern:

Cape Sidecar Adventures (☎021-434 9855; www.side cars.co.za; 2 Glengariff Rd, Three Anchor Bay; 🚇Ellerslie) Hier gibt's auch einen Chauffeur zu mieten, der einen in einem der hauseigenen Oldtimer herumkutschiert, z. B. in einem CJ750-Beiwagengespann, der in der Zeit vor dem Zweiten Weltkrieg für die chinesische Armee hergestellt wurde – nach anspruchsvollen BMW-Spezifikationen. Eine achtstündige Tour kostet 3140 R; zwei Stunden kosten 1570 R.

Harley Davidson Cape

Town (☎021-401 4260; www. harley-davidson-capetown.com; 9 Somerset Rd, De Waterkant; ⏰Mo-Fr 8.30–17.30, Sa 8–14 Uhr; 🚇Alfred)

Scoot Dr (☎021-418-5995; www.scootdr.com; 61 Waterkant St, Foreshore; ⏰Mo-Fr 8–17, Sa bis 13 Uhr; 🚇Strand) vermietet Vespa- und Yamaha-Roller.

Parken

Montags bis samstags zur Geschäftszeit ist das Parken an bestimmten Orten im Stadtzentrum auf eine Stunde begrenzt. Autofahrer wenden sich an einen der Parkplatzwächter, hier „Parking Marshal" genannt (an ihren gelben Sicherheitswesten zu erkennen), der dann gleich die Gebühr für die erste halbe Stunde im Voraus kassiert (etwa 5 R). Gibt es keinen amtlichen Parkplatzwächter, lässt sich auf der Straße fast immer jemand finden, der für ein kleines Trinkgeld (um die 5 R) auf das Auto aufpasst. Parkplatzgebühren abseits der Straße sind unterschiedlich, betragen aber meist 10 R pro Stunde.

Bus
Golden Arrow

Die Busse von Golden Arrow (☎080 0656 463; www. gabs.co.za) fahren vom Golden Acre Bus Terminal (Karte S. 306; Grand Parade) ab, die meisten verkehren nur bis zum frühen Abend. Am praktischsten sind sie für Fahrten zu den Cape Flats, in die nördlichen Vororte und sogar bis in den äußersten Südrand der Stadt, nach Simon's Town. Die Preise beginnen bei 5 R.

MyCiTi-Busse

Die Pendlerbusse der Verkehrsgesellschaft MyCiTi (☎080 0656 463; www. capetown.gov.za) fahren täglich von 5 bis 22 Uhr.

Hauptstrecken sind derzeit vom Stadtzentrum bis nach Gardens und zur Waterfront hinaus; entlang der Atlantikküste bis nach Camps Bay und Hout Bay; über die Kloof Nek Road nach Tamboerskloof mit Shuttle-Service zur Seilbahn; nach Woodstock und Salt River sowie in die Township Khayelitsha und zum Flughafen.

Die Fahrpreise werden auf Basis einer vorausbezahlten *myconnect*-Karte beglichen (für einen Grundpreis von 35 R, der nicht erstattungsfähig ist). Diese Karte mit aufgeladenem Guthaben ist an MyCiTi-Bahnhofskiosken und in teilnehmenden Einzelhandelsgeschäften erhältlich. Möglich ist auch der Erwerb eines Single-Tickets für eine einfache Fahrt (30 oder 75 R vom/zum Flughafen). Zusätzlich wird eine Bankgebühr von 2,5 % des gespeicherten Wertes fällig (mind. 1,50 R); z. B. beträgt dann das Guthaben auf einer Karte für 200 R nur noch 195 R. Die von der Staatsbank herausgegebene ABSA-Karte kann im Verbund mit MasterCard auch für Kleinstbeträge und Einkäufe in Geschäften verwendet werden.

Je nach Tageszeit gelten unterschiedliche Preise; in den Hauptverkehrszeiten, Montag bis Freitag von 6.30 bis 8.30 Uhr und 16 bis 18 Uhr, liegen sie höher. Auch hängen die Preise davon ab, ob man die MyCiTi-Mover-Pauschalkarte aufgeladen hat (mit gespeicherten Werten zwischen 50 und 1000 R); dadurch können sich die regulären Fahrpreise um 30 % verringern.

Für kürzere Fahrten unter 5 km (z. B. vom Civic Centre bis Gardens oder zur Waterfront) liegen die regulären Preise in den Hauptverkehrszeit bei 8,90 R (siehe oben), ansonsten bei 6,80 R; eine Fahrt von Stadtzentrum bis zum Table View kostet 12,50/9,40 R (während/ außerhalb der Rushhour); vom Stadtzentrum zum Flughafen jeweils 68,70/

65,60 R; vom Stadtzentrum nach Hout Bay jeweils 12,50/9,40 R.

Fahrrad

Die Kaphalbinsel lässt sich wunderbar mit dem Fahrrad erkunden, wenn einem die vielen Hügel und weiten Entfernungen zwischen den Sehenswürdigkeiten nichts ausmachen. Die Fahrradwege sind ein Vermächtnis der Fußballweltmeisterschaft; ein recht guter führt nordwärts aus der Stadt Richtung Table View, ein anderer verläuft neben dem Fan Walk von der Cape Town Train Station nach Green Point. Es sind allerdings fast 70 km vom Zentrum nach Cape Point. Leider dürfen Fahrräder nicht in Vorortzügen mitgenommen werden.

Verleih

Anbieter von Leihrädern gibt es in Kapstadt vielerorts, wie etwa:

Awol Tours (Karte S. 318; ☏021-418 3803; www.awoltours.co.za; Information Centre, Dock Rd, V&A Waterfront; ⊒Nobel Square) Halb-/Ganztagesmiete ab 200/300 R.

Bike & Saddle (☏021-813 6433; www.bikeandsaddle.com)

Cape Town Cycle Hire (☏084 400 1604, 021-434 1270; www.capetowncyclehire.co.za; 250 R pro Tag) stellt Fahrräder für die Nutzung innerhalb der City Bowl und holt sie dort auch kostenlos ab; gilt ebenso entlang der Atlantikküste bis nach Llandudno.

Downhill Adventures (☏021-422 0388; www.downhilladventures.com; Ecke Orange St & Kloof St, Gardens; Mo–Fr ⊙8–18 Uhr, Sa bis 13 Uhr)

Up Cycles (☏076 135 2223; www.upcycles.co.za; 1 Std./halber/ganzer Tag 50/150/200 R; Mai–Okt. ⊙8.30–18.30 Uhr, Nov.–April 8–21 Uhr) Abholung und Bereitstellung von Fahrrädern an folgenden drei Bahnhöfen: Sea Point Pavilion, Clock Tower Square (an der Waterfront) und im Mandela Rhodes Place Hotel (in der City Bowl).

Taxi

Nachts ist es besser, ein Taxi zu nehmen, ob alleine oder als Gruppe. Die Gebühren liegen bei etwa 10 R pro Kilometer. Das Taxiunternehmen **Uber** (www.uber.com) ist sehr beliebt und auch zuverlässig.

Marine Taxi (☏0861 434 0434, 021-447 0329; www.marinetaxis.co.za)

Rikkis (☏0861 745 547; www.rikkis.co.za)

SA Cab (☏0861 172 222; www.sacab.co.za)

Telecab (☏082 222 0282, 021-788 2717) Für Fahrten von Simon's Town nach Boulders und Cape Point.

Sammeltaxi

In Kapstadt (und generell in Südafrika) ist ein Sammeltaxi ein Minibus. Diese privaten Unternehmen decken mit ihrem informellen Routennetz den größten Teil der Stadt ab, sind günstig und vor allem schnell. Leider sind die Minibusse meist überfüllt, und manche Fahrer fahren ziemlich waghalsig.
Der größte Taxistand befindet sich im Obergeschoss der Cape Town Train Station und ist über eine Fußgängerpassage im Golden Acre Centre oder über Treppen in der Strand Street zu erreichen. Er ist gut organisiert, und die richtige Reihe ist

schnell gefunden. Ansonsten einfach ein Sammeltaxi an der Straße heranwinken und den Fahrer fragen, wohin er fährt.

Zug

Die Züge der **Cape Metro Rail** (☏0800 656 463; www.capemetrorail.co.za) sind ein sehr praktisches Verkehrsmittel, um sich vor Ort fortzubewegen; allerdings fahren werktags nach 18 Uhr und samstags nach 12 Uhr nur noch wenige (oder gar keine) Züge.
Der Unterschied zwischen 1. Klasse (MetroPlus) und 2. Klasse (Holzklasse) im Hinblick auf Preis und Komfort ist geringfügig. Die für Besucher wichtigste Strecke ist die nach Simon's Town, die durch Observatory und hinter dem Tafelberg entlang durch gutbürgerliche Vororte wie Newlands bis nach Muizenberg und zur False-Bay-Küste fährt. Die Züge fahren montags bis freitags regelmäßig von 6 bis 21 Uhr, in der Hauptverkehrszeit von 6 bis 9 Uhr bzw. 15 bis 18 Uhr sogar alle 15 Minuten.
Die Metrozüge fahren auch nach Strand an der Ostseite der False Bay und in die Winelands nach Stellenbosch und Paarl. Sie sind die günstigsten und einfachsten Verkehrsmittel in diese Gegenden; während der Hauptverkehrszeit sind sie am sichersten.
Hier einige MetroPlus/Metro-Preise: Observatory 9,50/7 R, Muizenberg 12,50/8,50 R, Simon's Town 15,50/9,50 R, Paarl 18,50/12 R und Stellenbosch 18,50/12 R. Mit einer Touristenfahrkarte für 30 R kann man an einem Tag beliebig oft zwischen Kapstadt und Simon's Town bzw. allen Bahnhöfen und Haltestellen dazwischen pendeln.

Sprache

Südafrika besitzt elf Amtssprachen: Englisch, Afrikaans, Ndebele, North Sotho, South Sotho, Swati, Tsonga, Tswana, Venda, Xhosa und Zulu. In Kapstadt und Umgebung werden überwiegend drei davon gesprochen: Afrikaans, Englisch und Xhosa.

AFRIKAANS

Afrikaans entwickelte sich aus dem Niederländischen – der Sprache, welche die holländischen Siedler mitbrachten, die sich im 17. Jh. in Südafrika niedergelassen hatten. Bis Ende des 19. Jhs. galt diese Sprache als ein niederländischer Dialekt („Kapholländisch"), doch 1925 wurde sie als eine der offiziellen Landessprachen Südafrikas anerkannt. Heute ist Afrikaans die Muttersprache von ungefähr 6 Mio. Menschen. Die meisten Afrikaanssprachigen können auch Englisch. Dies gilt jedoch nicht immer in Kleinstädten und für ältere Menschen.

Der folgende Leitfaden zur Aussprache ist nicht erschöpfend, veranschaulicht aber die wichtigsten Regeln des Afrikaans. Die betonten Silben sind kursiv gesetzt.

a	kurzes „a" wie in „Fass"
e	fällt die Wortbetonung auf das „e", dann wie „e" in „Fett"; unbetont wie „e" in „Pappe"
i	fällt die Wortbetonung auf das „i", dann kurz wie in „Mitte"; unbetont wie „e" in „Pappe"

NOCH MEHR AFRIKAANS UND XHOSA?

Zusätzliche Informationen zu den Sprachen und nützliche Wendungen für diejenigen, die fit in Englisch sind, gibt es im *Africa Phrasebook*. Es kann online auf **shop.lonelyplanet.com** oder als Lonely Planet iPhone Phrasebook im Apple App Store erworben werden.

o	kurzes „o" wie in „offen"
u	wie „ö" in „können"
g	„ch" wie in „hoch"
r	gerolltes Zungenspitzen-r
aai	wie „ei" in „Brei"
ae	langes „a" wie in „Fahrt"
ee	langes „i" wie in „viel"
ei	wie „ay" in engl. „Okay"
oe	„u" wie in „Schutt"
oë	wie „ue" in „tue"
ooi/oei	wie „ui" in „pfui"
tj	wie „tsch" in „Tschechien"

Grundlagen

Hallo.	*Hallo.*	ha·*loh*
Auf Wiedersehen.	*Totsiens.*	tot·*siens*
Ja./Nein.	*Ja./Nee.*	ja/ney
Bitte.	*Asseblief.*	a·se·*blief*
Danke.	*Dankie.*	*dang*·kie
Entschuldigung.	*Jammer.*	*jam*·mer

Wie geht es Ihnen?
Hoe gaan dit? hu chaan dit
Gut, und Ihnen?
Goed dankie, en jy? chut *dang*·kie, en jey
Wie heißen Sie?
Wat's jou naam? wats jau naam
Ich heiße ...
My naam is ... mey naam is ...
Sprechen Sie Englisch/Deutsch?
Praat jy Engels/Duits? praat jey *eng*·els/dautz
Ich verstehe nicht.
Ek verstaan nie. eck ver·*staan* nie

Essen & Trinken

Können Sie mir ... empfehlen?	*Kan jy 'n ... aanbeveel?*	kan jey mey en ... *aan*·be·veil
eine Bar	*kroeg*	kruch
ein Gericht	*gereg*	che·*rech*

Zahlen – Afrikaans

1	*een*	ein
2	*twee*	twey
3	*drie*	drie
4	*vier*	vier
5	*vyf*	vayf
6	*ses*	ses
7	*sewe*	*see·*we
8	*agt*	acht
9	*nege*	*ney·*che
10	*tien*	tien

ein Esslokal	*eetplek*	*et·*pleck
Ich möchte ..., bitte.	*Ek wil asseblief ... hê.*	eck wil a·se·*blief* ... he
einen Tisch für zwei	*'n tafel vir twee*	en *ta·*fel vier twei
dieses Gericht	*daardie gereg*	*daar·*die che·*rech*
die Rechnung	*die rekening*	die *re·*ke·ning
die Speisekarte	*die spyskaart*	die *speys·*kaart

Notfälle

Hilfe!	*Help!*	help
Rufen Sie einen Arzt!	*Kry 'n dokter!*	krey en *dok·*ter
Rufen Sie die Polizei!	*Kry die polisie!*	krey die pu·*lie·*sie

Ich habe mich verlaufen.
Ek is verdwaal. eck is ver·*dwaal*
Wo sind die Toiletten?
Waar is die toilette? waar is die toy·*le·*tte
Ich brauche einen Arzt.
Ek het 'n dokter nodig. eck het en *dok·*ter *no·*dich

Shoppen & Dienstleistungen

Ich suche ...
Ek soek na ... ek suk na ...
Wie viel kostet das?
Hoeveel kos dit? *hu·*viel kos dit
Was ist Ihr niedrigster Preis?
Wat is jou laagste prys? wat is jau *laach·*ste preis
Ich möchte eine Telefonkarte kaufen.
Ek wil asseblief 'n foonkaart koop. eck wil a·se·*blief* en *foon·*kaart koop
Ich möchte Geld wechseln.
Ek wil asseblief geld ruil. eck wil a·se·*blief* chelt rayl

Ich möchte das Internet benutzen.
Ek wil asseblief die Internet gebruik. eck wil a·se·*blief* die *in·*ter·net che·*brauk*

Unterkunft

Wo gibt es ein/e/en ...?
Waar's 'n ...? waars en ...

Campingplatz	*kampeerplek*	kam·*pier·*pleck
Pension	*gastehuis*	*chas·*te·haus
Hotel	*hotel*	ho·*tel*

Haben Sie ein Einzelzimmer/Doppelzimmer?
Het jy 'n enkel/ dubbel kamer? het jey en *eng·*kel/ *dü·*bel·*ka·*mer
Wie viel kostet es pro Nacht/Person?
Hoeveel kos dit per nag/persoon? *hu·*viel kos dit per nach/per·*soon*

Verkehrsmittel & -wege

Ein ... Ticket, bitte.
Een ... kaartjie, asseblief. en ... *kaar·*tje a·se·*blief*

Einfach	*eenrigting*	*ein·*rich·ting
Rückfahrt	*retoer*	re·*tur*

Wie viel kostet es bis nach ...?
Hoeveel kos dit na ...? *hu·*viel kos dit na ...
Bringen Sie mich bitte zu (dieser Adresse).
Neem my asseblief na (hierdie adres). neem mey a·se·*blief* na (*hier·*die a·*dres*)
Wo ist der/die/das (nächste) ...?
Waar's die (naaste) ...? waars die (*naas·*te) ...
Können Sie es mir zeigen (auf der Karte)?
Kan jy my (op die kaart) wys? kan jey mey (op die kaart) weys
Wie lautet die Adresse?
Wat is die adres? wat is die a·*dres*

XHOSA

Xhosa gehört zusammen mit Zulu, Swati und Ndebele zu den sogenannten Bantu-sprachen. Sie ist die am weitesten verbreitete indigene Sprache Südafrikas und wird auch in Kapstadt und Umgebung gesprochen. Rund 6,5 Mio. Menschen sprechen Xhosa.

Die in unserem Aussprache-Leitfaden mit Apostroph geschriebenen Endungen tsch', k', p', t' und ts' werden „ausgespuckt". Im Gegensatz dazu wird bei b' die Luft eingesogen.

Übrigens: Die Kombination hl wird wie „schl" im deutschen Wort *schlimm* ausgesprochen, ebenso dl, allerdings mit vibrierenden Stimmbändern.

Das Xhosa kennt auch eine Reihe von Klicklauten, auf die wir hier aber nicht näher eingehen.

Grundlagen

Hallo.	Molo.	*moh*·loh
Auf Wiedersehen.	Usale ngoxolo.	u·*saa*·li ngoh·*koh*·loh
Ja./Nein.	Ewe./Hayi.	i·*wie*/ haa·*jie*
Bitte.	Cela.	*ke*·laa
Danke.	Enkosi.	e·*nk'oh*·sie
Entschuldigung.	Uxolo.	u·*aw*·law
Wie geht es Ihnen?		
Kunjani?		k'u·*njaa*·nie
Gut, und Ihnen?		
Ndiyaphila, unjani wena?		ndie·yaa·*pie*·laa u·*njaa*·nie wi·naa
Wie heißen Sie?		
Ngubani igama lakho?		ngu·*b'aa*·nie ie·*gaa*·maa laa·*koh*
Ich heiße ...		
Igama lam ngu ...		ie·*gaa*·maa laam ngu
Sprechen Sie Englisch?		
Uyasithetha isingesi?		u·yaa·sie·*te*·taa ie·sie·*nge*·sie
Ich verstehe nicht.		
Andiqondi.		aa·ndie·*koh*·ndie

Essen & Trinken

Können Sie mir ein/e ... empfehlen?		
Ugakwazi ukukhuthaza ...?		u·ngaa·*k'waa*·sie u·k'u·*ku*·taa·saa ...
eine Bar	ibhari	ie·*baa*·rie
ein Gericht	isitya	ie·sie·*ty'aa*
ein Esslokal	indawo yokutya	ie·*ndaa*·woh yoh·k'u·*ty'aa*
Ich möchte bitte ...		
Ndiyafuna ...		ndie·yaa·*fu*·naa
einen Tisch für zwei.	itafile yababini	ie·*t'aa*·fie·le yaa·b'aa·*b'ie*·nie
dieses Gericht.	esasitya	e·*saa*·sie·ty'aa
die Rechnung.	inkcukacha ngamaxabiso	ie·*nku*·k'aa·haa ngaa·*maa*·kaa·b'ie·soh
die Speisekarte.	isazisi	i·*saa*·sie·sie

Notfälle

Hilfe!	Uncedo!	u·*ne*·doh
Ich habe mich verlaufen.		
Ndilahlekile.		ndie·laa·s*chle*·k'ie·le
Rufen Sie einen Arzt!		
Biza ugqirha!		*b'ie*·saa u·*quie*·khaa
Rufen Sie die Polizei!		
Biza amapolisa!		*b'ie*·saa aa·maa·*poh*·lie·saa
Wo sind die Toiletten?		
Ziphi itoylethi?		sie·*pie* ie·*toh*·yie·le·tie
Ich brauche einen Arzt.		
Ndifuna ugqirha.		ndie·*fu*·naa u·*quie*·khaa

Shoppen & Dienstleistungen

Ich suche ...	Ndifuna ...	ndie·*fu*·naa ...
Wie viel kostet das?	Yimalini?	yie·*maa*·li·nie
Was ist Ihr niedrigster Preis?		
Lithini ixabiso elingezantsi?		lie·*tie*·nie ie·*kaa*·b'ie·soh e·lie·nge·*saa*·nts'ie
Ich möchte eine Telefonkarte kaufen.		
Ndifuna uku thenga ikhadi lokufuwuna		ndie·*fu*·naa u·*k'u* te·ngaa ie·*kaa*·die loh·k'u·*foh*·wu·naa
Ich möchte Geld wechseln.		
Ndingathanda tshintsha imali.		ndie·ngaa·*taa*·ndaa *tsch'ie*· ntsch'aa ie·*maa*·lie
Ich möchte das Internet benutzen.		
Ndifuna uku sebenzisa i intanethi.		ndie·*fu*·naa u·*k'u* se·b'e·*nsie*·saa ie ie·*nt'aa*·ne·tie

Unterkunft

Wo gibt es ein/e/en ...?	*Iphi i ...?*	ie·*pie* ie ...
Campingplatz	ibala lokukhempisha	ie·*b'aa*·laa loh·k'u·*ke*·mp'ie·shaa
Pension	indlu yamandwendwe	ie·*ndlu* jaa·maa·*ndwe*·ndwe
Hotel	ihotele	ie·*hoh*·t'e·le
Haben Sie ein Einzelzimmer/Doppelzimmer?		
Unalo igumbi kanye/kabini?		u·*naa*·loh ie·*gu*·mb'ie k'aa·*nye*/k'aa·*b'ie*·nie
Wie viel kostet es pro Nacht/Person?		
Yimalini ubusuku/umntu?		yie·*maa*·lie·nie u·*b'u*·su·k'u/*um*·nt'u

Verkehrsmittel & -wege

Eine ... Fahrkarte, bitte.	Linye ... itikiti nceda.	lie·*nye* ... ie·*t'ie*·k'ie·t'ie ne·daa

Zahlen – Xhosa

Es werden arabische Ziffern benutzt.

1	wani	*waa*·nie
2	thu	tu
3	thri	trie
4	fo	foh
5	fayifu	*faa*·jie·fu
6	siksi	*siek'*·sie
7	seveni	se·*ve*·nie
8	eyithi	e·*jie*·tie
9	nayini	*naa*·jie·nie
10	teni	*t'e*·nie

| Einfach | ndlelanye | *ndle·laa·nye* |
| Rückfahrt | buyela | *b'u·ye·laa* |

Wie viel kostet es bis nach ...?
Kuxabisa njani u ...? *ku·ka·b'ie·saa njaa·nie u ...*
Bringen Sie mich bitte zu (dieser Adresse).
Ndicela undise *ndie·ke·laa u·ndie·se*
(kule dilesi). *(k'u·le die·le·sie)*
Wo ist der/die/das (nächste) ...?
Iphi e(kufutshane) ...? *ie·pie e·(k'u·fu·tsch'aa·ne)*
Können Sie es mir zeigen (auf der Karte)?
Ungandibonisa *u·ngaa·ndie·b'oh·nie·saa*
(kwimaphu)? *(k'wie·maa·pu)*
Wie lautet die Adresse?
Ithini idilesi? *ie·tie·nie ie·die·le·sie*

ENGLISCH

Briten, Amerikaner und Neuseeländer, deutsche Geschäftsleute und norwegische Wissenschaftler, der indische Verwaltungsbeamte und die Hausfrau in Kapstadt – fast jeder scheint Englisch zu sprechen. Und wirklich: Englisch ist die am weitesten verbreitete Sprache der Welt (wenn's auch nur den zweiten Platz der am meisten gesprochenen Muttersprache gibt – Chinesisch ist die Nr. 1).

Und selbst die, die nie Englisch gelernt haben, kennen durch englische Musik oder Anglizismen in Technik und Werbung immer ein paar Wörter. Ein paar Brocken mehr zu lernen, um beim Smalltalk zu glänzen, ist nicht schwer. Hier sind die wichtigsten Wörter und Wendungen für die fast perfekte Konversation in fast allen Lebenslagen aufgelistet:

Konversation & Nützliches

Wer einen Fremden nach etwas fragt, sollte die Frage oder Bitte mit einer höflichen Entschuldigung einleiten („Excuse me, ...").

Hallo.	*Hello.*
Guten ...	*Good ...*
Tag	*day*
Tag (nachmittags)	*afternoon*
Morgen	*morning*
Abend	*evening*
Auf Wiedersehen.	*Goodbye.*
Bis später.	*See you later.*
Tschüss.	*Bye.*
Wie geht es Ihnen/dir?	*How are you?*
Danke, gut.	*Fine. And you?*
Und Ihnen/dir?	*... and you?*
Wie ist Ihr Name?/ Wie heißt du?	*What's your name?*
Mein Name ist ...	*My name is ...*
Wo kommen Sie her?/ Wo kommst du her?	*Where do you come from?*

Ich komme aus ...	*I'm from ...*
Wie lange bleiben Sie/ bleibst du hier?	*How long do you stay here?*
Ja.	*Yes.*
Nein.	*No.*
Bitte.	*Please.*
Danke/Vielen Dank.	*Thank you (very much).*
Bitte (sehr).	*You're welcome.*
Entschuldigen Sie, ...	*Excuse me, ...*
Entschuldigung.	*Sorry.*
Es tut mir leid.	*I'm sorry.*
Verstehen Sie (mich)?	*Do you understand (me)?*
Ich verstehe (nicht).	*I (don't) understand.*
Könnten Sie ...?	*Could you please ...?*
bitte langsamer sprechen	*speak more slowly*
das bitte wiederholen	*repeat that*
das bitte aufschreiben	*write it down*

Fragewörter

Wer?	*Who?*
Was?	*What?*
Wo?	*Where?*
Wann?	*When?*
Wie?	*How?*
Warum?	*Why?*
Welcher?	*Which?*
Wie viel/viele?	*How much/many?*

Gesundheit

Wo ist der/die/das nächste ...?
Where's the nearest ...?

Apotheke	*chemist*
Arzt	*doctor*
Krankenhaus	*hospital*
Zahnarzt	*dentist*

Ich brauche einen Arzt.
I need a doctor.
Gibt es in der Nähe eine (Nacht-)Apotheke?
Is there a (night) chemist nearby?

Ich bin krank.	*I'm sick.*
Es tut hier weh.	*It hurts here.*
Ich habe mich übergeben.	*I've been vomiting.*
Ich habe ...	*I have ...*

Durchfall	*diarrhoea*
Fieber	*fever*
Kopfschmerzen	*headache*
(Ich glaube,) Ich bin schwanger.	*(I think) I'm pregnant.*
Ich bin allergisch gegen	*I'm allergic to ...*
Antibiotika	*antibiotics*
Aspirin	*aspirin*
Penizillin	*penicillin*

Mit Kindern reisen

Ich brauche ...	*I need a/an ...*
Gibt es ...?	*Is there a/an ...?*
einen Babysitter	*babysitter*
eine Kinderkarte	*children's menu*
einen Kindersitz	*booster seat*
einen Kinderstuhl	*highchair*
einen Kinderwagen	*stroller*
einen Wickelraum	*baby change room*
ein Töpfchen	*potty*
(Einweg-)Windeln	*(disposable) nappies*

Stört es Sie, wenn ich mein Baby hier stille?
Do you mind if I breastfeed here?
Sind Kinder zugelassen?
Are children allowed?

Notfall

Hilfe!	*Help!*
Es ist ein Notfall!	*It's an emergency!*
Rufen Sie die Polizei!	*Call the police!*
Rufen Sie einen Arzt!	*Call a doctor!*
Rufen Sie einen Krankenwagen!	*Call an ambulance!*
Lassen Sie mich in Ruhe!	*Leave me alone!*
Gehen Sie weg!	*Go away!*

Papierkram

Name	*name*
Staatsangehörigkeit	*nationality*
Geburtsdatum	*date of birth*
Geburtsort	*place of birth*
Geschlecht	*sex/gender*
(Reise-)Pass	*passport*
Visum	*visa*

Schilder

Danger	*Gefahr*
No Entry	*Einfahrt verboten*
One-way	*Einbahnstraße*
Entrance	*Einfahrt*
Exit	*Ausfahrt*
Keep Clear	*Ausfahrt freihalten*
No Parking	*Parkverbot*
No Stopping	*Halteverbot*
Toll	*Mautstelle*
Cycle Path	*Radweg*
Detour	*Umleitung*
No Overtaking	*Überholverbot*
Police	*Polizei*
Entrance	*Eingang*
Exit	*Ausgang*
Open	*Offen*
Closed	*Geschlossen*
No Entry	*Kein Zutritt*
No Smoking	*Rauchen verboten*
Prohibited	*Verboten*
Toilets	*Toiletten*
Men	*Herren*
Women	*Damen*

Shoppen & Service

Ich suche ...
I'm looking for ...
Wo ist der/die/das (nächste) ...?
Where's the (nearest) ...?
Wo kann ich ... kaufen?
Where can I buy ...?
Ich möchte ... kaufen.
I'd like to buy ...
Wie viel (kostet das)?
How much (is this)?
Das ist zu viel/zu teuer.
That's too much/too expensive.
Können Sie mit dem Preis heruntergehen?
Can you lower the price?
Ich schaue mich nur um.
I'm just looking.

Können Sie ihn/sie/es mir zeigen?
Can I look at it?

mehr	*more*
weniger	*less*
kleiner	*smaller*
größer	*bigger*
Nehmen Sie ...?	*Do you accept ...?*

Kreditkarten	credit cards
Reiseschecks	traveller's cheques
Ich möchte ...	I'd like to ...
Geld umtauschen	change money
einen Scheck einlösen	cash a cheque
Reiseschecks einlösen	change traveller's cheques

Ich suche ...	I'm looking for ...
einen Arzt	a doctor
eine Bank	a bank
die ... Botschaft	the ... embassy
einen Geldautomaten	an ATM
das Krankenhaus	the hospital
den Markt	the market
ein öffentliches Telefon	a public phone
eine öffentliche Toilette	a public toilet
die Polizei	the police
das Postamt	the post office
die Touristen-information	the tourist information
eine Wechsel-stube	an exchange office

Wann macht er/sie/es auf/zu?
What time does it open/close?

Ich möchte eine Telefonkarte kaufen.
I want to buy a phone card.

Wo ist hier ein Internetcafé?
Where's the local Internet cafe?

Ich möchte ...	I'd like to ...
ins Internet	get Internet access
meine E-Mails checken	check my email

Uhrzeit & Datum

Wie spät ist es?	What time is it?
Es ist (ein) Uhr.	It's (one) o'clock.
Zwanzig nach eins	Twenty past one
Halb zwei	Half past one
Viertel vor eins	Quarter to one
morgens/vormittags	am
nachmittags/abends	pm

| jetzt | now |

heute	today
heute Abend	tonight
morgen	tomorrow
gestern	yesterday
Morgen	morning
Nachmittag	afternoon
Abend	evening
Montag	Monday
Dienstag	Tuesday
Mittwoch	Wednesday
Donnerstag	Thursday
Freitag	Friday
Samstag	Saturday
Sonntag	Sunday

Januar	January
Februar	February
März	March
April	April
Mai	May
Juni	June
Juli	July
August	August
September	September
Oktober	October
November	November
Dezember	December

Unterkunft

Wo ist ...?	Where's a ...?
eine Pension	bed and breakfast guesthouse
ein Campingplatz	camping ground
ein Hotel/Gasthof	hotel
ein Privatzimmer	room in a private home
eine Jugendherberge	youth hostel

Wie ist die Adresse?
What's the address?

Ich möchte bitte ein Zimmer reservieren.
I'd like to book a room, please.

Für (drei) Nächte/Wochen.
For (three) nights/weeks.

Haben Sie ein ...?	Do you have a ... room?
Einzelzimmer	single
Doppelzimmer	double
Zweibettzimmer	twin

Wieviel kostet es pro Nacht/Person?
How much is it per night/person?
Kann ich es sehen?
May I see it?
Kann ich ein anderes Zimmer bekommen?
Can I get another room?
Es ist gut, ich nehme es.
It's fine. I'll take it.
Ich reise jetzt ab.
I'm leaving now.

Verkehrsmittel & -wege

Wann fährt ... ab?
What time does the ... leave?

das Boot/Schiff	*boat/ship*
die Fähre	*ferry*
der Bus	*bus*
der Zug	*train*

Wann fährt der ... Bus?
What time's the ... bus?

erste	*first*
letzte	*last*
nächste	*next*

Wo ist der nächste U-Bahnhof?
Where's the nearest metro station?

Welcher Bus fährt nach ...?
Which bus goes to ...?

Straßenbahn	*tram*
Straßenbahnhaltestelle	*tram stop*
S-Bahn	*suburban (train) line*
U-Bahn	*metro*
(U-)Bahnhof	*(metro) station*

Eine ... nach (Kapstadt).
A ... to (Kapstadt).

einfache Fahrkarte	*one-way ticket*
Rückfahrkarte	*return ticket*
Fahrkarte 1. Klasse	*1st-class ticket*
Fahrkarte 2. Klasse	*2nd-class ticket*

Der Zug wurde gestrichen.
The train is cancelled.
Der Zug hat Verspätung.
The train is delayed.
Ist dieser Platz frei?
Is this seat free?
Muss ich umsteigen?
Do I need to change trains?

Sind Sie frei?
Are you free?

Was kostet es bis ...?
How much is it to ...?
Bitte bringen Sie mich zu (dieser Adresse).
Please take me to (this address).
Wo kann ich ein ... mieten?
Where can I hire a/an ...?

Ich möchte ein ... mieten.
I'd like to hire a/an ...

Auto	*car*
Fahrrad	*bicycle*
Fahrzeug mit Automatik	*automatic*
Fahrzeug mit Schaltung	*manual*
Geländewagen	*4WD*
Motorrad	*motorbike*

Wieviel kostet es pro Tag/Woche?
How much is it per day/week?
Wo ist eine Tankstelle?
Where's a petrol station?

Benzin	*petrol*
Diesel	*diesel*
Bleifreies Benzin	*unleaded*

Führt diese Straße nach ...?
Does this road go to ...?
Wo muss ich bezahlen?
Where do I pay?
Ich brauche einen Mechaniker.
I need a mechanic.
Das Auto hat eine Panne.
The car has broken down.
Ich habe einen Platten.
I have a flat tyre.
Das Auto/Motorrad springt nicht an.
The car/motorbike won't start.
Ich habe kein Benzin mehr.
I've run out of petrol.

Wegbeschreibung

Können Sie mir bitte helfen?
Could you help me, please?
Ich habe mich verirrt.
I'm lost.
Wo ist (eine Bank)?
Where's (a bank)?
In welcher Richtung ist (eine öffentliche Toilette)?
Which way's (a public toilet)?
Wie kann ich da hinkommen?
How can I get there?
Wie weit ist es?
How far is it?
Können Sie es mir (auf der Karte) zeigen?
Can you show me (on the map)?

links	*left*	**9**	*nine*
rechts	*right*	**10**	*ten*
nahe	*near*	**11**	*eleven*
weit weg	*far away*	**12**	*twelve*
hier	*here*	**13**	*thirteen*
dort	*there*	**14**	*fourteen*
an der Ecke	*on the corner*	**15**	*fifteen*
geradeaus	*straight ahead*	**16**	*sixteen*
gegenüber ...	*opposite ...*	**17**	*seventeen*
neben ...	*next to ...*	**18**	*eighteen*
hinter ...	*behind ...*	**19**	*nineteen*
vor ...	*in front of ...*	**20**	*twenty*
		21	*twentyone*
Norden	*north*	**22**	*twentytwo*
Süden	*south*	**23**	*twentythree*
Osten	*east*	**24**	*twentyfour*
Westen	*west*	**25**	*twentyfive*
		30	*thirty*
Biegen Sie ... ab.	*Turn ...*	**40**	*fourty*
links/rechts	*left/right*	**50**	*fifty*
an der nächsten Ecke	*at the next corner*	**60**	*sixty*
bei der Ampel	*at the traffic lights*	**70**	*seventy*
		80	*eigthy*
		90	*ninety*

Zahlen

		100	*hundred*
0	*zero*	**1000**	*thousand*
1	*one*	**2000**	*two thousand*
2	*two*	**100 000**	*hundred thousand*
3	*three*		
4	*four*		
5	*five*		
6	*six*		
7	*seven*		
8	*eight*		

GLOSSAR

AANC – African National Congress (Afrikanischer Nationalkongress)

apartheid – wörtlich „Zustand der Trennung"; das ehemalige südafrikanische Regime der Rassentrennung

bobotie – traditionelles kapmalaiisches Gericht, ein Hackfleischauflauf mit Curry und würziger Knusperkruste aus verquirltem Ei, das Ganze auf Kurkumareis

braai – Grillen mit jeder Menge Fleisch und Bier; eine südafrikanische Institution, vor allem in ärmeren Gegenden, da ein Gemeinschafts-*braai* billiger ist, als Strom fürs Kochen zu verbrauchen

bredie – traditioneller kapmalaiischer Eintopf mit Gemüse und Fleisch oder Fisch

cafe – in manchen Fällen ein schönes Plätzchen für eine gemütliche Tasse Kaffee, in anderen Fällen ein Tante-Emma-Laden, der zusätzlich unappetitliche frittierte Speisen verkauft; auch als *kaffie* bezeichnet

coloureds – Farbige; Südafrikaner gemischter Abstammung

DA – Democratic Alliance (Demokratische Allianz)

farm stall – Bauernstand; kleiner Stand oder Laden am Straßenrand, der Produkte vom Bauernhof verkauft

fynbos – wörtlich „feiner Busch"; die Vegetation der Region um Kapstadt, bestehend aus Protea, Heidekraut und Schilf

karamat – Grab eines muslimischen Heiligen

kloof – Schlucht, Klamm

line fish – Tagesfang

mealie – Maiskolben; siehe auch mealie meal und mealie pap

mealie meal – Maismehl

mealie pap – Maisbrei, Grundnahrungsmittel der ländlichen schwarzen Bevölkerung, oft mit Eintopf serviert

Mother City – Mutterstadt; andere Bezeichnung für Kapstadt; vermutlich so genannt, weil hier die erste Kolonie Südafrikas entstand

NP – ehemalige National Party (Nationale Partei) zur Zeit des Apartheidregimes

PAC – Pan-African Congress (Pan-Afrikanischer Kongress)

Pagad – People against Gangsterism and Drugs

rondavel – Rundhütte mit kegelförmigem Dach, stehen oft in Ferienhotelanlagen

SABC – South African Broadcasting Corporation, öffentlich-rechtliche Fernseh- und Rundfunkanstalt Südafrikas

sangoma – traditioneller afrikanischer Medizinmann

shared taxi – Sammeltaxi, preisgünstiges Verkehrsmittel, meist als Minibus; auch bekannt als *black taxi*, *minibus taxi* oder *long-distance taxi*

shebeen – Trinkhalle in einer Township; früher illegal, heute lediglich ohne Schanklizenz

strand – Strand

township – schwarzes Wohnviertel, meist am Rande eines Mittelklasse- (oder überwiegend weißen) Vororts

venison – Wenn das auf der Speisekarte steht, handelt es sich um Antilopenfleisch, zumeist Springbock.

VOC – Vereenigde Oost-Indische Compagnie (Niederländische Ostindien-Kompanie)

Voortrekkers – So werden die ersten burischen Siedler von Oranjefreistaat und Transvaal genannt, die 1830 die Kapkolonie verließen.

Hinter den Kulissen

WIR FREUEN UNS ÜBER IHR FEEDBACK!

Post von Travellern zu bekommen ist für uns ungemein hilfreich – Kritik und Anregungen halten uns auf dem Laufenden und helfen, unsere Bücher zu verbessern. Unser reiseerfahrenes Team liest alle Zuschriften genau durch, um zu erfahren, was an unseren Reiseführern gut und was schlecht ist. Wir können solche Post zwar nicht individuell beantworten, aber jedes Feedback wird garantiert schnurstracks an die jeweiligen Autoren weitergeleitet, rechtzeitig vor der nächsten Nachauflage. Jeder, der uns Informationen sendet, wird in der folgenden Auflage im Dank erwähnt – und die hilfreichsten Einsendungen werden mit einer Auswahl an digitalen PDF-Kapiteln honoriert.

Wer Ideen, Erfahrungen und Korrekturhinweise zum Reiseführer mitteilen möchte, hat die Möglichkeit dazu auf www.lonelyplanet.com/contact/guidebook_feedback/new. Anmerkungen speziell zur deutschen Ausgabe erreichen uns über **www.lonelyplanet.de/kontakt.** Auf unserer preisgekrönten Website stehen ebenfalls Reiseberichte, Neuigkeiten und Diskussionen.

Hinweis: Da wir Beiträge möglicherweise in Lonely Planet Produkten (Reiseführer, Websites, digitale Medien) veröffentlichen, ggf. auch in gekürzter Form, bitten wir um Mitteilung, falls ein Kommentar nicht veröffentlicht oder ein Name nicht genannt werden soll. Wer Näheres über unsere Datenschutzpolitik wissen will, erfährt das unter lonelyplanet.com/privacy.

UNSERE LESER

Wir bedanken uns bei folgenden Travellern, die unsere letzte Ausgabe benutzt haben und uns hilfreiche Hinweise und nützliche Ratschläge gegeben und interessante Anekdoten ge-schickt haben: Andreas Ziegler, Christina Jaki, Irene Hollebrandse, Jose Verhelst, Kanji Nakatsu, Marie Frei, Melanie Robertson, Ross Shardlow, Roxy David

DANK DER AUTOREN

Simon Richmond

Dank an die folgenden tollen Leute, die meinen Aufenthalt in Kapstadt so vergnüglich und lehrreich gemacht haben: Lucy und Shawn, Brent Meersman, Iain Harris, Lee Harris, Toni Shina, Nicole Biondi, Alison Foat, Sally Grierson, Patrick Craig, Cathy Marston, Tony Elvin, Rashiq Fataar, Zayd Minty, Daniel Sullivan, Sheryl Ozinsky, Bulelwa Makalima-Ngewana, Juma Mkwela, Gamidah Jacobs, Cindy Taylor, Iain Manley, Marco Morgan und Caroline Jordan.

Lucy Corne

Ein Dankeschön geht an Cathy Marston für ihr enzyklopädisches Wissen rund um die Weingüter am Westkap; an Simon für seine Hilfe und Unterstützung; an Hakon, Scott, Debbie und James für sämtliche Tipps. Ebenso gilt mein Dank sämtlichen Mitarbeitern verschiedener Touristeninformationen, insbesondere denen in Hermanus, Knysna, Mossel Bay und Robertson. Mein allergrößter Dank geht an meinen Lebenspartner Shawn, der sich als „alleinerziehender Vater" während meiner vielen Recherchereisen so wunderbar ohne mich zurechtgefunden hat.

QUELLENNACHWEIS

Titelfoto: Muizenberg Beach, Grant Medium Format/Alamy

ÜBER DIESES BUCH

Dies ist die 3. deutsche Auflage von Lonely Planet *Kapstadt & Garden Route*, basierend auf der mittlerweile 8. englischen Auflage. Recherchiert und geschrieben wurde sie von Simon Richmond und Lucy Corne, die schon die vorausgegangene Auflage geschrieben haben.

Dieser Reiseführer wurde von folgenden Personen verwirklicht:

Landesredaktion
Matt Phillips

Produktredaktion Kate James, Amanda Williamson

Leitender Kartograf Diana Von Holdt

Buchgestaltung
Mazzy Prinsep

Redaktionsassistenz Imogen Bannister, Ali Lemer, Gabrielle Stefanos, Saralinda Turner

Umschlaggestaltung
Naomi Parker

Dank an Karyn Noble, Martine Power, Maureen Wheeler, Juan Winata

Register

🛍 SHOPPEN

🏃 SPORT & AKTIVITÄTEN

SCHLAFEN

Sehenswertes 000
Karten **000**
Fotos **000**

NOTIZEN

Cityatlas

Sehenswertes

- Buddhistisch
- Burg/Schloss
- Christlich
- Denkmal
- Hinduistisch
- Islamisch
- Jainistisch
- Jüdisch
- Konfuzianisch
- Museum/Galerie/ Historisches Gebäude
- Ruine
- Schintoistisch
- Sikhistisch
- Strand
- Taoistisch
- Vogelschutzgebiet
- Weingut/Weinberg
- Zoo/Wildschutzgebiet
- Noch mehr Sehenswertes

Essen

- Restaurant

Ausgehen & Nachtleben

- Bar/Kneipe/Club
- Café

Unterhaltung

- Theater/Kino/Oper

Shoppen

- Geschäft/Einkaufszentrum

Sport & Aktivitäten

- Bodysurfing
- Kanu-/Kajakfahren
- Kurs/Tour
- Schnorcheln
- Schwimmen
- Skifahren
- Surfen
- Tauchen
- Wandern
- Windsurfen
- Andere Aktivitäten

Schlafen

- Hotel/Pension
- Campingplatz

Praktisches

- Bank
- Botschaft/Konsulat
- Krankenhaus/Arzt
- Internet
- Polizei
- Post
- Telefon
- Toilette
- Touristeninformation
- Noch mehr Praktisches

Transport

- Bus
- Eisenbahn eingleisig
- Fähre
- Fahrrad
- Flughafen
- Grenzübergang
- Metro/MTR-/MRT-Station
- Parkplatz
- Subway (U-Bahn)
- Seilbahn/Standseilbahn
- Straßenbahn
- Tankstelle
- Taxi
- Zug/Eisenbahn
- Andere Verkehrsmittel

Landschaft

- Aussichtspunkt
- Berg/Vulkan
- Hütte/Unterstand
- Leuchtturm
- Oase
- Park
- Pass
- Raststelle
- Strand
- Wasserfall

Städte

- Hauptstadt
- Landeshauptstadt
- Stadt
- Ort/Dorf

Achtung: Nicht alle der hier aufgeführten Symbole finden sich in den Karten in diesem Buch wieder.

Verkehrswege

- Autobahn
- Fußgängerbrücke
- Hauptstraße
- Im Bau befindliche Straße
- Landstraße
- Mautstraße
- Pfad/Wanderweg
- Platz/Fußgängerzone
- Sonstige Straße
- Stufen
- Tunnel
- Unbefestigte Straße
- Verbindungsstraße
- Wanderung
- Wanderung mit Abstecher

Grenzen

- Internationale Grenze
- Provinzgrenze
- Umstrittene Grenze
- Regionale Grenze
- Meerespark
- Klippen
- Mauer

Gewässer

- Fluss/Bach
- Periodischer Fluss
- Kanal
- Wasser
- Trocken-/Salz-/ Periodischer See
- Gletscher

Gebietsformen

- Flughafen
- Strand/Wüste
- Christlicher Friedhof
- Weiterer Friedhof
- Gletscher
- Watt
- Park/Wald
- Sehenswertes Gebäude
- Sportanlage
- Sumpf

KARTENÜBERSICHT

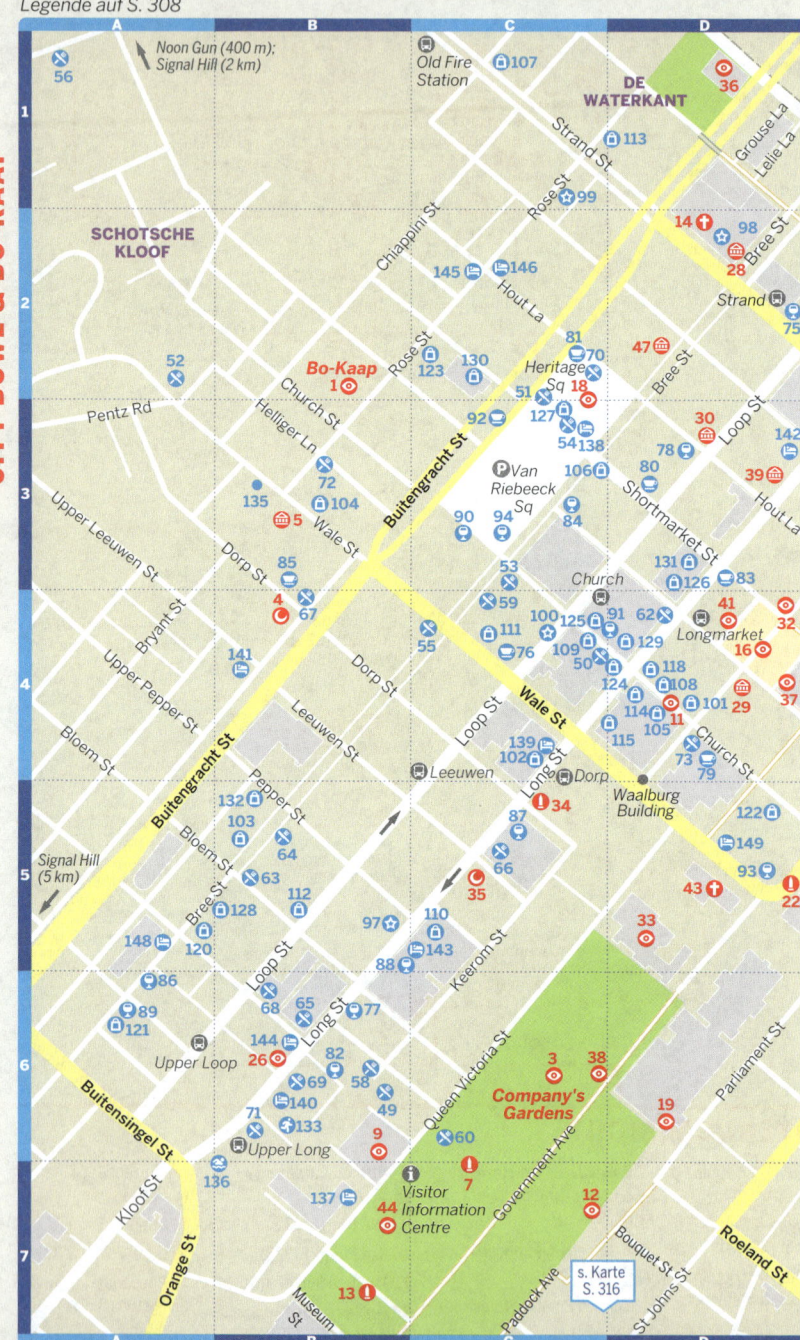

Legende auf S. 308

CITY BOWL & BO-KAAP

Noon Gun (400 m);
Signal Hill (2 km)

56

SCHOTSCHE
KLOOF

52

Pentz Rd

Upper Leeuwen St

Bryant St

Upper Pepper St

Bloem St

Signal Hill
(5 km)

Buitengracht St

148

86

89
121

Buitensingel St

Kloof St

Orange St

Old Fire
Station

107

Strand St

113

Rose St

99

14

DE
WATERKANT

36

98
28

Grouse La

Lelie La

Bree St

Strand

75

Chiappini St

145

146

Hout La

Rose St

Bo-Kaap
1

Church St

Helliger Ln

123

130

81
70

Heritage
Sq 18

47

51

127

92

54 138

106

80

78

30

39

142

Loop St

Bree St

Hout La

Buitengracht St

135

72
104

85

4
67

Dorp St

5

Wale St

90

94

Van
Riebeeck
Sq

84

Shortmarket St

131 126

83

141

55

53
59

100

125

111

76
109

91 62

50

129

124

118

108

101

Longmarket

41

32

16

29

37

11
105

Church St

73
79

Leeuwen St

Dorp St

Loop St

Wale St

114
115

Leeuwen

Long St Dorp

Waalburg
Building

139
102

87

34

132

103

64

63

112

Pepper St

Bloem St

Bree St

128

120

97

110

35

66

143

88

Keerom St

122
149

93

43

22

33

148

120

86

89
121

65

77

144
26

82

69
58

140

71
133

Upper Loop

49

9

60

136

Upper Long

137

Visitor
Information
44 Centre

13

Museum
St

Company's
Gardens

3
38

19

Queen Victoria St

Government Ave

7

12

Bouquet St St

St Johns St

Roeland St

s. Karte
S. 316

Paddock Ave

Parliament St

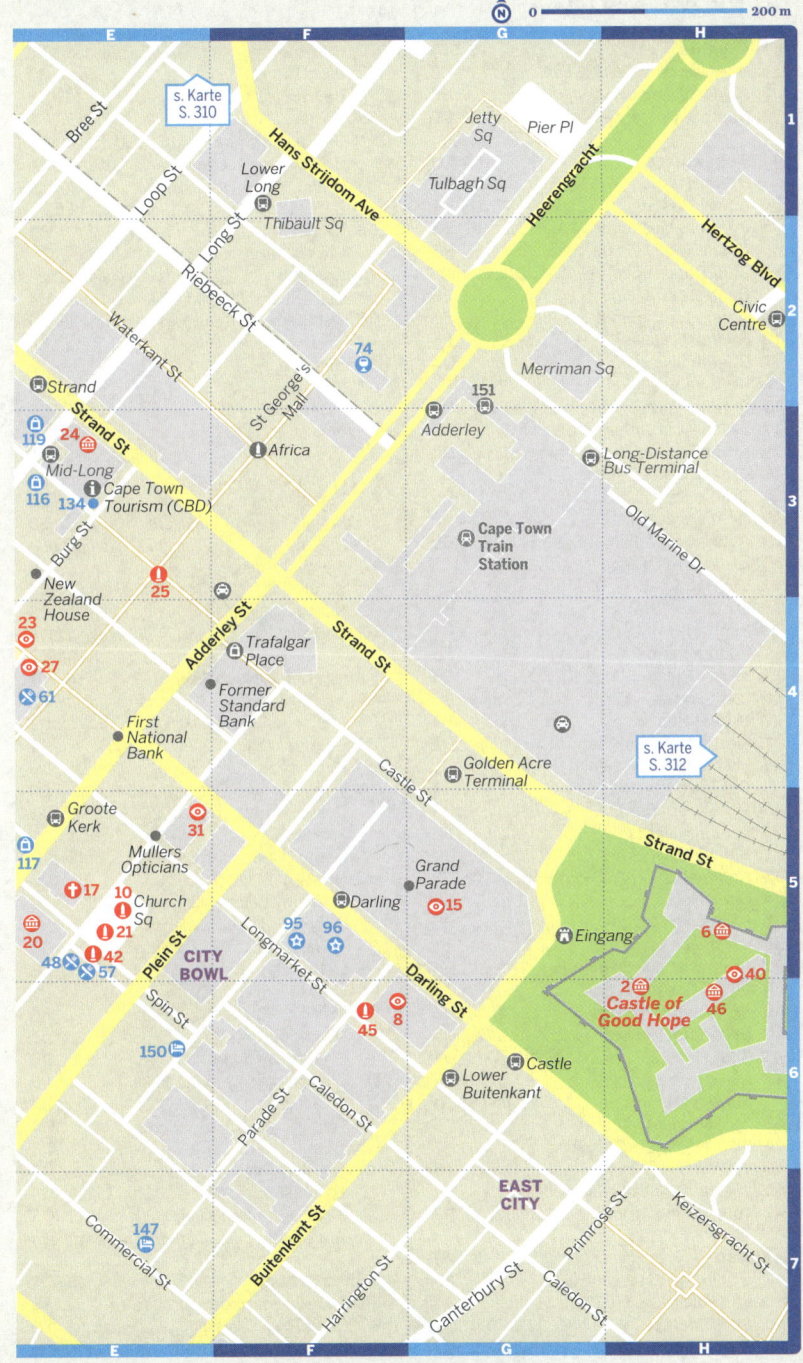

0   200 m

N

E   F   G   H

s. Karte
S. 310

Bree St

Loop St

Lower
Long

Hans Strijdom Ave

Long St

Thibault Sq

Jetty
Sq   Pier Pl

Tulbagh Sq

Heerengracht

Hertzog Blvd

1

Riebeeck St

Waterkant St

St George's Mall

74

Merriman Sq

Civic
Centre

2

Strand

Strand St

119

24

Mid-Long

116   134

Africa

151

Adderley

Cape Town
Tourism (CBD)

Long-Distance
Bus Terminal

Old Marine Dr

3

Burg St

New
Zealand
House

25

23

27

61

Adderley St

Trafalgar
Place

Former
Standard
Bank

First
National
Bank

Strand St

Cape Town
Train
Station

Castle St

Golden Acre
Terminal

s. Karte
S. 312

4

Groote
Kerk

117

Mullers
Opticians

17   10

20   21

48   42
57

Church
Sq

31

Plein St

Longmarket St

95

96

Darling

Grand
Parade

15

Darling St

Eingang

6

2   40

46

Castle of
Good Hope

5

Spin St

150

Parade St

Caledon St

45   8

Lower
Buitenkant

Castle

CITY
BOWL

EAST
CITY

6

Commercial St

147

Buitenkant St

Harrington St

Canterbury St

Caledon St

Primrose St

Keizersgracht St

7

E   F   G   H

CITY BOWL & BO-KAAP *Karte auf S. 306*

FORESHORE & DE WATERKANT

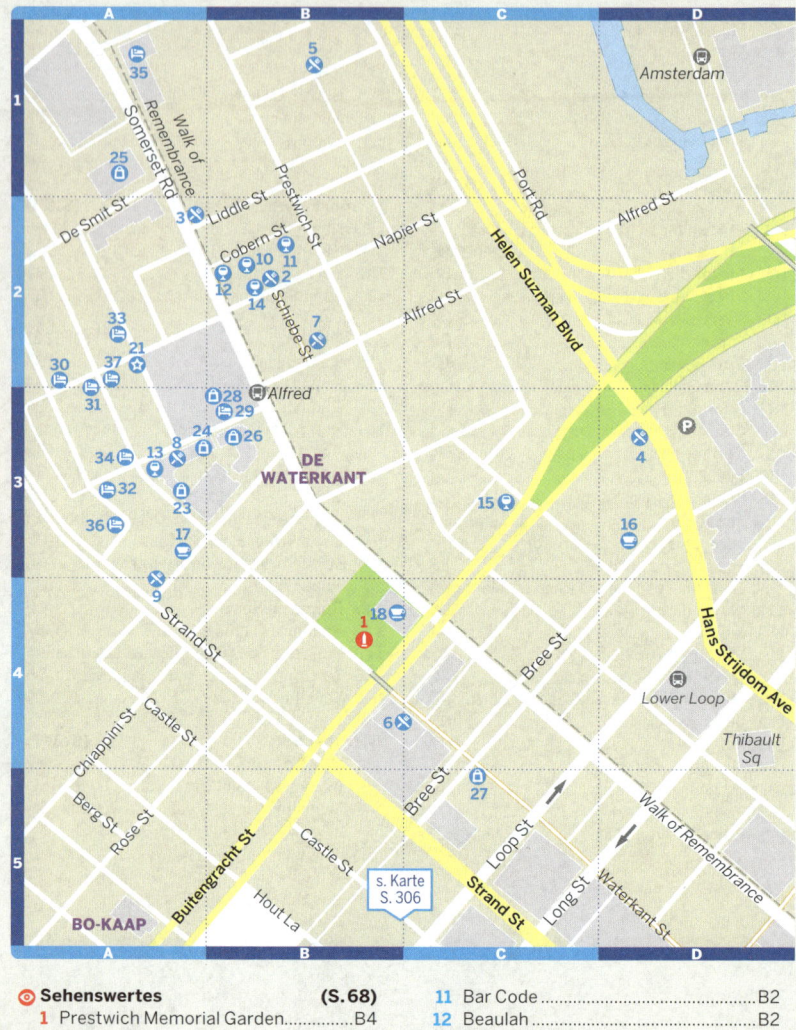

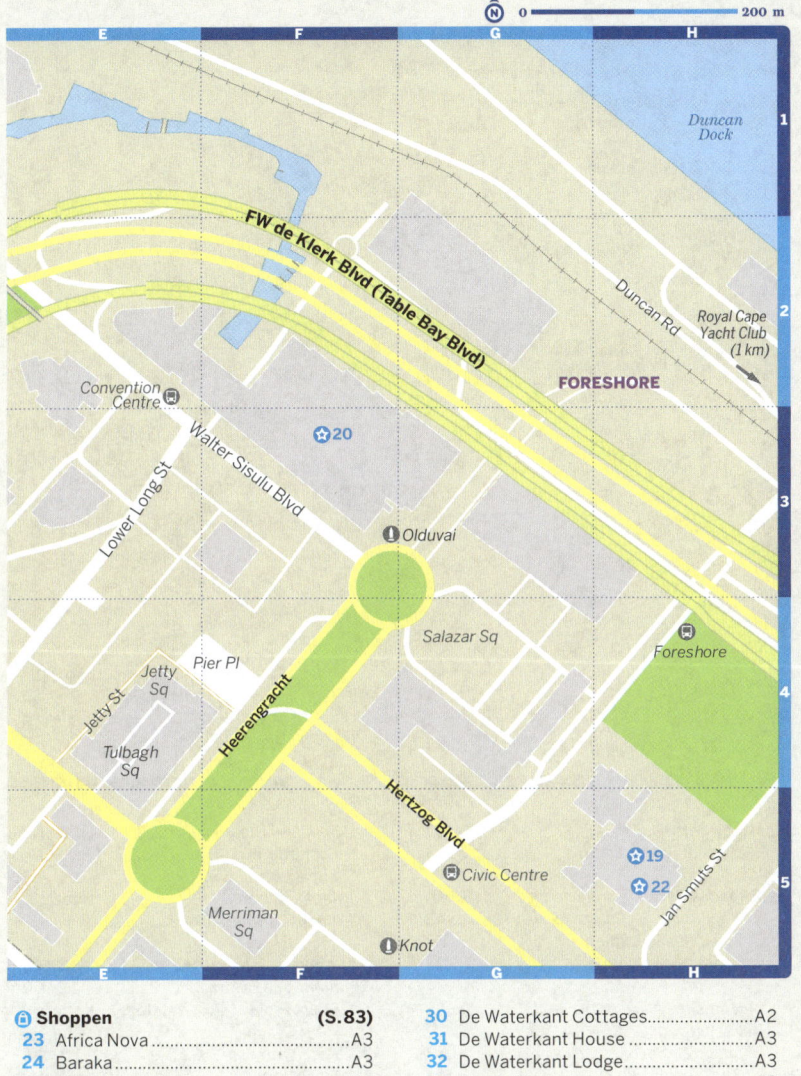

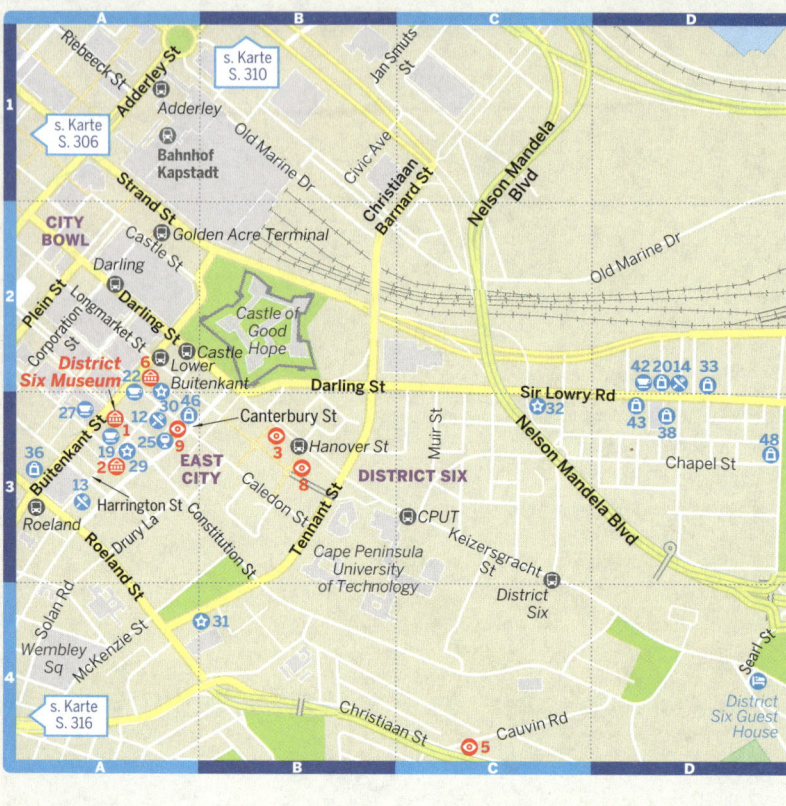

OBSERVATORY

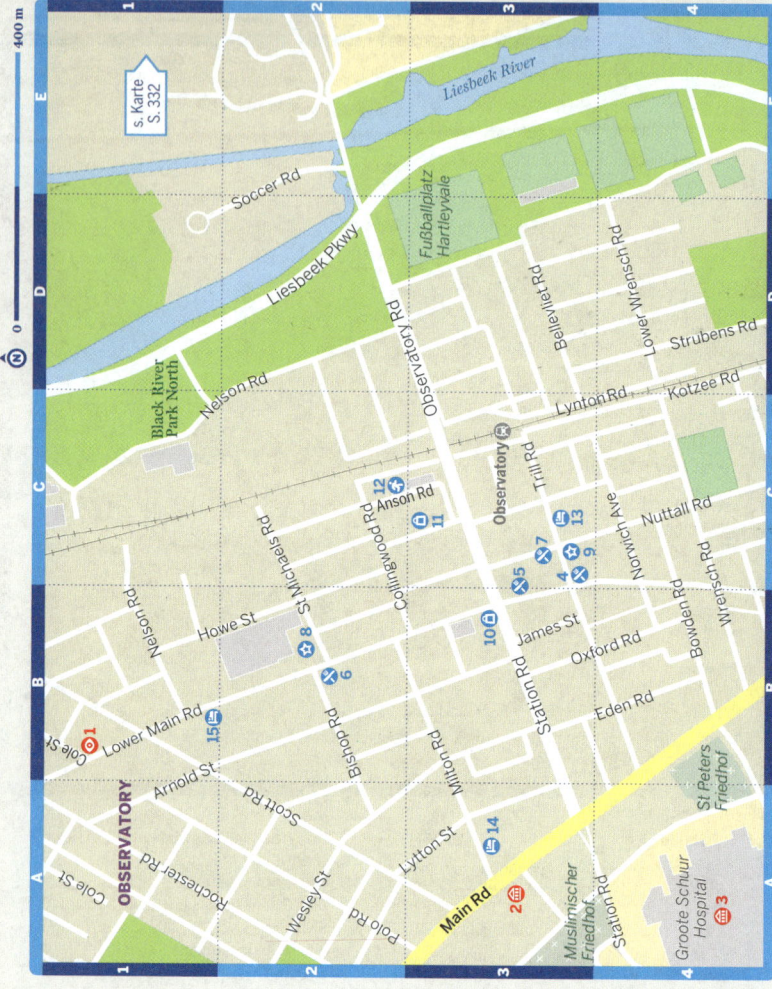

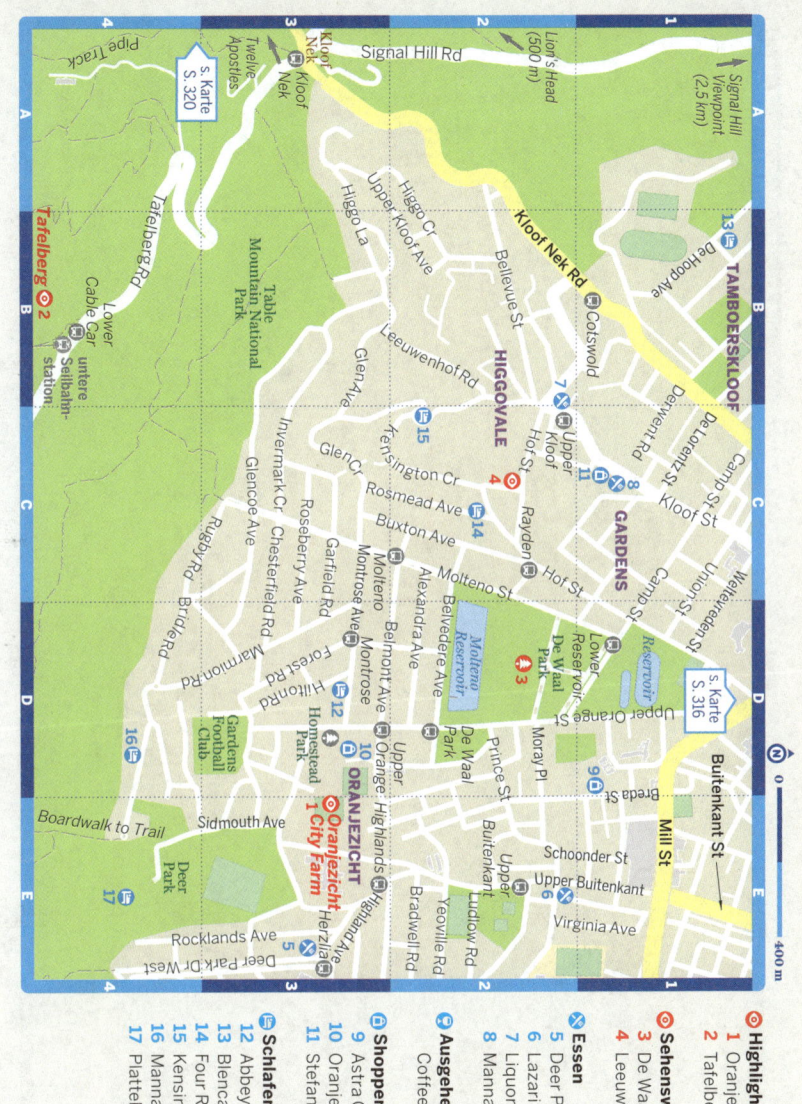

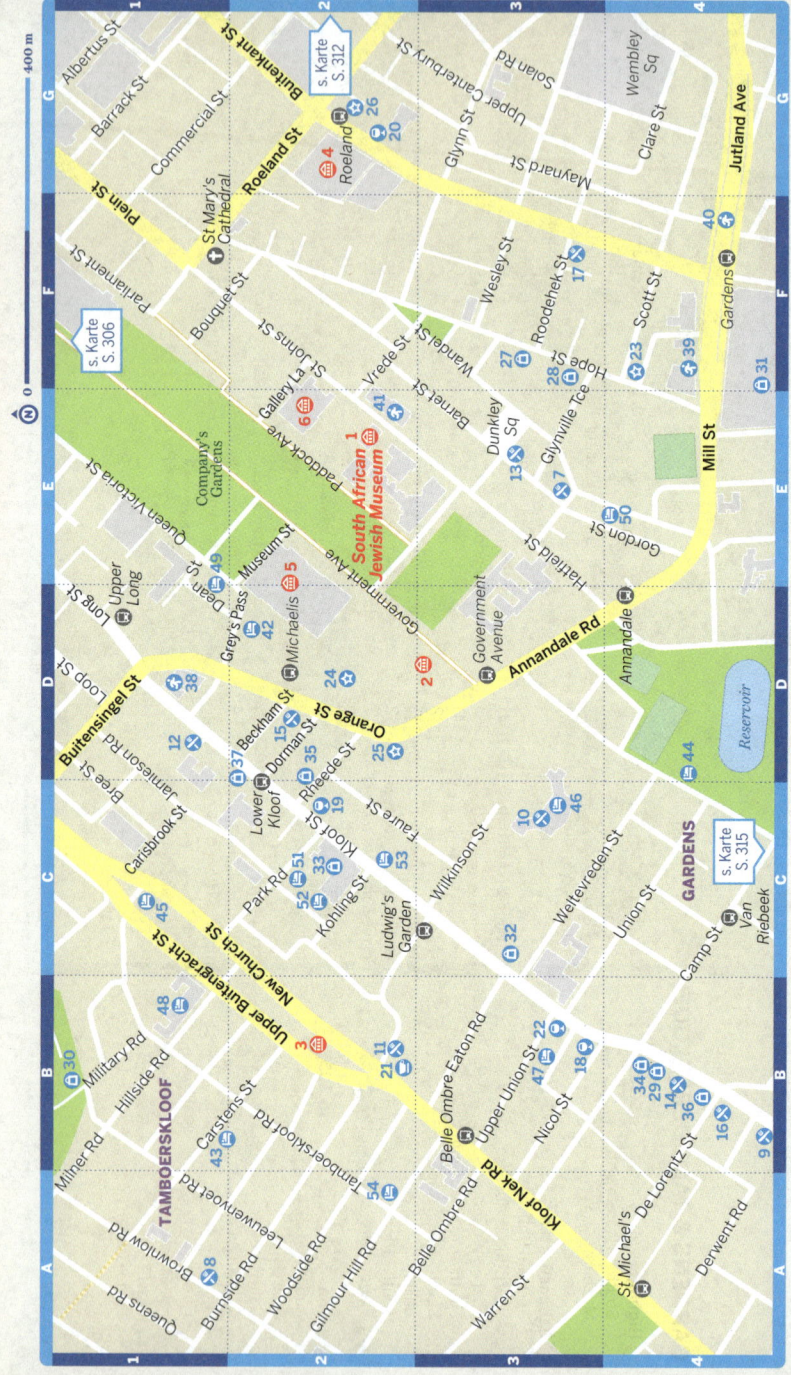

GARDENS & TAMBOERSKLOOF

400 m

N

s. Karte S. 312

s. Karte S. 306

s. Karte S. 315

South African Jewish Museum

TAMBOERSKLOOF

GARDENS

Reservoir

Company's Gardens

Ludwig's Garden

Government Avenue

Albertus St
Barrack St
Commercial St
Plein St
Buitenkant St
Roeland St
Parliament St
St Mary's Cathedral
Bouquet St
Queen Victoria St
Upper Long
Long St
Loop St
Bree St
Jamieson Rd
Buitensingel St
Carisbrook St
Park Rd
Kohling St
Upper Buitengracht St
New Church St
Military Rd
Milner Rd
Queens Rd
Brownlow Rd
Burnside Rd
Woodside Rd
Gilmour Hill Rd
Carstens St
Leeuwenvoet Rd
Hillside Rd
Dean St
Grey's Pass
Museum St
Michaelis
Beckham St
Orange St
Dorman St
Rheede St
Faure St
Kloof St
Lower Kloof
Gallery La
St Johns St
Vrede St
Barnet St
Wandel St
Wesley St
Roodehek St
Hope St
Glynville Tce
Gordon St
Hatfield St
Annandale Rd
Annandale
Mill St
Van Riebeek
Camp St
Union St
Welteverden St
Wilkinson St
Belle Ombre Rd
Upper Union St
Nicol St
Eaton Rd
Belle Ombre Rd
De Lorentz St
Kloof Nek Rd
St Michael's
Warren St
Derwent Rd
Paddock Ave
Government Ave
Dunkley Sq
Tamboerskloof Rd
Upper Canterbury St
Solan Rd
Wembley Sq
Clare St
Scott St
Glynn St
Maynard St
Mayard St
Jutland Ave
Gardens

4
26
20
41
6
1
5
2
49
38
24
13
7
27
28
17
23
39
31
50
10
46
44
12
37
15
35
19
25
33
52
53
32
45
48
30
8
21
11
3
54
22
47
18
34
29
14
36
16
9
40

GARDENS & TAMBOERSKLOOF

GREEN POINT & WATERFRONT

s. Karte S. 315

Sehenswertes (S.128)
1 Camps Bay Beach..................................A3
2 Clifton Beaches....................................A1
3 Glen Beach...A3
4 Table Mountain National Park...........C5

Essen (S.130)
5 Roundhouse B2

Ausgehen & Nachtleben (S.131)
6 Bungalow...A2
7 Dizzy's Restaurant & Pub A4
  La Belle..(siehe 11)
8 Mynt...B3

Unterhaltung (S.132)
9 Theatre on the Bay A4

Schlafen (S.230)
10 Camps Bay Retreat...............................B3
11 Marly...A4
12 POD...B3

500 m

Llandudno (3 km); Sandy Bay (4 km)
World of Birds (1,4 km)
Thulani River Lodge (800 m); Massimo's (1,5 km)

Imizamo Yethu
IMIZAMO YETHU

13
3

Victoria Ave
Valley · Victoria Rd

Penzance Rd
PENZANCE ESTATE

Henschell Rd
Mountain St
Daphne St
Victoria Ave

Disa River Park
Main Rd
Brink Rd
Armour Ave
Day Rd
BERG-EN-DAL

Norman St
Albert St
Pondicherry Ave
Gordon Rd
Cecil St
Liverpool St

Marais Rd
TIERBOSKLOOF
Anthonys Rd
Andrews Rd
The Old Rd
16

Table Mountain National Park

Oxford St
Oxford Earl
Milner Rd
Earl St
6
Brighton St
Edward St
Skaife St
Military
5
10
18
8
9
Lower Victoria
Princess St

Pinedene Rd
Baviaanskloof Rd

Hout Bay
4
1
The Promenade
17

Westford Rd
Northshore
12
Mariner's Wharf
Hout Bay Harbour
Fishmarket
15
14
Harbour Rd

Leopard Statue

Hout Bay

Chapman's Peak Dr

HANGBERG
Atlantic Skipper
2
7

Chapman's Peak Toll Booth (500 m); Tintswalo Atlantic (1 km); Noordhoek (6 km)

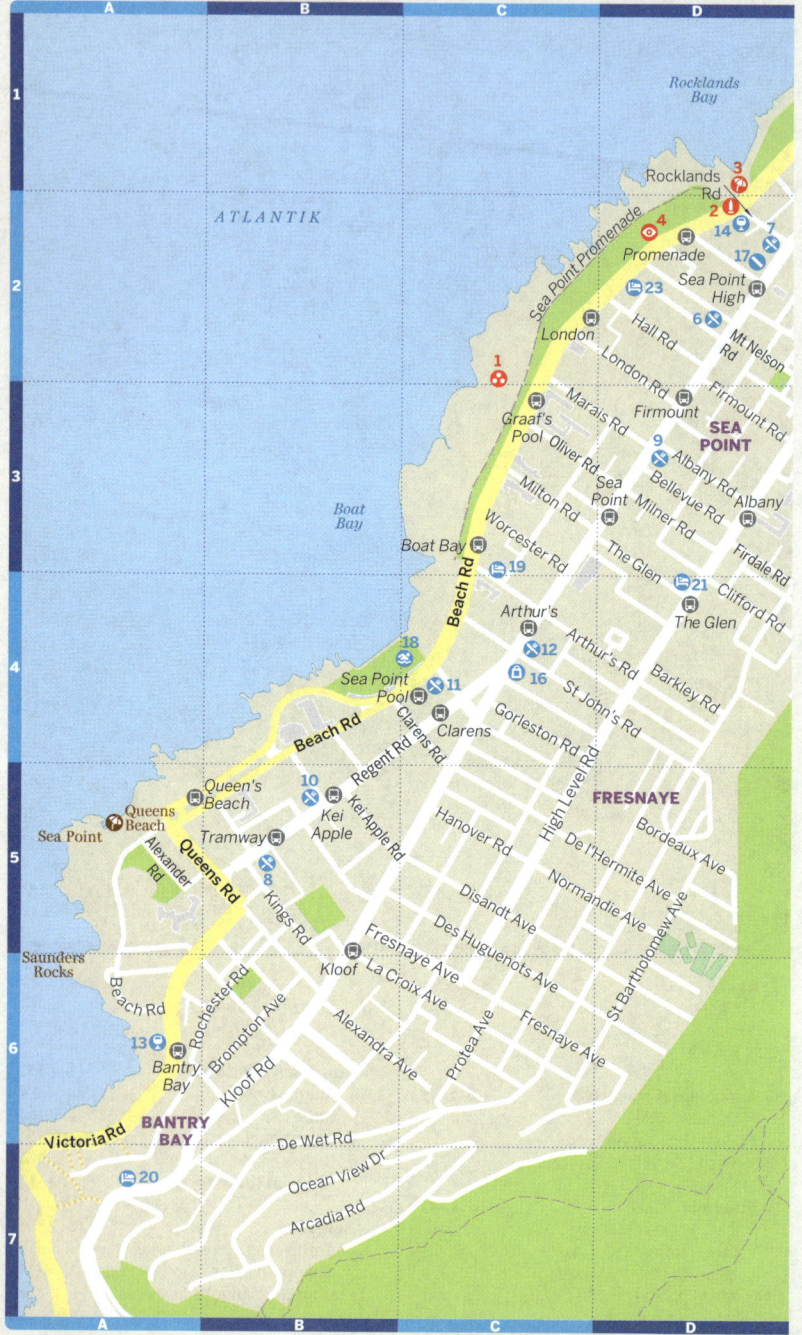

SEA POINT

ATLANTIK

Rocklands Bay

Rocklands Rd
3
2
4 Promenade
14
7
17
Sea Point Promenade
23
Sea Point High
London
Hall Rd
6
Mt Nelson Rd
London Rd
Firmount
Firmount Rd

1
Graaf's Pool
Marais Rd
Oliver Rd
SEA POINT
9
Albany Rd
Albany
Milton Rd
Sea Point
Bellevue Rd
Milner Rd
Firdale Rd

Boat Bay
Worcester Rd
19
The Glen
21
Clifford Rd
Boat Bay
Arthur's
12
Arthur's Rd
The Glen

18
Sea Point Pool
11
16
Gorleston Rd
Barkley Rd
St John's Rd
Clarens

Beach Rd
Clarens Rd
Regent Rd
Clarens
FRESNAYE
High Level Rd
Bordeaux Ave

Queen's Beach
10
Kei Apple
Kei Apple Rd
Hanover Rd
De l'Hermite Ave
Normandie Ave
St Bartholomew Ave

Queens Beach
Tramway
8
Kings Rd
Disandt Ave
Des Huguenots Ave

Sea Point
Alexander Rd
Queens Rd
Fresnaye Ave
Kloof
La Croix Ave
Fresnaye Ave

Saunders Rocks
Beach Rd
Rochester Rd
Brompton Ave
Alexandra Ave
Protea Ave

13
Bantry Bay
Kloof Rd

BANTRY BAY
Victoria Rd
De Wet Rd

20
Ocean View Dr
Arcadia Rd

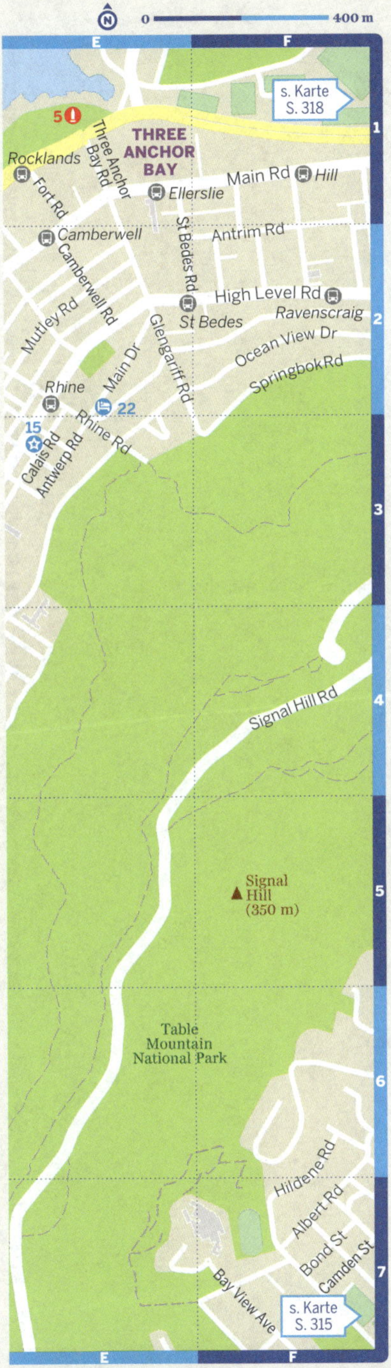

0
400 m
E
F
s. Karte
S. 318
THREE
ANCHOR
BAY
Rocklands
Three Anchor
Bay Rd
Fort Rd
Ellerslie
Main Rd
Hill
Camberwell
Antrim Rd
St Bedes Rd
Camberwell Rd
High Level Rd
St Bedes
Ravenscraig
Mutley Rd
Glengariff Rd
Main Dr
Ocean View Dr
Springbok Rd
Rhine
22
15
Rhine Rd
Calais Rd
Antwerp Rd
Signal Hill Rd
Signal
Hill
(350 m)
Table
Mountain
National Park
Hildene Rd
Albert Rd
Bond St
Camden St
Bay View Ave
s. Karte
S. 315
1
2
3
4
5
6
7

Sehenswertes **(S.128)**
1 Graaff's Pool C2
2 Promenade Pets D2
3 Rocklands Beach D1
4 Sea Point Promenade D2
5 White Horses E1

Essen **(S.129)**
6 Duchess of Wisbeach D2
Harvey's .... (siehe 23)
7 Hesheng D2
8 Kleinsky's Delicatessen B5
9 La Boheme D3
10 La Mouette B5
11 La Perla C4
12 Nü C4

Ausgehen & Nachtleben **(S.131)**
13 Koi Restaurant & Vodka Bar A6
14 La Vie D2

Unterhaltung **(S.132)**
15 Studio 7 .... E3

Shoppen **(S.133)**
16 Peach C4

Sport & Aktivitäten **(S.134)**
17 Into the Blue D2
18 Sea Point Pavilion C4

Schlafen **(S.228)**
19 Cascades on the Promenade C3
20 Ellerman House A7
21 Glen Boutique Hotel D4
22 Huijs Haerlem E2
23 Winchester Mansions Hotel D2

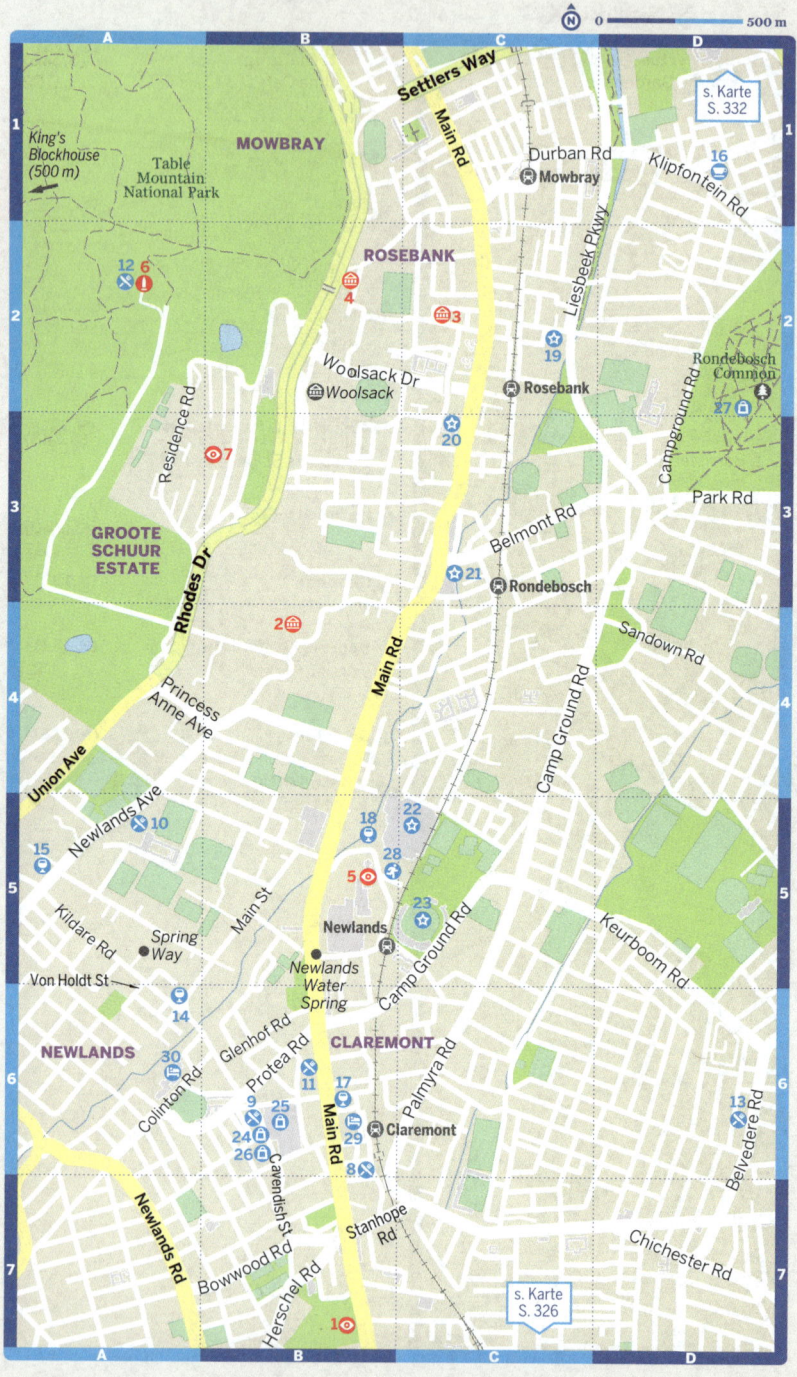

N

0   500 m

s. Karte
S. 332

King's
Blockhouse
(500 m)

Table
Mountain
National Park

MOWBRAY

Settlers Way

Main Rd

Durban Rd
Mowbray

Klipfonten Rd

16

Liesbeek Pkwy

ROSEBANK

4

3

Woolsack Dr
Woolsack

19

Rosebank

Campground Rd

Rondebosch
Common

27

Park Rd

Residence Rd

7

20

**GROOTE
SCHUUR
ESTATE**

Rhodes Dr

Belmont Rd

21 Rondebosch

Sandown Rd

2

Princess
Anne Ave

Main Rd

Camp Ground Rd

Union Ave

Newlands Ave

10

15

18

22

Main St

Kildare Rd

Spring
Way

28

5

23

Camp Ground Rd

Keurboom Rd

Von Holdt St

14

NEWLANDS

30

Colinton Rd

Glenhof Rd

Protea Rd

CLAREMONT

Palmyra Rd

Newlands
Water
Spring

Newlands

11

17

9

25

24
26

Cavendish St

Main Rd

29 Claremont

8

13

Belvedere Rd

Newlands Rd

Bowwood Rd

Herschel Rd

Stanhope
Rd

Chichester Rd

s. Karte
S. 326

1

SOUTHERN SUBURBS

SOUTHERN SUBURBS

Woodhead
Reservoir
(800 m)

Victoria
Reservoir

Alexander
Reservoir

Hely-Hutchinson
Reservoir (800 m);
Waterworks
Museum (1,2 km)

19 2 Kirstenbosch
Botanical
Gardens

24

De Villiers
Reservoir

Rhodes Ave

Table
Mountain
National Park

Rycroft Gate

Klaassens Rd

Hohenort Ave

Oak Ave

Edinburgh Dr

13

Oudekraal
(Nature
Reserve)

29

16
Avenue
Bordeaux

Rhodes Dr

22

Hout Bay Rd

3

Rathfelder Ave

28

Bay Rd

27
17

5
6

Southern Cross Dr

23

M
3

Belair Dr

Constantia
Main Rd

Table
Mountain
National Park

1 Constantia
Valley
Wine Route

Groot
Constantia Rd

7

Kendal Rd

Klein Constantia Rd

MEADOWRIDGE

Karamat von Sheik
Abdurachman
Matebe Shah

8

4

Spaanschemat River Rd

Willow Rd

BERGLIET

Welgelee Rd

Constantia
Uitsig

Firgrove Way

Keysers

25

Orpen Rd

FOREST
GLADE

DENNENDAL

M
3

31

Tokai Arboretum

10

Table Mountain
National Park
Hauptverwaltung

TOKAI

Tokai Rd

STEENBERG

Steenberg Rd

POLLSMOOR

Simon Van Der Stel Rd

KIRSTENHOF

30

9

12

s. Karte
S. 324

⊙ **Highlights** **(S.137)**
1 Constantia Valley Wine Route...........C4
2 Kirstenbosch Botanical Gardens....... C1

⊙ **Sehenswertes** **(S.140)**
3 Beau Constantia B3
4 Buitenverwachting B5
5 Constantia Glen B3
6 Eagle's Nest.....................................B3
7 Groot Constantia B4
8 Klein Constantia B5
   Maynardville Park .... (siehe 11)
9 Steenberg Vineyards........................B7
10 Tokai Forest.....................................B6
11 Wynberg Village E2

✕ **Essen** **(S.143)**
12 Bistro Sixteen82 ....B7
13 Chart Farm......................................D2
14 Four&twenty Cafe & Pantry E2
15 Graze E1
16 Greenhouse.....................................C2
   Jonkershuis .... (siehe 7)
   Kirstenbosch Tea Room........... (siehe 2)
   La Belle................................. (siehe 28)
17 La Colombe......................................A3
   Picnic Lunch .... (siehe 4)
   Tashas .... (siehe 23)

⊙ **Ausgehen & Nachtleben** **(S.145)**
18 Banana Jam......................................E1
   Caffé Verdi ....(siehe 14)
   Lister's Place Tea Garden ....(siehe 10)
   Martini Bar ....(siehe 16)

✿ **Unterhaltung** **(S.146)**
19 Galileo Open Air Cinema................... C1
20 Kenilworth Racecourse...................... F2
   Maynardville Open-Air
   Theatre.................................... (siehe 11)

🔒 **Shoppen** **(S.147)**
21 Access Park.......................................F1
22 Art in the Forest A2
23 Constantia Village............................D3
24 Kirstenbosch Craft Market................ C1
25 Tokai Forest Market..........................B6

✿ **Sport & Aktivitäten** **(S.148)**
26 Kenilworth Racecourse
   Conservation Area.............................F1
27 SA Forest Adventures A3

🛏 **Schlafen** **(S.231)**
28 Alphen...D3
29 Orange Kloof Camp Site A2
30 Steenberg Hotel C7
31 Wood Owl Cottage............................B6

Quarterdeck Rd

Dalebrook Rd

Main Rd

9

6

27

19

Rouxville Rd

17

23

Belmont Rd

Rosmead Rd

Boyes Dr

Duignam Rd

34

20

Colyn Ln

Gatesville Rd

25

Norman Rd

8

Kalk Bay

13

Windsor Rd

Main Rd

29

KALK BAY

12

Clairvaux Rd

26

Gordon Rd

Harbour Rd

Harris Rd

Kalk Bay
Fish Market

Essex Rd

3

11

*Kalk Bay
Harbour*

N 0 —————— 200 m

Main Rd

22

Valsbaai

18

28

21

Palmer Rd

24

16

*Muizenberg
Synagogue*

33

Camp Rd

10

*Muizenberg
Park*

32 15

36

14

Muizenberg

Posthuys

2

1

**Silvermine
Nature
Reserve**

5

*Bailey's
Cottage*

Boyes Dr

Main Rd

**ST
JAMES**

St James

*Jacob's
Ladder*

St James Beach

*False
Bay*

siehe Ausschnitt

Boyes Dr

Main Rd

KALK BAY

Kalk Bay

*Kalk Bay
Harbour*

Kalk Bay
Fischmarkt

↙ Clovelly (500 m);
Fish Hoek (1 km)

SIMON'S TOWN

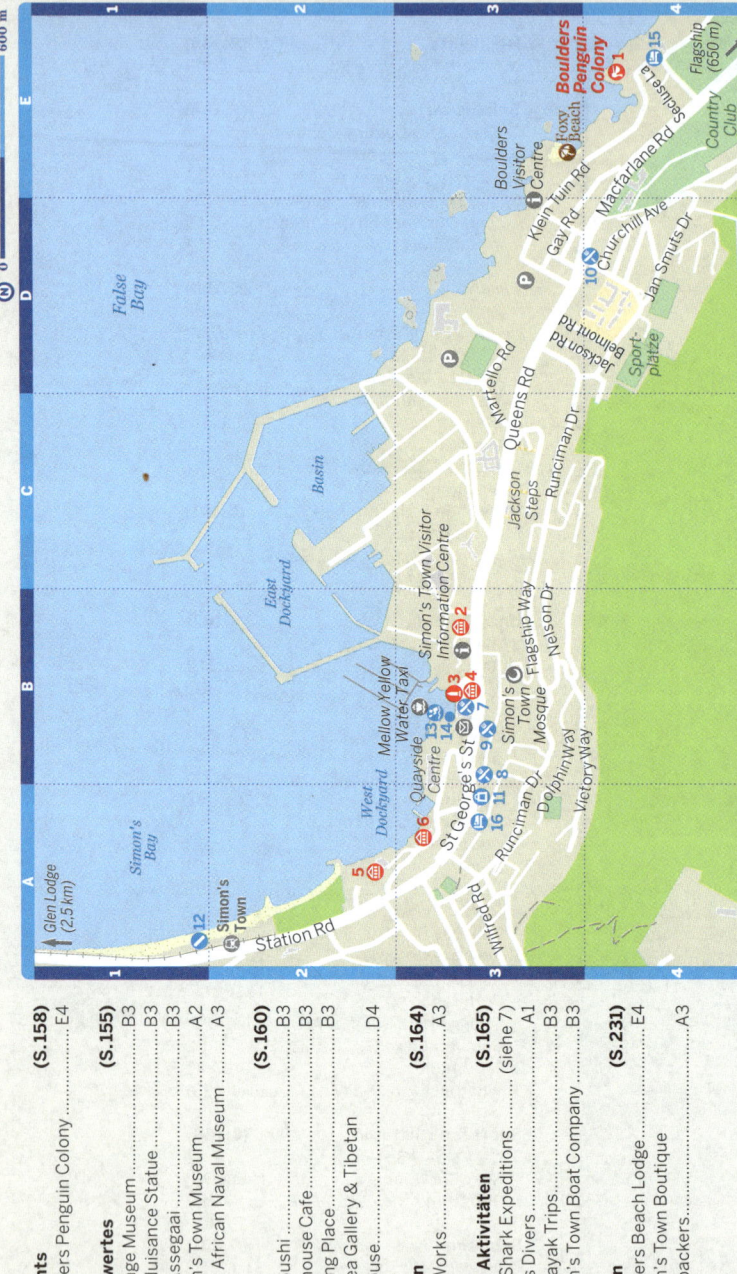

CAPE POINT

0   2 km

SCARBOROUGH

Red Hill

✈ 3

🔒 5

BOULDERS

✕ 4

⛵ 7

Smitswinkel
Bay

Table
Mountain
National
Park

🏕 9
◉ 2
🏠 6

🛏 8

PAULSBERG

Paulsberg ▲

Buffels
Bay

Buffelsfontein
Visitor Centre
ℹ 1
Kap der
Guten Hoffnung ◉

Buffels
Beach

Cape of Good Hope Trail

ATLANTIK

Platboom
Beach

Maclear
Beach   10

Diaz
Beach

Cape
Point

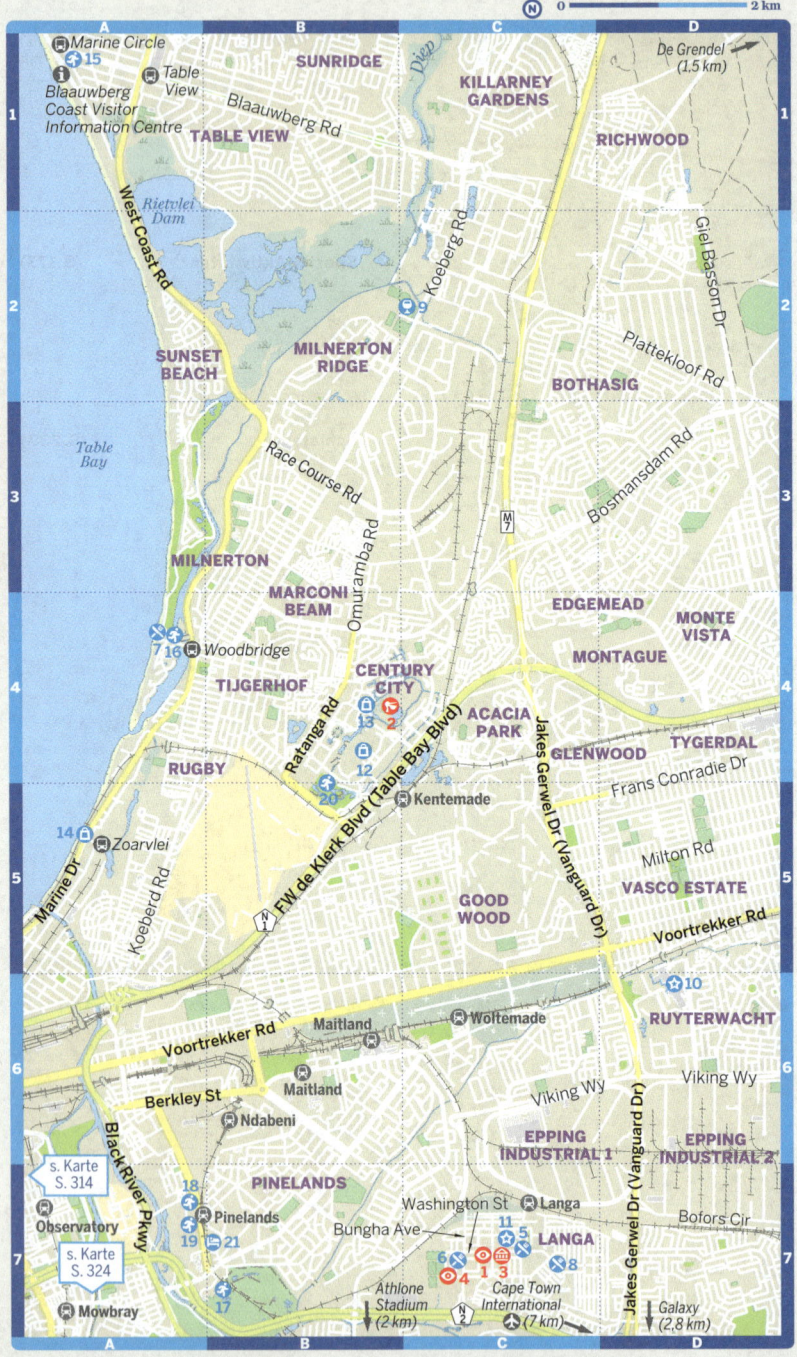

N

0   2 km

A   **B**   **C**   **D**

Marine Circle
15
Table
View
Blaauwberg
Coast Visitor
Information Centre

SUNRIDGE

KILLARNEY
GARDENS

De Grendel
(1,5 km)

1

TABLE VIEW

Blaauwberg Rd

RICHWOOD

West Coast Rd

Rietvlei
Dam

Koeberg Rd

Giel Basson Dr

2

SUNSET
BEACH

MILNERTON
RIDGE

9

Plattekloof Rd

BOTHASIG

Table
Bay

Race Course Rd

Bosmansdam Rd

3

M
7

MILNERTON

MARCONI
BEAM

Omuramba Rd

EDGEMEAD

MONTE
VISTA

MONTAGUE

7 16 Woodbridge

TIJGERHOF

CENTURY
CITY

ACACIA
PARK

Jakes Gerwel Dr (Vanguard Dr)

GLENWOOD

TYGERDAL

4

Ratanga Rd

13

2

12

Frans Conradie Dr

RUGBY

20

FW de Klerk Blvd (Table Bay Blvd)

Kentemade

Milton Rd

14

Zoarvlei

VASCO ESTATE

5

Marine Dr

Koeberd Rd

GOOD
WOOD

Voortrekker Rd

10

Maitland

Woltemade

RUYTERWACHT

6

Voortrekker Rd

Viking Wy

Viking Wy

Berkley St

Maitland

s. Karte
S. 314

Ndabeni

EPPING
INDUSTRIAL 1

EPPING
INDUSTRIAL 2

Black River Pkwy

PINELANDS

Washington St

Langa

Bofors Cir

18

Pinelands

Bungha Ave

11

Jakes Gerwel Dr (Vanguard Dr)

Observatory

19 21

5

LANGA

7

s. Karte
S. 324

17

6
4 1 3

8

Galaxy
(2,8 km)

Mowbray

Athlone
Stadium
(2 km)

Cape Town
International
(7 km)

PINELANDS, LANGA & MILNERTON

UNSERE AUTOREN

Simon Richmond

Koordinierender Autor; Kapstadt Simon ist Kapstadt regelrecht verfallen, seit er 2001 dorthin aufgebrochen war, um die Lonely Planet Titel *Südafrika, Lesotho & Swasiland* und *Kapstadt* zu recherchieren. Seither ist er für jede Neuauflage nach Südafrika gereist, um wirklich jeden Kap-Winkel und die Umgebung zu erforschen, während er sich seine „Lizenz zum Schreiben" voll zunutze machte, um einem auserwählten Kreis an inspirierenden Landsleuten zu begegnen und die Früchte des Landes auszukosten – wobei die köstlichen Weine einen wahrlich hohen Stellenwert einnehmen! Der preisgekrönte Journalist und Fotograf hat unzählige Titel für Lonely Planet und andere Verlage geschrieben sowie Beiträge für diverse Reisemagazine und Zeitungen in aller Welt. Folgen kann man ihm auf Twitter, Instagram und auf seiner Website www.simonrichmond.com.

Lucy Corne

Tagesausflüge & Weingüter, die Garden Route Seit Lucy 2002 zum ersten Mal Südafrika bereist hat, ist sie Feuer und Flamme. Bereits zu sechs weiteren Anlässen ist sie erneut nach Südafrika gereist und verbrachte in über 200 Städten landauf, landab viel Zeit. Im Jahr 2010 zog sie schließlich ganz nach Kapstadt. Heute verbringt sie ihre Wochenenden in Weingütern, Restaurants und Brauereien in der Westkap-Region. Lucy ist eine der führenden Bierexpertinnen am Kap geworden – schon in ihrer Studentenzeit fing sie an, sich für ihre künftige Rolle in der Praxis vorzubereiten. All das und mehr lässt sich in ihrem Blog zu Südafrikas Bierszene nachlesen: www.brewmistress.co.za.

Mehr über Lucy auf:
http://auth.lonelyplanet.com/profiles/lucycorne

Die Lonely Planet Story

Ein uraltes Auto, ein paar Dollar in den Hosentaschen und Abenteuergeist, mehr brauchten Tony und Maureen Wheeler nicht, als sie 1972 zu der Reise ihres Lebens aufbrachen. Diese führte sie quer durch Europa und Asien bis nach Australien. Nach mehreren Monaten kehrten sie zurück – pleite, aber glücklich –, setzten sich an den Küchentisch und verfassten ihren ersten Reiseführer *Across Asia on the Cheap*. Binnen einer Woche verkauften sie 1500 Bücher, und Lonely Planet war geboren. Heute unterhält der Verlag Büros in Melbourne (Australien), London und Oakland (USA) mit über 600 Mitarbeitern und Autoren. Sie alle teilen Tonys Überzeugung, dass ein guter Reiseführer drei Dinge tun sollte: informieren, bilden und unterhalten.

Lonely Planet Publications,
Locked Bag 1, Footscray,
Melbourne, Victoria 3011,
Australia

Obwohl die Autoren und Lonely Planet alle Anstrengungen bei der Recherche und bei der Produktion dieses Reiseführers unternommen haben, können wir keine Garantie für die Richtigkeit und Vollständigkeit dieses Inhalts geben. Deswegen können wir auch keine Haftung für eventuell entstandene Schäden übernehmen.

Verlag der deutschen Ausgabe:
MAIRDUMONT, Marco-Polo-Str. 1, 73760 Ostfildern,
www.lonelyplanet.de, www.mairdumont.com, info@lonelyplanet.de
Chefredakteurin deutsche Ausgabe: Birgit Borowski
Producing: SAW Communications, Redaktionsbüro Dr. Sabine A. Werner, Mainz
Übersetzung: SAW Communications – Birgit Bruder, Melanie Koster, Karin Weidlich
An früheren Auflagen haben mitgewirkt: Olaf Bentkämper, Andreas Beune, Katharina Grimm
Redaktion: SAW Communications – Julia Gilcher, Eva Gößwein, Jeanine Wein, Dr. Sabine A. Werner
Technischer Support: SAW Communications – Katrin Pfeil

Kapstadt
3. deutsche Auflage Februar 2016, übersetzt von
Capetown 8th edition, Oct 2015 Lonely Planet Publications Pty
Deutsche Ausgabe © Lonely Planet Publications Pty, Februar 2016
Fotos © wie angegeben
Printed in Poland

MIX
Papier aus verantwortungsvollen Quellen
FSC® C018236